| 개정판 | # 문화코드, 어떻게 읽을 것인가? ①

문화연구의 이론과 실제

KB202876

문화연구의 이론과 실제

Introducing Cultural Studies

문화코드, 어떻게 읽을 것인가? ①

브라이언 롱허스트·그레그 스미스·게이너 배그널·게리 크로퍼드·마일스 오그본 지음
조애리·강문순·김진옥·박종성·유정화·윤교찬·이혜원·최인환·한애경 옮김

한울
아카데미

Introducing Cultural Studies 3rd edition

by Brian Longhurst, Greg Smith, Gaynor Bagnall, Garry Crawford and Miles Ogborn

© 2017 Brian Longhurst, Greg Smith, Gaynor Bagnall, Garry Crawford and Miles Ogborn
Korean translation copyright © 2023 HanulMPlus Inc.

차례

제1부 문화이론

〈주요 영향〉

〈개념 정의〉

〈예〉

〈스포트라이트〉

개정판 역자 서문

문화는 우리 시대의 핵심어 중 하나다. 문화는 고급문화만이 아니라 미디어, 광고, 영화, 팝 음악 등의 대중문화는 물론이고 의식주, 운동, 취미 활동, 요리나 쇼핑과 같은 일상적인 활동까지 포괄하는 단어가 되었다. 이러한 포괄적인 의미의 문화를 연구 대상으로 삼는 문화연구에 대한 책으로는 그래엄 터너(Graeme Turner)의 『문화연구 입문(*British Cultural Studies*)』(1995)과 임영호 편역, 『스튜어트 홀의 문화이론(*Cultural Studies*)』(1996) 등이 이미 번역된 바 있다. 이 책들은 주로 학문으로서의 문화연구의 개념 정의에 초점을 두고 있고 구체적인 사례로는 미디어와 이데올로기를 연관 지어 분석한 버밍엄 현대문화연구센터의 연구를 들고 있다.

이 책의 원래 제목은 『문화연구의 길잡이(*Introducing Cultural Studies*)』이지만 『문화 코드, 어떻게 읽을 것인가?』로 바꾼 것은 문화연구라는 학문의 성격을 규정하는 논의보다는 구체적인 문화 분석, 즉 문화 코드를 어떻게 이해할 것인가에 대한 관심이 이 책의 뛰어난 장점이며 또한 이 책이 기여할 수 있는 부분이라고 생각했기 때문이다. 독자들이 전문적인 연구자가 아니라면 오히려 2부의 소비와 디지털 미디어, 몸, 하위문화, 시각 문화에 대한 글을 먼저 읽고 1부의 이론적인 논의를 읽을 것을 권하고 싶다.

　이 책의 1부에서는 문화의 정의와 문화연구의 다양한 방법이 소개된다. 기호학에서는 언어적 표현뿐 아니라 시각, 청각, 촉각 등 비언어적 표현물까지 텍스트의 기호로 해석된다. 구조주의에서는 문화 속에 나타나는 이항 대립에 관심이 모아지고, 이데올로기 분석에서는 문화 영역에서 지배계급의 헤게모니가 관철되는 방식이 부각된다. 이어 탈구조주의에서는 텍스트의 틈, 불연속성, 비일관성을 드러내는 가운데 구조의 견고함이 해체되는 방식이 드러난다. 대표적인 예로 미셸 푸코(Michel Foucault)와 그의 담론 이론을 잘 소개하고 있으며, 최근 각광을 받고 있는 주디스 버틀러(Judith Butler)의 수행성의 문화적 의미에 대해서도 간략하게 설명하고 있다. 문화를 보는 이런 다양한 시각 외에도 저자들의 강점이 엿보이는 것은 셰익스피어, 코카콜라 등 구체적인 사례를 통해 문화연구를 설명한 부분이다. 문화연구의 관점에서 볼 때 셰익스피어는 초역사적인 영국성의 징표가 아니라는 것이다. 엘리자베스 시대에 연극이 차지한 사회적 위치, 제작되는 과정, 공연되는 방식 등에 관심을 갖고 연구할 때 셰익스피어의 극은 여러 사람에 의한 고도의 협동 작업이고 무대에서조차 계속 개작되었다는 것이 밝혀지며, 이로 인해 셰익스피어는 천재인 개인이 아니라 문화의 일부가 된다.

　2부는 네 개의 장을 포함하고 있는데 개정판에 새로 포함시킨 3장(소비, 협업, 디지털 미디어)은 우리의 삶을 지배하는 문화의 힘으로서 소비와 디지털 미디어를 논의한다. 우선 소비의 정의와 소비 이론 그리고 소비의 핵심 영역(쇼핑, 패션, 광고)을 다양한 관점에서 살펴본다. 소비자들은 소비 행위를 통해 이미 만들어진 자신의 정체성과는 다른 정체성을 형성하는 데 적극적으로 참여하는데, 이것은 분명히 새로운 변화다. 예를 들어, 명품을 구매하는 소비 능력은 사회적 성공의 척도가 된다. 패션은 개별적 정체성과 소속감을 드러내는 수단 혹은 힘으로 기능한다. 피에르 부르디외(Pierre Bourdieu)는 『구별 짓기(*Distinction*)』에서 문화적 취향(혹은 문화적 자본)이 계급을 구분하는 수단이 된다고 보았다. 또한 광고는 소비자의 취향을 구축하며 문화의 중요한 부분을 차지한다. 쇼핑과 패션과 광고는 자본주의의 약탈적 속성을 잘 보여준다. 동시에 대중문화와 소비가 저항할 수 있는 도구가 될 수 있다는 점에 주목하고 예를 들어, 기존 텍스트에서 인물과 줄거리를 가져와 새로운 텍스트를 창조하는 "텍스트의 밀렵"은 생산과 소비의 구분을 무너뜨린다.

3장은 이어서 새로운 미디어와 디지털 기술에서 사회적으로 중요해 보이는 것은 상호 관련된 여섯 개 영역으로 요약될 수 있다고 한다. 디지털화, 융합, 상호작용, 가상현실, 세계화, 네트워크가 그것이다. 저자는 각각 영역을 설명한 후 새로운 미디어와 디지털 기술문화가 일상에 끼친 긍정적·부정적 영향을 논의한다. 긍정적인 영향으로는 검열, 위계, 이데올로기의 속박에서 벗어나 개인과 사회 사이의 커뮤니케이션의 가능성이 점점 더 커질 수 있다는 것이다. 현대인은 현실 밖의 공간인 가상현실(VR)을 체험하며, 시간과 공간의 제약을 벗어나 실시간으로 소통한다. 네트워크 사회는 쌍방향으로 소통한다는 점에서 위계적이지 않고 민주적이다. 부정적인 영향으로는 사회가 맹목적으로 과학과 기술을 맹신해 기술이 지배하고 통제하는 사회가 될 가능성이 커진다는 것이다. 예를 들어, 도나 해러웨이(Donna Haraway)는 『사이보그 선언(A Cyborg Manifesto)』에서 포스트모던 세계의 새로운 기술이 '현실' 세계의 정체성을 모호하게 하며, 이는 새로운 해방 가능성과 동시에 사회적 통제라는 문제를 제기한다고 주장한다. '빅 브라더'로 불리는 국가의 규제는 줄어든다. 하지만 국가 대신 사영 기업이 개인의 정보와 활동을 감시하고 규제한다. 이를 '리틀 시스터'로 부른다. 카스텔(M. Castells)은 이제는 '빅 브라더'보다는 '리틀 시스터'를 조심해야 한다고 경고한다.

4장의 몸에 대한 분석에서는 버밍엄 현대문화연구센터의 영향이 엿보이는 동시에 이를 넘어서고자 하는 다각적인 접근이 시도된다. 몸을 둘러싼 문화 코드 읽기는 흔히 몸을 생물학적 실체라고 여기는 상식을 뒤집는다. 저자는 수영, 침 뱉기, 땅 파기, 응시, 심지어는 출산까지 몸의 동작 하나하나에 문화가 각인되어 있음을 강조하는 것으로 출발한다. 이어서 몸과 권력의 관계, 최근에 두드러진 몸의 파편화 현상, 몸에 나타나는 젠더 코드 등을 분석한다. 몸과 권력의 관계에서는 주로 미셸 푸코를 참조한다. 잔혹한 신체적 처벌을 바탕으로 했던 몸에 대한 통제가 18세기를 기점으로 시간을 세밀하게 나누어 행동을 규제하는 감독으로 나아간 점이나, 한편으로 개별적인 인간의 쾌락을 통제하며 동시에 인구의 통제라는 사회적 기능을 수행하는 성 담론을 예로 들어 생체 권력의 개념을 소개하고 있다. 저자들은 몸과 권력의 문제에서 주로 푸코에 기댐으로써 몸을 문화와 연관시키면서도 이데올로기나 계급 문제와는 어느 정도 거리를 유지할 수 있게 된다. 이 책의 몸에 대한 분석 중 특히 통찰력이 엿보이는 곳은 인간의 몸이 통일된 '하나의 몸'이 아니라 전문적인 관리를 받아야 하는 세분화된 부분의 집합으로 취급되는 점을 지적한 것이다. 패션과 광고에서 몸은 한층 더 세밀하게 개념화되고 그에 따라 다루어진다. 예를 들면 입, 머리, 피부, 눈, 입술, 치아, 다리, 발 등 신체 부위에 바르는 다양한 화장품이 있으며 제품과 사용법 역시 계속 변화한다는 것이다. 이렇게 몸에 대해 전반적으로 분석한 후 저자들은 몸과 젠더 코드 문제를 다룬다. 지배적인 문화 코드는 남성에게는 전사와 같이 단련되고 강건한 몸을, 여성에게는 수동적이며 부드러운 몸을 요구하는 이항 대립적인 코드이며 이런 이항 대립에 문제적 요소로 등장하는 것이 여성 보디빌더의 예다. 여성 보디빌더가 이런 이항 대립을 해체하는 계기가 될지, 이것 또한 지배적 젠더 코드의 재생산인지에 대해 이 책은 다각적인 관점을 제시하고 있다. 또한 최근 큰 관심을 끌고 있는 비만에 대해서도 검토하고 있다. 비만 탓에 건강한 식단과 운동의 중요성을 강조하는 공중건강 캠페인이 자연스레 등장했지만, 다른 한편 비만은 낙인찍기와 심리적 문제와 연결된 사안이어서 비만자를 부정적으로 다루는 사회적 문제를 조사하는 조직적 활동단체도 등장했다. 문화연구에서 특별한 관심사는 '비만 전염병'과 '비만 전쟁' 같은 용어들의 사용에 있으며 이 논쟁에서는 몸을 둘러싼 여러 프로젝트에 숨어 있는 건강 나치즘의 어두운 측면이 부각된다. 여성의 몸의 문제에 대해 좀 더 페미니스트적 분석을 원하는 독자에게는 콘보이(K. Conboy) 외의 『여성의 몸, 어떻게 읽을 것인가?(*Writing on the Body: female Embodiment and Feminist Theory*)』(2001)의 일독을 권한다.

　2부의 논의에서 저자들의 관점이 가장 잘 드러나는 부분은 하위문화를 논의하고 있는 5장이다. 이들이 볼 때 버밍엄 현대문화연구센터의 업적은 한편으로는 소개하고 수용하지만 다른 한편으로 넘어야 할 큰 산과 같은 존재다. 이들은 홀(S. Hall), 윌리스(P. Willis), 맥케이브(C. MacCabe)들의 업적을 비판적으로 소개하면서 동시에 대안적인 연구를 모색하려 한다. 버밍엄 현대문화연구센터의 연구에서는 반항적인 청년 문화인 테디보이(teddy boy), 모드족(mods), 로커족(rockers), 스킨헤드족(skinheads)의 독특한 의상 및 행동 스타일이 어떤 점에서 지배 문화에 대한 저항이며 어떻게 궁극적으로 지배 코드의 헤게모니를 재생산하는지에 관심을 둔다. 즉, 하위문화의 행동 코드가 지배 문화나 부모 문화와 관련해 어떻게 읽히고 해석되는지에 연구의 초점을 맞춘다. 특히 윌리스와 맥로비(A. McRobbie)는 버밍엄 현대문화연구센터의 전형적인 접근 방법을 보여준다. 윌리스에 의하면 소년들은 강한 남성성을 표현하기 위해 끊임없이 싸움을 하고 극단적으로 규율을 어긴다. 그러나 실제로 이들의 공격적인 행동은 중공업 중심의 반복적인 노동에 적합한 본성을 기르는 중간 단계로 작용한다는 것이다. 하위문화를 젠더와 관련시킨 학자로 맥로비를 들 수 있는데 그녀는 주로 소년들이 연구 대상이 되어온 데 대해 이의를 제기하며 소녀들의 티니밥 연애 문화, 레이브 문화 등에 집중했다. 길로이(P.

Gilroy)와 존스(S. Jones)는 백인 위주의 연구를 벗어나 레게 음악 등 흑인 청년 문화를 천착했다. 맥로비는 소년들과 다른 행동 코드로 공식 문화에 저항하는 소녀들의 특수성을 포착하고 그 의미를 해독해 낸다. 소년들의 폭력성과는 달리 소녀들의 문화는 로맨스, 팝 문화, 잡지인 ≪재키(*Jackie*)≫ 등의 코드로 구성되어 있으며, 공식 문화에 대한 저항이 옷이나 화장 등에서 최신 유행을 따르며 학교 규율을 어기는 것으로 나타난다. 그러나 이러한 저항은 여성성에 대한 지배적인 문화 코드를 강화시키는 것으로 끝난다고 한다. 보다 최근의 연구에서는 베네트(A. Bennet)가 하위문화라는 개념 자체에 문제가 있다고 지적했고, 머글턴(D. Muggleton)은 하위문화가 결국은 포스트모더니즘의 일부라고 주장했다. 파인(G. Fine)과 클라인만(S. Kleinman) 같은 연구자들은 하위문화를 하위사회와 구별해야 한다고 주장했다. 이러한 최근 연구 경향은 하위문화와 주류 문화를 완전히 대립적으로 보지 않으면서 마르크스주의의 영향에서 벗어나려고 시도한다. 버밍엄 현대문화연구센터의 업적에 대한 이 책의 저자들의 비판은 두 가지로 요약된다. 첫째, 반항적인 하위문화에만 초점을 맞추어 전체적인 청년 문화를 포괄하지 못한다는 것과 둘째, 문화의 다양한 측면을 모두 계급이나 이데올로기로 환원시킨다는 것이다. 이에 대해 저자들은 대안적 연구의 대표적인 예로 도덕적 공황에 대한 손턴(S. Thornton)의 분석을 소개한다. 청년 문화를 창조하는 것은 도덕적 공황과 언론의 문화적 반응이라고 보는 점에서 손턴은 버밍엄 현대문화연구센터와는 다른 이론틀을 선보이며, 최근에는 클럽 문화, 즉 취미 문화가 보이는 차별화의 노력에 관심을 기울인다. 또 하나의 대안적 연구 방법은 팬이라는 문화 코드에 대한 해석, 구체적으로는 〈스타 트렉(*Star Trek*)〉 팬에 대한 연구에서 엿볼 수 있다. 〈스타 트렉〉의 등장인물이나 상황을 활용해 만들어진 다양한 텍스트를 분석해서 몇 가지 유형을 밝혀내는 것이나 이러한 팬들이 보여주는 창의성에 주목하는 것이 대안적인 연구 방법이다. 이들은 다양한 현상을 분석하지만 이를 지배 문화의 이데올로기적 헤게모니와 연결시키지는 않는다. 저자들은 이러한 접근 방법이 문화연구가 나아갈 길이며 문화 코드를 올바르게 해석하는 방식이라고 생각한다.

6장 '시각 문화'는 이 책의 저자들이 가장 심혈을 기울인 부분이며 그만큼 읽을거리도 풍성하다. 저자들이 관심을 갖는 문제는 모더니티에서 포스트모더니티로 이행하면서 시각 문화가 어떻게 변화하느냐다. 이들은 보들레르(C. Baudelaire)가 말하는 파리의 산보자(flâneur)와 로스앤젤레스의 보나벤처 호텔의 혼란 경험이라는 적절한 예를 통해 이런 거시적 문제를 설득력 있게 설명하고 있다. 산보자는 19세기 프랑스 시인인 보들레르의 표현대로 '아스팔트 위에서 채집·조사하는 사람'으로, 모더니티를 보여주는 지적인 인물이다. 자유롭게 거닐며 도시 풍경을 응시하는 산보자는 근대 유럽에 생겨난 대도시에서 가능한 인물 유형이다. 이에 비해 보나벤처(Bonaventure)에서 우리가 겪는 혼란은 포스트모던한 경험이다. 이 건물 안에 들어서서 안쪽의 텅 빈 공간에서 위를 바라보면 리본 달린 엘리베이터만 보일 뿐 몇 층이나 되는지 알 길이 없으며 원근감이나 무게감도 전혀 느낄 수 없다. 우리는 공허해질 뿐 아니라 자신의 위치를 정하고 주변을 체계화할 수 있는 실마리를 찾지 못한다. 따라서 외부 세계와 자신의 관계는 혼란으로 특징지어진다. 프레더릭 제임슨(Fredric Jameson)에게 보나벤처의 혼란은 복잡한 포스트모던 세계의 혼란과 그 세계 안에 제대로 자리 잡지 못하는 우리의 무능을 상징한다. 드 세르토(De Certeau)는 도시에서 걷기는 높은 지점에서 도시를 내려다보는 권력자의 시선(전략)과는 대조적으로, "저 아래 낮은 곳에서" 민주적인 관점을 체험하게 한다(전술)고 지적했다. 드 세르토에게 도시에서의 걷기는 잠재적인 전복적 관점을 제공한다. 예를 들어, 도시를 걷다 보면 의도하지 않아도 제도에 대한 저항의 한 형태인 그래피티(graffiti)를 감상하게 된다. 이러한 도시에서의 시각적 경험에 대한 거시적 분석 외에도, 시각 문화에 관한 고전적인 개념인 푸코의 파놉티콘(panopticon), 멀비(L. Mulvey)의 남성적 시선, 고프먼(E. Goffman)의 예의 바름 등에 대한 설명은 간명하면서도 깊이가 있다.

이 책의 번역을 기획하게 된 것은 역자들의 문화연구 공부를 정리해 보고 싶은 마음에서였다. 이 책은 입문서로서 문화연구에 대한 다각적인 접근을 가능하게 해줄 뿐 아니라 구체적인 사례 분석이 풍부하고 흥미로워 번역할 만한 가치가 있다는 결론에 이르렀다. 번역 과정에서는 가장 유용하고 흥미로운 여섯 개의 장을 옮기면서 책의 완결성을 유지하려 했고 뜻을 해치지 않는 한 자연스럽게 읽히도록 번역했다.

이 책을 읽고 독자들이 당연하게 받아들이던 문화 코드를 새로운 각도에서 해독하는 계기가 되었으면 하고, 조금 더 욕심을 내자면 책에서 제시된 문화 코드 해석이 역동적인 한국 문화를 읽는 데 일조할 수 있었으면 했다. 다행히 2판 4쇄가 나올 정도로 독자들의 반응이 좋아 개정 증보된 원서의 3판을 재번역하게 되었다. 독자들의 성원에 감사드린다.

2023년 2월
역자 일동

독자 길잡이*

우리는 문화연구가 지적 생활에서 가장 자극적인 활동 영역 중 하나라고 생각한다. 문화연구는 여러 층위에서 진행되었으며, 많은 대학에서 교과과정의 중요한 부분으로 자리 잡고 있다. 하지만 우리가 직접 학생들을 가르치면서 느꼈듯이, 이 분야의 연구에서 가장 중요한 몇 가지를 전반적으로 조망하고 탐구하는 개론서가 없었다. 그래서 이 책은 대학 교과목의 일부로서 문화연구를 접하는 학생들에게 텍스트가 되도록 하려는 의도를 갖고 아주 의식적으로 시작되었다.

개론서를 쓰면서 우리는 전적으로 포괄적이고자 시도하지는 않았다. 우리는 문화연구의 가장 중요한 양상만을 다루기로 했다. 하지만 궁극적으로 이것은 특정한 관점에서 쓴, 이 분야에 관한 우리의 해설일 뿐이다. 문화이론과 방법에 관한 1부는 두 개의 장으로 되어 있다. 먼저 1장에서 우리는 문화의 개념에 관한 몇 가지 다른 정의를 살펴보고 이런 정의에서 생겨나는 논의를 소개한다. 이것은 문화연구가 개별적인 학문이 할 수 없는 지식 생산 활동으

---

* 원서의 서문을 편역한 내용에 맞게 편집해 옮겼음을 밝혀둔다 — 옮긴이.

로서 가지는 중요성을 드러내줄 것이다. 우리의 다양한 학문적 훈련과 협력은 인류학·사회학·지리학·문학을 포괄하며, 우리는 각 학문을 반영하는 학과 내에서 계속 일해 왔다. 하지만 문화연구와 접촉하면서 우리가 생각하고 가르치고 연구하는 방식이 변했고, 우리는 이 방식을 증언하고 싶다.

2장에서는 의사소통과 재현의 중요한 양상 몇 가지를 고찰하고, 언어와 의미에 대한 중요한 쟁점을 소개한다. 3장에서는 새로운 미디어와 기술적으로 용이해진 사회적 네트워킹의 새로운 상호작용에 관한 논의를 포함하여, 소비와 기술 발전이 실생활 속에 초래한 갈수록 증가하는 중요한 변화를 살펴본다.

가상의 미디어와 사회적 미디어에 기반을 둔 생활이 점점 중요해짐에도 불구하고, 현대의 삶에서 몸은 무척 중요한 관심 영역이다. 우리는 자신의 몸이 만족스럽지 않을 때 몸을 다루는 방법을 인식하고 있다. 이에 더해 치료나 몸의 변형과 관련해 새로운 과학기술을 둘러싼 논의가 늘고 있다. 문화연구는 이런 쟁점을 고찰하는 데 앞장서 왔다. 이것이 4장의 주제에 반영된 관심사다.

많은 사물과 활동이 문화의 일부로 보인다는 점에서 문화는 모든 것을 포괄하는 것처럼 보인다. 하지만 동시에 문화는 계급·인종·젠더·연령에 따라서 구분된다. 이런 구분을 토론하고 특징짓는 중요한 방법 중 한 가지가 하위문화 개념을 통해 접근한다. 5장은 이런 영역에 주목한다. 특히 문화연구에서 중요한 많은 근본적인 연구가 지속적으로 이루어져 온 젊은이들의 하위문화에 관한 연구를 살펴본다.

마지막 6장은 재현의 쟁점 중 몇 가지로 되돌아간다. 과학기술과 문화 영역에서 일어난 변화에 대한 고찰을 살펴보면서 우리는 시각 문화의 발전을 개관한다. 여기서 우리 관심의 일부는 시각적 재현의 형태와 일상생활의 상호작용에서의 시각적 양상을 역사적·공간적으로 찾아내는 것이다.

이것이 이 책의 구조와 내용의 윤곽이다. 우리는 여러분이 언제든지 특정한 목적에 따라 가장 흥미롭거나 유용한 부분을 골라서 읽기를 기대한다. 활용하기 수월하도록 각 장을 절로 세분했고, 장과 절을 상호 참조할 수 있도록 필요한 경우 본문에 표시했다. 그러나 여러분이 이 책의 차례와 목적용 찾아보기를 사용하는 것 역시 중요하다. 각 장의 절들은 독자적으로 읽힐 수도 있겠지만 절들이 장을 통해 전개된 논쟁에 꼭 들어맞는다는 점도 알게 될 것이다.

우리는 우리 생각을 전달하기 위해 이 책에서 논의된 초상, 도형, 만화, 건물 사진, 기념비 혹은 그림을 포함시켰다. 또한 별도로 주요 영향, 개념 정의, 스포트라이트 및 예시를 박스에 포함시켰다. 텍스트에서 박스에 포함된 주요 영향과 개념 정의가, 예를 들면, **도나 해러웨이**처럼 볼드체로 강조된 것을 볼 수 있다. **담론** 같은 '개념 정의' 박스는 기본적인 이해를 돕는 개관을 제공한다. '스포트라이트' 박스는 3장에서 '수치화된 자아' 같은 개념을 심층적으로 탐구한다. 예시 박스는 개념 혹은 방법이 적용된 사례연구나 2장에서 **식민주의 세미오틱스**처럼 텍스트에서 강조한 것을 예증하기 위해 분석되는 중요한 사례를 포함한다. 주요 영향 박스는 문화연구에서 몇몇 주요 사상가들과 연구 그룹의 생애와 저작의 가장 두드러진 측면을 이야기한다. 여기서 우리는 서로 다른 세 가지 유형의 주요 인물을 포함시키려 했다. 첫 번째는 문화연구 발전에 특별히 중요한 사람들〔예를 들어 리처드 호가트(Richard Hoggart), E. P. 톰슨(E. P. Thompson), 레이먼드 윌리엄스(Raymond Williams)〕이다. 두 번째는 결과적으로 문화연구를 발전시켰거나 문화연구에 영향을 끼친 중요한 총체적 접근을 역사적으로 착수했던 저자들〔예를 들어 칼 마르크스(Karl Marx), 미셸 푸코, 막스 베버(Max Weber)〕이다. 마지막으로 문화연구의 발전에 현재 참여하고 있는 사람들이다. 이들은 젠더, '인종', 탈식민주의, 문화적 혼종 등의 문제에 좀 더 주의를 기울인다. 주디스 버틀러(Judith Butler), 안젤라 맥로비(Angela McRobbie), 폴 길로이(Paul Gilroy), 에드워드 사이드(Edward Said) 등이 여기에 해당된다.

그런데 '주요 영향' 박스 글에서 다루는 사람들은 대다수가 백인이고, 그중 몇몇은 이미 오래전에 죽은 백인이다. 이것은 그 자체로 해당 분야의 발전 과정과 그것을 둘러싼 권력투쟁을 반영한나. 우리는 상황이 날났기를 바랐다. 하지만 이들 백인 중 정말이지 많은 사람이 주류학계 삶의 주변적 존재였다는 점은 아마도 중요성을 지닌다. 우리는 또한 언급하지 않은 이름 중 몇몇을 알고 있는데(예를 들면 데리다, 료타르, 제임슨), 이들은 지금 당장은 별것 아닐 수도 있지만 장차 이 책이나 다른 책을 읽으면서 다시 마주치기도 할 것이다. 이것이 우리가 생각하는 문화연구 견해라는 의미를 반영하여 이런 사람들을 박스 글에 담으려 했다.

'주요 영향'과 '개념 정의' 박스 글에는 '더 읽을거리'가 포함되어 있는데, 이 저작들은 박스 글에 소개된 내용이나 사람에 대한 이해를 심화하는 데 사용될 수 있다. '주요 영향'과 '개념 정의' 박스 글을 볼드체로 강조하고 책에 등장하는 해당 페이지를 제공하는 것 이외에도, 책의 여백에 두 가지 장치를 마련했다. 첫째, 이 책에서 박스 글과 개념 혹은 영향에 관한 중요한 토론을 찾을 수 있는 아이콘과 참고문헌이 있다. 둘째, 책의 여러 지점에서 박스 글에서 논의된 중요한 용어들의 정의를 여백에 포함했는데, 이것은 특정 개념이 다른 장에서 사용되는 것을 재빨리 안내하기 위한 것이다. 이번 개정판에 새로 추가된 이런 여백을 이용한 안내는 책을 쉽게 사용하고, 어떤 아이디어가 책의 여러 곳에서 논의되었다는 점을 강조하기 위한 것이다. 우리는 이런 장치를 과도하게 사용하지 않으려 했다. 각 장 말미에는 '더 읽을거리' 안내도 포함했다. 또한 이번 개정판에서 새로운 점은 웹사이트다. 여기서 각 장은 다양한 출처와 질문으로 여러분을 안내하여 문화연구를 좀 더 충분히 이해할 수 있도록 도와줄 것이다. 이 웹사이트는 정기적으로 업데이트된다.

1부 | 문화이론

1장 문화와 문화연구
2장 문화, 커뮤니케이션, 재현

ntroducing
Cultural
Studies

1

문화와 문화연구

Culture and Cultural Studies

들어가며

문화연구는 현대적으로 문화를 연구하는 중요한 방식이다. 그동안 많은
학문 분야, 대표적으로 인류학, 역사학, 문학연구, 인문지리, 사회학에서 문
화를 중심 과제로 다뤄왔다. 그러나 최근 수십 년 사이에 수많은 다른 분야,
즉 경제학, 정치학, 심리학에서도 새롭게 문화에 관심을 보이고 있다. 이에
더하여 오랫동안 문화 자체를 연구하던 분야들에서도 새로운 이론과 현대
적 방법론에 입각해 새로운 관점에서 문화연구에 접근하고 있다. 인문학과
사회과학 전반에 걸쳐 문화에 대한 이런 새로운 관심은 '문화적 전환(cultural
turn)'으로 알려져 있다. 더욱이, 문화에 대한 관심은 학문 분야의 경계를 넘나
든다. 이런 노력의 결과 문화연구는 매력적이고 자극적인 지적 활동 영역이
되었다. 문화연구는 이미 인류의 문화의 성격을 새롭게 해명해 냈으며 앞으

로도 그런 작업이 계속될 전망이다. 우리는 광범위한 문화연구의 정의를 채택하고 있으며 이 책에서 탐색하는 가운데 그 정의가 더 명확해질 것이다. 그러므로 점차 밝혀지겠지만 이 책은 1960년대와 1970년대의 버밍엄 대학 (University of Birmingham)의 문화연구 센터에서 발전되고 널리 알려진 문화연구만을 다루는 것은 아니다. 나아가 원래 버밍엄 대학의 연구보다 더 광범위하게 문화를 다루지만 여전히 그 접근 방법에서 주로 영감을 얻은 문화연구로 우리 연구를 제한시키지 않겠다. 문화연구가 아주 중요하고 독자적이지만 동시에 논쟁의 여지가 많은 연구 분야가 되리라는 것은 의심의 여지가 없지만 동시에 아주 다양한 영역을 포괄하게 될 것이다. 그 이유 중 일부는 '문화'라는 용어 자체가 복합적인 역사와 다양한 용례를 지니고 있어, 서로 다른 의미로 쓰기는 하지만, 여러 학문 분야의 연구 주제로 적합하기 때문이다. 따라서 문화연구의 범위를 명확히 하기 위해 우리는 1장을 4절로 나누었다.

1 문화에 대한 주요 정의들
2 문화의 정의와 연구가 제기하는 핵심 쟁점들
3 핵심 쟁점들을 다루는 선도적 이론 논의 검토
4 발전하는 문화연구에 대한 우리의 관점 개관

이 책은 이런 방식으로 소개하는 가운데 문화라는 핵심적 개념의 복합성을 보여주고 나아가 문화연구의 중요한 쟁점을 정의하고자 한다. 1장의 논리는 여러분이 초기 문화연구를 통해 익히 알고 있을 문화의 정의와 초기 문화 개념에서 시작해 버밍엄 현대문화연구센터주요 영향 1-3의 초기 문화연구를 포함하여 문화연구가 무엇인가를 밝히는 것이다.

1. 문화란 무엇인가?

현대 담론에서 '문화'에는 복합적인 역사와 다양한 의미가 있다. 문화는 셰익스피어나 오페라 또는 슈퍼맨 만화나 축구를 뜻할 수도 있고, 가정에서 설거지하는 사람이 누구인지를 뜻할 수도, 미국 대통령 집무실 조직 방식을 뜻할 수도 있다. 문화는 지구 반대편뿐 아니라 현재 우리가 사는 지역의 거리, 도시, 국가에서도 찾을 수 있다. 어린이, 청소년, 성인, 노인은 각각 자신만의 독특한 문화를 가지고 있는 동시에 같은 문화를 공유하기도 한다.

문화라는 용어가 이렇게 광범위하게 쓰이기 때문에, 논의에 들어가기 전에 우선 문화를 정의할 필요가 있다. '문화'라는 개념은 수 세기에 걸쳐 발전되어 오늘날에는 광범위하게 적용되기에 이르렀다. 영국의 문화연구 창시자 중 한 사람인 레이먼드 윌리엄스(Raymond Williams)주요 영향 1-1는 문화라는 개념의 발달을 추적하고 현대적 의미를 계통화하는 데 크게 기여했다. 자연과학의 경우를 제외하면 '문화'라는 용어는 비교적 뚜렷이 구분되는 세 가지 뜻으로 쓰인다. 문화는 첫째, 예술과 예술적 활동, 둘째, 특정한 생활 방식의 지적이고 상징적 특징들, 셋째, 발전의 과정을 뜻한다. 첫 번째 문화를 여기서 '대문자 "C"로 표시되는 문화'로 지칭하겠다.

대문자C로 표시되는 문화

　일상적인 대화에서 사람들은 문화를 '지적이고 특히 예술적인 활동의 실천이나 작품'으로 이뤄진 것이라고 생각한다. 따라서 문화는 "음악, 문학, 회화, 조각, 연극, 영화"를 묘사하는 단어다(Williams, 1983b: 90). 이런 의미의 문화는 흔히 '교양 있는' 사람들이 참여하는 '세련된' 활동과 관련이 있는 것으로 믿어졌다.

'생활 방식'으로서의 문화

　인문학에서 문화는 **상징**개념 정의 4-1의 창조와 사용을 뜻하는 것으로 널리 쓰이고 있다. 이때 상징은 "한 국민, 한 시대, 한 집단, 혹은 인류 전체의 특수한 생활 방식"의 특징을 보여준다(Williams, 1983b: 90). 흔히 주장하듯이 인간만이 문화를 창조하고 전수할 수 있고 그것이 가능한 이유가 상징을 창조하고 사용하기 때문이다. 인간은 상징을 만드는 능력을 소유하고 있으며 그 능력이 우리가 문화적 존재가 될 수 있는 기반이다.

> ✓ **상징**에 대해서는 4장을 참고하라.

　그러면 상징은 무엇인가? 사람들 사이에서 한 단어나 그림이나 몸짓이 어떤 생각(예를 들어, 조종사 같은 사람)이나 어떤 물건(예를 들어, 상자)나 어떤 감정(경멸 같은)을 나타낼 때, 그런 때 공통된 생각을 전달하는 상징이 창조된다. 이 공통된 생각은 상징적으로 매개되거나 표현된다. 즉, '조종사' 경우처럼 한 단어에 의해, 상자의 경우처럼 그림에 의해, 경멸을 뜻하는 몸짓으로 표현된다. 바로 이런 의미들이 문화를 구성한다. 하나의 상징이 여러 의미를 지닐 수는 있지만, 상징은 어떤 것이 의미하는 바를 정의한다. 예를 들어 하나의 깃발은 국가나 애국심 같은 추상적 가치처럼 법적으로 지형학적으로 정의된 실체를 의미할 수 있다. 그래서 문화를 연구한다는 것은 패션 스타일, 예

레이먼드 윌리엄스
Raymond Williams(1921~1988)

레이먼드 윌리엄스는 웨일스 출신의 문화 분석가이자 문학 비평가다. '보통 문화'에 대한 그의 '진지한' 관심은 문화연구라는 개념의 발전에 결정적인 영향을 미쳤으며, 이 때문에 그를 흔히 문화연구의 창시자로 칭한다

윌리엄스는 웨일스의 노동자 집안에서 태어났으며 케임브리지 대학교 수학 중 포병으로 제2차 세계대전에 참전했다. 종전 후 케임브리지로 돌아와 학위를 마친 후 1950년대에 노동자교육협회에서 강의를 했고 1961년에 케임브리지 대학교 강사를 거쳐 1974년에는 드라마학과 교수로 임명되었다.

윌리엄스의 초기 저작은 주로 텍스트 분석과 드라마 연구였으며, 주제는 그렇지 않지만 접근 방법은 비교적 전통적이었다고 할 수 있다. 이후 그는 두 권의 저작 『문화와 사회(*Culture and Society*)』(1963), 『긴 혁명(*The Long Revolution*)』(1965)으로 영향력과 명성을 얻게 되었다. 『문화와 사회』에서는 다양한 작가들을 재검토하여 산업주의의 발달에 대한 대응으로 어떤 문화 지형이 형성되었는지 제시하고 있다. 후자는 문화의 '긴 혁명'이 지닌 민주적 잠재성을 가리킨다. 윌리엄스는 리비스(F. R. Leavis)와 T. S. 엘리엇의 엘리트주의 및 보수적 관점에 거리를 두며 사회주의적 변화와 문화 민주주의를 옹호한다. 원형적인 매체 분석을 포함하고 있는 『커뮤니케이션(*Communications*)』(1963)에서 윌리엄스는 이 주제를 강조한다. 그 후 텔레비전을 주제로 한 『텔레비전(*Television: Technology and Cultural Form*)』(1974)에서는 '흐름'이라는 개념을 도입하기도 했다. 1960년대 이후 윌리엄스의 저작에서는 마르크스주의적 경향이 더욱 강해졌으며, 그 결과 『마르크스주의와 문학(*Marxism and Literature*)』(1977)과 『문화

(*Culture*)』(1981)가 출판되었다. 또한 『시골과 도시(*The Country and the City*)』(1973a)는 이후에 나온 공간과 장소에 대한 학제 간 연구에 큰 영향을 미쳤다. 서른 권 이상의 저작을 포함하는 그의 연구는 광범위하게 드라마, 문화이론, 환경, 영국 소설, 언어의 발달, 좌파 정치학을 포괄하며 사망 직전에는 웨일스성(Welshness)을 연구했다. 또한 그는 다작의 소설가이기도 하다. 윌리엄스의 글은 까다롭고 난해하기로 유명했기 때문에, 그의 상세한 구체적 분석보다는 전반적 접근 방법, 문화적 유물론, 그가 강조한 주제 등이 후대에 큰 영향을 미쳤다. 그는 문화적 의사소통과 민주주의를 열렬히 소망했으며 일생을 사회주의에 헌신했다. 이런 점이 당대 좌파들에게는 큰 영향을 미쳤다. 그는 문학적 텍스트에서 도시의 생활 방식에 이르는 다양한 현상을 정서 구조(structure of feeling)라는 개념을 사용해 분석했으며 이 분석으로 그의 위상이 더욱 높아졌다. 그의 저작은 계속 논쟁의 중심에 있으며 문화, 정치, 민족주의에 대한 글에서 참조점이 되고 있다.

──────────────────────────── ▪ ▪ ▪ 더 읽을거리

엄청난 저작을 남긴 윌리엄스는 '작가'라 규정될 수 있다. 첫 번째 책은 그와의 인터뷰를 모아놓은 책으로 생애와 저작에 대해 잘 소개하고 있다.

Williams, R. (1979). *Politics and Letters: Interviews with New Left Review*. London: New Left Books.

Eldridge, J. and L. Eldridge. (1994). *Raymond Williams: Making Connections*. London: Routledge.

Inglis, F. (1995). *Raymond Williams*. London: Routledge.

Milner, A. (2002). *Re-imagining Cultural Studies: The Promise od Cultural Materialism*. London: Sage.

Sage. Smith, D. (2008). *Raymond Williams: A Warrior's Tale*. Swansea: Parthian.

의 코드, 장소, 언어, 행동 규범, 신앙 체계, 건축 스타일 등등이 무엇을 의미하는지 묻는 것이다. 언어는 구어와 문어 모두 분명히 상징의 방대한 저장소다. 그러나 상징은 수많은 형태로 나타난다. 깃발, 헤어스타일, 도로 표지, 웃음, BMW, 정장. 목록을 열거하자면 끝이 없다.

지금까지 우리가 문화에 대해 논의해 온 것을 고려하면, 문화는 모든 것이며 또한 모든 곳에 있다고 할 수 있다. 실제로 그런 입장을 취하는 문화연구들이 있으며, 특히 인류학적인 관점에 기울어진 문화연구가 그렇다. 19세기 인류학자인 이머전 타일러(Imogen Tyler)는 문화를 "지식, 믿음, 예술, 도덕, 법, 관습, 그리고 사회 구성원으로서 인간이 획득한 기타 능력과 습관을 포함한 복합체"로 정의했다(Tyler, 1871: 1). 이런 정의에서는 사회생활 곳곳에 퍼져 있는 문화가 함께 살아가는 사람들의 산물인 동시에 학습된다는 점을 강조한다. 이런 식의 접근에서 말하는 문화는 미국의 시인이자 비평가인 엘리엇(T. S. Eliot)이 내린 정의와 유사하다.

> 어떤 국민을 특징짓는 모든 활동과 흥미. 더비 경마(Derby stakes)[1]가 있는 날, 헨리 조정 경기(Cowes),[2] 카우스 시,[3] 8월 12일,[4] 축구 결승전, 개 경주, 핀 테이블, 다트 판, 웬슬리데일 치즈,[5] 잘라서 삶은 양배추, 식초에 절인 비트, 19세기 고딕 교회, 엘가의 음악 …… (Eliot, 1948; Williams, 1963(1958): 230에 인용).

---

1   1661년 이래 런던 남부에 있는 엡섬다운스(Epsom Downs) 경마장에서 열리는 경마.
2   1839년 이래 헨리온템스에서 7월 첫째 주 주말부터 닷새 동안 벌어지는 조정 경기.
3   영국 와이트섬 북쪽 해안에 있는 항구 도시. 7월 말이면 카우스 위크(Cowes Week)라는 요트 대회가 열린다.
4   '영광의 12일'이라고도 하며 메추리 비슷한 그루즈(grouse)라는 새의 사냥을 시작하는 날.
5   북 요크셔의 웬슬리데일에서 생산되는 우유와 양젖으로 만드는 유서 깊은 영국 치즈.

과정과 발전으로서의 문화

중세 후기에 최초로 문화라는 단어가 사용되었을 때는 곡물 경작과 동물 사육, 즉 농업을 뜻했다. 그 후 문화는 정신의 계발을 묘사하는 단어로 변화했다. 문화라는 단어가 이런 차원의 의미를 지니게 되자 후에 개인의 능력 계발 전반을 포함하게 되었고, 나아가 사회적·역사적 과정 전반을 포함하는 더 광의의 개념으로 확대되었다(Williams, 1983b: 90~91).

다음 예를 보면 문화라는 개념이 다양한 의미를 표현함을 알 수 있을 것이다. 셰익스피어의 연극은 분명히 문화적인 작품(의미: 대문자 C로 쓰는 문화)이라고 할 수 있고, (영국이라는) 특정한 사회의 생활 방식의 산물(의미: 생활 방식으로서의 문화)이라고 할 수 있으며, 문화 발전의 특정 단계(의미: 과정과 발전으로서의 문화)를 나타낸다고 할 수도 있다. 그리고 로큰롤 음악을 분석할 때는 연주자의 숙련도(대문자 C로 쓰는 문화)를 검토할 수도 있고, 1950년대 후반에서 1960년대 초반의 청년 문화와 연관시켜(생활 방식으로서의 문화) 연구할 수도 있으며, 로큰롤 형식의 기원을 다른 스타일의 음악에서 찾거나 역으로 로큰롤 음악이 다음 세대 음악 형식에 미친 영향(과정과 발전으로서의 문화)을 살펴볼 수도 있다.

이 책에서 우리는 서로 다른 세 가지 의미의 문화를 모두 고려할 것이다. 그러나 이런 정의와 용법 자체가 문화연구의 수많은 복합적인 쟁점과 문제를 제기한다는 점에 주목할 필요가 있다. 다음 절에서는 그런 쟁점과 문제를 살펴보기로 하자.

2. 문화연구의 쟁점과 문제

앞에서 확인한 세 가지 의미의 문화는 각자 다른 관점에서 연구되는 경향이 있다. 예술적 또는 지적 활동은 보통 인문학자들의 연구 영역이었다. 대조적으로 인류학자나 사회학자는 삶의 방식을 검토해 왔다. 그동안 문화의 발전은 역사적 문헌과 방법론을 사용하는 역사학자의 영역이었다. 여기서 언급된 학문 분야는 서로 다른 관점과 방식으로 문화에 접근해 왔다고 할 수 있다. 그러나 별도의 문화연구가 존재해야 하는 아주 중요한 이유는 문화연구로 접근할 경우 어느 학문 분야나 접근 방법으로는 해결할 수 없는 핵심적인 쟁점과 문제를 더 쉽게 밝혀낼 수 있기 때문이다. 이 절에서는 이런 핵심적인 문제를 정의하고 예시하려 한다. 앞으로 밝혀지겠지만, 이 두 가지 작업 모두 개인적인 것과 문화적인 것 사이의 관계라는 쟁점에서 출발해 그 쟁점으로 귀결될 것이다.

사람들은 어떻게 문화의 일부가 되는가?

문화는 단순히 우리가 흡수하는 것이 아니다. 문화는 학습되는 것이다. 인류학에서는 이 과정을 문화접변(acculturation) 또는 문화화(enculturation)라고 하며 심리학에서는 이 과정을 조건화(conditioning)라고 한다. 사회학자들은 '사회화(socialization)'라는 용어로 우리가 어떻게 사회적·문화적 존재가 되는지 설명한다. 사회학자인 앤서니 기든스(Anthony Giddens)와 필립 W. 서튼(Philip W. Sutton)은 사회화를 다른 사람들과의 접촉을 통해서 '무력한 유아가 자아 인식을 갖게 되고 그 혹은 그녀가 태어난 문화의 방식을 알고 익숙해지는' 과정으로 본다(Giddens and Sutton, 2013: 335). 사회학자들은 사회화를 두 단계로 묘사한다. 1차적 사회화는 가족이나 그와 유사한 집단에서 발생하는 것으로,

정신분석

Psychoanalysis

정신분석은 지그문트 프로이트(Sigmund Freud, 1856~1939)가 발전시킨 분석 방법을 지칭한다. 그는 이 해석 기법을 이용해서 문학과 예술과 문화를 분석했을 뿐 아니라 환자를 치료했다. 이후 정신분석은 수많은 다양한 학파로 발전해 나갔다. 그중 몇몇 학파는 페미니스트, 탈식민주의, 마르크시스트, 포스트모던개념 정의 6-1 문화 비평에 영향을 미쳤다. 종종 비판적이기는 하지만, 정신분석을 이용하는 이론가들에는 프랑크푸르트학파, 줄리아 크리스테바(Julia Kristeva), 주디스 버틀러(Judith Butler), 질 들뢰즈(Gilles Deleuze), 슬라보예 지젝(Slavoj Žižek)이 포함된다.

프로이트가 이런 해석 방법을 최초로 발전시킨 것은 『꿈의 해석(The Interpretation of Dreams)』(1900)에서다. 그는 꿈에서 상징이 어떻게 응축된 의미나 전치된 의미를 표현하는지 묘사한다. 이러한 응축과 전치를 해석할 때 꿈꾼 사람의 무의식적인 두려움과 욕망이 드러나는 것이다. 일상생활의 『정신 병리학(The Psychology of Everyday Life)』(1901)에서 프로이트는 말실수나 잊어버리는 단어들 역시 어떻게 무의식적 정신 과정의 징후인지 보여준다. 비평가들은 문화적 텍스트를 해독하기 위해서 응축, 전치, '징후적' 해석 방법을 이용해 왔다. 특히 영화 비평에서는 정신분석이 큰 영향을 미쳤다. 프로이트는 정신을 세부분으로 나누었다. 이드(id) 혹은 무의식, 외부 현실에 정신을 적응시키는 자아, 사회의 도덕적인 기대감을 내면화한 초자아가 그것이다. 프로이트의 가장 중요한 업적은 성에 대한 이론이었다. 정신분석의 성의 개념에서는 욕망을 복합적으로 이해한다. 프로이트 이전에는 성차에 대한 생물학적 이론에서 남성적/여성적이라는 고정된 이원론을 가지고 있었고 여기서는 남성은 여성에 대해 여성은 남성에 대해서만 욕망을 지니고 있다는 고정된 사고를 당연시하는 경향이 있었다. 정신분석에서는 성적 욕망을 이성에게만 느낀다는 전제는 없다. 오히려 욕망의 유연한 속성이 강조되고 성적 대상의 선택에 있어 환상이 중요한 역할을 한다고 한다. 하지만 프로이트의 작업은 여전히 부분적으로는 생물학적 발달 이론에 얽매여 있다.

영향력 있는 정신분석가인 자크 라캉(Jacque Lacan)은 무의식은 언어와 유사한 구조를 가지고 있다고 주장했다. 다른 말로 하자면 생물학보다는 문화가 더 중요한 요소라는 것이다. 프로이트의 오이디푸스 콤플렉스를 이용하여 남녀의 차이를 분석해 왔던 페미니스트 비평가들에게 있어 라캉의 작업은 아주 중요한 역할을 해왔다. 오이디푸스 콤플렉스를 지나 상징계와 관계를 맺을 때 남녀가 차이를 보인다는 것이다. 오이디푸스 콤플렉스는 남자 아이와 여자 아이 모두 어머니와 자신을 동일시하는 1차 동일시에서 생겨난다. 역설적으로 처음에 "남근적" 위치의 권위를 갖는 것은 어머니다. 사회에서 아버지에 비해 어머니의 권력이 약하다는(남근을 상징하는 것은 아버지라는) 발견으로 위기가 발생하고 이 위기 속에서 남자아이와 여자아이는 성적 정체성을 가지게 된다. 남자아이는 미래에 여자와의 관계에서 아버지처럼 권력을 가지게 되리라는 전망과 동시에 '거세 콤플렉스'로 알려져 있는 것 , 즉 자신이 '열등한 남근적인 힘'을 가지고 있다는 사실을 받아들인다. 여자아이는 상징계와 연관하여 종속적 위치에 있다는 거세 콤플렉스를 배우지만 그녀의 경우 완벽하게 상징계에 받아들여질 전망이 없다. 따라서 그녀는 늘 소외감을 지니고 결핍을 느낀다(Mitchell, 1984: 230).

문화연구에서는 무의식의 이론 덕분에 권력과 주체성 형성 사이의 관계를 좀 더 섬세하게 이해하게 되었다. 정신분석이 사회와 심리가 어떻게 연관되는지를 암시하는 데서 그치고 실제로 보여주지 않아서 부족한 면이 있기는 하다. 하지만 그러한 암시는 문화연구가 매력적인 조사의 출발점이 되어왔다.

■ ■ ■ 더 읽을거리

Mitchell, J. (1984). *Women: The Longest Revolution. Essays in Feminism, Literature and Psycho-analysis*. London: Virago.

Thwaites, T. (2007). *Reading Freud: Psychoanalysis and Cultural Theory*. London: Sage.

Weedon, C., A. Tolson. and F. Mort. (1980). "Theories of language and subjectivity," in S. Hall, D. Hobson, A. Lowe and p. Willis(eds). *Culture, Media, Language*. London: Unwin Hyman.

Pick, D. (2015). *Psychoanalysis: A Very Short Introduction*. Oxford: Oxford University Press.

Žižek, S. (2006). *How to Read Lacan*. London: Granta.

태어나면서부터 시작된다. 그 과정은 아동이 가족 너머의 더 크고 다양한 집단에 참여할 때까지, 서구 사회에서는 학교에 입학할 때까지 지속된다. 1차적 사회화에는 언어와 젠더gender 정체성 획득이 포함된다. 2차적 사회화는 개인이 그 후 일생 동안 받게 되는 모든 영향을 가리킨다. 심리학과 심리하에서 비롯된 학문인 **정신분석**개념 정의 1-1은 어린 시절과 젠더와 섹슈얼리티의 획득과 연관된 조건화에 특히 주목한다. 섹슈얼리티(sexuality)가 특정 개인의 욕망이나 성적 취향을 뜻한다면, 젠더는 각각의 사회에서 남성적인 것 또는 여성적인 것으로 정의되는 사회적 역할을 뜻한다. 심리분석의 창시자인 지그문트 프로이트(Sigmund Freud)는 남성성과 여성성 및 성적 대상의 선택은 직접 생물학과 연관된 것이 아니라 조건화의 결과라고 주장했다. 페미니스트들도 프로이트의 이론을 받아들여서 남자는 원래 우월하다는 생각을 반박했다. 프로이트 자신이 특히 **페미니즘**에 동조한 것은 아니었지만. 문화변용과 문화적응, 조건화와 사회화라는 개념은 다양한 사회적 장치, 즉 우리가 의미에 대해 배우고 문화의 일부가 되는 방식에 큰 역할을 하는 사회적 장치에 큰 관심을 기울인다.

문화연구에서는 사물이 의미하는 바를 어떻게 해석하는가?

인류학과 사회학에서는 유의미한 행동, 즉 개인이 자신의 행동·사상·감정을 이해하는 방식을 문화적인 것으로 간주한다. 이런 접근1장 1절의 '생활 방식으로서의 문화' 참조에서는 개인과 사회집단이 이해 방식을 공유한다고 가정한다. 몇몇 사회학자들은 세계에 대한 지식이 사회적으로 구성된다는 점을 강조한다. 다시 말해 우리는 자신의 사회적 상황이나 다른 사람들과의 상호작용을 통해 세계를 이해한다는 것이다(Dennis, Philburn and Smith, 2013). 이처럼 우리의 이해가 사회적 상황에 의해 구조화된다면, 우리의 세계관은 편파적일 수 있다.

우리의 외부에 현실 세계가 있는데 우리는 단지 특정한 시각에서만 그것을 볼 수 있을 뿐이다. 그래서 우리의 세계 인식은 조망적일 수밖에 없다. 이런 조망적 관점은 문화적 상대주의란 쟁점과 유사하지만 또 다른 점이 있다(이 장에서 나중에 더 살펴보겠다). 문화적 상대주의는 구어나 언어로 표현되고 당연하게 여기는 습관적인 사고방식이 우리의 이해의 방향을 정한다는 점을 부각시키는 반면, 조망적 관점은 사회적 역할과 관계가 세계를 보고 의미를 부여하는 방식을 어떻게 형성하는지 강조한다. 조망적 관점의 예로 결혼의 파탄에 대해 설명하는 상황을 보자. 결혼 파탄의 당사자나 그 영향을 받는 사람의 설명이 서로 일치하지는 않을 것이다. 특히 아내나 남편의 설명이 상대방의 설명과 일치하는 경우는 거의 드물다(Hart, 1976).

이런 식으로 이해에 접근하는 방법을 지식사회학이라고 한다. 지식사회학에서는 우리의 사회적 위치를 검토하면 우리가 세상을 어떻게 이해할지 알 수 있다고 본다. 예를 들어 우리의 세계관이 계급적 위치와 연관되기 때문에, 노동계급 사람들과 상류계급 사람들은 서로 다른 관점을 지닌다는 것이다. 물론 지식사회학자들이 우리의 믿음이 늘 우리의 사회적 상황으로 환원될 수 있다거나 단순히 사회적 상황으로부터 유추된다고 보는 것은 아니다. 그러나 그들이 세계관은 문화적이며, 따라서 문화는 사회와 연관해 연구해야 한다고 생각하는 것은 분명하다. 나아가 사회적 위치와 관련지어 문화를 해석하면 증거와 상대주의의 문제가 대두된다. 만약 지식이 사회적으로 구성된 것이라면 '진정한 지식'이 존재하는가? 늘 사회적 위치에 따라 인식과 믿음이 달라진다면 우리가 왜 특정 관점을 믿어야 하나? 왜 지금 이 말을 하는 저자의 말을 믿어야 하나? 저자의 관점조차 사회적 위치에 의해 영향을 받은 것이 아닌가? 다른 사회의 생활 방식이어야 하는가? 우리가 다른 해석을 판단하거나 평가하려면, 특정 해석에 대한 증거를 고려해 볼 필요가 있을 것이다. 그러므로 문화연구에서는 의미의 해석이 핵심 쟁점이며 그것은 우리가 과거와 현재의 관계를 어떻게 이해하느냐와 연관되어 있다.

문화연구는 과거를 어떻게 이해하는가?

영국에서는 문화의 전통적인개념 정의 1-1 성격에 대한 논의가 활발하다. 영국은 1000년 이상의 문화를 가진 나라다. 이런 맥락 속에서 영문학에서는 문화를 영향과 전통의 견지에서 이해하곤 했다. 예를 들어 T. S. 엘리엇(1932: 15)은 "어떤 시인도, 어떤 예술가도 혼자서 완벽한 의미를 지닐 수는 없다. 그의 의미, 즉 그를 이해하려면 그와 죽은 시인 및 예술가와의 관계를 이해해야 한다"고 했다. 아주 최근에 영문학 연구에서는 정전(canon), 즉 문학적으로 가치가 있고 따라서 학교와 대학에서 꼭 읽어야 하는 문자 텍스트의 가치에 대해 의문이 제기되기 시작했다. 이전에는 무시되었던 텍스트들이 고등학교와 대학의 강의계획서에 소개되고 있다. 여성의 작품, 영국 사회 내 소수집단의 저작, 비영국인의 저작, 대중소설 등이 더 많이 정전에 포함되었다. 예를 들어 현재에는 카리브 제도 세인트루시아의 데릭 월컷(Derek Walcott), 나이지리아의 치누아 아체베(Chinua Achebe), 미국의 앨리스 워커(Alice Walker)가 문학적으로 높이 평가된다. 영문학 연구에서는 다른 시인과 작가들이 텍스트에 미친 영향을 넘어서서 사회적·역사적 요인이 텍스트 생산에 미친 영향에 주목하고 있다. 예컨대 19세기 소설을 연구할 때 이제 비평가들은 흔히 19세기에 여성의 사회적 지위에 대해 살펴본다. 에드워드 사이드(Edward Said)나 가야트리 스피박(Gayatri Spivak) 같은 비평가들은 유럽 제국주의 역사를 살피고 그 역사가 문학에 어떤 방식으로 나타나는지 물었다.

영문학 연구에서 보이는 이런 특별한 예는 전통이 단순히 발견되기를 기다리는 중립적이거나 객관적인 것이 아니라 문화적으로 구성된 것임을 보여준다. 전통이 구성되고 재구성되는 과정에서 어떤 것은 포함되고 어떤 것은 배제

'전통'과 '전통적'
'Tradition' and 'traditional'

'전통'과 '전통적'은 전달 혹은 전수라는 의미의 라틴 동사인 트라데레(tradere)에서 비롯되었다. 문화연구에서 전통은 전수된 문화적 요소(예를 들어 언어)나 집단적인 지혜(예를 들어 민담)를 가리킨다. 형용사로서 ("전통적") 연속성과 일관성을 함축한다. 전통과 전통적 관행은 긍정적으로나 부정적으로 간주될 수 있을 것이다. 과거가 존중되는 곳에서 전통은 타당성과 가치의 원천으로서 여겨질 것이고 혁명적인 상황에서는 과거는 경멸의 대상이자 진보를 막는 것으로 간주될 것이다.

'전통'이라는 단어는 다양한 의미를 지니며 모든 의미가 문화를 이해하는 데 중요하다. 전통은 세대에서 세대로 전수된 관습이나 지식을 의미할 수 있다. 이런 의미에서, 예를 들어, 국가의 전통은 시대의 표지이자 한 나라 문화의 뿌리 깊은 속성의 표지로서 긍정적인 의미를 지닐 수 있다. 반면 형용사로서 "전통적"은 북미나 서유럽에서 종종 부정적인 혹은 경멸하는 의미로 사용된다. 북미나 유럽은 자신을 근대적이라고 묘사하며, 여기서 "전통적"이 비유럽적 문화와 사회를 묘사하는 데 사용될 때는 '후진적' 혹은 저개발을 의미할 수 있다. 이때 '후진적' 혹은 '저개발'이라는 용어가 가정하는 것은 모든 사회가 같은 방식으로 같은 방향으로 근대화되어야 한다는 것이다. 문화연구는 이런 식으로 한 문화의 기준을 다른 문화에 강요해 어떤 점에서건 다른 문화를 열등한 것으로 정의하는 데 대해 늘 비판적이다. 적어도 '현대' 사회들이 '전통적' 사회로부터 무엇을 배울 수 있는가 생각하는 것은 그 반대의 경우 못지않게 중요한 일이다 (Diamond, 2012). '전통적'은 또한 당연한 것으로 받아들여지는 사회적 역할을 뜻하지만 문화연구에서는 이에 의문을 제기한다. 예를 들어, 어머니가 되는 게 무엇이며 아버지가 되는 게 무엇인가가 거기에 속한다.

■ ■ ■ 더 읽을거리

Hobsbawm, E. and T. Ranger. (2012). *The Invention of Tradition*. Cambridge: Cambridge University Press(re-issue).

Peterson, R. A. (2000). *Creating Country Music: Fabricating Authenticity*. Chicago: University of Chicago Press.

Diamond, J. (2012). *The World Until Yesterday: What Can We Learn from Traditional Societies*. London: Penguin.

된다. 여러 학자들이 지적한 바와 같이 이 과정은 사회의 **권력** 배분 양상을 반영한다. 또 다른 예를 들어 이 점을 분명히 해보자.

스코틀랜드나 다른 나라에서 스코틀랜드의 전통 복장으로는 고지대 사람들의 복장인 킬트(kilt)를 든다. 이런 옷은 쉽게 알아볼 수 있고 가장 눈에 띄는 스코틀랜드 문화의 구성 요소 중 하나로, 스코틀랜드 사람들은 특별한 행사 때 이 옷을 입는다. 그래서 스코틀랜드 외의 나라에서는 이것을 스코틀랜드성(Scottishness)의 구성 요소, 즉 특정 장소나 특정 생활 방식의 요소로 여긴다. 대다수 스코틀랜드인 역시 이를 받아들인다. 이들은 스코틀랜드식 체크 무늬 옷을 입음으로써 스코틀랜드 문화와 일체감을 느낀다. 그러나 사실 킬트는 역사적으로 특정한 요구에 맞추어 구성되고 재포장된 것이다. 데이비드 매크론(David McCrone)은 다음과 같은 의견을 제시했다(McCrone, 1992: 184).

> 19세기 후반이라는 특정 시점에 특별한 문화적 양상을 열망하던 저지대 사람들이 고지대 옷의 형식이나 디자인을 차용한 것이다. 그 이전에 고지대에서도 그 옷이 의미가 있기는 했지만, 의도된 것이 아니라 우연히 그런 의미를 지니게 되었을 뿐이었다. 그때는 바로 스코틀랜드 저지대의 경제적·사회적·문화적 정체성이 사라져가고 있던 시기였다.

이처럼 널리 인정받는 대표적인 문화 형식은 결코 보편적인 것이 아니고 특정 시기의 특정 집단과 연관된 것으로 보인다. 더욱이 이것은 스코틀랜드 사회 속에서 킬트의 의미가 끊임없이 변화했음을 뜻한다. 1950년대에는 일부 젊은이들이 킬트를 입는 것을 나약함의 상징처럼 생각했으나, 최근 들어 스코틀랜드의 민족주의가 부흥하자 킬트가 다시 유행해 결혼식 같은 행사에 입고 가기도 한다.

다른 문화는 이해될 수 있는가?

킬트의 예에서는 누가 언제 킬트를 입었는지 정확하게 알 수 없기 때문에 증거의 신뢰성이 문제가 될 수 있다. 더 나아가 여기서 이른바 '역사적 상대주의'의 문제가 제기된다. 이에 주목해야 하는 이유는 우리가 살고 있는 21세기라는 현재가 우리의 선조들이 살았던 세계와는 매우 다르기 때문에 우리는 선조들의 세계를 선조들의 방식으로 이해할 수 없다. 중간계급에 속하는 저지대 스코틀랜드인이 킬트를 입을 때 무슨 생각을 했는지 우리가 어떻게 알 수 있겠는가? 이렇게 제기된 쟁점은 다음에 논의할 문화적 상대주의와 더 관련이 있는 쟁점들 사이에 약간의 유사성이 있다.

역사적으로 다른 시대의 문화를 연구할 때뿐 아니라, 세계의 다른 지역이나 우리 사회의 다른 부분의 문화를 이해할 때도 이와 유사한 어려움이 따른다. 우리가 다른 사람들의 문화를 어느 정도 그들이 이해하는 방식으로 이해할 수 있는가? 어쩔 수 없이 우리 자신의 문화적 이해라는 왜곡된 프리즘을 통해 그들의 문화를 보게 될 것인가? 이런 문제는 인류학자들이 비유럽 사회의 문화를 연구할 때 늘 부딪히는 문제이기도 하다. 시간 개념이 아주 다르고, 마법과 마녀에 대한 생각도 아주 다른 서구 독자를 위한 책에서 아잔데 (Azande)족이 신탁에 부여하는 진지함예 1-1이나 트로브리안드(Trobriand)섬 주

아잔데족

Azande

아프리카 부족인 아잔데족은 니일강과 콩고강의 분기점에 산다. 그들의 신앙 체계에 관한 고전적인 저서로는 에번스프리처드(E. E. Evans-Pritchard)의 『아잔데족의 마법, 신탁, 마술(*Witchcraft, Oracles and Magic among the Azande*)』이 있다. 아잔데족은 그들에게 생기는 불행 중 대다수가 마법[mangu]으로 생긴 것이라고 믿는다. 아잔데족은 마법에 걸리면 장을 검게 부풀어 오르는 물질이 생기고 이 물질이 활성화되어 해를 끼친다고 믿는다. 이 마법은 유전병과도 같지만 마법이 유전되었다고 해도 반드시 다른 사람에게 해를 끼치는 것은 아니다. 왜냐하면 마법은 반사회적인 악감정이 있을 때만 발현되기 때문이다. 착한 마음을 지닌 사람은 마법을 일으키지 않는다. 마법은 악감정에서 나오므로 아잔데족은 불행한 일을 겪게 되면 자신에게 적대적이거나 자신에게 해를 끼칠 만한 사람을 의심한다. 아무래도 우선 적을 의심하게 될 것이다. 잔데(아잔데의 단수형)는 자신에게 마법을 건 사람이 누군지 알려달라는 신탁을 다섯 번까지 할 수 있다.

마법을 건 사람이 누구라는 신탁이 나오면 그 사람에게 그 사실을 통지하고 마법을 거둬달라고 요청한다. 마법을 건 것으로 의심받은 사람은 물론 자신은 무죄이며 해를 끼칠 의도가 없었다고 항변한다. 만일 해를 끼쳤다 하더라도 의도적으로 그런 것은 아니라고 해명한다.

한편 에번스프리처드는 아잔데족이라도 늘 불행을 마법 탓으로만 돌리고 개인의 도덕적 잘못은 전혀 없다고 생각하는 것은 아니라고 덧붙인다. 아잔데족에게도 마법이 유일한 설명 체계는 아니다. 그들도 사건에 대한 기술적인 설명을 인정한다. 예를 들어 집이 무너져서 어떤 사람이 다쳤다면 마법은 '왜 하필이면 이' 집이 무너졌나를 설명한다. 그러나 모든 사건을 설명하는 데는 '왜'와 '어떻게'가 있다. 나무가 썩어서 집이 무너진 것에 대한 설명은 '어떻게'에 해당하는 기술적인 설명이다. 그러나 그 집이 하필이면 특정한 시간에 특정한 사람 위로 무너져 내린 것은 '왜'에 해당한다.

'왜'에 대한 설명은 에번스프리처드가 사건의 특이성이라고 부른 것, 즉 '왜 하필 나인가?', '왜 하필 지금인가?'라는 의문과 관련된다. 종교는 이것을 신의 뜻이라고 하고, 과학은 우연히 시공이 일치해서라고 하고, 불가지론자들은 운이라고 한다. 그런데 아잔데족은 이것이 마법 때문이라고 하는 것이다. 에번스프리처드는 자신이 아잔데족과 함께 사는 동안 마법이 다른 설명 못지않게 자신이 살며 겪은 일들을 잘 설명해 주는 한 가지 방식임을 알게 되었다고 한다.

민들이 시간에 대해 생각하는 바예[1,2]를 정확하게 전달할 수 있을까? 소설가들과 사회학자와 저널리스트 또한 자신의 사회 안에 다양한 집단의 생활 방식을 묘사할 때 이런 문제에 부딪히게 된다. 이런 문제로부터 아주 심각한 실용적인 어려움이 여러 가지 발생할 수 있다. 예를 들어 대화에 대한 영향력 있는 한 연구(Tannen, 1990)에서는 남녀 사이에 오해가 많이 생기는데 그 이유가 서로 다른 문화 간 커뮤니케이션을 할 때 겪는 어려움을 일상적인 생활에서 겪어서라고 한다. 미국에서는 '여성들은 연결과 친밀함의 언어를 말하고 듣는 데 비해 남자들은 지위와 독립의 언어들을 말하고 듣는다'(Tannen, 1990: 42). 남녀는 서로 다른 대화 방식을 사용한다. 태넌(Deborah Tannen)에 따르면 어떤 문제를 논의할 때 여자들은 안심시키는 반면 남자들은 해결책을 찾는다고 한다. 여자들은 관계 형성을 위해 대화에 '참여하는' 경향이 있는 데 비해 남자들은 설명하고 강연할 때 더 편안하다. 여자들과 비교해 남자들은 남의 말을 경청하지 않는 경향이 있다. 태넌에 따르면 여자들은 남자들과 비교해 더 자주 눈을 맞추고 남의 말을 덜 끊는다. 그녀는 남녀가 서로 뚜렷이 다른 대화 방식을 사용한다고 하며 이것을 '성별 사투리'라고 부른다. 남녀의 방식이 너무나 달라서 남녀 간 대화는 문화 간 커뮤니케이션의 한 형태로 간주하는 게 적절할 것이다.[2장 참조]

홀리스(M. Hollis)와 루크스(S. Lukes)는 '지각적 상대주의'라는 대분류 아래

트로브리안드섬 주민

Trobriand Islanders

트로브리안드섬은 정치적으로 파푸아뉴기니에 속한다. 이 섬의 주민들에 대한 가장 유명한 저작은 말리놉스키(B. Malinowski)의 것이지만, 그들의 시간 개념에 대해서는 리치(E. R. Leach)의 「원시적 달력(Primitive Calendars)」(*Oceania* 20, 1950)에서 잘 다루고 있다. 다른 저작들과 아울러 이 논문도 앤서니 애브니(Anthony Aveni)의 『시간의 제국: 달력, 시계, 문화(*Empires of Time: Calendars, Clocks and Cultures*)』(1990)에 언급되어 있다. 트로브리안드 달력은 음력이다. 음력에서는 일 년이 12~13개월로 되어 있지만 트로브리안드의 달력에는 10개월만 있다. 나머지 달은 달력에 없는 '여가 시간'이다. 트로브리안드 달력에서 가장 중요한 사건은 벌레가 나타나는 것이다. 이 벌레는 일 년에 한 번 사흘이나 나흘 밤 동안 물 위에 알을 깐다. 벌레가 나타난 달에는 파종 시작을 기념하는 축제인 밀라막(Milamak)이 열린다. 벌레가 매년 정확하게 같은 시기에 나타나지 않기 때문에 파종도 매년 정확하게 같은 시기에 시작되지는 않는다. 또 때로는 벌레가 나타나는 시간과 파종을 시작하는 시간이 일치하지 않기도 한다. 트로브리안드섬이 사슬 모양이고 벌레는 이 사슬의 남단에만 나타나므로 섬 전체에 소식이 전해지는 데 시간이 걸리기 때문이다. 그 결과 지역에 따라 벌레의 등장을 축하하는 축제가 열리는 시기에 큰 차이가 난다. 이런 차이가 너무 커서 더 이상 어쩔 수 없게 되면 트로브리안드 주민들은 달력을 재편성하여 일관성을 유지한다.

트로브리안드 주민들은 시간을 농업의 일정과 밀접하게 연관된 것으로 인식하며, 따라서 그들에게 시간은 순환적이다. 농업과 연관이 없는 시간은 인정되지 않고 심지어 달력에서 제외되기도 한다. 시간에 얽매여 활동하는 것을 자연스럽고 필연적인 것으로 여기는 현대 산업사회에 사는 사람들로서는 이해하기 힘든 개념이다. 트로브리안드섬의 언어에는 시제가 없다. 그곳에서 시간은 한번 지나가면 다시는 돌아오지 않는 단선적인 것이 아니라 순환적으로 되돌아오기 때문이다. 트로브리안드섬 주민은 존재의 속성이 시간 속에 있는 것이 아니라 패턴 속에 있다고 생각한다. 그들에게 사건과 사물을 자리매김하는 기준은 시간이 아니라 질서와 규칙적인 패턴이다.

역사적 상대주의와 문화적 상대주의 둘 다를 포함시킨다(Hollis and Lukes, 1982). 그리고 지각적 상대주의에서 두 가지 차원을 검토해야 한다고 주장한다. 첫째, 보기와 지각하기가 어느 정도 상대적인지 검토해야 한다고 한다. 다시 말해서 우리가 무엇을 보거나 이해하려고 할 때 다른 사람들과 똑같이 보는지 검토해야 한다. 둘째, 지각과 이해가 어느 정도 언어에 의존하는지 검토해야 한다. 지각에 대한 이 두 문제를 검토하다 보면, 문화연구를 하는 학생으로서 우리가 누구와 무엇을 연구하는지 이해하기 위해 우리 자신이 누구인지 ― 어디 출신이며 우리 '위치'는 무엇인지 ― 끊임없이 되물어야 함을 깨닫게 된다.

어떻게 문화 간의 관계를 이해할 수 있는가?

어떻게 문화 간의 관계를 이해하느냐는 이슈에 초점을 맞출 때 사회적 위치는 또 다른 문제를 제기한다. 이것을 이해하는 전통적인 방식 중 하나는 문화를 배타적인 영역으로 경계 또는 '접경지대'에서 서로 교차하고 상호작용하는 것으로 간주하는 것이다. 예를 들면 트로브리안드섬 주민이나 아잔데 족 같은 원주민과 **식민주의** 과정에서 들어온 유럽인들(물론 그들을 연구하고 그들에 대한 글을 쓰는 인류학자를 포함해) 사이의 상호작용을 생각해 볼 수 있다. 이런 관점에서 볼 때 문화 간의 관계란 한 문화가 다른 문화를 '대체' 또는 '부패'시키고, 그 다른 문화는 '파괴' 또는 '소멸'된다. 또 하나의 역사적 예는 호주의 식민지화이다. **글로벌라이제이션**을 통해 유럽, 아시아, 아프리카로 퍼진 맥도널드 햄버거, 코카콜라, 리바이스 청바지에 대해 표현되었다.

그러나 이런 관점은 어떤 면에서 제한적이다. 첫째, 세계는 이처럼 배타적인 문화권으로 나뉠 수가 없다. 우리가 지적한 대로 문화는 연령·젠더·계급·지위의 문제라서 국가·부족·사회를 기준으로 하는 문화권은 그 자체가 여러

✓ **식민주의**
식민주의는 다른 사회가 한 사회에 주둔하면서 군사적 종속과 때로는 문화적 차원의 종속을 통해 직접적으로 통제하는 것을 묘사한다.

✓ **글로벌라이제이션**
글로벌라이제이션은 세계 경제, 정치, 문화가 글로벌 시스템안에서 서로 맞물리는 과정을 묘사한다.

문화로 구성되어 있다. 이것은 우리 자신이 단 하나의 문화가 아니라 여러 문화와 연관되어 자리매김된다는 뜻이다. 둘째, 문화는 강자의 문화가 약자의 문화를 파괴하는 식으로 작동하지는 않는다. 문화는 끊임없이 사회적인 의미를 만들어가는 과정이므로, 서로 적응하고 변화하는 가운데 새로운 형태의 문화를 만든다. 예를 들어 트로브리안드섬 주민들은 영국의 크리켓 게임을 받아들였다. 하지만 그것을 자신들의 방식으로 전쟁놀이로 만들었다. 트로브리안드섬의 오락을 크리켓으로 대체한 것이 아니라, 영국식 크리켓도 트리브리안드 전쟁도 아닌 새로운 혼종(hybrid)이 생겨난 것이다. 마지막으로, 문화 사이의 관계는 문화적 '영역들'(예를 들어, 5장 참조)을 이어 붙여놓은 것으로 보기보다는 겹치는 망이나 네트워크로 보는 편이 더 적합하다. 이렇게 보면 어떤 문화 형태를 이해한다는 것은 그것을 단순히 한 문화 속에 자리매김하는 것이 아니다. 서로 다른 문화의 네트워크의 교차 속에 그것이 어떻게 자리 잡고 있는지 보는 것이다. 예를 들어 코카콜라의 의미는 나라마다 다르다. 인도에서는 코카콜라가 신식민주의적 억압을 의미해서 한때 금지된 반면, 런던에 거주하는 아시아계 영국 젊은이들에게 코카콜라는 자유와 개인의 자율성을 의미한다. 물론 회사도 광고를 통해 코카콜라의 의미를 통제하려고 하지만 회사가 의미를 모두 통제할 수는 없다. 그렇다고 코카콜라가 단순히 '미국' 문화의 확대를 뜻하는 것만은 아니다. 그 대신 코카콜라의 의미는 코카콜라가 복합적인 문화 관계의 네트워크 중 어디에 자리 잡고 있느냐에 따라 달라진다. 이 관계의 네트워크야말로 서로 다른 위치에 있는 소비자들에게 코카콜라가 지니는 의미와 가치를 결정한다.

✓ **혼종**
혼종은 문화적 혼합 과정을 묘사한다. 종종 글로벌라이제이션 때문에 일어나는 현상으로 원래의 문화와는 다른 문화 형태(예를 들어, 음악, 음식 혹은 예술 형태)를 생산하는 과정이다.

✓ **네트워크 사회**에 대해서는 3장을 참고하라.

왜 어떤 문화나 문화 형태는 다른 것보다 높이 평가되는가?

전통적으로 문학은 고급문화(의미: 예술이나 예술적 활동)의 일부로 간주되어 왔다. 일정한 문학 텍스트, 예컨대 찰스 디킨스(Charles Dickens)의 소설이나 세익스피어의 연극은 연구할 만한 가치가 있는 것으로 선택되었다. 이런 선택의 과정은 곧 다른 텍스트들을 문학적 가치가 없거나 덜 중요하거나 연구할 가치가 없는 것으로 배제한다는 뜻이다. 또 이런 과정을 통해 영화나 텔레비전 같은 현대적인 형태의 문화 활동을 폄하하고 쓰기의 중요성을 강조하게 된다. 나아가 가치가 있다고 평가된 문학이나 고급문화만을 문화로 간주하기도 한다. 여기서 배제된 다른 저작이나 텍스트는 단순히 쓰레기, 또는 다른 경멸적인 표현인 대중문화로 간주된다. 여기에는 가치판단이 개입되고, 그 판단은 종종 자명한 것으로 여겨진다. 그래서 어떤 형태의 문화는 높이 평가되고 보호되는 반면 다른 형태의 문화는 가치가 없거나 아주 위험한 것으로 규정된다. 그러나 우리가 살펴본 바대로, 그러한 정전이나 전통은 원래 있었던 것이 아니며 그것들 자체도 구성된 것이다. 더 나아가 호킨스(H. Hawkins)의 지적대로 고급문화로 생각되어 온 것과 대중문화로 정의되어 온 것들은 종종 유사한 주제를 공유하고 있고, 또 어떤 시기에는 고급문화로 여겨지던 특정 텍스트가 다른 시기에는 대중문화로 간주될 수도 있다(Hawkins, 1990). 오페라를 보면 이것을 잘 알 수 있다. 이탈리아에서 오페라는 널리 인정된 대중문화로, 오페라 가수들은 아주 유명하고 공연마다 일가견이 있는 관객들이 어마어마하게 몰려든다. 반대로 영국에서는 오페라가 엘리트 취향으로 간주되며 연구에 따르면 다른 오락과 비교해서 나이 든 관객이나 상류층 관객이 보러온다. 그러나 1990년 월드컵 결승전에서 파바로티(L. Pavarotti)가 오페라 〈투란도트(*Turandot*)〉에 나오는 「공주는 잠 못 이루고(Nessun Dorma)」를 부른 것을 BBC 텔레비전이 중계방송한 후 영국에서 오페라의 인기가 치솟았다. 오페라 극장의 오페라 공연 일수가 늘어났을 뿐 아니라 공원과 경기장에서 오페라에 나온 음악을 주제로 한 콘서트가 성황리에 열렸다. 오페라를 주제로 한 텔레비전 프로그램과 비디오, CD의 판매량 역시 어마어마하게 늘었고 카레라스(J. Carreras), 도밍고(P. Domingo), 파바로티가 함께 부른 앨범인 〈인 콘서트(*In Concert*)〉가 1990년 음악 차트에서 최고 순위에 올랐다(Cultural Trends No.7, 1990). 이런 예를 보면 현실적으로 오랫동안 안정된 것으로 문화 활동을 명확하게 구분하는 것이 경험적으로 어렵다는 중요한 사실을 알 수 있다.

다양한 문화 수준과 유형 사이의 경계와 그 경계에 대한 합리화가 문화연구의 핵심적인 관심사 중 하나다. 어떤 작가들, 흔히 **포스트모더니즘**의 영향을 받은 작가들개념 정의 6-1은 고급 예술과 대중 예술 사이에 경계가 사실상 해체되는 과정에 있다고 말해 왔다. 이 견해를 받아들이든 거부하든 간에, 경계와 주변 혹은 경계와 주변이 변화하거나 덜 중요해지는 방식을 연구하다 보면, 아마 경계 안에서 보전되는 가치들에 대해 더 잘 알게 될 것이다. 문화 체계 사이의 관계는 문화적 변화와 문화적 지속성(발전 과정으로서의 문화)의 주제와 연관되어 있기도 하지만 동시에 경계 유지나 변화 과정 연구에서 큰 성과를 낼 수 있는 분야다.

어떤 문화에 대해 정부 당국자들은 흔히 빈약하고 황폐하거나 시대착오적인 것이라고 간주해서 지금이야말로 계획적 개입으로 변화시키기에 적기라고 생각하지만, 사회인류학에서는 늘 그런 문화의 가치와 생존 능력을 보여준다. 반대로 재러드 다이아몬드(Jared Diamond)는 광범위하게 '전통적' 사회의 성격과 그로부터 무엇을 배울 수 있는지에 대해서 써왔다(Diamond, 2012). 백스터(P .T. W. Baxter)와 리그비(P. Rigby)의 연구는 유목적 전원주의 ─ 즉, 사람들이 동물과 함께 이동하고 동물에서 나오는 생산물이 중요한 주요 주식이 되는 그런 생활 방식 ─ 가 특수한 상황에서 자원을 대체로 합리적이고 효율적으로 사용한다고 주장한다(Baxter, 1991; Rigby, 1985). 유목민들은 경작 불가능한 척박한 지역에서도 살아남을 수 있고 문화적·사회적·정치적 생활을 풍요롭게 즐길 수 있다는 것이다. 이런 증거에도 불구하고 토지 개발업자들은 토지 정책을 통해 유목민에게 전통적인 생활 방식을 포기하고 정착 경작자가 되거나 임금 노동자가 되도록 압력을 가한다. 이런 예들로 인해 권력과 불평등의 이슈에 주목하게 된다(이 장의 다음 부분에서 그 이슈를 다루겠다).

문화와 권력의 관계는 무엇인가?

지금까지의 논의에서 권력 문제는 계속 암시되었다. 문화는 상호작용의 산물이므로 그 자체로 사회의 일부이고 사회 내 주요 권력의 노선에 따라 형성된다. 모든 사회는 정치적·경제적으로 조직되어 있으며 그로부터 권력과 권위가 배분된다. 그리고 어떤 사회든 희소한 자원을 분배하는 수단을 소유하고 있으며 이런 배치로 인해 특정한 사회 형태가 발생한다. 사회적으로 지배적인 집단의 이해관계가 문화에 영향을 끼치며, 그 지배 집단은 특정 구조 속에서 자신의 위치를 설명하고 정당화한다.

그 방법 중 하나가 전통을 구성하고 선전하는 것이다. 그래서 영국의 '의회 민주주의의 전통'이라는 관념은 다른 민주주의 관념을 배제하는 동시에 권력자들의 이해관계에 어긋나는 사회조직을 배제한다고 할 수 있다. 마찬가지로 영문학의 전통은 다른 목소리를 배제하고 주변화 한다. '쓰레기'나 '대중문화'라는 정의 자체가 억압받는 집단이 향유하는 문화를 부정하는 것으로 볼 수도 있을 것이다.

그러나 또 다른 관점에서 보면 권력자들은 종속 집단을 중독시키고 세뇌시키기 위해 대중문화를 이용하기도 한다. 이런 입장에서는 대중문화를 선전으로 간주할 수 있다. 현대 문화에 대한 한 평가인 **프랑크푸르트학파**의 비판이론에 따르면 문화 산업은 대중 관객에게 수동성과 순응성을 주입한다. 이런 유형의 분석에서는 예컨대 유명 밴드와 팬의 관계에 독재자와 추종자의 관계가 반영되어 있다고 본다. 팬과 추종자는 순종과 순응의 **제식**(ritual)에 참여함으로써 긴장을 이완시킨다는 것이다(Adorno, 1967: 119~132).

어떤 견해를 받아들이든 간에 권력과 문화는 불가분의 관계에 있으며 문화 분석을 정치 및 권력에서 분리할 수 없다는 것이 문화연구의 주요 주장 중 하나인 건 분명하다. 사실 이것이 문화를 연구하고 문화를 신시하게 받아들여야만 하는 중요한 이유이기도 하다. 그러나 문화 형태와 권력이 정확하게 어떻게 연결되는가는 면밀한 조사를 필요로 하는 복잡한 이슈다.

'권력으로서의 문화'와 어떻게 타협하고 어떻게 저항하는가?

사회의 다양한 집단의 이해관계가 존재한다면 문화적 태도가 종종 갈등을 일으킬 수밖에 없다. 그래서 사회에 늘 협상의 과정이 있고 여러 생활 영역에서 문화적 저항 또한 발생한다. 문화연구와 관련된 갈등과 타협의 네 가지 주요 영역은 젠더, '인종', 계급, 연령이다. 이런 개념들은 사회적 관계를 정의하는 것인데, 그 관계들은 흔히 갈등으로 가득 찬 영역이기도 하다. 예를 들어, 한 분야를 이야기하자면 젠더라는 개념은 남성성과 여성성의 정의와 함께 남자들과 여자들의 관계 맺는 방식을 포괄한다. 남자가 되는 게 무엇이며 여자가 되는 게 무엇인지가 결코 고정된 것이 아니기 때문에 젠더에 대한 정의는 여러 사회에서 쟁점이 된다. 실은 이런 정의 자체가 부분적으로는 남녀 간의 권력 투쟁의 산물이기도 하다.

페미니스트 비평가들은 젠더 연구에 아주 큰 영향을 미쳤다. 젠더에 대한 페미니스트의 논의는 세 가지 주장으로 나눌 수 있다. 개괄적으로 말하자면 평등 문제, 공통성 또는 보편성 문제, 차이 문제이다. 평등의 주장은 정치적 권리를 강조한다. 남녀 간의 평등은 남녀 모두가 가질 자격이 있는 추상적인 권리에 의해 정의된다. 불평등은 여성에게 권력이 없는 것, 예를 들면 투표권이나 동일노동 동일임금의 권리 같은 것이 없는 상태로 정의된다. 여기에서

✓ 페미니즘
페미니즘은 남녀 불평등을 반대하는 광범위한 사회운동과 젠더 불평등을 연구하고 비판하는 학문적인 작업을 묘사한다.

여성의 권리에 대한 개념을 둘러싸고 타협이 이루어진다. 공통성이나 보편성을 강조하는 입장에서는 여성들이 서로 다른 사회적·지형적·문화적 집단에 속하더라도 여성이기 때문에 공통된 혹은 보편적인 이해관계를 공유한다고 주장한다. 여기서는 모든 사회에서 여성은 종속되어 있어 근본적으로 불평등하다는 개념을 둘러싸고 타협이 이루어진다. 차이에 대한 주장은 좀 더 복잡하다. 여기서는 단순한 평등과 보편성 양자를 모두 거부한다. 그 대신 남녀 간의 차이와 여성 집단 간의 차이가 있다는 것은 어떤 특정 상황으로부터 젠더 개념을 추출할 수 없다는 뜻이다. 그러므로 불평등을 부인하지는 않지만 구체적인 차이를 둘러싸고 타협이 이루어진다. 성별 분리를 비판하는 사람들은 젠더의 문화적 구성을 재정의하려고 한다. 그뿐 아니라 여성운동은 레즈비언과 게이와 트랜스의 권력을 위해 투쟁하면서 남성의 경험과 여성의 경험에 대해 문화적 경계를 다시 설정하려고 한다. 그런 정치적 운동들은 법과 종종 종교 조직이나 정당과 같은 사회적 정치적 제도와 갈등을 일으키게 된다. 즉, 기존의 종교 조직이나 정당에서는 자신들의 지배를 잠식하거나 파괴하는 운동에 대한 문화적 지지를 원치 않는다. 이런 예들에서 사회라는 더 광범위한 프레임(권력과 권위 구조)은 자신이 원하는 결과를 낳기 위해 문화적 믿음과 관행에 영향을 미치고 강요한다. 우리는 이미 문화가 다양한 방식으로 권력관계 및 권력 유형과 연관되는 수많은 다른 영역을 소개한 바 있다.

문화는 어떻게 우리의 정체성을 형성하는가?

위의 예들은 문화적 정체성을 둘러싸고 종종 투쟁과 타협이 이뤄진다는 것을 보여준다. 정체성의 문제에 대한 더 두드러지는 예로 19세기 보편 교육의 성장과 밀접하게 연관되어 영문학 연구가 생겨난 것을 들 수 있다. 여러 학자들이 언급했듯이 영문학은 학생들에게 민족문화를 알리기 위해 생겨났다(Batsleer et al., 1985; Ashcroft et al., 1989에서 재인용). 민족문화를 가르치기 위해 문학 텍스트가 사용된 것이다. 따라서 영문학이 그 자체로 훌륭한 학문이기는 하지만, 영문학 교육 방법은 의식적으로든 무의식적으로든 특정한 민족적 정체성, 즉 영국적으로 된다는 것(혹은 종종 협의의 의미로 영국의 영국인이 된다는 것)의 의미를 강화하기 위해 고안된 경우가 많다. 이런 의미의 영국적 정체성을 가르치는 가운데 영연방 내의 타국 문화와 정체성을 아무 비판 없이 영국 문화의 일부로 다루기도 하고 정전에서 제외하기도 한다.

이런 과정에서 노리는 또 하나의 효과는 대영제국에 대한 자부심을 주입시키는 것이다. 나이지리아의 작가이자 비평가인 아체베는 조셉 콘래드(Joseph Conrad)의 소설『암흑의 핵심(The Heart of Darkness)』이 여전히 영국 문화의 위대한 예로 제시되는 것을 비판했다. 이 소설은 유럽인의 관점스포트라이트 1-1에서 악몽 같은 아프리카와의 만남을 쓴 것이다. 그러나 아체베는 이 소설에 재현된 아프리카 문화가 파편적이며 아프리카에 대한 무지에 기반을 두고 있으며 따라서 심하게 왜곡되어 있음을 보여주었다. 그러므로 영국인 또는 유럽인(콘래드는 폴란드인이었다)으로서 이 소설을 읽는 것은 아프리카를 보는 아주 일방적인 유럽 제국주의적 관점을 받아들이는 것이다. 이런 과정을 통해 영국의 민족적 정체성이 구성된다면, 그와 동시에 특정한 방식으로 아프리카인의 정체성도 구성된다. 즉, 아프리카인은 비합리적이고 야만적인 '타자들'로 구성된다.

정체성은 종종 지역이나, 더 광범위하게는 장소와 연관된다. 우리는 스스로를 특정한 지방·도시·지역·국가와 동일시한다. 그리고 우리가 이 중 하나를 강조할 때 얼마나 강조할지는 어떤 특정한 시간에 누구를 상대로 말을 하느냐에 달려 있다. 그러나 이런 정체성이 갈등과 불일치를 초래할 수도 있다. 문화연구의 중요한 쟁점은 이런 정체성이 어떻게 구성되며, 또 어떻게 특정한 권력 배분을 반영하고 굴절시키는가 하는 점이다.

아프리카에 대한 콘래드의 생각

Conrad on Africa

그 선사시대 인간이 우리를 저주하는지, 우리에게 간청하는지, 우리를 환영하는지 — 누가 알 수 있었겠는가? 우리는 주변에서 무슨 일이 일어나는지 전혀 몰랐어. 마치 정신병원에서 강렬한 폭동이 일어난 것을 보는 정상인처럼 우리는 영문을 모른 채 내심 두려움에 떨면서 유령처럼 미끄러져 갔어. 우리는 너무 멀리 와 아무것도 이해할 수 없었고 태초의 밤을 여행하고 있어서 아무것도 기억할 수 없었어. 아무런 표시도 — 아무런 기억도 거의 남기지 않고 사라진 시대를 여행하고 있어서였어.

'지상이 이 세상 같지 않았어. 우리는 정복당한 괴물이 족쇄를 찬 모습을 보는 데 익숙해져 있었으나 거기서는 — 거기서는 괴물이지만 자유로운 존재를 볼 수 있었어. 그곳은 이 세상이 아니었고 그 사람들도 이 세상 사람이 아니었어 — 아니, 그들이 비인간적이지 않았어. 자, 말하자면, 그건 최악이었어 — 그들이 비인간적이지 않았다는 것이. 서서히 그런 생각이 떠올랐어. 그들은 소리 지르고 펄쩍 뛰고 빙빙 돌고 무서운 표정을 지었어. 그러나 소름끼치는 것은 그들이 인간 — 당신과 같은 인간 — 이라는 생각이었어. 이렇게 야생적이고 격렬한 소리를 지르는 사람들과 당신이 먼 친족일지도 모른다는 생각이었어. 추하지. 그래, 정말 추해. 하지만 정말 인간이라면, 저 끔찍하게 솔직한 소동에 희미하게라도 반응할 흔적이 자신 속에 있다는 것을, 태초의 밤에서 아주 멀리 떨어져 있지만 그 소동의 의미를 이해할 수 있지 않을지도 모른다는 의심이 희미하게 든 것을 스스로 인정하게 될 거야.

조셉 콘래드, 『암흑의 핵심』(1898),

치누아 아체베(Achebe, 1988: 6)에 인용됨.

그림 1-1 피콕 코트에서 사진을 찍는 인도 여성

사회 변화의 속도는 차이와 정체성 그리고 테크놀로지와 글로벌라이제이션이 가한 영향 이슈들을 제기
한다. 이런 것들은 동시대 문화 연구에 주요한 질문들을 제공한다.

　　정체성은 종종 장소, 즉 특정 지역 및 좀 더 광범위한 장소 둘 다와 연관되
어 있다. 우리는 어떤 특정한 구역, 도시, 지역, 나라와 동일시하는 것을 느낄
것이고 이 중 하나를 강조하는 것은 맥락에 달려 있다. 예를 들어, 우리가 어
떤 특정 시간에 누구에게 이야기하고 있는가에 달려 있다. 그러나 이런 정체
성이 갈등과 대립을 일으킬 수 있다는 것은 분명한 사실이다. 그런 정체성이
구성되는 방식과 그런 정체성이 어떻게 권력의 특정한 분배를 반영하고 굴절
시키느냐가 문화연구의 중요 이슈들이다. 매스컴은 문화연구에서 연구해 온
정체성에 중요한 영향을 끼친다. 미디어의 속성과 효과와 효용은 종종 사회
학에서 사회화 과정에 활발한 구성 요소로서 간주되고 문화연구나 관련 분야
─ 미디어와 커뮤니케이션 연구 ─ 의 구체적인 연구 프로젝트를 형성한다. 미디
어는 많은 문화 텍스트의 커뮤니케이션 도구지만 동시에 생활 방식 속에 스
며들어 있다. 특히 디지털 미디어와 소셜 미디어가 발전함에 따라 일상 속에

깊이 스며들어 몇몇 사상가들은 현대 문화생활이 미디어 생활과 분리될 수 없다고 주장해 왔다(예를 들어 Deleuze, 2012).

점점 더 기존 문화 형태와 패턴 대다수를 점점 더 미디어 재현과 미디어 관행으로부터 분리할 수 없게 되자, 다른 사상가들은 문화의 '미디어화' 정도를 탐구하기에 이르렀다(예를 들어, Hepp and Krotz, 2014).

요약을 위한 예

이 절에서 살펴본 내용을 검토하기 위해 아래에 두 개의 짧은 예를 든다. 가족과 셰익스피어에 관한 것이다.

가족 가족생활을 검토해 보면 우리가 문화연구에서 밝혀낸 쟁점 중 몇 가지가 드러난다. 예를 들면 가족 내에서 성인은 아동에게 권력을 휘두른다. 아동은 비교적 장기간 성인에게 의존해야 하기 때문이다. 가족생활을 이해하는 한 가지 방법은 지배 문화와 종속 문화의 관점에서 가족 관계와 과정을 검토하는 것이다. 페미니스트들이 흔히 이런 방식으로 접근한다. 이들은 남성이 여성과 아동에게 행사하는 문화적·물질적 권력의 집합을 칭하기 위해 가부장제 개념 정의 1-4라는 개념을 사용한다(Pateman, 1989). 아동이 어른에게 의존하는 기간은 시대와 문화에 따라 다르다. 서구에서 아동이라는 개념은 비교적 최근에야 나타났다(Aries, 1962; Walvin, 1982). 더욱이 현대 여러 지역의 아동의 삶을 서구적인 관점에서 고려하는 것은 잘못이다. 성장과 학습의 시기를 서구와는 아주 다른 의미로 보는 지역도 있다(Diamond 2012). 콜드웰(J. C. Caldwell)은 인도 연구에서, 인도 농촌 사회에서는 부가 부모에게서 자식으로뿐 아니라 자식에게서 부모에게로 역시 흘러간다는 문화적인 믿음과 관행이 있다고 말한다(Caldwell, 1982). 서구 사회에서는 전형적으로 자원이 일방적으로, 즉 부모에게서 자식에게로 흐른다. 부모는 자식이 가족의 물질적 안위에 기여할 것을 기대하지 않는다. 그러나 서구 외에 다른 지역에서는 자식이 중요한 이유가 어느 정도는 아동이 가족과 가정의 경제에 기여하기 때문이다. 부모와 아주 어린 자식 사이에도 콜드웰이 소위 부와 서비스의 '흐름'(1982: 142)이라고 부른 것이 나타난다. 예를 들어 걸음마를 하는 아동도 땔감을 모아올 수 있다. 나무가 요리와 난방의 유일한 자원인 곳에서는 이처럼 아동이 모아온 땔감도 가족 경제에 크게 기여한다. 아동에 대한 이런 문화적 관점을 이해해야만 가족계획에 대한 반응을 잘 이해할 수 있다. 콜드웰은 가족계획 정책과 목표의 방향을 설정할 때 가족생활과 바람직한 가족의 크기에 대한 서구의 문화적 가정(假定)이 너무 지나치게 적용된다고 지적한다. 영국의 가족을 벗어나 세계 여러 지역의 가족을 보면서 우리는 문화의 이질성과 다양성을 다시금 깨닫게 된다. 즉, 우리는 전 세계의 문화와 문화적 의미가 같다고 가정하고 이해하는 것이 얼마나 위험한지 경각심을 갖게 된다.

정말이지 서구 사회에서조차도 가족 관행에는 다양한 문화적 다양성이 있다. 소설이나 학술적인 연구는 권력과 계급이 가족생활에 어떤 영향을 미치는지 지적한다. 최근 들어 아동에 대한 전통적인 독법이 비판의 대상이 되었다. 전통적 독법에서는 아동 대다수의 경험과 동떨어진 중간계급의 가족 구조 및 가족 관계를 그리고 있기 때문이다. 아동 문학에서 보이는 성차별주의와 인종차별주의에 대한 비판 또한 있었다. 이런 비판들로 인해 우리는 널리 퍼진 전반적인 문화와 지역의 특정 문화 사이의 관계에 주목하게 된다. 우리가 영국 문화를 프랑스 문화와 다른 것으로 규정할 수는 있지만 모든 영국 가족이 같은 문화를 공유한다고 가정할 수는 없다. 이로 인해서 특정한 지역 문화와 그 지역 문화가 구성하는 광범위한 문화 전체 사이의 관계라는 도전적인 이슈가 생겨난다.

시간이 가면 가족 구조와 조직이 변화하는 것은 분명하다. 이때 시간은 연대기적이고 역사적인 시간만이 아니라 구조적인 시간, 즉 가족 구성원이 나이 들어 성숙해짐에 따라 변해가는 가족 구성원 간의 관계 같은 구조적 시간도 의미한다. 모든 사회에서 아이가 자라서 성인이 되면 아이들에 대한 성인들의 기존 권력은 줄어든다. 이것은 생리적인 변화(아이들은 더 이상 생존을 위해 부모한테 의존하지 않는다)의 결과이자, 동시에 부모와 아이의 역할에 대한 문화적 기대의 결과이기도 하다. 이런 문화적인 기대는 젠더에 따라서 다를 수가 있다. 예를 들어, 아이 같은 어른에 대해서 '어머니 앞치마 끈에 매달려 있다'라는 영어 숙어가 있는데 이것은 어머니라는 친밀한 영역을 떠나지 못하는 어른 전반에 대한 비판으로 읽힐 수가 있다. 하지만 이런 숙어는 압도적으로 성인 남성에게만 적용된다. 이는 성인 남성과 어머니에게 기대되는 적절한 관계가 어떤 것인지를 표현한다. 성인 남성은 어머니와 더 이상 친밀하게 지내지 않도록 기대되는 반면 성인 여성과 어머니는 종종 동일시되는 느낌이 있다. 아이의 성별, 아이의 숫자, 아이가 태어났을 때 부모의 나이 같은 변수들이 가족생활에 큰 영향을 끼친다. 빅토리아 시대의 영국에서는 가족의 규모가 지금보다 컸고 가족의 기대수명은 지금보다 낮아서 어떤 부모들은 평생 의존하는 어린 자식을 돌보아야 했다. 아이들이 모두 성인이 되어 집을 떠날 때까지 살지 못했다. 이런 인구학적 사회적 요인들이 가정 가족생활에 크게 영향을 미치며 문화의 이질성뿐 아니라 순응성도 보여준다. 모든 문화는 특정한 환경에서 생겨난다. 그리고 사상과 가치는 지역적인 환경의 관점과 널리 퍼진 재현(예를 들면 미디어를 통한)의 관점에서 해석되고 이해된다. 이 마지막 쟁점은 다시 이 장의 앞부분에서 제기된 바 있는 이슈, 즉 문화적 관행을 이해할 때 생기는 판단과 상대주의라는 이슈로 되돌아가게 한다. 일반적인 제도, 여기서는 가족에 대한 문화연구의 접근을 보면 문화연구가 광범위하고 다양한 잠재적 연구 영역을 창조할 수 있다는 것을 알 수 있다. 이중 몇몇은 이미 언급한 바 있지만, 여러분 스스로 더 찾아볼 수 있을 것이다. 예를 들어, 동성 결혼을 점차 더 합법적인 것으로 인식하고 있는데, 가족에 대한 문화적 이해가 이에 어떤 영향을 끼쳤는가 기타 등등이 있다.

셰익스피어   셰익스피어 연구는 영문학과 영국적 **정체성**을 구성하는 핵심이었다. 전통적으로 영문학 연구에서는 셰익스피어의 연극과 언어를 영국성(Englishness)의 정수로 제시했다. 셰익스피어 극은 동질적이며 변화하지 않는 문화를 규정하는 특징으로 제시되었다. 이후 작가들은 그들이 얼마나 이 전통에 잘 들어맞나에 따라 판단되었다. 셰익스피어와 민족적 정체성의 이런 연관성 때문에 학교에서 셰익스피어 극이 갖는 위치는 중요한 쟁점이었다. 셰익스피어 극은 다른 형태의 문화적 생산물보다 더 가치 있게 여겨졌으며, 아이들은 영국과 영국성을 배우기 위해 셰익스피어를 읽어야 한다는 주장이 제시되었다. 다른 어떤 문화 생산물보다 셰익스피어의 극들이 훨씬 가치가 있는 것으로 평가되었다. 셰익스피어와 영국 역사를 가르치는 것이 **식민주의**의 문화적 기획의 일부이기도 했다.

그러나 문화연구에서는 셰익스피어에 대해 약간 다른 질문을 던진다. 셰익스피어의 위치를 당연시하는 대신, 엘리자베스 시대에 연극의 사회적 위치에 대해 묻고 나아가 16~17세기 연극이 어떻게 쓰였으며 어떻게 상연되었는지 묻는다. 그리고 극작가들 사이의 고도의 협력과 무대 위에서 이뤄진 개작의 증거를 들어 셰익스피어 개인이 천재라는 생각을 반박한다. 셰익스피어는 광범위한 문화의 일부로 나타난다. 문화연구에서는 이제 셰익스피어 극이 더 이상 '시간을 초월한' '영원한' 것이 아니며, 셰익스피어는 역사의 일부로 자리매김된다. 여기서 16~17세기의 관객과 현재의 관객에 대한 문제, 즉 그 연극들이 누구를 관객으로 설정하고 있으며, 어떻게 관객에게 받아들여지는가 하는 문제가 제기된다. 나아가 문화연구는 그의 작품이 보편적이라는 개념, 즉 언제나 누구에게나 중요하다는 개념을 반박한다. 우리는 계급·인종·젠더에 따라 학생들이 셰익스피어 극을 어떻게 생각하는지, 또는 그 극을 연극으로 보았는지 영화로 보았는지 물을 수 있을 것이다.

셰익스피어의 극이 수백 년에 걸쳐 엄청나게 변화되어 왔으며 그가 늘 지금처럼 위대한 작가로 간주된 것은 아님을 보여주는 연구들이 있다. 이로 인해 그의 초(超)시간성에 이의를 제기하게 된다. 문화연구는 변화하는 영국성의 개념을 살피고 나아가 영국성과 다른 국가의 관계를 고찰한다. 18세기에 이르러 셰익스피어가 민족 시인으로 재발견된 것도 바로 이 관계 때문이다. 문화연구는 셰익스피어 극의 다양한 판본을 연구하는 데서 셰익스피어의 고향인 스트랫퍼드-어폰-에이번(Stratford-upon-Avon)의 관광산업을 연구하는 데까지 확대된다. 문화연구는 또한 세계 각국에서 상연되는 셰익스피어 극도 연구한다. 이것은 단순히 영국 문화가 강요됨을 보여줄 뿐 아니라 문화적 상호작용의 네트워크 안에서 어떻게 복합적인 타협이 발생하는지 보여준다. 소련에서 셰익스피어 극이 정치적 권위를 논의하는 도구가 된 것이나, 인종차별 철폐 후의 남아프리카공화국 작가인 줄루(Zulu)가 개작한 〈맥베스(*Macbeth*)〉가 최근에 런던 셰익스피어 글로브 극장에서 상연된 것이 이런 문화적 상호작용의 예다.

이 모든 의문과 타협의 과정들은 물론 정치적이며, 셰익스피어에 대한 해석도 권력의 문제임을 보여준다. 마곳 하이네만(Margot Heinemann)은 「브레히트는 어떻게 셰익스피어를 읽는가?」라는 글에서 이런 주장을 발전시켰다(Heinemann, 1985). 그녀는 1980년 후반 영국 재무장관인 니겔 로슨(Niegel Lawson)의 예를 들었다. 로슨(Lawson)은 셰익스피어가 토리라고 주장하기 위해 셰익스피어의 극인 〈트로일러스와 크레시다(*Troilus and Cressida*)〉(1601~1602)에서 '질서가 없어지면, 조율 안 된 한 악기 마냥 불협화음이 생깁니다'라는 인용을 이용했다. 그러나 하이네만의 지적대로 이 연설을 하는 인물인 율리시스는 사실 교활하고 고집 센 정치인으로 자신의 목적을 달성하기 위해

예 1-3 『트로일러스와 크레시다』

Troilus and Cressida

그러나 행성들이 방황히다

사악함과 회합하면, 알 수 없는 역병, 흉조, 폭동, 해일,

지진, 폭풍, 전율, 변화, 공포가

국가들의 단결과 평화를

어긋나게 하고, 깨고, 찢어서

뿌리째 뽑아버릴 겁니다. 아, 신분의 구별을

정해주는 사다리 같은 위계질서가 흔들리면,

국정이 병듭니다! 지역사회와

학교에서 권익, 도시의 조합들은 어떻게 어찌 됩니까

바다를 건너 하던 평화로운 무역도

장자의 상속 권리,

연장자의 특권, 왕관, 왕홀, 승자의 월계관도,

위계질서 없이 어떤 것이 제자리에 있을 수 있겠습니까?

질서가 없어지면, 조율 안 된 한 악기 마냥

불협화음이 생깁니다. 모든 게

투쟁 상태에 놓이게 될 뿐이죠.

바닷물이 해안보다 높이 치솟아

단단한 세상을 수장시켜 버리고

어리석은 자기 힘으로 세상을 지배하며,

버릇없는 자식이 아비를 때려죽이게 되는 법이죠.

『트로일러스와 크레시다』 1막 3장(94~100쪽).

서 사회적 질서를 깨트린 사람이다.예 1-3

이 모든 문제 제기와 이슈들은 문화를 좀 색다르게 연구하는 데서, 즉 일견 더 관습적인 연구로 보이는 영문학의 연구에서 비롯된다. 이런 이슈들은 문화연구의 관점에서 접근하는 학자들이 제기하는 것과 같은 종류의 문제 제기이며 우리가 핵심적 문화연구 이슈로 밝힌 것과 같은 맥락에 있다. 하지만 우리는 이런 문제 제기로 인해 자극을 받아 문화연구의 이론적인 관점을 검토하게 된다. 관객의 사회적 위치(예를 들어, 인종, 계급, 성별의 견지에서 본)와 텍스트 해석 사이의 관계는 무엇인가? 우리는 영국성(그리고 영국성과 셰익스피어의 관계)과 프랑스성이 대립하는 것으로 정의되는 방식을 어떻게 이해할 수 있는가? 연극을 역사적 맥락 안에서 해석하기 위해, 또는 학교에서의 셰익스피어나 텔레비전극으로 연출된 셰익스피어의 현대적 의미를 해석하기 위해 어떤 사상과 방법을 이용할 수 있는가? 다음 부분에서는 문화를 이론화하는 가장 영향력 있는 방식 중 몇 가지를 소개하겠다.

3. 문화의 이론화

이 부분에서는 앞에서 제시한 문제와 쟁점을 다루고 그것들을 일관된 체계로 설명하는 문화이론을 소개하려 한다. 다양한 쟁점과 문제를 단일한 형식으로 설명해 내기 위해서는 어쩔 수 없이 추상화 과정을 거칠 수밖에 없다. 이론가들은 특정 사례의 세부적 사실에서 물러나서 일반적인 원칙이나 개념의 견지에서 연관을 모색한다. 이 말이 의미하는 바는 이론이 추상적인 언어로 표현되기 때문에, 보자마자 이해하기는 어렵다는 것이다. 이제 막 소개한 이슈와 문제들을 이론이라는 빌딩의 블록으로 생각하는 것이 도움이 될 것이다. 그러나 이론의 언어는 추상적일 수밖에 없고 처음에 어려운 것은

구조주의와 탈구조주의
Structuralism and Poststructuralism

구조주의는 1960년대와 1970년대 사회과학과 예술에 막대한 영향을 끼친 지적 이론이자 운동이었다. 구조주의의 기본 구상은 연구 대상이 되는 현상이 구조의 체계로 이뤄졌다고 보는 것이다. 여기서는 체계의 구성 요소 하나하나보다 체계 자체나 서로 다른 요소들 사이의 관계가 더 중요하다.

　구조주의의 창시자는 스위스의 언어학자인 페르디낭 드 소쉬르(Ferdinand de Saussure, 1857~1913)다. 그는 일상적으로 사용되는 구어와 문어[파롤(parole)]의 변용을 떠받쳐 주는 구조[랑그(langue)]를 주목했다. 그는 기호(sign)를 기의(signifié)와 기표(signifiant)로 구성되는 것으로 분석했고 기호를 연구하는 과학인 기호학(semiotics)을 창시했다. 소쉬르뿐 아니라 인문학과 사회과학 분야에서 연구하는 수많은 저자(주로 프랑스)가 일상적 상호작용이나 다양한 문학 텍스트 이면에 숨겨진 구조를 강조했다. 예를 들면, 레비스트로스(C. Lévi-Strauss, 인류학)는 친족·신화·토테미즘에서 구조를 찾았으며, 프로이트를 재구성한 라캉(J. Lacan, 정신분석)은 무의식이 언어와 유사한 구조를 지니고 있다고 주장했고, 바르트(R. Barthes, 문학 연구)는 부르주아 사회와 텍스트의 신화를 검토했다. 푸코(M. Foucault, 역사와 철학)는 그의 고고학적 방법에서 기저의 인식소(episteme)들이 어떻게 사고를 결정하는지 지적했다. 그리고 라캉의 프로이트 재해석에 영향을 받아 마르크스를 새로 읽은 알튀세르(L. Althusser, 철학)는 기저의 생산양식이 역사 과정을 결정하는 데 중요한 역할을 한다고 했다. 라캉을 둘러싼 논쟁은 크리스테바(J. Kristeva)와 이리가레이(L. Irigaray) 같은 페미니스트들에게도 큰 영향을 미쳤다.

　탈구조주의는 부분적으로 구조주의의 특징인 이원적 구분에 대한 비판에서 유래했다. 그래서 탈구조주의는 텍스트나 말의 기저에 명확한 구조가 있다는 관념을 비판하고 그런 구분을 해체한다. 나아가 과학적임을 내세우는 구조주의의 태도에도 비판적이다. 구조주의는 진리나 진정한 구조를 찾을 수 있다는 전제에 바탕을 두고 있다. 반면 탈구조주의는 진리는 영원히 해결될 수 없는 논쟁거리라고 생각하며, 해석을 통해 텍스트 안에서 다양한 진리가 생산되는 방식에 관심이 있다. 탈구조주의의 결과물은 꼭 그렇지는 않지만 그 실천은 확실히 훨씬 더 유희적이다. 데리다(J. Derrida)나 보드리야르(J. Baudrillard)의 저작을 보면 이런 탈구조주의적인 생각 중 일부가 드러난다. 데리다는 텍스트가 어떻게 스스로를 내부에서 전복시키는지 보여주며, 보드리야르는 기호와 기표, 사용가치와 교환가치 사이의 엄격한 대립을 해체한다.

구조주의나 탈구조주의적 분석의 예들을 문화연구에서도 찾아볼 수 있다. 좀 더 공식적인 구조주의적 접근으로는 프로프(V. Propp)의 민담 연구, 에코(U. Eco)의 제임스 본드 연구가 있다. 또 라이트(W. Wright)는 서부영화, 래드웨이(J. A. Radway)는 로맨스 속에 숨겨진 의미를 발견하려 했다. 구조주의와 비교하면 탈구조주의의 영향은 더 산발적이다. 하지만 특히 문학에 대한 문화연구에서 탈구조주의적 경향을 찾아볼 수 있으며, 텍스트의 복합성이나 다층적 의미를 해석해 내고자 한다.

■ ■ ■ 더 읽을거리

Hawkes, T. (1991). *Structuralism and Semiotics.* London: Routledge.
Wright, W. (1975). *Sixguns and Society.* Berkeley CA: University of California Press.
Belsy. C. (2002). *Poststructuralism: A Very Short Introduction.* Oxford: Oxford University Press.

당연하다.

이 부분에서 우리는 문화연구의 대표적인 이론의 주요 특징을 개괄적으로 소개하고자 한다. 크게 말해 ─ 이것은 시작이며 이 책의 다른 부분의 예들을 봄으로써 완성되는데 ─ 여기서는 기능주의적이고 구조주의적인 관점개념 정의 1-3의 이해부터 시작하겠다. 구조주의는 명확하게 규정된, 약간은 경직된 관계를 암시한다. 이어서 여전히 구조주의적이라고 불릴 수 있겠지만 종종 카를 마르크스(Karl Marx)의 영향을 받아 문화와 의미를 정치경제학(예를 들어, 계급 구조와 생산양식)과 연관 짓거나 사회적 위치가 다른 집단 간의 갈등이라는 맥락에서 이해하려 하는 이론들을 살펴보겠다. 마지막으로 이른바 **탈구조주의**개념 정의 1-3 또는 **포스트모더니즘**개념 정의 6-1의 접근을 중점적으로 살펴보겠다. 이 접근도 정치(와 경제학에)관심을 가지고 문화를 설명하지만, 문화와 의미가 어떻게 생성되는지에 대해 훨씬 더 유연한 입장을 취한다.

✓ 포스트모더니즘
포스트모더니즘은 1960년에서 19990년 사이에 예술 및 문화 분야에서 발전한 일련의 활동을 묘사한다. 그런 형태는 모더니즘이 강조하는 바를 공유하기도 하지만, 방향이 서로 다르기도 한다. 포스트모더니즘에 대해서는 6장을 참고하라.

문화와 사회구조

사회학자들은 '사회구조'라는 용어를 사용하여 "사회적 구성 요소 간의 지속적이고 질서 정연하며 유형화된 관계"를 묘사한다(Abercrombie et al., 1984: 198). 사회는 종종 기초적인 구조 때문에 질서 있게 틀을 갖추어 지속되는 것으로 여겨진다. 그 이유는 커다란 건물이 대들보와 외부 유리창에 의해 유지되듯이 사회 역시 제도들(정치적·경제적·친족 제도 등등)의 확실한 배치에 의해 유지되기 때문이다.

이런 사고방식의 한 예를 사회학에서 아주 영향력 있는 미국 사회학자인 탤컷 파슨스(Talcott Parsons)의 저작에서 볼 수 있다. 그는 사회가 제대로 기능하기 위해 문화가 필요하다고 보았다. 파슨스에게는 사회질서 전반의 문제를 해결하는 데 문화, 즉 가치·규범·**상징**개념 정의 4-1이 가장 중요하다. 이 문제는 사회생활을 지속시키는 근원이 무엇인지에 대한 분석적 쟁점이다. 다시 말해 사회생활의 규칙성·지속성·예측성·상대적 안정성이 어떻게 획득되는가를 묻는다. 파슨스는 이 문제 해결에 가장 핵심적인 요소가 문화라고 본다. 그 이유는 문화가 가치, 즉 사회에서 바람직한 것이 무엇인가에 대한 공통된 생각(아마도 물질적 풍요, 개인적 자유, 정의 등일 것이다)과 규범, 아울러 이런 것들을 획득하기 위해 인정되는 수단(예를 들면 정직한 노동이 성공에 이르는 길이

✓ **상징**에 대해서는 4장을 참고하라.

라는 식으로)을 제공하기 때문이다. 문화는 또 사회생활에 꼭 필요한 언어나 다른 상징 체계를 제공한다. 나아가 파슨스는 문화가 성품으로 내면화되며, 따라서 개인적 동기도 문화에 기원을 둔다고 본다. 더욱이 가장 중요한 사회의 두 구성 요소인 경제 체계와 정치 체계 역시 문화에 의해 유지된다. 그러므로 문화가 사회의 '윤활유가 된다'는 것은 중요한 의미를 지닌다. 파슨스의 기능주의적 입장에서 볼 때 문화, 개인, 사회는 별개의 것이지만 상호 영향을 미치며 연관되어 있고 그 핵심에는 문화가 있다. 그 이유는 한편으로 문화가 개인에게 내면화되며 다른 한편으로는 사회의 경제, 정치, 친족 구조를 구성하는 안정된 행동 양식으로 제도화되기 때문이다.

사회구조와 사회 갈등: 계급, 젠더, '인종'

문화와 사회구조를 분리시키는 것은 기능주의 이론가들만은 아니다. 사회의 핵심에 갈등이 있고 문화는 정치나 경제(또는 정치경제)의 구조화된 관계라고 이해하는 이론가들도 역시 문화와 사회구조를 분리시킨다. 19세기 철학자이자 혁명가인 **카를 마르크스**와 사회이론가인 **막스 베버**(Max Weber)는 신앙·가치·행동을 사회적·경제적 불평등과 권력관계의 산물로 다루었다. 비록 마르크스의 사상이 아주 복잡하기는 하지만 마르크스주의자 중 일부는 한 사회의 생산수단을 소유한 사람이 그 사회의 사상과 가치를 통제한다고 주장한다. 법·정치·종교 등의 형식으로 나타나는 한 사회의 지배적 사상은 다시 말해 지배계급의 사상일 것이다. 이런 사상들은 불평등하고 불공정한 체계를 운영하고 유지하는 데 이용된다. 이런 도식에서 문화는 사회구조의 지지대로서 기존의 질서를 정당화해 주는 기능을 한다.

페미니스트 이론가들은 역시 문화를 사회적 갈등의 산물로 본다. 마르크스주의자들이 사회적 갈등을 계급 갈등으로 보는 반면, 페미니스트들은 남녀 갈등이 계급 갈등만큼 중요하다고 본다. 페미니즘 이론의 핵심어는 **종속과 가부장제**이다.개념 정의 1-4 이 용어들은 남성이 어떻게 여성보다 더 많은 사회적·경제적 힘을 지니고 있는지 묘사한다. 페미니즘 이론은 남녀 간의 정치적·경제적 불평등에 초점을 맞춘다. 그러나 여성들이 정치 및 경제생활의 주류에서 배제되기 때문에, 문화를 불평등이 재생산되는 장소로서 연구하는 것이 중요하다고 강조한다. 젠더라는 개념이 형성되는 곳이 문화이므로 페미니스트들은 문화를 연구하여 성에 대한 문화적 가정과 기대가 어떻게 성적 불평등이 당연하다는 생각을 키우는지 검토하기 위해 문화를 연구해 왔다.

'인종'과 인종차별주의 연구에서도 문화와 갈등은 서로 연관되어 있다. '인종'을 따옴표 안에 쓰는 이유는 젠더와 마찬가지로 인종 역시 생물학적 범주라기보다 사회적 범주이기 때문이다. 비록 사람들이 종종 '인종적' 특성에 따라 다르게 정의되기는 하지만 다른 '인종' 집단 사이에서뿐 아니라 같은 '인종' 내에서도 큰 차이가 있다(Fields, 1990: 97). 프라이어(P. Fryer)는 '인종적' 편견은 사람들이 자신과는 다르다고 느끼는 타인에 대해 가지고 있는 일반적인 믿음을 표현한 것이며, 그런 점에서 인종적 편견이 문화적인 것이라고 주장했다(Fryer, 1984). 그러나 인종차별주의는 인종적 차이를 구조화된 불평등으로 표현한 것인 동시에 억압을 정당화하기 위해 문화적 차이를 이용하는 것이기도 하다. 필자가 주장하는 요지는 문화적 지배가 경제적·정치적 통제에 핵심적 요소라는 것이다. 페미니스트들은 여성에게 부과된 젠더에 따른 문화적 역할이 남녀 간의 영역 분리와 불평등한 지위를 설명하는 데 기여한다고 주장한다. 그와 마찬가지로 인종차별주의를 비판하는 이들은 유럽 제국주의자들이 식민지인들을 학살하고 그들의 영토를 빼앗고 그들의 문화를 파괴할 때 그와 동시에 식민지인들에 대한 편견으로 가득 찬 가치와 태도를 발전시켰다고 주장한다(Richards, 1990; Diamond 1998).

여성의 종속과 가부장제
Subordination of women and patriarchy

여성의 종속: 남성 집단이 여성보다 더 많은 사회적·경제적 권력을 지닌 일반적인 상황을 묘사하기 위해서 쓰이는 표현으로 이 권력에는 여성을 지배하는 권력까지 포함된다(Pearson, 1992). 남성은 사회에서 지배하고 남성성은 사상 면에서 여성성에 대한 지배를 의미한다.

가부장제: 원래 인류학적인 용어로 가정의 남성 우두머리(가부장)와 친족 집단 내 다른 남성 연장자에게 권위가 부여되는 사회적 체계를 묘사한다. 나이 든 사람들은 가정의 다른 구성원이나 친족 집단에게, 즉 여성과 젊은 남성에게 사회적으로 인정받는 권위를 휘두를 자격이 있다(Pearson, 1992). 그리고 위에서 묘사된 대로 가부장제라는 단어는 종종 여성 종속의 상황을 묘사하기 위해 사용된다.

일부 페미니스트들은 가부장제가 다양한 사회의 다양한 남성 지배 형태를 묘사하기에는 너무 포괄적인 용어라고 비판하고 있다.

문화, 변화의 힘으로서의 문화

그러나 꼭 문화를 경제나 사회구조의 다른 차원이며 사회구조에서 유래한 것으로 여길 필요는 없다. 이에 관한 유명한 사례가 현대 자본주의의 발생에 프로테스탄트 윤리가 기여한 역할을 설명한 **막스 베버**의 연구다. 베버는 초기 프로테스탄트의 신앙이 자본주의 '정신' 혹은 자본주의 문화를 확립시키는 역할을 했고 따라서 자본주의 경제체제를 발달시키는 데 기여했다고 주장

미셸 푸코
Michel Foucault (1926~1984)

미셸 푸코는 프랑스의 철학자이자 역사가다. 사실 그의 저작과 사상을 살펴보면 그를 묘사하는 이 두 가지 범주나 정체성도 애매하다. **권력·지식·주체성의 관계에 관한 그의 연구는 문화연구에 광범위하고도 극적인 영향을 미쳤다.**

다양한 이력을 지닌 푸코는 철학과 심리학을 포함한 여러 학문과 여러 나라를 두루 섭렵했다. 그는 1970년 프랑스의 최고 교육기관인 콜레주 드 프랑스(Collège de France)에서 강의하기 전에 프랑스, 스웨덴, 폴란드, 튀니지, 독일에서 일했다. 중요한 사실은 파리에서 자신이 제안하여 만들어진 사상사(History of Systems of Thought) 학과의 교수가 된 것이다. 이제 그가 1950년대부터 1980년대까지 수행한 여러 연구의 주제들을 추적해 보자.

푸코는 초기작에서 사고 양식의 변화를 심리학적 지식과 연관시켜 추적했다. 『광기의 역사(*Madness and Civilization*)』(프랑스 초판, 1961)에서는 광기와 이성의 관계를 추적한다. 그는 중세에서 계몽 시대를 거쳐 19세기에 이르기까지 계속 변화해 온 광기에 대한 반응과 광인의 감금을 합리성에 관한 사유라는 관점에서 읽어냈다. 이 책에서 제기된 쟁점들은 다양한 방식으로 변화되어 이후 저작에서 탐색되었다. 변화하는 지식의 유형에 면밀한 주의를 기울인 결과 『임상의학의 탄생(*The Birth of the Clinic*)』(프랑스 초판, 1963), 『말과 사물(*The Oder of Things*)』(프랑스 초판, 1966), 『지식의 고고학(*The Archaeology of Knowledge*)』(프랑스 초판, 1969)이 출판되었다. 실제로 그는 자신의 이 모든 기획을 묘사하기 위해서 '고고학'이라는 용어를 사용했다. 푸코는 『감시와 처벌: 감옥의 탄생(*Discipline and Punish: The Birth of the Prison*)』(프랑스 초판, 1975), 그가 편집한 살인자 피에르 리비에르(Pierre

Rivière)의 사례(1975)와 자웅동체인 허큘린 바빈(Herculine Barbin)의 생애 (1978), 세 권으로 된 『성의 역사(*The History of Sexuality*)』[프랑스 초판, Vol.1 (1976), Vol.2, 3(1984)]에서 광인의 치료에서 드러나는 지식과 권력의 관계를 다른 주변 집단과 연관해 더 심층적으로 탐구했다. 그가 계보학이라고 칭한 이 모든 연구에서 그는 담론 이론 개념 정의 1-5을 사용해 권력과 지식이 연관되는 방식의 변화가 어떻게 주체성과 정체성을 생산하는지 추적했다.

  푸코는 학계에 큰 영향을 미쳤다. 그는 권력, 지식, 주체성에 관해 우리가 생각하는 방식을 변화시켰다. 그는 그것들이 연관되는 방식과 맥락에 따라 변화하는 방식에 우리가 주목하길 원한다. '아무것도 근본적이지 않다. 이 것이야말로 사회 분석에서 흥미로운 점이다'라는 것을 강조하면서, 그는 상황, 즉 권력관계, 사고방식, 나와 타인을 이해하는 방식이 변화될 수 있는 방법을 생각해 보라고 권한다. 이것은 그의 영향력이 정치적임을 뜻한다. 예를 들어 제도와 주체성을 형성하는 권력 형태에 대한 관심으로 그의 이론은 죄수의 권리와 동성애자의 권리에 대한 캠페인 등에 큰 영향을 미쳤다.

--- ▪ ▪ ▪ 더 읽을거리

Foucault, M. (1980). *Power/Knowledge: Selected Interviews and Other Writings 1972-1977*. in Colin Gordon(ed.). Brighton: Harvest Press.

Foucault, M. (1991). "Space, Knowledge and Power." in *The Foucault Reader*. Paul Rainbow(ed.). London: Penguin.

Kritzman, L. D.(ed.). (1988). *Michel Foucault: Politics, Philosophy, Culture. Interviews and Other Writings 1977-1984*. London: Routledge.

Rabinow, P.(ed.). (1984). *The Foucault Reader*. Harmondsworth: Penguin.

Gutting, G. (2005). *Foucault: A Very Short Introduction*. Oxford: Oxford University Press.

Mills, S. (2003). *Michel Foucault*. London: Routledge.

Taylor, D.(ed.). (2010). *Michel Foucault: Key Concepts*. London: Routledge.

했다. 초기 프로테스탄트들은 칼뱅의 예정설을 따랐는데, 예정설에서는 신자가 영원히 구원될지는 태어날 때 이미 예정되어 있고 아무리 선행을 해도 신의 결정을 바꿀 수 없다고 했다. 신자들은 자신이 선민(내세에서 영원한 구원을 받을 사람)인지 몰라서 심리적으로 몹시 괴로워했다. 이렇게 생긴 불안에 대해 프로테스탄트 종교가 내놓은 실용적인 해결책이 '소명'이라는 개념이었다. 즉, 자신이 선민이라는 믿음과 확신을 보여주려면 신자는 장시간 열심히 일해야 한다고 했다. 후에 이 교리는 다소 누그러져서 하나의 소명 안에서 체계적으로 노동하고 그에 따라 물질적 풍요를 누리는 것이 선민의 표시가 되었다. 이런 믿음, 그리고 이와 연관된 소비와 탐닉의 제한으로 ① 중세 내내 지속된 막연한 태도 대신 목표 지향적인 경제활동이라는 새로운 태도가 도입되었고, ② 자본축적 과정이 용이해졌다. 물론 베버는 자본주의라는 복합적 현상에 문화 외에도 다른 수많은 요소가 기여했음을 잘 알고 있었다(Collins, 1980). 그는 사상이 어떻게 사회의 역사적 발전에 '효과적인 힘'이 될 수 있는지 보여주고자 했던 것이다(Weber, 1930: 183). 문화(여기서는 종교 사상이라는 형태의 문화)는 사회구조에 의해 형성될 뿐 아니라 사회구조를 형성할 수도 있다.

문화와 사회의 관계에 대해서 좀 더 세밀한 관점은 인류학자인 메리 더글라스(Mary Douglas)와 미셸 푸코의 저작에서 볼 수 있다.주요 영향 1-2 그 두 사람은 모두 자신들의 저작에서 우리가 특정 대상을 이해한다는 것이 그 대상에 내재된 질적인 것 못지않게 그 대상을 생각하는 우리의 방식과 연관이 있다는 점을 강조했다(사유와 대상 사이에는 상호적인 관계가 있다). 즉, 쌍방적인 방식으로 작용한다. 대상의 자질이 우리에게 인상을 남기지만, 동시에 인상은 그 대상에 대한 우리의 조건화된 사고방식, 즉 문화변용된 혹은 사회화된 사고방식의 영향을 받는다. 그래서 사고와 대상은 불가분하게 연관되어 있으나 그렇다고 해서 우리가 늘 어떤 사상에 대해서 같은 방식으로 생각하고 사상

담론

Discourse

담론은 권력과 지식과 언어 사이의 관계에 대한 사유 방식이다. 담론은 부분적으로 이데올로기라는 개념을 사용할 때 생기는 어려움 중에 몇 가지를 피하기 위한 시도이다. 개념 정의 2-3 이것은 프랑스 철학자이자 역사가인 미셸 푸코의 저작과 연관된 이해 방식이기도 하다. 주요 영향 1-2 푸코에게 담론은 '우리가 지식의 가능성을 정의하는 시스템' 또는 '이 세계를 이해하기 위한 프레임' 또는 '지식 분야'다. 담론은 일련의 '규칙들'(정식 또는 비공식, 인정된 혹은 인정되지 않은)으로 존재하며, 이 규칙들이 어떤 종류의 서술을 할 수 있는지 결정한다(예를 들어, '달은 푸른 치즈로 만들어져 있다'라는 서술은 과학적 담론에서는 할 수 없는 서술이지만 시적 담론에서는 할 수 있는 서술이다). 이 '규칙들'은 진리의 기준이 무엇인지, 어떤 종류의 것들에 대해서 우리가 말을 할 수 있는지, 그것들에 대해서 무엇을 말할 수 있는지를 정한다. 여기서 우리를 돕기 위해서 푸코가 드는 한 가지 예는 아르헨티나 작가인 호르헤 루이스 보르헤스(Jorges Luis Borges)가 쓴 단편 속에서 언급된 가상의 중국 백과사전이다. 푸코는 우리 자신의 분류 체계와 과학적 담론의 내재된 진실성과 합리성에 대한 우리의 생각에 도전하기 위해서 이것을 사용한다. 중국 백과사전에는 다음과 같이 되어 있다.

동물의 분류: ① 황제에게 속한 것, ② 향기로운 것, ③ 길들여진 것, ④ 식용 새끼 돼지, ⑤ 인어, ⑥ 신화에 나오는 것, ⑦ 풀려나 싸대는 개, ⑧ 지금의 분류에 포함된 것, ⑨ 미친 듯이 나부대는 것, ⑩ 수없이 많은 것, ⑪ 아주 가느다란 낙타털 붓으로 그린 것, ⑫ 기타, ⑬ 방금 항아리를 깨뜨린 것, ⑭ 멀리 파리처럼 보이는 것 (Foucalult, 1970: xv).

푸코의 목적은 말과 사물의 관계를 문제적인 것으로 만드는 데 있다. 그는 이 세계를 묘사하고 정의할 수 있는 방법은 아주 많은데 어떤 하나를 특히 선택해야만 하는 확실한 근거가 없다는 것이다. 또 이것은 치환되거나 망각된 사유 방식을 재발견하는 데 헌신하고 있음을 의미한다.

담론은 또한 권력과 지식 사이의 관계에 대한 것이다. 푸코(1980)는 우리가 권력을 생산적인 무엇으로 이해해야만 한다고 주장한다. 예를 들어 범죄자를 잡는 데 권력이 있는 게 아니고 우선 "범죄자"라는 개념을 생산하는 데 권력이 있다. 그의 말대로 '상응하는 지식 분야의 구성 없는 권력관계는 없고, 동시에 권력관계를 전제하지 않거나 구성하지 않는 지식도 없다'(Foucault, 1977: 27). 계속 예를 들면, 지식의 대상으로서 '범죄자'(그리고 현재는 잊혀진 과거 용어인 '자살 성향의 동성애 편집광')를 생산하고 그 혹은 그녀를 대하는 방식을 제안하는 것은 소위 '범죄학'이라는 지식체 ― 담론 ― 이다. 범죄자, 범죄학자, 경찰관, 감옥 모두가 '담론' 안에서 창조된다.

이것은 세계가 단어와 이미지라는 뜻은 아니다. 푸코는 명확하게 담론의 작동에 중요한 제도와 실천들에 대해서 말하고 있다. 의학 담론에 대해서 생각해 보면, 우리는 곧 의학 담론을 구성하는 지식과 언어의 형태들이 담론이 생산된 실제 장소(병원, 종합병원, 수술장) 및 의학적 환경을 이루는 모든 과시적 요소(하얀 가운, 청진기, 간호사복)로부터 분리될 수 없음을 깨닫게 된다(Prior, 1988 참조).

――――――――――――――――――――――― ■ ■ ■ 더 읽을거리

Foucault, M. (1980). *Power/Knowledge: Selected Interviews and Other Writings 1972-1977*. Colin Gordon(ed.). Brighton: Harvester.

Purvis, T. and A. Hunt. (1993). "Discourse, ideology, discourse, ideology, discourse, ideology…." *British Journal of Sociology*, 44, pp.473~499.

〈주요 영향 1-2〉 미셸 푸코 참조.

이 결코 절대 불변한다는 뜻은 아니다. 그것은 변화라는 것이 상호적 관계의 결과이지 구조에서 문화로 가는 일방적인 인과관계가 아니라는 것을 의미한다.

문화가 단순히 변화의 대상이 아니라 변화를 만들어내는 힘이라는 인식은 문화 자체를 하나의 체계로 검토·연구할 수 있다는 믿음으로 이어진다. 예를 들면 『청결과 더러움(*Purity and Danger*)』(1966)에서 메리 더글라스는 더러움과 위생에 대한 관념 강력한 힘을 발휘하는데 그 이유는 이 관념들이 오염·균·병 등의 관념을 통해 물질세계와 연관되어 있을 뿐 아니라, 더 큰 세계관이나 우주관의 일부를 차지해서다. 더러움과 위생은 문화 안에서, 즉 병과 연관되어 이해될 수 있을 뿐 아니라 도덕관념의 관점에서, 예를 들면 도덕적 청결 대 부도덕한 더러움이라는 관점에서 이해될 수 있는 것이다. 그러므로 더러움에 대한 문화적 이해에는 단순한 의학적 의미를 넘어서는 의미가 함축되어 있음을 고려해야 한다. 더러움의 의미는 구체적인 문화 속에서 역사적으로 이해되어야 한다. 세계에 대한 관념에서 비롯된 사건의 질서와 분류로 행동의 의미가 해석된다. 이처럼 더러움이라는 상태는 물질세계의 산물인 것 못지않게 관념의 산물이기도 하다.

푸코는 사회집단·정체성·위치는 — 계급·젠더·인종·성처럼 — 원래 존재한 것이 아니고 이것들이나 다른 문화적 의미들은 나중에 결정된다고 주장한다. 담론 내부에서 이것들이 생산되며, 담론은 이것들이 무엇이며 또 어떻게 작동할지 정의한다는 것이다. 그래서 푸코에 따르면 남성과 성관계를 맺는 남성들은 늘 있었지만, 19세기 말 의학적·심리적·문화적 텍스트에서 정의되기 전에는 '동성애자'나 '동성애'는 존재하지 않았다고 한다. 이런 동성애에 대한 담론으로 남성의 성을 규제하려는, 그리고 동성애자 집단을 좀 더 명확하게 규정하려는 움직임이 생겨났으며 동시에 몇몇 동성애자들 편에서 자신이 동성애자임을 적극적으로 밝힐 수 있는 토대를 마련해 주기도 했다. 이것은 '동성애'가 사회구조 안에서 중요한 위치를 차지하게 되었음을 의미한다. 사물에 대한 푸코의 해석에 따르면 사회구조와 문화 사이에 고정된 관계는 없다. 그 대신 권력, 담론, 세계에 존재하는 것 사이에는 일련의 유연한 관계가 있다.

수행적 문화와 되기

문화가 담론과 실천의 지속적인 반복에 의해서 생산되었다고 주장하는 접근 방법은 최근의 문화이론과 문화연구에서 큰 영향력을 지니고 있다. 특히 주디스 버틀러는 성과 젠더는 지속적 수행에 의해 재생산된 문화적 현상이라고 주장해 왔다. 여기서 '수행'이라는 단어가 중요한데, 그 이유는 이처럼 행동에 의해 생산되는 형태에는 아무것도 자연스럽거나 본질적이거나 보편적인 것이 없다는 생각을 전하기 때문이다. 정체성과 문화는 수행을 통해서 생산된다. 그것들은 수행을 통해서 재현된 현상이 아니다. 그러므로 이런 설명에서 젠더(그리고 좀 논쟁의 여지가 있지만 성)는 사회적 과정을 통해 생산되는 것이다. 버틀러의 저작은 수많은 분야에서 지대한 영향력을 발휘해 왔다. 1장에서 우리가 소개한 다른 여러 사상가들이나 사상처럼 버틀러의 저작 역시 이 책의 다른 부분에서 다시 탐구될 것이고 특별히 권력과 새로운 형태의 정치에 초점이 맞추어질 때 그럴 것이다.

문화연구의 다른 접근법들에서도 수행을 강조해 왔다. 예를 들어, 사회학에서 제프리 알렉산더(Jeffrey Alexander)(와 다수의 공저자들)은 여러 면에서 급진적 문화사회학을 옹호했다. 알렉산더의 '강력한 문화이론 프로그램(Strong Program in Cultural Theory)'은 '행위와 제도를 형성하는 데 있어 문화가 상대적인 자율성을 지니고 있고 어느 모로나 좀 더 물질적인 혹은 도구적인 힘만큼 중요한 정보를 입력시킨다'(Alexander and Smith, 2002: 136)고 주장한다. 알렉산더에 따르면 현대의 (그리고 훨씬 더 그 고전적인) 접근법들이 문화의 속성과 의미를 제대로 파악하지 못했다고 한다. 그는 우리가 이미 소개한 파슨스의 기능주의와 푸코의 담론과 권력 분석주요 영향 1-2에 비판적이다. 더욱이 버밍엄 센터주요 영향 1-3의 작업(이 책 여러 곳에서 논의될 것이다) 또한 그 강점에도 불구하고 충분히 문화의 자율성을 설명하지 못한다고 한다. 다른 문화사회학자들[피에르 부르디외(Pierre Bourdieu)주요 영향 5-2의 문화사회학을 포함해서]도 유사한 이유로 제대로 설명하지 못한다고 한다. 더 나아가 알렉산더는 자신이 적절하다고 생각하는 문화사회학의 중요 구성 요소를 생각한다. 이 중요 구성 요소에 기어츠(Greetz) 같은 인류학자로부터 빌려온 '심층 묘사' 기법이 포함된다. 그 기법은 문화가 텍스트인 것처럼 문화의 복합성을 묘사하는 것으로 분류, 기호, 상징에 대한 **구조주의적 접근**을 포함된다. 이에 더해 이 문화사회학 분야는 점점 더 큰 문화적 영역 내의 서사와 드라마와 공연 분석에 관심을 둔다. 특히 정치가 이런 각도에서 검토되어 왔다. 이 책의 다른 부분에서 이 주제에 대해서 다시 조금 더 이야기할 것이다.

하나의 명확한 예는 알렉산더와 자보르스키(B. Jaworsky)의 저작에서 찾아볼 수 있다(Alexander and Jaworsky, 2014). 그 예는 미국 대통령 버락 오바마(Barack Obama)가 2010년 상원의원 중간 선거에서 민주당이 크게 실패했고 그의 평판이 계속 추락했음에도 불구하고 어떻게 2012년 재선 대통령이 될 수 있었는지에 대한 해석이다. 논쟁의 여지가 있기는 하지만 알렉산더와 자보르스키는 '문화적 상징과 연극적 수행으로 오바마는 대통령으로 재선되었다'(Jaworsky, 2014: 2)고 주장한다. 이런 주장에서 말하는 정치, 특히 24시간 미디어 문화와 소셜 미디어가 있는 서구 사회의 정치는 '수행을 생산하고 미래에 자신에게 투표해 주었으면 하는 관객과 연결하는 것이다'. 이런 관점에서 보면 '투표권자가 해석하는 것은 매스컴을 거친 수행이다'(Jaworsky, 2014: 7). 요약하자면 다음과 같다. 오바마가 법률을 제정하는 점진적인 개혁을 하는 매니저 역할을 할 때 성공하기도 실패하기도 했는데 그에 비해 단호하고 핵심적인 커뮤니티 리더 역할을 수행할 때 그의 평판도 좋아지고 대통령직도 지켰다는 것이다. 법률 제정이 중요하지 않다는 것이 아니라 선거의 승리는 기술적 신보보나 상징개념 정의 4-1, 이야기, 서사개념 정의 2-2의 연출과 수행에 달려 있다는 것이다. 여기서 결정적으로 중요한 것은 욕망하는 것이 연기되는 수행 방식이다. 이것은 또한 주디스 버틀러가 정치 분석을 할 때 보통 접근하는 방법이기도 하다.

✓ 서사에 내해서는 2장을 참고하라.

다른 이론가들도 어떻게 문화가 늘 되기의 상태에 있는지에 대해 숙고해 왔다. 예를 들어 프랑스 철학자 질 들뢰즈(Gilles Deleuze, 1925~1995)는 문화연구에서도 큰 영향력을 발휘해 왔다. 들뢰즈는 심리 분석가인 펠릭스 가타리(Félix Guattari)와 자주 공저했는데, 이 두 사람은 철학과 인문학이 재현이라는 생각과 결별해야만 한다고 주장한다. 그들의 접근 방법에서는 현실 세계와 현실의 재현 사이에는 명백한 차이가 있다고 암시한다. 오히려 경험은 어펙트, 즉 복합적인 세계 속에 살면서 갖게 되는 경험적인 감각에 바탕을 두고 있다고 한다.

✓ 재현에 대해서는 2장을 참고하라.

이런 관점에서 볼 때, 사물을 느끼고 욕망하는 인간들은 변화하는 복잡한 방식으로 우연히 다른 인간 및 사물과 연결된다. 문화 속의 인간은 경험하는 기계로서 다른 기계와 연결된다고 생각할 수 있다. 이때 복합적이고 우연한 방식으로 주체성을 가질 수도 있고 갖지 않을 수도 있다. 이런 기술적인 접근을 하면 그런 관계가 리좀적 관계를 형성하는 방식을 탐색할 수 있다. '리좀'이라는 용어는 생명과학에서 식물의 복잡한 뿌리 구조를 특징짓는 단어다. 들뢰즈의 영향을 받은 접근들이 이 아이디어에서 시작하는 것은 사실이지만 상황은 훨씬 더 복잡하다. 그래서 이를 이해하기 위해 우리는 끝도 시작도 없는 뿌리 구조를 상상해야만 한다. 그 구조 안에서는 모든 것이 다른 모든 것과 연결될 수 있으며 연결의 성격에 어떤 제한도 두지 않는 연결 시스템이다.

표 1-1 문화 이론화 소개

접근법	대표적 저자들	문화의 개념화
기능주의	파슨스	상징적 — 규범과 가치
구조주의	마르크스	사상과 이데올로기
혼합형	베버, 푸코, 더글러스	믿음, 담론, 실천
수행적	버틀러, 알렉산더	이데올로기, 상징, 서사
리좀적	들뢰즈(와 가타리)	어펙트와 욕망

이래서 우선순위를 설정하지 않고 어떻게 인간이 동물이나 기술과 연관이되는지, 어떻게 인간 자신이 기계인지, 어떻게 이런 관계가 늘 유동적인지밝히는 연구 방법을 제시할 수 있다. 이것이 **행위자 연결망 이론**(Actor Network Theory: ANT)의 중요 주장이다.

문화와 사회구조의 관계에 대한 이론적인 설명을 고찰하는 가운데, 우리는 우선 기능주의자의 경직된 결정론을 제시했다. 이어서 문화적 투쟁과 계급, 인종, 젠더의 사회적 관계 사이에 강력한 관계가 있다는 마르크스주의자나 페미니스트가 주장, 사회적 구조, 사회적 지위, 정체성을 상호 형성하는데 있어 문화가 중요하다는 푸코의 주장을 살펴보았다. 끝으로 문화가 복합적인 패턴을 형성하고 그 패턴들은 행위의 수행에 의해 형성된다는 것을 간략하게 소개했다.

다음 장에서는 이 장에서 개괄적으로 논의한 것을 계속 검토하고 이것들이 제기하는 이슈들을 좀 더 자세히 살펴보겠다.

4. 결론 문화연구란 무엇인가?

그렇다면 문화연구란 무엇인가? 이 절에서는 우리가 이른바 문화연구라고 부르는 것과 사회학·역사학·지리학·영문학·인류학 등과의 연관성을 중점적으로 고찰하고자 한다. 우리는 지금까지 문화연구에 관련된 각 학문 분야의 관심사를 제시한 후, 각각의 학문 분야가 아직 해결하지 못한 쟁점과 문제점이 여전히 있음을 밝히고, 이를 해결하기 위해서 어떤 것에 초점을 맞춰 연구해야 할 것인지를 논의해 왔다. 이런 주요 관심사를 문화연구의 핵심 이슈 및 문제로 칭한다. 문화라는 주제에 대한 공통된 관심과 인식을 바탕으로 한 타 학문 분야의 이론이나 연구자들과의 협력과 협업을 통해 우리가 문화를 제대로 이해하고 설명할 수 있을 것이다. 그러므로 공통된 학문적인 목표에 이처럼 다양한 학문적 관점이 한데 모인다면 새로운 연구 방법론을 사용하는 아주 독특한 연구 분야를 발전시킬 수 있을 것이다. 이처럼 서로 다른 학문 간의 협업 과정에서 문화연구의 본질과 방법론이 구성되며 이런 과정이 일어나는 장을 '담론 간(interdiscursive) 공간'이라 부른다. 바로 이 공간에서 문화연구를 특징짓는 유동성과 초점이 포착되고, 타 학문과의 협업을 통해 구성되는 본질과 방법론으로 생겨나는 혁신적인 주제들이 기존의 단일 학문에서 오랫동안 점진적으로 발전되어 온 주제와 대조를 이룬다. '공간'이라는 비유는 우리를 문화연구의 속성인 투과성에 주목하게 한다. 이는 문화연구에서는 고착된 경계선이나 요새화된 성벽 따위는 존재하지 않으며, 연계된 여러 학문들로부터 도출된 이론과 주제들은 변형된 상태로 다시 흘러 들어가 그 학문들에 영향을 끼칠 수도 있다.

최초로 이런 아이디어들을 모으고 1960년대 이래 문화연구로 인정받은 활동을 발전시킬 추진력을 제공한 가장 영향력 있는 장소가 버밍엄 대학 현대 문화연구센터다. 주요 영향 1-3

리처드 존슨(Richard Johnson)은 문화연구에 문화의 개방성, 즉 문화의 변형 능력과 성장 능력이라는 강점이 있기는 하지만 학문적 체계화의 오류를 범할 위험이 있다고 지적했다(Johnson, 1986). 그는 문화연구가 연구 대상인 문화 자

현대문화연구센터
The Centre for Contemporary Cultural Studies: CCCS

버밍엄 현대문화연구센터 또는 '버밍엄 학파'라고도 알려져 있는 이 센터는 문화연구의 발달에 핵심적인 장소다. 현재는 문화연구가 전 세계적으로 확장되어 버밍엄의 영향력은 예전보다는 덜하다.

1964년 리처드 호거트(Richard Hoggart)에 의해 센터가 설립되었을 때는 영문과 내에 속해 있었다. 호거트는 초대 소장, 스튜어트 홀(Stuart Hall)주요 영향 2-2이 부소장이었으며 1968년 호거트가 유네스코에서 근무하기 위해 센터를 떠난 후 홀이 소장이 되었다. 홀은 1979년 그만둘 때까지 센터의 가장 생산적인 시기를 주도했다. 그의 뒤를 이은 사람은 부소장이었던 리처드 존슨(Richard Johnson)이다. 버밍엄 대학 사회과학·예술 대학의 대변동에 따라 센터는 문화연구학과가 되었다.

호거트가 『문자해독의 효용(*The Uses of Literacy*)』(1958)에서 공식화한 접근법을 여러 방식으로 발전시키기 위해 설립된 이 센터는 부정기적으로 발행된 등사판 논문 시리즈를 통해 빠르게 주목받기 시작했다. 이 시리즈는 여자 하인, 쌍둥이 크레이 형제(Kray Twins)*와 마르크스의 이론 같은 다양한 주제에 관한 논문을 포함한다. 또한 센터는 ≪문화연구의 진행 논문(*Working Papers in Cultural Studies*)≫이라는 자체 학술지를 만들었다. 이 학술지를 통해 센터의 가장 유명한 저자들의 글이 최초로 출판되었으며, 이들의 연구는 나중에 단행본으로 나오기도 했다. 1970년대가 되자 센터는 저항과 헤게모니적 지배에서 문화의 역할을 강조하는 그람시언(Gramscian) 마르크스주의가 대세였다. 이는 『제식을 통한 저항(*Resistance Through Rituals*)』(1976), 『위기 단속하기(*Policing the Crisis*)』(1978), 『이데올로기론(*On Ideology*)』(1977)과 『노동계급 문화(*Working-Class Culture*)』(1979)와 같은 논문 모음집에서의 분석의 특징이 되었다. 계급에 대한 마르크스주의적 강조는 센터 내에서 『여성들이 심각하게 이슈화하다(*Women Take Issue*)』(1978)에서 페미니스트들로부터 공격받고, '인종'에 대해 상대적으로 간과했던 점은『제국이 되받아치다(*The Empire Strikes Back*)』(1982)에서 공격받았다. 리처드 존슨의 연구는 『역사 만들기(*Making Histories*)』(1982)에서 좀 더 역사적인 접근으로 나아간다. 이 기간 동안 센터와 연관된 저자들로는 스튜어트 홀, 폴 윌리스(Paul Willis), 딕 헤브디지(Dick Hebdige), 안젤라 맥로비(Angela McRobbie), 레인 체임버스(Lain Chambers)와 폴 길로이(Paul Gilroy)와 로렌스 그로스버그(Lawrence Grossberg)가 있다. ≪버밍엄 문화연구(*Cultural Studies from Birmingham*)≫라는 학술지와 단행본들이 계속 출판되기는 했지만 1980년대의 격변을 지나고 문화연구가 확장되면서 센터의 중요성은 약화되었다.

센터가 학문적인 마르크스주의 접근법 안에서 대중문화를 심각하게 받아들이면서 청년 문화, 뉴스, 이데올로기, 문화정치학, 젠더에 주목한 것은 문화연구의 접근법이 형성되는 결정적인 순간이었다. 한때 센터와 관계를 맺었던 저자들은 아직도 학문적 문화연구에서 가장 중요한 위치를 차지하고 있다. 그러나 버밍엄에서 발전된 관점들(어떤 '학파'에 대한 지나치게 획일화된 생각은 상당히 잘못된 것이다)은 이제는 단지 문화연구라는 훨씬 더 광범위한 영역의 일부일 뿐이다.

- 1960년대 런던 이스트엔드 범죄 조직의 악명 높은 쌍둥이 우두머리. 'Ronnie'와 'Reggie'로 불렸다.

■ ■ ■ 더 읽을거리

Hall, S and T. Jefferson(eds.). (1976). *Resistance through Rituals: Youth Subcultures in Post-war Britain*. London: Hutchinson.

Hall, S, C. Critcher, T. Jefferson, J. Clarke and B. Roberts. (1978). *Policing the Crisis: Mugging, the State and Law and Order*.London: Macmillan.

Hall, S., D. Hobson, A. Lowe and p. Willis(eds.). (1980). *Culture, Media, Language*. London: Hutchinson.

체가 가진 복잡성과 다양한 의미를 반영한다고 주장한다. '문화'의 힘은 문화의 확산성에서 생겨난다. 그 용어는 부정확성이 문제가 되는 곳에서, 경직성으로 인해 이해가 불가능해지는 곳에서 사용된다. '의식'과 '주체성'은 존슨이 문화연구를 묘사할 때 사용하는 핵심 용어다. 의식이라는 개념은 마르크스주의자들이 지식을 설명할 때 사용한 의미로 쓰였으며, 또한 상대되는 의미로 생산 활동이라는 개념을 전달하기 위해 사용되었다. '주체성'은 문화에 의해 구성된 개인을 지시하기 위해 사용된 개념이다. 존슨(1986: 4)은 이 두 개념을 결합하여 문화연구라는 것을 인간을 "살게 하고", 의식이 있게 하고, 자신들의 주체성을 유지하게 하는 사회 형식을 구체적인 학문 속에서 추상화·묘사·재구성하려는 시도로 설명한다.

이런 문화연구는 다음과 같은 세 가지 주요 모델로 해석되어 왔다. ① 생산기반 연구, ② 텍스트 기반 연구, ③ 살아온 문화에 관한 연구다. 이 세 가지 문화연구 기반은 이 장 앞부분에서 상세하게 언급한 문화의 세 가지 개념과 매우 밀접하게 연결되어 있다. 이 세 영역은 각각 다른 것에 초점을 맞춘다. 첫 번째 영역의 연구는 문화의 생산에 관련된 과정이나 문화 생산을 두고 벌어지는 투쟁에 초점을 맞추고 있으며, 두 번째 영역의 연구는 문화 생산물의 형식을 주로 탐구하고, 세 번째 영역의 주된 관심은 어떻게 경험이 재현되느냐이다. 존슨은 이렇게 분류한 시도들이 불가피하게 불완전할 수밖에 없음을 지적한다. 이것들이 작동하는 더 넓은 무대와 마찬가지로, 이런 시도들도 상호 소통을 통해 성장할 것이다. 각각의 영역은 서로 영향을 주기도 하고 받기도 한다.

요약해서 말하면 우리는 문화연구를 상호작용과 협업에서 생겨난 활동 영역으로서 도전적인 새로운 이슈와 주제를 생산하는 학문으로 접근해 주기를 제안한다. 문화연구는 여러 학문 분야의 바다에 있는 섬이 아니라 다른 학문 분야의 해변으로 밀려가 부딪쳐 새로운 변화하는 형태를 창조하는 파도다.

■ ■ ■ 요약

• 문화연구에서 문화라는 개념은 고급예술과 일상의 것들을 모두 다 포괄하는 광범위한
  의미를 가지고 있다.

• 문화연구에서는 학제 간 접근법을 사용해 문화를 연구하는 것을 지지한다.

• 문화연구자들은 구조주의자들의 이론을 활용하든 이보다 좀 더 유연한 다른 연구 방법
  을 활용하든, 타 이론을 매우 절충적인 방식으로 활용하고 있지만 동시에 문화를 조각
  천을 이어 맞추는 패치워크로 보지 않고 날줄과 씨줄을 엮어 만든 네트워크로 수용하면
  서 문화의 중첩성과 혼종성을 강조하는 이론을 선호한다.

■ ■ ■ 더 읽을거리

읽기가 수월하지 않을 때도 있겠지만, 이 장에서 제기된 논점들을 살펴보
려면 문화연구의 '고전'으로 정평이 난 Richard Hoggart의 *The Use of
Literacy*(1958)나 Raymond Williams의 *Culture and Society 1780-1950*(1963),
E. P. Thompson의 *The Making of the English Working Class*(1968)에서 출
발하는 것이 좋다. 이 저작들은 각각 이후의 문화연구에 매우 큰 영향을 미
쳤다.

Graeme Turner는 *British Cultural Studies: An Introduction*(1990)에서 문
화연구의 제도적 발전을 구상했고, Fred Inglis는 *Cultural Studies*(1993)에서
문화연구의 역사를 독창적으로 해석했다.

문화연구 발전 분야의 중요한 실태 조사와 관련된 저서로는 Cary Nelson
과 Lawrence Grossberg의 *Marxism and the Interpretation of Culture*(1988)
및 그가 수집한 중요한 자료들, Cary Nelson과 Paula Treicher의 Cultural
Studie(1992)가 있다. Johnson, Deborah Chambers, Parvati Raghuram and

Estella Tincknell(2004)이 공저한 *The Practice of Cultural Studies*에 이런 아이디어 중 일부가 포함되어 있다. David Inglis 와 John Hughson이 쓴 *Confronting Culture*(2003)와 Angela McRobbie가 쓴 *The Uses of Cultural Studies*(2005)는 문화연구 분야에서 뛰어난 성과를 거두었다. 최근의 문화연구의 독창적인 업적을 보려면 다음 학술지를 참조하면 좋을 것이다. *Cultural Studies*, *The International Journal of Cultural Studies*, *The European Journal of Cultural Studies*, *New Formations*.

> 📖 www.routledge.com/cw/longhurst 를 참조하면 아래 항목에 대해 더 많은 정보를 얻을 수 있다.
> - 논문과 기록에 대한 웹 링크
> - 에세이 연습문제
> - 주요 개념 및 용어의 플래시카드 용어집

2

문화, 커뮤니케이션, 재현
Culture, communication and representation

들어가며

1장에서 우리는 문화와 구조를 살펴봤다. 2장에서는 문화와 구조에 관한 논의를 발전시켜 커뮤니케이션과 재현에 관한 핵심 논쟁 그리고 이론과 연결하여 살펴보고자 한다.

커뮤니케이션은 의미를 만드는 과정이며 개인이나 단어, 사물, 기호, 몸짓 혹은 이와 비슷한 것들이 의도적이든 아니든 의미를 전달하는 방식이다. 이러한 과정에서 사물이나 행동을 통해 의미가 재현된다. 따라서 커뮤니케이션에 재현이 포함되어 있음을 인식하는 것이 중요하다. 예를 들어, 종이에 'cat'라는 글자가 적혀 있고 이 작은 형체(철자)가 옆에 나란히 붙어 있으면 의미가 전달된다. 즉, '고양이'라는 관념을 재현하게 되는 것이다. 문화를 연구할 때 커뮤니케이션과 재현을 연구하는 것이 중요한 이유는 사회와 문화를 정의하고 구체화하는 일은 언어와 커뮤니케이션을 통해서 가능하기 때문이다. 우리는 언어와 커뮤니케이션을 통해서 지금 살고 있는 세계를 이해하고, 살면서 획득한 의미를 사람들에게 전달한다. 이러면서 우리는 다른 사람들과 공유하고 있는 의미와 문화를 발전시킨다.

앞쪽 세 개의 중요 부분에서 '의미를 만들다(making meaning)'라는 개념을 살펴볼 것이다. 첫 번째 중요 부분(의미의 조직화에 대해 논의하고 있는)은 커뮤니케이션의 속성이나 형식에 의해 의미가 어떻게 정의되는지에 관한 논의로 시작할 것이다. 그다음 **말, 문자, 그리고 시각 텍스트**를 살펴볼 것이다. 이 부분에서 언어는 우리의 문화를 형성하는 구조화된 체계라고 주장하는 기호학과 사피어-워프(Sapir-Whorf) 가설을 소개할 것이다(기호학은 3장에서도 논의한다). 그다음 부분에서는 구조주의와 의미의 질서를 논의할 것이고 이 과정에서 문화가 구조화된 체계라는 주장을 심층적으로 살펴볼 것이다. 이어지는 해석학과 해석(interpretation) 논의 부분에서는 의미는 '고정된' 것이 아니라는 주장을 소개할 것이다. 다음으로, 의미는 (지배적인) 이념을 통해 정의된다고 주장하는 정치경제학, 이념, 그리고 의미의 역할을 살펴볼 것이다. 마지막 부분에서는 포스트구조주의와 의미의 패턴 그리고 포스트모더니즘과 기호학을 살펴볼 것인데 이 과정 중에서 의미는 구조화된 것이고 사회 '집단'의 노선에 따라 형성된다는 주장에 의문을 제기하는 이론들을 소개할 것이다.

이 장의 두 번째 주요 부분에서는 언어, 재현, 권력과 불평등을 좀 더 상세히 다룰 것이다. 계급, 인종, 그리고 민족과 젠더와 관련하여 언어가 어떻게 사용되는지를 살펴보기에 앞서 언어와 권력의 문제를 논의할 것이다.

이 장의 세 번째 부분에서는 대중매체(mass media)와 재현에, 특히 미디어의 젠더 재현에 초점을 맞출 것이고 마지막으로, 관객과 수용학(reception studies)을 논의하면서 이 장을, 구체적으로는 이 부분을 마무리할 것이다. 이 주제를 논의할 때 우리는 이 분야 내의 핵심적인 단계와 발전을 이해하고 그 위치를 확정하기 위해 애버크롬비(N. Abercrombie)와 롱허스트(B. Longhurst)의 관객 연구 패러다임 이론을 이용할 것이다(Abercrombie and Longhurst, 1998).

학습 목표
- 커뮤니케이션과 재현의 복잡한 과정을 이해한다.
- 언어, 커뮤니케이션, 재현이 사회와 문화를 형성하는 방식을 이해한다.
- 계급, 젠더, 민족과 같은 사회 요소를 이해하는 데 있어서 언어의 강력한 역할을 생각해 본다.
- 대중매체가 사회적 현실, 남성과 여성과 같은 사회 '집단'을 재현하는 방식을 이해한다.
- 기술, 관객 패턴, 광범위한 사회 변화가 관객의 속성과 행동을 변화시키는 방식을 이해한다.

1. 의미의 조직

레이먼드 윌리엄스(Raymond Williams)는 의미의 양식(pattern of meaning)을 이해하는 것이 문화를 분석할 때 매우 중요한 출발점이라고 주장한다.

> 모든 유용한 문화 분석은 독특한 성질의 패턴을 발견하는 것으로 출발하고 일반적인 문화 분석이 관계하는 것들은 때로는 예상하지 못한 정체성과 여태껏 분리해서 고려해 왔던 대응성을 드러내고 때로는 예상하지 않았던 성질의 불연속성을 드러내는 그러한 패턴들 사이의 관계들이다(Williams, 1965: 47).

의미의 양식 연구에는 여러 상이한 방법이 존재한다. 이 부분에서는 먼저, 어떤 커뮤니케이션 형식을 사용하느냐에 따라 의미가 어떻게 형성되는지를 살펴볼 것이다. 그리고 나서는 커뮤니케이션과 의미, 구조주의와 의미, 해석학과 해석, 정치경제학과 이데올로기, 포스트구조주의와 포스트모더니즘을 논의할 것이다.

말, 문자, 시각 텍스트

'텍스트'는 간단히 말해서 '읽히'거나 '해석되는' 모든 문화 항목이다. 책, 편지 혹은 TV 프로그램처럼 (반)영구적인 것이기도 하고, 말하고 있는 어떤 사람 혹은 실제 진행되고 있는 축구 경기처럼 일시적인 것이기도 하다. 특히, 텍스트를 읽을 때 나오는 의미의 '개방성'과 의미의 정도는 포스트구조주의에서는 핵심적인 고려 사항이다(이 장의 후반부에서 이 점을 좀 더 자세히 다룰 것이다). 하지만, 여기서는 텍스트의 속성 혹은 형식이 텍스트에서 나오는 의미에 어떤 중대한 역할을 하는지만을 강조하고자 한다. 특히 이 점은 마셜 맥루한(Marshall McLuhan)이 한 그 유명한 말, "매체가 메시지다"라는 문장으로 요약하는 것이 가능하다. 이 짧은 한 문장을 통해 맥루한(1964)은 우리는 너무나 자주 메시지의 내용에만 집중하느라 메시지의 형식이나 메시지를 전달하는 수단인 매체를 간과해서는 안 된다고 말하고 있다. 내용(메시지)이 무엇인지를 결정하는 데 가장 핵심적인 것은 다름 아닌 매체이기 때문이다.

그러므로 텍스트의 의미에 중요한 역할을 하는 것은 형식이라 할 수 있다. 텍스트의 형식에는 말, 문자, 시각 텍스트가 있다. 텍스트를 이런 식으로 구분하는 데에도 오류가 일정 정도 존재하는데 그 이유는 커뮤니케이션의 형식이 종종 모호하기 때문이다. 가령, 말(말 텍스트)을 하고 있는 사람이 말을 하면서 손이나 얼굴 혹은 몸을 사용하는 몸동작(시각적 텍스트)을 하기도 하고, 글자가 적힌 티셔츠를 입고 있을 수 있다. 티셔츠에 적힌 글자(문자 텍스트) 역시 특정 의미를 전달할 수 있다. 의미는 매체, 즉 메시지를 전달하는 수단이 어떤 것이냐에 따라 다르게 전달된다는 것을 아는 것이 중요하다.

구어는 원래 몸짓을 수반하는 소리로 발전된 것이다. 여기서 소리는 계속 사용하는 과정에서 정교한 코드로 발전했다(Newsom, 2007: 57). 하지만, 구어의 발전을 자연적이고 독자적인 진화의 과정으로 봐서는 안 된다. 모든 언어의 역사는 경쟁, 갈등, 투쟁의 역사다. 예를 들어, '영국'의 언어는 그 뿌리가 아마도 5세기에 처음 대영제국에 유입된 영어-프리지아(Anglo-Frisian, 즉 게르만(Germanic))어에 닿는다. '수입된' 이 언어는 켈트어(Celtic) 방언과 결합하여 '고대 영어'가 되었다. 이후 (스칸디나비아) 바이킹과 (프랑코) 노르만인들로부터 연속적으로 침략을 당하는 수 세기 동안 고대 영어는 침략자들로부터 자신들의 언어를 사용할 것을 강요받으면서 적응과 변화의 과정을 거쳤다.

'정통 영국 영어'라고 여겨온 언어는 중세 영국에서 주로 상인들이 사용하는 방언에서 발전한 언어다. 영국에서 상인의 중요성이 계속 커가면서 이 방언은 법, 정부, 재정기관 같은 기관이 발전해 가는 과정에서 점점 더 많이 사용하게 되었다. 이 방언은 점차 영국 전역으로 퍼져나가 일반인들이 흔하게 사용하는 언어가 되었다(Schirato and Yell, 2000). 다른 방언들은 '저속'한 언어는 아닐지라도 '부정확한' 언어로 여겨지면서 사용을 안 하게 되었지만 이 방언은 '정확하게' 말할 수 있는 언어로 인정되었다. 15세기부터 대영제국이 발흥하면서 이 언어를 사용하도록 식민지 국가에 강요(영국을 침략했던 나라들이 자기들 언어를 영국에 강요했듯)했고 강요를 받은 나라들 덕분에 이 언어에 새로운 용법이 추가되었고 이런 과정 속에서 이 언어는 발전을 거듭했다.

오늘날에도 어떻게 말을 하는가는 여전히 중요하다. 예를 들어, 영국에서는 '정확히'(때로 '여왕의 영어'라 언급되는) 말하는 것을 계속해서 강조해 오고 있다. 쉬누칼(A. Shnukal)은 영국의 경우에서처럼 하나의 방언을 우선시하면서 여타 방언들을 '사생아' 취급하거나 '비문법적'이라고 폄훼하는 것을 언어적 인종차별의 한 형태라고 주장한다(Shnukal, 1983; Shirato and Yell, 2000에서 인용). 이 점은 뒤에서 좀 더 자세히 다루고자 한다.

구어에서 의미는 실제 사용한 단어 자체 그 이상으로 복잡한 경우가 많다. 가령, 구어에서 단어의 의미는 발음의 어조, 높낮이, 속도, 양이 아주 큰 영향을 미친다. 또한 구어는 순간의 감정을 표현하는 말을 할 때면, 가령 어빙 고프먼(Erving Goffman)이 말한 (무언가에 부딪쳤을 때는 소리인) '아야' 혹은 (작은 사고를 당했을 때 내는 소리인) '에쿠' 같은 '반응 외침(response cries)'이 있을 경우 발화가 중단되기도 한다(Goffman, 1981). 발화(그 발화와 연결된 의미)는 종종 얼굴 표정이나 몸짓 같은, 소통에 매우 중요한 역할을 하기 때문에 구어의 의미를 현저하게 바꿔버릴 수 있는 비언어적 소통 형식을 수반한다. 이처럼 발화에 수반되는 반응 외침, 몸짓과 기호를 종종 '준언어(paralanguage)'라 부른다(Schirato and Yell, 2000). 다시 말해, 발화가 수반하는 행동과 소리는 그 자체로는 단어가 아니지만 발화의 의미를 전달하는 역할을 하고 발화에 의미를 추가한다. 따라서 많은 이에게, 특히 청력이 손상된 이들에게 비언어적 몸짓은 소통의 주된 형식이다. 하지만 비언어적 소통(수어 같은)에서 미세하게라도 변화가 생기면 전달되는 의미와 감정도 달라진다.

고프먼(Erving Goffman)은 사회적 지위가 사람들 간의 사회적 상호작용에 영향을 미치고 있음을 강조한다(Goffman, 1959). 즉, 자기보다 힘이 세거나 혹은 약하다고 인식하는 사람들과 이야기를 할 때 사람들의 행동과 발화 양식이 바뀐다. 고프먼은 사회적 상호작용을 무대에서 펼치는 연기 같은 사회적 수행이라고 생각한다. 무대에서 연기를 할 때는 관객들에게 자신이 어떻게 인식되는지를 꼼꼼히 고려하기 때문에 사람들은 행동에 변화를 주고 행동에 맞게 말을 한다. 이런 현상을 고프먼은 '인상 관리(impression management)'라 부른다. 정치인 같은 대중적 인물에게 필요한 특정 인상이나 이미지를 찾아서 그것들을 대중에게 잘 보이게 하는 일을 하는 이미지 컨설턴트 그리고 사용하는 단어 자체의 의미 너머의 특정 의미와 인상을 전달하는 연설문을 쓰는 연설문 작가 같은 직업이 생길 정도로 '인상 관리'는 그 자체로 산업이

그림 2-1 연설을 하고 있는 버락 오바마 대통령

되었다.

문어는 세상의 여러 단면을 상징적으로 그리고 대부분은 예술적으로 재현 (예를 들어, 동굴 벽화, 상형문자)하는 것으로부터 발전해 왔고 구어와는 직접적인 관계가 없다. 구어이면서도 문어였던 초기 문어는 기원전 4~5세기에 인도에서 처음 썼던 산스크리트어(Sanskrit)일 것이다. 쓰기는 멀리 떨어져 있어도 소통을 가능케 해주는 일종의 기술로 이해할 수 있지만 쓰기에는 미묘한 의미와 다양한 여러 의미 전달 같은 준언어가 갖고 있는 능력이 없다. 문어가 미묘한 의미를 전달하려면 강조해서 표현을 하거나 느낌표나 물음표 같은 구두점을 사용하거나, 인터넷 채팅을 하거나 이메일을 보낼 때, 혹은 휴대폰에서 문자를 보낼 때, 얼굴, 감정 혹은 사물을 재현할 때 흔히 사용하는 이모티콘〔미소 표시(smiley)라고도 부르는〕이나 감정 그림문자(emoji, 작은 아이콘이나 상징)에 의존할 수밖에 없다.

발화에는 불평등한 권력관계가 반영되지만 문어에는 이런 점이 부정된다.

가령, 힘 있는 이에게는 편지로 이야기를 하는 것이 얼굴을 마주 보고 이야기를 하는 것보다 더 편할 때가 있다. 엄마에게 편지를 쓴다거나 직장 상사에게 이메일을 보내거나 밸런타인데이 때 연인에게 카드를 보낼 때는 평상시와는 다른 문체를 사용할 것이다. 문서를 작성할 때도 문체는 달라진다. 예를 들어, 법률, 학문, 과학과 관련된 문서를 작성할 때와 만화책, 소설, 연애편지와 신문 기사를 작성할 때는 비록 같은 언어로 작성한다고 해도 종종 각기 다른 문체와 글쓰기 기법을 사용할 것이다. 그리고 어떤 문체와 기법을 사용하느냐는 종종 쓰는 사람과 문서/출판물과 관련된 관례에 관한 이데올로기나 담화에 따라 결정된다. 모든 텍스트(문자 텍스트 포함)를 어떻게 읽고 어떻게 해석하느냐는 독자의 마음이지만 대부분의 텍스트에는 '선호되는 독서 방식', 다른 말로, 저자가 의도한 '지배적인' 의미를 찾으려는 독서 방식이 있는 것은 분명하다. 이를 문학 연구에서는 '내포된 독자'라 자주 부른다. 카(E. H. Carr)는 '내포된 독자'란 살아 숨 쉬고 있는 개인을 말하는 것이 아니라 '구조적 총체이며 특정 독서 방식을 다른 독서 방식보다 우월하게 생각하는 텍스트 내의 조직화 원칙이라고 했다(Carr, 2006: 37).

커뮤니케이션은 또한 시각 텍스트의 형식으로 이뤄질 수 있다. 시각 문화에 관한 논의는 뒤에서 자세히 하겠지만(6장에서) 우선 시각적 재현(그림, 사진, 텔레비전)을 커뮤니케이션의 형식으로 인지하는 것이 중요하다. 시각적 재현에는 중립적이고 문어나 구어에 존재하는 이데올로기나 담화(discourse)가 빠져 있다는 인상(그래서 많은 이들이 '보는 것은 믿는 것이다'라고 주장한다)을 종종 갖게 된다. 하지만, 시각적 이미지는 문어나 구어 텍스트와 마찬가지로 이데올로기와 담화를 띠기 쉽고 게다가 이데올로기와 담화에 의해 형성되기도 한다. 가령, 그림은 특정 의미와 정서를 담으려고 하기에 특정 주제(여타의 다른 주제가 아니라)에 집중한다. 마찬가지로, 사진은 단지 특정 각도나 시점만을 보여준다. 사진을 찍으려면 종종 의도적인 '설정'까지는 아니더라도 특정 자세를 취하게 된다. 게다가 사진을 찍은 다음에는 편집을 하거나 재촬영을 하기도 하고, 보정을 약간 한 다음에는 선호도에 따라 어떤 사진은 선택하고 어떤 사진은 제외한다. 이런 일련의 과정은 이미지를 '창조하는'(재현한다기보다는) 일을 하는 대중매체에서 똑같이 벌어진다. 따라서 시각적 이미지는 세상의 모습을 제시하는 것이 아니라 재현하는 것으로 보는 것이 중요하다 ─ 이 장의 뒷부분에서 이 점을 다룰 것이다. 또한, 구어에서와 마찬가지로 문어 텍스트와 시각 텍스트를 별도로 고려해서는 안 된다. 구두 소통이 준언어를 포함하고 있듯 문어 텍스트와 시각적 텍스트는 '준텍스트(paratext)'와 관련되어 있다. 즉, 문어 텍스트나 시각적 텍스트의 의미는 단순히 단일한 대상만으로 결정되는 것이 아니고 관련되어 있고 연계된, 하늘의 별만큼이나 무수한 의미를 만들어내는 망에 의해서 결정된다. 예를 들어, 존스(S. Jones)는 비디오 게임의 의미는 그 게임 자체에 있지 않고 연관된 미디어, 의미, 해석과 상호작용, 관련 잡지에 실리거나 온라인에 올라온 후기, 친구들의 의견, 광고, 포장 디자인과 그림, 그리고 헤아릴 수 없을 정도로 많은 복잡한 망에 의해 구성된다고 주장한다(Jones, 2008). 의미는 결코 직접적이고 간단한 과정이 아니다.

커뮤니케이션과 의미

앞에서 언급했듯 '커뮤니케이션'이라는 용어는 의미를 만들어가는 과정을 말한다. 아주 단순히 말해서 어느 한 사람이 누군가에게 뭐라고 얘기를 하면 그 얘기를 들은 그 사람은 들은 말의 의미를 해석하게 된다. 이것이 청자에게 의미가 전달되는 과정이다. 마찬가지로, 어느 한 사람이 티셔츠를 입고 있거나 아니면 모자를 쓰고 있는 것 자체가 이를 보는 사람에게는 의미가 된다. 예를 들어, 티셔츠를 입고 있거나 모자를 쓰고 있는 그 사람이 어느 특정 스포츠팀의 서포터라는 ─ 그 사람이 이런 의미를 의도한 것은 아니라도 ─ 의미가 될

세미올로지와 세미오틱스
Semiology and Semiotics

'기호'를 연구하는 학문(혹은, 과학)을 유럽에서는 '세미올로지(semiology)'〔스위스의 언어학자인 소쉬르(Ferdinand de Saussure, 1857~1913)가 만든 용어〕라고 부르고, 북미에서는 '세미오틱스(semiotics)'〔퍼스(C. S Peirce, 1839~1914)가 명명〕라 부른다. 퍼스가 독자적으로 발전시켰지만 철학적 체계와 전제가 소쉬르와 유사하다.

　기호가 무엇인가를 정의하는 방법을 아주 단순히 말하면 기호를 구성하는 요소나 중요 부분을 고려하는 것이다. 매우 간략히 설명하면 기호는 두 개의 요소로 구성된다. 첫째는 기표(signifier)다. 구어, 문어 혹은 시각적 상징(단어, 도로 표지판이나 광고) 같은 것들이 기표다. 둘째는 기의(signified)다. 이런 상징이 결합하면 특정 개념이나 관념이 만들어지는데 이렇게 만들어진 개념이나 상징이 기의다. 예를 들어, 경고판(기표, 〈그림 2-2〉)과 표면이 미끄러우니 조심하라는 경고(기의)가 합쳐져서 우리에게 전반적인 이해와 의미를 제공한

그림 2-2 **경고판**

다 — 도로 표면이 미끄러우니 조심하라는 경고로 이해한다. 그렇게 되면 이는 기호 — 단어와 우리가 단어에 귀속시키는 의미가 합쳐진 것 — 가 된다.

소쉬르가 역설하는 주장의 핵심은 기호와 기호의 의미는 자의적이라는 것이다. 즉, 의미는 자명하지 않다는 것이다. 예를 들어, 철자 세 개로 구성된 'cat'이라는 단어가 집에서 키우는 털 많은 작은 동물을 의미해야 하는 이유는 없다. 이 세 개의 철자를 가지고 '개', '물고기' 혹은 '바나나'를 언급해도 아무 문제가 되지 않는다.

소쉬르의 가장 영향력 있는 사상은 1907년에서 1911년 사이에 했던 강연 내용과 그의 논문들과 제자들의 기록 등을 모아 소쉬르 사후 1916년에 출간한 『일반 언어학 강의(*Cours de Linguistique General*)』에 잘 나타나 있다. 소쉬르는 기호가 무엇을 의미하느냐는 단순히 문화적 관습의 문제이며, 주어진 문화 속에서 어떤 방식으로 일이 진행되느냐의 문제라는 것이다. 문화마다 단어에 다른 의미를 부여하거나 동일한 대상/사물을 언급할 때 다른 단어를 사용하는 것을 보더라도 이는 분명하다. 가령, 'pig'라는 단어는 농장에서 기르는 동물을 의미할 수 있지만 다른 맥락에서나 다른 사람에게는 탐욕스러운 사람이나 경찰을 언급하는 단어일 수 있다. 마찬가지로 프랑스어 사용자에게는 그 농장 동물을 'pig'라고 하지 않고 'le porc'라고 부른다. 서양 문화권 대부분 지역에서는 검정색을 애도나 장례와 관계된 색으로 여기고 아시아 문화권의 여러 나라에서는 흰색(검정색이 아니고)을 죽음과 관련된 색으로 여긴다(Newsom, 2007).

만약 기호가 자의적이라면 기호의 의미는 오로지 다른 기호들과의 관계 속에서 결정된다. 따라서 기호 간의 연결 관계와 차이를 찾는 것이 필수적인데 그 관계와 차이를 크게 다음 두 가지로 분류할 수 있다.

▪ 결합적(syntagmatically) 방식: 기호들 간의 선형적(linear)이거나 혹은 순차

적인 관계(예를 들어, 전통적인 영국 식사는 주된 요리 전후로 전식과 후식이 나온다).

- 계열적(paradigmatically) 방식: '수직적' 관계, 기호의 특정 조합(전식으로 사과 파이가 아니라 수프나 멜론이 나오는 것).

기호학자들은 의미화에는 다른 층위가 있다고 말한다. 숙련된 기호학자라면 기호의 명백한 의미를 말하는 기호의 외연적 의미(denotation)〔예를 들어, 말보로(Marlboro) 담배를 피우고 있는 카우보이 사진〕의 층위에서부터 기호의 당연한 의미를 말하는 기호의 함의(connotation)〔예를 들어, 진정한 남자는 말보로 담배를 피운다)〕에 이르기까지의 여러 의미를 이해할 수 있다.

기호를 이런 식으로 이해하다 보면 기호 안에 들어 있는 이데올로기적 기능이 드러난다. 어느 특정 문화는 특정(종종 부르주아적인) 가치를 자연스럽고, 보편적이고 영구적인 가치로 만드는 역할을 하는 신화로 여겨질 수 있다.

찰스 퍼스(Charles S. Peirces)는 아이콘, 인덱스, 상징을 구별하면서 사물과 그 사물이 전달하는 의미와의 관계를 심도 있게 연구한다. 비디오 게임을 예로 들어 보면, 아이콘은 어느 한 사물과 유사하거나 닮은 것을 가리킨다. 가령, '툼 레이더(Tomb Raider)'라는 연작 비디오 게임에서 게임 코드와 화면 픽셀은 그 게임의 여자 주인공인 라라 크로프트(Lara Croft)를 재현한다. 라라 크로프트는 실제 살아 있는 사람이 아니라 아이콘으로 제시된다. 이 아이콘으로 게임을 하는 사람들은 (가상의) 영국 귀족의 모험을 재현한다. 인덱스는 사물의 영향을 보여준다. 예를 들어, 비디오 게임의 인게임 시네마틱〔컷신(cut-scene)〕은 총소리가 난 다음 핵심 인물이 피범벅의 바닥으로 떨어지는 장면을 보여줄 수 있다. 총소리와 추락하는 인물은 관객(이 경우에는 게임을 하는 사람)이 직접 보지는 못했지만 총을 맞은 걸로 이해하는 인덱스다. 상징은 사물이나 행위의 지시물인데 아이콘이나 인덱스와는 다르게 사물이나 행위와 직접적인 유사성은 없다. 비디오 게임에서 언급할 수 있는 또 다른 예는 '엑스박스(Xbox)' 비디오 게임 콘솔에서의 업적 점수일 것이다. 업적 점수를 얻으면 보상이 주어지고 게임에서 요구하는 특정 행위를 완성했음을 의미하지만 점수 자체가 수행한 특정 행위와 유사한 것은 아니다(Crawford, 2012).

소쉬르의 연구 중 영향력 있는 또 하나의 연구는 패턴화된 체계로서의 언어[랑그(langue)]와 실제 말로 구체화되는 언어[파롤(parole)]를 구분한 것이다. 소쉬르는 특별히 연구의 대부분을 훨씬 더 유동적이고 역동적인 실제 언어(파롤)보다는 상대적으로 더 안정적인 언어 체계(랑그)에 집중했다. 이런 이유로 소쉬르는 언어 연구를 '사회 내에 존재하는 기호의 일생을 다루는 연구'를 하는 큰 의미에서의 과학의 한 분야로 여겼다. 특히, 기호학자들은 우리가 직접 경험하는 여러 다양한 문화 양상의 근저에 존재하는 특정 논리나 구조 혹은 코드를 변별하는 것이 가능하다고 주장한다. 따라서 기호학은 특히 구조주의와 관련되어 있다.

소쉬르의 이론은 사실상 롤랑 바르트(Roland Barthes)에 의해 문화라는 더 큰 영역에서 새로운 이론으로 발전되었다. 바르트는 잠재하고 있는 여러 의미(신화와 코드)를 상술하고 있는데 이를 통해 안내서, 스테이크와 감자튀김, 선거용 사진 촬영, 레슬링, 마가린, 에펠탑과 같은 다양한 문화 현상에 관한 정보를 주는 잠재된 의미를 알 수 있다. 바르트가 프랑스 잡지 ≪파리 마치(Paris Match)≫의 표지 사진을 분석한 작업이 기호학을 활용한 연구를 보여주는 가장 좋은 예다.

───────────────────────────────── ■ ■ ■ 더 읽을거리

Barthes, R. (1973). *Mythologies*. London: Paladin.

Gottdenier, M. (1995). *Postmodern Semotics*. Oxford: Blackwell.

수 있다. 아니면 그 사람을 얼빠진 사람이거나 패션 감각이 없는 사람으로 생각할 수도 있다.

하지만 '커뮤니케이션'이라는 용어의 원래 의미는 이것이 아니다. 건터 크레스(Gunther Kress)는 ≪커뮤니케이션과 문화(*Communication and Culture*)≫에서 '커뮤니케이션'이라는 용어가 처음 쓰이기 시작했던 19세기에는 철도, 도로, 운송처럼 무엇인가를 연결하는 물리적인 수단을 의미했다고 주장한다(Kress, 1988). 하지만 전보, 라디오, 전화 같은 '신'기술이 등장하면서 '커뮤니케이션'이라는 용어는 물품 전달이 아니라 정보 전달이라는 의미로 훨씬 더 많이 사용하게 되었다.

'커뮤니케이션'의 원래 뜻(물품을 전달하는 단순한 과정)은 초창기 커뮤니케이션 과정 연구에 큰 영향을 끼쳤다. 전기통신에 관한 초창기 연구 중의 하나는 1940년대에 미국의 벨(Bell) 전신 회사에 근무하던 클로드 엘우드 섀넌(Claude Elwood Shannon)이 수행한 연구다. 섀넌은 정보를 전달하는 가장 효율적인 방법, 즉 원래 메시지가 방해받지 않고 전달되는 방법을 수학적 모델로 설명하려 했다. 메시지를 전송할 때 받는 방해를 섀넌은 '잡음(noise)'이라고 불렀다. 그러므로 이 커뮤니케이션 과정에 관한 초창기 연구의 주된 관심은 메시지 혹은 정보의 전송과 수신이었다. 이 모델 덕분에 커뮤니케이션을 매우 단순하고 쉽게 이해할 수 있다. 아주 단순하게 설명해서 커뮤니케이션 과정에는 '송신자 - 메시지 - 수신자'라는 3단계가 있다. 첫 단계, 메시지(편지나 구어 문장, 구절과 같은)를 작성하는 사람(송신자)이 있고, 이 메시지는 또 다른 사람(수신자)이 받거나 다른 사람에게 전달한다. 그러나 이 모델이 설명하지 못하는 것이 있는데 그것은 메시지 생성, 전송, 수신이 이루어지는 사회적 맥락이다. 커뮤니케이션 과정에는 단순히 발신자가 분명히 의도하고 수신자도 발신자의 의도대로 수신하는 메시지만이 있는 것은 아니다. 메시지의 의미는 메시지의 맥락, 메시지의 형식, 송신자와 수신자와의 권력관계, 해석 과정, 수신자가 하는 재해석 과정과 같은 수많은 상이한 사회적 요소로 결정되기 때문이다. 이 모든 것(혹은 그 이상의 것들)이 메시지의 의미를 만드는 데 일조를 할 뿐만 아니라 커뮤니케이션 과정에서 중요한 구성 요소를 만들고 있기 때문에 이것들을 단순히 참아야만 하는 '소음' 정도로 폄훼해서는 안 된다. 특히, '기호'를 연구하는 학문(과학)인 기호학은 '의미'를 자명하거나 '자연적인' 것이 아니라 기표(단어, 상징과 유사한 것들)와 그 기표가 전달하는 의미(기의) 간의 자의적 관계라고 설명한다.

그러므로 단어나 상징에 특정 의미를 귀속시켜야만 할 자연적이고 상식적인 이유는 없다. 게다가 소쉬르는 우리가 사용하고 있는 기호학적 체계(언어 같은)를 "세계"가 만든 것이 아니라 기호학적 체계가 세계를 만들었다고 주장하기까지 한다(Schirato and Yell, 2000). 즉, 돼지 혹은 고양이가 존재하니까 이것들을 부를 단어가 만들어진 것이 아니라 우리가 발전시킨 단어와 기호, 그리고 우리가 단어나 기호에 귀속시키는 의미로 우리는 세상을 이해한다는 것이다.

이는 미국 원주민 부족인 호피(Hopi)족의 언어 체계를 연구한 벤저민 리 워프(Benjamin Lee Whorf)의 연구를 보면 분명해진다. 시간을 공간 메타포로 표현하는 미국의 주류 문화와 — 예를 들어, "…… 한 지 꽤 **긴**(오랜) 시간이 흘렀다(it is a *long time* since ……).' 혹은 '그 일은 **짧은 시간**이 지나면 (곧) 일어날 거야(it will happen in a *short time*)' — 달리, 호피족 언어에는 유사한 표현이나 이해가 없는 듯하다. 워프는 호피족은 사건들을 존재 상태에서 지금 막 벌어지고 있는 것으로 이해한다고 주장한다.

워프의 연구는 이전의 에드워드 사피어(Edward Sapir)의 언어학 연구에 기반한다. 사피어는 모든 언어에는 중요한 사회적 활동과 문화적 활동의 특징을 묘사하고 이해하기 위해서 생겨난 전문화되고 정교화된 어휘가 발전한다고 주장한다. 사피어의 분석과 워프의 호피족 연구가 합쳐져 언어가 정신 범주를 만들어내고 인간은 바로 이 정신 범주를 통해 세상을 이해한다는 ― 워프는 이를 언어적 실체라고 불렀다 ― 사피어-워프(Sapir-Whorf Hypothesis) 가설이 만들어졌다. 세상은 언어가 만든 개념 격자(conceptual grid)를 통해 걸러지며 또한 특정 언어를 일상적이고 규칙적으로 사용하면 습관석인 사고 패턴이 생기고 이런 것들은 각 문화마다 다르다는 것이다. 사피어와 워프가 '사고 세계(thought worlds)'라고 부르는 것은 바로 이와 같은 문화적으로 특수한 사고 패턴인 것이다. 워프는 이를 다음과 같이 표현한다.

> 우리는 우리들의 모국어에 따라 재단된 선을 따라 자연을 해부한다. 우리가 현상 세계로부터 분리한 범주와 유형을 자연에서는 찾을 수 없다. 그 범주와 유형들은 모든 관찰자들을 정면으로 응시하고 있기 때문이다. 반면, 세계는 변화무쌍한 인상의 흐름으로 제시되므로 우리는 정신, 특히 정신에 존재하는 언어 체계를 통해 이런 세계를 조직해야 한다. 우리는 자연을 해부하여 이를 조직하여 개념으로 만들고 의미를 부여한다. 우리는 그것을 이런 식으로 조직하겠다는 동의서에 서명한 당사자이기 때문이다. 이런 동의는 우리의 언어 공동체를 통해 유지되고 우리의 언어의 패턴에 따라 해독된다. 여기서 동의는 당연히 암시적이며 암묵적이다. 그러나 동의 사항에 순종해야 함은 절대적이다. 동의서에 명시된 내용인 데이터를 조직하고 분류하는 것을 지키지 않고는 언어 행위를 수행하기란 절대적으로 불가능하다(Carroll, 1956: 212~214, quoted in Black, 1972: 97).

그러므로 기호학과 사피어-워프 가설 같은 언어학 이론에서는 언어를 구조화된 체계로 인식한다. 안정되고 이런 이론이 사용되는 사회 세계를 이해하는 데 유용한 도구를 제공한다. 이런 관점에서 보면 언어는 단순히 우리가 세상에 붙이는 인식표가 아니라 오히려 언어가 우리의 세계, 그리고 우리가 세상을 이해하는 방식을 구성하고 구조화한다. 루트비히 비트겐슈타

기호학으로 분석한 식민주의

Semiotics of colonialism

그림 2-3 ≪파리 마치≫ 표지

기호학 이론으로 분석한 연구 중 가장 잘 알려진 예로는 잡지 ≪파리 마치(*Paris Match*)≫ (1973)에 실린 사진을 롤랑 바르트가 분석한 것이다. 이 사진은 프랑스가 알제리 식민지를 포기하는 문제로 내부 갈등을 겪고 있을 시기 출간된 잡지에 실렸다. 잘 알다시피 식민 제국과 관련된 갈등이라는 이런 역사적 맥락을 아는 것이 이 사진을 분석하고 의미를 찾는 과정에서 매우 중요하다. 바르트는 다음과 같이 말한다. '이발소에서 차례를 기다리고 있었을 때 누군가가 ≪파리 마치≫를 읽어보라고 권했다(Barthes, 1976: 116). 표지에 프랑스 군복을 입은 흑인 젊은이가 위를 올려보면서 거수경례를 하는 사진이 실렸다. 시선은 프랑스 국기에 고정되어 있는 듯했다. 이것이 그 사진의 의미 전부다.' 바르트는 이렇게 그 사진의 외연적 의미를 밝혀낸 후 계속해서 그 사진을 분석해 나갔다.

> ❝ 그러나 내가 너무 순진하게 말하는 것일 수 있지만, 이 사진이 나에게 의미하는 바를 나는 매우 잘 알고 있다. 그것은 바로 프랑스는 위대한 제국이고 프랑스의 모든 아들은 피부색에 상관없이 국가에 충성해야 하며, 또한 소위 식민주의 반대자들의 요구에 반응하는 방식 중 압제자라 불리는 이들에게 사진 속의 흑인 젊은이처럼 열성적으로 충성을 하는 모습을 보여주는 것보다 더 나은 방식은 없다는 것이다 (Barthes, 1973: 116).

사진의 함의를 드러낸 바르트는 기호학의 언어로 논리를 펼친다.

> 그러므로 나는 다시 큰 기호학 체계와 마주한다. 여기 하나의 기표가 있다, 이 기표는 이미 이전의 체계(흑인 병사가 프랑스식 거수경례를 하고 있다) 내에서 형성된 것이다. 그리고 하나의 기의(여기서는 프랑스와 관련된 것과 군대에 관련된 것을 의도적으로 혼합시켰다)가 있다. 마지막으로 기표를 통해서 생겨난 기의가 있다 (Barthes, 1973: 116).

지금까지의 사진에 관한 논의는 기호학의 중요한 사항들을 소개해 주었다. 이를 요약하면 다음과 같다.

1 모든 이미지나 텍스트는 여러 층위의 의미를 가진다고 할 수 있고 특히 외연적 층위와 내포적 층위로 나눌 수 있다.
2 이와 같은 의미의 속성은 의미가 속해 있는 맥락에 따라, 또는 주위 환경에 따라 결정된다. 의미는 상대적이다.
3 의미나 코드의 어떤 층위는 상대적으로 중립적이거나 또는 객관적이다. 반면 어떤 층위는 사회적 의미나 담화의 영향을 받는다.
4 이런 상이한 의미들을 인지하고 설명하는 것에는 분석 또는 해독의 과정이 포함된다. 여기서 분석과 해독은 분석자가 가진 지식과 경험의 성격에 달려 있다.

이 사진 분석을 통해 바르트는 상이한 차원의 의미가 한 사물에 어떻게 적용되는지를 보여준다. 또 바르트는 여기에서 언어와 신화를 구별하고 있다(이는 〈그림 2-4〉에서 보인다). 신화는 현존하는 권력 구조를 떠받치고 부르주아 계급에 편향적인 이데올로기다. 신화는 역사적이거나 가변적인 것을 본래부터 그래 왔던 아주 자연스럽거나 불변적인 것으로 보이게 만들기 때문에 이데올로기적이다. 따라서 군복을 입은 흑인 병사의 사진이 부분적으로 만들어내는 신화는 식민지의 해방과 변화를 방해하는 방식으로 알제리의 소요를 재현하려 할 것이다.

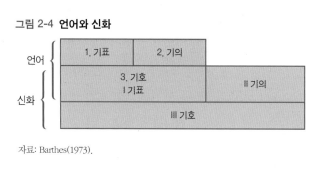

그림 2-4 **언어와 신화**

자료: Barthes(1973).

■ ■ ■ 더 읽을거리

Barthes, R. (1973). *Mythologies*. St Albans: Paladin.

인(Ludwig Wittgenstein, 1889~1951)은 오랜 연구 끝에 다음과 같은 결론을 내렸다. '내 언어의 한계가 곧 내 세상의 한계다'(Wittgenstein, 1981). 그러므로 소쉬르 같은 언어학자들은 일상에서의 모든 상호작용의 기저나 배후에는 구조가 존재한다는 구조주의의 토대를 제공하고 있다.

✓ **구조주의**
구조주의는 1960년대와 1970년대 가장 영향력 있던 지적인 접근법이자 운동이다. 기본 사상은 연구의 대상이 되는 현상(언어 혹은 사회 같은)은 구조의 체계로 구성되어 있다고 봐야 한다는 것이다. 구조주의에 대해서는 1장을 참고하라.

구조주의와 의미의 질서

구조주의자들은 문화를 계통화된 체계 또는 구조로 파악한다. 문화란 사회적 상호작용을 통해 생산 또는 재생산되는, 코드화된 의미의 체계다. 사회적 상호 작용을 하는 사람들이 의사소통 코드를 어떻게 배우고 사용하느냐가 구조주의자들의 관심이다. 이를 위해 수많은 관점들이 제시되어 왔다.

소쉬르나 촘스키(Noam Chomsky)와 같은 언어학자들은 모든 인간 언어에는 이항 대립(binary oppositions)이라는 보편적인 구조화 원리가 존재한다고 설명한다. 이항 대립은 흑과 백, 여성과 남성, 높음과 낮음처럼 서로 다른 두 개의 대립적인 용어로 구성된다. 하지만 이런 이항 쌍은 결코 동일하지 않기에 흰 것과 검은 것보다, 남성이 여성보다 더 중시 여겨지는 것처럼 한 쌍 중의 한쪽은 다른 한쪽보다 문화적으로 늘 가치가 더 크다. 레비스트로스(C. Lévi-Strauss)에 의하면 이처럼 서로 대립되는 것들은 직접적으로 관찰되거나 분석될 수 있는 성질의 것이 아니다(Lévi-Strauss, 1966). 즉, 이항 대립은 의식의 차원이 아니라, 심층구조라고 묘사되는 영역의 차원에서 작동한다. 구조주의자들의 주장에 따르면 문화연구는 문화 형식을 연구하는 것이다. 여기서 문화 형식이란 특정 환경 속에서 생성된 인간 정신의 산물이다. 그 결과 생겨나는 문화 형식은 동일한 패턴을 띠고 있으며, 그것이 바로 이항 대립이라고 레비스트로스는 주장한다. 특정 문화들이 담고 있는 문화의 내용은 서로 다를 수 있는데 이는 이질적인 환경 때문에 생겨난 결과물인 것이다. 중요한 것은 문화 내용의 이질성이 아니라 문화 형식을 동일하게 패턴화하는 것이다. 문화 형식이 동일한 패턴으로 구성되어 있다는 전제에서 논의를 시작한 레비스트로스는 각 개인에게는 타고난 생물학적 역량이 존재하는데 이를 '생 문법(bio-grammar)'이라 불렀다. 각 개인은 이것을 사용하여 문화 정보를 '해독'하거나 해석한다. 여기서 말하는 코드란 특정한 시기에 사람들이 공유하는 관습이 표현된 것을 의미한다는 점에서 문화적인 것이다. 한 사회의 문화에 문화화된 구성원들은 그 사회가 요구하는 코드를 알고 있다. 코드는 문화마다 특정화되어 있지만 코드를 해독하는 데 필요한 능력은 보편적인 것이고 타고난 것이다.

이것은 인간이 동시에 작동하는 별개의 두 차원에서 세계를 이해한다는 것을 의미한다. 그 첫 번째는 심층구조의 차원인데 이항 대립은 이 차원에서 작동한다. 그 두 번째는 동시발생적 행위의 표층적 차원으로서 여기서는 문화 코드에 관한 지식을 이용해서 구분과 분류의 행위가 작동하여 의미가 생겨나도록 한다. 레비스트로스는 이와 같은 생각을 우리가 음악을 들을 때 발생하는 과정에 빗대어 설명한다. 음악을 들을 때 우리는 가락과 화음 둘 다를 동시에 듣지만 음악 전체를 이해하기 위해서는 이 둘을 통합해야 한다. 우리에게 의미를 주는 것은 전체이고 따라서 우리에게 문화적인 의미를 부여하는 것은 바로 표층구조와 심층구조 둘 다다. 메리 더글러스(Mary Douglas)와 에드먼드 리치(Edmund Leach)는 의미를 어떻게 문화적으로 이해하고 수용할 것인가라는 문제에 관해서 레비스트로스와 유사한 입장을 취한다(Douglas, 1966; Leach, 1970). 이 두 학자는 공히 의미가 패턴화의 과정과 질서로부터 발생한다고 믿지만 질서의 근원은 개인의 생리학에 있지 않고 사회에 있다고 주장함으로써 레비스트로스와는 다른 견해를 보인다. 의미를 할당하고 규정하는 것은 사회·문화적인 맥락과 상호작용을 통해 생겨난 공유된 경험이다. 색 분류를 이용해 자신의 주장을 펼치고 있는 리치의 이론을 예로 들어보자. 영국 문화에는 색과 관련된 사실, 색이 유발하는 감정 간 관습적인 연상체가 존재한다. 예컨대 붉은색은 위험을 가리키는 색이며, 화려함을 연상시키는 색이기도 하면서 영국 노동당의 색이기도 하고, 공산당원들을 가리키는 용어로도 사용된다. 영어를 모국어로 사용하는 사람들은 사용 가능한 의미가 저장되어 있는 저장고의 내용물에 관해서 비록 전부는 아닐지라도 어느 정도는 알고 있기 때문에 만일 '빨강'이라는 단어를 듣게 되면 상황과 맥락에 의거하여 빨간색이 가지고 있는 여러 의미 중 어느 의미가 가장 적절한 의미인지를 결정할 것이다. 이것이 청자에게 의미로 작용하여 메시지의 진짜 의미가 된다. 이처럼 문화와 커뮤니케이션을 사회문화적 차원에서 설명하려는 연구에서는 몸짓, 의복, 외모, 커뮤니케이션의 성량과 어조처럼 관습적인 문화 체계 내에 존재하는 자질들을 중시한다. 각 문화 사항 주위에 집적되는 표준화된 의미들은 상황적으로 선호하는 의미 해독을 지원하고 그에 합당한 증거들을 제공한다.

해석학과 해석

사회과학 분야에서 해석에 관한 또 하나의 중요한 연구 방법론으로 해석학이 있다. '해석학(hermeneutics)'이란 용어는 '해석히다'라는 의미의 그리스어 동사(hermeneuein)에서 유래했다(Hilton-Morrow and Harrington, 2007). 해석학은 원래 독일어권 나라에서 성경을 어떻게 해석할 것인가를 두고 벌어진 논쟁에서 시작해서 차츰 해석의 쟁점, 의미와 존재의 관련성에 관한 철학적 논쟁같이 광범위한 논의로 확대되었다.

해석학에서는 텍스트의 일부분의 의미를 해석자의 문화적 맥락과 같은 광범위한 맥락으로부터 분리하는 것은 불가능하다고 본다. 예를 들어 어느 특정 단어를 완전히 이해하려고 한다면 반드시 그 단어가 쓰인 문장을 이해해야 한다. 마찬가지로 그 문장을 이해하기 위해서는 그 문장을 둘러싼 더 큰 맥락을 반드시 이해해야 한다(Schleiermacher, 1977). 게다가 어떤 텍스트가 되었든 텍스트를 이해하기 위해서는 해석자는 어쩔 수 없이 자신의 문화에 대한 특정 선(先) 이해 또는 전(前) 이해를 텍스트로 가져올 수밖에 없다. 해석자의 전 경험은 해석의 과정을 용이하게 해주며 동시에 해석의 과정에서 작용(확인·변경·반박·수정 등 여러 방식으로)한다. 마치 대화와 흡사한 이런 과정을 '해석학적 순환(hermeneutic circle)'이라 부른다(Gadamer, 1975: 235~245). 해석학적 순환을 옹호하는 학자들은 의미란 단순히 텍스트에서 독자에게 일방적으로 전달되는 것이 아니라, 오히려 텍스트에 대한 심도 있는 이해를 위해 독자의 전 경험을 요구하는 양방향의 상호작용 과정에서 생겨난다고 주장한다. 그래서 셰익스피어의 『햄릿(Hamlet)』(1600~1601)을 희곡으로 읽거나 연극으로 관람할 때 현재 우리의 문화 속의 가족 간 관계, 질투, 복수, 성적 예의범절 등을 이해하게 되며 이런 과정을 거치면서 우리 문화에 대한 우리의 이해는 더 정교해지기도 하고 수정되기도 한다. 하지만 해석학은 성경이나 셰익스

서사

Narrative

채트먼(S. Chatman)은 서사를 서로 연결된 요소 두 개에 의해 구성된 것으로 정의한다(Chatman, 1978: 19). 첫 번째 요소는 내용, 이어지는 사건, 인물과 배경을 말하는 이야기(histoire)이고 두 번째 요소는 의미, 그 의미의 표현, 내용이 소통되는 방식을 말하는 담화(discours)다. 즉, 서사는 이야기를 말하는 텍스트(Kucklich, 2006)지만 그 이야기를 이해하기 위해서는 단지 내용만이 아니라 맥락, 형식, 표현, 관련된 의미 이런 것들을 잘 알아야 한다.

일반적으로 서사는 도입부, 중반부 결말이 있는 이야기가 선형적(linear)으로 계속 발전하는 형식의 '정전형 구조(canonical structure)'를 따르고 있지만 모든 서사가 다 이렇지는 않다. 역사를 살펴보면 이런 서사 구조를 따르고 있는 듯 보이지만 실제 그렇지 않은 텍스트들도 매우 많다. 예를 들어, 스탠리 큐브릭(Stanley Kubrick)의 1956년 영화 〈킬링(*The Killing*)〉은 조직 깡패 이야기를 다루고 있지만 여러 주인공의 다양한 관점을 오가며 이야기가 진행되며 시점 면에서도 다양한 시점을 넘나든다. 크리스토퍼 놀란(Christopher Nolan)의 〈메멘토(*Memento*)〉(2000)나 쿠엔틴 타란티노(Quentin Tarantino)의 〈펄프 픽션(*Pulp Fiction*)〉 같은 영화도 이 같은 비선형적 서사 형식을 채택한다. 비선형적 서사는 문학작품에서 오래전부터 더 빈번히 사용해 왔다. 대표적인 예가 『트리스트람 섄디(*The Life and Opinions of Tristram Shandy*)』(1767)와 제임스 조이스(James Joyce)의 『율리시스(*Ulysses*)』(1922)이며 이런 비선형적 스토리텔링 전통은 호머(Homer)의 『일리아드(*Iliad*)』와 고대 작품과 중세 시대의 『아라비안 나이트(*Arabian Nights*)』까지 거슬러 올라간다.

하지만 그로달(T. Grodal)은 서사를 텍스트에 반드시 내재하는 것이 아니라 구체화되고 인지되는 과정으로 이해해야 한다고 주장한다(Grodal, 2003). 그로달에 따르면 서사는 정보를 선정하고 정보에 의미를 부여하고 이를 확장하여 그들이 살고 있는 세계를 이해하기 위해 사용하는 장치라고 주장한다. 즉, '이야기'라는 것은 개인들이 외부 정보를 받아서 필요한 과정을 거친 다음 질서를 부여하고 난 후에야 비로소 이야기가 되는 것이기 때문에 이야기가 된다는 것은 맥락화된다는 것이고 의미화가 된다는 것이다. 예를 들어, 거의 모든 영화와 책은 단순히 청중에게 프롬프트, 기호, 요소를 전해주기만 할 뿐이고 그것들을 받은 관객/독자들이 그것들에 질서를 부여하거나 의미화를 해야만 작품 전체의 의미가 결정된다. 정보를 능동적으로 동화시켜 일관된 이야기로 만드는 주체는 독자 혹은 관객이다. 저널리스트인 제임스 미크(James Meek)가 ≪가디언(The Guardian)≫에 실은 기고문에 썼듯(Meek, 2010: 29) '다른 것보다 단지 알파벳 26개로 구성된 언어보다 더 참여적인 것이 있을까? 감각적 재능으로 단어들을 매끄럽게 손질해 주는 능숙한 독자의 상상력, 기억, 능력, 위트 등이 빠지면 단어는 단지 상형문자의 나열에 불과할 뿐이다.

이런 서사적 (재)해석의 과정은 아이들이 TV 만화를 볼 때 의미화를 어떻게 하는지를 고찰한 호지(R. Hodge)와 트립(D. Tripp)의 연구에서 확인된다(Hodge and Tripp, 1986). 호지와 트립은 문학이론을 차용하여 아이들이 만화를 읽는 방식은 '병렬적'이라고 주장한다. 병렬 구조(parataxis)란 사건이나 행위를 짧고 간단한 형식 속에 함께 배치하는 것이다 — 가령, 사건 하나가 일어나고 이어서 또 다른 사건이 일어나고 그러고 나서 또 다른 사건이 일어나는 방식이다. 호지와 트립에 따르면 이런 방식으로 아이들은 만화의 서사를 읽고 서사에 대해 이야기를 한다. 다시 말해, 일련의 사건을 복잡하고 전체한 묶음으로 이해하는 것이 아니라 연속으로 이어지는 것으로 이해한다는 것이다. 호지와 트립은 이런 종류의 병렬 구성을 상반적 독서(oppositional reading)의 한 형식이라고 주장한다. 아이들은 만화를 작가가 의도한 지배적인 방식으로 읽지 않고 그들 자신만의 대안적 서사를 구성한다.

현 사회에서 서사는 정체성 형성에 중요한 장치로 기능한다고 여러 학자가 주장하는데 그중 가장 주목할 만한 학자가 폴 리쾨르(Paul Ricoeur)와 앤서니 기든스(Anthony Giddens)다. 리쾨르(1988)가 제시한 '서사 정체성(narrative identity)' 개념은 자아는 자신과 자신의 삶에 관해서 스스로가 한 이야기, 그 사람에 관해 다른 사람이 한 이야기, 그리고 광범위한 사회적 문화적 서사로 만들어진 '이야기로 만들어진 자아(storied self)'라는 점을 설명한다. 기든스(1991b) 역시 이와 유사한 개념인 '자아 서사(narrative of the self)'를 주장한다. 자아 서사란 공유하는 역사를 만드는 것에 적극적으로 참여할 것을 요구하는 현시대의 낭만적인 사랑관과 연결된 개념이다. 롱허스트도 서사가 정체성 형성과 집단 형성 과정에서 어떤 역할을 하는지에 관심이 있다(Longhurst, 2007b). 롱허스트는 사회가 점점 더 '미디어에 흠뻑 젖어 있는 사회(media drenched)'가 되고 있는 상황에서 대중매체는 서사, 정체성, 사회적 수행(social performance)을 구축하는 데 있어서 개인들이 적극적으로 의존하는 원천으로 작동하고 있다고 주장한다. 그러므로 미디어는 사람들이 좋아하는 것에 관한 정보만이 아니라 사람들이 타인에게 어떻게 보이고 어떻게 수행하는지에 관한 정보도 준다.

━━━━━━━━━━━━━━━━━━━━ ■ ■ ■ 더 읽을거리

Genette, G. (1980). *Narrative Discourse: An Essay in Method.* translated by Jane E. Lewin. Oxford Blackwell(orig. 1972).

Ricoeur, P. (1988). *Time and Narrative*, Vol.3. translated by K. Blamey and D. Pellauer. Chicago: University of Chicago Press.

Toolan, M. (2011). *Narrative: A Critical Linguistic Introduction.* 2nd edition. London: Routledge.

피어 같은 고전 문헌에만 적용되는 것만이 아니라 리(A. S. Lee)의 연구 대상인 비즈니스 업계에서 이용하는 이메일 같은 최근의 텍스트에도 적용될 수 있다 (Lee, 1994). 회사 관리자에게 보낸 이메일의 의미는 단순히 그 메시지 자체에 내재하고 있다기보다는 의미를 정의하기 위해 이메일을 받은 회사 관리자가 능동적인 역할을 하는 상호작용과 해석을 통해 형성된다.

해석학은 텍스트를 연구하기 위해 이용한 개념과 연구법으로 시작했지만 해석학적 순환이라는 개념은 사회과학과 인문학에서 여러 문화이론의 밑거름이 되어왔고 그 결과 최근에는 여러 다양한 사회 사건을 조사하는 데 응용되어 왔다(Hilton-Morrow and Harrington, 2007). 이 개념이 포함하고 있는 가장 중심적인 의미 중 하나는 문화 현상을 해석하는 데에는 어떠한 특권적이거나 객관적인 입장은 없다는 것이다. 미국의 사회학자 해럴드 가핀켈(Harold Garfinkel)의 주장을 풀어 표현하면 "문화에 관한 지식은 언제나 한 문화의 '내부로부터' 온다". 특히, 1880년대 말에 딜티(Dilthey)는 물리과학과 사회과학의 차이를 부각하기 위해 해석의 중요성을 이용한다. 사회과학은 자연법을 공식화에 기반하기보다는 사회적·역사적 과정을 해석하는 것에 기반한다고 주장한다(Hilton-Morrow and Harrington, 2007). 이런 생각은 후에 베버가 사회 과학 연구 내에서 의미와 해석의 패턴의 이해(verstehen)를 주장할 정도로 더욱 발전했다.

그 이후 20세기에 알프레드 슈츠(Alfred Schutz)와 루트비히 비트겐슈타인 같은 현상학자와 언어학자 같은 학자들이 해석학을 더욱 발전시킨다. 현상학은 일상 행동을 연구하는 학문이며 우리의 '생활 세계'를 구성하는 주관적인 지식과 경험을 이해하는 것이 외부의 객관적 현실을 추구하는 것보다 중요하다고 주장한다. 이것의 주 관심사는 고유하고 개인적인 해석과 개인들이 특정 상황과 (지리적·사회적) 배경을 어떻게 해석하는가에 있다. 이 연구법을 응용한 예로는 해석 현상학적 분석(interpretative phenomenological analysis:

비디오 게임에 들어 있는 서사

Narrative in video games

대부분의 비디오 게임은 TV, 영화, 소설, 미디어가 갖고 있는 상황, 갈등, 결말 같은 서사 구조를 갖고 있고 많은 경우 정해진 역할을 맡은 등장인물의 행동을 중심으로 서사가 펼쳐진다(Alleyne, 2015). 많은 학자들이 서사 분석〔종종 '서사학(narratology)'으로 부르는〕이 비디오 게임을 분석하는 데 매우 유용한 장치를 제공하고 있다고 주장하는데, 그중 가장 주목할 학자로는 1997년에 『홀로데크 위의 햄릿: 사이버공간에서 서사의 미래(*Hamlet on the Holodeck: The Future of Narrative in Cyberspace*)』를 쓴 재닛 머레이(Janet H. Murray)다. 이 책에서 머레이는 컴퓨터를 재현의 미디어라 전제하고 다른 미디어를 논의한 뒤 컴퓨터 기술이 스토리텔링의 가능성을 확장하고 있다고 결론을 내렸다. 니에보그(D. B. Nieborg)와 헤르메스(J. Hermes)의 주장처럼 머레이의 결론은 그간 비디오 게임 연구자들을 괴롭혀 왔던 문제가 문화, 문학, 미디어 학자들을 괴롭혀 왔던 문제와 거의 같기 때문에 쓸모가 매우 많다(Nieborg and Hermes, 2008). 쌍방향성, 해석, 재현과 같은 문제는 비디오 게임이나 다른 미디어를 분석하는 데 매우 중요하다. 그러므로 서사 분석과 같은 분석 도구는 구(舊)미디어와 신(新)미디어에 공히 적용할 수 있기 때문에 비디오 게임과 다른 미디어 사이에 존재하는 연속성과 차이를 고찰하는 데 큰 도움이 된다.

하지만 비디오 게임이 서사 분석 방법론을 사용해 분석할 수 있는 미디어가 아니라고 주장하는 학자들도 있다. 예를 들어, 에스퍼 율(Jesper Juul)은 「스토리를 말하는 게임들?(Games telling stories?)」이라는 논문에서 비디오 게임 모두가 다 서사에 기반하고 있는 것은 아니라고 주장한다(Juul, 2001). '테트리스(*Tetris*)' 게임에서는 이야기가 없고 '우주 침략자(*Space Invaders*)' 게임에서는 줄곧 침략자들의 공격만 물밀듯 몰려오고 있을 뿐 결말 부분이 없다. 더구나 프랭크 란츠(Frank Lantz) 같은 학자는 비디오 게임은 소비 ― 마치 영화를 보는 것처럼 ― 할 수 있는 내용이 아니라 게임을 하는 것이기 때문에 비디오 게임을 미디어라고 할 수 없다고 주장한다 (Lantz, 2009). 하지만 많은 학자가 돌아가면서 이런 주장을 반박하고 나섰다. 예를 들어, 모든 책과 영화가 반드시 '이야기를 말하거'나 분명한 결말 부분을 갖고 있지는 않지만 책이나 영화가 미디어가 아니라고 주장하는 사람은 거의 없다. 또한 비디오 게임 안에는 게임을 하는 부분이 있지만 가장 많은 부분을 차지하고 있는 것은 관객(게임을 하는 사람들)이 게임을 하는 과정에서 소비하도록 제작자(게임 디자이너)가 준비한 여러 내용물이다(Crawford, 2012). 더구나, 크로퍼드(G. Crawford)와 고슬링(V. K. Gosling)과 알브레흐 츠룬트(A. M. Albrechtslund) 같은 학자는 「스토리를 말하는 게임을 하는 사람들?(Gamers telling stories?)」이라는 제목의 논문에서 서사 분석은 게임에서 무슨 일이 벌어지는지뿐만 아니라 게임을 하는 사람들이 게임을 하면서 무엇을 하는지, 가령 그들만의 게임 방식 (gameplay)에 관한 이야기를 하거나 이런 이야기들을 그들의 (서사) 정체성을 확립하는 데 필요한 자원으로 사용하는 것과 같은 것들을 이해하는 데 유용하다. 서사를 참조(Crawford and Gosling, 2008, 2009; Albrechtslund, 2010).

■ ■ ■ 더 읽을거리

Albrechtslund, A. M. (2010). "Gamers telling stories: understanding narrative practices in an online community." *Convergence* 16:1, pp.112~124.

Crawford, G. (2009). "More than a game: sports-themed video games and player narratives." *Sociology of Sport Journal* 26, pp.50~66.

Juul, J. (2001). "Games telling stories?" *Game Studies* 1:1. Online at www.gamestudies.org/0101/juul-gts/ (accessed 6 October 2011).

이데올로기
Ideology

이데올로기 이론은 사상을 권력의 측면에서 이해하려는 시도다. 이데올로기는 마르크시스트 이론에서 최고조로 발전했다(Williams, 1977 참조). 다음은 마르크시스트 이론의 전통과 비판에 대한 고찰이다. 레이먼드 윌리엄스는 분명히 인정받은 정치 이데올로기부터 더욱 잠재의식적인 '상식적 의미'나 '당연시되는 신념'에 이르기까지 '이데올로기'의 다양한 의미를 강조한다(Williams, 1977). 그는 이데올로기에 대한 마르크시스트적 이해의 구성 요소를 다음과 같이 두 가지로 정의한다.

- 특정 사회집단의 사상으로서의 이데올로기
- 허구적 신념 체계로서의 이데올로기

사회집단의 사상으로서의 이데올로기
이는 사회집단이(마르크시즘에서 이 논쟁은 주로 사회 계급을 둘러싸고 전개되어 왔다) 그들과 관계된 특정한 신념을 지니고 있다는 주장이다. 이런 주장의 근원은 칼 마르크스와 프리드리히 엥겔스(Frederich Engels)의 『독일 이데올로기(German Ideology)』다. 이 관념주의(사상을 한 사회의 주요 요소로 규정하는 사고방식) 비평에서 그들은 사상은 독자적인 것이 아니라 상호 간 관계를 맺고 있는 사회 계급에서 비롯된다고 역설했다. 달리 말해, 재닛 울프(Janet Wolff)가 말하듯, '사람들의 사상과 믿음은 그들 삶의 실제적이고 물질적인 상황과 체계적으로 관련되어 있다'(Wolff, 1981: 50).

사상, 즉 이데올로기는 계급의 일상생활(다른 계급과의 관계를 포함해서)의 물질적 상황에 근거하고 있다고 본다. 그러나 계급들은 평등하지 않고, 계급에 기반하고 있는 사회의 불평등한 물질적 사회관계로 인해 특정한 일부 사상이 지배적인 것이 된다. 마르크스는 이런 상황을 그 유명한 구절로 요약하고 있다. '어떤 시기든 지배계급의 사상이 지배적인 사상이 된다. 즉, 사회의 지배적인 물질적 힘인 계급이 동시에 그 사회의 지배적인 지적 힘이 된다'(Marx and Engels, 1968: 64). 실로, 이런 지배적인 사상이 지배의 일부인 것이다. 지배적인 사상들은 그들의 지배를 합리화하고 그들이 혜택을 받는 불평등한 사회관계를 재생산하는 데 일조한다(어떻게 교육이 계급관계 재생산의 일부가 되는가에 대한 여러 논쟁이 있고, 그 예로는 Althusser(1971)와 Willis(1977)가 있다).

그렇다면 일반적으로 이데올로기(사상의 영역)는 뭔가 더 '심오한' 것, 말하자면 사람들이 삶을 영위하는 사회관계(또는 계급관계)나 심지어 이런 계급관계를 형성하는 사회의 경제조직(또는 '생산양식')에 의해 형성되는 것으로 보인다. 어쨌든, 이데올로기가 실제적인 중요성을 갖고 있음을 인식하고 있다. 이데올로기는 현재 일어나는 일들을 해석하고 정의하는 데 사용되는 '의미의 지도'로 작용한다. 이 의미의 지도가 다른 집단보다 어떤 집단에게 더 잘 작동한다는 사실은 윌리엄스가 규정하는 마르크시스트 이론의 두 번째 구성 요소다.

허구적 신념 체계로서의 이데올로기

이는 이데올로기는 불평등한 사회관계에서 생겨났기 때문에 진리에 대한 왜곡된 재현이라는 것을 의미한다. 이는 위에서 제시된 논점에 의존하여 착취적인 사회관계 안에서 각 계급의 위치마다 생겨난 그 계급에 적합한 일련의 사상들이 존재하나 교육과 미디어, 오락 등을 통해 사람들은 그와는 다른 사상을 갖게 될 수도 있다고 주장한다. 따라서 진정한 계급의식이 없는 사람들은 '허위의식'을 가지고 있다고 할 수 있을 것이다. 그런 사람들은 속아왔다는 의미도 된다. 그들의 진정한 이익은 그들에게는 감춰져 있고, 착취 계급의 진짜 이익 역시 감춰져 있다(예를 들어, 자신들을 분리된 존재로 여기지 않고 국제적으로 연합되어 있다고 생각'해야만' 하는 노동계급에게 지배계급의 정치적·군사적·경제적 이익에 일조하는 민족주의는 허위의식이라 할 수 있을 것이다).

이런 식의 사고에는 문제들이 많다. 첫째, '허위의식'은 항상 자신이 아닌 다른 사람이 갖고 있다는 것이다. 이런 생각은 사람들을 올바른 생각을 갖고 있는 선구자나 '진리'를 알고 있는 예언자적 이론가에 의해 무지에서 벗어날 수 있다고 믿는 '문화적인 멍청이'로 정의하는 경향이 있다. 둘째, 계급과 사상이 이런 사고방식이 시사하는 것처럼 깔끔하게 맞아 떨어질 수 있는가? 이런 방식으로 이데올로기를 사회집단에 할당할 수 있는가? 셋째, 세계라는 것이 오로지 계급으로만 이해할 수 있는가? 그렇지 않다면, 위에서 제시된 (종종 경제적 관계에 대한 이해에 근거하고 있는) 분석 형식들이 젠더, 인종, 섹슈얼리티 또는 연령으로 정의된 사회집단에 적용이 되는가? 이런 문제들에 대한 답으로, 1970년대와 1980년대에 사상과 권력의 관계에 대한 더욱 정교하고 어려운 이론화 작업이 발전했다(Althusser, 1971; Thompson, 1984 참조). 발전의 주된 경로는 언어에 대한, 사상을 '자유 부동하는' 것이 아니라 말하고 사용하는 단어들로 존재하는 것으로의 인식이었다. 또한 이는 오로지 계급만을 연구하는 태도에서 벗어나는 것을 의미했다.

이런 연구는 이데올로기란 언어와 권력 간의 관계에 관한 것이라고 강조해 왔다. 특정 사회집단에는 고정된 사상이 있다거나 그 사상이 진실 되지 않은 것이라고 생각하는 것이 아니라, 의미는 고정된 것이 아니고 언어 속에서 그리고 커뮤니케이션과 재현 안에서 생긴다는 의미다. 이는 하나의 지배 이데올로기만 생각하는 것이 아니라 수많은 경쟁적인 이데올로기와, 전 범위의 사회집단에 대해 생각한다는 뜻이다. 의미들이 특정 사회집단에게 유리하도록 혹은 불리하도록 세계를 제시하는 방식과 이 집단들이 그 의미를 고정시키거나 그것에 도전하려는 방식 속에서 언어는 권력과 연관된다. 예를 들어, 가정 내에서 여성의 의존성을 합리화하는 데 일조했던 자연, 모성, 가정생활에 관해 만연한 사상은 남성에게는 이로웠고 남성에 의해 재생산되었지만 여성들은 다양한 방식으로 이에 효과적으로 도전해 왔다. 톰슨은 '이데올로기를 연구하는 것은 의미(meaning 혹은 의미화signification)가 지배관계를 지속하는 데 일조를 하는 방식을 연구하는 것이라고 말하고자 한다'(Thompson, 1984: 4)라고 했다.

이런 사고방식은 의미와 권력 간의 관계를 고찰하는 다른 이론적 개념들(예를 들어,

담화)와 매우 유사하고, 우리에게 아직도 이데올로기가 필요한가라는 질문을 야기했다. 이데올로기를 사용하는 것을 반대하는 사람들은 이데올로기가 여전히 '진리'라 부르는 것을 신봉하고 있으며 또한 경제적 계급 관계에 심하게 의존하고 있다고 주장한다(Foucault, 1980). 이데올로기를 계속 유지하고 싶어 하는 사람들은 이데올로기가 불평등한 사회적 권력관계를 이해하기 위해서 절대적으로 필요하다고 주장 한다(Eagleton, 1991; Purvis and Hunt, 1993).

■ ■ ■ 더 읽을거리

Eagleton, T. (1991). *Ideology: An Introduction*. London: Verso.

Thompson, J. (1984). *Studies in the Theory and Ideology*. Cambridge: Polity.

Williams, R. (1977). *Marxism and Literature*. Oxford: Oxford University Press.

IPA)가 있다. 개인의 주관적 경험, 즉 '해석적 관점'을 이해하기 위해 이 방법론을 사용한다. 따라서 IPA는 개인을 그 개인의 세계의 전문가('아는 사람')의 반열에 올리면서 특정한 개인적인 이야기를 분석의 목표로 하는 연구 방법이라 할 수 있다(Griffin and May, 2012: 448). 여기서 학자는 결코 타인의 생활 세계를 완전히 이해하고 경험할 수 없다는 것을 알지만 타인의 해석, 이야기, 즉 서사(narrative) 분석을 통해 여기에 가까이 다가가는 것이 가능하다. 이의 예로는 라킨(M. Larkin) 등이 시도한 관계 붕괴에 관한 연구다. 이 연구법은 참가자에게 '목소리를 내고(Give Voice)' 그리고 그들의 세계를 이해하려는 노력이다(Larkin et al, 2006: 102). 라킨과 그의 동료 학자들은 우리의 문화에서 '사랑', '결혼', '이혼'의 경험과 이것들의 정의를 탐구하기 위해 IPA를 사용했다.

그러나 해석학이 광범위한 사회적 권력관계와 이데올로기를 고려하지 않는다는 이유로 특히 위르겐 하버마스(Jurgen Habermas) 같은 네오마르크시스

✓ 서사
서사는 두 개의 상호 관련된 요소인 이야기와 담화로 구성된다. 이야기(histoire)는 내용, 이어지는 사건, 등장인물, 배경을 말하고 담화(discours)는 의미, 표현, 내용이 소통되는 방식을 가리킨다.

트들로부터 광범위한 비판을 받아왔다(Habermas, 1988). 하버마스는 해석학이 오직 개인의 해석에만 초점을 맞추느라 현실을 구성하는 광범위한 사회구조와 이데올로기의 역할의 중요성을 간과하고 있다고 주장한다. 하버마스 (그리고 다른 학자들도)는 의미를 생성하는 데 광범위한 정치경제와 이데올로기의 역할을 고려할 필요가 있다고 역설하고 있는 것이다.

정치경제학, 이데올로기, 의미

정치경제학에 관심이 있다는 것은 자원의 배분과 부의 형성에 관련된 권력과 불평등이라는 쟁점에 관심이 있다는 것을 의미한다. 정치경제학의 가치는 사회과학 분야에서는 물론이고 역사학, 영문학 등에서도 널리 인정받아 그 연구 방법론이 광범위하게 적용되어 왔다. 정치경제학이 의미의 패턴을 연구하는 데 유익한 학문이라는 것이 입증되었기 때문이다. 정치경제학을 문화연구에 적용할 때에는 다음과 같은 몇 가지 질문이 제기된다. 언론 매체를 소유하고 지배하는 것과 문화 전파에는 어떤 연관성이 있는가? 사상의 전파 과정에서 경제적 하부구조가 담당하는 역할은 무엇인가? 기술 이전과 지식 이전은 서로 어떤 관계인가? 이 모든 질문의 답은 정치학과 경제학에 문화를 결합한 연구에서 찾을 수 있다.

신문사를 소유하고 지배하는 것이 어떤 유형과 어떤 성격의 신문 기사를 만들어내는지를 살펴보기 위해 신문 기사의 내용을 분석하는 연구가 위에서 말한 정치학·경제학·문화를 결합한 연구의 실례에 해당한다. 간단히 말해 이런 연구에서는 신문사 사주의 견해와 관심이 신문 기사의 내용에 어느 정도로 또는 어떤 식으로 반영되어 있는지를 조사한다. 신문 기사를 분석해 보면 기사의 내용이 사회의 현상 유지를 압도적으로 지지하고 있다는 것과 친자본주의적 성격을 띠고 있음을 알 수 있다. 그렇다면 자연스럽게 다음과 같

'전설이 사실이 되어버리면 그 전설을 실어라'

'When the legend becomes fact, print the legend'

제임스 스튜어트(James Stewart)와 존 웨인(John Wayne)이 주인공인 1962년 작 영화 〈리버티 밸런스를 쏜 사나이(*The Man Who Shot Liberty Valance*)〉에 나오는 대사 '전설이 사실이 되어버리면 그 전설을 실어라(When the legend becomes fact, print the legend)'는 어떻게 뉴스 미디어가 사람들에게 인기도 없고 관심도 덜 받는 '진실'로 판명될지도 모를 뉴스를 의무적으로 노출하기보다는 수많은 독자가 좋아할 만한 이야기를 뉴스로 선정하는지를 강조하기 위해 자주 인용된다. 영화는 제일 먼저 제임스 스튜어트가 연기한 랜섬 스토바드(Ransom Stobbard)의 생애와 그의 이력에 초점을 맞춘다. 랜섬은 지역의 악당(리버티 밸런스)을 총으로 쏴 죽인 (것으로 추정되는) 영웅적 행동으로 얻은 대중적 인기 덕분에 정치인으로 엄청난 성공을 거둔다. 하지만 그는 자신이 지금까지 어떻게 살아왔는지를 신문기자[맥스웰 스콧(Maxwell Scott)]에게 자세히 말하는 과정 중에 자신의 이력과 성공은 다 거짓이고 리버티를 쏴 죽인 사람은 자신이 아니라고 털어놓는다. 이야기를 끝낸 후 스토바드는 자신이 털어놓는 이야기를 신문에 실을 거냐고 기자에게 묻는데 이에 대한 답으로 스콧이 이 유명한 대사 '전설이 사실이 되어버리면 그 전설을 실어라'를 한다. 기자의 이런 대답의 의미는 매우 단순하다. 미디어가 평범한 한 남자가 자신과 타인을 위해 분연히 일어나 누구도 맞서지 않으려고 했던 범죄자를 기꺼이 상대했다는 전설이 만들어지는 것을 도와왔다. 이 같은 일상의 영웅주의에 관한 이야기가 셀 수 없을 정도로 많은 판매 부수를 보장해 왔고 앞으로도 계속 그렇게 될 텐데 구태여 진실을 보도해서 이를 망칠 필요가 있을까? '훈훈한' 이야기보다는 충격적이고 선정적이고 두려움을 유발하는 이야기들이 신문 판매량을 늘리는 데 훨씬 더 유리하다는 것을 잘 알고 있는 요즘의 뉴스 미디어의 지면이 이런 것들로 채워지고 있다는 것은 놀라운 일이 아니고 때때로(아마도 종종?) 많이 팔릴 만한 것('전설')이 사실보다 더 우선한다고 주장할 수 있다.

은 의문이 생겨난다. 신문 기사의 내용이 신문사 사주의 관심사와 동일하다는 이 우연의 일치를 어떻게 설명해야 할 것인가? 이에 대한 답으로 어떤 이는 영국 뉴스 미디어의 소유와 지배에서 나타나는 집중 현상을 언급한다. 예를 들어, 호주 출신 사업가인 루퍼트 머독(Rupert Murdoch)은 영국에서는 ≪더 선(The Sun)≫과 ≪더 타임스(The Times)≫, 미국에서는 TV 방송국인 폭스(Fox)와 20세기 폭스(20th Century Fox) 영화사와 하퍼콜린스 출판사(HarperCollins Publishers) 같은 여러 개의 연합 미디어 산업을 사실상 소유하고 있다. 신문 사업자와 여타 금융 분야나 산업 분야 사업자들은 그들의 관심사가 서로 겹치며 성장 방식과 생활 방식도 매우 유사하다. 즉, 그들에게는 공유된 경제적 관심사와 문화가 존재한다. 따라서 미디어가 보도하는 내용이 사기업의 이익과 가치 옹호에 편향되어 있는 것은 놀라운 일이 아니다. 예를 들어 미국에서 폭스 TV 채널은 공공연히 우익 편향적이고 온건파, 중도파, 혹은 좌파 성향의 정치인들과 공적 인물들을 종종 공격한다는 비판을 자주 받는다. 2010년에 폭스 뉴스의 앵커인 글렌 벡(Glenn Beck)은 전국 네트워크 방송사의 앵커라는 지위를 이용하여 좌파 학자인 프랜시스 폭스 피벤(Frances Fox Piven)이 미국을 전복하려는 음모를 꾸미고 있는 위험한 반역자라는 혐의를 씌어 공격했다(Harris, 2011).

이에 관해서 또 다른 설명을 하기 위해서 학자들은 신문 제작에 관련된 약간은 상이한 정치경제학적 요인에 주목한다. 이 지점에서는 현재 신문이 어떤 시장 지배 논리하에서 발행되고 있는가에 주목한다. 신문이 살아남기 위해서는 광고 수입에 의존할 수밖에 없고 자연스레 일정 수준의 발행 부수를 유지해야 한다는 압박감이 뒤따른다. 높은 구독률을 유지하기 위해 언론 매체는 독자들이 원할 것이라고 믿는 종류의 기사들, 즉 미담·범죄·섹스·스포츠·스캔들과 같은 기사들을 싣는다. 중요한 국제적 사건에 대한 정보보다는, 또한 책임감 있는 시민이 되도록 대중을 교육하는 것보다 독자들에게 재미를 제공하는 것이 더 우선시된다. 그 결과 문화적 차이와 다양한 이데올로기를 보도하는 기사는 지면에서 밀려나거나 억지로 겨우 실리게 되는 경향이 있다.

　이데올로기 개념을 이용하면 문화적 의미에 관한 문제를 정치경제학과 연결시켜 분석하는 한층 세련된 연구를 행할 수 있다. 안토니오 그람시(Antonio Gramsci)는 이데올로기를 세 개의 범주로 나누었다. 그 첫 번째는 상식이다. 상식적 사고는 우리 모두가 당연하다고 받아들이는 사고(행위)를 말한다. 상식적 사고와 상식적 가치는 **일상생활**의 일부이며 우리가 세계를 이해하는 토대를 구성한다. 그러나 면밀히 살펴보면 그것들은 매우 모순적이거나 피상적이라는 것을 알 수 있다. 상식 이데올로기의 한 예로 "남자아이들이 여자아이들보다 축구를 더 잘한다"라는 표현을 들 수 있다. 이 말은 우리가 진실이라고 받아들이는 흔한 생각을 표현한다. 그러나 다음과 같은 질문을 해보면 우리는 지금껏 '진실'이라고 여겨온 것들을 더 이상 진실이라고 인정할 수 없게 된다. 즉, 우리가 지금까지 진실이라고 믿어온 것을 진실이라고 믿을 수 있는 타당성에 의문이 생긴다. 그런 질문은 다음과 같은 것이다. "사회가 여자아이들보다 남자아이들에게 신체적으로 더 활동적이길 권장하고 있는 것은 아닌가?" 또는, "집, 학교 또는 축구 클럽에서 여자아이들이 축구를 하는 것이 허용되고 있는가? 배제되고 있는 것은 아닌가?" 만일 위의 질문에 대한 답이 "그렇다"라면, 여자아이들보다 남자아이들이 축구를 더 잘한다는 상식적 사고는 특정한 상황에서만 진실인 셈이다.

　그람시가 주장하는 두 번째 이데올로기는 특정 철학 이데올로기다. 이는 특정한 철학자 개인의 사상을 의미하는 것이 아니라 한 사회 내에서 이성적이고 일관성 있으며 논리적인 일련의 사상을 주창하는 특정 집단에 속한 사람들의 사상을 의미한다. 그람시는 이런 사람들을 가리켜 지식인이라고 부르는데, 여기에는 전통적으로 지식인으로 인정받아온 성직자는 물론이고, 노

✓ **일상생활**
일상생활은 우리가 살아온 경험의 밑바탕이 되고 함께 연결하는 '우리의' 소비를 포함하는 매일 반복하는 루틴, 습관, 틀에 박힌 생활을 가리킨다.

안토니오 그람시

Antonio Gramsci (1891~1937)

안토니오 그람시는 마르크스주의 문화이론을 발전시키는 데 큰 영향을 끼친 이탈리아의 정치 활동가이자 작가다. 그의 목표는 20세기 정치·경제구조와 사회·문화와의 관계를 이해하고 변화시키는 개념을 발전시키는 데에 있었다. 그는 헤게모니(hegemony)라는 개념으로 가장 잘 알려져 있다.

그람시는 이탈리아의 사르디니아(Sardinia)에서 태어난 후 튜린(Turin)에서 교육을 받은 후 그곳에서 이탈리아 사회당원과 저널리스트로도 활동했다. 그는 1921년에 이탈리아 공산당(PCI) 창당 당원이었으며, 모스크바를 방문하고 온 후 이탈리아 의회 의원으로 선출되었다. 후에 그는 이탈리아 공산당의 당 대표가 되었으며 1926년에는 무솔리니(Mussolini)의 파시스트 정권에 체포되어 20년 형을 선고받고 복역했다. 당시 재판을 담당했던 검사는 재판관에게 "우리는 이 사람의 두뇌 활동을 20여 년간 정지시켜야만 합니다"라고 말했다고 한다. 그러나 그람시는 나중에 그의 가장 유명한 저작이 된 『옥중수고(*Selections from the Prison Notebooks*)』(1971)를 복역 중에 집필했으며 이 책에는 정치, 철학, 역사, 문학, 문화에 대한 그의 연구가 집대성되어 있다. 그는 석방된 후 얼마 지나지 않아 곧 숨을 거두었다.

그람시의 이론은 문화연구에서 중요한 비중을 차지한다. 그 이유는 그가 문화와 의미에 관한 쟁점을 '경제적 하부구조'에 의해 결정되는 상부구조의 개념으로 축소하지 않고, 계급 간의 관계나 문화와 권력 간의 연관성으로 발전시키려고 했기 때문이다. 그의 헤게모니 이론은 지배계급의 정치적·경제적 권력이 종속 계급을 위한 것이 아닐 때, 어떻게 지배계급이 종속 계급의 동의하에 그들의 주장을 조직화해 나가는가를 이해하는 데 큰 도움을 준다. 그러나 이것은 그 지배계급의 사고가 별다른 도전을 받지 않는 정적인 상황을 말하는 것은 아니었다. 그람시는 이와 같은 정치적 투쟁이 정치·경제·문화의 전 방위에 걸쳐 진행된다는 주장을 '진지전(war of position) 비유를 빌려 표현했다. 이것은 이와 같은 '전투'에 참가한 지식인층의 역할을 개념화하려는 노력이기도 했다. 그는 '유기적 지식인'이라는 개념을 만들어 사고를 하는 사람은 누구나 지식인이며(단지 소규모 전문가들의 집단만을 가리키는 것이 아니다), 소위 '사상가'들과 그들의 개념은 특정 계급의 이익과 유기적으로 얽혀 있다고 주장했다. '문화정치학'이라는 개념의 토대가 바로 그람시의 사상이라는 주장이 존재한다. 1970년대에 버밍엄 대학의 현대문화연구센터(Center for Contemporary Cultural Studies)에서 그람시의 사상을 채택하여 이를 발전시켰기 때문이다.

───────────────────────────── ■ ■ ■ 더 읽을거리

Gramsci, A. (1971). *Selections from Prison Notebooks*. London: Lawrence and Wishart.

Gramsci, A. (1985). *Selections from Cultural Writing*. London: Lawrence and Wishart.

Joll, J. (1977). *Gramsci*. London: Fontana.

동조합원이나 정치 활동가와 같이 사회운동 과정에서 등장한 지식인들 모두가 포함된다. 로마 가톨릭의 교리, 그린피스의 생태주의, 낙태 반대론자들의 생명에 대한 믿음과 같은 것들이 이에 대한 예가 될 수 있다. 그람시가 주장하는 이데올로기 그 세 번째는 지배 또는 헤게모니 이데올로기로 이것은 사회를 이끄는 역할을 한다. 헤게모니 이데올로기의 예로는 독재국가에서처럼 특정 사회에서 어느 한 사람의 사고가 사회 전체를 지배하게 되는 것을 들 수 있다. 하지만 지배 이데올로기는 명징할 필요는 없고, 가령, 자본주의 사회에서 '금전적인 이익이 최고'라든지 '적자생존'과 같은 사고가 사회 구성원들의

✓ **헤게모니**
헤게모니는 리더십의 정통성을 확립하고 공유하는 사상, 가치, 신념, 의미, 즉 공유하는 문화를 발전시키는 것에 기반한 합의의 조직이다.

지배적인 사고가 된다.

이 세 가지 다른 이데올로기들이 어떻게 서로 관련되어 있는가에 대한 궁금증은 인종차별주의라는 이데올로기를 생각해 보면 해소될 수 있다. '상식' 차원에서의 인종차별주의는 "영국인은 쌀쌀맞다" 또는 "흑인들은 타고난 운동선수다"라는 표현들로 나타난다. 이런 표현들은 일상에 존재하는 편견들을 마치 상식처럼 당연한 것인 양 표현하고 있는데, 그 자체로는 화자 개인의 편견을 표현하고 있는 것 그 이상도 이하도 아니다. 그러나 만약 이 상식적 사고가 일관성 있는 체계로 들어가게 되면 그때는 그람시가 말하는 두 번째 이데올로기인 철학 이데올로기에 속하게 된다. 인류를 인종에 따라 등급으로 분류한 19세기 인류학자들은 유럽인들을 소위 진화의 사다리 맨 꼭대기에 올려놓은 반면 동양인들과 아프리카인들을 유럽인들보다 한참 아래에 놓았다. 이는 분명히 인종차별주의 철학의 한 예가 된다. 나치와 파시스트가 아리아 인종(Aryan)이 다른 어느 인종보다도 우수하다는 생각을 마치 종교처럼 신봉했던 것 또한 예가 될 수 있다. 만일 어느 한 사회에서 사회를 구분하고 조직하는 것을 합법화하는 데 인종차별주의를 이용한다면 이때 인종차별주의는 지배 또는 헤게모니 이데올로기가 된다. 따라서 유럽인들이 인도와 아프리카를 자신들의 식민지로 만든 것을 정당화하는 것, 또는 흑인들에게 집을 임대하지 않으려는 것 혹은 특정 업종에서 흑인들을 고용하지 않으려는 것과 같은 행위는 헤게모니 이데올로기의 예이다. 실생활에서는 대개 이 세 종류의 이데올로기가 결합되어 있기 때문에 '상식' 차원의 인종차별주의적 발언은 종종 인종차별주의 철학과 헤게모니 이데올로기로서의 인종차별주의에 관한 기존 지식의 맥락에서 행해진다 ─ 그리고 권력과 언어의 관계는 이 장 후반부에서 좀 더 자세히 다룬다.

포스트구조주의와 의미의 패턴

이데올로기 개념을 통해 사고한다는 것은 사회집단의 전 영역을 살펴보는 것을 의미하는 동시에 그들의 사고가 문화적 의미와 어떤 식으로 관계를 맺는지를 고찰하는 것을 의미한다. 구조주의자들의 설명에 따르면 이런 의미는 이항 대립과 같은 특수한 구조·체계에 따라 엄격히 패턴화된다. 정치경제학적 관점에서 보면 집단과 그 집단이 유지하고 제창하는 사상·의미 간에는 좀 더 강한 연결 고리가 존재한다. 하지만 탈구조주의는 사회구조 혹은 집단과 사고 사이의 연결 고리의 경직성과 확실성을 의심한다.

첫째, 탈구조주의자들은 구조주의자들의 사고 체계가 경직되었다고 비판한다. 탈구조주의자들은 이 세상에는 이항 대립 말고도 특정 맥락 속에서 이해하는 훨씬 더 복잡하고 계속 변하는 의미 체계가 존재한다고 주장한다. 따라서 의미는 고정된 것이 아니라 유동적이고 계속 변화하는 것이다. 앞서 셰익스피어 작품을 예로 든 것에서 보듯 연극의 의미는 고정된 기호 체계로 한정되어 있지 않다. 이것은 마치 희극에서 조화와 부조화, 질서와 혼란 간의 관계를 고려할 때 그것이 쓰이고 재현·소비·해석되는 전체 맥락에 따라 의미가 정해지는 것과 같다. 따라서 인종과 돈에 관한 셰익스피어의 견해는(『베니스의 상인(*The Merchant of Venice*)』과 같은 작품에서) 당대의 경제적·윤리적 **담화개념 정의 1-5**의 관점에서 해석될 수 있다. 이 작품의 의미는 셰익스피어가 그 작품을 썼던 맥락이나 셰익스피어라는 저자의 의도로 반드시 정해지는 것이 아니라 서로 맞물려 있는 일련의 문화 코드로 정해진다는 것이다. 스티븐 그린블랫(Stephen Greenblatt)은 의학 텍스트와 셰익스피어의 텍스트 사이의 상응성에 관해 다음과 같이 설명한다.

66 의학에 관해서 셰익스피어가 어느 정도 알고 있는가는 여기서 중요한 쟁점이 아

니다. 내가 밝히고자 하는 의학과 연극 관행 간의 관련성은 원인과 결과라는 관련성, 또는 기원과 문학화라는 관련성이 아니다. 오히려 우리는 재현의 대상이면서 동시에 재현의 조건으로 기능하는 공유된 코드를, 즉 서로 맞물려 있는 일단의 비유와 유사성을 다루고 있는 것이다(Greeenblatt, 1988: 86).

그러므로 중요한 것은 의미의 체계와 구조가 아니라 널리 퍼져 나가고 있는 의미의 패턴이 특정 상황과 맞물려 있는 방식인 것이다.

둘째, 탈구조주의자들은 사회구조와 사회구조가 필수적으로 연결되는 의미 체계의 견고함을 의심한다. 탈구조주의자들은 각 계급에 적절한 이데올로기는 존재하지 않고 그것들이 만들어내는 관계들이란 단지 우연적이고 맥락적이라고 주장한다. 이는 마치 계급·젠더·인종(예를 들어)이라는 개념이 부분적으로는 그들 사이에서 사용되고 그리고 시간, 장소 그리고 맥락에 따라 달라지는 사고, 이데올로기·담화를 통해 형성되는 것과 같다. 따라서 의미의 패턴은 근저에 자리 잡고 있는 특정 정치, 경제구조에까지 반드시 그리고 불가피하게 거슬러 올라가 찾을 수는 없다. 따라서 셰익스피어는 어느 특정 계급만을 위해 영국성을 정의하지도 않고 정의할 수도 없지만 셰익스피어가 정의한 영국성은 교육, 지위, 문화 자본(피에르 부르디외가 발전시킨 개념)을 두고 벌이는 특정한 투쟁에서는 상이한 방식으로 그리고 상이한 맥락에서 사용된다. 이런 이유로 우리 자신의 문화를 해석하는 것에 많은 책임이 부여된다.

탈구조주의자들의 주장의 핵심은 모든 형태의 문화는 '읽힐 수' 있는 '텍스트'라는 것이다. 이와 같은 '텍스트성(textuality)'을 이론화하려는 움직임은 문화연구의 초점을 문화 형식이나 재현에서 텍스트 그 자체로 옮겨간다. 이전 학자들이 문화 형식을 연구하면 지식을 얻을 수 있다고 생각해 왔다면 탈구조주의 이론가들은(바르트, 푸코, 자크 데리다(Jaques Derrida) 같은) 고정된 의미와 일관성을 찾을 수 있다는 믿음 자체에 회의를 품었다.

기호학(위에서의 논의를 기억해 보자)에서도 모든 문화산물을 '텍스트'로 봐야 한다고 주장한다. 하지만 소쉬르와 다른 구조주의자들이 우리를 믿게 할 것과 달리 탈구조주의자들은 이런 텍스트의 의미는 결정되어 있지 않다고 주장한다. 가령, 소쉬르는 의미를 의도적인 것으로 본다. 소쉬르는 기호를 누군가가 '한데 모아놓은' 특정(일정 정도 독립적인) 요소로 구성된다고 보았다. 그러므로 소쉬르는 메시지 발신자의 중요성과 의식적인 결정으로서 발신 행위를 우선시한다.

자크 데리다는 텍스트는 결코 고정적이지 않다고 주장했다. 그는 텍스트는 의미와 지식을 가져다주지 않고 그 대신 의미와 지식을 지연시킬 뿐이라고 보았다. 따라서 문화연구가가 할 일은 문화 속에서 설명을 찾는 것이 아니라, 문화 속에서 의미를 '해체'하는 데 있다. 다시 말해 문화연구가는 텍스트의 체계·구조·이데올로기를 찾으려고 할 것이 아니라 텍스트 속의 틈·불연속성·비일관성에 주목해야 한다는 것이다. 이런 방식으로 문화연구를 시도하는 연구가들은 무엇인가를 이해한다는 것 속에는 편파성과 주관성이 존재한다고 주장한다. 문화가 정보의 발신자에 의해서든 수신자에 의해서든 결코 완전한 것으로 이해될 수 없는 다수의 실체로 구성되어 있다고 본다. 저자가 어떤 식으로든 텍스트를 통제하려고 하더라도 텍스트는 항상 해석·의문·논쟁에서 자유로울 수 없다. 쉬라토(T. Schirato)와 옐(S. Yell)은 다음과 같이 주장한다.

> 텍스트는 다양한 맥락과 상황 유형 안에서 광범위하게 순환한다. 텍스트는 잠시 존재했다가 순환의 과정 중에 사라지고 다른 형태로 후에 재등장할지 모른다. 수수께끼, 농담, 패션, 5행 희시(limerick), 노래, 광고, 슬로건과 징글(jingles), 인상적인 영화 대사, 공적 인물의 독특한 발언, 텍스트 전체, 온갖 종류의 텍스트의 일부는 문화와 함께 사용되고 재사용된다(Schirato and Yell, 2000: 52).

밈
Meme

밈은 유전학에서 나온 개념으로 문화를 고찰하는 하나의 방식이다. '밈'은 영국의 진화생물학자 리처드 도킨스(Richard Dawkins)가 1976년에 출간한 『이기적인 유전자(*The Selfish Gene*)』에서 처음 사용한 용어다. 도킨스(1976: 206)는 밈을 '스스로 번식하여 뇌에서 뇌로 퍼져나가는' '문화 전파의 단위'로 정의한다. 아오키(K. Aoki) 등은 밈을 '사회적 학습을 통해 전파되는 정보의 모든 단위를 구별할 때 사용할 수 있는 편리한 인식표'라고 주장한다(Aoki et al., 2008: 105). 도킨스는 이 용어를 '장르와의 유사성과 평행성을 끌어내 문화 개념이 어떻게 진화하고 자연선택의 과정을 통해 어떻게 전파되는가를 설명하기 위해 사용했다. 따라서 '트렌드, 유행, 멜로디, 기술 그리고 〔심지어〕 종교까지 이런 것들 모두 밈이라 할 수 있다'(Hughes, 2010: 96). '밈'이라는 용어가 유전자(gene)를 가지고 만든 용어지만 수직적으로만 전파되는(한 세대에서 그다음 세대로) 유전자와는 다르게 밈은 수평적으로 – 세대 내에서, 인터넷 같은 미디어와 기술을 빠른 속도로 넘나들면서 – 전파된다(Hughes, 2010). 사상, 이미지, 소리, 트렌드, 그리고 이와 유사한 것들이 신속히 퍼져나가는 것을 볼 때 문화는 모방적인 것이지 유전적인 것은 아니다. 수전 블랙모어(Susan Blackmore)는 자신의 저서 『밈 기계(*The Meme Machine*)』(1999)에서 오늘날에는 유전자 덕분에 우리가 인류라고 정의되는 것이 아니라 밈이 우리를 인류라고 정의해 준다고 주장한다. 블랙모어는 인류는 모방을 통해 학습하고 진화한다. 그리고 모방은 정보의 전파를 의미한다. 문화는 모방적인 것이라 할 수 있는 것이다. 블랙모어는 또한 '밈은 쓸모 있는 것인지, 중립적인 것인지, 아니면 단적으로 유해한 것인지 아닌지를 따지지 않고 주위로 퍼져 나간다고 주장한다. 뛰어난 과학적 업적이나 기술 혁신은 유용하기 때문에 퍼져 나갈 수 있다. 「징글벨(Jingle Bell)」 같은 노래는 듣기 좋아서 퍼져 나간다. 그러나 행운의 편지와 다단계 판매 같은 밈은 단적으로 유해한 밈(Blackmore, 1999: 8)이다. 최근 '밈'이라는 용어를 가장 손쉽게 적용할 수 있는 현상은 아마도 설명(텍스트)을 짧게 단 사진을 SNS에 게시(그리고 재게시)하는 것이고 이런 것들은 '바이러스처럼 퍼져 나간다(급속히 퍼져 나가는 동시에 기하급수적으로 불어나면서)'. 예를 들면, 인터넷에서 인기 있는 밈 하나는 영화 〈포레스트 검프(*Forrest Gump*)〉에 출연한 톰 행크스(Tom Hanks)가 초콜릿 상자를 들고 벤치에 앉아 있는 사진일 것이다. 사진에는 다음과 같은 설명이 달려 있다. "인생은 인터넷 밈과 같다. 시작할 때는 신선하지만 계속 살다보면 점점 재미없어지니까."

■ ■ ■ 더 읽을거리

Blackmore, S. (1999). *The Meme Machine*. Oxford: Oxford University Press.
Dawkins, R. (1976). *The Selfish Gene*. Oxford: Oxford University Press.
Shifman, L (2012). 'An anatomy of a YouTube meme.' *New Media* and *Society* 14: 2, pp.187~203.

이 주장의 예가 밈(meme)일 것이다. 이 용어는 원래 전파 가능한 한 단위의 정보를 가리킬 때 사용했지만(Dawkins, 1976) 지금은 SNS상에서 게시되고 재게시되는 바이럴 이미지와 텍스트를 가리키는 용어로 진화했다.

비록 텍스트는 순환하고 원맥락을 초월하여 존재할 수 있다지만 모든 텍스트에는 이전 맥락의 흔적이 남아 있다. 이 말은 텍스트는 유리되어 존재하는 것이 아니라 항상 다른 텍스트와 같이 언급되고 관련되어 있다는 뜻이다. 따라서 미하일 바흐친(Mikhail Bakhtin)은 모든 텍스트는 단순히 '그것들이 있었던 곳' 그리고 그것들이 관계를 맺고 있는 다른 텍스트로 이루어진 합성물일 뿐이어서 원조라고 주장할 수 있는 텍스트는 존재하지 않는다고 주장한다.

바흐친 학파(The Bakhtin School)' 학자들과 특히 볼로시노프(V. N. Volosinov)

는 기호가 사회적 논쟁의 장이라고 주장한다. 이는 사회 내에 존재하는 다양한 집단이 서로 이질적인 기호의 의미를 두고 투쟁하고 대립하며 논쟁한다는 것을 의미한다. 볼로시노프는 의미 체계는 끊임없이 사용되고 있고 그런 이유로 끊임없이 다른 의미와 경쟁을 하고 그 결과 끊임없이 변하고 있어서 완벽한 자율적 의미 체계는 있을 수 없다고 주장한다.

『마르크스주의와 언어 철학(*Marxism and the Philosophy of Language*)』(1973)에서 볼로시노프는 기호의 의미를 두고 벌이는 투쟁이 계급 간의 갈등으로부터 생겨난다고 주장한다. 모든 텍스트에는 그 내부에 '다수의 목소리'가 포함되어 있다는 바흐친의 사상을 한층 발전시켜 줄리아 크리스테바(Julia Kristeva)는 '상호 텍스트성(intertextuality)'이라는 중요한 개념을 만들어냈다. 이 개념은 텍스트와 다른 텍스트 간의 관계에 주목한다. 상호 텍스트성 이론에 의하면 모든 텍스트는 이미 다른 텍스트를 흡수해서 변형시킨 것이기 때문에, 텍스트는 다른 텍스트와의 관계 속에서 분석될 수 있다. 그러므로 상호 텍스트성에서는 텍스트의 차용과 반향 같은 다양한 형식이 채용된다. 이와 같은 다양한 형식으로는 인유(allusion), 패러디, 혼성 모방(pastiche), 인용 등이 있다. 이런 개념은 〈블레이드 러너(*Blade Runner*)〉와 같은 SF영화가 어떻게 1940년대에 유행했던 〔『말타의 매(*The Maltese Falcon*)』나 『빅 슬립(*The Big Sleep*)』 같은 '하드보일드(hard-boiled)'〕 탐정 소설과 '필름 누아르(film noir)'를 상호 텍스트로 차용하는지 이해하게 해준다. 우리는 영화 〈블레이드 러너〉에서 텍스트들이 어떻게 상호 통합되고 변형되어서 미래를 배경으로 한 이야기 속에 제시되는가를 확인할 수 있다(실제로 이 영화의 시간적 배경은 2019년이다). 어두운 방이나 일몰 후의 어두침침한 공공장소가 영화 속 장면의 대부분을 차지한다. 또한 영화 속 주인공의 역할은 고전적인 탐정 역을 현대 감각에 맞게 기술적으로 패러디한 것이다. 여주인공은 1940년대 복고풍 스타일의 복장을 하고 있으며, 여러 누아르 영화에서처럼 플롯의 전개는 때때로 모호하다. 또한 이런 장르를 따르는 많은 영화에서처럼 〈블레이드 러너〉의 주인공은 장면과 장면을 연결시켜주는 '육성 해설(voice-over)'의 역할을 한다. 〈블레이드 러너〉를 상호 텍스트성이라는 관점에서 분석해 보면 탈구조주의 이론의 전제 중 하나인 '저자의 죽음'이라는 개념을 확인할 수 있다. 이 개념이 의미하는 바는 저자의 의도가 텍스트의 해석과는 무관하다는 것이다. 즉, 텍스트는 독립성과 자율성을 띤 실체라는 것이다. 그러므로 연구자는 저자가 받은 여러 영향이나 저자가 의존하는 원천에 관해서 연구하기(이와 같은 해석상의 전략은 논란의 여지가 있다)보다는 주어진 텍스트 안에서 존재하는 상호 텍스트를 고찰해야 한다.

포스트모더니즘과 기호학

포스트모더니즘(postmodernism)은 포스트구조주의와 밀접히 연결되어 있다. 포스트모더니즘의 철학적 뿌리는 니체(F. Nietzsche)와 하이데거(M. Heidegger)의 철학까지 거슬러 올라간다. 철학자들은, 특히 니체는 세상에는 하나의 '진정한' 실체가 존재하고 과학과 합리성으로 이 실체에 도달할 수 있다고 믿는 계몽주의 사상에 의문을 제기한다. 니체는 모든 사회적 실체는 언어와 사고의 산물이지 객관적인 진실, 즉 실체는 없다고 주장한다.

이런 생각은 장-프랑스아 리오타르(Jean Francois Lyotard)와 장 보드리야르(Jean Baudrillard) 같은 포스트모더니즘 학자들에 의해 더 발전한다. 리오타르는 포스트모던 사회이론의 선도자 중의 한 명으로 종종 여겨진다. 많은 포스트모더니즘 학자들처럼 리오타르의 이론도 전통적인 마르크시스트 이론에 환멸을 느낀 것에서 시작한다. 리오타르는 마르크시즘이 사회에 관한 유일한 객관적인 지식을 제공한다는 주장을 거부하고 사회는 생산기술에 기반한다(마르크스는 우리를 이렇게 믿게 하고 싶었다)는 마르크스 이론도 거부한다. 대신 리오타르는 사회생활은 언어와 담화 주위에서 전개된다고 주장한다. 특

블랙 프라이데이의 진짜 뜻

The 'true' meaning of Black Friday

'블랙 프라이데이'는 미국의 추수감사절 다음에 오는 첫 번째 금요일을 부르는 말이다. 전통적으로 이날에는 특히 미국의 유통업체들이 상품을 싸게 파는 크리스마스 전 할인 판매를 시작하는 날이다. 이 전통은 미국뿐 아니라 영국 같은 다른 나라들로 퍼져나갔다. 하지만, 이날을 '블랙 프라이데이'라고 부르는 이유는 분명치 않다. 2014년에 미국 프로 농구 선수 스미스(J. R. Smith) 같은 유명 인사들이 SNS(인스타그램, 페이스북, 트위터)에 글을 올려 블랙 프라이데이의 진짜 의미는 과거 노예무역과 관련되어 있다고 주장했다. 여러 SNS에 게시된 글 (그리고 재게시된 글)에는 블랙 프라이데이는 전통적으로 추수감사절 바로 다음 날인데 그날에는 '대농장주들이 다가오는 겨울을 대비해 더 많은 노예를 확보하려는 것을 돕기 위해 노예 상인들이 〔흑인〕 노예를 할인해서 팔곤 했기 때문에 〔블랙 프라이데이〕라는 이름이 되었다고 주장한다('블랙 프라이데이', Snopes.com, online at www.snopes.com/holidays/thanksgiving/blackfriday.asp 참조). 하지만 BBC 같은 방송국 여러 곳에서 이런 식의 설명은 틀렸다고 주장했다. 인터넷에서 잠깐 검색만 해봐도 이 이름이 어디서 왔는지를 설명하는 부지기수의 글들을 금방 확인할 수 있다. 여러 설명 중, 이날에는 할인을 많이 해주기 때문에 업체들이 많은 돈을 벌 수 있는('흑자'를 낼 수 있어서) 날이라 이런 이름이 되었다는 설이 있고, 다른 설로는 미국의 노동자들 대부분이 추수감사절 동안 격하게 놀아서 아니면 추수감사절을 포함해서 나흘을 연휴로 쉬고 싶어서 추수감사절 다음날 직장에 병가를 내기 때문에 이런 이름이 되었다는 설이 있다. 다른 설명으로는, 이날에는 쇼핑을 하려는 사람들과 스포츠 팬들이 시내로 몰려 나와 교통이 엄청 정체되는 상황을 묘사하는 용어로 1960년대에 필라델피아 경찰국이 처음 사용했다는 설도 있다. 사회에 영향력 있는 유명 인사가 블랙 프라이데이의 진짜 뜻을 설명하는 글을 SNS에서 읽는 사람들은 블랙 프라이데이의 진짜 뜻에는 오직 하나의 설, 하나의 진실만 있다고 생각할 것이다. 그러나 그것은 여러 '진실' 중 하나일 것이다. 물론 사람들이 가장 많이 믿는 지배적인 담화, 즉 진실을 말해 주는 가장 주도적인 설이 있을 수 있지만 인터넷 시대에는 다수의 여러 설이 늘 존재한다. 즉, 하나의 '지식'이 아닌 다수의 '지식'이 존재한다.

■ ■ ■ 더 읽을거리

Baudrillard, J. (1988b). *Simulacra and simulations*. in M. Poster(ed.). *Jean Baudrillard: Selected Writings*. Cambridge: Polity, p.166~184.

Heath, C., C. Bell and E. Sternberg. (2001). Emotional selection in memes: the case of urban legends'. *Journal of Personality and Social Psychology* 81:6, pp.1028~1041.

Lyotard, J. F. (1984). *The Postmodern Condition: A Report on Knowledge*. Manchester: Manchester University Press.

히 그는 사회생활 과정 중 서사는 계속 바뀐다는 점을 강조한다.

산업화 이전에는 신화와 이야기들이 종교와 관련이 있었기 때문에 사회질서를 재생산하는 역할을 했다고 리오타르는 주장한다. 계몽주의 시대에 접어들면서 진보와 이성, 지식과 기술을 강조하는 새로운 서사들이 등장하기 시작했다. 이 덕분에 사회생활은 질서와 규칙성을 갖게 되었다. 이후 사회는 과학, 기술, 컴퓨터의 눈부신 발전으로 지식이 사회의 주된 동력이 된 포스트모던 시대로 들어가게 되었다고 주장한다. 지식이 널리 퍼지고 접근이 더 쉬워지면서 진실은 하나라거나 진짜 지식은 오로지 하나라는 믿음은 힘을 잃게 된다.

리오타르는 이를 거대 서사(grand narrative) 혹은 메타서사(metanarrative)의 몰락이라고 부른다. 지식은 항상 상이하고 때로는 양립 불가능한 관점이나 견해로 구성되어 왔지만 이 점은 모더니즘과 하나의 절대적인 진리를 추구하는 과학적 실증주의 안에서 종종 감춰져 있었다고 리오타르는 주장한다. 사람들은 과학이나 합리성이 우리에게 전달하는 진실이 오직 하나라고 더 이상 믿지 않는다. 또한 우리들의 사회생활의 모든 면을 설명하는 이론이 단 하나라는 것도 믿지 않는다. 그 결과, 지식과 과학은 파편적인 것이 된다. 리오타르는 다음과 같이 말한다. '사회적 유대가 언어적인 것은 맞지만 한 가닥의 실로만 짜이지는 않았다. 그 모든 언어를 할 수 있는 사람은 한 명도 없다. 어

과정을 겪고 나면 이 둘은 더 이상 구분이 불가능하다.

> 이는 미디어에서 의미의 내파, 미디어 메시지와 대량으로 사회적인 것의 내파를
> 포함하여 모든 것의 경계가 붕괴되는 사회적 엔트로피의 과정이다. 미디어 메시
> 지와 기호연금술(semiurgy)의 전파가 사회 영역에 배어들며 의미와 메시지가 정
> 보, 오락, 광고, 정치의 중립화된 흐름 안에서 서로가 평면이 된다(Best and
> Kellner, 1991: 121).

모든 사회 세계의 상이한 부분들이 이전에는 확연했던 사회 부분들 간의
구분이 없어지는 내파의 과정을 거친다. 그 결과 정치와 법적인 것들이 연예
인 스캔들이 되거나 후자가 전자가 된다. 가령, 마이클 잭슨(Michael Jackson)이
아동 학대 혐의로 기소된 일, 이후 그의 사망, 그 이후 불미스러운 일을 저질
렀다고 비난을 받은 일, 이 모든 것을 어느 것이 연예 스캔들에 관련된 것이
고, 어느 것이 법과 관련된 것인지, 어느 것이 사적인 일이고 어느 것이 공적
인, 그리고 사회적인 현실인지 분간하기가 어렵다. 왜냐하면 이 모든 것이 함
께 내파되어 표면적인 풍경만 남기 때문이다. 풍경이 공적인 것을 마비시킨
다. 현실과 의미는 더 이상 중요치 않게 되고 심지어 존재조차 하지 않게 된
다. 단지 풍경만 존재할 뿐이다. 그러므로 포스트모더니스트(보드리야르 같은)
에게는 사회적 세계나 개인 같은 것은 없고 기호, 풍경, 미디어 재현을 소비
하는 것으로 포장된 그저 닥치는 대로 소비하는 대중만 있을 뿐이다.

2. 언어, 재현, 권력, 불평등

문화적 의미의 재현과 커뮤니케이션은 언어를 통해 이루어진다. 이것이

가능한 것은 단어의 뜻을 우리가 공유하고 주어진 사회·문화 환경 내에서 언어 행위 방식을 공유하기 때문이다. 그러나 언어는 **문제가 많고 이론의 여지가 있는** 것으로 이해할 필요가 있다. 특히, 러시아의 마르크스주의자이며 언어 분석가인 발렌틴 니콜라아에비치 볼로시노프(V. N. Volosinov)는 사회적 맥락과 사회적 행동 안에서 언어를 이해해야 한다고 주장한다(Volosinov, 1973). 볼로시노프와 관련해 테리 이글턴(Terry Eagleton)이 주장하듯이 "이는 단순히 "기호의 의미가 무엇인가"를 묻는 문제가 아니라 서로 갈등 관계에 있는 사회 집단과 계층, 개인, 담론이 그 기호를 전용하여 그들의 고유한 의미를 채우려고 하면서 변화해 온 기호의 역사를 검토하는 문제다"(Eagleton, 1983: 117). 사회적 행동을 강조하는 이런 입장은 이후 이론 발전에 중요한 의미를 갖는다. **레이먼드 윌리엄스**는 다음과 같이 주장한다.

> 그러므로 우리는 물화(物化)된 '언어'와 '사회'가 아니라 활동 중인 '사회적 언어'를 찾는다. (실증 유물론과 정통 유물론을 되돌아보면) 이런 언어가 단순히 '유물적 현실'을 '반영'하거나 '표현'하는 것이 아님을 알 수 있다. 오히려 우리는 언어를 통해 유물론적 현실을 이해한다. 실천적 의식으로서의 언어는 생산 활동까지 포함한 모든 사회적 행동과 영향을 주고받는다. 그리고 ('인간'과 '인간 세계'와의 조우(遭遇), '의식'과 '실체'와의 조우, 또는 '언어'와 '유물론적 존재'와의 조우, 이 모든 조우는 매우 관념적인 것인 데 반해) 언어를 통해 현실을 이해하는 일은 사회적인 의미를 띠며 계속되기 때문에 역동적으로 변화하는 사회 내부에서 일어난다(Williams, 1977: 37).

윌리엄스는 이런 개념들을 그의 저서에서 매우 진지하게 다룬다. 중요 개념들이 사회적 맥락에서 발전되어 온 역사를 논의하는 데에 자신의 저서 대부분을 할애하고 있다. 이 작업은 『키워드(*Keywords*)』(1983)에서 정점에 달하

재현과 리얼리즘
Representation and Realism

레이먼드 윌리엄스(Williams, 1983: 296)는 '재현'의 의미를 두 가지로 제시했다. 첫째는 재현을 '상징이나 이미지'로, 둘째는 '무언가를 눈이나 마음에 제시하는 과정'으로 본다. 여기에서 상징이나 이미지의 의미는 특히 중요하다. 재현은 어떤 것을 다시(re) 보여주거나(present) 나타내는(stand for) 행위다. 윌리엄스가 설명하는 것처럼 '정확한 복제(accurate reproduction)'라는 개념이 발전되면서 재현의 의미는 복잡해졌다. 이를테면 사진은 카메라 앞에 놓인 대상을 재현한 것일 뿐 아니라 그것의 정확한 복제물이라고도 할 수 있다. 우리는 "카메라는 거짓말을 하지 않는다"라는 말을 흔히 듣는다. 하지만 특정한 의미를 만들어내기 위해 사진에서 불필요한 부분을 잘라내거나 변조할 수도 있음을 명심해야 한다.

예술이나 문화 분야에서 사용되는 리얼리즘이라는 용어는 '사물을 있는 그대로 보여주려는 노력'이라는 개념에 한정되어 있다(Lovell, 1980). 하지만 리얼리즘의 개념 정의에서 이런 식의 설명은 현실성이 부족해 열띤 논쟁이 뒤따른다. 존 버거(John Berger)는 리얼리즘이 예술 분야에서 역사적으로 어느 특정한 시기에 발전된 표현 양식이라는 점을 지적했다(Berger, 1972). 같은 맥락에서 이안 와트(Ian Watt)는 소설 속의 등장인물에 실생활에서 흔히 쓰는 이름을 붙이거나 독자에게 익숙한 장소를 소설의 배경으로 사용하는 등의 특징을 가진 리얼리즘 소설의 기원을 밝히고 있다(Watt, 1963). 또 다른 양식의 리얼리즘은 일상생활의 모든 면을 세밀하게 포착하려 한다. 이러한 노력은 19세기에 자연주의(naturalism)라고 불렸으며, 에밀 졸라(Émile Zola)의 소설이 이에 해당된다. 이와는 또 다른 양식의 리얼리즘은 소설 속에서 전형성을 추구해 왔다. 즉, 소설 속의 등장인물과 사건을 묘사하기 위해서 독자가 알 수 있는 전형(type)이 제시된다면, 설사 삶의 모든 면이 소설 속에 묘사되지 않을지라도(실제로 삶의 모든 면을 제시하는 것은 불가능하다) 전혀 문제가 되지 않는다는 것을 전제한다. 하지만 몇몇 마르크스주의자들은 독자에게 반드시 알려야 하는 심층 진리 또는 현실이 분명히 존재하며 리얼리즘에서 관례적으로 사용하는 묘사 방식으로는 이를 포착할 수 없다고 믿기 때문에 전형성을 추구하려는 노력을 비판한다. 다소 역설적이긴 하지만 이렇게 현실을 포착하려는 시도는 종종 아방가르드적인 방법론을 취하기도 한다. 마르크스주의 비평가인 게오르크 루카치(Georg Lukács)와 베르톨트 브레히트(Bertholt Brecht) 간의 논쟁과 콜린 맥케이브(Colin MacCabe)가 자신의 저서에서 펼쳤던 주장은 이러한 쟁점을 분명하게 보여준다.

리얼리즘을 정의하는 것이 어렵기는 하지만, 이 용어는 소설을 논할 때면 반드시 사용된다. 진정성이 있거나 현실감 있다는 말은 칭찬할 때 자주 쓰이고, 이에 반해 멜로드라마 같다는 말은 비판할 때 자주 쓰인다. 하지만 이와 같이 용어를 단순화시켜 사용하는 것은 용어를 정의할 때 생기는 어려움을 해결하는 것이 아니라 오히려 회피하려는 것으로도 보일 수 있다. 예를 들어 연속극(soap opera)은 실생활을 제대로 재현하지 않는다는 비판을 듣곤 한다. 연속극에서는 지나치게 많은 사건이 일어나고, 소수 인종은 자주 등장하지 않을뿐더러, 부유한 사람들이 달랑 집 한 채에서 대가족을 이뤄 살고 있다는 식의 비판을 받는다. 이렇듯 연속극은 경험적으로나 객관적으로나 리얼하다고 할 수 없다. 하지만 이엔 앙(Ien Ang)은 미국 멜로 연속극인 〈댈러스(Dallas)〉에 관한 미국 시청자들의 반응을 연구한 논문에서 이 연속극은 시청자들이 주관적으로 현실감 있다거나 중요하다고 느끼는 관념이나 감정을 재현한다고 평가했다(Ang, 1985). 이런 것은 정서적인 면에서 리얼리즘이라고 할 수 있을 것이다. 어쨌거나 리얼리즘이라는 용어를 분명하게 정의하지 못하는 상황에서는 리얼리즘에 대해 가볍게 비판하거나 칭찬해서는 안 된다.

■ ■ ■ 더 읽을거리

Lovell, T. 1980. *Pictures of Reality: Aesthetics, Politics and Pleasure.* London: BFI.
Hill, J. 1986. *Sex, Class and Realism: British Cinema 1956-1963.* London: BFI.
Williams, R. 1983b. *Keywords: A Vocabulary of Culture and Society.* London: Fontana.

는데 이 책은 언뜻 사전처럼 보이지만 실제로는 윌리엄스가 당대의 사회적·정치적 갈등의 핵심으로 여기는 용어와 개념의 논쟁적 의미와 사회적 중요성을 탐구한 책이다.

언어와 권력

『문화정치학(*Cultural politics*)』은 권력 불평등, 문화적 형태 안의 권위, 그리고 문화적 관행의 논쟁적 속성을 소개한다. 언어 분석의 추동력이 되는 것이 바로 이런 관심들이다. 이미 시사한 바와 같이 언어는 정치화된 것이다. 앞으로 논의하겠지만, 계층, 젠더, 민족과 같은 영역을 둘러싼 논쟁에 관련될 경우 특히 더 그렇다. 그 결과 언어에 대한 논의는 언어를 단일한 집단의 견해를 객관적으로 전달하고 재현하는 중립적 도구로 보는 관점에서 정치적·문화적으로 논쟁을 일으키는 매개체로 바라보는 방향으로 이동해 왔다. 사회집단들은 이 매개체를 지배하기 위해 투쟁을 벌인다.

베니딕트 앤더슨(Benedict Anderson)은 민족주의의 발생과 확산을 가능하게 한 활자 언어의 기능에 주목했다(Anderson, 1991). 앤더슨은 활자 언어 발명이 언어에 '새로운 고정성'을 부여했고 특정 언어가 지배하는 권력 언어를 만들어냈다고 시사한다. 그 형태와 어휘가 활자화된 언어와 근접한 구어가 가장 권위 있는 언어였다(Anderson, 1991: 44~45). 이런 방식으로 문어가 구어보다 더 '정확한' 언어로 여겨졌고, 지금도 그렇듯이 구술(oral communication)은 문어와 얼마나 유사하냐에 따라 사회적인 가치가 매겨졌다(Street, 1993; Leech et al., 2005). 이런 가치 평가 과정에서 방언(지역 언어), 억양, 단어 선택, 문법 사용과 같은 말하는 방식들이 문어로 유형화된 사회적 언어 관습에 비추어서 평가되고 서열이 정해졌다(Street, 1993; Labov, 1972b). 이런 서열화는 사회적 경험의 다른 영역으로까지 확대되었고, 교양 있게 말하느냐에 따라 생활양식 역시 서열화되어 상징적으로 재현되었다. 이 상황을 에른스트 풀그램(Ernst Pulgram)이 다음과 같이 요약했다.

> 66 한 개인의 발화가 명료한지와 별개로 그의 언어로 사람들은 그를 인지한다. 자동적으로나 습관에 의해 조건 지어지는 언어의 단순한 물리적 특징만으로 그를 알아보는 데는 충분하다. 게다가 그가 말하는 내용이나 방식, 즉 말하는 스타일이 그 이상의 단서를 제공한다면 더 쉽게 그가 어떤 사람인지를 알 수 있다. 말의 내용과 방식은 그의 교육과 환경, 직업 등에 의해 사회적으로 조건 지어진다. 시각적으로 내용과 연기를 전혀 전달할 수 없는 라디오 프로그램의 연출자나 배우들은 음성으로 인물을 묘사하는 기술이 뛰어나다. 심지어는 심리 묘사에도 뛰어나다. 현재의 기분은 말할 것도 없이 개인의 기질도 말로 표현된다. 그 말을 듣는 사람들은 누구나 화자가 '어떤 식으로 말하는가'에만 근거해서 그 화자에 대한 특정한 가치 판단을 내릴 수 있다(Pulgram, 1954, in Street, 1993: 70).

문화연구의 접근법은 이것이 단순한 차이가 아니라 **권력** 서열이기도 한 지위의 서열이라는 사실을 상기시킨다. 브라이언 스트리트(Brian Street)는 "사람들이 알지(one knows)"라는 표현에서 '사람(one)'이라는 단어가 지위를 내포한다고 주장하면서, 단어의 여운에 주의하라고 한다(Street, 1993). '우리(we)'라는 단어를 사용해 유대감을 표현할 수 있다. 그러나 의사가 "오늘 기분이 어떠세요?(and how are we feeling today?)" 하고 물을 때는 거기에 권력과 지위가 내포될 수 있다(Street, 1993: 71).

특정한 사회집단을 특징짓는 전문적 어휘와 언어 형식은 그 집단에 속한 사람들 사이에서는 의사소통을 용이하게 해주지만, 그 집단 밖에 있기 때문에 그 언어를 사용할 수 없거나 그 언어를 '올바르게' 사용할 수 없는 사람들은 배제한다. 기능성, 즉 어떤 부문의 어휘(의미론적 범주)가 다른 부문의 어휘보다 더 유용한지를 기준으로 전문 언어의 서열이 정해질 수 있느냐는 데는 논쟁의 여지가 있다. 그러나 특정 의미 범주를 사용하는 사회집단의 서열을 정할 수 있다는 점은 분명하다. 그래서 예를 들면 의사나 변호사의 전문 언어가 청년 집단의 언어보다 더 권력이 있다. 2장 2절의 '언어, 인종, 민족' 참조 다음 부분에서는 사회적·문화적 불평등을 재현·구성·재생산하는 커뮤니케이션 형식으로서의 언어를 집중적으로 다루겠다.

언어와 계급

사회학자인 바질 번스타인(Basil Bernstein, 1924~2000)의 연구는 사회 계급과 언어 및 말하기를 연결시키는 영향력 있는 연구의 본보기다. 젊은이들의 교육 실패에 대한 그의 설명은 1960년대 영국과 미국의 교육정책에 큰 영향을 끼쳤다. 번스타인의 요점은 영국 사회에서 중간계급의 정교한 코드에 비교했을 때 하층계급 구성원들은 제한된 코드를 말한다는 것이다. 이런 제한된 코드는 사회적·경제적 상승에 한계가 있다. 번스타인이 볼 때 사회적 유동성의 주요한 매개가 되는 학교에서 정교한 코드 사용을 요구하기 때문이다. 정교한 코드는 학습의 지적 활동뿐만 아니라 교사에게 호의적인 인정을 받는 사회적·정치적 목적에도 필요하다.

언어와 계급의 관계에 대한 번스타인의 설명은 사피어-워프(Sapir-Whorf) 가설을 상기시킨다. 실제로 번스타인의 분석을 서로 다른 '사고 세계'를 점유하는 하층계급과 중간계급 집단의 관점으로 고쳐서 볼 수 있다. 두 견해 모두 세계를 당연하게 인식하는 방식, 즉 집단 구성원의 사고의 결을 만드는 방식에 사회화가 큰 영향을 끼친다는 데 비중을 둔다. 두 가설에서 사고방식은 사회적·경제적 환경에 대한 반응이다. 번스타인의 연구는 겉보기에는 같아 보이는 언어 집단 내에서의 언어 사용을 살펴봤다는 점에서 뛰어나다. 반면 사피어와 워프의 연구는 상당히 다르게 구분되는 언어 집단과 관련된다. 우리가 주목할 가장 놀라운 차이는 번스타인이 말하기와 언어를 영국의 계급 체계에서 구조화된 불평등에 연결시킨 점이다. 번스타인에게 계급 간 언어의 차이는 단순한 변형이 아니라 영국 내 계급 체계의 위계를 반영한다. 그 결과 어떤 형태의 언어가 사회적·문화적으로 지배적인 위치를 점하게 된다. 지배적 언어를 말하고 그 언어와 관계된 기술을 사용하는 사람들이 사회적으로 성공한다. 번스타인은 논리적이고 추상적인 사고 작용을 통해 구성되는 공식적이고 정교한 언어가 제한적인 대중 언어보다 우월하다고 주장한다. 논리적이고 추상적인 사고는 학습을 위해 기능적으로 꼭 필요하다. 하층계급의 언어는 맥락에 좌우되며 차이를 인정하지 않고 동질성을 요구한다. 이런 의미에서 하층계급의 언어는 중간계급의 언어에 비해 경쟁력이 떨어지며, 하층계급은 구별과 논리를 요구하는 교육의 혜택을 받기 어렵다. 번스타인의 분석은 영국 사회의 계급 체계가 언어를 통해 영속화되고 가시화됨을 보여준다. 즉, 언어는 계급 체계를 재현하는 동시에 **구성**한다.

번스타인은 제한적인 언어 코드와 정교한 언어 코드의 특징들을 새로 나온 실증적·이론적 연구들을 참조해서 여러 번 수정하다가 결국은 그 특징들을 규정하는 작업을 포기했다. 오랜 기간에 걸쳐서 번스타인이 특징들의 구성을 수정한 사실이 문화 형식의 고유 특성을 규정하는 작업의 어려움을 드러내는데, 이를 인식하는 것이 중요하다. 특히 서로 반대 항목으로 연결되어 있는 경우에는 더욱 어렵다.

경험적·이론적 연구가 모든 언어는 논리적인 논쟁과 추상적 사고를 할 수 있는 역량을 지니고 있다는 사실을 밝혀왔다. 그렇기 때문에 다른 형태의 언어에 비해 특정한 언어에 특권을 부여하는 것은 언어적 행위가 아니라 **정치적 행위**다. 따라서 아이들이 실패하는 이유는 반드시 사회·정치적 경제의 영역에서 찾아야 한다. 번스타인의 연구가 영향력을 갖는 것은 바로 이 부분이

말의 코드

Speech codes

제한적인 또는 대중적인 말의 코드의 특징은 다음과 같다.

1 허술한 구문 형식으로 이뤄진, 짧고 문법적으로 단순한 문장이다. 보통 능동태를 강조하고 완성되지 않은 문장이 사용되곤 한다.
2 '그래서', '그러면', '왜냐하면' 등의 단순한 접속사를 반복해서 사용한다.
3 주절에 나타난 주어의 범주를 세분하는 종속절을 거의 사용하지 않는다.
4 연이어 말하면서 형식적 주어를 유지하지 못한다. 따라서 내용 전달이 애매해지기 쉽다.
5 형용사와 부사를 경직되고 제한적으로 사용한다.
6 조건절의 주어로 비인칭 대명사를 잘 쓰지 않는다.
7 원인과 결과가 혼동되는 진술을 빈번히 사용해서 단언적으로 진술한다.
8 '그렇지 않을까?', '그렇지?', '알겠지?' 등과 같이 이미 말한 내용을 강조하려는 진술·어구를 자주 사용한다. 이런 과정을 공감 순환(sympathetic circulation)이라고 한다.
9 일련의 관용구와 관용적 표현 중에서 특히 선호하는 표현을 자주 선택한다.
10 개별적인 한정 수식(individual qualification)이 문장 구조 속에 함축되어 있다. 이것은 함축적 의미를 포함한 언어다.

정교한 또는 형식적인 말의 코드는 다음과 같은 특징을 갖는다.

1 정확한 문법 순서를 지키며, 말하는 내용이 구문적으로 잘 정리되어 있다.
2 문법적으로 복잡한 문장 구성을 사용하고, 특히 다양한 접속사와 종속절을 통해 논리적으로 수식하고 강조한다.

3 시간과 공간의 연속성을 나타내는 전치사뿐 아니라 논리적인 관계를 나타내는 전치사를 자주 사용한다.

4 인칭 대명사 '나'를 빈번히 사용한다.

5 다양한 형용사와 부사를 적절히 선택한다.

6 문장 내부와 문장 간의 관계와 구조에 의해서 축어적으로 전달되는 개별적인 한정 수식을 사용한다.

7 지배적인 단어나 문구를 강조하거나 산만하고 일반적인 방식으로 말의 순서를 따라가지 않고, 말의 흐름 속에서 의미를 구분해 주는 풍부한 상징을 사용한다.

8 개념에 내재된, 경험을 정리할 수 있는 가능성들을 나타내는 언어를 사용한다.

(Bernstein, 1961: 169f., in Dittmar, 1976).

다. 사회구조를 언어와 연결시킨 것이 지배적인 문화에 대해 고찰하게 했고, 그런 문화의 형성·전달·유지에 대한 더 광범위한 연구를 가능하게 했기 때문이다. 문화 형식의 사회적·정치적 차원에 관심을 기울임으로써 번스타인은 언어가 단순히 문화의 재현과 소통을 위한 기술적 장치라는 주장을 반박했다. 게다가, 그 이후로 지속되어 온, 프레더릭 에릭슨(Frederick Erickson, 예를 들어 2009)의 연구와 같은 많은 연구가 언어 사용의 다양한 속성과 사회 계층뿐 아니라 젠더와 민족성 같은 다른 사회집단과 관련해서 언어 체계에 부과되는 가치들을 계속 밝혀왔다.

언어, 인종, 민족

1966년에 칼 버라이터(Carl Bereiter)와 지그프리드 엥겔만(Siegfried Engelmann)

은 번스타인의 이론을 미국 흑인 아이들에게 적용해 "흑인 아이들의 지적 능력이 떨어진다는 사실이 그들이 사용하는 부적절한 말에 반영된다"는 결론을 내렸다(Dittmar, 1976: 80). 그리고 그 아이들은 "지식을 얻고 처리하는 도구로서 언어를 사용하는 능력이 전무했다. 그들에게 언어란 다루기 버겁거나 아주 쓸모없는 것이다"(Bereiter and Engelmann, 1966: 39; Dittmar, 1976: 81). 그러나 흑인 젊은이들이 사용하는 비표준 영어에 대한 수많은 연구 결과를 통해 윌리엄 라보프(William Labov)는 이런 결론에 의문을 제시했다(Labov, 1972b). 그의 연구는 흑인 젊은이들이 사용하는 언어, 즉 BEV(Black English Vernacular)가 중간계급의 언어 형태와 다르다는 사실을 보여줬다. 어쨌든 BEV가 형편없는 언어라는 것은 중간계급의 이데올로기에 지나지 않는다. 라보프는 두 가지 면에서 버라이터와 엥겔만의 자료 수집 방법을 비판했다. ① 목적과 달리 자료가 흑인의 자연스러운 언어 사용을 보여주지 못했다. 사실 수집된 자료들은 연구자들이 설정해 놓은 문제에 대한 반응이었다. ② 면접자가 백인 성인이었다. 이런 인물은 흑인 젊은이의 입장에서는 권위적인 인물이며 지배적인 다른 문화의 대표자이기 때문에 이런 면접자를 상대로 자유롭고 편안하게 이야기할 수 없다고 라보프는 지적한다. 비록 이 비판이 방법론에 관한 것이지만, 언어와 언어 사용이 정치적이며 언어가 언제 어디서나 모든 사람을 대변한다는 주장을 비판할 필요가 있음을 거듭 상기시킨다.

언어를 '사물을 그대로 말해 주는' 자연스럽고 정치적으로 중립적인 도구로 인식하는 것은 언어를 진리와 연결시키는 한 방법이다. 영국 문화에서는 자연과 자연스러운 것은 인간이 조작할 수 있는 범위를 분명히 벗어나 있기 때문에 대개 진실하고 믿을 만하다고 받아들여진다. 이미 보았다시피 언어는 본능적이고 너무나 당연하게 받아들여지므로 자연의 일부로 느껴지는 경우가 종종 있다. 여기서 조금만 나아가면 '언어는 진리'라는 가정에 이르고, 이런 언어 담론에서는 언어를 통해 진리를 알 수 있다고 한다. 이런 논리 속에서 언어는 진리를 구성하고 보증하기 때문에 매우 강력한 힘을 가지며, 이 때 "누가 누구를 위해 말하는가?"라는 질문이 아주 중요해진다. 누구든 설명을 할 수 있는 사람이 사물의 진실을 말할 수 있기 때문이다. 비표준어를 말하고 쓰는 사람들은 타자의 운명을 겪을 수도 있다. 타자가 자신을 위해 말하거나 자신의 상황을 설명해 봐야 진실이 아니거나 들을 가치가 없다는 취급을 받는다. 문학 비평에도 분명히 이런 관행이 있는데, 예를 들어 과거 식민지에서 식민지 본국의 언어로 쓴 글은 문학이 아닌 것으로 규정되어 왔다. 이는 다음 두 가지 근거를 바탕으로 한다. ① 식민지 본국 언어의 지역 변형어는 문학적 글쓰기에 적합하지 않다. ② 원주민의 경험을 통해 식민지 또는 탈식민지 사회에 대한 글을 쓰는 것은 문학적 주제로 적합하지 않다. 이 예는 언어가 "권력의 위계 구조를 영속화시키는 매개와 '진리', '질서', '실제'의 개념들이 성립되는 매개"의 기능을 한다는 또 다른 예증이다(Ashcroft et al., 1989: 37).

식민지 본국어의 문화적 권력이 제국화하는 것에 맞서, 본국어의 지역 변형어를 말하고 쓰는 몇몇 사람들은 그 지역 변형어와 방언을 사용하는 것이 제국적 의미와 권력과의 연상을 벗어나서 그 언어를 자신의 언어로 주장할 수 있는 방법으로 여길지도 모른다. 빌 애쉬크로프트(Bill Ashcroft) 등이 말하고 있듯이 "자기 언어가 아닌 언어에 자신들의 정신을 싣기" 위해 식민지 본국어에 "식민지의 문화적 경험을 담아내는 '짐을 지우는'"(Rao, 1938: vii; Ashcroft et al., 1989: 39) 방법으로 말이다. 영국의 흑인 시인인 린턴 퀘시 존슨(Linton Kwesi Johnson)이 쓴 「잉글란은 나쁜 년(Inglan is a Bitch)」이라는 시가 좋은 예다.예 2-5

에드워드 사이드(Edward Said)는 비록 식민지 본국 작가들이 자신의 언어로 '다른 사회들'의 모습을 만들어내는 방식을 밝히는 관점을 취하고 있긴 하지만 앞서 언급된 문화적 제국주의와 동일한 영역을 다루고 있다. 이 점은 오랫

　　잉글란은 나쁜 년

Inglan is a bitch

란단 막 와서	w'en me jus' come to Landan town
땅 아래서 일해였어	mi use to work pan di andahgroun
땅 아래 일하면는	but workin' pan di andahgroun
길울 몰라	y'u don't get fi know your way aroun'
잉글란은 나쁜 년	Inglan is a bitch
도망 몬 가	dere's no escapin' it
잉글란은 나쁜 년	Inglan is a bitch
도망 길 엄따니깐	dere's no runnin' whey fram it

(Linton Kwesi Johnson, 1980).

동안 서양이 아랍과 이슬람 국가에 대해 유럽 중심적 사고를 고수해 왔음을 시사하는 1978년에 쓴 『오리엔탈리즘(*Orientalism*)』에 특히 잘 설명되어 있다 (Said, 1995b). 그는 '다른 사회들'의 문화와 문화적 산물에 대한 평가 절하가 이런 사회들에 대한 서양의 해석과 나란히 형성되었다고 주장한다. 종종 조잡하고 본질적인 커리커쳐에 지나지 않는 서양의 해석은 언어를 통해 형성, 강화, 재생산된다.

　　언어의 정치적 사용에 대한 강한 언급으로 인해 언어에 대한 논의의 초점이 정치적으로 중립적인 정보를 소통하는 기계적 도구로 여기는 데서 그 언어가 사용되는 사회적 배경으로부터 언어의 의미를 취한다는 쪽으로 바뀌었다. 권력자들에 의해 사용될 때 언어는 외향적으로 중립적이고 자연스러워 보이는 속성 때문에 더욱 정교한 억압의 도구가 되기도 한다. 이런 상황에서 뜻을 품은 민족 단체들이 그들의 정체성을 상징하고 정치적 포부의 무게를 실어낼 지역 언어를 재창조하거나 되살리는 것은 놀라운 일이 아니다. 이스라엘 민족국가의 탄생과 더불어 히브리어가 되살아난 것이나 캐나다, 스페인, 프랑스, 웨일스에서 언어가 정치적인 문제가 되는 것이 그 예다. 이 경우의 목적은 모두 타인의 언어에 의해 강요된 **정체성**을 제거해 버리는 것이다. 최근에 이런 과정들은 또한 '정치적 올바름'과 언어에 대한 논쟁의 중심이 되었고, 언어가 억압적인 함의를 갖고 억압의 도구로 쓰이는 것을 막기 위해 언어 사용을 변화시키려는 관심도 있었다.

언어와 젠더

비표준어를 말하고 쓰는 탈식민지 작가들이 자신들의 소리가 지배 언어의 힘에 의해 들리지 않게 되거나 부조리한 것으로 단언된다고 주장했듯이 여성 역시 언어 안에 자신들의 목소리가 없다고 주장한다. 이 장의 앞부분에서 이미 언급된 언어와 계층의 경우와 마찬가지로, 언어와 젠더에 대한 고찰은 원어민 화자에게조차 언어가 항상 자신의 언어가 되지는 않는다는 사실을 상기시킨다. 언어의 의미와 권력은 사회적 관행에 의해 결정된다. 원어민 화자일지라도 특정한 배경 속에서는 벙어리나 귀머거리일 수 있으며 이것이 여성 언어 사용자들의 운명이라고 할 수 있다.

이런 면에서 에드윈 아드너(Edwin Ardener)는 "여성은 종종 남성보다 더 '모호하다'"라고 말한다. 이것은 공적 담론의 장이 전형적으로 남성에게 지배되고, 공적 담론의 언어가 남성적 의미로 '코드화'되어 있다는 뜻이다(Ardener, 1974: viii). 이것은 여성이 말을 하기 위해서는 투쟁해야 하며 남성의 언어를 습득해야 한다는 의미다.

로빈 라코프(Robin Lakoff)는 여성과 언어에 대한 논의에서 영향력 있는 초기 저자다. 자신과 친구들의 언어 사용을 관찰한 저서인『언어와 여성의 자리(*Language and Women's Place*)』(1975)는 이 논의의 의제를 설정해 준다. 그녀는 여성의 언어가 특징적으로 형식 면에서(내용이 아니라) 약하고, 이것은 남성에 비해 종속적인 여성의 위치와 잘 들어맞는다고 주장한다. 여성의 언어를 약하다고 특징짓는 것은 남성의 말보다 여성의 말에 '부가' 형식이 더 많다는 라코프의 주장에 근거한다. 부가 형식의 전형적인 예는 "오늘 날씨 좋지요, 그렇죠?"라는 말이다. 이 경우에 '그렇죠?'가 부가 형식이다. 이때 화자는 정보를 구하는 것이 아니라 확인을 하려는 것이다. 즉, 청자와 합의에 이르려는 욕구가 있으며 청자에게 진술에 동참해 그런 믿음을 공유하자고 권유하는 것이다. 라코프는 여성의 말이 남성의 말보다 약하고 덜 결정적이며 기능적인 면에서 유용성이 떨어진다고 주장한다. 언어와 계층에 대한 연구에서 라코프(1966)는 여성이 남성보다 더 공손하고 덜 단정적임을 시사하는 언어 사용의 젠더화를 지적했다. 그는 하층·중간계급의 여성이 동일한 사회 계층에 속한 남성보다 상스러운 말을 덜 사용한다는 사실을 발견했다. 이런 연구에서 연상할 수 있는 장면은 젠더에 따라 확연히 다른 말을 사용하는, 즉 남성은 경쟁적이고 단정적인 말을 사용하는 반면 여성은 협조적인 말을 사용하는 대화다. 데보라 태넌(Deborah Tannen)은 남성과 여성이 사용하는 말의 특징이 너무 달라서 남성과 여성 사이의 대화는 실제로 다른 문화 간의 커뮤니케이션 형태를 재현한다고 주장한다(Tannen, 1990). 사피어·워프의 언어관에 따르면 남성과 여성은 서로 다른 사고 세계에 산다. 남성과 여성의 말의 특징은 다음 표와 같다(Tannon, 1990).

태넌의 발견이 아드너와 라코프의 발견과 전반적으로는 일관되지만 그녀

남성의 말	여성의 말
위계질서	협력망
독립	친밀감
정보	나눔
주목	균형감
과장된 말	사소한 말
우월감	열등감
강력함	무력함

의 해석은 상위와 종속보다는 문화적 차이를 강조한다. 그녀는 여성의 언어가 남성의 언어에 열등하다고 보지 않는다. 그녀가 보기에 두 언어는 세계에 대한 서로 다른 **담론**을 생성하는 방향성을 지녔기 때문이다.개념 정의 1-5 이런 차이는 여성의 말이 남성의 말보다 사소하거나 기능적으로 떨어진다는 의미를 갖지 않는다. 그녀는 여성의 말이 배제보다는 포용을, 경쟁보다는 협력을 강조하면서 많은 긍정적인 미덕을 지니고 있다고 말할 것이다.

2007년 출판된 『화성과 금성의 신화(The Myth of Mars and Venus)』에서 데보라 카메론(Deborah Cameron)은 남성과 여성의 언어 사용에서 인지된 차이가 입증되지 않은 성 고정관념에 근거한 경우가 많다고 제안하면서 중요한 주장을 한다. 카메론은 더 협력적이고 수동적인 언어를 사용하는 여성에 비해 남성의 말이 더 경쟁적이거나 공격적이라는 것과 같은 일반적인 가정은 가정된 젠더 차이에 대한 성차별적 고정관념에 기초하고 있을 뿐이라고 시사한다. 이러한 고정관념은 언어 패턴에서 추정되는 성별 차이를 본질화하고 그 차이를 설명하려는 연구에 의해 강화된다. 이는 루안 브리젠다인(Louann Brizendine)의 2006년 저서인 『여성의 두뇌(The Female Brain)』와 같이 성별 차이를 설명한다고 주장하는 대중적이고 사이비 과학적인 연구에서 특히 분명하게 나타난다. 여성은 평균 하루에 2만 단어를 말하는 반면 남성은 평균 7000 단어를 구사한다는 그녀의 주장은 뉴스 매체에 인상적인 문구를 전달했다. 이러한 '발견'에 집착하면서 뉴스 매체는 실제로 여성이 남성보다 말을 더 많이 한다는 '과학적 증거'를 널리 보도했다(〈그림 2-6〉 참조). 카메론은 2007년 ≪가디언(The Guardian)≫을 집필하며 주장하길 이러한 종류의 유명한 미디어 문구가 중요하다고 한다. 왜냐하면 가장 일반적으로 대중의 의견을 알리는 것이 매스 미디어이기 때문이다. 소위 과학적 발견이라고 하는 것은 흔히들 갖고 있는 고정관념을 강화하는 데 사용되는 반면 반례(反例)는 종종 무시된다.

이러한 경향이 화성 및 금성 책의 독자로 하여금 남성과 여성이 언어를 사용하는 방식에 대한 일반화를 '인정'하도록 이끄는 방법을 이해하는 것은 어렵지 않다. 그러한 일반화가 이미 익숙한 고정관념과 맞기만 한다면. 예를 들어, 말할 때 남성은 경쟁적이며 여성은 협력적이라는 점을 설명하는 일화가 있다면 그것은 독자로 하여금 남성이 경쟁하고 여성이 협력하는 것을 목격한 많은 경우를 회상하도록 촉구할 것이다. 반면 그 반대의 경우를 목격한 경우도 동일하게 많을 수 있는데 그런 경우는 회상하지 않는다. "재닛은? 그녀는 내가 아는 가장 경쟁력 있는 사람인데"와 같은 반례가 생각나면 독자는 그 예는 예외의 별도 범주에 넣는 고전적인 전략을 적용할 수 있다. "물론 그녀는 세 명의 형제와 함께 자랐어. 그녀는 자기 부서의 유일한 여성이지. 그녀는 경쟁이 치열한 업무 파트에서 일하잖아" 같은 예외 범주 말이다(Cameron, 2007b).

그러나 『여성의 두뇌(*The Female Brain*)』의 발견에 의문을 제기한 사람은 음성학 교수인 마크 리버만(Mark Liberman)이었다. 이 책의 주장에 회의적인 리버만은 (여성이 남성보다 하루에 훨씬 더 많은 말을 하는) 이 수치가 어디에서 왔는지 알아내려고 탐구했다. 브리젠다인(L. Brizendine) 책의 각주 인용을 추적해보다가 그는 이 주장이 학문적 연구에서 온 것이 아니라 어느 자기계발서에서 온 것임을 발견했다. 이 자기계발서는 이 수치를 허공에서 뽑아온 것 같아 보였다(Cameron, 2007b).

여성이 남성보다 말이 많다는 주장을 뒷받침하는 연구나 증거가 사실상 없다고 리버만이 지적하자 브리젠다인은 이 주장을 앞으로 출판되는 책에서 삭제하겠다고 약속했다. 그러나 카메론이 주장하듯이, 잘못을 인정하는 것이 너무 늦었다. 이미 "여성이 남성보다 세 배나 많이 이야기한다는 널리 알려진 문구가 사람들의 기억 속에 남은 채 그들의 대화에서 재활용될 것"이기 때문이다.

그림 2-6 한 여성이 전화 통화 중이다

　　단순히 언어 패턴의 차이를 가정하고 그에 대한 설명을 찾으려는 연구를 넘어 젠더화된 언어 사용 패턴을 이해하려는 대부분의 연구는 남성과 여성 사이에서 무시해도 될 만한 차이를 찾아내는 경향이 있는 것으로 보인다. 심리학자인 재닛 S. 하이드(Janet S. Hyde)와 마르샤 린(Marcia Lynn)은 남성과 여성이 다르게 생각한다는 가정에 자주 이의를 제기하는 연구를 했다. 예를 들어, 1988년에 그들은 남성과 여성 간의 언어적 능력 차이는 통계적으로 말할 때 "무시해도 좋을 만한" 수치라고 주장했다(Cameron, 2007b). 마찬가지로 2006년에 그들은 남성이 여성보다 수학이나 문제 해결에 더 뛰어나다는 증거가 없다고 시사했다(Hyde and Lynn, 2006).

3. 매스 커뮤니케이션과 재현

지금까지 이 장에서 다룬 것은 (배타적이지는 않지만) 주로 대인 커뮤니케이션에 관한 것이었다. 재현과 이데올로기와 같이 이미 논의된 많은 문제가 대인 커뮤니케이션 및 매스 커뮤니케이션 모두와 관련되어 있는 것이 분명하지만 여기서는 매스 커뮤니케이션의 형태를 좀 더 구체적으로 살펴볼 것이다.

'매스 커뮤니케이션'이라는 용어는 일반적으로 학술적 연구에서 매스 미디어에 대한 연구를 지칭할 때 사용한다. 매스 미디어와 매스 커뮤니케이션의 도래는 인쇄의 역사와 밀접하게 연관되어 있다. 중국의 목판 인쇄 역사는 7세기 초로 거슬러 올라가지만 유럽에서는 14세기나 되어서야 보편화되었다. '매스 미디어'의 도래는 일반적으로 15세기 이후 유럽에서 보편화된 '대중 인쇄물'이라고 불리는 것에 기인한다. 대중 인쇄물은 일반적으로 목판 인쇄로 생산되었으며 손으로 조잡하게 채색되었다.

1447년 독일의 금세공업자인 요하네스 구텐베르크(Johannes Gutenberg)가 발명한 기계식 인쇄기는 인쇄 용량과 속도를 크게 높이고 비용을 절감했고 이후 17세기 초 독일 스트라스부르에서 최초의 신문이 발행될 수 있었다. 17세기 내내 '뉴스'를 다루는 많은 유형의 출판물이 있었고 유럽 전역에서 현대 신문과 연결되는 정기적인 간행물이 발전하기 시작했다.

매스 미디어의 발전은 사진, 전화, 축음기, 촬영, 무선 전보 및 확성기와 같은 19세기의 여러 주요 발명에 의해 크게 향상되었다. 얼마 지나지 않아 20세기 초에는 라디오와 유성 영화, 텔레비전이 등장하고 우리 사회에서 매스 미디어의 중요성이 증가하기 시작해서 오늘날 (우리 삶의 구석구석까지 스며드는) 포화 수준에 이르게 된다.6장 참조

이 장의 전반적인 주제를 이어가는 이 섹션은 특히 매스 미디어 재현의 문제를 다루며, 그중에서도 매스 미디어의 젠더 재현에 집중적인 초점을 맞춘

다. 그런 다음 청중과 수용 연구에 대한 간략한 토론으로 마무리를 짓는다.

매스 미디어와 재현

앞서 말했듯이, 시각적 심상과 매스 미디어를 '진실'과 '현실'을 보여주는, 세상으로 난 창문으로 여기지 않는 것이 중요하다. 매스 미디어는 항상 특정한 관점과 각도에서 세상에 대한 선택적 견해를 제공할 뿐이다. 따라서 매스 미디어는 세상을 그대로 보여주는 것이라기보다는 그것을 재현한다. 게다가, 편파적이지 않은 객관적 재현이란 있을 수 없는 것이 재현이란 모두 인간의 행위이며 그렇기 때문에 특정한 위치나 관점의 산물이다(O'Shaughnessy and Sadler, 1999). 벨기에 화가인 르네 마그리트(Rene Magritte)가 그린 〈배반의 상(*The Treachery of Images*)〉(1928~1929)이 이를 잘 보여주는데, 이 작품은 "이건 파이프가 아니다(Ceci n'est pas une pipe)"라는 글귀와 함께 그냥 (담배)파이프 하나를 그린 그림이다. 제목이 그림의 의도를 여실히 드러내고 있으나 마그리트는 그림이란 "단지 재현"일 뿐임을 보여주는 것이 자신의 의도였음을 인터뷰에서 더 명백히 밝혔다(Torczyner, 1979: 71).

재현(representation)은 재-현(re-presentation)의 과정으로 이해해야 한다. 이 과정에 의해서 문화적 텍스트는 변경, 선택, 처리되어서 특정한 맥락 안에 닻을 내려 의미를 전달하게 된다(Orgad, 2014). 예를 들어, 닉 레이시(Nick Lacey)는 종종 매스 미디어가 사건과 개인, 단체를 특징짓고 틀을 씌워서 '유형'으로 만드는 방법을 강조한다(Lacey, 2009). 이 부분은 초기 영화에서 분명하게 볼 수 있다. 예를 들어 악한은 종종 끝이 말린 검은색 콧수염을 하고 정장용 모자에 지팡이를 든 모습이다(Panofsky, 1979). 이런 인물 묘사가 항상 뚜렷하지는 않더라도, 매스 미디어가 흔히 특정한 맥락 안에서 이야기 틀을 만들 거라는 사실은 분명하다. 그렇게 되면 시청자는 만들어진 틀에 따라 이야기나 인물을 빠르게 식별하고 이해할 수 있다.

예를 들어, 매스 미디어는 민족 내지는 '인종적' 집단이 근본적으로 다르다는 가정을 종종 한다. 그래서 '흑'과 '백'은 자주 이분법적 대척점으로 설정된다. 〈인디아나 존스(*Indiana Jones*)〉 시리즈에서 백인 남성 주인공이 모험

백인	비-백인
문명화	원시
정교함	야만성
이성적	비이성적
과학적	주술적
선	악

자료: O'Shaughnessy and Salder(1999: 237).

을 하는 곳은 위험하고 동물적인 비-백인 야만인들로 들끓는 땅이다. 영국의 식민사를 다루는 영화〔〈줄루(*Zulu*)〉나 〈카이버 소동(*Carry On up the Khyber*)〉까지도〕와 '카우보이' 영화들은 (비-백인) 원주민 '야만인'들이 문명인인 (백인) '정착민'을 공격하는 이야기를 (재)현한다. '피부색'을 선악과 연결시키는 것은 '카우보이' 영화에서 인물의 의상으로까지 연결된다. 주인공은 흰색 모자를 쓰는 반면 악인은 검은색 모자를 쓰고 자주 등장한다. 따라서 미디어의 재현은 백인과 비-백인 사이에 근본적인 (그리고 이항적 대비를 이루는) 차이가 있다는 개념을 영속시킨다.

최근 몇십 년간 영국과 미국 등 많은 서방 국가의 주류 매스 미디어의 재현에 의해서 무슬림과 이슬람 국가와 그 국민들이 이미지와 이데올로기로 만들어져가는 과정을 목격했다.

무잠밀 쿠라이쉬(Muzammil Quraishi)는 9.11 사태 이후 테러에 대응하는 반응이 '무슬림'을 최근의 '사회의 적'5장 참조으로 만드는 데 상당한 기여를 했다고 주장한다(Quraishi, 2016). 그들은 비정상적인 '내부의 적'으로 비난받고 극우파들에 의해 정치적 희생양으로 활용된다. 이는 현대 서부 사회에 널리 퍼져 있는 '이슬람 혐오' 현상의 일면에 불과하다.

이슬람 혐오에 대한 러니미드 위원회 보고서(Runnymede Commission's Report, 1997)가 발표된 이후 학자들이 강조해 온 것은 영국과 유럽국가에서 교육, 정

예 2-6   **투명한 남성**

The invisible man

이 여성은 남성을 바라보고 있다(이
장면에 끌려 들어온 남성은 독자일 수도
있다). "뭘 마실래요?"라는 남자의 말
에 그녀가 답을 하고 있다. 여자의
옷은 도발적으로 단추가 풀려 있는
데 이는 눈에 보이지 않는 인물이 남
성임을 분명하게 알려준다. 이 자리
에 여자 외에 다른 사람이 있다는 사
실, 그리고 그 사람과 친밀한 관계이
며, 남자와의 관계에서 여자가 지적

(知的)이라는 사실을 알려주는 마지막 요인은 여자 뒤로 보이는 체스판
이다. 여자가 특정 음료를 선호해 그것을 마시고 있는 모습 역시 그녀가
지적이라는 것을 알려준다. 여자가 남자의 공간에서 편안하며 여전히
섹시하다는 메시지를 읽을 수 있다. 옷의 단추를 푼 것에서 여자의 섹시
함이 수동적이지 않다는 것을 알 수 있다. (매체에서 보여주는) 여자는
"전적으로 남성의 시선에 의해 구성된다". 이 여자는 혼자 있으나, 결정
력이 있고 지적이다. "여성성은 순수하고, 자유로우면서 강력하다. 그러
나 남성은 모든 곳에 존재하면서 전방위적으로 압력을 가한다. 그가 있
어서 모든 것이 존재하고, 그는 부재하면서 영원히 모든 것을 창조 한
다. ……" 이 사진 속의 남자는 아무 데도 나타나지 않지만 모든 곳에 존
재한다. 모든 것을 규정하고 결정하는 만연한 존재이며 그의 관점에서
여자는 자신을 규정해야 한다. 여자는 남자의 시선으로 자신을 보고, 그
의 언어로 자신을 묘사할 수밖에 없다.

(Williamson, 1978: 80).

치, 문화 및 매스 미디어와 같은 수많은 영역에 걸쳐 무슬림에 대한 차별과 증오가 빈번히 발생했고 영향이 컸다는 점이다(Quraishi, 2015). 특히, 케리 무어(Kerry Moore)가 공저한 저서(2008)는 영국 일간지들이 영국에 거주하는 무슬림에 관해 2000년과 2008년 사이에 쓴 974편에 달하는 기사 내용을 종합적으로 분석했다. 그들은 다수의 기사(거의 3분의 2)가 영국 무슬림을 (테러와 관계해서) '위협' 혹은 (문화적 종교적 가치가 다른) '문제'로 다루는 데 집중했다.

특정 소수 그룹뿐 아니라 모든 이미지, 언어, 서술 등 매스 미디어가 다루는 것은 모두 재현이라는 점을 다시 기억하는 것이 중요하다. 다시 말해, 매스 미디어는 세상에 대한 특정한 **해석**을 제공한다. 가장 크게 논의되고 관심을 끈 분야는 여성과 남성이 매스 미디어에서 서로 다르게 그려지는 분명한 방식이었다. 따라서 이 점은 좀 더 상세히 다뤄볼 가치가 있다.^{6장 참조}

매스 미디어의 젠더 재현

게이 투크만(Gaye Tuchman)은 대중문화에서 "여성을 상징적으로 없애버리는 것"에 대해 언급했다(Tuchman, 1981). 매스 미디어와 같은 다양한 대중문화의 측면에서 여성은 없어지거나, 하찮은 존재가 되거나 정형화 된다는 이야기다.

물론 적극적이고 뛰어난 역할을 하는 여성의 예를 매스 미디어 안에서도 찾을 수 있다. 예를 들어, 기자, 텔레비전 진행자, 그리고 영화나 비디오 게임의 액션 영웅인 라라 크로프트(Lara Croft, 영화와 게임에 모두 출연)가 있다. 그러나 매스 미디어는 대체적으로 여전히 여성을 성적 대상으로, (그리고/또는) 아내, 어머니, 애인 등 전통적인 역할을 수행하는 것으로 그린다. 남성용 잡지와 광고에서 여성이 대상화되는 방식에서 이 점이 뚜렷이 나타날(Jackson et al., 2001) 뿐 아니라 노래 가사 같은 대중문화의 다른 분야에서도 나타난다.

벡델 테스트

The Bechdel Test

'벡델 테스트'를 통해 주류 매체에서 여자를 하찮은 존재로 만드는 방법을 설명할 수 있다. 이 테스트는 앨리슨 벡델(Alison Bechdel)의 「규칙(The Rule)」(1985)이라는 제목의 풍자만화에서 비롯되었다. 만화 속 두 여성이 동네 영화관에서 무슨 영화를 관람해야 할지에 대해 이야기를 나눈다. 그중 한 여성이 자신은 세 개의 단순한 규칙을 충족시키는 영화만 본다고 말한다.

여성이 적어도 두 명 이상이어야 하고

서로 이야기를 나누며

남성이 아닌 다른 주제에 대해 이야기할 것.

놀라운 점은 이 규칙이 엄격하게 적용될 때 벡델 테스트를 통과할 할리우드 주류 영화는 거의 없다는 점이다. 물론 벡델의 원작 만화에서 등장인물도 이 세 개의 기준을 만족하는 상영 영화를 찾지 못해서 그들은 집으로 돌아간다.

이 만화는 dykestowatchoutfor.com에서 찾을 수 있다.

이에 대한 실례가 1960년대에 버트 바카라(Burt Bacharach)가 가사를 쓴 「아내와 애인(Wives and Lovers)」이다. 아내의 중요한 역할은 남편이 정절을 지킬 수 있도록 계속 '예쁜' 모습을 유지하면서 남편을 돌보는 거라고 노래한다. 물론 이 노래가 매우 오래전의 노래라고 할 수도 있다. 그러나 데스티니스 차일드(Destiny's Child)의 2004년 앨범인 〈이루어진 운명(*Destiny Fulfilled*)〉에 수록된 「케이터 투 유(Cater 2 U)」에도 매우 유사한 정서가 표출된다. 여기서도 여성의 역할이란 "자신을 관리하고" "몸매를 유지하고" 저녁, 발 마사지, 손톱 정리를 해주고, 실내화를 가져다주고, 요구하는 것들은 모두 다 들어줌으로써 남편의 "구미를 맞춰"주는 것이라고 말한다. 로빈 시크(Robin Thicke)와 퍼렐 윌리엄스(Pharrell Williams)가 부른 「블러드 라인즈(Blurred Lines)」(2013)는 지금은 형편없는 것으로 여겨지지만 "난 네 마지막 남자와 달라, 그는 너무 지루했지, 이렇게 네 엉덩이를 때리지도 않고 머리채를 잡아당기지도 않아", "난 네 엉덩이가 쪼개질 정도로 큰 걸 줄 거야"라는 가사가 있다. 이런 가사로 많은 뉴스 매체와 블로거들은 '강간 노래'라고 비난했다(Lynskey, 2013).

이런 연상이 가사에 자명하게 드러나지만, 사이먼 프리스(Simon Frith)와 안젤라 맥로비(Angela McRobbie)는 노래를 단순하고 일차원적으로 읽어내는 것에 대해 경고한다(Frith and McRobbie, 1990). 노래를 어떻게 부르느냐가 가사의 내용보다 오히려 더 중요하거나 또는 못지않게 중요하다. 특히, 프리스와 맥로비는 태미 위넷(Tammy Wynette)이 부른 「스탠드 바이 유어 맨(Stand by Your Man)」과 헬렌 레디(Helen Reddy)가 부른 「아이 앰 우먼(I Am Woman)」을 흥미롭게 비교 분석한다.

> 「스탠드 바이 유어 맨」의 가사는 남성에 대한 여성의 의무를 노래하고 여성에게 남성들의 필요를 채우기 위해 자신을 복종시키는 것을 즐기라고 부추긴다. 가사를 보자면 이 노래는 성적 종속에 대한 민요다. 그러나 태미 위넷의 목소리엔 세상이 헬렌 레디가 내는 소리의 매우 감상적인 이상주의와 완전 반대라는 것을 알고 있다는 여성적 권위가 담겨 있다. "때론 여자로 산다는 게 힘들어요"라며 태미 위넷은 노래를 시작한다. 그러면 그녀의 목소리를 통해 자신이 여성 전체의 목소리를 대변한다는 것을 태미 위넷이 알고 있다는 사실을 들을 수 있다. 헬렌 레디가 「아이 앰 우먼」을 부르면 당신은 이상화된 소비자의 목소리를 듣는다. 이 경우 상품은 여성의 자유 묶음이다(Frith and McRobbie, 1990: 385, quoted in Longhurst, 2007a: 113).

퍼렐 윌리엄스는 종종 「블러드 라인즈」의 가사가 문맥을 고려하지 않은 채 인용되고 있고 자기 자신은 '페미니스트'라고 말하면서 이 노래를 변호한다(Dockterman, 2014).

투크만(Tuchman, 1981)은 매스 미디어가 사회를 반영하는데 있는 모습 그대로의 사회가 아니라 그 사회가 원하는 모습을 반영한다고 말한다. 예를 들어 양 부모가 다 있고 아이가 두셋인 가정은 요즘 영국 사회에서는 소수 그룹에 속한다. 그러나 여전히 매스 미디어는 이 모습을 '전형적인' 영국 가정의 모습으로 재현한다. 많은 텔레비전 시트콤에서 특히 그렇다. 마찬가지로, 여성은 전통적이고 사소한 역할을 하는 것으로 종종 그려진다.

로라 멀베이(Laura Mulvey)는 매스 미디어는 '남성 시선'에 의해 움직이고 따라서 모든 것이 남성의 시각에서 보여준다고 말한다(Mulvey, 1989). 예를 들어, 멀베이는 현대 영화가 관객에게 중요한 두 가지 관점을 제공하는데 절시증과 동일시가 그것이라고 말한다. 절시증은 관음증으로서 보는 것의 즐거움을 나타낸다. 반면 동일시는 다른 사람이나 사물과 자신을 동일화하는 것에서 즐거움을 느끼는 것이다. 현대 영화에서 이런 즐거움은 남성들을 위한 것이라고 멀베이는 주장한다(멀베이의 작품은 6장에서 상세히 다뤄진다).

전통적인 '남성' 영역인 스포츠 분야에 있는 여성을 매스 미디어가 재현할 때도 이런 방식은 분명하게 나타난다. 예를 들어, 스포츠 사진에서 남성 운동선수는 강하고 적극적인 역할을 하고, 그들의 몸은 탄탄하고 거세고, 절대로 수동적인 자세를 취하지 않고, 사진을 보는 사람들의 시선에도 굽히는 법이 절대로 없다고 반 주넨(van Zoonen)은 주장한다(Zoonen, 1994). 최근에 여성들 사이에서 운동과 스포츠에 대한 인기가 상승했고 여성이 좀 더 능동적인 역할을 수행하는 것으로 매스 미디어에서도 그리고 있으나, 버지니아 M. 리쓰(Virginia M. Leath)와 안젤라 럼킨(Angela Lumpkin)은 매스 미디어에서 다루는 여성의 사진은 '운동 경기 중의' 모습이라기보다는 '포즈를 취한' 모습인 경우가 대부분이라고 주장한다(Leath and Lumpkin, 1992). 존 하그리브스(John Hargreaves)는 여성의 몸은 여전히 성적 이미지이기 때문에 스포츠를 하는 여성의 사진은 여성의 몸을 대상화하는 남성의 시각을 확장시킬 뿐이라고까지 말한다(Hargreaves, 1994).

남성의 몸도 점차로 응시의 대상으로 나온다고 한다. 예를 들어, 이본 태스커(Yvonne Tasker)는 『볼만한 몸(*Spectacular Bodies*)』에서 헐리우드 영화에서 남성적인 남자들의 등장이 늘어나고 있다고 한다(Tasker, 1993, 2000: 131). 그러나 이멜다 웰레한(Imelda Whelehan)은 남성이 여성의 시선의 대상으로 등장하는 상황들이 늘어나고는 있지만 남성은 여전히 지배적이고 강하며 통제를 하는 역을 맡는다고 주장한다(Whelehan, 2000: 131). 일반적으로 남성은 여성처럼 부차적인 역을 맡지 않는다. 남성은 여전히 주인공인 반면 여성이 그런 역을 맡는 경우는 매우 드물다. 제임스 본드(James Bond)는 주인공인데 반해서 본드 영화에 나오는 많은 여성들은 잠깐 등장하고 마는데 그것도 보조적 역할이나 '사랑의 대상'으로 나온다. 중요한 것은, 여성과 달리 남성은 진정한 의미의 대상화가 되는 법은 절대 없다는 것이다.

4. 시청자 연구와 수용 연구

다양한 미디어를 시청자가 이해하는 방법을 탐구하는 연구의 역사는 매우 풍부하다(Millington and Wilson, 2010). 초기 미디어 연구의 대부분은 제작 과정에 완전히 집중되어 있는 게 사실이다. 시청자와 소비자는 직접적이고, 불가피하며, 따라서 대체로 흥미롭지 않은 제작 과정의 종점이라는 가정이 너무 자주 있었다. 그러나 지난 수십 년간 수용, 시청자, 팬, 소비자 및 이용자에 대한 학문적 관심이 점차 증가했다.

물론 사람들은 고대부터 청중에 대해 글을 써왔다. 알렌 거트만(Allen Guttman)은 스포츠 관중의 역사에서 역사적인 설명을 사용하여 고대 그리스와 로마의 경기에서 관중의 행동을 살펴본다(Guttman, 1986). 그러나 현대의 시청자 연구는 학자들이 소통 과정, 특히 매스 미디어의 수용자에 더 구체적이고 더 많은 관심을 기울이기 시작했을 때 가장 현격한 발전을 보였다. 애버크롬비와 롱허스트는 『시청자(Audience)』에서 초기 시청자 연구와 그 후속 연구의 의미 있는 역사적 단계를 3단계, 또는 세 개의 패러다임으로 매우 유용하게 구분한다(Abercrombie and Longhurst, 1999). 시청자 연구는 이 단계들을 거쳐왔으며 페르티 알라수타리(Pertti Alasuutari)가 시청자 연구의 '3세대'라고 규정한 것과 유사하다(Alasuutari, 1999). 애버크롬비와 롱허스트는 이 단계('패러다임' 또는 '세대')를 '행동 패러다임', '통합/저항 패러다임', '볼거리/수행 패러다임'이라 부른다.

행동 패러다임

애버크롬비와 롱허스트 모델의 첫 번째 패러다임인 행동 패러다임은 수많은 시청자 심리학이론과 이 분야 사회학자들의 초기 사상을 다루는데 엘리후 카즈(Elihu Katz), 제이 블루머(Jay G. Blumer), 마이클 규어비치(Michael Gurevitch)의 사상 등이 포함된다(Katz, Blumer and Gurevitch, 1974). 이 관점은 (예를 들면 2장 1절의 '커뮤니케이션과 의미'에서 논의된 섀넌의 저서의) 소통 과정에 대한 초기 사고의 영향을 받은 바가 크며 때때로 '주사기' 모델이라고 불린다. 미디어는 시청자가 수동적으로 메시지를 흡수하도록 하는 자극제로 간주된다. 마찬가지로 알라수타리(1999)는 [헤르타 허조그(Herta Herzog)의 문헌(1944) 같은] 초기 '사용 및 만족' 문헌을 시청자 연구의 1세대로 분류한다. 특히 사용 및 만족 문헌은 시청자가 정서적 해방과 같은 특정 요구를 충족시키기 위해서 특정 미디

미디어의 영향과 비디오 게임의 폭력성

Media effects and video game violence

논쟁과 관심의 주된 영역은 비디오 게임, 특히 비디오 게임의 폭력 묘사가 게이머들에게 주는 영향력에 대한 인지다. 헨리 젠킨스(Henry Jenkins)가 지금은 은퇴한, 군인 심리학자인 데이비드 그로스맨(David Grossman)의 주장을 요약할 때 비디오 게임의 폭력에 대한 일반적인 반응과 태도를 강조한다. 그로스맨은 비디오 게임을 아이들에게 전투 병사에게 요구되는 기술과 태도를 가르치는 훈련 도구로 본다(Jenkins, 2006a). "아이가 원터치식의 상호 비디오 게임을 할 때마다 [병사의] 정확한 조건반사와 운동 기술을 배운다"(Jenkins, 2006a: 211에서 인용). 물론 비디오 게임을 고발하는 사람이 그로스맨뿐이 아니며 그의 두려움을 지지하는 상당한 양의 학문적 문헌이 존재한다.

　최근 몇 년간 비디오 게임의 폭력성에 관해 출판된 많은 내용이 '메타-분석'으로 알려진 것에 기반을 둔다. 논문이나 보고서의 저자들이 일차적인 연구를 직접 하지 않고 기존 자료나 연구의 분석에 근거해서 결론과 새로운 주장을 끌어낸다는 말이다. 비디오 게임과 비디오 게임 플레이어의 높아진 공격성 사이의 연관성에 관한 메타-분석의 한 예가 앤더슨이 공저한 논문이다(Anderson et al., 2010). 이 논문에서 앤더슨과 공저자들은 "폭력적인 비디오 게임에 대한 노출은 높은 수준의 공격적 행동과 공격적 인지, 공격적 정서, 생리적 자극, 낮은 수준의 친사회적 행동과 관련이 있다"(Anderson et al., 2010: 152)고 결론을 지었다. 이 논문은 폭력적인 비디오 게임을 하는 것과 게이머에게서 보이는 공격성 증가 및 폭력이 직접적이고 인과적 관계가 있다는 과학적 증거를 발견했다고 주장하는 수많은 논문 중 하나에 불과하다. 그러나 앤더슨의 메타-분석은 비디오 게임의 폭력성과 공격성의 증가나 다른 형태의 반-사회적 행동의 관련성을 찾아낸 연구만 강조하고, 이런 연관성을 발견하지 않는 연구들은 종종 무시하는 경향이 있다. 크리스토퍼 J. 퍼거슨(Christopher J. Ferguson)과 존 킬번(John

Kilburn) 같은 여러 저자들은 연구의 방법론적 결점에 근거해서 앤더슨 같은 저자들이 이끌어낸 이런 결과와 인지된 연관성에 의심을 표한다(Ferguson and Kilburn, 2010). 여기서 조 브라이스(Jo Bryce)와 제이슨 러터(Jason Rutter)는 비디오 게임 폭력에 대한 다수의 연구가 종종 게임을 한 직후의 매우 단기간의 공격 수준만을 측정해서 잠재적이거나 이후 꽤 장기간 영향에 대해선 알려주는 바가 거의 없다고 요약한다. 이런 연구는 대부분 작은 표본 크기로 실시되고 표본 그룹들은 연구마다 그 성격이 다르기 때문에 비교하기도 어렵다. 게다가 작기도 하고 일관되지도 않는 표본 그룹으로부터 얻어낸 연구 결과를 광범위한 인구에 적용하는 것은 매우 문제가 있다. 대부분의 비디오 게임 폭력성 연구는 실험 조건에서 이루어진다. 이런 상황은 일상에서 정상적으로 비디오 게임을 하는 것과는 다르며, 실험 조건에서 일어난 일들이 실험실 밖에서 게임을 하고 해석하는 방식과 무슨 연관성이 있는 것처럼 시사하는 것 또한 문제가 있다. 연구가 실험실이 아닌, '현실'과 '자연스러운 배경'에 더 가까운 곳에서 실시되면, 상관관계가 존재하더라도 덜 명백한 경향이 있다.

결국, 미디어의 폭력성에 대한 연구는 특정 환경에서 일부 대중에게 미치는 작은 (그것도 종종 일관되지 않은) 영향을 찾아내는 경향이 있다. 이는 미디어 폭력성에 대해 논쟁을 하는 양쪽에게 모두 실망스러운 것이며 안타깝게도 이런 논쟁을 지속시키는 데 일조한다. 그러나 이것이 보여주는 것은 미디어와 그 영향 사이의 인과관계를 찾기가 매우 어렵고 그것을 증명하는 것은 더 어렵다는 것이다. 조지 거브너(George Gerbner)가 설득력 있게 주장하듯이, 만약 미디어가 시청자에게 직접적인 영향을 미친다 해도, 거의 끊임없이 지속되는 상호작용 안에서 우리 모두가 미디어에 둘러싸여 미디어에 관여하고 있다는 사실을 감안하면, 실험실에 자극 요소 하나를 더 도입하는 것이 식별 가능하고 측정 가능한 영향을 미칠 것 같지 않다(Gerbner, 1967). 비디오 게임과 다른 미디어의 폭력성 '문제'를 다루는 데 있어서 대부분의 연구는 방정식을 잘못 이해하고 있다. 데이비드 트렌드(David Trend)가 주장하듯이, 매스 미디어가 사회의 폭력을 일으키는 것이 아니라 폭력적인 사회가 우리가 소비하는 미디어를 만들어내는 것이다(Trend, 2007). 그의 결론처럼, "TV나 인터넷에서 소통되는 것을 더 제한한다고 해서 상황이 그다지 나아지지는 않을 것이다. 논의를 더 많이 하고 소비자가 더 많은 선택을 한다면 상황이 개선될 것이다. 우리가 미디어의 폭력을 이해하고, 싫어하고, 즐기고, 이용하는 다양한 방식을 논의함으로써 이 문제에 대한 대화를 진전시킬 수 있다"(Trend, 2007: 123).

어를 찾는다고 말한다.

애버크롬비와 롱허스트, 그리고 알라수타리의 초기 패러다임에서 시청자는 그들이 소비하는 미디어의 영향을 직접적으로 받는 것으로 보인다. 특히 텔레비전의 폭력이 어린아이들에게 미치는 영향을 연구한 앤더슨이 공저한 저서(Anderson et al, 1977) 같은 '미디어 영향' 연구를 애버크롬비와 롱허스트는 이 패러다임으로 분류한다. 애버크롬비와 롱허스트는 매 패러다임 뒤에 시청자 연구에 대한 새로운 관점이 따른다고 시사하지만, 결정적으로 각 패러다임은 사라지지 않고 특히 미디어 영향에 대한 논쟁은 계속 번성하여 종종 비디오 게임 같은 새로운 미디어와 시청자의 관계로 나아간다.

비디오 게임의 폭력성이 플레이어에게 미치는 잠재적인 부정적 영향에 대한 문제는 〈스포트라이트 2-3〉에서 더 상세히 다루고 있다. 그러나 주목해야 할 것은 이것이 매우 문제가 많은 연구 영역이라는 것이다. 비디오 게임 폭력성 영향에 대한 문헌들은 텔레비전이나 영화 같은 다른 미디어 형태에 대한 초기 연구를 이용하고 그것들을 기반으로 이루어졌다. 초기 연구들은 폭력적인 미디어와 점차 증가하는 시청자 공격성을 연결시켰다. 그러나 조디 C. 딜(Jody C Dill)과 카렌 E. 딜(Karen E. Dill) 같은 저자들은 비디오 게임의 폭력성은 게임의 '상호성' 때문에 텔레비전이나 영화의 폭력성보다 더 해로울 잠재성이 있다고 한다(Dill and Dill, 1998). 에메스(C. E. Emes)가 주장하듯이, 비디오 게임은 종종 플레이어가 게임 내 공격성을 적극적으로 지시할 것을 요구하며 따라서 비디오 게임의 폭력은 더 '참여적'이다(Emes), 1997). 그러나 〈스포트라이트 2-3〉에서 논의했듯이, 미디어의 영향에 대한 대부분의 연구에는 많은 근본적인 어려움이 있다.

따라서 행동 패러다임 접근법에서 근본적인 결함은 아니라 해도 여러 한계를 확인할 수 있다. 아마도 가장 치명적인 점은 이 모델이 시청자를 아무런 의심 없이 미디어를 받아들이는 수동적 수용체로 간주하는 것이다. 이와 같은 이런저런 이유로 특히 1970년대 후반부터 줄곧 애버크롬비와 롱허스트가 시청자 연구의 상당 부분이 새로운 방향으로 움직이기 시작했다고 말한다. 시청자의 적극적인 역할을 인식하고 이해하며 어떤 측면에서는 찬양하고자 하는 새로운 방향 말이다.

통합/저항 패러다임

1970년대와 1980년대부터 미디어와 문화연구의 논쟁은 점차적으로 미디어 시청자의 적극적인 역할에 주의를 기울였고, 시청자가 무비판적이고 수동적으로 매스 미디어의 메시지를 흡수한다는 생각에서 벗어나기 시작했다.

피스크(John Fiske)가 강조하듯이 시청자 활동은 일반적으로 세 가지 중요한 형태를 지니는데 기호적 형태, 선언적 형태, 원문 형태가 그것이다(Fiske, 1992). 기호적 활동은 미디어의 원문과 메시지를 시청자가 적극적으로 해석(그리고 재-해석)하는 방법을 말한다. 선언성은 사회적이고 상호적인 활동과 관계된 것으로 텔레비전 쇼에 대해 이야기하거나 좋아하는 영화나 대중 스타를 모방하는 것이다. 원문 활동은 새로운 텍스트를 만들어내는 것을 말한다. 〈스타 트렉(Star Trek)〉과 〈닥터 후(Doctor Who)〉의 팬들이 자신들이 좋아하는 텔레비전 프로에 근거해서 새로운 이야기와 미술, 시, 노래 등을 만들어내는 방법을 젠킨스가 설명한 것과 같은 거다(Jenkins, 1992). 젠킨스는 미셸 드 세르토(Michel de Certeau)의 연구를 이용해서 이를 '원문 침해'라고 부른다(de Certeau, 1984).

✓ **현대문화연구센터**에 대해서는 1장을 참고하라.

적극적인 시청자 모델로 이동하는 데 **버밍엄 대학의 현대문화연구센터**(Centre for Contemporary Cultural Studies) 학자들이 공헌한 바 크고, 특히 스튜어트 홀주요 영향 2-2의 연구와 '코드화'와 '코드 해독(decoding)'에 관한 1980년도 논문의 공이 크다. '코드화/코드 해독'에서 홀은 (다른 미디어까지 함축한 의미의) 텔레비전 프로그램은 제작과 관련된 사람들에 의해 코드화된 '의미 있는 담론'으로 이해해야 하며, 따라서 시청자에 의해 해독될 수 있는 것이라고 주장한다. 텔레비전 텍스트가 매우 복잡하기 때문에 시청자가 매우 다르게 해독될 수 있다고도 주장한다. 특히, 홀은 텔레비전 담론이 해독될 수 있는 세 개의 위치를 규정한다. 그는 이를 '지배적-헤게모니적', '협상된' 그리고 '반대적'이라고 부른다(Hall, 1980: 136~138). 지배적-헤게모니적 위치에서 텔레비전 프로그램의 논리와 담론은 수용된다. 협상된 위치도 이런 틀 안에서 작동하는데 그 틀 안에서 어느 정도의 반대 의견을 허락한다. 반대적 위치에서는 지배적인 틀이 '전 세계적인 반대 방향'으로 직접적인 저항을 받는다(Hall, 1980: 137~138). 또한, 같은 맥락에서 시청자의 다양한 사회적·개인적 특징으로 인해 선택적 소비를 하고 각기 다르게 읽어내는 가능성이 있다는 것을 인정한 연구의 예로 〈네이션와이드(Nationwide)〉 시청자에 대한 데이비드 몰리(David Morley, 1980)의 연구, 로맨스 독자에 관한 재니스 래드웨이(Janice Radway, 1983, 1984)의 연구, 〈댈러스(Dallas)〉 시청자에 대한 이엔 앙(Ien Ang)의 연구가 있다(Ang, 1985).

예전에는 시청자가 순차적 제작 과정의 마지막 지점으로서 제작된 작품의 소비자로, 그리고 미디어가 메시지를 쏟아붓는 비어 있는 용기로 여겨졌었

스튜어트 홀
Stuart Hall (1932~2014)

스튜어트 홀은 자메이카 태생의 지식인이자 정치 활동가다. 그는 연구를 통해, 다른 이들을 격려하는 활동을 통해, 또 정치와 지식 추구 사이의 상호 연결에 대한 지속적인 관심을 통해 현대 문화연구 발전에 중요한 역할을 했다.

중산층 가정에서 태어난 홀은 1951년 자메이카를 떠나 옥스퍼드에서 공부했다. 그는 좌파 정치에 적극적이었고 1960년에 ≪뉴레프트 리뷰(*New Left Review*)≫지(誌)의 초대 편집자가 되었다. 1964년에 새로 설립된 **현대문화연구센터**에서 〔리처드 호가트(Richard Hoggart)의〕부국장으로 임명되었다. 주요 영향 1-3 방송대학에서 사회학과장을 맡은 1979년 전에 그는 국장이 되었다.

홀은 초기 신좌파 참여를 통해 대중문화에 대한 관심을 갖게 되었고 패디 워넬(Paddy Whannel)과 함께 중요한 문헌인 『대중예술(*The Popular Art*)』(1964)을 출판했다. 이러한 관심은 계속해서 다수의 논문을 쓰게 했다. 이 논문들은 뉴스 사진, ≪픽처 포스트(*Picture Post*)≫지(誌), 뉴스 및 시사 텔레비전을 포함하는 미디어 및 커뮤니케이션 분야의 다양한 주제에 관한 것들이다. 인종 문제에 대한 그의 지속적인 관심이 영향력 있는 (공동 저술인) 『위기 규제(*Policing Crisis*)』(1978)에서 대중문화에 대한 강조와 결합되었다. 그는 하위문화, 특히 히피에 대해 썼는데, 무엇보다 가장 중요한 것은 『의례를 통한 저항(*Resistance Through Rituals*)』(1976)이라는 중요한 문헌에 쓴 것인데 이 문헌은 공동 집필한 것이다. 그의 이론적 관심은 루이 알튀세르(Louis Althusser)와 **안토니오 그람시**(Antonio Gramsci)의 영향을 받은 이데올로기에 관한 논문에서 발전되었다.주요 영향 2-1 그는 대처주의 (Thatcherism)에 저항한 최초의 좌파 분석가 중 한 사람이었고 1979년 부터 그람시적 접근법에 기반한 분석과 비판을 발전시켰다. 이는 '권위주의적 포퓰리즘'이라는 개념을 낳았고 마틴 자크(Martin Jacques)와 함께 편집한 『대처주의 정치학(*Politics of Thatcherism*)』(1983)과 『새로운 시대(*New Times*)』(1989)의 출간으로 이어졌다. 포스트모더니즘에 맞서개념 정의 6-1 홀은 1990년대에 '인종'과 '정체성'을 둘러싼 문제에 대해 점점 더 관심을 갖게 되었다. 이 시기에 그는 '문화연구'의 발전에 대해 계속 생각했다.

이데올로기,개념 정의 2-3 정체성, 문화 정치의 상호 연관성을 중심으로 한 홀의 연구가 문화연구에 미친 영향은 아무리 높이 평가해도 부족하다. 그는 연구 경력의 대부분을 문화연구 발전의 최첨단에 서서, 정교한 마르크스주의가 사회 변화의 원동력일 뿐 아니라 현대사회 구성 이해에도 관련이 있다고 계속 주장해 왔다. 게다가 버밍엄에 있는 현대문화연구센터주요 영향 1-3에 근무하는 동안 특히 그는 한 세대의 연구자에게 영향을 주었는데 그들이 이 분야의 선도적인 저술가들이 되었다. 공동 저술에 대한 그의 열심은 여러 권의 공동 저자 및 편집에서 볼 수 있다.

──────────────────── ■ ■ ■ 더 읽을거리

Morley, D. and K.-H. Chen(eds). (1996). *Stuart Hall: Critical Dialogues in Cultural Studies*. London: Routledge.

Hall, S. and T. Jefferson(eds). (1976). *Resistance Through Rituals: Youth Subcultures in Post-war Britain*. London: Hutchinson.

Hall, S., C. Critcher, T. Jefferson, J. Clarke and B. Roberts. (1978). *Policing the Crisis: Mugging, the State and Law and Order*. London: Macmillan.

스튜어트 홀: 코드화, 코드 해독, 이데올로기
Stuart Hall: encoding, decoding and ideology

언론 미디어에 대한 연구는 이데올로기에 대한 주요 논쟁을 진전시켰다. 특히 버밍엄의 현대문화연구센터(CCCS)에서 한 연구는 영향력이 엄청났으며 이에 초석이 된 것이 스튜어트 홀의 연구였다.

『코드 만들기/코드 해독(*Encoding/Decoding*)』(1980)에서 홀은 텔레비전 프로그램은 물론이고, 암묵적으로 다른 모든 형태의 텍스트를 '중요한 담론'으로 이해해야 한다고 주장한다.개념 정의 1-5 이 장의 초반에 소개된 **구조주의**개념 정의 1-3와 **기호학적**개념 정의 2-1 언어로 말하자면, 텔레비전 프로그램은 코드로 구성된다. 담론의 위치를 얻으려면 프로그램은 생산에 관여한 사람들에 의해 코드로 만들어져야 하고 프로그램을 보는 사람들에 의해 코드(기호)가 해독될 수 있어야 한다. 프로그램은 투쟁하고 변화하는 사회적 현상이다. 홀은 이런 관계를 〈그림 2-7〉과 같은 도식으로 요약했다.

홀은 텔레비전 텍스트나 기호가 매우 복잡하며 나아가 시청자에 의해 다양한 방식으로 해독될 수 있다고 주장한다. 그는 "전파를 타는 시각적 담론의 해독이 구성되는" 위치를 세 가지로 규정한다(Hall, 1980: 136). '지배적·헤게모니적', '협상적', '대립적' 위치다(Hall, 1980: 136~138). 지배적·헤게모니적 위치는 텔레비전 프로그램의 논리에 동의한다.

> 시청자가 텔레비전 뉴스나 시사 프로그램의 함의를 온전히 받아들이고 그 메시지를 코드 기준에 맞춰 해독할 때, 이 시청자는 **지배적 코드 내부에서 움직인다**고 말할 수 있다(Hall, 1980: 136).

협상적 코드도 이 틀 안에서 작동할 수 있지만 한편으로는 내부의 논쟁을 허용할 것이다. 그래서 지배적 틀의 여러 양상에 대한 구체적인 도전이 있을 수 있다.

> 협상적 견해 내의 코드 해독에는 순응과 반대의 요소가 섞여 있다. 이런 태도는 거대 의미(추상)를 만들 때는 헤게모니적 정의의 합법성을 인정하지만, 반면에 좀 더 제한적이고 상황적인(처한 상황의) 수준에서는 자기만의 기본 원칙을 만든다. 즉, 예외를 지닌 법칙으로 작동한다(Hall, 1980: 137).

한편 대립적 위치에서는 지배적 관점이 '정반대 방향'에서 곧장 저항을 받는다(Hall, 1980: 137~138).

이런 잠정적 위치들은 데이비드 몰리(D. Morley)가 실험적으로 생각했던 것이다(Morley, 1980). 자신과 홀의 입장이 사회학자 프랭크 파킨(Frank Parkin)에게 영향을 받았다고 거듭 말하면서(Parkin, 1973), 몰리는 사회집단 사이에 서로 다른 입장이 있다는 증거를 찾았으며 영국의 시사 프로그램인 〈네이션와이드(*Nationwide*)〉에서 그 예들을 보여주었다(Abercrombie, 1996; Abercombie and Longhurst, 1998 참조).

그림 2-7 코드화와 해독

자료: Hall(1980: 130).

다. 그러나 홀은 미디어가 생산한 메시지를 시청자가 처리하고 해석하고 의미를 부여하는 역동적 과정으로 보았다. 결정적으로 홀과 그의 버밍엄 대학동료에게 이것은 더 광범위한 사회적·정치적 맥락 안에서 이해되고 자리매김되어야 하는 과정이었다.

따라서 이 패러다임 내에서 시청자는 소비에서 (잠재적으로) 더 적극적으로 보이며 소비할 때 매스 미디어가 전하는 메시지가 시청자에 의해 재-해석되고 거부될(저항을 받을) 수도 있다. 단순히 말해, 애버크롬비와 롱허스트(1998: 15)는 이 패러다임의 핵심을 "시청자가 미디어의 활동에 참여함으로써 지배적인 이데올로기에 편입되는가, 아니면 그와 반대로 그 편입에 저항하는가" 하는 것이라고 말한다.

어쨌든, 애버크롬비와 롱허스트(1998)는 이 패러다임에 많은 약점이 있다고 주장한다. 가장 주목할 만한 것은 매스 미디어가 전달하는 메시지를 저항하거나 재-해석할 수 있는 시청자의 힘이 종종 과장되었고, 둘째로 이 패러다임의 틀을 지지해 줄 경험적 증거가 거의 없다는 것이다. 오히려 반대로 시청자들이 미디어를 이용하는 기술이 점차 좋아지면서 시청자의 반응과 행동은이 단순한 모델에 순응하지 않은 것 같다. 특히, 애버크롬비와 롱허스트는(1998)는 볼거리/수행 패러다임이라고 부르는 새로운 패러다임으로의 현대적변화가 일어났다고 주장한다.

여기서, 점차 볼거리가 많고 수행적인(포스트모던개념 정의 6-1) 사회에서 개인은 '분산된 시청자'의 일원이 된다. 다시 말해, 시청자는 매스 미디어를 자원으로 삼아 영화의 대사를 인용하거나 음악에 관련된 티셔츠를 입거나 유명인스타일을 따르는 옷을 입는 등 일상적 사회적 수행에 그것을 이용한다. 이것은 수행(공연)과 시청(관객) 사이의 경계를 모호하게 만들고 개인은 미디어의텍스트를 활용해서 공연자가 되고 일상생활에서 타인의 공연에 대한 관객이된다.

✓ '포스트모던에 대해서는 6장을 참고하라.

볼거리/수행 패러다임

알라수타리(1999)가 홀(1980)과 몰리(1980) 같은 저자의 연구를 시청자 연구 제1세대에 포함시킨 것은 주목할 만하다. 알라수타리에게 제2세대로의 전환은 (애버크롬비와 롱허스트가 주장하듯이) 이론적인 것이 아니라 방법론적인 것이며, 시청자 연구는 텍스트 분석에 초점을 맞추기보다는 민족지학을 점점 더 활용한 것이었다. 그러나 애버크롬비와 롱허스트(1998)와 알라수타리(1999) 모두 최근에 시청자 연구가 제3의 새로운 패러다임으로 전환했다고 주장한다. 이 패러다임은 더 광범위한 사회적 맥락 안에서 소비가 위치하는 방법에 더 큰 관심을 보인다. 그들은 이것을 각각 '볼거리/수행 패러다임'이나 '3세대' 시청자 연구라고 부른다. 일반적으로 이 패러다임에서 이루어지는 연구는 시청자들이 미디어를 소비할 때 더 참여적이고 능동적인 것으로 본다. 중요한 예는 레비(Lévy)의 **'지식 공동체'**^{개념 정의 3-1} 개념을 미디어 시청자에게 적용한 헨리 젠킨스(2006a, 2006b)의 연구일 것이다.

레비(1997)는 그가 '조직된' 사회 그룹이라고 부른 국가와 종교, '유기적' 그룹이라 부른 가정이나 일가와 같은 단체의 권력과 흡인력이 축소되어 왔으며, '자체적으로 조직된' 그룹에 의해 대체되어 왔다고 주장한다. 이런 자체적으로 조직된 그룹은 그들이 생산과 상호 지식의 공유 패턴에 혹은 레비의 '집단 지성'에 의해 유지된다. 이런 생각은 젠킨스(2000a: 140)가 발전시켰는데, 그는 레비의 집단 지성은 개인의 생각과 목소리가 억압되는 '군중 의식'(패거리적 사고방식, hive mind)의 디스토피아적 이미지와 다른 것이고, 오히려 그것은 더 평등주의적이며, "순응을 요구하는 것과는 거리가 멀고, 새로운 지식 문화는 지식의 상호성에 의해 활기를 띤다"고 주장한다. 젠킨스에게 이것의 중요 예는 비디오 게이머, 블로거, 컬트 미디어 팬들이다. 이들은 미디어를 단순히 소비하는 것에 만족하지 않고 '틈새' 흥밋거리를 찾는 적극적인 참여

✓ **민족지학**

민족지학의 목적은 한 문화에 대해 상세하고 분석적으로 설명하는 것이다. 이러한 설명을 민족의 신념과 관행을 민족적 맥락에 배치하는 심층 기술(thick description)이라고 한다(Geertz, 1983a).

그림 2-8 **젊은 여성이 블로그를 작성 중이다**

자이며 게임, 서핑, 블로깅을 통해 창조하고 공동 생산한다(〈그림 2-8〉 참조).

젠킨스는 이런 참여 문화가 서로 연결된 세 가지 핵심 요인 때문에 발전했다고 말한다. 우선, "소비자들이 미디어의 내용을 저장하고, 주석을 달고, 전유하고, 재유통할 수 있게 해주는" 새로운 도구와 기술이 등장한 것이다(Jenkins, 2006a: 135). 분명한 예는 컴퓨터, 인터넷, 모바일 폰 등이며 이들은 사용자가 더 손쉽게 정보를 만들고 수집하고 유통할 수 있게 한다. 두 번째는 비디오 게임을 수정하는 사람들이나 인터넷 블로거 같은 DIY 미디어 제작을 촉진하는 많은 새로운 '하위문화'의 부상이다. 세 번째 요인은 "수평적으로 통합된 미디어 복합체가 이미지, 아이디어, 내러티브가 다중의 미디어 채널에 걸쳐 흐르는 것을 장려하고 더 적극적인 관객의 태도를 요구한다는 것이다"(Jenkins, 2006a: 136). 여기서, 젠킨스는 미디어의 서사가 점차로 교차하고 다른 미디어 형태의 참여를 요구하는 '트랜스미디어'의 부상을 언급한다.

젠킨스에게 트랜스미디어는 다양한 미디어 텍스트와 형태를 가로질러 서사를 찾고 적극적으로 관여하는 더 적극적이고 참여적인 소비자의 존재를 요구하고 가정한다. 새로운 미디어 시청자들의 이런 참여적 특성은 3장에서 자세히 다룬다.

애버크롬비와 롱허스트(1998)에게 새로운 '참여적' 미디어 소비 시대는 그들이 '분산된' 시청자라고 부르는 것을 발전시켰다. 그들은 특히, 시청자 행동의 발전을 볼 수 있다고 말한다. '단순' 시청자에서 '대중' 시청자로, '분산된' 시청자로 말이다. 이 세 가지 유형의 시청자는 각기 다른 역사적 시기에 기원하지만 현대사회에서 계속 존재한다. 단순 시청자는 전근대 시대의 지배적인 형태였으며 예를 들어 극장이나 실황 스포츠 경기 시청자를 포함한다. 대중 시청자는 매스 미디어가 근대 초기부터 중기에 걸쳐 발전하면서 발생했다. 집에서 텔레비전을 보거나 음악을 듣는 것은 극장에 가거나 축구 경기장에 가는 것과는 분명히 다르다.

그들은 단순 시청자와 대중 시청자는 모두 결정적으로 수행에 의존적라고 말한다. 수행은 분산된 시청자인 제3유형의 시청자에 훨씬 더 중요한 요인이다. 즉, 우리는 점차로 '수행적인 사회'(Tullock, 1999)에서 살아가고 있는데 이 사회에서 개인은 자신의 정체성과 사회적 수행을 만들어가고 그들의 일상에서 시청자들을 위해 '연기'하는 원료로 매스 미디어를 활용하고 의존한다.

결정적으로, 현대사회에서 이 세 가지 유형의 시청자를 다 발견할 수 있지만 여러 가지 상호 관련된 핵심 요소로 인해 미디어 포화 상태가 된 후기 근대 시대의 특정 현상은 분산된 시청자다. 우선, 사람들이 개인적으로나 공개적으로 모두 미디어를 소비하는 시간이 많아졌다. 두 번째로, 매스 미디어와 일상이 너무나 긴밀하게 얽혀 있어서 점점 더 분리할 수 없게 되었다. 세 번째로, 자기애가 강한 사회에서 점차 살고 있는데 이런 사회에서는 일상적인 일들이 점점 더 수행적인 것이 되어 간다. 네 번째로, 수행이 너무도 깊게 일상에 뿌리박고 있어서 거의 보이지 않고 수행자와 시청자 간의 거리도 거의 완전히 없어진다. 마지막으로, 그들은 우리가 점차 볼거리가 많은 사회에서 살고 있다고 한다. 푸코가 소수의 사람이 다수를 감시하는 감시와 관찰 사회에서 우리가 살고 있다고 주장했던 것과 같이, 매티슨(Thomas Mathiesen)은 소수를 감시하는 다수의 사회가 되어왔다고 말한다(Foucault, 1977; Mathiesen, 1997). 주요 예는 사용자의 말과 (종종 '셀피'의 형태로 자기 자신의) 사진을 수백만 명의 다른 사용자가 볼 수 있는 트위터 같은 SNS가 될 것이다.

애버크롬비와 롱허스트의 볼거리/수행 패러다임은 유용하다. 왜냐면 이 패러다임은 여전히 극장이나 텔레비전 앞 그리고 게임기 앞과 같은 특정하고 의미 있는 위치에서 시청자가 소비에 관여할 수 있으나 행사나 텍스트의 중요성과 영향력은 특정 장소와 시간에 국한되지 않고 그것들을 넘어서 확장될 수 있다는 사실을 인식하기 때문이다. 점점 미디어로 포화된 사회에서 소비와 수행은 별개의 고립된 사건에만 관련된 것이 아니다. 따라서 수행자이며 시청자가 되는 것은 우리의 일상, 소셜 네트워크, 정체성 형성, 사회적 상호관계, 그리고 문화에 두루 영향을 미치는 필수적인 것이다. 3장 참조

시청자 행동, 수행, 정체성, 상호작용과 소비자 패턴에 집중하는 것도 매우 중요하지만, 지속적인 권력 구조를 계속 지켜보는 것 역시 중요하다. 예를 들어, 미디어사들이 여전히 거대한 권력을 쥐고 있는 것은 명백하다. 그들의 권력은 전형적인 시청자들의 권력보다 명백히 훨씬 더 크다(Couldry, 2005b). 『지배 이데올로기 명제(The Dominant Ideology Thesis)』의 서문에서 토머스 보토모어(Thomas Bottomore)가 주장하듯이 지배 이데올로기라는 목욕물을 버리다가 아이까지 쏟아버리는 일이 종종 있다(Abercrombie et al, 1980). 사회적 권력, 구조, 참여 패턴에 대한 낡은 개념이라 여겨지는 것들을 넘어서려는 노력을 하면서 학자들이 구조적 절차와 힘의 지속성과 실재를 찾는 작업을 지나치게 자주 중단한다. 미디어와 문화연구의 초점이 시청자 행동과 참여 연구로 이

팝 음악에 나타난 나르시즘

Narcissism in pop music

나르시스적이고 수행적인 사회를 보여줄 수 있는 예는 심리학자인 C. 네이선 드월(C. Nathan DeWall)과 켄터키 대학에 근무하는 그의 동료들이 1980~2007년 사이 미국 차트에 올라간 현대 음악의 주제와 내용에 관해 연구한 저서에서 강조된다(DeWall et al., 2011). 이 연구에서 그들은 최근 팝송에서 나르시스적이고 자기 자신을 강조하는 분량이 눈에 띄게 늘어났다고 주장한다. 과거에는 노래 가사가 사랑하는 대상과 같은 다른 사람(제3자)에게 집중되어 있었는데, 요즘 미국 차트의 히트곡들은 점차 1인칭에 집중한다. (아마도 헤어진 연인인) 제3자에 관한 노래인 1972년 칼리 사이먼(Carly Simon)의 히트곡인 「넌 네가 잘난 줄 알아(You're So Vain)」와 온통 자기 자신과 현재 자기가 소유한 것에 대한 제니퍼 로페즈(Jennifer Lopez)의 2007년 곡인 「제니 프롬 더 블락(Jenny from the Block)」의 차이가 한 예다.

특히, 이 연구는 시간이 흐르면서 1인칭 복수 대명사('우리, 우리를, 우리의' 같은)가 없어지고 1인칭 대명사(나, 나를, 나의)가 증가했다고 시사한다. 따라서 이런 현상이 사회뿐 아니라 대중문화에서도 나르시시즘의 정도가 높아졌음을 보여주는 분명한 예가 된다고 저자들은 말한다. 그들이 쓰고 있듯이, "음악의 가사가 시간이 흐름에 따라 점점 더 나르시스적이 되면서 지난 27년간 대중음악 가사의 변화는 나르시시즘의 증가를 반영한다"(DeWall et al., 2011: 3).

―――――――――――――――――――――― ■ ■ ■ 더 읽을거리

DeWall, C. N., R. S. Pond Jr, W. K. Campbell and J. M. Twenge. (2011). "Tuning into psychological chnge: linguistic markers of psychological traits and emotions over time in popular U.S. song lyrics." *Psychology of Aesthetics, Creativity and the Arts 5*, 200-7.

Frith, S. (1992). "The cultural study of popular music." in L. Grossberg, C. Nelson and P. Triechler(eds). *Cultural Studies*. London: Routledge, pp.174~186.

Longhurst, B. and D. Bogdanvic. (2014). *Popular Music and Society*. 3rd edition. Cambridge: Polity Press.

동함에 따라 소비자와 미디어 사용 패턴 및 그 산업을 지속적으로 형성하는 구조적 권력관계가 너무 자주 소외된다.

5. 결론

이번 장에서 소통과 재현의 사회적 문화적 중요성을 살펴보았다. 특히, 클로드 엘우드 섀넌(Claude Elwood Shannon)이 제시한 초기 소통 이론과는 달리 소통은 발신자가 메시지를 구성해서 그것을 자신의 의도대로 이해하는 수신자에게 전송하는 단순하고 직접적인 과정이 아니다. 소통은 오히려 매우 복잡한 과정이다. 특히 말, 글, 시각적 전달 같은 메시지 (혹은 '텍스트')의 전달 형식이 그 의미 형성에 매우 중요한 요인이라는 것을 설명했다. 의미와 기호에 대한 논의를 통해 기호(예를 들어 단어)에 부착된 의미가 얼마나 자의적이며 따라서 언어와 의미의 연관성이 직접적이고 단순하지 않다는 것도 밝혔다. 그러나 기호와 의미의 연관성이 구조화되어 있다는 주장이 있고 이는 소쉬르, 촘스키, 레비 스트로스와 같은 학자들의 저술과 의미의 이데올로기적 특성에 의해서 잘 보인다. 그러나 이 점은 현대사회에서 의미의 더욱 주관적이고 유동적인 특성을 강조하는 해석학, 포스트구조주의, 포스트모더니즘에 의해 도전을 받는다.

이번 장에서는 또한 재현의 과정과 관련된 복잡성을 인지하고 그 과정에 내재된 권력관계를 인식하는 것의 중요성을 강조한다. 특히, 젠더, 인종, 민족과 사회 계층을 구성하는 데 있어 언어의 역할을 고려한다. 예를 들어, 젠더와 관련하여 문화적 형태와 '그룹화'에 대한 이해를 형성하는 데 매스 미디어가 재현하는 의미의 중요한 역할을 살펴봤다. 마지막으로, 이 장은 시청자와 수용 연구에 대한 간략한 개요로 끝을 맺는다. 이는 시청자 연구가 서로 연관된 세 단계 혹은 패러다임을 통해 진화했다고 볼 수 있음을 시사한다. 세 개의 단계는 시청자가 소비하는 미디어에 시청자의 활동과 관여가 점차로 늘어가고 있음을 보여준다.

■ ■ ■ **요약**

- 소통과 재현은 의미를 형성하고, 해석하고 재해석하는 복잡한 순환적 과정이다.
- 소통과 재현은 중립적이지 않고 오히려 가치판단적이다.
- 우리는 언어와 소통을 통해 세상을 이해하고, 이를 통해 세상을 형성한다.

■ ■ ■ **더 읽을거리**

특히 구조주의적 관점과 기호학적 관점에서 논의되는 언어와 재현의 문제에 대한 탁월하면서 간단한 개론적 설명은 Terence Hawkes의 *Structuralism and Semiotics*(1977)에서 만날 수 있다. 언어와 재현의 문제를 광고에 적용한 고전적인 연구는 Judith Williamson의 *Decoding Advertisements: Ideology and Meaning in Advertising*(1978)이 있고, 이 책은 여러분이 직접 분석하는 데 자극제가 될 것이다. 재현과 권력(특히 계급과 젠더 권력)의 연관성은 John Berger의 *Way of Seeing*(1972)에서 간략하고도 유력하게 다뤄졌다. John Fiske와 John Hartley의 *Reading Television*(1978)은 기호학을 텔레비전에 적용했으며, Fiske의 *Television Culture*는 이 논의와 접근법을 진전시킨다. 매스 미디어에 대한 좋은 개론서로는 Michael O'Shaughnessy와 Jane Stadler의 *Media and Society: An Introduction* 개정판(2002)이 있다.

📖 우리의 동반자 웹사이트인 www.routledge.com/cw/longhurst에 방문해서

▪ 기사 및 녹음을 찾을 수 있는 웹 링크를 통해 이러한 문제를 추가로 조사하기.

▪ 과제 준비를 위해 연습 에세이 질문 사용하기.

▪ 상호적 플래시 카드 용어집으로 주요 용어 및 개념을 수정하기.

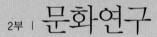

Introducing Cultural Studies

2부 | 문화연구

3

소비, 협업, 디지털 미디어
Consumption, collaboration and digital media

들어가며

최근 수십 년에 걸쳐 새로운 사회로 서서히 이동해 왔다는 점이 이따금 언급되었다. 일부 초기 저자들한테 이런 사회적 변동은 이론화되었으며 몇몇은 '포스트모던' 시대라고 부르는 것으로의 전환으로 받아들였다. 여기서 **포스트모더니티**개념 정의 6-1는 대중매체의 증가뿐 아니라, 생산 기반 사회에서 벗어나 소비 패턴에 기반한 사회로 이동하는 것으로 이해된다. 포스트모던 시대에 동시대의 문화는 시청자들이 소비 속에서 무력하게 그리고 흘린 채 앉아 있는 광경으로 특징지어지는 것으로 보인다. 이 장에서 탐색하겠지만 몇몇이 주장했듯이 사회의 진화는 정지된 것이 아니라 오히려 속도를 더해갔다. 그리하여 우리는 '포스트모던'개념 정의 6-1으로 불릴 수 있는 쪽으로의 이동을 목격하는 중이라고 주장할 수 있다. 포스트모던에서는 새로운 미디어 기술의 진전으로 도움을 받은 시청자들이, "꼭 문화적 산물의 필요한 조건"이 아닐지라도(Kirby, 2006), 좀 더 참여적이 되는 것을 볼 수 있다.

따라서 이 장은 상호 연결된 소비와 '새로운'(혹은 '디지털') 미디어 기술이라는 주제와 이것이 일상적인 삶의 변화에 미치는 역할, 그리고 더욱 '참여적'이 되는 문화에 초점을 둔다. 우선 소비와 소비의 생산과정과의 관계를 정의하는 것으로 논의를 시작한다. 그런 다음 소비의 몇몇 핵심 이론을 고찰할 것이다. 여기서는 **칼 마르크스**(Karl Marx)의 연구, 테어도르 아도르노(Theodor Adorno) 같은 **프랑크푸르트학파** 저자들, 소스타인 베블런(Thorstein Veblen), **게 오르그 지멜**(Georg Simmel)주요 영향 6-1 그리고 **피에르 부르디외**(Pierre Bourdieu)주요 영향 5-2 같은 기타 작가들의 이론들을 살펴본다. 그리고 이것은 소비사회와 소비가 동시대 사회와 문화를 결정짓는 주된 특징이 되었다는 주장과 이것이 쇼핑, 패션과 광고의 사회적 중요성 속에서 어떤 모습으로 보이는지를 고찰해 볼 것이다.

이 장의 다음 부분은 디지털 미디어의 형식과 기술을 둘러싼 쟁점들을 다룬다. 우리는 동시대 사회 속에서 '정보'의 중요성과 '새로운', '디지털' 미디어와 기술의 중요성과 의미를 고찰하는 것으로 논의를 시작한다. 그런 다음 디지털 미디어와 기술문화를 계속 탐구한다. 여기서는 여섯 개의 제목[2002년 테리 플루(Terry Flew)가 제안한] — 디지털화, 융합, 상호작용, 가상현실, 세계화 그리고 네트워크 — 하에 이것들의 사회적 문화적 중요성을 고려한다. 다음으로 이 장은 정보사회의 사회적·문화적 중요성을 탐구한다. 마지막으로 일상의 삶과 문화 속 디지털 미디어의 위치와 영향력을 검토한다.

1. 소비

소비의 정의

레이먼드 윌리엄스(Raymond Williams)주요 영향 1-1는 '소비하다'라는 단어가 14세기에 유래되었고, 뭔가 불에 타버린 것과 같은 '고갈된' 혹은 '파괴된' 무엇을 의미하기 위해 사용되었다는 점을 우리에게 알려준다(Williams, 1983b). 마찬가지로 '소비'라는 용어에도, 결핵처럼 '수척해짐'을 초래하는 모든 질병을 지시하기 위해(Aldridge, 2003) 16세기에 사용되었다. 그러므로 '소비'는 종종 파괴의 과정, 종료점 및 '생산'의 정반대로 보이며, (종종 더 중요한) '창조'의 과정으로 보인다.

하지만, 러리(Celia Lury)는 소비를 폭넓은 '물질문화'의 부분으로 이해할 필요가 있다는 점을 제안하다(Lury, 1966: 1). '물질문화'란 '사람-사물' 관계를 연구하는 데 주어진 용어다. 말하자면 물질문화 연구는 대상물과 대상물이 사용되는 방식에 관한 연구다. 따라서 〔워드(Warde)를 따르는〕 러리(Lury, 1990, 1992)는 소비를 생산의 결과 (그리고 정반대)가 아닌 오히려 생산과 소비라는 지속적인 과정과 다양한 순환 형태를 구성하는 요소로 이해될 필요가 있다는 점을 언급한다. 러리(1996: 3)는 이렇게 적는다.

> 소비자 문화를 물질문화의 특수한 형태로 동일시하는 것은, 그것이 생산과 소비 혹은 재전유를 상호 연결하는 순환 고리의 관계 속에서 연구될 수 있다는 점을 보장하는 데 도움을 준다. 소비자 문화를 통해 언급되는 소비는 물질문화라는 렌즈로 보면 변환, 또는 좀 더 엄밀하게 말해서 '사람들이 사물을 자신들의 목적에 맞게 변환하는 방식'으로 보인다(Strathern, 1994).

그러므로 러리(Lury, 1966)는 소비자의 물건들은 그 자신의 사회적 삶을 지닌 것으로 보아야 한다고 주장한다. 말하자면, 소비자의 상품은 — 누가 상품을 보거나 사용하는지, 그리고 상품들이 위치한 맥락에 따라서 — 그것이 수명을 지니는 한 변하면서도 다른 의미를 지닐 것이다. 따라서 소비자 상품은 (다양한 정도로) 다의적이다. 즉, 다양한 독해와 의미에 열려 있다. 사람들은 소비자 상품을 다른 방식으로 사용할 것이며, 상품들은 서로 다른 사람들에게 서로 다른 의미를 지닐 것이다.

이것은 많은 점에서 딕 헵디지(Dick Hebdige) 같은 학자들이 착수했던 버밍엄 학파주요 영향 1-3의 주장이 발전된 것으로서 하위문화가 겪는 '브리콜라주(bricolage)'[1] 과정을 시사한다(Hebdige, 1979). 이 방식은 기존 소비자 상품을 이용하고 다시 정의하여, 이것들을 결합하여 일반 대중과 구별 짓고, 사회적 전복과 저항의 형식으로서 독특한 스타일로 발전시킨다.5장 참조 하지만 러리와 워드는 이 생각을 확대하여, 이것이 하위문화뿐 아니라 대부분이(전부는 아닐지라도) 소비자 상품의 의미를 (재)정의하는 행위에 관여하는 소비자들이며, 이들 역시 이것을 꼭 사회적 저항 행위라기보다는 오히려 일상적 (혹은 세속적) 행위로 여긴다고 본다.

또한, 소비와 의사소통 과정 사이에 중요한 연결 고리가 마련될 수 있

✓ 저항
저항은 일종의 '반대의 힘'으로서 힘의 표시에 반응하여 항상 겉으로 드러날 가능성이 있다. 저항은 많은 형태를 취하는데 그 범위가 교실에서 겪는 경멸과 소외처럼 미시 정치적 태도에서부터 사회적·정치적 혁명까지 이른다.

---

1   미술에서 손에 넣을 수 있는 것은 무엇이든지 이용해서 만드는 것.

다.2장 참조 이것은 **바르트**가 의상과 패션을 의미를 전달하는 언어의 형식 — 이 것은 다른 사람들에 의해 읽힌다(혹은 소비된다)예 2-1 — 으로 보았던 방식으로 예증 될 수 있다(Barthes, 1957). 따라서 소비는 의사소통의 과정과 유사한 방식으로 이해될 수 있으며, (의도된 것과 그렇지 않은) 의미의 순환이 소비자 상품을 통해 그리고 매개를 통해, 소통이 이루어지고, 소비되며, 해석되고 재해석되어, 다른 사람들에 의해 의미가 부여된다.

소비 이론

✓ **칼 마르크스**에 대해서는 2장을 참고하라.

스티븐 마일스(Steven Miles)는 소비에 관한 많은 중요한 이론에 대해 유용한 개관을 제공하며, 소비에 관한 토론의 기원을 **칼 마르크스**(Karl Marx)의 작업 까지 거슬러 올라갈 수 있다는 점을 언급하면서 논의를 시작한다(Miles, 1998). 마르크스는 사회가 부와 권력을 가진 자들(부르주아지)과 그렇지 못한 자들(프롤레타리아) 간 본질적인 구분에 관심을 지녔다. 여기서 구분의 기준은 경제의 본질과 형태 속에서, 특히 사회적 그룹들의 '생산수단'과의 관계 속에 근본적으로 자리한다.

그렇기 때문에 마르크스의 관심사는 주로 (소비보다는 오히려) 생산수단의 과정과 사회와 문화의 본질을 형성하는 데 있어서 그것의 역할에 주로 집중한다. 하지만 마르크스는 '상품화'와 '상품 페티시즘' 논의에서 소비를 이해하는 데 중요한 공헌을 한다. 특히 마르크스(Marx, 1963: 183)는 상품 페티시즘에 관해 이렇게 썼다.

> ❝ 상품 형태의 비밀은 …… 그 속에 인간 노동의 사회적 성격이 자신들한테는 …… 노동 상품 그 자체의 사회적·자연적 질로 보인다는 사실과 결과적으로 생산자 들의 노동 총액과의 관련성이 그들에게는 사회적 관계로 — 그들 자신 간이 아니

라 노동의 생산물 간에 존재하면서 ─ 제시된다는 점에 놓여 있다. …… 인간들 사이의 명확한 사회적 관계가 …… 그들의 눈에는 사물 간 색다른 관계의 형식을 취한다.

이것이 마르크스(Marx, 1963: 183)가 노동의 제품이 상품으로 생산되자마자 거기에 달라붙는, 그러기 때문에 상품의 생산물과 분리될 수 없는 '페티시즘'으로 부르는 것이다. 말하자면 자본주의 체제에서 상품의 생산은 '자연스럽게' 보이며, 이 때문에 그 이면의 진짜 사회적 과정들, 즉 상품을 만들기 위해 취한 노동과 착취 같은 것은 숨겨져 왔다. 소비자 물건 자체는 이면의 사회적 관계에서 명백히 분리되고 그 속에 내장되어 바람직한 (물신숭배 된) 품목으로 존재한다.

마르크스는 또한 상품의 교환과 사용가치를 구분한다. 상품이 시장에서 팔리는 '교환가치'는 경제적 가치와 관련이 있다. 반면에 '사용가치'는 상품의 실질적인 유용성에서만 생겨나는 가치를 지시한다. 마르크스에게는 상품의 교환가치가 항상 자본주의 체제를 지배할 것이다. 그 이유는 상품의 생산, 판매 및 소비가 사람들의 진짜 욕구를 늘 초월하고 우선할 것이기 때문이다.

더구나 마르크스 역시 소비에 관한 다른 사람들의 이론화과 숙고 ─ 테어도르 아도르노와 허버트 마르쿠제 같은 작가들이 포함된 **프랑크푸르트학파**(Frankfurt School)의 작업 같은 ─ 에 영감을 불어넣는 중요한 인물이다. 하지만 프랑크푸르트학파의 주장은 복잡한데, 그 이유는 이것이 전통적 마르크스주의 이론을 비판하면서도 마르크스주의의 변형을 제시하기 때문이다. 마르크스주의와 현저히 다른 점은 경제적 결정주의 모델에서 벗어나려는 시도인데, 이것은 경제를 사회의 본질을 형성하는 유일한 요소로 보는 것이다. 특히 그것은 동시대 문화와 문화산업을 더욱 비판하고 심사숙고하게 한다.

아도르노는 나치가 1930년대에 집권한 후 독일을 떠나 미국에 도착하자마자 대중음악과 자신이 미국에서 작동하고 있다고 본 '문화산업'(문화 산물로 만드는 작업)에 관해 많은 글을 썼다. 그는 대중음악, 영화와 스포츠 같은 문화상품들이 '시장을 위해 생산되고 시장을 겨냥한' 것이라고 주장했다(Adorno, 1991: 34). 말하자면 아도르노에게는 문화적 상품의 생산을 지배하고 지시하는 것은 경제적 자본(이득)의 생산이다. 따라서 문화산업을 주로 주도하고 형성하는 것은 예술적 자유와 창조성이 아니라 오히려 이득 차이이며 시장을 착취하는 것이다. 프랑크푸르트학파는 이런 이유로 문화적 생산품이 틀에 박히고 획일화되는 점을 제시하는데, 그 이유는 산업이 계속해서 판매 성공으로 입증된 생산품을 대량으로 찍어내지만 최소한의 혁신 — 동시대 대중음악 산업에 의해 생산된 '제조된' '소년'과 '소녀' 대중음악 그룹이 거의 지속적으로 만들어지는 것처럼 — 만 수반하기 때문이다.

이런 문화적 생산 체계에서 영화와 음악에서 차이란 창조성 혹은 예술적 표현의 반영이라기보다는 오히려 시장의 모든 영역을 활용하는 방법으로 모두를 잡기 위해 무언가를 제공하는 것이다(Adorno and Horkheimer, 1972: 123). 하지만 이런 자본주의적 부당이득 취하기는 즐거움의 대상으로 변장한다 (Adorno, 1991: 34). 대중문화가 제공하는 것은 오락과 즐거움인데 아도르노는 그것이 자신들이 착취당한다는 생각을 잊게 하고 자본주의가 원활하게 작동하도록 허용함으로써 사람들에게 해소와 도피를 제공한다고 본다.

프랑크푸르트학파가 대중문화를 읽는 방식은 널리 비판을 받았다(Longhurst, 2007a). 가장 두드러진 것은 문화적 엘리트주의인데, 이것은 고급문화('진지한' 예술과 음악)가 '대중적' 형식들보다(대중음악처럼) 가치 우위를 지닌다는 것이다. 하지만 아도르노와 그의 동료들이 문화적 속물들이 아니라 신(新)마르크스주의자들 이었다는 점을 인식하는 것은 중요하다. 아도르노가 옹호한 것은 예술과 문화가 잠재적으로 인간의 창조성을 해방하고, 자유롭게 하고, 표현할 수 있게 한다는 것이었지만, 자본주의적 이윤 추구가 이런 기회를 박탈

한다는 것이다.

소비에 관한 숙고는 소스타인 베블런과 **게오르그 지멜**주요 영향 6-1의 작업에 의해 중요한 것으로 발전되었다. 베블런(1934 [1988])은 19세기 후반 미국의 신흥 부자들을 논의한다. 이들은 '유한계급'으로 새로 부자가 된 (중산층) 개인들로서 사회적 상류층의 소비를 모방하고 흉내 낸다. 하지만 좀 더 높은 사회적 그룹들은 소비자 패턴을 계속 갱신하는데, 이것은 이들 신흥 부자 개인들 – 마찬가지로 이들은 새로운 취향과 패션의 유행을 따르고자 최선을 다한다 – 을 한 발짝 앞서기 위해서다. 즉, 자신들을 (사회적으로) 낮은 사람들과 구별 짓기 위해서다. 따라서 베블런은 이런 문화의 추구(궁극적으로 과시)가 '취향'의 과시에 기반을 둔 사회적 구별과 지위를 입증하기 위해 미국 여가 계급들에 의해 동원되었다는 점을 밝혀낸다. 따라서 베블런은 소비자 패턴과 선택 언저리에 기반을 둔 복잡하고 정교한 위계질서를 식별해 낸다.

게오르그 지멜은 화폐 교환의 역할에 대해 중요한 논의를 제공하며, 이것이 모더니티(현대 생활)의 핵심에 있다고 주장한다. 또한 지멜(1957 [1904])은 패션에 대해 고려하면서, 점점 더 대중-소비자 중심이 되는 사회 속에서 패션이 자기표현의 원천을 제공하고, 소속감과 차별감 사이에 이중의 긴장 관계를 예증한다고 보았다. 아래에서 이 점을 좀 더 자세히 고려할 것이다.

소비에 관한 다른 중요한 작가들로는 피터 손더스(Peter Saunders)와 피에르 부르디외를 포함한다(Saunders, 1981; Bourdieu, 1984). 손더스는 사회계급은 동시대 사회에서 늘어난 소비에 직면하여 그 중요성을 잃었다는 점과 동시대 사회에서 소비자 상품에의 접근 가능성이 사회적 구분과 위계질서를 가져온다고 주장한다는 점에서 특히 중요하다.

피에르 부르디외의 작업주요 영향 5-2과 특히 그의 저서 『구별 짓기(*Distinction*)』 (1984)는 소비자 행위를 고려할 때 일반적으로 가장 중요하며 커다란 영향력을 끼친 것 중 하나로 보인다. 『구별 짓기』에서 그는 문화 소비와 동시대 사회에서 문화의 역할에 관한 복잡하고 인상적인 사회학적 연구를 제공한다. 이 저서는 전체 응답자 1217명을 대상으로 1963년과 1967~1968년에 프랑스에서 수행된 방대한 조사에 기반을 두고 있다. 이 연구에서 사람들은 일련의 것들 ― 음악, 예술, 연극, 가정 장식, 사회적 여가 선용, 문학 등 ― 에서 자신들의 선호도를 상술하도록 요구받았다. 그들은 이런 예술에 관한 그들의 지식과 관련된 질문들에도 응답했다. 부르디외는 이런 경험적 자료들을 끌어와서 문화적 행위와 사회적 기원 간 연결 고리를 밝혀내고, 문화적 취향과 선호도가 개인의 교육 수준 및 사회적 계급에 상응하는 방식을 보여준다. 다시 말해, 사람들은 문화를 소비하는 방법과 이런 교육이 사회적 계급에 의해 구별되는지를 배운다(Jenkins, 2002). 예를 들면, 부르디외는 노동자들이 스트라우스의 「푸른 다뉴브(The Blue Danube)」곡을 좋아하는 반면 높은 수준의 문화 자본을 지닌 사람들에게는 「평균율 클라비어곡집(Well-Tempered Clavier)」이 인기가 있다는 점을 주장했다(Prior, 2011: 126).

『구별 짓기』에서 사용된 중요 개념은 문화 자본인데(이 용어의 상세한 설명 및 사용을 위해서는 5장 참조), 이것은 가정교육(혹은 사회화)과 교육적 경험을 통해 축적한 문화적 지식과 이해를 의미한다. '문화 자본'이 사용되는 이유는, 돈(혹은 경제적 자본)처럼 문화적 지식이 부, 권력, 그리고 지위 같은 자원으로 옮겨질 수 있기 때문이다. 말하자면, 아이들이 자신들의 사회적 계급에 상응하는 문화 속으로 사회화되며, 이런 일련의 문화적 경험, 태도, 가치와 믿음이 사람들이 사회 속에서 삶을 준비하는 문화적 자원을 나타낸다. 부르디외에 따르면, 계급에 기반한 문화적 이점이 부모한테서 아이들에게로 전해진다. 그리고 문화적 자본은 문화적 위계질서가 사회적 위계질서에 상응함에 따라 구별의 중요한 토대가 된다.

부르디외의 작업은 그가 문화적 선호도 혹은 '취향'이 습득된 문화적 기술이라는 점을 보여주기 때문에 중요하다. 조사 자료를 정교하게 사용함으로써 그는 이런 문화적 능력이 사회적 그룹 간 차이를 합법적인 것으로 만들려고 사용된다는 점을 입증한다. 그 이유는 '취향'이 계급을 구별하며, '구별자들을 구별하기' 때문이다(Bourdieu, 1984: 6). 그러니까 부르디외에게는 사람들의 문화적 취향이 주로 사회적 계급의 표식이다.

소비를 이해하는 데 역시 미셸 드 세르토(Michel de Certeau)와 그의 작업에 의존한 헨리 젠킨스(Henry Jenkins)와 존 피스크(John Fiske)와 같은 사람들이 중요한 기여를 했다(de Certeau, 1984; Fiske, 1989a, 1989b, 1993; Jenkins, 1992). 특히 드 세르토와 그의 추종자들의 작업은, 아도르노와 프랑크푸르트학파 동료들이 드러낸 소비에 대한 주로 부정적인 태도에 유용한 반론을 제기한다.

드 세르토는 자본주의와 대중문화가 약탈적이라는 점을 부인하지는 않지만, 대중문화와 소비 역시 사람들이 지배적인 사회적 힘을 되받아치고 저항할 수 있는 도구를 제공한다고 주장한다. 드 세르토에게(1984) **일상생활**개념 정의 3-4은 '게릴라 전쟁'이 벌어지는 장소로서, 그곳에서는 담화와 쇼핑과 여가 같은 흔한 일상사에서 사람들이 전복과 저항의 작은 행위들에 가담한다. 드 세르토는 이런 저항이 기존 사회질서를 광범위한 대변동으로 이끌지는 않지만, 일상의 삶에서 살아남고, 자본주의가 그들한테 판매하는 물건들을 지니고 '참아내는' '일반 사람들'의 방식을 구성한다.

젠킨스는 드 세르토에게서 '**텍스트의 밀렵**(textual poaching)'개념 정의 3-1이란 용어를 빌려 〈닥터 후〉와 〈스타 트렉〉 같은 컬트 텔레비전 쇼의 팬들이 이런 텍스트로부터(인물과 스토리 라인 같은) 요소들을 취할(약탈할) 것이며, 이를 사용하여 새로운 텍스트 ─ 그들 자신과 다른 사람들에 의해 소비되는 스토리, 예술 혹은 시와 같은 것 ─ 를 창조할 것이라는 점을 암시한다. 이것은 생산/소비의 구분을 허무는 데 도움을 줄 뿐 아니라 창조성과 일부 소비자들의 (상대적) 힘을 입증한다.

이와 유사하게 피스크(1989a: 23)는 "대중문화는 …… 완전히 모순적이며” …… 대중문화의 가공품들이 제조되어 이득을 얻기 위해 자본주의 경제에서 팔리게 되고, 다시금 소비자들의 일상 속으로 편입되면서 자신들의 고유한 의미와 용도를 구성하게 된다는 점을 언급한다.

따라서 피스크(Fiske, 1986b)는 대중문화가 저항을 위한 비옥한 터전을 제공한다고 주장하면서, 하나의 예를 제시한다. 즉, 소비를 위한 장소로 설계되었을지 모르는 쇼핑몰이 종종 청년들에 의해 전복되며, 청년들은 쇼핑몰에 자주 가지만 쇼핑을 위해서가 아니라 시간을 보내고 탈선행위에 관여한다는 것이다.

이런 주장(드 세르토, 피스크 및 젠킨스 같은 저자들)과 하위문화에 관한 딕 헵디지(Hebdige, 1979) 같은 버밍엄 학파 저자들 사이에 유사성을 도출해 낼 수 있다. 그 이유는 언뜻 보기에 양쪽의 주장이 개인과 그룹이 전복적인 방식으로 어떻게 소비자 상품을 자신의 것으로 사용하는지에 대한 이해를 옹호하는 것처럼 보인다._{또한 5장 참조} 하지만 양쪽 주장 사이에는 중요한 차이가 있다. 즉, 버밍엄 학파 저자들에게는 청년 문화의 저항이 궁극적으로 무력하고 효과가 없다. 버밍엄 학파의 관점에 따르면 청년들의 반항이 그들의 사회적 상황에 대한 '상상의' 해결책을 마련하지만, 그것이 결국 자신들의 약한 (계급에 기반한) 사회적 입장을 별반 변화시키지 못한다. 이 점은 특히 주목할 만한 폴 윌리스의『노동하는 법 배우기(*Learning to Labour*)』(1977)에서 찾아볼 수 있다. 이 저서에서 윌리스는 노동 계층 소년들이 교육제도와 학교 당국에 맞서 반항하고 되받아치려고 애를 쓰겠지만, 결국 반항 탓에 자신들이 충분한 교육과 자격을 얻는 데 실패하여 사회적 이동을 방해하는 결과만 얻을 것이라고 주장한다.

반대로 드 세르토, 피스크 및 젠킨스와 같은 저자들의 작업은 **저항**을 한층 긍정적으로 읽어내는 방식을 제공하며, 개인과 그룹은 사회적 힘의 관계를 방해하거나 심지어 약화시킬 수 있다는 점을 제시한다. 윌리스의 경우, 자신의 후기 작업에서 이런 방향으로 옮겨간다. 특히 윌리스(Willis, 1990)는 일상생활에서 사람들이 지배적인 힘의 관계에 도전할 수 있는 수많은 방법이 있으며, 힘을 가진 자들은 항상 힘을 갖지 못한 자들에 의해 도전받고 약화 된다고 주장한다(Inglis and Hughson, 2003).

위에서 시도한 이론들(그리고 더 많은)은 문화연구에서 소비의 중요성을 예중하는데, 그것은 동시대 사회와 문화에서 소비의 증대된 중요성을 반영한다. 특히 몇몇은 이제 소비가 동시대 사회에서 지배적인 사회적·문화적 힘이되었고, 이제 우리가 '소비자 사회'로 선회했다는 것에 관심을 두어야 한다고주장해 왔다.

소비자 사회

많은 이론가는 소비가 동시대 사회의 중요한 관심사가 되어왔다는 점과 우리가 소비자 상품을 통한 자아 정체성 구성에 기반한 새로운 시대 (역사적 시기)에 있다는 점을 주장해 왔다.

래쉬(S. Lash)와 어리(J. Urry)는 마르크스와 엥겔스가 19세기에 『공산당 선언(Manifesto of the Communist Party)』에서 조직화된 자본주의를 쓸모 있게 여기는 일에 착수했다는 점을 시사한다(Lash and Urry, 1987: 2). 말하자면, 자본주의 사회는 사람들에게 선택권과 삶의 선택 사항이 축소되는 그런 정해진 (그리고 아주 엄격한) 계급적 위계질서를 지니고 조직화되고 구성된다. 하지만 래쉬와 어리는 이른바 조직화되지 않은 자본주의 쪽으로의 꾸준한 이동이 있어 왔다고 주장한다.

비조직화된 자본주의 쪽으로의 이동은, 래쉬와 어리의 주장에 따르면(1987: 5~7) 자본주의 사회의 성격에서 발생한 몇몇 중요한 진전으로 특징지어 진다. 첫째, (탄광업 같은 채굴처럼) 1차 산업과 2차 (제조) 산업의 쇠퇴와 3차 (서비스)

분야를 한층 강조하는 쪽으로 이동이 있어왔다. 결과적으로 사람들은 다른 노동 패턴과 다른 종류의 삶을 지니며 더 넓은 범위의 직업에 고용되었다. 이것과 관련된 '전통적' 노동 계층의 감소와 좀 더 풍요로운 (화이트칼라, 서비스 분야) 노동 계층의 급속한 성장이 있어왔다. 이것은 또한 노동 계층 힘의 쇠퇴를 초래했다. 주된 이유는 사람들이 이제 서로 다른 종류의 직업에 고용되기 때문인데, 그래서 이들은 다른 노동자들과 결속력 혹은 공통성을 덜 느끼는 경향이 있다.

래쉬와 어리(1987)는 비조직화된 자본주의에서 가장 중요한 변화는 1960년대부터 가장 자본주의적인 서구 사회에서 '서비스 계층'의 급속한 성장(그리고 전통적 노동 계층의 쇠퇴)이라는 점을 언급한다. 이들이 언급하듯이 '구식의 직업적 공동체는 노동자들의 '세분화(atomization)', 높은 임금과 소비주의, 단축된 노동시간, 개인적 이동성, 변화된 거주 패턴, 그리고 고도로 차별화된 소비자 상품의 증가된 이용도 등에 의해 결속이 약화되었다(Lash and Urry, 1987: 228).

결정적으로 이 '새로운' 서비스 계층은 생산자 계층이 아니라 소비자 계층이다. 더욱이 많은 전통적 사회적 지표들 ─ (증대된 사회적·지리적 이동성 탓에) 장소와 사회적 계층 같은 ─ 이 감소한 탓에 개인의 정체성은 확정되기보다는, 어떤 '생활양식'을 선택하느냐에 더 기반을 두게 되었다. 이런 생활양식은 막대한 양의 다양한 소비자 상품과 소비자 사회에서 이용 가능한 다양한 대중 매체를 통해 기성품 형태로 구입된다.

지그문트 바우만(Zygmunt Bauman)은 "우리 시대는 소비자 사회다"라고 주장한다(Bauman, 1998: 22). 그는 모든 사회는 크고 작든 간에 소비자 사회지만, 동시대 소비자 사회의 본질에 관해서는 다른 사회와는 완전히 구분되는 "심오하고 근본적인" 뭔가가 있다고 주장한다(Bauman, 1988: 24).

가장 중요하게도 바우만은 모든 이전 사회는 주로 생산자 사회였다고 주장한다. 개인이 사회에 완전히 참여할 수 있기 전까지는 상품의 생산자 혹은 생산과정의 최소한의 일부가 되어야만 했다. 하지만 '우리의' (소비자) 사회에서는 개인이 특별한 존재가 되겠다고 생각할 수 있기 전에 '먼저 소비자가 될 필요가 있다'(Bauman, 1998: 26). 바우만에 따르면, 우리가 누구이며 우리가 누가 될 수 있는지를 정의하는 것이 바로 소비다. 그는 이런 '유동적 현대적' 소비사회에서는 확실성과 모더니티의 핵심 식별자들 ─ 고용, 계급 및 지리적 위치 ─ 이 덜 고정되며 덜 안정된다고 주장한다. 우리가 계속해서 변동하며 유동적인 사회에서 살고 있어서 고정된 정체성이 우리에게는 별로 유용한 것이 되지 않는다. 따라서 소비의 정체성도 마찬가지로 유동적이며 유연하고, 점점 소비자 선택에 기반을 두는데, 그것은 우리의 변하는 필요와 상황을 충족시키기 위해 쉽게 교환되고 개조된다.

　　손더스(Saunders, 1981)와 함께 바우만은 우리의 정체성과 사회적 지위를 형성하고 영향을 끼치는 것이 우리의 소비 능력이라고 주장한다. 특히 바우만(1999)은 '관광객' 혹은 '방랑자'의 은유를 사용하는데, 이것은 사람들이 소비자 사회에 참여할 수 있는 범위를 묘사하기 위한 것이다. 대부분 사람들은 '관광객' 같다. '관광객' 소비자한테 삶은 한 장소에 너무 오랫동안 머물 수 없는 것에 관한 것이며, 그것은 언제나 일시적이며, 그들의 소비와 끝없는 재발명은 결코 끝없는 여정 중에 있다. 소비자의 욕망은 결코 충족될 수 없기에 항상 끝없는 여정이다. 소비자의 욕망은 실현과 완결을 욕망하지 않고, 오히려 '욕망이 욕망을 욕망한다'(Bauman, 1998: 25). 그러므로 이것은 결코 충족되거나 실현될 수 없는 욕망이다.

　　이런 연속적 논의 끝에 바우만이 '방랑자'라고 부르는 것이 있는데, 방랑자들은 소비와 문화에서 배제된 사람들이다. 또한 방랑자가 한 곳에서 다른 곳으로 이동하는 것은 욕망 때문이 아니라, 자신들이 어디에서도 환영받지 못하기 때문이다. 그들은 배제된다. 즉, 소비자 사회에 참여할 수 없어서 어디서도 환영받을 수 없는 사람들이다. 소비 능력이 사회적 성공의 척도가 되는

✓ **정체성**
우리가 누구인지를 어떻게 정의하는가에 관한 것이다. 엄밀한 의미로 '정체성'과 '자아'는 '똑같은' 것을 의미한다.

사회에서 가난해지는 것은 점점 '범죄'가 된다(Bauman, 1987: 43). 예를 들면, 고스(J. Goss)가 동시대 '쇼핑 기계'로 본, 쇼핑몰은 경제적 관점에서뿐 아니라 신체적으로도 그렇다(Goss, 1993). 쇼핑을 하지 않는 (할 수 없는) 혹은 쇼핑에 적합하지 않은 (홈리스처럼) 주기적으로 내쫓기는 사람들이다. 쇼핑몰에서 ≪빅 (Big Issue) 이슈≫²를 절대로 볼 수 없는 이유를 잠시 생각해 보자.

하지만 모두가 바우만의 주장에 동의하지 않는다는 점을 인식하는 것은 중요하다. 특히 몇몇 작가들은 우리의 정체성이 유동적이며 주로 소비자의 선택에 기반한 것이라는 점에 의문을 제기해 왔다. 예를 들면, 워드(A. Warde) 는 정체성이 우리가 구매하는 것을 통해서만 구성될 수 있는 것이 아니라 오히려 다른 사회적 요소들 — 국적, 민족성, 직업 — 로 구성되며 가정이 우리의 정체성을 형성하는 데 중요한 역할을 한다는 점을 시사한다(Warde, 1994, 1996).

더구나 워드는 많은(대부분은 아닐지라도) 소비자 상품이 개인의 정체성 형성에 별반 영향을 주지 않는 것으로 선택된다고 주장하며, 캠벨(Campbell, 1996)은 소비자 상품이 정체성을 구성하기 위해서 선택되기보다는 오히려 상품이 우리의 기존 정체성과 생활양식에 꼭 들어맞는지에 바탕을 두고 선택될 가능성이 좀 더 크다고 주장한다.

앞으로 좀 더 유용한 방법은 정체성 구성과 사회적 상호작용에서 소비자들이 의존하는 '원천'으로서 (어떤) 소비자 상품을 보는 것일지도 모른다. 이것은 에버크롬비와 롱허스트(Abercrombie and Longhurst, 1998)가 제시한 주장으로 우리가 점점 수행적 사회에 살고 있다는 점을 시사한다. 수행적 사회에서 개인은 사회적 수행과 상호작용에서 소비자 상품과 대중매체 자원(텔레비전과 음악 같은)에 의지할 것이다. 유사하게 매트 힐스(Matt Hills)는 컬트 미디어 팬

---

2 노숙자의 자립을 돕기 위해 창간된 대중문화 잡지.

들의 '수행적 소비'를 고려한다(Hills, 2002). 개인들이 자신들을 정의하기 위해 소비자 상품을 사용한다고 주장하는 바우만과 달리, 힐스는 자신이 연구한 팬들이 자신들의 (기존의) 인성을 표현하는 수단으로서 자신의 팬들의 관심사를 이용한다는 점을 말한다. 힐스는 헨더슨(W. M. Henderson)이 일본식 엘비스[프레슬리] 분장가, 모리 야수마사(Mori Yasumasa)를 논의한 예를 사용한 점에 주목한다. 헨더슨이 이런저런 분장가들이 엘비스처럼 되어보려고 그를 정확히 복제하려 애를 쓰는 것이 아니라 오히려 "자신의 인성을 드러내기 위한 플랫폼으로서 엘비스"를 사용하고 있다는 점을 언급한다(Henderson, 1997: 251~252; Hills, 2002: 165에서 인용). 그러므로 다시 말하면 소비는 소비자들이 재고품을 사는 '이미 만들어진' 정체성을 구성하기보다는 정체성 생산과 사회적 수행을 위한 '원천'으로 보일 수 있다.또한 5장 참조

쇼핑

소비의 중요성을 명료하게 예증하는 방식은 우리 동시대 (소비자) 사회 속에서 쇼핑과 패션의 역할과 중요성을 고려하는 것이다. 문화연구와 좀 더 넓게는 사회에서 쇼핑의 사회적 중요성에 관한 인식은 증가해 왔다. 몇 가지 이유가 있는데 여기에는 영국, 북미 및 그 너머(특히 전쟁 후 시기에)에서 풍요로움의 전반적인 증가와 강한(지배적이진 않더라도) 소매 산업의 증가를 포함한다(Shaw, 2010). 쇼핑은 학문적 연구 영역으로서 사회적 활동으로서 중요한 것 같다.

최근 수십 년에 걸쳐 쇼핑의 본질과 중요성이 뚜렷하게 변화해 온 것은 분명하다. 특히 대중매체와 새로운 디지털 기술(인터넷 같은)은 판촉, 욕망 및 상품 구매와 서비스를 일상생활의 주요한 주제로 만들어왔다. 또한 쇼핑 자체는 많은 사람이 쇼핑을 기분 전환과 여가의 형태로 이용하게 될 주된 여가 활

동이 되어왔다.

오(M. Oh)와 아르디티(J. Arditi)는 쇼핑이 우리가 동시대 사회를 이해하는 데 핵심이라는 점을 주장해 왔다(Oh and Arditi, 2000). 하지만 이들은 이것이 보기보다 쉽지 않다고 주장한다. 그 이유는 '쇼핑'을 하나의 일관성을 지닌 활동이 아니라 오히려 가지각색으로 다르고 종종 복잡하며 다차원적 의미와 행위를 수반하는 '모호한' 행위로 보기 때문이다. 예를 들면, 사람들이 '윈도우 쇼핑'을 하러 가는 것은 사실 돈을 전혀 쓰지 않는 것을 수반하는 반면에, 레스토랑 또는 술집을 가는 것은 돈을 쓰는 것을 수반하더라도 통상적으로 쇼핑으로 분류되지 않는다. 그러므로 쇼(J. Shaw)는 '쇼핑'이 소비와 똑같은 것은 아니라고 제안한다(Shaw, 2010). '소비'는 물건을 사는 것에 적용되는 용어인 반면 쇼에 따르면 쇼핑은 물건을 사는 것 이상에 관한 것이다. 쇼핑은 복잡한 문화로서 품목을 구매하는 것을 포함할 수도 그렇지 않을 수도 있으며 우리가 구매하는 모든 것이 쇼핑으로 분류되지는 않는다.

쇼핑의 중요한 측면 중 하나는 젠더화된 특성이다. 쇼핑은 가장 명확히 삶의 젠더화된 영역이다. 예를 들면, 의류 회사인 톱맨(Topman)과 톱샵(Topshop) 사이의 구분을 생각해 보시오. 둘 다 같은 회사로서 서로가 나란히 혹은 인접하여 종종 위치하지만, 남성용과 여성용으로 각기 명료하게 나뉜 서로 다른 상점 혹은 구역이다. 쇼핑처럼 남성과 여성 구역으로 분명하게 구분된 사회생활의 또 다른 분야는 아주 거의 없다.

미카 나바(Mica Nava)는 쇼핑이 아주 최근까지는 주로 여성의 행위로 간주되어 왔다고 주장한다(Nava, 1997). 그 이유는 남성을 노동자 그리고 여성을 가정의 관리자 — 이것은 어쩔 수 없이 가족을 먹이고 옷을 입히는 것을 수반한다 — 로 보는 전통적 (부권적) 정의된 역할 때문이다. 따라서 나바는 쇼핑이 '여성'의 활동으로 보였기 때문에 역사적으로 남성이 쇼핑에서부터 분리된 것이라고 주장한다. 쇼핑은 또한 여성적인 이상(理想)에 순응하기 위해 여성이 계속해서 늘어나는 뷰티와 패션 아이템들을 구매한다는 의견과 요구에 의해 젠더 역할과 불평등을 강화하는 데 도움이 된다. 예를 들면, 나오미 울프(Naomi Wolf)는 『아름다움의 신화(*The Beauty Myth*)』(1991)에서 아름다운 여성을 강조하는 것은 사회적 통제와 억압의 형식으로 작용한다고 주장한다. 마찬가지로 체엘론(Efrat Tseëlon)은 여성이 패션을 사랑하는 것이 허위의식의 형태로 작동한다는 점을 제시한다(Tseëlon, 1995).

하지만 소비자 사회 쪽으로 이동하면서 우리는 대부분의 사람들의 일상의 삶에서 쇼핑과 소비가 더욱 중요해지는 것을 목격했는데, 이것은 소비자 상품이 여성에게만 아니라 점점 남성 쇼핑객 쪽을 대상으로 삼기 때문이다. 이것은 특정 기술 ─ 남성을 대상으로 가장 흔하게 광고되는 것으로 보이는 컴퓨터, 하이파이(Hi-Fi) 장비와 자동차 같은 ─ 의 관점에서도 사실이다. 하지만 최근 수십 년에 걸쳐 이것은 의상과 뷰티라는 전통적으로 여성의 영역 속으로 확장해 왔다. 그 이유는 점점 더 많은 의류, 장신구, 건강과 스킨케어 제품이 남성을 대상으로 광고되도록 특별히 계획되기 때문이다.

더구나 우리가 어떻게 쇼핑하고, 어디서 쇼핑하고, 무엇을 살 것인가는 다른 사회적 요소들 ─ 나이, 계급 및 민족성 ─ 에 의해 형성된다. 자신이 (혹은 다른 사람들이) '톱샵을 가기에는 나이가 들었다고' 생각하는 여성들을 예로 들어 보라. 우리는 쇼핑객의 분석표 ─ 리들(Lidl)[3]와 반대되는 웨이트로스(Waitrose)[4]에서 쇼핑하는 사람들 사이에는 분명한 차이가 있다 ─ 에서 계급 구분 혹은 쇼핑이 민족성과 종교 ─ 할랄(halal)[5] 혹은 정결한 음식 같은 ─ 혹은 채식주의 같은 윤리에 의해 형성되는 것을 볼 수 있다.

✔ **부권주의**
그룹으로서 남성이 여성에 대한 힘을 포함하여 여성보다 더 사회적 경제적 힘을 지니는 상황을 묘사한다.

---

3 저렴한 식료품 마트.
4 고급스런 식료품 마트.
5 이슬람식 식용육.

하지만 모든 쇼핑이 유쾌한 활동이 아니라는 것을 인식하는 것 역시 중요하다. 예를 들면, 밀러(D. Miller)의 『쇼핑이론(*A Theory of Shopping*)』은 쇼핑에서 여성의 역할을 주로 살피면서 북런던의 76개 가구를 대상으로 민족지학적 연구를 수행하여, 쇼핑이 가구들 내 개인적 관계를 반영한다고 주장했다(Miller, 1998). 말하자면, 여성의 쇼핑 패턴은 가족들에 대한 헌신과 의무를 주로 반영하며, 다른 가족 구성원들이 필요로 하는 것을 우선시하여 여성 자신이 필요로 하는 것을 종종 희생했다고 주장했다. 그리고 에드워드(T. Edwards)가 기록하듯이, "비록 쇼핑이 어떤 사람들에게는 일정 시간 동안 매혹적이고, 즐거움을 찾는 경험이지만, 많은 사람한테는 많은 시간 동안 신나게 바닥을 닦는 그런 허드렛일은 아닐지라도 단지 평범한 일이다"(Edwards, 2000: 120).

하지만 쇼핑이 (상당한) 잠재적 자유와 즐거움을 제공할 수 있을 거라는 점을 인식하는 것 역시 중요하다. 예를 들면, 쇼핑(특히 역사적으로)은 여성에게 집 밖으로 나갈 수 있고, 공공장소를 점유하며, 다른 여자들과 조우하고 교제할 수 있는 합법적인 이유를 제공한다. 엘리자베스 윌슨(Elizabeth Wilson)은 현대 도시는 여성들에게 이전보다 한층 많은 자유를 제공한다고 주장한다(Wilson, 1991). 일찍이 산업도시에서 여성들은, 쇼핑이 집을 벗어날 수 있는 합법적인 이유를 주기 전까지는, 가정에 더욱 한정되어 있었다. 그리고 윌슨은 오늘날 여전히 시골과 교외 공동체에 사는 여성들이 도시에 사는 사람들보다 가정에 훨씬 한정되어 있었고, 다른 사람들과 섞일 수 있는 기회가 적었다는 점을 언급한다. 도시에 사는 여성들에게는 공공 생활에 적극적으로 참여할 수 있는 기회를 허용했다. 오와 아르디티(Oh and Arditi, 2000: 74)는 이렇게 주장한다.

> 백화점은 편안함과 편리함을 제공하려고 만들어졌고, 멋진 색상과 배경으로 장식되었으며, 의류 옷걸이가 나란히 놓여 있다. 여성이 가정일을 하는 동안에도

쇼핑은 여성이 오락으로 여겼을 만큼 정말 사건이 되었다. 정장을 입고, 어울리
며, 이동하고, 교제하며, 돈을 쓰는 호화로운 경험은 본래 부유한 여성들만을 위
해 남겨둔 활동에 참여하는 것을 허용했다.

쇼핑 또한 어느 정도의 기술과 지식을 수반하기에 과소평가되어서는 안
된다는 점이 제시되었다. 예를 들어, 특히 가정의 수입과 지출의 균형을 맞춰
야 하는 여성들에게 쇼핑은 상당한 기술, 지식 및 계획을 수반한다.

쇼핑을 사회적 저항의 잠재적 장으로 보는 것 역시 가능하다. 위에서 강조
된 바처럼, 피스크(Fiske, 1989b)는 자본주의가 판매하는 상품을 개인들이 어떻
게 반항적으로 사용할 수 있는지를 고찰한다. 가령 옷을 찢은 펑크족 혹은 쇼
핑몰에 지장을 주는 청년들의 경우에서 볼 수 있듯이. 윌슨(Wilson, 2007)은 패
션이 재미있고, 젠더의 경계선을 위반할 수 있으며, 사람들이 패션을 이용하
여 남성과 여성이 어떻게 옷을 입어야 하는지에 관한 기대치에 도전한다는
점을 제시한다. 쇼(Shaw, 2010) 역시 쇼핑의 전복성을 나타내는 서너 가지 예
— 어떻게 전직 IRA 요원이 인터뷰에서 백화점을 쓸모 있는 장소로 활용하여 미행자들을
따돌릴 수 있는지 진술했고, 이케아(IKEA)가 뉴욕 레드훅에 개점했을 때 사람들이 상점에
가지 않고 자유로운 운송 수단 방편으로 놓아둔 무료 페리를 어떻게 이용하기 시작했는
지 — 를 논의한다.

클라크(J. Clarke)와 크리처(C. Critcher)는 소비자의 주된 힘이 자신들의 선택
이지 자신들에게 판매되는 것을 구매하고 소비하는 것이 아니라는 점을 주장
한다(Clarke and Critcher, 1985: 116). 에드워드(Edwards, 2000: 100)가 주장하듯이
소비자들이 회사의 힘에 저항할 수 있는 가장 단순한 방식은 팔려고 내놓은
물건을 그저 사지 않는 것이다. 즉, "'진짜' 반항은 매혹적인 상점을 돌아다니
는 형식으로 온다. 본 것을 싫어하면서 빈손으로 떠나는 것이며 …… 매일 매
시간 전 세계 수백만 명의 사이비 소비자들이 사지 않기로 선택하는 것처럼".

패션

사람들은 자신이 산 (혹은 남이 사준) 옷을 남들 눈에 띄게 매일 입고 다닌다는 점에서 패션과 의상은 아마도 가장 확실하게 드러나는 소비 형태 중 하나일 것이다.

우리가 이해하는 '패션'의 기원은 아마도 15세기 중세에서 찾을 수 있을 것이다. 당시에는 소위 '세련된(fashionable)' 의상은 궁정 사회의 귀족계급만 입을 수 있었고, 아래 계급은 소위 '패션'(Kawamura, 2005)이라고 할 수 있는 그런 의상이나 복장을 갖출 수 없었다. 19세기에 들어서자 '패션'은 더 이상 부유층의 전유물은 아니었지만, 여전히 사회 계급을 구분하는 잣대로 작동했다.

이는 크게는 모더니티개념 정의 6-1와 도시화가 시작되었기 때문이라고 할 수 있다. 많은 사람이 도시에 거주하게 되자 상점에 들르는 일도 많아졌고, 더 많은 사람과 직접 교류하게 되면서 남들이 무슨 옷을 입는지 그리고 새로운 경향은 무엇인지 알게 된 것이다. 모더니티 사회에서는 짧은 교류를 통해 더 많은 사람과 마주하게 되었고 순간적으로 좋은 인상을 남길 필요가 있기에 외관 모습이 더 의미를 갖게 되었다. 또한 교환의 주요 형태가 물물교환보다 돈으로 바뀌게 되자(Simmel, 1978) 의상 구입이 더 수월해졌다. 게다가 산업화와 함께 의상의 대량생산도 가능해지자 어느 곳에서나 싼 가격으로 의상을 살 수 있게 되었다. 20세기에 접어들자 패션은 더욱 '대중적인(democratic)' 것이 되었고 당대 사회 구성원 대부분 – 모두는 아니지만 – 의 관심사가 되었다(Kawamura, 2005).

앞서 논의했듯이, 사회학자인 소스타인 베블런은 1899년 현대적 소비 형태에 관한 폭넓은 비판적인 연구의 일환으로 패션에 대한 최초의 학문적 연구를 내놓았다. 그는 소위 새로운 부유층, 즉 중산층 '유한계급' 사람들이 소비 형태 가운데, 특히 패션을 통해 남들과 다르게 보이기 위해 상위층 사람들을 모방한다고 언급했다. 사회학자 **게오르그 지멜**주요 영향 6-1도 1904년 패션에 관한 이와 유사한 학문적 연구를 내놓았다.

지멜(1957 [1904])은 패션은 개인이 항시 변화하는 사회에 대응하는 한 가지 방식이라고 보았다. 그는 끊임없이 변화하고 발전하는 현대사회에서 패션이 개별적 정체성과 소속감을 동시에 제공하기에 개인에게 안정감을 주는 데 도움을 준다고 보았다. 지멜은 패션은 개별성을 표현할 뿐 아니라 소속감까지 준다는 중요한 의미를 지닌다고 했다. 우리가 누구인지 어디에 속하는지, 그리고 우리가 남들과 어떻게 다른지를 보여준다는 것이다. 그렇기에 패션이 현대적 삶이 보이는 긴장감과 복잡성, 즉 소속감에 대한 필요성과 개별성이나 정체성을 보여주고 싶은 욕망 간의 이중적인 밀고 당김을 동시에 드러낸다고 보았다. 하지만 지멜 자신도 오늘날의 사회에서 패션이 얼마나 중요한 의미를 갖게 될지는 예측하지 못했을 것이다.

바르트(Barthes, 1957: 170)는 의상과 몸치장((그림 3-1))은 특정한 메시지를 전달하는 하나의 언어로 봐야 한다고 주장했다. 맥로비(McRobbie, 1989: 6)는 "특정 공공장소에서 우리가 구입한 것을 입고 다니며 남에게 보여준다는 것은 결과적으로 새로운 이미지, 새로운 의도되지 않은 의미군을 만들어낸다"고 보았다. 패션도 언어처럼 특정 항목이 함께 묶이게 될 때 하나의 의미를 만들어낸다는 것이다(Caletato, 2004).

전후 세계의 패션은 일상생활에서 더욱 중요한 역할을 하게 되는데(Miles, 1998), 이는 전반적인 부의 확산, 가족 규모의 축소, 광고와 마케팅의 주요 사업으로의 부상, 그리고 '십 대(teenager)'의 등장 등 여러 가지 이유 때문이다.

특히, '십 대'의 등장이 새로운 시장 요인이 되는 것은 흥미로운 현상이다. 역사 이래, 그리고 모든 인구 집단에서 인간은 아동기를 벗어나게 되면 대부분 일터로 이동하게 마련이다. 역사상 아동에서 성인 사이에는 어떤 기나긴 교체 시기도 존재하지 않았다. '십 대'가 속한 청소년기라는 이 중간 교체 시

그림 3-1 언어로서, 그리고 차별 요인으로서의 패션과 몸치장

기는 비교적 새롭게 등장한 개념으로 사회가 후기 산업사회로 진입하며 더욱 부유해지자 더 이상 일터에서 대규모의 젊은 노동 인력이 필요치 않게 되면서 등장하게 된 것이다. 전후 시대에 이들은 공장에서 일하기보다 교육 장소에 머물거나 상점이나 식당 같은 서비스 분야에서 일하게 된다. 결과적으로 돈 여유도 생기고 자유 시간도 늘어나면서, 이들 젊은 층을 대상으로 하는 음악, 영화, 패션 같은 소비 상품이 늘어난 것이다.

레너트(G. Lehnert)가 지적하듯이, 오늘날 패션은 어디서나 마주치는 주요 글로벌 산업이 되었다(Lehnert, 1998: 8). "패션을 우리의 일상생활로부터 분리하는 것은 불가능하다. 심지어 패션 유행을 거부하는 사람들조차 거부를 통해 패션에 동참하는 셈이 된다." 영화 〈악마는 프라다를 입는다(*The Devil Wears Prada*)〉의 한 장면인 〈예 3-1〉은 이런 현상을 제대로 보여준다.

그랜트 매크래컨(Grant McCracken)은 패션을 꾸준하게 쫓고 다시 바꾸고 하

예 3-1   〈악마는 프라다를 입는다〉

The Devil Wears Prada

〈악마는 프라다를 입는다〉는 로런 와이스버거(Lauren Weisberger)의 동명 소설을 바탕으로 하여 데이비드 프랭클(David Frankel)이 감독한 2006년 작품이다. 영화는 안드레아 '앤디' 삭스(영화에서는 앤 해서웨이가 그 역할을 맡았다)의 이야기를 다루는데, 그녀는 갓 대학을 졸업하고 언론계에서 일하려고 뉴욕으로 이주한다. 하지만 그녀는 패션 잡지 편집장인 미란다 프리스틀리(영화에서는 메릴 스트립이 등장한다)의 조수가 된다. 소설과 영화 모두 물 밖에 나온 고기처럼 남들과 어울리지 못하는 고전적인 전개가 진행되는 가운데, 앤디 삭스는 별로 아는 바도 없고 자신의 인생에 별다른 의미나 영향을 주지 않는 패션 분야에 대해 서서히 이해하게 된다. 다음 장면은 이런 메시지를 확실하게 보여준다. 앤디는 다른 직원이 미란다의 선택을 위해 들고 있는 두 개의 유사한 벨트가 서로 다른 벨트라는 사실을 알지도 못한 채 낄낄대며 웃고 만다.

> 미란다 프리스틀리: [미란다와 조수 몇이 의상에 맞는 벨트 두 개를 놓고 고심한다. 앤디는 똑같은 모양의 두 벨트를 놓고 고민하는 모습을 보며 낄낄대며 웃는다.] 뭐가 웃기지?
>
> 앤디 삭스: 아뇨, 전 그냥…… 제 눈엔 두 벨트가 똑같아 보여서요. 전 아직 이런 거에 익숙지 않아서…….
>
> 미란다 프리스틀리: '이런 거?' 알았어. 이게 너완 상관없는 일이다? 글쎄…… 보풀이 잔뜩 일어난 블루 스웨터를 껴입고 꽤나 신경 쓰며 입은 척 하는데 넌 자기가 입은 게 뭔지도 모르고 있어. 그건 그냥 블루도, 옥색도, 하늘색도 아냐. 정확히 세룰리안블루(Cerulean blue)야. 또 당연히 모르겠지만 2002년엔 오스카 드 라렌타(Oscar de la Renta)와 입생로랑(Yves Saint Laurent) 모두 세룰리안 컬렉션을 했지. 입생로랑은 아마도 세룰리안 밀리터리 자켓을 선보였지? 세룰리안블루는 여덟 명이나 되는 디자이너가 만들 정도로 대단한 인기를 끌다가 백화점으로 빠져 나갔고 이제는 슬프

게도 니가 골라낸 창고 정리 품목으로 전락할 때까지 수백만 달러의 수익과 일자릴 창출했어. 근데 패션계가 심혈을 기울여 탄생시킨 그 스웨터를 니가 패션을 경멸하는 상징물로 선택하다니 그야말로 웃기지 않니?

발췌문에서 보듯이, 앤디는 패션 사업이 자신과 아무런 관계도 또한 영향도 미치지 않는다고 여기지만 미란다는 앤디가 걸친 의상이 아직 패션 사업의 일부이며 패션계의 주요 인사가 구상해서 결정한 후 만든 것이라는 점을 강조한다. 이 영화는 다른 여러 이유에서도 매우 흥미로운 작품이다. 한 예로, 이 영화가 여성에게 긍정적인 역할 모델을 제공하는가에 대해 평자들의 견해가 엇갈렸다. 스파이커(J. A. Spiker)는 이 영화가 "성공한 미란다 프리스틀리와 젊고 야망에 찬 앤디 삭스를 통해 모범적이고 강한 전문직 여성 인물 모델을 보여준다"고 평했다 (Spiker, 2012: 16). 한편, 이 영화의 모든 여성은 성공을 위해 이런저런 방식으로 고통을 받는 인물로 받아들여지기도 한다. 칼레스 바거(Calles Barger)는 이를 두고 수전 팔루디(Susan Faludi)가 『백래쉬: 미국 여성에 대한 선전포고 없는 전쟁 (Backlash: The Undeclared War Against American Women)』에서 제시한 모습이라고 주장하며, 여성들이 성공 때문에 처벌받고, 성공하기 위해 여성에게 좀 더 '자연스러운' 아내와 엄마라는 역할이 희생당하는 모습을 보여준다고 보았다(Barger, 2011; Faludi, 1991).

는 것이 우리 사회에 필요하다고 보았다(McCracken, 1900). 앞서 언급했듯이, 우리는 지속적인 소비를 중심으로 하는 경제인 소비사회에 살고 있다. 그리고 꾸준하게 소비를 재촉하는 분야는 항상 변하는 패션 분야라고 하겠다. 예전에는 패션이 기껏해야 일 년에 두 번 정도, 봄/여름 그리고 가을/겨울 식으로 변화했다. 그리고 가게들 또한 대개 이 두 시즌에 맞춰 의상을 바꿔나갔다. 하지만 오늘날 패션 산업은 꾸준하게 변화하면서 더 빠르게 움직이고 있다. 번화가 패션 가게들은 심지어 거의 매일 의상 품목을 바꾸기도 한다.

하지만 과연 패션 사업이 사람들에게 진정 그들이 원하는 것을 주고, 급변하는 시장 수요에 신속하게 대응하고 있는 것일까? 『오늘날의 패션 마케팅(*Marketing Today's Fashion*)』에서 저자인 뮐러(C. Mueller)와 스마일리(E. Smiley, 1995)가 패션과 의상의 추세는 소비자와 함께 시작해서 함께 끝이 난다고 한 말에서도 알 수 있듯이, 분명 그렇다고 답할 수 있다(Mueller and Smiley, 1995). 한마디로 패션 사업은 주로 소비자와 시장 수요에 따라 움직이는 것이다. 하지만 그렇다고 하더라도, 마일스(Miles, 1994)가 강조하듯이, 패션 사업은 무엇 때문에 수요 조사자나 패션 잡지, 수십 억이 드는 광고 활동까지 하는 것일까? 맥도웰(L. McDowell)은 패션 산업은 우리의 상품 구입 습관에 영향을 주고 패션계의 명품들을 사실상 필수품으로 여기게 한다고 본다(McDowell, 1994). 그리고 이런 일은 주로 광고를 통해 이루어진다.

광고

'광고'가 언제부터 시작되었는지 알기는 쉽지 않다. 예를 들어, 윌리엄스(Williams, 1980)는 도망친 노예를 잡으면 보상을 주겠다는 3000년 전 파피루스에 기록된 내용을 시초로 보기도 한다. 광고의 예가 빅토리아 시대 전체뿐 아니라, 그 이전에도 있었다는 것은 확실하다. 하지만 소비문화와 광고가 점차 사회적인 중요성을 지니게 된 것은 전후 세대인 1950년대 이후라고 하겠다.

오늘날 광고는 우리 경제의 주요 요소일 뿐 아니라 전 세계와 문화에서 중요 부분을 차지한다. 우리가 소비사회에 살고 있다는 사실을 인정하는 순간, 그 소비가 어떠한 형태를 취해야 하는지 알려주는 것은 광고이기 때문이다. 게다가 광고는 텔레비전, 라디오, 인터넷, 광고판, 영화, 전단지, 핸드폰, 우리가 걸치는 의복 등 없는 곳이 없을 정도이다. 주디스 윌리엄슨(Judith Williamson)은 1978년 글에서 광고는 이미 '어디에나 존재'(Williamson, 1978: 11)

그림 3-2 전 세계와 문화의 중요 부분인 광고

한다고 주장했다. 그러므로 광고는 우리가 무엇을 입는지, 무엇을 할지, 그리고 어디를 갈지 알려주고 결정하는 데 도움을 준다. 결국 광고가 우리의 문화를 형성해 주고 우리의 세계를 구축해 준다는 것이다.

토머스 머튼(Thomas Merton) — 가톨릭 수도승이자사회비평가 — 은 광고는 '성찬', 즉 예배 시 가톨릭 신자들이 먹고 마시는 빵과 포도주 같다고 했다(Merton, 2009[1965]). 다시 말하면, 우리를 변화시키는 일종의 믿음이지만, 실제로 사게 만들고 이를 믿게 한다는 점에서 그렇다는 것이다.

광고는 인간이 완벽해지기 위해서는 무언가 부족한 것을 채워야 한다는 생각에 근거해 작동한다. 결국 믿음 같은 신화를 팔고, 나아가 하나의 정체성을 파는 셈이다. 이는 **프랑크푸르트학파**의 일원인 허버트 마르쿠제(Herbert Marcuse)가 『일차원적 인간(*One-Dimentional Man*)』에서 주장한 내용이다(Marcuse, 1964). 자본주의 사회에서 인간은 본래적 욕구(자유롭고 싶은 욕구 — 자본주의 체제하에서 인간은 결코 자유로울 수 없다)를 거부당한다는 것이다.

본래적 욕구는 '허위 욕구'로 대체되어 소비 욕구를 느끼고 이를 통해 욕구를 채운다. 결국 우리의 욕구는 채워지지 못하고 만족을 위한 추구는 계속되는 것이다.

광고는 단지 상품을 파는 것이 아니라 삶의 방식을 판다. 한 예로, 광고는 '녹색' 또는 '환경 친화적' 상품처럼 무엇을 선택할지 대체 선택의 형태를 취하기도 한다. 우리는 우리의 삶의 방식을 반영하는 상품을 선택하게 되고, 그렇게 함으로써 우리의 삶, 문화, 정체성을 구축하게 되는 것이다. 지젝(Žižek, 2009)은 소위 윤리적인 기업들은 그들의 광고가 의미하는 그대로 윤리적이지만은 않다고 주장한다. 퍼비스(T. Purvis)의 지적대로, 자본주의에서는 내외가 부합되는 그런 문화는 없다(Purvis, 2013: 24).

광고는 종종 창조적인 직업으로 여겨지기도 하는데, 대체 광고가 창조해 내는 것은 무엇인가? 광고를 통해 소비 상품이 만들어지는 것이 아니라 상품이 어떻게 평가되고, 받아들여지고, 소비되는지를 구축한다는 점에서 보면 이는 **부르디외**(Bourdieu, 1984)주요 영향 5-2가 언급한 '문화매개자'(cultural intermediaries)의 개념으로 이해될 수 있다(Wharton, 2013: 69). 한마디로 '취향 구축자'라 할 수 있다.

광고는 어떤 기술을 쓰느냐에 크게 의존한다. 벽면에 그려진 광고부터 특정 고객을 대상으로 하는 페이스북(Facebook) 광고도 있다. 현대의 디지털 문화는 오늘날의 광고 성격을 구축하는 데 분명 도움을 주었다.

퍼스널 컴퓨터 같은 디지털 기술은 광고를 변화시켰고, 특히 인터넷과 월드와이드웹(World Wide Web)의 등장은 광고에 엄청난 변화를 가져왔다. 온라인을 통한 최초의 광고로 여겨지는 것은 1994년에 등장했는데, 이는 ≪핫 와이어드(*Hot Wired*)≫ 웹사이트(Reid, 2013)에 올린 미국 텔레커뮤니케이션 회사인 AT&T를 광고하는 현수막 광고였다.

1990년대 중반부터 2000년대 초반 사이에 온라인 광고와 마케팅이 급속하게 확산한 현상을 일컬어 닷컴 버블(dot.com bubble)이라 했는데, 이는 사람들이 인터넷을 통해 신속하게 돈을 투자하고 수입을 올릴 수 있기 때문이었다. 하지만 2000년대 초반, 많은 초기 투자자가 큰 손해를 보고 말았다. 인터넷이 온라인을 활용하는 모든 사람을 백만장자로 만들어주는 것이 아니었다. 하지만 사람들이 상품을 구매하는 방식과 더불어 경제의 성격을 월드와이드 웹이 확연하게 바꿔놓은 것은 사실이다. 이제 일 년 내내 언제든지 상품을 구매할 수 있게 되자 온라인 구매가 늘었고 온라인 광고도 점차 중요한 역할을 하게 되었다.

소비자들은 인터넷을 통해 더 많은 정보와 선택권을 얻게 되었고 거래에 대한 정보를 탐색하면서 가격 정보도 얻게 되었다. 하지만 그렇다고 해서 과연 소비자에게 더 많은 권한이 주어진 것인지는 확실치 않다. 우선 상품 검색을 통해 소비자가 주도권을 쥐고 최상의 결정을 내릴 수 있다는 느낌은 들지만, 결정을 위해 소비자는 더 많은 것을 투자하게 되었다. 둘째, 더 많은 정보를 지닌 측은 소비자만이 아니다. 소비자가 인터넷을 활용하는 순간 기업 역시 소비자에 대한 더 많은 정보를 얻게 되었고 이를 활용해 더욱 목표 지향적인 광고를 할 수 있게 된 것이다. 셋째, 이제 기업은 인터넷, 모바일 게임이나 구글이나 페이스북 등 앱을 통한 개별적 광고 등 다양한 방식으로 상품 선전을 하게 되었다.

2. 정보사회

사람들은 '기술'이란 용어가 우리 시대의 문화와 연관되는 것으로 여기곤 하지만, 기술과 문화는 역사적으로 오랜 세월 동안 연관되어 왔다. 도구를 만들고 활용하는 능력과 거주지를 구축하고 바퀴나 화약을 발명하는 등 역사적으로 고대로부터 만들어진 거의 모든 것은 인간의 문화를 구축해 온 기술이었다. 현대로 가까이 오면, **칼 마르크스** 같은 사람은 '생산양식', 다른 말로 공장을 포함한 모든 생산기술이 특정 사회의 사회관계나 문화를 구축하는 데 중요한 역할을 한다고 주장했다. 특히 마르크스는 산업 혁명이 어떤 식으로 현대의 자본주의 시대를 탄생시켰는지에 관심을 가졌다. 하이데거(Heidegger, 1977) 역시 마르크스의 작업 위에 이론을 구축하기는 했지만, 기술과 관련된 기법이나 지식이 사회나 문화의 성격을 구축하는 데 중요한 역할을 한다고 주장했다.

하지만 20세기 중·후반이 되자, 사람들은 이제 마르크스가 지적했던 현대 산업사회를 넘어 **포스트모던**개념 정의 6-1 시대로, 그리고 이제는 포스트 포스트 모던(Kirby, 2006) 사회로 진입했다고 주장했다. 그리고 이런 사회 진화를 가져 오는 데 다시 한 번 중요하고도 결정적인 역할을 한 것은 바로 기술이라고 보았다. 이번에 가장 두드러진 역할을 한 것은 바로 대중매체와 디지털 기술이었다.

그리고 중요한 것은 소위 대중매체, 심지어 '디지털'을 꼭 우리 시대가 만들어낸 기술이라고 볼 수 없다는 점이다. 원거리에서 소통하거나 동시간대로 소통하는 능력은 최소한 1800년대 초에 발명된 전보나, 수백 년간 써왔던 신호나 횃불 등을 통한 소통까지 거슬러 올라간다. 이와 마찬가지로 15세기 인쇄술의 발명도 사람들의 소통에 획기적인 발전을 가져왔고, 이어서 19세기 중·후반에 발명된 전화는 시공을 축소하는 데 엄청나게 기여했으며 이를 둘러싼 문화적 발전을 가져왔다. 이 장 후반에서 논하겠지만, 이 '새로운' 디지털 매체 기술의 어떤 점을 두고 과연 새롭다고 볼 수 있는지에 관해서는 의견이 분분하다.

1950년대 후반부터 1960년대에 걸쳐 새로운 디지털 기술과 지식 및 정보의 소통과 소유권의 중요성에 바탕을 둔 새로운 사회와 문화 양상으로 특징지어지는 역사상 새로운 시대로 들어섰다는 견해가 등장했다. 특히, 1958년 오스트리아 경제학자인 프리츠 매클럽(Fritz Machlup)은 이제 '지식산업'에 바탕을 둔 '새로운 경제'를 향해 나가고 있다고 했다. 몇 년 후 피터 드러커(Peter Drucker) 역시 이제 고용 시장이 '노동' 집약에서 '지식' 중심으로 변하고 있다고 언급했다(Drucker, 1968). 인터넷의 등장 등 1990년대에 개발된 다양한 기술 발전과 더불어 이제는 새로운 '정보사회' 이론이 개발되고 있다.

새로운 정보 소통 기술

지난 수십 년 동안 디지털 텔레비전, 인터넷, 스마트폰, 비디오 게임, 컴퓨터 활용 같은 디지털 기술과 새로운 매체가 크게 발전하고 성장해 온 것은 분명하다. 하지만 '새로운 기술의 어떠한 면이 새로운 것인가?'라고 묻는다면 대답하기가 쉽지 않다. 대체로 기술은 오랜 역사에 걸쳐 서서히 성장하곤 한다. 예를 들어, 블루레이 디스크(Blu-ray Disc)는 비교적 새로운 매체의 형태로 보이지만, 발전의 과정을 살펴볼 때 포노그래프 실린더(phonograph cylinder)와 뮤직 박스에서 시작해 이를 대치한 음악 테이프와 레코드 음반, 여기서 다시 CDs로, 다시금 DVDs로, 그리고 여기서 한 걸음 더 나아간 것이 바로 블루레이 디스크이다. 기술은 이처럼 한 번에 탄생하는 것이 아니라 한 걸음씩 나아가는 것이다.

특정 기술은 각자 다른 시기에 다른 나라로 퍼지게 되기에, 과연 어떤 점에서 '새롭다'라고 확정 짓기가 쉽지 않다. 예를 들어, 급속하게 발전하는 많은 개발도상국의 경우 각 가정에 텔레비전이 도입되는 시점에 인터넷 기술도 동시에 도입되었기에, 사람들에게는 이 두 기술 모두 '새로운' 것이 된다. 또한 많은 새로운 기술의 경우, 기존에 있던 기술 형태를 단지 '재조합'한 후, 새로운 기술로 등장하기도 한다. 주로 글이나 그림, 비디오로 구성된 인터넷은 월드와이드웹에 앞서 있었다(Flew, 2002). 다층의 문자 요소로 구성되어 한 텍스트에서 다른 텍스트로의 이동을 가능케 한 하이퍼텍스트(hypertext) 역시 새로운 것이 아니긴 마찬가지다. 버니나 부시(Vannevar Bush)는 1945년에 이미 "사용자가 문서상에서 일종의 부수적인 '사색 코스'를 만들게 할 수 있는" "컴퓨터 기계" 개념을 논의한 적이 있었다(Flew, 2002: 15).

그러므로 리빙스턴이 제안하듯이(1999: 60), "'새로운 기술'의 어떤 면이 새로운가?"라는 질문은 "이 기술이 이 **사회를 위해** 과연 무엇이 '새롭다는 것인가?'"(원문 강조)로 바뀌어야 한다. 한마디로, 이러한 기술이 사회적·문화적 모습과 관행을 만들고 그 안에 안착하는 데 어떤 충격을 주고 어떤 역할을 하는지로 바뀌어야 하는 것이다.

새로운 미디어와 디지털 기술문화

새로운 미디어와 디지털 기술의 사회적·문화적 중요성을 고려할 때, 테리 플루(Terry Flew)는 새로운 정보 기술에서 종종 '새롭고' 사회적으로 중요해 보이는 것은 상호 관련된 여섯 개 영역으로 요약될 수 있다고 하면서, 디지털화, 융합, 상호작용, 가상현실, **세계화, 네트워크**개념 정의 3-2를 들었다(Flew, 2002). 그러나 이 여섯 개 영역이 정보화 시대 이전의 문화와 관행과 견줄 때 과연 어느 정도로 '새롭거나' 크게 다른 시작점을 구성할지는 의문이다. 새로운 미디어와 디지털 기술을 고려할 때 하나의 문제점은 진보와 연속성보다는 변화와 새로운 가능성(그리고/또는 새로운 한계)을 강조한다는 점이다. 이 장은 '새로운' 발전과 함께 연속성에 관해서도 고찰하고자 한다.

첫째, 사람들은 사회와 문화의 '디지털화'가 점점 가속화되고 있다는 점을 언급한다. 즉, 아날로그 기술에서 벗어나 2진(0과 1) 코드의 디지털 형태로 정보를 저장하고, 전달하고, 수신하는 엄청난 변화가 일어나고 있다. 시각 문화

정량화된 개인과 게임화

The quantified self and gamification

'정량화된 개인' 관련 자료는 사회생활의 특정 분야들이 점차로 더 측정되고 기록되어 숫자와 디지털로 표시되고 저장되고 있음을 보여준다. 이에 대한 중요한 예들은 개인들이 그들의 건강, 운동 및 신체 효율성(Lupton, 2014)을 모니터링을 해주는 모바일 건강 앱이며, 게이머들의 게임 세계와 입력 정보들을 숫자와 코드로 전환하는 비디오 게임이다(Crawford, 2015).

'런키퍼(Runkeeper)'와 같은 스마트폰 앱에서 사용자는 달리기, 거리, 지속 시간, 속도 및 소모 칼로리를 측정하고 추적할 수 있다. 달리기와 같은 스포츠의 수와 시간을 성과와 성공의 주요 지표로 보아온 오래된 정량화의 역사를 갖고 있음은 물론이다(예: Lenskyj, 1988 참조). 이와 마찬가지로 기타 다른 사회생활 형태도 점점 더 숫자에 의해 지배되고 있다. 예를 들어, '무드판다(Moodpanda)'는 사용자가 그날의 기분을 0에서 10까지의 등급으로 평가(정량화)할 수 있는 스마트폰 앱이다. 80바이트는 매일 섭취하는 음식 수를 기록한다. 그리고 '어니스트리 나우(Honestly Now)' 앱은 소셜 네트워킹 사이트에 있는 친구나 '전문가들'에게 설문조사를 실시하고, 그들이 결정한 삶에 관한 (수량화된) 설문의 결과를 제공해 준다. 이것은 우리의 일상생활, 활동, 그리고 심지어 감정에 대해 정량화된 설명을 제공하는 많은 앱 중 일부에 불과하다.

'정량화된 개인' 관련 앱은 여러 가지 측면에서 일상생활의 다양한 면을 '게임과 같은' 것으로 만든다. 게임의 실행과 논리가 일상의 일, 교육, 운동과 같은 다른 측면에도 적용된다(예: Deterding et al., 2011 참조)는 의미에서 이따금 '게임화'로 불리기도 한다. 사람들이 즐기는 피트니스 앱인 '좀비, 런(Zombies, Run!)'도 한 예가 된다. 이 앱은 달리는 사람이 좀비들에게 쫓겨 더 빨리 달리고, 특정한 상황에서는 전력질주를 하는 (가상의) 불사신 추적자의 공격을 피하는 상황을 이용한다.

비디오 게임은 그 자체가 삶의 정량화의 또 다른 주요한 예가 된다. 페데르

니치(P. Pedercini)가 주장하듯이, 비디오 게임은 (다양한 종류의) 컴퓨터에서 구성되고 재생되며, 코딩의 사용을 통해 작동되기에, 그 핵심에는 숫자와 계산이 있다(Pedercini, 2014). 페데르니치가 언급하듯이, '비디오 게임은 제어와 정량화의 기술을 기반으로 한다. 또한 여전히 이 기술에 의해 많은 정보를 얻고 있다. …… 컴퓨터 기계 화면의 시선은 모든 것을 수학적으로 정의하고 합리적으로 계산한다'(Pedercini, 2014: 62). 비디오 게임은 삶을 계산으로 만들고, 게임에서의 선택은 목표 지향적이고 합리적이며, 따라서 게이머를 '정보 경제 종사자'로 만든다(Conway and Finn, 2013). 크로퍼드(Crawford, 2015)는 이러한 점이 가장 확실하게 드러나는 게임으로 '풋볼 매니저(Football Manager)'와 '피파(FIFA)'와 같은 스포츠를 테마로 한 비디오 게임을 예로 든다. 이 두 게임은 패싱과 숏 기술처럼 수량화할 수 없는 것을 수량화하고 숫자의 가치를 적용한다. 이 수치는 게이머들에게 제어 감각을 준다. "비디오 게임은 제어 기술을 기반으로 한다"(Pedercini, 2014: 62). 스탤러브라스(J. Stallabrass) 역시 비디오 게임의 정량화된 개인에 대해 논하기는 마찬가지지만, "수로 측정하다 보면 분명하게 자기 계발이 이루어진다"고 언급한다(Stallabrass, 1996: 90).

를 다룬 장은 사진의 디지털화가 지닌 중요성을 강조한다.

라디오 매체는 아날로그와 디지털 기술 간의 차이를 가장 간단한 형태로 보여준다. 아날로그 라디오의 경우, 정보는 진폭(AM 라디오) 혹은 주파수(FM 라디오)로 조절하는(상하로 변화하는) 라디오 전파를 통해 전달되지만, 정보를 전달하기 위해 사용할 수 있는 주파수나 진폭의 변화는 제한적이다. 디지털 라디오는 여전히 이러한 변화를 사용하긴 하지만, 가능한 변동/조합이 훨씬 더 많은 2진 코드로 정보를 보낸다. 따라서 훨씬 더 많은 정보를 전송할 수 있다. 이 경우 음질은 더 좋고 라디오 방송국의 선택 폭이 넓어진다. 또 다른 예는 심장 박동수와 칼로리 소모와 같은 운동 결과에 대해 종종 풍부한 디지털 정보를 제공하는 건강 및 피트니스용 스마트폰 애플리케이션(또는 '앱')이다. 이는 **일상생활**개념 정의 3-4이 점점 디지털화되고 정량화되는 있다는 것을 보여주는 한 예에 불과하다.스포트라이트 3-1과 4장 참조 디지털화는 기술의 발전은 상대적으로 약소한 편이지만 더 나은 품질과 더 많은 미디어 선택을 가능하게 했다.

하지만 디지털화가 미디어 자체의 성격을 바꾸어 놓은 것은 아니다. 예를 들어, 텔레비전을 보거나 라디오를 듣거나 하는 것은 수십 년 전이나 지금이나 별반 다른 것이 없다. 또한 상당 기간 동안 우리가 '디지털' 형태의 기술을 경험해 온 것도 사실이다. 예를 들어, 신호등은 2진 코드(신호등이 꺼짐과 켜짐)로 메시지를 전달하기 때문에 디지털 미디어의 한 형태로 간주할 수 있다. 따라서 디지털화가 반드시 '새로운' 것인지, 아니면 문화 형태에 중대한 영향을 미쳤는지(혹은 미칠 것인지)는 의문이다.

둘째, 기술의 "융합"이 여러 단계로 이루어졌다는 것이다. 이 점에서는 특히 빈센트 밀러(Vincent Miller)의 저서가 도움이 되는데, 그는 기술의 융합, 규제와 소유의 융합, 경험의 융합, 생산자와 소비자 사이 경계의 모호함과 같은 다양한 형태의 기술과 관련된 융합을 설명해 준다(Miller, 2011).

새로운 기술이 점점 더 많은 기능과 서비스를 수행하기 때문에 기술적 기능의 수준에서는 상당한 융합이 이루어져 왔다는 것을 볼 수 있다. 예를 들어, 대개의 스마트폰은 이제 전화 통화뿐 아니라 음악 재생, 사진 촬영, 비디오 게임, 이메일 전송과 월드 와이드 웹(World Wide Web) 검색에 사용될 수 있다. 그러나 제시 쉘(Jesse Shell)과 같은 사람들은 이러한 가정에 의문을 제기한다(Shell, 2010). 그는 비디오 게임 경영진의 연례 모임인 2010 DICE(Design, Innovation, Communicate, Entertainment) 정상 회의에서 기술 융합은 대부분 신화에 불과하다고 주장했다. 그는 기술은 융합이 아니라, 나누어지는 것이라고 말했다. 이것은 얼마나 많은 새로운 기술이 특정한 욕구를 충족시키기 위해 만들어지고, 종종 수많은 경쟁자가 이를 추격해 온 것에서 볼 수 있다는 것이

그림 3-3 '스마트' 시계

다. 애플 시계(〈그림 3-3〉)와 같은 '스마트' 시계들을 예로 들어보자. 이 기기와
유사한 기기들은 여러 가지 기능이 있긴 하지만 스마트폰이나 태블릿 컴퓨터
와 같은 다른 기기들을 대체하는 것이 아니라, 이를 추가하고 보완할 뿐이다.
따라서 사람들이 소유하고 사용하는 기기의 수가 융합되고 줄어드는 것이 아
니라 우리가 이미 소유하고 있는 기기에 점점 더 많은 기술이 지속적으로 추
가되는 것을 보게 되는 것이다.

　또한 미디어와 기술 산업의 규제와 소유권에도 융합이 있어왔다. 밀러
(Miller, 2011)는 전통적으로 미디어 기관이 한 국가 내에서 운영되기 때문에 정
부의 규제와 통제를 쉽게 받았다고 주장한다. 그러나 1990년대에 두 가지 중
요한 일이 일어났다. 첫째, 특히 미국에서 벌어진 뉴라이트(New Right) 정치와
신자유주의로의 변화는 많은 기업의 규제를 완화했고, 사업 운영을 제한했던
이전의 정부 규제로부터 기업들을 해방시켰다. 둘째, 디지털 기술의 부상으
로 미디어와 기술 기업들이 국경을 넘어 활동하게 되었고, 따라서 정부의 규

제와 통제를 유지하는 것이 점점 더 어려워졌다. 이는 특정 미디어 및 기술 기업이 시장과 통제와 소유권을 새로운 영역으로 확장할 수 있게 해주었다. 예를 들어, 원래 컴퓨터 제조업체였던 애플과 같은 회사들이 음악, 영화, 전화기, 시계 그리고 그 밖의 훨씬 더 다양한 것을 팔기 시작했다. 또한 몇몇 회사들과 개인들이 세계 미디어와 기술 생산과 유통을 지배하는 모습을 보게 된다. 예를 들어, 뉴스 코퍼레이션(News Corporation)은 국제 방송인 폭스 네트워크(Fox network)와 20세기 폭스(20th Century Fox), 그리고 다양한 기타 미디어뿐 아니라, 스카이 텔레비전(Sky Television)과 영국의 ≪더 선≫과 ≪더 타임스≫를 완전히 장악하고 있다. 또 다른 예는 월트 디즈니 컴퍼니(Walt Disney Company)가 현재 마블 코믹스(Marvel comics)와 루카스 필름(Lucasfilm)을 소유하고 통제하는 것을 볼 수 있다. 하지만 회사 소유권의 융합(또는 '독점화')은 전혀 새로운 현상이 아니며, 심지어 자본주의보다 먼저 일어난 일임을 기억해야 한다.

또한 미디어 체험과 관련된 분야들이 융합되고, 미디어 생산자와 소비자 사이의 경계가 모호해진 것도 확실하다. 특히, 미디어 형태들의 융합이 이루어져 왔다는 것과 청중들이 이러한 형태를 어떻게 경험하고 소비하는지에 대해서 누차 언급되었다. 음악, TV, 영화의 경우 한동안 서로 융합된 형태로 나타났지만, 점점 더 다른 미디어 형식들도 서로 얽혀 상호의존적이 되었다. 예를 들어 영화 및 비디오 게임은 여러 면에서 경계가 모호해지고 서로 융합되는 것을 볼 수 있다. 지난 수십 년 동안 우리는 게임에 기반을 둔 영화와 영화에 기반을 둔 게임을 수없이 보아왔다. 게임 주제와 내러티브를 기반으로 한 초기의 영화로 〈마리오 브라더스(*Mario Bros.*)〉(1993)와 〈스트리트 파이터(*Street Fighter*)〉(1994)가 있고, 지난 수년 동안 〈툼레이더(*Tomb Raider*)〉 영화들(2001, 2003)이 있었으며, 최근에는 〈니드 포 스피드(*Need for Speed*)〉(2014)와 〈히트맨: 에이전트 47(*Hitman: Agent 47*)〉(2015)과 같은 영화가 있다. 이와 유사하게, 이제 많은 주요 영화들이 비디오 게임 파생 작품을 갖는 경우가 있는데, 두 영역을 넘나든 대표적인 성공 작품의 예로 〈골든아이(*Goldeneye*)〉(1995년 영화, 1997년 게임)와 〈반지의 제왕: 두 개의 탑(*The Lord of the Rings: The Two Towers*)〉(2002년 영화와 게임)이 있다.

영화와 게임의 구조와 스타일 자체의 경계가 모호한 경우도 있다. 예이츠(S. J. Yates)와 리틀턴(K. L. Littleton)이 지적하듯이 "게이밍 기술과 게임 산업은 빠른 속도로 성장하고 있으며, 기존의 미디어 프로덕션 중에서 영화와 비디오가 가장 두드러지게 융합되고 있다"(Yates and Littleton, 2001: 109). 영화에 기반을 둔 게임뿐 아니라, 많은 비디오 게임이 영화적 스타일과 서사를 특징적으로 보여주면서 더욱더 '영화적'이 되어가고 있다. 예를 들어 〈맥스 페인(*Max Payne*)〉(2001, 2003, 2012) 게임들은 필름 누아르(film noir)의 스타일을 많이 차용하면서, 〈매트릭스(*The Matrix*)〉(1999) 영화에서 보듯 '총알 시간(bullet time)'식 슬로 모션 같은 영화 요소를 사용한다. 이와 유사하게 최근의 몇몇 영화는 스타일에서 점차 게임처럼 되어가고 있다. 예를 들어, 인물이나 내러티브 위주보다 시각적이고 스펙터클한 영상에 기반을 두며, 비디오 게임의 수준과 스타일을 모방하면서 컴퓨터 생성 이미지(CGI)를 자주 사용하는 영화도 있다. 〈픽셀(*Pixels*)〉(2015) 같은 일부 영화에서는 이런 면이 매우 명백하고 알기 쉬운 방식으로 나타났다. 잭 스나이더(Zack Snyder) 감독의 영화들 역시 분명 비디오 게임의 영향을 받았다. 예를 들어 〈300〉(2006)과 〈써커 펀치(*Sucker Punch*)〉(2010) 같은 영화는 단계별로 연결되는 '레벨 보스(level bosses)'식으로 주요 전투를 짧은 에피소드로 장면을 연결한다.

주제와 서사 또한 점차 다양한 미디어 형식에 걸쳐 전개되는 것을 볼 수 있다. 이러한 현상을 일컬어 헨리 젠킨스는 '트랜스미디어(transmedia)'라고 불렀다. 트랜스미디어는 '엔터테인먼트 산업에서의 수평적 통합'(Jenkins, 2006a: 147)과 관계가 있다. 즉, 주제와 서사가 다양한 텍스트와 미디어 형식으로 의도적으로 서로 엮어 전개되는 것이다. 가장 자주 인용되는 트랜스미디어의 예 중 하나는 매트릭스 시리즈의 마지막 두 영화와 이와 관련된 미디어의 출시다. 영화 〈매트릭스 리로디드(The Matrix Reloaded)〉와 〈매트릭스 레볼루션(The Matrix Revolutions)〉은 비디오 게임인 '엔터 매트릭스(Enter the Matrix)'와 단편 애니메이션 시리즈인 〈애니매트릭스(The Animatrix)〉(모두 2003)라는 일련의 다양한 미디어 형식과 같이 개봉되었다. 이런 각각의 미디어 형식과 텍스트는 각 스토리의 마지막 부분에 추가되었고, 전체적인 **서사** 전개에 기여했다.

개념 정의 2-2 젠킨스(2006a: 147)는 현대 엔터테인먼트 산업에서 명백하게 나타난 트랜스미디어 현상의 증가는 부분적으로는 "허구 세계에서 연대감과 몰입을 증가시키는 마케팅 전략"이라고 말한다. 그러나 이보다 더한 것은 적극적인 고객들의 스스로 변화하고 발전하는 성향 때문이라고 주장한다. 즉, 고객들이 미디어의 여러 텍스트와 미디어 형식에 걸쳐 서사와 주제를 기꺼이 찾고자 하길 원하고, 찾아 나서고, 이를 따르고 있다는 것이다. 따라서 젠킨스의 주장에 따르면 미디어 고객들이 점점 더 생산적이고 창의적이 되면서, 다양한 미디어와 기술 플랫폼에 걸쳐 직접 텍스트를 찾아 나서면서 텍스트들과 다른 고객들 사이에서 활발히 상호작용하는 모습에서 볼 수 있듯이, 생산자와 소비자 사이의 경계가 모호해진다는 것이다. 젠킨스(2006b: 246)는 "참여는 미디어가 작동하는 정상적인 방법의 일부"라고 주장한다. 특히 젠킨스(2006a)는 이제 고객은 수동적이며, 미디어를 소비만 하며 집에서 빈둥빈둥 시간을 보내는 고객은 가고, 그 대신 변함없는 젊은 남성의 이미지이자 미디어와 기술을 애지중지하는 고객의 이미지가 이를 대신(혹은 동반)한다고 주장한다. "미디어 고객은 집에서 시간을 빈둥빈둥 보내는 사람이 아니라, 어떤 미디어를 언제 어떻게 시청할 것인지 결정한다. 그는 미디어 소비자이기도 하고 미디어 팬일 뿐만 아니라, 미디어 생산자이자 배급자이며 홍보 담당자이며 비평가이다. 그는 새롭게 상호작용하는 관객을 대변하는 인물이다"(Jenkins, 2006a: 135).

따라서 이는 관객과 기술이 점점 '상호작용'하고 있다는 것과 관련이 있다. 많은 새로운 미디어 형식과 기술은 사용자에게 더 높은 수준의 상호작용성 또는 '사용자 제어(user's control)'를 제공한다. 예를 들어 월드 와이드 웹은 거의 무한한 링크와 경로를 갖고 있다. 이는 1994년의 마이크로소프트 윈도우 (Microsoft Windows)의 '오늘은 어디로 가고 싶나요?'라는 첫 글로벌 광고 홍보가 그러했듯이, 월드 와이드 웹은 사용자가 원하는 것을 마음껏 '검색'할 수 있다는 개념인 셈이다. 마찬가지로, 비디오 게임은 플레이어에게 게임의 선수나 매니저로서 축구팀을 조정하게 한다거나, 여러 수준의 단계를 통과해 좀비들을 뚫고 나아가게 하는 등의 다양한 선택과 옵션을 제공한다. 또한 디지털 TV는 시청자로 하여금 프로그램에 관련된 주요 정보에 접근하게 하고 스포츠 게임을 여러 각도에서 시청할 수 있도록 조정해 준다.

그러나 이런 상호작용의 정도가 지나치게 과장되어서도 안 된다. 파머(D. Palmer)는 새로운 기술이 '시간이나 기억, 환경을 정복할 수 있는' 능력을 약속해 준 최초의 소니 VCRs처럼, '사용자 제어' 능력이 확장되었다는 식의 수사를 활용해 자주 시장에 소개되고 판매되고 있다는 점을 지적한다(Palmer, 2003: 160). 실상 사용자 제어는 기술의 한계뿐만 아니라 설계자와 제조업체의 목표, 그리고 그 이면에 있는 이데올로기 때문에 여전히 엄청난 한계가 있다. 예를 들어, 대부분의 새로운 미디어 형식들은 기존의 미디어 형식이 '남성 응시' 관점에서 구성되었던 것처럼(Mulvey, 1981)6장 참조 기존 미디어 형식들과 동일한 편견을 보여준다. 비디오 게임의 경우, 종종 주요 남성 인물과 주인공을 포함하는 경향이 있고, 여성이 등장할 때는 종종 대상화되고 성적인 대상이 된다(Yates and Littleton, 2001). 이것은 게이머들에게 어떤 인물로 플레이할지 그리고 어떤 방향으로 게임 서사를 취할 것인지에 대해 선택권을 제한한다. 클라인(N. Kline) 등은 다음과 같이 주장한다(Kline et al., 2003: 19, Crawford 2012:

77에서 인용).

> " 물론 상호작용하는 게이밍과 텔레비전 프로그래밍의 흐름 사이에는 실질적인
> 차이가 있다. …… 하지만 상호작용하는 열성 팬들은 그들 '자신만의' 디지털 문
> 화를 구축하는 데 있어 젊은 참여자들의 '적극적인' 참여의 정도와 종류에 대해
> 좀 더 세밀하게 볼 필요가 있다. 어떤 통로를 선택할지 어떤 캐릭터나 무기를 고
> 를지 — 퀘이크 데스매치(Quake death match)[6]에서 레일건(rail gun)을 고를지 아니면
> 전기톱을 선택할지 — 의 문제는 그 자체로 흥미롭기는 하다. 하지만 이런 종류의
> 선택은 근본적인 개방성이나 게임의 내용에 대한 중대한 결정과는 아무런 관계
> 가 없다.

그러나 새로운 미디어와 디지털 기술이 (어느 정도의) 사용자 제어와 상호작
용을 위해 색다른 기회를 많이 제공한 것은 명백한 사실이다. 이것은 특히 인
터넷과 관련해 주목할 만하다. 많은 인기 있는 인터넷 사이트는 BBC와 마이
크로소프트와 같은 거대 자본가와/또는 (오래된) 미디어 기업에 의해 계속 만
들어지고 통제를 받지만, 사용자가 자신만의 콘텐츠를 만들게 해주고, 사용
자가 볼 수 있는 선택의 폭을 넓혀 주고 그들이 전 세계 사람들과 상호작용할
수 있게 해준다. 특히 사용자는 자신의 '블로그'(온라인 다이어리인 '웹로그'의 줄
임말)뿐 아니라 페이스북과 트위터 같은 소셜 네트워킹 사이트들, 총칭하여
'소셜 미디어'(Fuchs, 2014b 참조)를 통해 어떤 사람도 볼 수 있는 자신만의 프로
필, 페이지/혹은 온라인 콘텐츠를 쉽게 만들고, 상호작용이나 소셜 네트워킹
을 하면서 사람들과 온라인 또는 오프라인으로 만나기도 한다. 이는 인터넷
이 이제 소위 'Web 2.0'스포트라이트 3-2으로 불리는 형태로 진화했다는 것을 의

---

6 사투를 벌이는 경기.

그림 3-4 게임 제어기

하지만 어느 정도까지 게임 제어가 가능할까?

자료: PicJumbo.

미한다. 이는 소셜 네트워킹 사이트, 블로그, 위키(위키피디아 온라인 백과사전 처럼 사용자가 편집하고 콘텐츠를 추가할 수 있는 웹사이트)처럼, 더 많은 사용자-생 성 콘텐츠를 통합하기 위해 웹의 성질과 아키텍처가 발전된다는 것이다. 또 한 사용자가 콘텐츠를 소비만 하는 것이 아니라 점차 생산하는 참여형 문화 의 성장을 의미한다(Jenkins, 2006a, 2006b 참조). 그러나 많은 웹사이트가 사용 자에게 적극적으로 참여하고 기여할 수 있는 기회를 제공하기는 하나, 참여 하는 숫자는 매우 적다. 예를 들어 위키피디아는 방문자 중 약 0.02%에서 0.03%만이 콘텐츠에 활발히 기여한다고 밝혔다(Wikimedia, n.d.).

젠킨스(Jenkins, 2006b)의 주장에 따르면 '평범한' 참여자들은 단지 주류 대중 시장 미디어를 소비하는 것에 만족하는 반면, 팬들은 한때 참여 미디어 소비 의 전위 혹은 그의 말대로 '악당 지도자들'이었다. 그들은 니치 미디어(niche

인터넷과 웹 2.0

The Internet and Web 2.0

인터넷과 웹 2.0 인터넷의 기원은 1960년대 후반 미국 국방성의 방위 고등 연구 계획국(Defense Advanced Research Projects Agency: DARPA)이 만든 아파넷(Advanced Research Projects Agency Network: ARPANET) 컴퓨터 네트워크의 느슨한 집성체로 인정된다. 이것은 1970년대 데이터 전송, 특히 1974년 하버드 대학교에서 발달시킨 이더넷(Ethernet)을 위한 수많은 인터넷 프로토콜의 발전에서 도움을 받았다.

그러나 인터넷이 가장 눈에 띄게 성장한 것은 비군사적 사용, 특히 뉴스 그룹이나 게시판, 멀티 유저 던전 혹은 도메인(multi-user dungeons or domains: MUDs) 때문이었고, 이것들로 인해 이 새로운 기술이 확립되고 발달했다. 비군사적인 아파넷(ARPANET)* 사용이 늘어나자 군사적 네트워크와 비군사적 네트워크 사이의 공식적인 구분이 사라졌고 마침내 1989년에 이르러서는 그 네트워크 자체가 해체되기에 이르렀다(Gere, 2008). 모뎀(1960년에 발명된)으로 인해 점점 더 대규모의 네트워크가 군사적으로 활용될 뿐만 아니라 대학과 산업체를 중심으로 발달할 수 있게 되었다. 네트워크의 사용과 접근이 용이한 것은 무엇보다 월드 와이드 웹(World Wide Web)의 출현 때문이었다. 월드 와이드 웹은 영국 물리학자인 팀 버너스 리(Tim Berners-Lee)가 1980년대 후반에 처음으로 만들었고 그 후 최초의 웹 브라우저인 '모자이크(Mosaic)'가 1993년에 일리노이 대학교에 있는 미국 국립 슈퍼컴퓨팅 응용 연구소(National Center for Supercomputing Applications)에서 만들어졌다(Gere, 2008). 1990년대 중반에 이르러 인터넷은 대학과 산업체를 넘어 가정으로 급속하게 퍼졌다.

초기 월드 와이드 웹은 대다수 사용자에게 '읽기만' 하는 목적으로 활용되었다. 다시 말해서 웹은 주로 테크놀로지 대기업, 예를 들면 마이크로소프트와 NBC 타임 워너(Time Warner) 같은 미디어 및 뉴스 회사에 의해서 소유되고 통제되는 사이트와 내용으로 구성되어 있었다. 이런 회사들에서는 텍스트와 이미지 그리고 나중에는 비디오를 통해 시청자에게 늘 해오던 일방적인 방식으로 정보를 계속 전달했다. 그러나 1990년대 이르면 웹 사용자의 기대뿐 아니라 기술의 진전으로 종종 '웹 2.0'이라고 지칭되는 발전이 이루어진다. 웹 2.0은 다시 디누치(Darcy DiNucci)가 1999년 논문 「파편화된 미래(Fragmented Futures)」에서 처음 만들어낸 용어이며 팀 오라일리(Tim O'Reilly)가 대중화시켰다. 그것은 웹 디자인의 성격과 사용이 좀 더 상호적 사이트와 사용자로 변화하고 발전함을 시사한다. 예를 들어, 페이스북, 트위터, 유튜브나 블로그 등이 그런 사이트다. 웨슬(B. Wessel)의 말대로 "종종 '사회적 웹'이나 '사회적 컴퓨팅'으로 지칭되는 웹 2.0의 개념은 (공동의) 창조성, 협동, 그리고 사용자 간 공유를 쉽게 하는 것을 목적으로 하는 제2세대 웹 기반 커뮤니티라는 아이디어를 부각하는 데 도움이 되었다". 그러나 몇몇 저자들의 주장대로 웹 1.0(이제 이런 용어로 불리게 되었다)과 웹 2.0 사이의 구분은 몇몇 다른 저자들이 주장하는 것만큼 꼭 명확하지는 않다. 예를 들어, 벤 라이트(Ben Light)는 웹은 늘 하이퍼링크와 같이 상호적인 요소들을 가지고 있었다고 주장하고(Light, 2014), 비어(D. Beer)와 버로스(D. Burrows)는 "'민주화'라는 수사에도 불구하고 웹 2.0은 상업적이고 규제가 약한 시장이다. 이것은 또한 악성적 소비주의가 '민주주의적 이상'을 쉽게 훼손할 수 있는 공간이다"라고 주장한다(Beer and Burrows, 2007).

- 아파넷(ARPAnet)은 미국 국방성의 고등 연구 계획국(Advanced Research Project Agency)의 약칭인 ARPA의 주도하에 1969년에 시작된 세계 최초의 패킷 스위칭 네트워크이며, 인터넷의 원형으로 알려져 있다.

media)[7]를 소비하고 그들 자체의 팬 아트(fan art)와 팬 픽션(fanfiction)을 만들어냈다고 한다(Jenkins, 1992 참조). 그러나 젠킨스(Jenkins, 2006b)는 니치 미디어와 참여 문화가 점점 더 주류가 되고 있다고 주장한다. 인터넷, 텔레비전 방송

7　특정 분야에 한정된 미디어.

국, 네트워크의 다변화와 같은 새로운 미디어 테크놀로지는 소비자들이 좀 더 광범위한 미디어 텍스트에 접근한다는 것을 의미한다. 광범위한 미디어에 대해 이런 식으로 용이한 즉각적인 접근이 가능해지면서 제품들이 더 오랜 기간〔종종 '롱테일(long tail)'[8]이라고 불린다〕 팔릴 수 있게 된다. 따라서 사용자들은 자신의 특정한 관심에 꼭 맞는 제품을 더욱더 쉽게 발견할 수 있게 된다. 젠킨스에 의하면, 수동적 소비자들이 적극적인 사용자로 발전하고 적극적인 사용자들은 니치 미디어 텍스트를 찾아 나서고, 다양한 미디어 간의 경계를 넘어 미디어 흐름을 따른다. 그리고 새로운 미디어 네트워크를 통해 유사한 관심사를 지닌 사람들과 연결과 접속을 형성한다. 젠킨스(Jenkins, 2006b)는 피에르 레비(Pierre Levy)의 저작에 의지해(Levy, 1997), 미디어 사용자들이 참여적이고 민주적인, 즉 네트워킹, 커뮤니케이션, 아이디어와 지식의 공유가 가능한 '지식 공동체'를 이룬다고 한다. 개념 정의 3-1

넷째, 새로운 미디어 기술과 종종 관련된 개념을 '가상현실' 또는 줄여서 'VR'이라고 한다. 가상현실은 '현실 세계' 밖 공간이나 인물을 차지하는 개념이다. '가상현실'이라는 용어의 기원은 가장 일반적으로는 프랑스 극작가 앙토냉 아르토(Antonin Artaud)에 기인한다. 그는 1938년에 연극의 마술이나 '연금술'을 묘사하기 위해 이 용어를 사용했는데, 이것은 관객의 일상적인 현실과 비슷하지만 결정적으로 다른 '이중생활'을 만들어낸다(Dixon, 2004). 그러나 '가상'이라는 용어는 1980년대 초부터 새로운 형태의 기술과 가장 밀접하게 연관되어 있으며, 특히 텔레프레전스(telepresence)[9]라고 불리는 새로운 형태의 존재와 경험을 중재할 수 있는 기회를 제공하게 되었다. 예를 들어, 미국 사

---

8 희귀 상품을 오랜 기간 팔아 이윤을 얻는 틈새시장 전략.
9 멀리 떨어져 있는 사람을 원격으로 불러와 마치 같은 공간에 있는 것처럼 보이게 하는 기술.

텍스트 밀렵과 지식 커뮤니티

Textual poaching and knowledge communities

헨리 젠킨스(Henry Jenkins)는 현대 미디어와 문화연구뿐만 아니라 '팬 연구'의 새로운 (서브) 분야의 발전에서 핵심 인물이다. 젠킨스의 중요성은 1992년 그의 책『텍스트 밀렵꾼(*Textual Poachers*)』으로 가장 확고해졌다. 이 책은 젠킨스의 전 지도교수였던 존 피스크가 제시한 것과 비슷한 논법을 따르고 있는데, 둘 다 미셸 드 세르토(Michel de Certeau)의 작품(1984)에서 이론적 영감을 얻었고, 이를 통해 소비자 문화의 어떤 면에서 잠재적으로 창조적이고 심지어 파괴적인 속성을 강조하려는 것이다.

특히 젠킨스(Jenkins, 1992)는 '일반' 미디어 관객과 팬 사이의 차이를 이끌어낸다. 젠킨스는 일반 시청자들이 텔레비전 쇼와 같은 대중문화 텍스트를 단순히 소비하는 것에 만족하는 반면, 팬들은 미디어 텍스트를 '밀렵'하는 것과 같은 더 적극적이고 창의적인 방법으로 관계를 맺을 것이라고 주장한다. '텍스트 밀렵'의 아이디어는 드 세르토(de Certeau, 1984)에서 도출되었다. 하지만 여기서 젠킨스는 미디어 팬들이 기존의 텍스트에서 등장인물, 시나리오 또는 내러티브를 취하고 미술, 시, 이야기, 공연 또는 그와 유사한 그들만의 문화 예술품을 생산하는 방법을 설명하기 위해 특별히 '텍스트 밀렵'이라는 아이디어를 사용한다. 자신의 후기 저서(2006a와 2006b와 같은)에서 젠킨스는 팬들의 참여적 성격이 이제 일반 관객들에게 퍼져 훨씬 더 일반적인 미디어 소비 방식이 되었음을 시사한다. 젠킨스는 이러한 참여 문화가 상호 연결된 세 가지 요인들로 인해 발전했다고 주장한다. 첫째, 인터넷과 같은 새로운 도구와 기술의 출현으로 "소비자가 미디어 콘텐츠를 보관하며, 주석 달고, 전유하고, 재순환시킬 수 있다"(Jenkins, 2006a: 135). 둘째, 비디오 게임광이나 인터넷 블로거와 같은 DIY 미디어 생산을 촉진하는 많은 '하위문화'가 부상하고 있다. 셋째, "수평적으로 통합된 미디어 복합체는 여러 미디어 채널에 걸쳐 이미지, 아이디어 및 내러티브의 흐름을 장려하고 관객의 더욱 적극적인 유행을 요구한다"(Jenkins, 2006a: 136). 여기서 젠킨스는 미디어 내러티브가 점점 더 다른 유형의 미디어에 개입하고 참여하기를 요구하는 '트랜스미디어'의 부상에 대해 언급하고 있다. 젠킨스가 볼 때, 트랜스미디어는 다양한 미디어 텍스트와 유형에 걸쳐, 내러티브를 찾고 적극적으로 참여하는 좀 더 적극적인 소비자의 존재를 요구한다.

여기서 젠킨스는 피에르 레비(Pierre Levy)의 저술에 크게 의존한다. 레비(1997)는 국가나 종교와 같은 '조직된' 사회집단과 가족이나 씨족과 같은 '유기적인' 집단의 역할이 줄어들고, '자기 조직된' 집단으로 대체되었다고 주장한다. 이 자기 조직된 집단들은 생산과 상호 지식의 공유 패턴, 또는 레비가 말하는 '집단 지성'에 의해 함께 유지되며, 그렇게 함으로써 '지식 공동체'를 형성한다.

그러나 젠킨스는 종종 지나치게 낙관적이며 미디어 사용자의 힘을 찬양한다고 비난받아 왔다. 카렌 로스(Karen Ross)와 버지니아 나이팅게일(Virginia Nightingale)은 그를 '유토피아적'이라고 묘사할 정도이다. 가끔 젠킨스는 주의 사항을 제공한다(Ross and Nightingale, 2003: 148). 예를 들어, 그는 융합 문화가 '하향식'과 '상향식' 둘 다라고 주장한다(Jenkins, 2006b: 257). 따라서 그는 "강력한 [미디어] 대기업들이 이 새로운 미디어 시장에 진입할 때 자신들의 이익을 보호하지 않을 것이라고 가정하는 것은 순진한 일일 것이다"(Jenkins, 2006a: 136)라고 말한다. 하지만 그러한 진술에는 이를 상쇄하며 동시에 아주 긍정적인 '그러나……'가 뒤따른다. 예를 들어 앞의 인용문(Jenkins, 2006a: 136)을 결론지으면서, 젠킨스는 '그러나 동시에, 관객들은 새로운 지식문화에 진입하면서 더 큰 힘과 자율성을 얻고 있다'라고 말한다.

회학자 셰리 터클(Sherry Turkle)의 초기 연구(Turkle, 1995)에서는 인터넷이 사람들로 하여금 그들의 정체성과 페르소나를 가지고 놀 수 있게 해주었고, 이 가상현실에서 환상을 유발하고 새로운 정체성을 수행할 수 있는 새로운 공간을 제공했다고 주장한다. 커(A. Kerr) 등은 다음과 같이 말한다(Kerr et al., 2004: 15).

> **"** 새로운 미디어는 대체 가능한 정체성에 대한 사용자 실험을 허용하고 촉진하는 한 수행적 측면을 지닌 것으로 보인다(Turkle, 1995). 이것은 컴퓨터 게임뿐 아니라 인터넷 채팅방 등에도 해당된다. 자신의 정체성을 버리고 다른 사람의 정체성을 떠맡는 것은 디지털 게임에서 핵심적인 즐거움으로 여겨진다(Kerr et al., 2004: 15).

특히, 1980년대에 가상현실 기술은 미국 컴퓨터 과학자 재런 러니어(Jaron Lanier)와 그의 회사 VPL 연구회사(VPL Research Inc.)의 연구로 크게 발전하고 대중화되었다. VPL 연구회사는 사용자가 다감각 컴퓨터 생성 환경과 상호작용할 수 있는 VR 고글과 장갑을 최초로 판매했다(Burdea and Coifet, 1994 참조). 그러나 21세기에 우리는 2014년 오큘러스 리프트(Oculus Rift) 가상현실 헤드셋이 출시되고, 곧이어 많은 경쟁사가 뒤따르면서 가상현실 기술의 두 번째 물결을 보았다.

사이보그주의 개념으로 유사성을 끌어낼 수 있다(도나 해러웨이주요 영향 4-1의 작품과 같은). '사이보그'는 기계 기술을 인체에 이식하는 것과 같은 기계와 인간의 교차점을 구성하지만, 더 중요한 것은 인간과 기계 사이의 경계가 덜 고정되고 더 유연해져 정체성을 흐리게 하는 아이디어를 제기한다는 것이다. 이것들은 또한 〈매트릭스〉 3부작(1999, 2003, 2003)과 같은 공상과학 영화들과 〈엑시스텐즈(eXistenZ)〉(1999) 그리고 윌리엄 깁슨(William Gibson)의 작품과 같은 스팀펑크(steampunk)와 사이버펑크(cyberpunk)에 관한 글들스포트라이트 3-3에

사이버펑크
Cyberpunk

도나 해러웨이(Donna Haraway)는 『사이보그 선언(A Cyborg Manifesto)』(1991)이라는 에세이에서 (A) 포스트모던 세계에서 새로운 기술이 '현실' 세계의 정체성을 모호하게 하는 것을 (B) 사회적 통제나 새로운 해방 가능성이라는 두 가지 미래의 가능성을 열어주는 발전으로 설명한다. 이러한 대립은 결정적 미래와 조건부 미래의 변증법을 작동시킨다. 결정적 미래가 고정되고 통제된 정체성을 약속한다면, 어쩌면 마찬가지로 두려울 수 있는 대안은 통일된 정체성이 전혀 없어진다는 전망이다. 특히, **포스트모던**개념 정의 6-1 '사이보그 픽션(cyborg fictions)'은 새로운 세계에서 살아가는 데 필요한 정체성의 종류를 탐구한다(McCracken, 1997). 그들은 문화적 경계가 끊임없이 변화하는 상황에서 자아의 문제를 생각하려고 시도한다. 그 아이디어 중 몇몇은 1980년대 사이버펑크에서 등장한 공상과학 운동에서 탐구된다. 사이버펑크는 프레드릭 제임슨(Fredric Jameson)에 의해 "글로벌 편집증만큼이나 초국가적인 기업의 현실로 가득 찬 새로운 형태의 공상과학 소설"로 묘사되었다(Jameson, 1991: 3). 사이버펑크의 가장 유명한 지지자인 윌리엄 깁슨의 가상세계는 약한 민족국가와 지배적인 초국가적 민족으로 특징지어지는 지정학적 체계를 묘사한다. 그러나 가상현실, 개인용 컴퓨터, 인터넷과 같은 새로운 기술의 발전에 영감을 받았는데도, 깁슨의 서술은 기계 그 자체만큼이나 기술에 의해 야기된 사회적 모순에 초점을 맞추고 있다. 한편으로, 사이버펑크는 확실히 포스트휴먼적이다. 사이버펑크는 인간됨의 의미를 변화시키는 걸 즐거워한다. 깁슨의 인물들은 유전자 공학, 약물, 그리고 그들 자신을 변형시키기 위한 진보된 수술 형태를 사용한다. 반면, 사이버 세계는 지속적인 낭만주의를 대표하는 전후 카운터컬처(counter-culture)의 후손들로 가득 차 있다. 깁슨의 스타일은 하드보일드 탐정소설에 영향을 받았다. 그 결과 그의 세계에서 가장 두드러진 면은 부족하거나 채워지지 않은 잠재력이다. 그의 소설과 단편들은 지배의 수단으로 신기술을 사용함으로써 발생하는 혼성, '사이버' 의식의 형태를 탐구한다.

이 장르에 대한 그의 가장 유명한 공헌은 '재킹인(jacking in)'이라는 아이디어이다. 중추신경계에 잭을 사용함으로써, 그의 캐릭터는 스스로를 '매트릭스'(인터넷의 향상된 형태)에 직접 연결할 수 있으며, "인간 시스템의 모든 컴퓨터에서 추출한 데이터의 그래픽 표현으로 묘사되는 가상 정보 세계를 탐색할 수 있다. 상상할 수 없는 복잡성, 빛의 선은 정신이 아니라 데이터의 클러스터와 성좌 속에 배열되었다. 도시의 불빛처럼, 멀어져가는"(Gibson, 1986: 67) 매트릭스는 새로운 기술에 의해 가능해진 문화적 충돌과 자아의 재창조에 대한 은유로서 역할을 한다.

사이버펑크 문학의 진화는 '스팀펑크'에서 볼 수 있다. 스팀펑크는 현대 또는 미래의 기술을 역사적, 가장 일반적으로 19세기 환경에 병합하여 대체적인 허구의 역사를 창조한다. 스팀펑크 문학의 예로는 윌리엄 깁슨(William Gibson)과 브루스 스털링(Bruce Sterling)의 책『차이 엔진(*The Difference Engine*)』(1990)이 있으며, 다른 예로는 만화책 시리즈인『놀라운 신사들 리그(*The League of Extraordinary Gentlemen*)』(1999년 초판)과『1886년 훈장(*The Order 1886*)』(2015)과 같은 비디오 게임들이 있다.

서 탐구된 아이디어들이다. 이러한 이야기들은 디스토피아적 미래를 배경으로 하는 경향이 있으며, '현실'과 '비현실' 사이의 모호함을 묘사한다. 이는 우리가 알고 있는 세계의 경계와 이 안에 있는 가능성을 확장시킨다. 비록 현대의 기술이 사이버펑크 문학과 영화의 허구적 설명에 명시된 인간/기계 통합의 수준에 도달하지는 못했지만, 현대의 비디오 게임은 게이머들에게 '대체 가능한' 삶과 현실의 (일부 측면)을 플레이할 기회를 제공한다.

새로운 미디어와 디지털 기술에 대해 쓴 다수의 저자들은, 특히 해러웨이나 연구 초기의 터클처럼 장 보들리야르(Jean Baudrillard)와 유사한 입장을 취하면서 이러한 새로운 기술들이 '현실'과 '비현실' 간의 경계를 모호하게 만들었다고 본다. 예를 들어, 머레이와 젠킨스는 많은 비디오 게임이 '몰입' 수준을 포함하고 있다고 한다(Murray and Jenkins, n.d: 2). 이는 "다른 장소로 이동되는 것, …… 현실 감각을 잃고 일견 무한해 보이는 다른 영역 안으로 들어가 우리 자신을 확장하는 것"을 포함한다. 다른 세계로의 몰입에 대한 이러한 생각은 종종 비디오 게임에 관한 문헌에서 '마법의 고리(the magic circle)'라는 개념으로 표현된다. 이 개념의 기원은 네덜란드의 역사학자 요한 하위징아 (Johan Huizinga)의 저서, 특히 그의 1944년 책『호모 루덴스(*Homo Ludens*)』에 서 찾을 수 있다.

새로운 미디어와 디지털 기술을 연구한 많은 사람 가운데, 특히 초창기 시절 터클의 연구나 해러웨이의 연구는 장 보들리야르와 비슷한 시각을 취했고, 이런 신기술들이 '사실'과 '가상' 간의 경계를 모호하게 만들었다고 보았다. 한 예로, 머레이와 젠킨스는 많은 비디오 게임들이 우리를 "다른 공간으로 이끌어 현실감도 상실한 채, 마치 끝도 없는 듯한 색다른 닫힌 공간으로 영역이 확장되는" 경험이 수반되는 일종의 '몰입' 단계를 담고 있다고 보았다 (Murray and Jenkins, n.d.,: 2). 다른 세계로의 몰입이란 아이디어는 비디오 게이밍에서 종종 '매직 서클(the magic circle)'이라는 개념으로 나타난다. 이 개념은 네덜란드 역사학자인 요한 하위징아의 글에서 최초로 쓰였는데, 특히 영어로 '인간 놀이꾼(human player)'으로 번역된 1944년 작『호모 루덴스(*Homo Ludens*)』(1949년에 첫 영어판이 출판되었음)에 등장한다. 그에게 '매직 서클'이란 여러 가지 목록 가운데 하나로 놀이가 벌어지는 장소이다. 비디오 게임 플레이나 디자인에 관해 쓴 많은 평자들 가운데 살렌(K. Salen)과 지메르만(E. Zimmerman), 율(J. Juul), 애덤스(E. Adams)는 이 개념이 놀이의 형태를 구분하고 이해하는 데 좋은 도구가 된다고 주장한다(Salen and Zimmerman, 2004; Juul, 2005; Adams, 2010). 매직 서클은 이들에게는 '특정 장소'이자 '실제 세계와 동떨어진……'(Salen and immerman, 2004: 97) 곳이다. 이곳은 '통례적인' 사회적 삶이 따르는 규칙이나 사회적 관행이 꼭 적용되어야만 할 필요가 없는 공간이다. 매직 서클 이론에 대해 쓴 T. L. 테일러(T. L. Taylor)는 매직 서클에 대한 "이런 식의 설명은 종종 게임 참여자가 마치 일종의 거울을 통해 걸어 나가 순수한 게임 공간 속으로 들어간다"는 느낌을 갖게 한다고 말한다(T. L. Taylor, 2007: 113). 하지만 테일러, 그리고 파그만(D. Pargman)과 야콥슨(P. Jacobson)은 놀이 공간과 실제 삶의 공간을 구분지으려는 매직 서클 같은 개념이 과연 유용한 것인지에 대해 의문을 제기한다(T. L. Taylor, 2007; Pargman and Jacobson, 2008). 머레이와 젠킨스의 견해와는 달리 비디오 게임 참여자들도 기타 디지털 기술 사용자와 마찬가지로 '다른 세계로 이끌리는' 것이 아니고 여전히 물리적으로나 사회적으로 어딘가에 속해 있다고 본다. 모든 기술('새로운' 기술이나 '예전' 기술 모두)은 특정한 물리적 공간에 위치해 사용되고 있기에 중요한 사회적·문화적 기준이나 관행을 따르기 마련이다. 실즈(R. Shields)는 "텔레커뮤니케이션과 컴퓨터를 매개로 한 소통 네트워크는 글로벌 네트워크일 뿐 아니라 **지역에 기반을 둔**(local) 네트워크이고 …… 지역적 특정 일과나 개인들이 겪는 '플레이스 발레'(place-ballets)[10]에 기반을 두고 있다"고 주장한다.

미디어 관객이나 디지털 기술 사용자들은 자신의 물리적·심리적·사회적 신체를 자신들이 목격하고 몸소 겪는 것에 연계할 뿐 아니라, 어떤 기술이 어떤 방식으로 쓰이는지의 문제 역시 당연히 개인적 관심, 지식, 젠더, 인종, 나이 같은 요인들에 의해 영향 받게 된다. 기술의 역할이나 사용의 문제 역시 사용자에게는 다양한 물리적 또는 '실제적' 의미를 갖게 된다. 예를 들어, 어떤 사람은 친구를 만나려고 이메일을 쓰고, 어떤 사람은 격렬한 비디오 게임 때문에 악몽을 꾸기도 한다. 또 어떤 사람은 장시간의 컴퓨터 사용 때문에 눈과 등에 통증을 느끼곤 한다. 후기 작업에서 셰리 터클(Turkle, 2011)은 새로운 미디어 기술이 보인 사회적 의미를 강조하면서, 사용자들이 점차 소외된다는

---

10 시몬(Seamon)이 처음 제기한 개념으로 사람들이 습관이나 물리적 환경을 바탕으로 규칙적으로 출몰하는 공간이라는 의미를 지닌다.

점도 지적한다. 이들이 다른 사람들과 면대면으로 소통하기보다 기술들과 관계를 맺게 되기 때문이다. 이런 예뿐 아니라 더 많은 경우들이 분명하게 보여주듯이, 새로운 미디어와 디지털 기술의 활용이 '가상' 공간 또는 '매직 서클' 내에서만 벌어지는 현상이라기보다 일상적인 삶의 패턴 내에 존재하고 그 일부로 이해되어야 한다[일상적인 사용과 '기술 길들이기(domestication)'의 문제는 이 장 후반부에 다루어진다].

다섯 번째로 새로운 미디어와 디지털 기술의 부상과 긴밀하게 연계된 문제는 세계화 개념이다. 세계화는 종종 텔레커뮤니케이션, 전화와 텔레비전, 그리고 이제는 인터넷과 디지털 텔레비전 같은 새로운 미디어와 디지털 기술의 부상을 도왔을 뿐 아니라 이들 덕분에 더욱 확장되었다고 말해진다. 어떤 사람들은 이 기술이 '거리감의 죽음(death of distance)'이나 맥루한이 언급한 '글로벌 빌리지'로 이끌었다고 주장한다(Cairncross, 1998). 소위 대중매체 그리고 최종적으로 새로운 미디어와 디지털 기술이 거리와 시간·공간에 대한 감각을 줄임으로써 거의 실시간으로 전 세계적인 통신을 가능하게 해주었고 사람들의 정체성 또한 점차로 지역성이나 시공의 한계를 벗어나게 되었다는 것이다. 한 예로, 이안 테일러(Ian Taylor)는 대중매체의 중요성이 확대되면서 축구팀 서포터들도 지역성 기반이 아니라 '상상력 차원'에서 점차 더 충성심을 키워간다고 보았다(I. Taylor, 1995). 즉, 서포터들이 (전통적으로 스포츠 충성도의 주된 영향을 준) 지역성을 기반으로 스포츠팀과 연계되기보다 (텔레비전이나 인터넷 같은) 미디어 기술을 통해 인종이나 개인적인 취향 같은 개인적 요인을 기반으로 팀 충성도를 갖게 된다는 것이다(Crawford, 2004 참조).

하지만, 앞서 언급했듯이 세계화는 새로 등장한 특별한 현상이 아니라 유럽의 식민주의 이후로 ─ 그 이전은 아니라고 해도 ─ 발생한 유구한 역사를 갖고 있다. 한 예로, 멘넬(S. Mennel)은 세계화가 인류의 역사만큼이나 오래 존재한 '장기간의 과정'이라고 본다(Mennel, 1990: 359). 이와 마찬가지로 개개인과 공동체의 정체성에 대한 감각이 지역성 차원보다 '상상력 차원'에서 형성되었다는 것도 새로운 주장이 아니다. 바우만(Bauman, 2001)은 비교적 소외된 소규모 소박한 공동체가 쇠퇴하고 현대사회로 들어서면서 모든 공동체가 시공간적인 지역성에 바탕을 두기보다 상상력에 바탕을 두게 되었다고 언급했다. 또한, 다국적 기업과 글로벌 도시의 중요성이 부각되는 세계화 시대에는 국가 개념이 별로 중요치 않다고 주장한 카스텔(M. Castells) 같은 평자들의 견해와는 달리, 캠벨과 홀(Campbell and Hall, 2015)은 국가 개념이 아직도 중요하다고 주장한다. 이들은 몇몇 국가, 특히 미국 같은 국가는 아직도 중대한 세계적 역할을 수행한다고 하면서, 이는 매우 중요한 경제적·정치적·군사적 기구들에 기반하고 있기 때문이며 수백 년간 그래왔듯이, 이러한 기구들이 국가와 긴밀하게 연계되어 있기 때문이라는 것이다. 게다가 수많은 국가와 지역에서는 국가적 정체성이 아직도 지속되고 있으며 더욱 큰 의미가 있는 것이 사실이다.

마지막으로 새로운 미디어와 디지털 기술의 주요 특징으로 플루(Flew, 2002)는 '네트워크'를 지목한다. 네트워크는 엄청난 양의 정보를 일련의 서로 연결된 지점으로 이동시킬 수 있는 능력을 지닌다. 인터넷 같은 기술적인 연계뿐 아니라 스마트폰이나 인터넷 대화 방식을 통하거나 전화나 문자 또는 리모트 조정 방식으로 텔레비전 여론조사에 투표하는 등의 방식으로 사람들 간의 소통이 이루어진다. 특히, 카스텔(1996, 1997, 1998)는 새로운 미디어와 디지털 기술이 '네트워크 사회' 개념 정의 3-2를 키웠으며, 사회적 연계나 소통이 더 이상 위계적이거나 직선적이지 않고 마치 신속하게 모든 방향으로 흘러가는 정보처럼 웹 방식으로 다방향적이라고 주장했다. 하지만 네트워크 사회라는 개념이 과연 이전과 어떻게 다르고 어떻게 새로운가에 대해서는 아직 의문이 남는다(특히 이러한 견해에 대한 비판은 2절의 '정보사회가 가져온 결과'와 '기술과 일상생활'을 참조).

네트워크 사회
Network society

마누엘 카스텔(Manuel Casttels)은 『정보 시대: 경제, 사회, 그리고 문화(*The Information Age: Economy, Society, and Culture*)』(1996, 1997, 1998)라는 세 권짜리 저서에서 1980년 이후 새로운 형태의 경제와 사회가 등장했다고 주장한다. 새로운 디지털 기술이 지구적 삶의 성격을 바꿔버렸다는 주장은 카스텔이 처음 제기한 것은 아니지만[유사한 주장은 노라(S. Nora)와 밍크(A. Minc)가 쓴 『사회의 컴퓨터화(*Computerization of Society*)』(1980)에서 제기된 바 있다], 대개 이러한 주장과 관련된 사람으로는 카스텔이 지목된다.

그는 사회가 아직 성격상 자본주의 방식으로 존재하지만, 그간 변화된 것은 '산업형 발전 형태'에서 '정보적 발전 형태'로의 이전이라고 보았다. 그리고 정보적 발전 형태의 핵심에 네트워크가 있다고 하면서, 이러한 새로운 인사회구조를 일컬어 '네트워크 사회'라고 이름 지었다. 그는 '다른 시대와 공간'에도 사회적 네트워크가 존재했지만, "새로운 정보 기술 패러다임이 전반적인 사회구조의 물질적 바탕을 구성한다"(Casttels, 1996: 469)고 언급한다.

정보는 경제적 활동의 근간이고, 새로운 기술의 자원이자 동시에 결과물이며, 우리의 일상적인 삶에 점차 더 많은 영향을 미치고 충격을 주었다고 그는 주장한다. 그 결과 네트워크 사회는 그 구조와 조직, 구성원들이 더욱 유연해질 필요가 있는 현대의 작업 성격을 바꾸어 놓았다는 것이다. 정보 기반 사회에서는 종종 급속한 변화가 이루어지기에, 기업과 조직, 그리고 개인이 살아남기 위해서는 이에 못지않게 새롭게 적응하면서 신속하게 변화해야 한다고 그는 보았다. 그렇기에 노동 역시 정형화된 형태가 아니라 유연해야 하고, 사회적 불평등 역시 전 세계적인 네트워크에 포함되느냐 아니면 제외되는가에 달려 있다는 것이다.

카스텔은 네트워크 사회에서는 사회 권력과 공동체에도 변화가 있었다고 주장한다. 국가라는 단위가 점차 그 의미가 줄어들고 중요성이 줄어든다면, 경제, 미디어, 전자 통신은 더욱 세계화된다고 보았다. 그는 새로운 사회운동의 중요성을 강조하는 한편, 공동체는 점차 '선택적(elective)'이 된다고 했다. 이제는 사회가 우리에게 준 공동체가 아니라 우리가 원해서 가입하는 공동체가 된다는 것이다.

카스텔(1997: 321)은 정치는 우리의 관심을 얻기 위해 엔터테인먼트 사업과 경쟁하면서 점차 "관객의 평가를 잘 받기 위한 경쟁의 장"이 된다고 했다. 권력은 정보 네트워크 내에 존재하지만, 특정한 '흐름의 공간'을 둘러싸고 조직되기에, 전 세계적 네트워크 안에서 특정 지역이 중심지, 노드, 또는 링크가 된다는 것이다. 런던, 파리, 뉴욕 같은 도시가 글로벌 네트워크의 포인트이자 링크라고 한다면, 전 세계의 많은 컴퓨터 산업이 근거를 두고 있는 캘리포니아의 '실리콘 밸리'도 이와 마찬가지라는 것이다. 그는 이러한 곳을 일컬어 '테크노폴(technopoles)'이라고 불렀다. 이 네트워크 사회 내에서 사람들은 문화적인 링크도 구축하게 된다. 그러므로 권력은 몇몇 정치 지도자의 손아귀에 있는 것이 아니라 네트워크 사회의 문화적·경제적·정보적 흐름에 근거하게 된다고 본 것이다.

정보에의 접근이 신속하게 이루어지면 긍정적인 결과뿐 아니라 부정적인 결과 또한 더욱 확산될 수 있다. 다른 평자들처럼 카스텔 역시 감시 사회의 도래에 대해 경고한다. 감시 사회에서는 일반 개인의 정보가 점점 더 모아져 저장된다. 하지만 감시 사회에 대한 기존 비판과는 달리, 카스텔은 더 이상 '빅 브라더'를 걱정하는 것이 아니라 '리틀 시스터(little sister)'를 조심해야 한다고 보았다. 그는 글로벌 네트워크 사회에서 국가 차원의 권력과 영향력은 줄어들 수 있지만, 우리의 행동을 감시하고 관찰하고 기록하는 사유 기업들의 중요성이 점차 중요해지고 있다고 언급했다.

'네트워크 사회'라는 개념에 대한 비판의 일환으로 우리는 카스텔의 주장이 별반 새로운 것이 아니라는 점을 지적할 수 있겠다. 예를 들어, 엘리아스(N. Elias)를 포함해 많은 평자들 역시 사회구조의 기반으로 사회적 네트워크의 중요성을 지적한 바 있다. 메이(C. May)는 새로운 기술이 사회에 미치는 영향력을 카스텔 같은 평자들이 너무 과장했다고 지적하면서, 사회는 아직 자본주의적 형태이며 최근에도 근본적인 성격은 별반 바뀐 것이 없다고 보았다(May, 2002).

또한 너무 결정론적인 견해라는 이유로 카스텔은 비판을 받는다. 캘훈(C. Calhoun)은 카스텔이 네트워크 사회의 도래를 마치 피할 수 없는 것으로 보면서 다른 대안도 없고, 다만 정보와 세계화가 계속 확장될 것으로 보았다는 점을 지적한다(Calhoun, 2000). 이러한 견해는 사회가 어떻게 발전할 수 있으며 발전해야 하는지 그 가능성을 무시할 뿐 아니라, 미래는 아직 쓰인 것이 아니라는 점을 인식하지 못할 뿐이라고 그는 지적한다. 사회는 카스텔이 진행한다고 믿는 그 방향대로 진행되지 않기 때문이다.

새로운 미디어와 디지털 기술이 사회의 성격에 변화를 가져왔다는 것은 어느 정도 과장된 면이 있다. 메이(C. May)는 정보 기반 기술이나 직업이 신속하게 성장하는 모습을 보이기는 하지만, 그렇다고 사회의 성격에 급진적으로 근본적인 영향을 미친 것은 아니라고 본다(May, 2002). 우리는 아직 재산의 소유를 기반으로 하는 자본주의 사회에 살고 있다. 다만 재산의 일부가 물리적이라기보다 지적 재산으로 바뀌었다는 것이다. 대중매체(인터넷 같은 '새로운 미디어' 영역도 포함해) 역시 아직도 전통적인 미디어 기업이나 회사가 지배하고 있다. 다만 이를 관리하는 법은 대개 국가가 지배하고 있다. 새로운 미디어와 디지털 기술과 관련해 플루가 지적한 여섯 가지 요인(디지털화, 융합, 상호작용, 가상현실, 세계화, 네트워크)과 관련해 살펴보았듯이, 어느 것도 완전히 '새로운' 현상이라고 볼 필요는 없다.

정보사회가 가져온 결과

신기술이 사회와 문화에 준 충격의 수준과 신기술로 생긴 변화가 사회와 문화에 긍정적인 결과를 가져오느냐 부정적인 결과를 가져오느냐에 관해서 열띤 논쟁이 벌어지고 있다. 가령, 이시엘 데 솔라 풀(Ithiel de Sola Pool)은 새로운 정보 기술 덕분에 출판과 저술 활동은 훨씬 더 자유로워지고 현 미디어 형식(TV 같은)에 존재하는 검열, 위계, 이데올로기의 속박에서 벗어나 사회정치 영역은 새로운 민주주의적 자유를 누리게 될 것이라고 주장했다(de Sola Pool, 1983). 조지 길더(George Gilder), 조나단 엠로드(Jonathan Emord), 니콜라스 네그로폰테(Nicolas Negroponte)와 같은 학자들과 헨리 젠킨스(Henry Jenkins) 같은 학자들도 일정 부분 신미디어와 디지털 기술에 내재된 해방적 속성을 연구의 대상으로 하고 있다(Emord, 1991; Negroponte, 1995; Jenkins, 2006a, 2006b). 신미디어 기술이 가져올 '긍정적인' 결과에 관한 연구에 가장 큰 영향을 준 학자는 아마도 마셜 맥루한일 것이다.

맥루한(1964)에 따르면 미디어 형식으로는 닫혀 있고 단방향적이고 완성된 메시지로 구성되는 (텔레비전 같은) '핫한(hot)' 형식과 열려 있고, 다방향적이고 상호작용적이며 참여를 요구하는 (책과 같은) '쿨한(cool)' 형식이 있다. 그는 특히 쿨한 미디어는 인간의 능력을 확장하고 기존의 여러 가지 제약들, 가령, 시간과 거리로 인해 불가피하게 생긴 제약에서 벗어나게 해준다고 주장한다(May, 2002). 비록 맥루한이 애초 쿨 미디어의 예로 제시한 미디어들이 지금은 '구'미디어가(만화책 같은) 되는 경향을 보이고 있다고는 하지만 다른 학자들〔마크 포스터(Mark Poster) 같은〕은 급진적이고 다양한 (위계적이지는 않은) 커뮤니케이션 양식과 경향이 가능한 새로운 '쿨한' 미디어로 여겨지는 인터넷 같은 신미디어와 디지털 기술을 설명할 때 맥루한의 이론을 적용하고 있다(Poster, 1990).

신기술을 통해 최소한 일정 부분 개인과 기존의 혹은 새롭게 생겨난 사회 집단 간 커뮤니케이션의 가능성이 점점 더 커질 수 있다는 점은 분명하다. 라인골드(H. Rheingold)는 인터넷 덕분에 공동체 참여와 행동 그리고 민주주의의 전통적인 의미가 새롭게 바뀌고 있다고 주장한다(Rheingold, 1994). 그리고 더 많은 기술 결정론적 이론과는 대조적으로 라인골드는 이러한 공동체에서는 개인의 선택과 자발적 참여가 중요하다고 강변한다. 위셀스(B. Wessels)의 주장처럼 전통적인 "장소 기반 공동체에 생긴 변화의 핵심은 사용자가 관계망에서 다른 사람들과 연결되는 데 필요한 것을 맞추기 위해 정보통신기술을 활용하는 강력하면서도 약한 연결망의 발전이다"(Wessels, 2010: 53). 위셀스에 따르면 사람들은 인터넷과 SNS 같은 디지털 미디어를 통해 자신들의 관심사, 가치, 친밀감, 계획, 문화에 기반한 관계망을 형성한다. 그리고 많은 학자는 이런 관계망을 전통적인 장소 기반 공동체처럼 안정되고 의미 있는 곳이라고 주장한다. 특히, 카스텔(Castells, 2011)은 인터넷 기반 공동체와 관계망 덕분에 지역의 거주민 연합처럼 장소에 기반한 여러 공동체에 새롭게 연결되거나 새로운 정보를 얻게 되는 것은 물론이고 환경운동이나 인권운동과 같은 사회운동과 사회활동이 더 강력해질 수 있다고 주장한다. 예를 들어, '아랍의 봄'이나 2011년에 있었던 '월스트리트를 점령하라' 같은 저항운동이 일어날 때 운동을 조직하고 가능하게 하는 과정에서 소셜 미디어가 상당한 역할을 했다고 종종 언급된다(Tsatsou, 2014).

그러나 반대로, 신미디어와 디지털 기술, 그리고 이것들이 만들어내는 결과물인 새로운 정보 기반 사회의 부정적인(심지어 디스토피아적으로) 면을 걱정하는 학자들도 많다. 새로운 정보 시대의 부정적인 결과를 연구한 학자 중 닐 포스트먼(Neil Postman)이 가장 많이 언급된다. 포스트먼(Postman, 1933)은 현 사회를 '테크노폴리(Technopoly)', 즉 기술이 지배하고 통제하는 사회라고 볼 수 있다고 주장한다. 이런 사회는 아무 목적이나 의미 없이 과학과 기술을 맹목적으로 신봉하는 사회다. 이런 곳에서는 막대한 양의 정보를 점점 더 많이 생산하는 '한계 없는 발전'이 진행되고 있지만 이를 평가할 수단은 없다. 가장 좋은 예가 컴퓨터인데 포스트먼은 컴퓨터가 교육을 망치고 있다고 생각한다. 컴퓨터는 영구적으로 점점 더 많은 정보를 생산하고 있고 우리는 이런 컴퓨터에 더 많이 의존하게 된다. 이러다 보면 모둠학습, 협동과 사회적 합리성 같은 영역이 와해되거나 다른 것으로 대체될 수밖에 없다. 포스트먼의 주장처럼 "테크노폴리는 문화의 한 상태이면서 동시에 마음의 한 상태다. 그것은 기술을 신격화한다. 즉, 문화는 기술로부터 인가를 받으려 하고 기술에서 성취감을 얻고 기술로부터 명령을 받는다"(Postman, 1993: 71). 더구나, 필립 딕(Philip K. Dick) 같은 공상과학 소설가는 물론이고 〈터미네이터(*The Terminator*)〉나 〈매트릭스〉 연작물 같은 영화를 제작한 할리우드 영화산업계가 수십 년 동안 인간이 기계와 기술에 의존하다 보면 인류가 기술에 종속되거나 최소한 기술과 갈등을 겪게 되는 디스토피아적 미래를 제시해 왔다.

또한, 인터넷으로 대표되는 새로운 디지털 기술이 사회가 개인화되는 원인이면서 동시에 결과라고 비난받아 왔다. 바우만(Bauman, 2001), 퍼트넘(R.D. Putnam), 유라이(J. Ury) 같은 학자들은 전통 공동체가 위험에 처해있고 이렇게 된 것의 가장 큰 원인은 인터넷에서 타인과 교제를 통해 쌓은 친근감 같은 개인화된 친밀도라고 주장한다(Putnam, 2000; Miller, 2011; Ury, 2000). 위에서 언급했듯, 터클의 후기 연구(예를 들어 2011년 연구)를 보면 이전의 낙관적인 태도(터클의 1995년 연구)가 신기술 사용에 내재된 반사회적 속성을 강조하게 되면서 훨씬 더 조심스러운 태도로 바뀌었음을 알 수 있다. 벤 라이트(Ben Light)는 페이스북 같은 SNS를 사용하는 사람들은 복잡하고 귀찮은 과정임에도 불구

런던 심포니 오케스트라와 소셜 미디어 미접속

The London Symphony Orchestra and social media disconnection

2011년에 런던 심포니 오케스트라(London Symphony Orchestra; LSO)는 두 가지 목적으로 모바일 앱을 출시했다. 첫째, 학생들이 할인 표를 살 수 있는 수단을 제공하기 위한 것이고, 둘째, 런던 심포니 오케스트라의 마케팅 팀은 젊은이들이 많이 쓰는 기술(휴대전화와 앱)을 이용하면 더 많은 사람이 클래식 음악에 관심을 갖게 될 것이고 그렇게 되면 런던 심포니 오케스트라의 연주를 더 많은 사람이 찾게 될 것이라고 기대했다(Bauer et al., 2005). 이 앱에는 포인트 보상 기능, 클래식을 잘 모르는 이들에게 런던 심포니 오케스트라는 물론이고 런던 심포니 오케스트라의 공연에 관한 정보를 제공하는 기능, 그리고 가장 중요한 기능인 앱 사용자들이 사용하는 SNS와 연동이 되는 기능 등, 젊은이들이 좋아할 만한 여러 기능 등이 들어 있으니 두 번째 목적은 쉽게 달성되리라고 기대했다. 자신들이 공연을 보러 간 내용을 페이스북이나 트위터에 올리면 그들의 친구들이 SNS에 더 많이 접속할 것이라고 기대했지만 크로퍼드 등이 이 앱을 사용했던 사람 80명 이상을 대상으로 초점집단면접을 해보니 SNS 연동 기능을 사용한 사람이 한 명도 없었다(Crawford et al., 2014). 앱에 그런 기능이 있다는 것을 몰라서가 아니라 알면서도 의식적으로 사용하지 않은 것이다. 클래식 음악을 '감상'하기 위해서는 전문 지식이 어느 정도는 있어야 하기 때문에 구태여 클래식 음악을 잘 알지 못하는 사람들에게까지 SNS로 소통할 이유가 없었다. 따라서 참가자들은 적극적으로 자신들의 공동체를 다른 사람들과 공유하려고 하지 않았고 장소 기반 공동체 너머와 소통하기 위해서 SNS를 사용하지는 않는다는 점을 이 연구는 말하고 있다. 라이트(2014: 77)의 주장처럼 '따라서 사용자의 행위와 관련된 정보를 SNS에 올리거나 SNS로 검색을 하는 과정에서 친분이 있건 없건 다른 관객들과 소통할 기회를 가질 수는 있지만 그렇다고 해서 이런 일이 미리 결정되어 있다고는 할 수는 없다'. 게다가 SNS를 통해 소통을 하려고 하기보다는 오히려 하지 않으려고 하는 사람들도 많아 보인다.

하고 어느 한 사이트에 접속했다가 나왔다가를 빈번히 반복한다고 주장한다(Light, 2014). 가령, 하나의 SNS에서 프로필을 여러 개 유지하거나 용도를 구분해서 SNS를 사용(업무용, 비업무용으로 별도로 사용하는 것처럼)하기도 한다. 라이트(Light)는 크로퍼드 등(Crawford et al., 2014)이 런던 심포니 오케스트라의 관객을 대상으로 한 연구를 예로 든다. 〈예 3-2〉에서 이 연구를 소개하고 있다.

또한, 모든 형태의 '공동체'는 늘 선하다고 보는 환상에 너무 쉽게 빠지지 않는 것이 중요하다. 인터넷 덕분에 우리가 공동체 의식을 더 많이 갖게 되었고 힘없는 이들에게 힘을 북돋워줄 수 있는 것이 훨씬 용이해진 것처럼 인터넷은 인종차별주의자, 여성혐오자, 범죄자, 기타 다양한 일탈자 집단이나 개인들에게도 똑같은 일을 할 수 있다. 인터넷에서 보장하는 익명성 때문에 범죄 수준의 약자 괴롭히기와 협박(혹은 '트롤링') 같은 일이 개인들에게 행해진다는 지적이 있다. 게다가 제시카 발렌티(Jessica Valenti: Feministing.org의 편집인)가 ≪가디언≫에 기고한 글에 나오듯 인터넷에서 이런 일들이 여성들에게 매우 빈번히 벌어진다.

> 66 인터넷상에서 남성들이 피해를 당하지 않고 있다고 말할 수 있는 사람은 아무도 없지만 여성에게 노골적인 독설을 퍼붓는 일은 더 이상 그냥 넘어갈 수 없을 정도가 되었다. 일상에서 전통적으로 여성에게 가해지는 각종 괴롭힘은 말할 것도 없고 인터넷에서 여성을 대상으로 하는 스토킹, 살해 협박, 증오 발언의 극단적인 예는 지천에 널렸다. …… 인터넷을 처음 사용할 때 기대했던 유토피아적 이상과는 상당히 먼 일이 벌어지고 있다. …… 가장 역겨운 것은 이런 일이 수용되는 방식이다. 길거리에서 여성들을 괴롭히는 것은 부적절한 짓이라고 여기지만 인터넷에서 여성을 대상으로 하는 성희롱은 용인될 뿐만 아니라 종종 칭송받기까지 한다. 블로그류나 포럼 같은 공간에서 여성을 공격하면 수백 개의 댓글이 달리고 접속자 수는 폭발한다(Valenti, 2007a: 16).

#게이머게이트

#gamergate

비디오 게임 산업에 종사하거나 관련 업종 일을 하는 여성들이 살인/폭력 협박을 받아온 역사는 길다. 예를 들어, 2007년에 게임 개발자인 캐시 시에라(Kathy Sierra)의 상세 개인 정보가 인터넷에 공개되었고 죽이겠다는 협박을 받았다. 그리고 페미니스트 게임 비평가인 어니타 사키지언(Anita Sarkeesain)은 비디오 게임에서 젠더 묘사를 분석하는(여러 주제 중에서) 웹사이트인 '페미니스트 프리퀀시(Feminist Frequency'를 개설한 이후 셀 수 없을 정도로 많은 협박을 받았다(Jason, 2015). 이와 같은 여성혐오운동은 트위터 해시태그 #게이머게이트(#gamergate)를 중심으로 통합된 2014년 후반에 새로운 차원으로 옮겨갔다. 대부분의 사람들은 게이머게이트를 게임 저널리즘의 도덕성과 관련된 진지한 논의로 받아들였지만, 일부가 주장하듯 힘이 점점 커지고 있는 좌경 혹은 페미니스트 어젠다에 대항하기 위한 운동 구호로 여겼다. 폭격의 중심에 있던 여성이 게임 개발자 조이 퀸(Zoe Quinn)이었다.

퀸은 (여러 업적 중에서) '디프레션 퀘스트(Depression Quest)'란 게임을 개발한 사람이었다. 이 게임은(가능한 한 정확하게 말하면 인터랙티브 픽션이다) 우울증을 겪고 있는 이들에게 도움을 줄 목적으로 고안된 게임이다. 이 게임에 대한 게이머들의 반응은 대체적으로 좋은 편이었고 게임 비평가들로부터도 긍정적인 평가를 받았다. 하지만 게임이 출시되고 난 다음 얼마 지나지 않아 퀸의 전 애인 에런 조니(Eron Gjoni)가 인터넷에 두 사람이 이전에 주고받았던 편지 그리고 퀸의 개인 정보와 연락처 등이 담긴 문건과 교제 기간 동안에 퀸이 다른 사람과 바람을 폈고 게임 디자이너로서도 윤리적으로 살지 않았다고 퀸을 비난하는 연작 글을 '조이 포스트(The Zoe Post)'라는 이름으로 올리는 일이 벌어진다(Jason, 2015). 많은 이는 이 게시물들을 게임 업계의 타락상과 특정 어젠다를 밀기 위해 게임을 이용하는 여성들이 게임 산업을 이용하고 있음을 보여주는 '증거'로 받아들였다.

이 과정에서 수많은 (주로 여성) 게임 저널리스트들, 게임 개발자들 그리고 심지어 학자들[이에 관한 예는 Staumsheim(2014) 참조]이 주로 이메일이나 트위터로, 가끔은 우편으로 혹은 직접적으로 살인/강간 협박을 수없이 받았을 뿐만 아니라 심지어 그들의 가족들도 생명과 안전의 위협을 받았다.

2014년 10월에는 저널리스트이자 사회 비평가인 어니타 사키지언(Anita Sarkeesain)의 예정되어 있던 유타 대학교에서의 강연이 취소되었다. 강연을 강행하면 '미국 역사상 최악의 인명 피해로 기록될 총기 난사가 벌어지게 될 것'이라는 익명의 협박 편지를 받고 대학 측에서는 강연을 취소할 수밖에 없었다. 협박 편지에는 다음과 같은 말이 적혀 있었다. "내 수중에는 반자동 소총과 여러 개의 권총과 파이프 폭탄이 있고 나는 무슨 수를 써서라도〔강연 참석자들을〕죽일 것이다"(Neugebauer and Lockhart, 2014).

여기서 역설(역설이라 부를 수 있다면)은 1999년에 컬럼바인 학교 총기 난사 사건이 벌어진 이후 비디오 게임은 게이머들에게 과격한 공격성을 야기하지 않을 뿐만 아니라 한 학교에서 벌어진 대량 살상 사건이 다른 학교에서도 반드시 재발되는 것은 아니라고 주장하면서 비디오 게임 공동체가 비디오 게임을 지키기 위해 단합했지만 이후 15년 동안 계속해서 불만을 품은 게이머들이 학교에 총기를 난사해 이전에 결코 보지 못했던 규모의 사람들을 죽일 거라고 협박했다는 것이다.

특히, 발렌티는 인터넷상에서 강간, 살인, 폭력 협박을 받는 '여성 친화적' 사이트 혹은 '페미니스트' 사이트의 편집자들과 투고자들(그녀 자신을 포함해서)에 관해 논의한다. 또 다른 최근의 예로는 비디오 게임 산업에 종사하거나 관련 업종 일을 하는 여성들에게 가해진 살인/강간 협박인데 이런 일은 #게이머게이트(#gamergate)를 중심으로 온라인 (그리고 오프라인)에서 벌어졌다. 따라서 인터넷(그리고 다른 디지털 기술)은 사람들을 한데 모이게 하는 일뿐만 아니라 사람들을 희생자로 만들어 고립시킬 수도 있다는 점에 주목하는 것이 중

✓ 페미니즘에 대해서는 2장을 참고하라.

그림 3-5 타자기

키를 넣어 기계적 방해를 방지한다.

요하다.

하지만 신미디어와 디지털 기술을 '부정적'으로 읽는 것과 '긍정적'으로 읽는 것 둘 다가 갖고 있는 한계는 둘 다에서 종종 기술 결정론적 관점이 존재한다는 것이다. 즉, 이 논쟁의 양면은 기술이 개인적이고 사회적인 변화(더 좋게 변화하거나 더 나쁘게 변화하거나)로 몰고 가거나 그런 변화를 가져온다고 보는 경향을 보인다는 것이다. 예를 들어, 우리가 앞에서 살펴본 게이머게이트 해시태그의 경우에서처럼 인터넷상에서 여성 게임 개발자, 저널리스트, 학자를 겨냥한 여성 혐오성 공격이 난무하고 있다고 해서 인터넷을 비난할 수 있을까? 아니면 인터넷은 단지 사회에 이미 존재하고 있는 견해가 분출하는 통로에 불과한 존재인가?

기술 결정론적 논쟁이 인식하지 못하고 있는 것은 사회 변화란 단순히 기술혁신의 결과가 결코 아니고 여러 상이한 사회적 그리고 기술적 행위자를 포함하는 사회 작용이라는 복잡한 과정의 일부라는 점이다. 예를 들어, 플루(Flew, 2002)는 기술 결정론적 논쟁에 이의를 제기하는 예 두 개를 제시한다. 하나는 가스로 작동하는 냉장고이고 나머지 하나는 쿼티(QWERTY) 배열의 자판이다. 가스로 작동하는 냉장고는 전기로 작동하는 냉장고를 개발할 때 함께 개발되었지만 단순히 가스로 작동하는 냉장고 제조사가 전기 회사만큼의 판촉력을 갖추지 못했기 때문에 시장에 자리를 잡지 못했다. 컴퓨터를 사용할 때 없어서는 안 될 쿼티 키보드는 이전 타자기의 키가(〈그림 3-5〉) 다른 키 사이에 끼어 옴짝달싹 못 하게 되는 것을 방지하는 수단으로 개발되었다. 따라서 이런 기술의 속성(그리고 실패와 성공)은 많고 많은 것 중에서 그 기술을 둘러싼 문화에 의해 생성되어 왔다. 기술을 단순히 문화를 형성하는 것으로 볼 것이 아니라 다른 문화적 그리고 사회적 과정에서 형성되고 다른 문화적 그리고 사회적 과정과 상호작용하는 문화 사물 그 자체로 보는 것이 매우 중요하다. 특히, 행위자 연결망 이론(Actor Network Theory: ANT)을 옹호하는 이들이 이런 주장을 펼치고 있는데, 그들 중 가장 주목할 사람은 브뤼노 라투르(Bruno Latour)다(Latour, 2005).개념 정의 3-3

기술과 일상생활

신기술과 일상생활 속 신기술을 다룬 중요한 저서로는 1990년 출판된 로저 실버스톤(Roger Silverstone)이 레슬리 해든(Leslie Haddon)을 포함한 브루넬 대학교의 동료들과 공저한 책을 꼽을 수 있다. 기술의 '가정화(domestication)'란 용어는 이 책에서 처음 등장한다. 전통적으로 가정화라는 용어는 야생동물의 가축화를 연상시키는데, 버커(T. Berker)는 이 책에서 '가정화'라는 용어는 '이상한' '신'기술이 사용자들의 구조와 일상과 환경에 어떻게 통합되었나를 이해시키기 위해 비유적으로 쓰인 것이라고 한다(Berker et al., 2006: 2). 해든은

행위자 연결망 이론
Actor Network Theory(ANT)

행위자 연결망 이론(ANT)은 특히 과학기술 사회학 분야에서 중요하고 영향력 있는 이론이다. ANT는 사회와 기술을 연결하고자 하며, 그 과정에서 사회질서를 인간 행위자, 기술, 사물, 동물, '연결된 모든 것'을 연결하는 네트워크로서 이해하려고 한다(Kirkpatrick, 2008: 102). ANT에서는 사회적 행위자가 결코 자율적이지 않고 복합적이며 이질적인 네트워크의 일부라고 주장한다. 이런 접근법에서는 기술과 사물이 사회적 행위자[혹은 '행위소(actant)']로서 인간과 나란히 그리고 인간과 함께 행동하는 것으로 이해한다. 이 관점에서 사회적이라는 것은 단순히 행위소들의 네트워크들의 특수한 배열로 이해된다. 행위자 연결망 이론 분석가는 이런 사회적 연결을 찾아내고 그 연결이 어디를 향하든 추적하는 것을 목표로 삼는다. 그래서 ANT는 사실상 '이론'이라기보다는 오히려 사회적 연구 방법론에 가깝다. 예를 들어, 존스(Jones, 2013)는 페이스북이나 트위터 같은 소셜 네트워크 사이트들(SNSs)을 이해하기 위해서 ANT를 활용한다. 여기서 그녀는 SNSs를 똑같이 행위소인 사람과 기술의 관계에 바탕을 둔 이질적 네트워크로 간주한다.

ANT는 '기술적인 것'이 늘 사회적일 수밖에 없는 것과 마찬가지로 '사회적인 것'은 이미 늘 기술적임을 시사한다. 라투르의 주장에 따르면, "누구도 사회적 관계만 따로 떼어본 적도 없으며 …… 기술적 관계만 따로 떼어본 적도 없다"(Latour, 1991: 110)고 한다. ANT를 통해 우리는 어떻게 사람, 사물, 기술이 사회생활을 형성하고 그에 영향을 미치는 네트워크와 과정 속에 얽히게 되는지 이해할 수 있다. ANT는 특히 사물과 기술이 스스로를 통제하고 영향을 미칠 수 있다고 시사함으로써, '행위자'라는 개념을 인간과 인간의 통제를 초월하는 것으로서 확대시킨 것을 높이 평가할 수 있다. 라투르가 시사하듯이,

"[우리는] 사물과 사회관계에 직접 대면하지 않는다. 우리는 인간과 …… 비인간을 연결하는 사슬에 대면한다"(Latour, 1991: 110).

행위자 연결망 이론이 문화연구나 미디어 연구에서 대대적으로 받아들여지지는 않았으며 (Couldry, 2008), 대다수 학자들이 비판해 왔다. 특히 이 이론이 전반적으로 묘사적인 점, 네크워크 내의 권력관계를 밝히지 않고 모든 행위자가 동등한 것으로 가정하는 것 같은 점 등이 비판의 대상이 되어왔다. 그러나 ANT는 상호작용의 복합적인 연결망을 인지한 점과 일상적인 사회적 네트워크와 인간과 물리적 세계의 연결에 초점을 맞춘 점에서는 잠재적으로 유용하다.

이 저서의 주요 특징이 '새로운 ICT들[정보 커뮤니케이션 기술들]이 가정에 들어온 사회적 과정을 이해하는 것'이라고 한다(Haddon, 2004: 4).

버커는 초기 기술 연구가 전체적으로 기술이 사용자와 사회에 미치는 영향을 다루며, 특히 기술 자체의 성격에 초점을 맞추고 있다고 한다(Berker, 2006). 그 중요한 한 예가 1962년 출판된 에버릿 M. 로저스(Everett M. Rogers)의 『혁신의 확산(The Diffusion of Innovations)』이다. 이 책에서는 기술의 수용을 합리적인 단선적 과정으로 간주한다.

그러나 기술의 가정화에 대해 쓴 실버스톤과 그의 동료들이나 최근의 저자들은 개인이 기술을 채택할 때나, 기술과 인간의 관계에서 기술 사용이 결코 간단하지 않다고 주장한다. 그들은 기술 자체에 초점을 맞추는 데서 더 나아가 기술의 맥락을 이해하고자 한다. 그러므로 기술의 가정화를 다룬 저서들은 기술의 사회적·문화적 속성뿐 아니라 기술이 사용자의 생활에 통합되는 방식도 고려하며, 그를 통해 그동안 놓치고 있던 요소를 제시한다.

실버스톤과 그의 동료들의 연구는 컴퓨터나 신기술뿐 아니라 전화 사용

일상생활

Everyday life

가디너(M. E. Gardiner)는 자신의 책에서 '일상생활'이 "대체로 당연시되는 은밀한 세계를 지칭하기는 하지만, 앙리 르페브르(H. Lefebvre)가 소위 인간의 상상할 수 있는 모든 생각과 활동의 '공동 기반' 혹은 '연결 조직'이라고 부른 것을 구성한다"고 주장한다(Gardiner, 2000: 2; Lefebvre, 1991a). 여기서 생각과 활동은 '평범한' 소비를 포함해 일상적인 판에 박힌 일, 습관, 세속적인 패턴을 가리키는데, 이런 것들이 살아 있는 경험의 근저에 있으면서 경험을 연결한다. 특히 '일상생활'이라는 용어는 보통 노동과 교육 외의 세계와 관행, 가장 빈번하게는 가정에서 일어나는 일을 지칭하기 위해 사용된다. 일상이 비교적 세속적인 일로 구성되는 것은 사실이기는 하지만, 그것은 "가장 간과되고 오해받는 사회적 존재 양상"이다(Gardiner, 2000: 1). 사회학은 콩트(A. Comte), 뒤르켐(É. Durkheim), 마르크스의 저작처럼 '시스템'과 '거시적' 과정을 고찰하는 데서 시작되었다. 19세기 후반에 이르러 막스 베버나 게오르그 지멜,주요 영향 6-1 그리고 그 이후 조지 허버트 미드(George Herbert Mead) 같은 사상가들이 '미시적' 접근을 발전시켰다. 여기서 출발해 제1차 세계대전 이후 해석의 방향이 변화해서 민족방법론, 현상학, 상징적 상호작용이론 같은 다수의 새로운 접근법이 생겨났다.

이런 미시적 접근법으로 인해 일상생활 연구를 위한 중요한 기반이 조성된 것은 사실이지만, 가디너에 따르면 이런 접근법들이 여전히 '겉치레 객관성'이나 '학자적 초연함'에 집착하고 있다고 한다(Gardiner, 2000: 5). 이런 연구에서는 일상생활을 비교적 동질적인 것으로 간주하고 아주 복합적인 사회적 패턴에 질서와 구조를 강요하는 일이 빈번하다는 것이다. 그러나 지난 수십 년 동안 세속적 소비(먹기, 요리, 전화기 이용이나 텔레비전 시청 같은)의 일상적 패턴에 대한 인식이 높아지고 관심이 늘어났다. 수지 스콧(Susie Scott)은 이런 현상이 일어난 이유를 세 가지로 꼽는다(Scott, 2010). 첫째, '리얼리티 텔레비전' 쇼의 인기가 높아진 것처럼 '보통' 사람들의 생활의 중요성에 대한 인식이 높아지고 관심이 늘어났다. 둘째, 사회 이론의 변화, 특히 미셸 푸코주요 영향 1-2 같은 탈구조주의자들개념 정의 1-3의 영향력 있는 저작으로 인해서 권력관계가 강요되는 게 아니라 사람들 사이에서 작용하는 것임이 더 잘 알려졌고 그로 인해 인간의 행동에 더 초점을 맞추어 연구하게 되었다. 셋째, 페미니즘, 흑인 인권운동, 게이 프라이드(Gay Pride) 같은 새로운 사회운동이 생겨나고 중요해짐에 따라 사람들이 점점 더 실제 경험에 더 주목하고 집중하게 되었다.

르페브르는 일상생활이 중요하며 당연시되어서는 안 된다고 주장한 최초의 저자들 중 하나다. 그러나 1940년대에 (프랑스어로) 그의 저서가 출판되었을 때 영어권 학계는 그것에 거의 주목하지 않았고 아주 최근까지 그랬다. 르페브르는 네오-마르크스주의 이데올로기를 적용해서 일상생활이 억압과 사회적 통제의 장임을 부각시켰다(Lefebvre, 1991a). 그는 지배적 권력관계가 일터나 교육 체계 같은 공식적인 사회제도 안에서만 작동하는 것이 아니라는 것을 인식하고 있었다. 르페브르는 마르크스의 입장을 견지하면서 프롤레타리아가 대체로 '미혹된(mystified)' 상태에 있다'고 주장했다. 그에 따르면, 프롤레타리아는 자신의 진정한 계급 위치를 인식하지 못하며 노동자로의 삶뿐 아니라 노동 외에 일상생활의 일과까지 통제하는 자본주의 체계에 거의 저항하지 못 한다고 한다.

그러나 일상생활이 잠재적인 사회적 저항의 장임을 부각시킨 저자들도 있다. 특히 미하일 바흐친(Mikhail Bakhtin)이나 미셸 드 세르토(Michel de Certeau) 같은 저자들은 일상생활이 완전히 '허위의식'에 빠져 관행적으로 이루어지는 게 아니며 우리 삶의 모든 측면이 파놉티콘의 응시 대상이 되는 것도 아니라고 한다(Bakhtin, 1984a; de Certeau, 1984). 오히려 일상생활이 자유와 저항의 기회를 마련할 수 있다고 한다. 드 세르토는 개인들이 사회생활 속에서 대체로 '주변화 되고' 시장의 힘과 같은 요소들에 대해 거의 지시하거나 통제할 수 없다는 점에서 사회생활이 제한적이고 억압적임을 인정하면서도, 일상생활은 극도로 복합적이고 다면적이어서 억압을 피하고 개체성을 지킬 수 있는 여지가 있다고 한다. 거대 담론은 숨겨진 심층적 의미나 진실을 찾느라고 세속적인 생활을 제거하는 경향이 있다. 드 세르토는 이런 제거가 진정으로 중요한 것을 감춘다고 본다. 오직 일상생활의 수준에서만 어떻게 사회적 관계를 경험하고 살아갈 수 있는지 이해할 수 있기 때문이다.

그림 3-6 스마트폰과 앱

같은 좀 더 흔한〔'구식(older)'〕기술도 고려해 왔다. 특히 가정에 ('육상통신선을 이용한') 전화를 놓고 사용하게 된 일은 기술의 사회적·일상적 효용에 대해 여러 가지를 말해 줄 수 있다. 예를 들어, 해든은 가정 내 공용 공간에 전화를 배치할 때 전화 사용을 통제하고 접근을 제한할 목적으로 배치되며, 특히 가정 내 젊은 구성원들은 쉽게 사용하거나 접근할 수 없다고 한다(Haddon, 2004). 이와 유사하게 다른 기술도 어디에 배치되는가가 중요하다. 기술의 의미와 효용을 형성하는 데 기술의 배치가 중요하다. 개인들은 다른 기술, 비디오 게임 기계나 컴퓨터에 대해 서로 다른 태도를 지니며 다르게 활용할 것이다. 그리고 이런 다른 태도나 활용은 사회적·문화적 요소뿐 아니라 젠더나 연령에 의해서도 형성될 것이다. 해든에 따르면 여성은 흔히 신기술에 대해 "남자보다 불편해한다"(Haddon, 2004: 60). 여성은 신기술을 '남성의 것'으로 간주하며, 남성 가족 구성원이 더 잘 알고 상대적으로 자신은 '초보자'가 되는 상황을 원

휴대폰, 기기, 앱
Mobile telephones, devices and apps

오늘날 영국에서는 거의 누구나 휴대폰을 소유하고 있다. 오프컴(Ofcom)*의 통계에 따르면, 영국 인구의 93%가 스마트폰을 소유하고 사용하고 있으며 대다수가 한 대 이상을 사용하고 있다(Ofcom, 2013).

1940년대부터 휴대폰 시스템을 사용할 수 있었고 그보다 훨씬 전에 휴대용 라디오가 나왔다. 휴대용 기기에서 앱을 사용하는 것(〈그림 3-6〉) 또한 이제 전혀 새로운 일이 아니다. 1980년대 이래 PDAs(개인용 디지털 단말기)**가 유행했으며, 특히 1990년대 중반 팜 파일럿(Palm Pilot)과 경쟁 상품들의 등장으로 더 널리 퍼졌다. 1990년대에 휴대폰과 PDA가 결합하자 '스마트폰'이 나왔다. 그러나 훨씬 전에도 사람들은 휴대폰을 단순한 통화 이상의 용도로 사용하고 있었다. 그러나 보통은 그 기능이 아주 제한적이었다. 2007년 애플의 아이폰과 2008년 6월 '앱 스토어'가 출시되자, 앱의 범위와 대중성에 획기적인 변화가 생겼다(Sharma, 2010). 과거의 휴대폰과 비교해, 애플 아이폰이나 경쟁 스마트폰이 갖는 장점은 스크린이 더 크고, 해상도가 높고, 메모리 용량이 많으며, 인터넷 속도가 빠르다는 점이다. 그리고 무엇보다 중요한 것은 '모든' 웹사이트에 접속할 수 있다는 것이다.

아티케(A. Athique)는 휴대폰을 감각 확대라는 맥루한의 미디어 정의의 한 사례로 이해할 수 있다고 한다(Athique, 2013; McLuhan, 1964). 즉, 시공을 넘어서서 다른 사람들과 말하고 듣는 능력이 확대된 한 사례라는 것이다. 유사하게 게세르(H. Geser) 역시 휴대폰이 지리적 경계를 허물고 구어적 소통을 '탈의식화'해 사용자의 능력을 증대시켜 주었다고 한다(Geser, 2004: 18). 스마트폰으로 인해 커뮤니케이션 양이 늘어나 우리는 다른 사람들과 더 많이, 더 자주 소통하게 된다. 또 스마트폰으로 인해 미시-조정이 가능하다. 스마트폰 사용자들은 움직이면서 약속을 하거나 바꿀 수 있어(Wessels, 2010) 복잡한 현대 생활을 잘 조정할 수 있다(Haddon, 2004). 그러나 아티케는 스마트폰이 사회적인 고립에 대한 공포의 원인이 될 수도 있고 그런 결과를 가져올 수도 있다고 주장한다(Athique, 2013). 학계에서는 자주 우리가 점점 더 사생활 중심적이고 이동하는 유동적 사회에 살게 되었다고 주장해 왔다.

레이먼드 윌리엄스주요 영향 1-1는 1974년 이 현상을 '이동하는 사생활화(mobile privatization)'라고 했다. 우리가 더 큰 사회나 더 큰 공동체와 단절되고 따라서 세계 속의 자신의 위치에 대해 불안을 느끼게 된다는 것이다. 그러므로 스마트폰을 이런 불안과 단절감에 대응하는 하나의 메커니즘으로서 점점 더 단절되어 가는 사회에 유대감을 제공하는 것으로 볼 수 있다(Morley, 2006). 하지만 스마트폰 자체가 연결을 잃게 되면 어쩌나 하는 불안을 일으키기도 한다. 즉, 스마트폰이 울리지 않으면 어쩌나 하는 불안, 즉 '스마트폰 – 단절에 대한 – 두려움(no-mobile-phobia)', 다시 말해 '노모포피아(nomophobia)' 증상을 겪게 된다(Athique, 2013: 120).

스마트폰은 '상징적 보디가드'(Geser, 2004: 9)로 사용될 수도 있다. 즉, '개인적 돔(private bubble)'(Haddon, 2004: 111)을 만들어 다른 사람들이 있어도 '정중하게 무시(civil inattention)'하면서 '특정한 호기심이나 의도의 대상이 될 생각이 없다는 것을 표현할 수 있다'(Goffman, 1963a: 84). 스마트폰 기술 덕분에 사용자들은 멀리 떨어져 있어도 터클(Turkle, 2011)이 언급하는 '혼자지만 함께인(alone together)' 상태에 있을 수 있다.

그러나 앞의 주장대로, 기술-결정론적 주장에 너무 휩쓸리지 않는 게 중요하다. 기술을 이분법적으로 능력을 강화시켜 주는 불변의 선으로 보거나 단절을 초래하는 악으로 보아서는 안 된다. 좀 더 발전적인 방식은, 모든 기술에 해당되는 말이지만, 물리적으로나 문화적으로 스마트폰을 이해하는 것이다(Frith, 2015).

- 영국의 정부 기구인 The Office of Communications의 약자로, 텔레비전, 라디오, 텔레콤, 우편을 규제한다.
- •• 터치스크린을 주 입력장치로 사용하는 한 손에 들어올 만큼 작고 가벼운 컴퓨터.

치 않는다.

유사하게 랠리(Lally, 2002)는 가정 내 컴퓨터 '소유권'을 연구한다. 그녀는 기술이 일상생활의 리듬과 장소에 통합될 때 우리가 이 기술들을 받아들이고 이 기술들에 개인적인 의미와 효용을 부여한다고 생각한다. 그녀의 저서에 따르면, 가정용 컴퓨터와 같은 신기술이 "이미 수많은 사물과 기술이 있는 가정이라는 환경 속으로 들어오는데, 이 환경은 연령과 젠더, 기타 특정 역할의 구조와 위계에 따라 조직된 것으로 이미 기존의 상호작용 및 활동 패턴을 가지고 있다"(Lally, 2002: 8). 이어서 가정용 컴퓨터는 가정 내 다른 사물들에 적응하고 상호작용하는 가운데 다른 사물들을 전유하고 또 그 사용자를 전유한다. 예를 들어, 식탁 위에 컴퓨터를 놓으면 그 가구가 '책상'으로 전환되고 그것이 놓인 공간은 가정 내 작업 공간이 된다.

일상에 관한 연구들은 미디어와 기술의 사용과 소비가 종종 복합적이고 파편적임을 드러내는 경향이 있다. 앞에서 강조한 '미디어 효과'처럼 미디어 청중에 대한 초기 이론의 대다수는 청중이 집중하고 있다고 가정하는 경향이 있었다. 그러나 초기 이론과 달리 최근의 일상 연구는 미디어나 기술과의 상호작용이나 관심이 과거처럼 집중적인 것이 아니라 복잡한 일상생활의 흐름 속에 군데군데 끼어드는 것으로 제시한다.개념 정의 3-4, 2장 참조

원래 이런 연구들은 우선 가정 내 기술의 가정화에 초점을 맞추었다. 그렇지만 몰리(D. Morley)는 최근에 기술의 '탈가정화'에 대한 관심이 늘어나고 있다고 시사한다(Morley, 2006). 다시 말해, 점점 소형 휴대용 기기의 기술이 발달함에 따라, 기술의 가정화를 연구하던 저자들이〔Ling and Haddon(2003)과 같은 저자들〕어떻게 가정 밖에서 기술이 사용되는지에 관심을 갖게 되었다. 이런 연구 중 괄목할 만한 것은 휴대폰과 소형 휴대 기기가 어떻게 사용되고, 이해되고, 전유되는가에 대한 연구다.

3. 결론

이 장에서 우리는 특히 현대사회와 문화의 양상 중 두 가지를 중점적으로 고찰했다. 생활과 문화 형성에서 소비와 신기술이 갖는 중요성을 살펴보았다. 이 장은 '소비'의 의미가 무엇인지 고찰하는 것으로 시작했으며, 특히 러리와 워드의 연구에 기대어 소비를 생산과정의 종착점이 아니라 생산과 소비 과정의 진행 중인 사이클의 일부로 이해할 필요가 있다고 주장한다. 소비 대상은 사용되다가 사라지지만 끊임없이 의미를 부여받고 다른 사람들에 의해 (재)해석되기 때문이다. 이 장에서 우리는 또한 중요한 소비 이론을 중점적으로 살펴보았다. 우리는 마르크스가 소비 연구에 어떤 중요한 공헌을 했는지, 특히 그가 프랑크푸르트학파와 같은 다른 저자들에게 어떤 영향을 미쳤는지에 주목했다. 여기서 소비의 역할을 사회적 구별 짓기의 표지로 강조한 베블런과 부르디외, 소비의 역할을 사회적 저항의 자원으로 생각한 드 세르토와 피스크와 젠킨스를 중점적으로 소개했다. 이 장에서는 우리가 현재 소비자 사회에 살고 있다는 주장, 즉 현대사회나 현대의 사회적·문화적 관계의 성격을 형성하는 데 있어 소비가 가장 중요한 요소라는 주장에 대해서도 고찰해 보았다. 끝으로 현대사회에서 쇼핑, 패션, 광고의 중요성을 토론하는 가운데 이런 주장의 예를 보여주었다.

이 장의 두 번째 섹션에서는 '정보사회'에 대해 고찰했고 또 새로운 미디어와 디지털 기술이 사회, 문화, 개인 사이의 관계에 전보다 훨씬 더 깊이 얽혀 있는 것을 살펴보았다. 여기서 우리는 플루(Flew, 2002)가 분류한 범주에 기대어, 사회와 문화에서 디지털화, 융합, 상호작용, 가상현실, 세계화 그리고 네트워크 과정에서 새로운 미디어와 디지털 기술이 갖는 사회적 중요성 및 역할에 대해 고찰했다. 이 섹션은 새로운 미디어와 디지털 기술이 주요한 사회적·문화적 가공물이기는 하지만 그것의 중요성이나 사회 및 문화에 미치는 영향이 과대평가되어서는 안 된다고 경고한다. (소위) '신'기술이 항상 새로운 것도 아니고 과거 기술이나 미디어나 사라진 것들과 근본적으로 다른 것도 아니라는 점을 시사한다.

이것은 또한 정보사회의 영향을 살필 때 강조한 주장이기도 하다. 여기서 우리는 신기술에 대해 상반된 두 주장, 즉 신기술이 사회에 긍정적인 영향을 미칠 수도 있고 부정적인 영향을 미칠 수도 있다는 주장을 모두 살펴보았다. 그러나 양측이 지나치게 자신의 입장을 과장하고 있다는 주장도 살펴보았다. 특히 어떻게 기술('신'기술 그리고 '구식' 기술)이 일상생활에 자리 잡고 있는지 고려해야 한다는 주장으로 이 장을 끝맺는다.

■ ■ ■ 요약
___

- 소비는 생산과정의 종착점이 아니라 오히려 생산과 소비의 복합적인 순환의 일부다.
- 소비는 이제 사회적·문화적 삶의 형성에 중요한 역할을 한다.
- 마찬가지로, 새로운 미디어와 디지털 기술은 사회, 문화, 개인 사이의 관계, 일상생활에 점점 더 깊이 얽히고 있다.
- 그러나 신기술을 이전 기술이나 미디어와 근본적으로 다르지 않은 것으로 간주하는 것이 중요하다. 그리고 사회생활 및 문화가 필연적으로 신기술에 의해 결정되리라고 생각하지 않는 것 또한 중요하다.

■ ■ ■ 더 읽을거리
___

소비에 대해 훌륭한 교재들이 있다. 그러나 최고의 교재로는 Alan Aldridge 의 *Consumption*(2003), Celia Lury's *Consumer Culture*(2011, 2nd edition), Steven Miles의 *Consumerism: As a Way of Life*(1998)를 꼽을 수 있다. 새로

운 미디어와 신기술에 대해서는, Terry Flew의 *New Media*(2002)와 Martin Lister의 공저서인 *New Media: A Critical Introduction*(2009, 2nd edition)을 좋은 개론서로 추천한다. Brigitte Wessel의 *Understanding the Internet: A Socio-cultural Perspective*(2010)는 이 주제에 대해 유용한 책이다. 일상생활에서 신기술의 위치에 대해 좀 더 자세히 살펴보고 싶다면, Elaine Lally의 *At Home with Computers*(2002)와 Leslie Haddon의 *Information and Communication Technologies in Everyday Life: A Concise Introduction and Research Guide*(2004)를 참조하라. 끝으로 비디오 게임에 대한 훌륭한 개론서로는 Jason Rutter와 Jo Bryce가 편집한 *Understanding Digital Games*(2006)를 참조하라. 게이머의 문화에 대해서는 Garry Crawford의 *Video Gamers*(2012)나 James Newman's *Playing with Videogames*(2008)를 참조하라.

📖 www.routledge.com/cw/longhurst를 방문해서,

- 논문과 기록에 대한 더 많은 웹 링크를 이용해 이런 이슈들을 조사하기.
- 과제를 준비하기 위해 우리의 에세이 문제를 이용하기.
- 우리의 상호적인 플래시 카드 용어집을 사용해 주요 용어 및 개념을 수정하기.

4

문화가 된 몸
Cultured bodies

들어가며

인간의 몸이 문화적 대상이라는 점이 처음에는 터무니없어 보일지 모른다. 우리 몸은 분명히 자연의 일부로서 성장과 소멸, 굶주림과 질병 등 자연과정의 지배를 받고, 이 모든 것은 우리가 문화와 사회 밖에 있는 자연의 영역에 속해 있다는 점을 날마다 일깨워준다. 문화연구는 인간의 몸이 명백히 자연적 토대로 구성되어 있는 데 반해 몸의 외모·조건·활동은 문화적으로 형성된다는 견해를 진지하게 여긴다. 이 근본적인 주제를 증명하기 위해 가까운 곳에서 예를 찾아보자.

판타지 코미디 〈빅(*Big*)〉(페니 마셜 감독, 1988)에서 톰 행크스(Tom Hanks)는 하룻밤 사이에 성인이 되고자 하는 13세 소년의 역할을 한다. 영화의 유머는 대부분 '다 큰 어른'이 '사춘기 어린애'처럼 행동하는 재미있는 상황에서 나온다. 성인의 몸을 가졌지만 그는 여전히 유치한 표정과 관심, 태도를 지닌다. 여자 친구를 아파트로 데려왔을 때 성인이 함직한 유혹의 장면 대신, 그는 달콤한 말로 그녀를 꾀어 침대를 트램펄린 삼아 뛰어논다. 그의 취향과 욕망, 행동과 말투, 관심사와 기술, 생각과 감정은 그가 지금 살고 있는 성인의 몸과는 전혀 어울리지 않는다(그러난 분명히 말하지만 그가 장난감 회사의 고문이라는 높은 연봉의 일자리를 찾을 수 있었던 것은 바로 성인인데도 어린애 같은 상상력을 갖고 있기 때문이다). 이 영화는 개인적 특질에 대한 우리의 인식이 우리의 몸과 밀접하게 연관되어 있음을 분명하게 보여준다. 우리가 누구이며 무엇을 받아들이는가 하는 것은 우리 몸의 외모나 움직임과 상당히 강하게 결부되어 있다. 일정한 연령과 젠더가 주어진 몸을 가진 우리는 문화적으로 특정한 종류의 사람이 될 것으로 기대되며, 이런 기대가 깨어질 때는 상당한 놀라움이나 분노 또는 즐거움을 불러일으키기도 한다.

대중매체가 섹스, 스포츠, 유명인, 다이어트에 몰두하는 데서 알 수 있듯이 인간의 몸은 오늘날 서구 사회에서 대중의 관심을 끄는 초점이 되었다. 마찬가지로 문화연구도 사회적·문화적 차이가 나타나는 주된 장소로서 몸에 점점 더 관심을 갖게 되었다. 몸에 관해 학계의 관심이 이렇게 급증한 이유로는 **푸코**주요 영향 1-2, **페미니즘** 그리고 소비자 문화의 성장을 꼽을 수 있다. 3장 참조 푸코가 주목한 바는 인간의 몸에 권력의 자국이 찍히거나 '각인된(inscribed)' 실천·담론·기술이었다. 다양한 종류의 페미니즘에서는 이론적 적합성을 얻기 위한 분석과 측정이 여성의 구체적인 경험이라는 특수성에서 출발해야 한다고 주장해 왔다. 마지막으로 소비자 문화는 인간의 몸의 상품화를 가속화시켰고 구현된 **차이**의 소비와 전시에 토대를 둔 한층 정교한 위계질서를 만든다.

이 장에서는 인간의 몸이 문화적으로 형성되는 여섯 가지 측면을 개괄적으로 설명하려 한다. 우선 인간의 몸에 대한 '사회적 구성'을 고려하는 것으

✓ **차이**
사회적 그룹 사이와 사회적 그룹 내에서 차이점, 그리고 사람들과 그룹들이 권리를 주장하는 다중적 정체성에 상응하는 인식에 주목한다.

로 논의를 시작하겠다. 그러기 위해 먼저 몸을 완전히 문화적으로 이해하는 데 근간이 되는 인식인, 몸 테크닉에 관한 모스(M. Mauss)의 개념을 재검토한다. 다음으로는 인간의 몸에 대한 '문화적 규제'를 살펴본다. 이 작업은 문화적 가치가 몸에 '각인된' 방식을 보여주기 위해 특별히 엘리아스(N. Elias)와 푸코(M. Foucault)의 저작과 관련지어 살펴보겠다. 그런 다음 재현에 대한 몇 가지 쟁점을 개관하고, 구체화된 상태가 패션·여성성·남성성과 특별히 연관되어 묘사되는 방식을 고찰한다. 이어지는 부분에서는 몸이 표현과 일탈의 매개체가 되는 몇 가지 측면을 고찰한다. 이때 몸은 개인적 선호를 실현하기 위한 매개체 기능을 하는데, 어떤 몸은 통상적인 문화적 기준을 거스를 수도 있다. 그리고 마지막 절에서는 우리가 알고 있는 인간의 몸의 종말을 예언하는 것으로 여겨지는 '사이보그(cyborg)'라는 형상을 둘러싸고 기술문화에서 이뤄진 진전을 고찰하겠다.

학습 목표
- 인간의 몸이 사회적으로 구성된다는 점을 이해한다.
- 몸 테크닉이 문화적으로 형성되는 것을 이해한다.
- 몸에 권력이 '각인'된 방식과 몸이 문화적 코드로 '문명화'되는 방식을 알아본다.
- 여성성과 남성성을 구성하는 데 몸이 어떤 위치에 있는지 이해한다.
- 몸이 문화적 표현의 매개체가 되며 문화적 믿음을 위반하는 주된 장(場)이 되는 다양한 방식을 파악한다.
- 인간 몸의 일관성에 관한 전통적 믿음에 도전하는 새로운 기술문화의 잠재성을 이해한다.

1. 몸의 사회적 구성

이 장에서 살펴볼 연구의 가장 일반적인 특징은 인간의 몸(corporeality)에 관해 '구성주의적(constructional)' 입장을 취한다는 점이다. 말하자면 이 연구에서는 몸의 활동과 외모를 이루는 일련의 사회적·문화적 영향을 식별해 낼 것이다. 앞으로 살펴보겠지만, 구성주의적 접근은 여러 형태를 취할 수 있으나 단순화된 **본질주의**적 설명에 반대한다는 공통점을 가진다. 즉, 몸의 활동과 외모를 설명하는 데 (젠더나 인종적 구분 같은) 생물학적 요소('사람들이 그래' 혹은 '노인들이 저래')를 유일하거나 중요한 기준으로 삼는 관점을 반대한다.

'호모사피엔스'가 기나긴 진화의 과정에서 나타났다는 설은 이제 널리 받아들여지고 있다. 그와 구분되는 현생인류가 3만 5000년 전 유럽에 존재했다고 추정되지만 정확한 등장 시점은 전문가들 사이에서도 여전히 논쟁거리다. 이런 인간의 몸에서 적어도 다섯 가지 구체적인 특징을 식별할 수 있으며 이 특징들이 우리를 종(種)으로 구분한다.

> ✓ **본질주의**
> 고정된 속성 또는 '본질'을 특정 범주의 보편적인 것으로 간주하는 것이 본질주의다. 긍정적이거나 부정적인 방식으로 문화 집단을 정형화하는 것은 본질주의 노선을 따르는 것이다.

1 **두 눈의 시각 능력** 우리가 세상과 상호작용하는 방식 중 몇 가지는 인간의 시각 능력에서 비롯된다. 사회적 만남은 대부분 순간적으로 타인의 외모를 평가하는 데서 시작된다. 결과적으로 시각장애인들은 타인과의 상호작용에서 신체적 결함을 아주 분명히 경험한다. 일반적으로 시각 능력은 감각의 조정자 역할을 한다. 다시 말해 우리 몸을 그 자체로 인식하는 것은 시각, 즉 몸의 많은 영역을 자세히 보고 탐지하는 우리의 능력과 밀접하게 관련되어 있다.

2 **청각·음성 체계** 성대·입·귀가 두뇌·중추신경계와 조화를 이루어 우리는 말을 할 수 있게 된다. 언어 사용은 인간의 기본적인 **상징**개념 정의 4-1 능력이다.2장 참조

3 **두 발로 걷기**　우리는 직립보행을 한다. 자동차 중심의 서구 문화에서 조차 걷는 것은 기본적인 이동 방식이다. 두 발로 걷기는 우리의 시각 작용을 향상시킨다.

4 **양손**　인간의 양손에 있는 엄지손가락과 나머지 손가락은 사물을 정확하고 조심스럽게 다루도록 해준다. 인간이 도구를 사용하기 때문에 자연환경이 인간의 의지에 순응하게 되었다.

5 **표현 능력**　인간은 다른 영장류보다 훨씬 복잡한 제스처를 사용한다. 인간의 얼굴은 다양한 감정을 표현할 수 있으며 명백한 웃음처럼 구체화된 제스처는 유일하게 인간에게만 가능한 것으로 생각된다.

　인간 활동은 모든 건강한 성인이 발휘할 수 있는 인간 종에게만 있는 이런 특수한 능력으로 구체화된다. 이렇게 동질적인 인간의 몸을 문화와 역사에 따라 독특하게 문화화 된 상태로 인식하는 것이 문화연구의 특별한 접근법이다. 문화연구에서는 몸이 단지 물질적 실재나 생물학적 자료 또는 생리학적 사실일 뿐 아니라 중요한 의미에서 실제로 사회적인 구성물이라는 점을 강조한다.

　문화연구에서 인간의 몸에 관한 논의는 종종 '마음'과 '자아'라는 관련 용어들을 언급한다. **마음**은 이성적 사고와 성찰이다. 뇌에 의해 움직이지만 뇌로 환원될 수는 없다. 적어도 데카르트(René Descartes)가 "나는 생각한다, 고로 존재한다"라는 유명한 선언을 한 이후부터는 몸과 마음의 근본적인 분리가 널리 받아들여졌다. 인간의 마음은 몸에 거처하는 것으로 간주되지만 어느 정도는 몸과 별개다. 마음과 몸의 분리는 많은 추가적인 대조와 종종 연결된다.

마음	사적	내부	문화	이성
몸	공적	외부	자연	격정

이런 도식은 사람을 정의할 때 마음을 특별한 것으로 만든다. 기껏해야 몸은 마음의 매개체이고, 최악의 경우 마음의 자제력·지도·명령이 필요한 욕망과 식욕에 의해 좌우된다. 하지만 비평가들은 몸과 마음을 별개로 보는 이원주의적 설명에는 틀림없이 오류가 있다는 점을 지적한다. 몸과 마음은 분리된 것이라기보다는 상호 의존적인 것으로 여기는 것이 더 낫다. 인간의 표현과 말을 이해하는 사람들의 일상의 능력은 구체적으로 표현된 것이며 철저하게 문화적인 능력이다.

마음이 합리적 기능이며 사고와 성찰의 능력이라면 **자아**(또는 자아 정체성)는 사회적 관점에서 그/그녀가 누구이며 어떤 사람인지를 말한다. 철학자이자 사회심리학자인 조지 허버트 미드(George Herbert Mead)에 따르면 자아는 스스로를 대상으로 삼을 수 있다는 특질을 갖는다(Mead, 1934). 즉, 자아를 통해 우리는 과거를 성찰할 수 있으며 대안적 계획을 숙고하고 대안적 행동을 선택할 수도 있다. 미드는 자아의 특질을 다음과 같이 설명한다.

> 우리는 자아와 몸을 아주 명확하게 구분할 수 있다. 자아는 그 자체를 대상으로 삼을 수 있는 특징을 지니며, 그런 특징은 자아를 다른 대상이나 몸과 구별 짓는다. 눈이 발을 볼 수는 있지만 몸 전체를 보지는 못한다. 우리는 자신의 등을 볼 수 없다. 우리가 민첩하다면 등의 일부분을 느낄 수는 있겠지만, 우리의 몸 전체를 경험할 수는 없다(Mead, 1934: 136).

어빙 고프먼(Smith, 2006) 같은 사회학자는 누구나 '다중적 자아'를 갖고 있다고 주장한다. 직업적 역할을 위한 자아처럼 어떤 자아는 비교적 지속적인 반면(예를 들면 상점 점원의 자아), 우리가 친구의 패션 감각을 놀릴 때처럼(예를 들면 놀리는 자아) 어떤 자아는 일시적이다.

구성주의에서는 인간의 몸을 자연과 문화 두 영역에 걸쳐 존재하는 것으로 본다. 물질적인 몸의 기능은 자연 과정의 지배를 받지만 세계를 살아가는 몸의 활동은 불가피하게 사회적·문화적 요소에 의해 형성된다. 인간의 몸을 다룰 때 언제나 나이와 젠더가 중요하다는 것을 생각해 보라(앞서 영화 〈빅〉의 예에서 언급한 바 있다). 성전환자들을 제외하고 '남성' 또는 '여성'으로 구분하는 것은 모든 인간에게 적용되며 평생 지속되는 분류다. 세상에 나올 때는 동종이형으로 분류될 수 있는 유기체였지만 '소년'이나 '소녀'라는 확연히 사회적인 구성물로 급속하게 바뀌면서 몸의 젠더화는 거의 즉시 시작된다. 이것이 '남성성'과 '여성성'으로 인식된 특성을 만드는, 문화적이고 관습적인 성(性)의 상호 관련적 속성이다. 또한 대부분의 사회에서는 나이가 중요하다. 관습적으로 인식된 삶의 매 단계마다 기대되는 행위와 문화적으로 정의되고 승인된 경험이 있다. 셰익스피어[1장 참조]는 '인생의 일곱 단계'(『뜻대로 하세요(As you like it)』7막 3장에서 자크의 대사)로 이런 생각에 표준적인 형식을 부여해 표현했다. 나이와 젠더는 보통 인간의 몸을 문화적으로 형성하는 데 가장 결정적인 두 가지 요인이다.

대상으로서의 몸과 주체로서의 몸은 대등하게 구분된다. 우리는 몸을 가지고 있으며, 우리는 또한 몸이다(Berger and Luckmann, 1966 참조). 내 몸은 타인에 의해 분류될 수도 있고, 내가 내 것으로 인정하거나 소유할 수도 있다[지멜(1950: 322)에 따르면 몸은 나의 "제1의 '자산'"이다].주요 영향 6-1 또는 나는 몸은 주체로, 자아가 구체화된 육체나 주체성이 정의되는 공간이고, '나'인 것이다. 우리의 몸은 개인인 우리 존재의 매개물이다. 세계 속에서 우리 존재는 인간으로서 우리가 구현된 상태에 토대를 두고 있으며 우리는 스스로가 결국은 나이 들어 죽을 것이라는 점을 알고 있다.

이런 대조적인 차이 때문에 몇몇 문화연구 이론가들은 '몸(the body)'과 '구체화된 몸(embodiment)' 사이, 즉 우리의 대상화된 몸과 우리의 상태인 '구체화된 존재' 사이를 구분해야 한다고 주장했다(Hayles, 1992; Turner, 1992). 이 장에서 어떤 연구는(예를 들면, 푸코,주요 영향 1-2 엘리아스)는 몸에 가해지는 외부의 제약을 강조하는 경향이 있는 반면에 다른 연구는(테벨라이트와 바캉) 구체화된 몸의 경험적 차원을 강조하는 경향이 있다(그러나 짐작하다시피 이 둘 사이에는 복잡한 상관성이 있다).

2. 몸 테크닉 구체화된 도구성

아주 분명하게, 몸은 사람이 세상에 관여하는 데 필요한 모든 실제적 행동을 실행하는 수단 또는 도구다. 따라서 몸 테크닉(body techniques 또는 'techniques of the body')이라는 것은 중요한 개념이다.

몸 테크닉에 관한 모스의 견해

1934년 프랑스 인류학자 마르셀 모스(Marcel Mauss, 1872~1950)는 '몸 테크닉'이라는 개념을 만들었다. 이 개념은 "사회마다 남성〔원문(men) 그대로〕이 자신의 몸을 어떻게 사용하는지 아는 방식을" 묘사하기 위한 것이었다. 몸의 행동에 '자연스러운' 형식은 없다. 걷기, 수영, 침 뱉기, 땅 파기, 행진은 물론이고 심지어 응시나 출산 같은 행위에도 범인간적·전(前)문화적·보편적·내재적 형식은 없다. 오히려 몸의 행동은 역사적·문화적으로 변하기 쉬우며, 우리가 특정 문화적 그룹에 속한 탓에 생겨나는 후천적 기술이다.

모스에 따르면 인간의 몸은 그 무엇보다도 '자연스러운 최초의 도구'이며 우리의 '자연스러운 최초의 기술적 수단이다'. 우리가 물질적 세계에 관여할 때, 예를 들어 뭔가를 마실 때, 우리는 "일련의 조합된 행동을 한다. 그런 행동들은 그가 있는 장소에서 그 자신이 혼자 해낸 것이 아니라 그가 받은 교육

모스의 몸 테크닉 목록

Checklist: Mauss's budget of body techniques

1. 출산과 조산술의 테크닉	(a) 출산을 위한 자세 (b) 산모와 영아 돌보기
2. 영아기의 테크닉	(a) 양육과 수유 (b) 젖떼기 (c) 이유기의 아이
3. 사춘기의 테크닉	(a) 성인식
4. 성인의 테크닉	(a) 잠자는 테크닉 (b) 잠에서 깨기: 휴식의 테크닉 (c) 활동과 움직임의 테크닉 　(i) 걷기 　(ii) 달리기 　(iii) 춤추기 　(iv) 제자리 뛰기 　(v) 올라가기 　(vi) 내려가기 　(vii) 수영 　(viii) 밀기, 당기기, 들어올리기 (d) 몸 관리 테크닉 　(i) 문지르기, 씻기, 비누질 　(ii) 구강 관리 　(iii) 자연적 욕구의 위생 (e) 소비 테크닉 　(i) 먹기 　(ii) 마시기 (f) 성적 테크닉

자료: 모스의 '몸 테크닉에 관한 전기적 리스트'(1979)를 기초로 함.

과 사회 전체에 의해 조합된 것이다"(Mauss, 1979: 104, 105). 때로는 개인이 속한 사회가 관련 테크닉을 제공해 주지 않을지도 모른다. 모스는 그가 프랑스 외진 곳에서 기관지 질환을 앓고 있는 소녀에게 침 뱉는 법을 가르친 경험을 예로 든다. 한 번 침을 뱉을 때마다 0.2프랑씩 주기로 하자 그 아이는 결국 능숙하게 침을 뱉게 되었다.

몸 테크닉이 문화적 형성물임을 입증한 후, 모스는 더 조사할 가치가 있는 주제를 계속해서 밝혀내려고 한다. 그중에는 젠더와 나이 차이, 훈련의 효과, 그리고 이런 테크닉의 전수와 습득이 포함된다. 몸 테크닉은 젠더와 나이에 따라 현저하게 다르다. 예를 들면 여성들의 주먹질은 약하기 마련이다(적어도 모스가 살던 시절 프랑스에서는 그런 경향이 있었다). 이는 부분적으로는 보통 손가락 안쪽으로 엄지를 움켜쥐기 때문이다. 여성은 남성과 다르게 던진다.다음 항의 '소녀처럼 던지기' 참조 서구의 성인들은 대개 잘 쪼그려 앉지 못하지만 어린이들은 쉽게 쪼그려 앉을 수 있다. 몸 테크닉은 개발이나 훈련으로 향상될 수 있으며 대표적인 예로 훈련으로 가능해지는 손재주를 들 수 있다. 마지막으로 모스는 이런 테크닉이 습득되는 방법을 좀 더 알아보기 위해서 사회화 과정을 자세히 관찰한다. 아이를 팔로 안거나 화장을 하는 것은 일상적이고 명료한 설명에 따라 습득한 몸 테크닉이다. 때때로 '자연스러운' 인간 활동으로 간주되는 싸움조차도 특정 몸 테크닉을 배울 것을 요구한다(Downey, 2007). 모스의 획기적인 작업은 '현장 상호작용과 실행의 세부 사항'(Crossley, 2007; 93)을 분석하길 권장한다. 몸 테크닉 개념을 사용한 연구는, 음악을 연주하고 듣는 '음악하기'(Crossley, 2015)와 군사 임무를 떠맡기 위해 숨 쉬기를 배우고 조절하는 방식인 '군인처럼 숨 쉬기'라는 문화적 양상을 조명해 왔다. 이런 연구는 문화가 의미의 문제인 상징적개념 정의 4-1인 것에 그치는 게 아니라, 패턴화되고 구체화된 행동의 문제로 구현된 것이라는 점을 보여준다.

영: '소녀처럼 던지기'

몸 테크닉이란 개념으로 모스가 인간 행동에 관해 다방면에 걸쳐 관찰한 것이 정리되었고 그의 연구에 이론적 합리성이 부여되었다. 하지만 인류학자로서의 모스의 연구는 스포츠맨과 군인으로서의 개인적 관찰을 넘어서지 못했다. 좀 더 구체적으로 몸 테크닉에 관한 더욱 체계적인 분석에는 어떤 것이 있을까? 관련된 예로 아이리스 매리언 영(Iris Marion Young)의 1980년 논문 「소녀처럼 던지기(Throwing Like a Girl)」를 살펴보자(Crossley, 1955 참조). 분명하게 언급되지는 않았지만〔영의 이론적 토대는 메를로퐁티(M. Merleau-Ponty)의 현상학과 보부아르(S. de Beauvoir)의 페미니즘이다〕, 그녀의 분석은 몸 테크닉에 관한 모스의 생각을 유용하게 활용한다. 영은 자국어로 묘사된 몸의 존재와 움직임, 즉 소녀처럼 던지기, 소녀처럼 달리기, 소녀처럼 오르기, 소녀처럼 때리기 등에서 볼 수 있는 젠더의 차이에 관심을 갖는다('소녀'라는 용어 선택은 의도된 아이러니다). 그녀는 평범한 목적으로 하는 행동에 초점을 맞추고 명확히 성적인 목적으로 몸을 사용하는 것이나 춤같이 목적 지향적이지 않은 행동은 의도적으로 배제한다. 여기서 그녀는 여성적 존재의 특징을 골라냈으며 그것을 특정 사회에서 여성이 직면한 구조와 상황에서 생긴 것으로 본다. 다시 말해 모든 생물학적 여성에게 부여된 불가해한 특성으로 보지 않는다. 결과적으로 그녀가 밝혀낸 패턴에 예외는 있겠지만, 그렇다고 그녀의 분석이 쓸모없는 것은 아니다. 오히려 어느 사회에서든 자신이 직면한 전형적인 상황을 탈피하거나 초월하려고 하는 여성들이 있을 것이다.

영은 서구 산업사회에서 여성이 어떻게 자신을 '유지'하는지(품행), 어떻게 움직이는지(운동성), 공간과 어떤 관계를 맺는지(공간성) 고찰하여 차이를 식별해 낸다. 그런데 여기서 여성은 각각에 상응하는 남성의 경우보다 더 제한적이며 더 속박을 당한다. 그녀는 소녀와 소년이 던지는 방식의 차이에 대해 다음과 같이 말한다.

 소녀들은 소년들만큼 전신을 움직이지 않는다. 그녀들은 팔을 뻗어서 뒤를 잡을 수 없고, 몸을 비틀거나 뒤로 움직이거나 앞으로 몸을 돌리지 못한다. 소녀들은

✓ 페미니즘에 대해서는 1장을 참고하라.

손을 제외하고는 상대적으로 고정된 상태이지만 손마저도 가능한 만큼 멀리 뻗지 못한다(Young, 1980: 142).

여성적 품행과 움직임은 몸의 가능성을 모두 사용하지 않는 특징을 지닌다.

> 일반적으로 여성은 걸을 때 남성처럼 몸을 자유롭게 열어두지 않는다. 전형적으로 남성은 몸에 비해 보폭이 넓은 데 반해, 여성은 몸에 비해 보폭이 좁다. 남성은 보통 여성보다 팔을 벌려 자유로이 흔들고 발을 좀 더 리드미컬하게 위아래로 움직인다. 이제 바지를 입게 되었으므로 옛날과 달리 옷 때문에 자세에 제약받을 필요가 없는데도 여성은 여전히 앉을 때 두 다리를 꼬고 팔짱을 끼곤 한다. 그냥 서 있거나 몸을 기울일 때도 남성은 여성보다 발을 넓게 벌리는 편이다. 우리는 손과 팔을 몸에 대고 있거나 몸을 감싸려는 경향이 있다. 결정적으로 눈에 띄는 차이는 남녀가 책이나 짐을 들고 가는 방식이다. 소녀와 여성은 대개 가슴에 안고 가지만, 소년과 남성은 옆에 들고 흔든다(Young, 1980: 142).

무거운 것을 들어 올리고 운반하는 데 남성과 여성 간에 큰 차이가 나타나는 것은 단지 완력의 차이 때문만은 아니다. 남성들이 아주 쉽게 해내는 육체적인 일을 여성이 할 때 여성은 이에 필요한 기술을 습득하지 못했거나 쉽게 해내는 요령을 모르는 경우가 많다. 예컨대 여성은 물건을 들어 올릴 때 다리힘을 쓰기보다 팔과 어깨만 쓰는 경향이 있다. 영(Young, 1980: 145)은 여성적 운동성에 가해진 이런 한계를 '억제된 의도성(inhibited intentionality)'으로 묘사하면서 현상학자 메를로퐁티의 생각을 끌어들인다. 메를로퐁티는 이 세상에서 인간의 활동이 주로 일어나는 곳은 마음이나 의식이 아니라 오히려 환경에 적응하려는 몸이라고 주장한다. 환경에 접근하고 이해하고 전유하는 방식을 통해서 몸은 몸이 원하는 의도를 실현한다. 그러나 현재 지배적인 여성적 운동성은 여성의 의도를 실현하는 것을 제약하고 억압한다.

✔ **부권주의와 여성의 종속**
에 대해서는 1장을 참고
하라.

여성적 품행과 운동성은 원래 타고난 것이 아니다. 그것은 성차별적인 가부장제 사회에서 여성이 처한 상황에서 비롯된다. 그런 사회에서 여성은 "신체적으로 장애가 있다". 영에 따르면 "살아 있는 몸으로서 우리는 우리에게 속하고 우리 자신의 의도와 계획에 의해서 구성된 세상을 정복하기 위해 나아가는 개방되고 확실한 초월체가 아니다"(Young, 1980: 152). 여성의 종속은 여성이 살아가며 자신의 몸을 경험하는 방식 속에 구체화된다. 여성은 자신의 몸을 주체로, 즉 그들 자신의 의도성을 표현하는 도구로 경험하는 한편, 몸 이상도 이하도 아닌 응시 대상, 즉 외모의 관점에서만 평가되는 객관적 대상으로 경험한다. 영의 연구는 현대사회에서 몸 테크닉을 발생시키는, 당연한 것으로 여겨지는 양상을 새롭게 조명한다. 여성들이 던질 수 없다는 것이 중요한가? 영은 중요하다고 대답한다. 몸의 능력에 자신감이 없는 것은 여성의 삶의 다른 영역에까지 부정적인 영향을 끼칠 수 있다. 예를 들어 사회적 고정관념은 여성의 지적 능력이나 관리 능력을 막연하게 의심한다. 그러나 여성적 품행과 운동성이 문화적으로 형성되는 것이라면, 이것들 또한 문화적으로 변형될 수 있다. 결론적으로 항상 소녀처럼 던져야만 한다고 명령을 내리는 어떤 것도 여성의 '본성'에 뿌리내린 것은 아니다.

고프먼: 몸 관용구와 몸으로 부연하기

구체적인 행위의 문화적 토대를 강조할 때 몸 테크닉에 관한 모스의 연구는 이런 테크닉의 전기적·역사적 기원에 관심을 기울이는 경향이 있다. 영은 실제 경험에서 남성과 여성이 움직이는 방식에 나타나는 중요한 젠더 차이 몇 가지를 보여줌으로써 간접적으로 모스의 개념을 확대하여 해석한다(그녀가 이를 분명히 언급하지는 않는다). 그러나 **일상**개념 정의 3-4의 실제 상황에서는 몸 테크닉이 어떻게 수행되는가? 일상의 상호작용에서 나타나는 몸 테크닉의 특징을 이해하는 데 어빙 고프먼의 사회학이 도움이 될 수 있다(Crossley, 1995 참조).

고프먼은 사람들이 서로 대면할 때마다 특별한 일련의 문화적 이해가 통용된다고 제시한다. 서로 함께 있는 상황(사회적 만남), 예를 들어 우리가 친구와 이야기할 때나 대중교통으로 여행할 때, 우리는 타인에 관해 그들의 지위와 정체성, 우리에 대한 느낌이나 입장 등에 대한 정보가 실제로 절박하게 필요하다. 그런 정보 중 일부는 언어로 주어지지만, 일부는 비언어적 행위, 즉 표정이나 자세 등으로 '풍기거나' 배어 나온다. 다리의 배치, 말의 어조 등의 제스처와 연관된 문화적 의미는 언어라기보다는 관용구, 즉 표준화된 표현 방식이다('비언어적 언어'라는 문구가 유행했지만, 비유적인 표현일 뿐이다). 따라서 '몸 관용구(body idiom)'라는 개념을 통해 "옷, 태도, 동작과 자세, 소리의 높낮이, 손을 흔들거나 경례하는 것 같은 신체 제스처, 얼굴 표정, 광범위한 감정 표현" 등을 묘사한다(Goffman, 1963a: 33). 어떤 사회적 만남에서도 몸 관용구는 중단되는 법이 없다. 비록 "개인이 말을 멈출 수는 있지만 그렇더라도 몸 관용구를 통한 의사소통을 중단할 수는 없다. 옳은 것이든 그른 것이든 말해야만 한다. 아무것도 말하지 않을 수는 없다"(Goffman, 1963a: 35).

당면한 사회적 상황의 바람직하지 못한 특징을 그럴듯하게 부연하거나 설명하거나 논평하기 위해 몸 관용구를 사용할 수 있다. 누군가를 만나기 위해 길거리에서 기다리는 사람은 주변을 눈여겨보거나 행인들에게 잘 보이도록 의식하며 손목시계를 힐끗 볼지도 모른다. 횡단보도에서 가까스로 멈춘 오토바이 운전자에게 보행자는 머리를 흔들거나 손가락을 흔들지도 모른다.

이렇게 '몸으로 부연하는(body gloss)' 행위는 실제로나 잠재적으로 위협적인 행위에 대한 우리의 태도를 알고 싶어 하는 사람 누구에게든 널리 알리는 몸짓을 말한다(Goffman, 1971: 125). 또 다른 영향력 있는 연구에서 고프먼

(1936b)은 장애나 신체적 특성(사소한 안면 경련부터 하반신 마비나 확연히 구분되는 인종적 특성까지 모두 포함한)을 지닌 사람들이 겪는 인생의 고충을 조사한다. 타인과 우연히 마주칠 때 생겨나는 이런 특성이나 장애는, 말하자면 완전히 사회적으로 용인되기에는 자격 미달인 '치욕'으로 작용한다. 우리의 젠더 또한 서로 마주 대하는 행위에서 더욱 두드러진다. 고프먼(1979)은 '젠더 전시(gender display)'의 특징들, 즉 '힐끗 봐도' 남성 또는 여성임을 누구에게나 알리는 문화적으로 관습적인 표현을 분석했다. 젠더 전시는 다른 사람들 앞에서 처신하는 마땅한 방식이다. 여성스러운 방식으로 '앉기'나 '남성성'을 나타내는 '책임지는' 방식 등을 말한다. 이런 젠더 전시는 사회적으로 구성된 것이다. 즉, 타고난 것이 아니라 오히려 문화적 지식과 기술을 습득한 결과로 생겨난 것이다. 그리고 고프먼의 관점에서 인간의 몸은 마주 보고 상호작용을 하는 가장 중요한 도구이자 복잡하고 뉘앙스가 있는 의사소통이 가능한 의미심장한 실체다. 비록 고프먼의 연구에서 몸이 분석의 초점은 아니었지만 그의 연구는 구체화된 몸에 대한 구성주의적 분석에 풍부한 자원을 제공한다.

이를 예증하는 것으로서 고프먼이 상호작용의 특성에 초점을 두는 것이 몸 테크닉에 관한 모스의 견해를 발전시키는 데 어떻게 기여하는지 살펴보자(Crossley, 1995). 걷기를 예로 들어보자. 모스(Mauss, 1979: 100, 102)는 서로 다른 집단이 만날 때 구성원들의 특징적인 걸음걸이와 몸가짐에 문화적 변용이 일어난다는 것을 알아냈다. 그는 마오리(Maori)족 여성들 특유의 다리의 관절이 풀리고 엉덩이를 흔드는 섹시한 걸음걸이를 언급하면서 자신이 소년 시절에 양손을 벌리지 않고 걷도록 훈련받았던 방식을 되새긴다. 그리고 1930년대 초 프랑스 여성들의 걷는 스타일에 미국 영화가 끼친 영향을 설득력 있게 추론한다. 고프먼은 이런 구성주의적 입장을 출발점으로 삼아 마주 보는 상황에서 걷는 모습, 즉 복잡한 도심이나 상가를 걷는 모습(스포트라이트 4-1)에 어떻게 사람들의 유형에 대한 문화적 이해가 반영되어 있는지 보여준다. 우리는 단

마셜 버먼: 근대 도시와 보행자의 구체적인 경험
Marshall Berman: the modern city and the embodied experience of the pedestrian

19세기 중엽 오스망(Baron Haussmann) 남작이 파리 중심부를 재건해 넓은 가로수 길을 새로 만들면서, 보행자와 차량의 통행량이 증가했다. 버먼은 이에 따라 발생했던 삶의 속도의 변화를 묘사하기 위해 시인 샤를 보들레르(Charles Baudelaire)의 관찰에 주목한다. "도보로 이동하는 남녀 군중에게 가로수 길을 걷는 삶은 지금까지의 도회지의 삶보다 더 즐겁고 흥미진진한 동시에 더 위험하고 무서운 것이었다." 버먼은 이렇게 기록한다.

이것이 보들레르에게 근대의 주요한 장면이었다. "나는 급히 서두르며, 움직이는 혼돈의 와중에 가로수 길을 가로지르고 있었다. 사방에서 죽음이 나에게로 질주해 오고 있었다"라는 그의 묘사처럼, 전형적인 근대인은 근대 도시 교통의 대혼란 속에 던져진 보행자다. 그는 군중의 무겁고 빠르고 치명적인 에너지에 홀로 맞서 싸우는 사람이다. 빠르게 늘어나는 거리의 교통량은 공간적으로나 시간적으로 끝없이 증가하고 모든 도시 공간 속으로 퍼져나간다. 그리고 모든 사람의 시간에 속도를 부과하며 전체 환경을 '움직이는 혼돈'으로 변형시킨다. 여기서 혼돈은 개별 보행자나 운전자에 의한 것이 아니다. 각자는 아마 자신에게 가장 효율적인 경로로 움직일 것이다. 혼돈은 사람들의 상호작용, 공동체 공간에서 그들의 움직임의 전체에 의한 것이다. 이런 면에서 가로수 길은 자본주의의 내적 모순에 꼭 들어맞는 상징이 된다. 즉, 개별적 자본가 각자의 합리성은 그들을 한데 모으는 사회적 시스템 속에서 무질서한 비합리성으로 이어진다.

혼돈 속에 던져진 근대 거리의 인간은 종종 자신이 전혀 알지 못했던 능력을 억지로 끌어내야 하고 살아남기 위해서는 어쩔 수 없이 필사적으로 그 능력을 펼쳐야 한다. 움직이는 혼돈을 가로지르려면 그 움직임에 자신을 맞추어가며 적응해 그와 보조를 맞출 뿐만 아니라 적어도 한발 앞서 나가는 방법을 배워야만 한다. 흔들리는 동작과 갑작스러운 움직임, 뜻밖의 톱날 같은 뒤틀림과 위치 변경에 익숙해져야만 한다. 다리와 몸뿐 아니라 마음과 감수성에서도 그렇다.

보들레르는 근대 도시의 삶이 개인들에게 새로운 움직임을 강요했음을 보여주는 한편, 이것이 어떻게 역설적으로 새로운 자유를 부여하는지도 보여준다. 교통 흐름 속에서 어떻게 몸을 움직여야 할지 아는 사람은 교통 흐름이 자유롭게 이어지는 곳이라면 끝없는 도시의 비좁은 길을 따라 어디든 갈 수 있다. 이런 움직임은 도시의 대중에게 아주 풍부한 새로운 경험과 활동의 가능성을 열어준다.

(Berman, 1983: 159~160).

속이나 회피의 대상인 사람들(거지, 시장조사원, 전단지를 나눠 주는 사람), 특별한 관심을 보여야 하는 사람들(허약한 사람들, 흰 지팡이를 짚거나 맹인견을 데리고 다니는 사람들, 보행기를 사용하는 사람), 길을 물어볼 수 있는 믿을 만한 사람들(주차단속 요원, 경찰), 우리를 멈춰 서게 하여 듣고 봐주길 원하는 사람들(길거리 연주자나 행위예술가), 인명과 재산을 위협할 것처럼 보이는 사람들에 대해 문화적으로 이해한 상태에서 걷는다. 충돌을 피하기 위해 우리는 길을 걸어가면서 계속 우리의 몸과 다른 사람의 몸을 주시해야 한다. '혼자'일 때(예를 들면 홀로 산책할 때)가 '함께'일 때(보조를 맞춰야 하는 다른 사람들과 동행할 때)보다 덜 복잡하다. 이것은 맞은편에서 다가오는 보행자를 유심히 보면서도 주제넘지 않고 위협적이지 않은 방식으로 진행된다. 고프먼은 이런 규범을 '시민의 부주의'라고 부른다.⁶장 ⁷절 '눈을 맞추지 않은 상호작용, 예의 바른 무관심과 공적인 괴롭힘' 참조 많은 공공장소의 질서는 이런 규칙을 따르는 사람들에 달려 있다(Smith, 2006). 고프먼이 묘사하는 행동들은 날마다 사회적 작용의 미시적 차원에서 일어나는 몸 테크닉이다.

고프먼의 개념적 장치는 몸 테크닉의 실행이나 수행을 분석할 토대를 제공한다. 또한 몸과 마음에 대한 엄격한 이원론이 지속될 수 없음을 보여준다. 왜냐하면 정신(예를 들면 별 탈 없이 길거리를 걷는 데는 세속적·실제적 지성이 필요하다)은 어쩔 수 없이 몸을 통해 상호작용적 행동에 연루된다. 몸 테크닉을 검토하면서 우리는 정신과 자아가 뇌의 상부에 살다가 몸이라는 기계에 나타나는 유령 같은 존재, 또는 어쨌든 행위 '뒤에 있는' 존재가 아님을 알게 되었다. 오히려 정신과 자아가 일상의 몸 테크닉 속에 암호로 나타난다고 보는 것이 올바를 것이다.

3. 통제로서의 문화 인간의 몸 규제하기

문화가 몸에 끼친 영향을 이해하는 가장 간단한 방법 중 하나는 유아와 어린이의 초기 사회화 과정을 검토하는 것이다. 서구에서 성인 양육자의 일차적 관심사는 먹는 것과 감정의 배제·표현을 몸으로 관리하는 기본 기술을 주입하는 것이다. 그러나 유년기의 사회화 과정 이후에도 몸은 계속해서 광범위한 규제와 제약을 받게 된다. 어떤 것은 법에, 또 어떤 것은 습관과 관례에 의해 제약받는다. 인간의 몸에 가하는 문화의 감시에 대한 가장 중요한 분석은 **미셸 푸코**(Michel Foucault, 1826~1984)주요 영향 1-2와 노르베르트 엘리아스(Norbert Elias, 1897~1990)의 작업이다. 푸코는 제도화된 담론(근대 사회에서 병원, 감옥, 정신병원 같은 관료 조직뿐만 아니라 좀 더 광범위한 형태의 성에 관한 담론까지 포괄하는)으로 인간의 몸이 훈육된 방식을 보여준다. 엘리아스는 사람들이 다른 사람의 구체적 행동을 대하는 데서 '문명화 과정', 즉 매너의 중대한 변화로 특징지어지는 긴 역사적 변형 과정을 밝혀낸다. 이 절에서는 몸의 이해에 푸코와 엘리아스가 기여한 바를 살펴보고, 식단(diet)이라는 주제와 관련해 이들 견해의 유용성을 밝혀볼 것이다.

권력, 담론, 몸: 푸코

미셸 푸코의 두드러진 지적 작업은 권력과 지식, 인간의 몸 사이의 변동하고 투쟁하는 관계를 탐구한 것이다. 가장 일반적으로 푸코는 사회적 합의와 관습을 구성하는 담론에서 역사에 토대를 둔 분석('계보학')을 시도한다. 푸코는 **담론**개념 정의 1-5이 단순히 세상을 묘사하는 전문가만의 언어가 아니길 의도했다. 그는 담론이 그 자체로 **권력**의 광범위한 현상의 일부였으며, 따라서 사회적 합의가 형성되는 과정에 깊이 연루되어 있다는 점을 강조했다. 그의 가장 영향력 있는 연구는 처벌, 광기, 의약, 성의 담론에 관한 것이었다(Foucault, 1973, 1975, 1977, 1984b).

푸코(1977)는 지배자들이 국민에게 행사했던 중세의 '군주 권력'과 그것을 점진적으로 대체한 근대의 '훈육적 권력'을 대조한다. 근대 감옥 체계의 발전을 연구하면서 푸코는 군주의 법과 뜻을 위반했던 범죄자들이 대중 앞에서 신체에 대한 직접적 체벌(채찍질, 인두로 낙인찍기, 형틀에 목과 손가락 끼워 넣기, 고문, 사지 절단과 처형 등)로 처벌받은 양상을 보여준다.6장 참조 푸코의 『감시와 처벌(Surveiller et Punir)』(1975)은 1757년 파리에서 벌어진 대역죄인 다미엥(R. F. Damiens)의 처벌에 관한 끔찍한 설명으로 시작한다. 그는 이 장면을 묘사하면서 처형자가 직면하는 고난을 생생하고 구체적으로 열거한다. 목숨이 끊어지기 전에 다미엥은 불에 태워지고 몸이 절단되고 끌려 다니다가 결국은 사지가 찢겨 죽는다. 푸코는 공개 처형이라는 볼거리가 군주의 권위와 지배력을 무시무시하게 극화하고 강화시킨다고 주장한다.

범죄자를 처벌하는 주된 방법이었던 이런 '처형의 침울한 축제'는 18세기 이후 감금으로 대체되었다(Foucault, 1977: 8). 푸코는 다미엥의 처형 장면을 묘사한 후 젊은 범죄자들을 수감하는 파리 교도소에서 수감자의 행위를 규제하는 규칙을 발췌해 제시한다. 규칙은 죄수들이 아침 일찍 일정한 시간에 일어나 날마다 아홉 시간씩 일을 해야 한다고 명시하고 있다. 이 규칙은 죄수들이 일어나고 옷을 입고 매일 아침 첫 번째와 두 번째 신호가 울리는 사이에 침구를 정돈해야 함을 상술한다. 그리고 종교적 가르침이 어떻게 진행될 것이며 언제 어디서 씻고 첫 빵을 배급받을 것인지, 먹는 것이 허용되기 전에 어떻게 모일 것인지 등을 묘사한다.

이런 예를 보면 상당히 다른 두 가지 처벌 방식이 있음을 알 수 있다. 여전히 범죄자의 몸이 중심이지만 이제는 몸이 절단되기보다는 감금의 대상이며 '유순한 몸'의 '영혼'이 교화의 초점이 된다. 군주의 의지를 어겨 초래되는 끔찍한 결과를 보여주는 것에서 범죄자를 훈육하고 교정하는 것으로 처벌 목표가 변화한다. 훈육은 감옥이 원활한 기능을 유지할 수 있도록 몸과 영혼이 획일적이며 규칙적인 방법으로 작동하게 고안된 것이다. 그러므로 근대의 감옥은 언제 먹고 언제 자는지, 언제 일과 교육이 있을지 정확하게 규정한 양생법으로 수감자를 조종한다. 이런 방식으로 죄수들은 표준화되고 획일적인 죄수의 행동을 하게 되었다.

푸코는 역사적 진보에 관한 단순한 이론들에 단호하게 반대하면서 그 대신 역사적 변화가 불연속적이고 복잡하며 덧없음을 강조했다. 그는 하나의 지배 형태가 다른 것을 대체하는 투쟁처럼 실제 사회에서 범죄자 처벌 역시 고르지 않게 발전해 왔음을 인식했다. 예를 들면 1760년에서 1840년 사이에는 처형을 비롯한 처벌들을 대중이 볼 수 없게 되었다. 푸코는 이것을 단순히 몇몇 유럽 사회에서 일어난 단일한 사건에 그치는 것으로 보지 않고, 사회적 불안기에는 강력한 처벌을 재도입하기도 하는 일련의 전진과 후퇴로 보는 것이 적절하다고 주장한다. 그리고 범죄자를 다루는 방법도 사법제도 밖에서 일어나는 변화에 영향을 받았다. 푸코는 이 과정에서 범죄학, 현대 의학과 더

푸코: 사형수의 몸
Foucault: the body of the condemned

공개 처형이 사라지면서 볼거리가 줄어들기도 했지만, 그것은 또한 몸에 대한 장악이 느슨해졌다는 뜻이기도 하다. 1787년 정치적탐구촉진협회(Society for Promoting Political Enquiries)의 한 연설에서 벤저민 러시(Benjamin Rush)는 이렇게 말했다. "교수대, 형틀, 처형대, 매질, 형차는 머지않아 처벌의 역사에서 지난 세기 국가들의 야만성의 표지로서, 인간의 마음에 이성과 종교의 영향이 약하다는 증거로 여겨질 것이다." 그리고 실제로 60년 후 반 미넌(Van Meenen)은 브뤼셀에서 참회 회의를 개회하면서 자신의 유년기를 다음과 같이 회상했다. "나는 형차, 교수대, 형틀로 뒤덮인 땅을 보았다. 그리고 섬뜩하게 형차 위에 늘어져 있는 해골을 보았다"(Annales de la Charité, 329: 30). 죄수의 몸에 낙인을 찍는 행위가 영국(1834)과 프랑스(1832)에서 철폐되었다. 1820년 이후 영국은 반역자들에게 적용하던 완전한 처벌을 더 이상 사용하지 않았다(티스틀우드*는 사지가 찢겨 죽지 않았다). 단지 태형만이 여러 형벌 체계 내에 남아 있었지만(러시아, 영국, 프러시아) 일반적으로 그마저도 점점 삼가게 되었다. 누구도 더 이상 몸을 건드리지 않거나 가능한 최소한만 건드렸다. 그 대신 몸 자체가 아닌 다른 것에 형벌이 가해졌다. 근대 형벌 체계에서 아주 중요한 자리를 차지해 왔던 징역, 감금, 강제 노동, 형사상 노예 상태, 출입 금지, 국외 추방 등의 '신체적' 형벌은 반대에 부딪혔을지도 모른다. 벌금형과는 달리, 이런 형벌은 몸에 직접 영향을 끼친다. 그러나 처벌과 몸의 관계는 과거 공개 처형 동안에 이뤄진 고문에서 볼 수 있었던 것과는 다르다. 몸은 이제 도구나 매개 역할을 한다. 즉, 몸을 감금하기 위해서 노동을 하도록 몸에 간섭하려 한다면 이것은 개인에게서 권리와 재산으로 간주되는 자유를 박탈하는 것이 된다. 이런 형벌로 몸은 제약과 부자유, 의무와 금지의 체계 내에 갇혀버린다. 육체적 고통은 더 이상 형벌의 구성 요소가 아니다. 견딜 수 없을 만큼 몸을 괴롭히는 것이던 처벌이 이제는 경제적으로 권리를 유보시키는 것이 되었다. 법이 죄수의 몸에 손을 뻗쳐 조종하는 것이 여전히 필요하다면, 일정한 거리를 두고 소유물을 다루는 식으로 엄격한 규칙에 따라서 한결 '높은' 목표를 갖는 형태로 나타날 것이다. 이런 새로운 제약의 결과 기술자 전체가 고통을 직접 해부하는 사람인 처형자, 즉 간수, 의사, 목사, 정신과 의사, 심리학자, 교육학자에게서 일을 이어받는다. 죄수 옆에 자신의 모습을 드러내는 것만으로도 그들은 법이 필요로 하는 것을 칭송한다. 즉, 그들은 몸과 고통이 처벌의 궁극적인 대상이 아니라고 안심시킨다. 자신을 복지의 대행자이자 고통을 덜어주는 사람으로서 사형을 집행하는 관리와 병치시킴으로써, 오늘날 의사는 최후의 순간까지 사형수를 지켜봐야만 한다. 이것은 주목할 만하다. 처형의 순간이 다가올 때 죄수들은 진정제를 투여 받는다. 재판관이 묵인하는 유토피아다. 즉, 생명을 앗아가는 것을 당사자가 느끼지 못하도록 하여, 죄수에게서 모든 권리를 박탈하지만 고통을 가하지는 않는다. 고통이 전혀 없는 형벌을 부과하는 것이다. 비록 일시적이라 하더라도 심리약리학과 생리학적 '차단 장치'에 의지하는 것은 이런 '비(非)신체적' 형벌의 논리적 결과다.

근대의 처형 의식은 볼거리의 사라짐과 고통의 제거라는 두 과정을 입증한다. 두 과정은 각각 유럽의 법체계에 영향을 끼쳤으며 결국 모두에게 똑같은 죽음이 일어났다. 죽음에 어떤 고통도 추가되어서는 안 되고 시신에 추가적인 행동이 가해져서도 안 된다. 이것은 몸보다는 인명에 영향을 끼치는 처형이었다. 처형은 더 이상 범죄의 구체적 표시나 범죄 또는 범죄자의 사회적 지위를 떠안지 않았다. 죽음은 단지 짧은 순간만 지속된다. 죽음이 계산된 방해로 지연되고 일련의 연속적 공격이 배가되는 긴 과정 같은 것은 더 이상 없었다. 18세기 시작 무렵, 「교수형은 충분한 처벌이 아니다 (Hanging Not Punishment Enough)」(1701)를 쓴 익명의 저자가 주장한, 대역죄인이나 그의 옹호자를 처벌하기 위해 구성된 고문들의 조합은 더 이상 없었다. 이전에는 여러 가지 고문을 조합해 사형수가 회전 형틀에서 몸이 망가지고 나서 기절할 때까지 매질을 당한 후 쇠사슬에 묶인 채 매달려 마침내 굶어 죽도록 방치되었다. (자갈길에 머리가 부딪혀 깨지는 것을 방지하기 위해서) 사형수가 운반구에 매달린 채 끌려가고 복부가 찢어져 곧이어 창자가 터져 나오고 자신의 눈으로 창자를 볼 시간도 없이 불길 속에 내던져진다. 마침내 목이 잘리고 사지가 찢겨 죽는다. 그러나 이러한 처형 방식은 더 이상 존재하지 않는다. 이렇게 '천 번의 죽음'이 한 번의 사형으로 축소되는 것은 처벌 행위에 관한 전체 도덕률을 정의한다.

(Foucault, 1977: 9~11).

• 토머스 티스틀우드(Thomas Thistlewood, 1721~1876)는 영국인 농장 관리인으로 노예제와 자메이카 역사에 관한 일지를 썼는데, 일지에서 노예에 가해진 잔인성을 묘사했다.

불어 몸을 지식의 대상으로 이해하고 통제하려는 정신의학이라는 새로운 과학이 출현해 담당했던 역할을 강조한다. **훈육적 권력**은 이런 새로운 과학이 생산한 지식과 기술에 바탕을 두었으며 근대의 감옥과 그 상위의 사법제도는 교도관, 보호관찰관, 정신과 의사 등의 직종에 종사하는 관리자들이 행사하는 훈육적 권력을 사용한다.

이런 관리자들은 타인을 조사하고 평가한다. 그들은 면담·관찰하고 분석·분류하며 보고서를 쓰고 서류를 정리한다. 이 모든 것은 처벌에 가장 적합한 양생법과 범죄자 개조를 계획한다는 명목으로 행해진다. 이런 훈육적 권력의 행사 이면에는 **정상화**(normalization)의 과정이 있다. 조사와 분석의 목적은 범죄자의 탈선의 본질과 정도를 결정하고 그들의 범죄행위를 교정하며 그들을 정상적·순응적 행위로 복귀시키는 가장 효과적인 수단을 고안해 내는 것이다. 훈육적 권력이 추가로 확장된 예는 교도소 건물 설계로 구체화된 새로운 감시 방법에서도 발견된다. 19세기 공리주의 철학자인 제러미 벤담(Jeremy Bentham)이 고안한 '파놉티콘(panopticon)'은 푸코에게 이런 새로운 경향을 집약한다(〈그림 4-1〉, 〈그림 4-2〉 참조). 파놉티콘은 원형 감옥으로, 간수들이 자신은 노출하지 않은 채 죄수들을 관찰할 수 있도록 고안된 축을 중심으로 설계

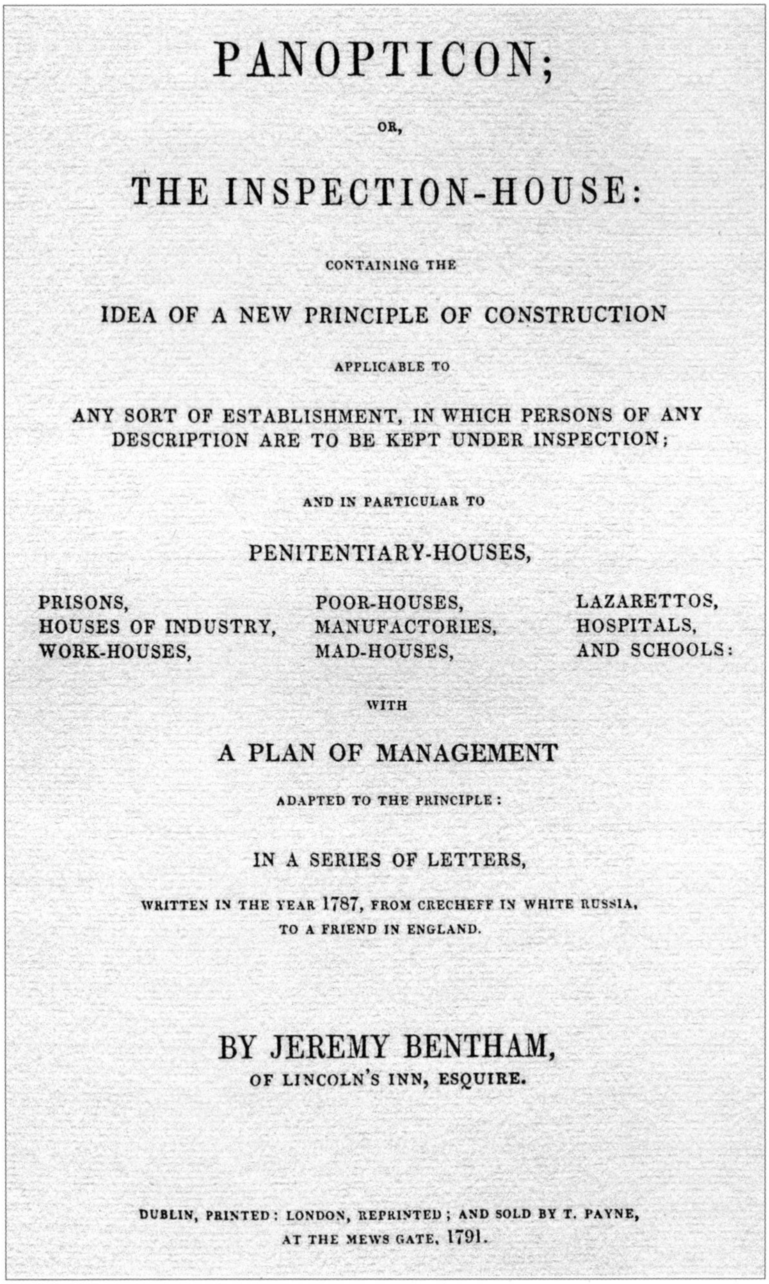

PANOPTICON;

OR,

THE INSPECTION-HOUSE:

CONTAINING THE

IDEA OF A NEW PRINCIPLE OF CONSTRUCTION

APPLICABLE TO

ANY SORT OF ESTABLISHMENT, IN WHICH PERSONS OF ANY DESCRIPTION ARE TO BE KEPT UNDER INSPECTION;

AND IN PARTICULAR TO

PENITENTIARY-HOUSES,

PRISONS,	POOR-HOUSES,	LAZARETTOS,
HOUSES OF INDUSTRY,	MANUFACTORIES,	HOSPITALS,
WORK-HOUSES,	MAD-HOUSES,	AND SCHOOLS:

WITH

A PLAN OF MANAGEMENT

ADAPTED TO THE PRINCIPLE:

IN A SERIES OF LETTERS,

WRITTEN IN THE YEAR 1787, FROM CRECHEFF IN WHITE RUSSIA,
TO A FRIEND IN ENGLAND.

BY JEREMY BENTHAM,
OF LINCOLN'S INN, ESQUIRE.

DUBLIN, PRINTED: LONDON, REPRINTED; AND SOLD BY T. PAYNE,
AT THE MEWS GATE, 1791.

그림 4-1 제러미 벤덤의 『파놉티콘』(1791) 표제지

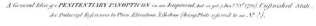

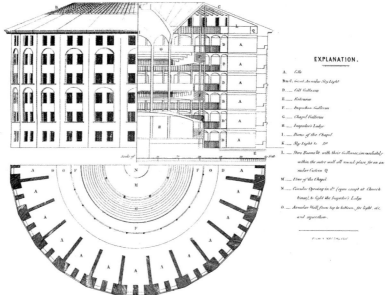

그림 4-2 **파놉티콘 설계도**

되었다. 파놉티콘 설계의 주안점은 수감자에게 자신이 끊임없이 감시당하고 있다는 믿음(사실 여부와 관계없이)을 유발하는 것이었다. 파놉티콘은 19세기 초반 이후 영국의 교도소를 설계하는 데 영향을 끼쳤지만, 푸코는 이런 과정들이 교도소의 영역을 넘어서 더 일반화될 수 있다는 점을 추가적으로 지적한다.

그러므로 파놉티콘은 근대사회의 주된 특징을 말해 주는 은유가 된다. 교도소뿐 아니라 다른 관료 조직도 감시 업무를 한다. 경찰과 보안 회사는 공공장소를 순찰하고 사적 소유물을 단속한다. 학교와 대학은 주민들의 교육을 감시하고 졸업증서 부여 여부를 통제한다. 공중보건 당국과 사회복지 기관은 시민이 서비스를 이용하는 횟수에 관한 광범위한 기록을 갖고 있다. 세무 당국은 납세 여부를 점검한다. 이런 감시 형태는 모두 컴퓨터와 비디오, 과학

기술 진보의 강력한 도움을 받아왔다. 과학 기술이 발전하면서 개인의 행위를 감독하고 통제할 수 있는 기회·범위·시야가 확장되었으며, 점점 손쉽게 할 수 있을 뿐만 아니라 습득할 수 있는 개인 정보의 범위를 확대했다.

푸코의 초기 작업은 몸과 권력·지식의 관계를 고찰하고 지배의 테크닉에 초점을 둔다. 근대 의학의 발전에 관한 연구에서 푸코(1973)는 환자의 몸이 전례 없이 의학 권력에 종속된 데에는 해부학, 방사선학, 외과학, 병원과 상담실의 공공기관화와 학문 분야의 발전과 더불어 의학 기술(청진기, 현미경, 실험실 테스트) 및 의료 행위(신체검사, 사후 검시)에서의 변화가 크게 작용했음을 보여주었다. 이런 과정에서 내과 의사와의 상담은 궁금증을 풀어가는 것이라기보다는 몸의 비밀이 누설되는 고백적 만남을 닮게 되었다. 한편 푸코가 담론을 통해 주체성이 구성되는 방식에 관심을 가지면서 성에 관한 그의 후기 작(Foucault, 1984b)에서는 주제가 지배의 테크닉에서 **자아의 테크닉** 쪽으로 옮겨졌다. 자아의 테크닉은 개인이 자신의 몸, 영혼, 사고, 행위를 주시해 자신을 형성하고 변형시킬 수 있는 방식이다(이것을 전 세계로 수출된 남부 캘리포니아식 라이프스타일로 오해해서는 안 된다!). 푸코는 자아가 자아에 열성적으로 몰두하는 '자아 문화'가 초기 그리스 도시국가 사회의 특징이었다는 점을 보여준다.

푸코는 **권력**(또는 하나가 다른 것을 조건 짓고 변형시키는 것을 강조하기 위해 그가 부르듯 '권력/지식')에 대한 관습적인 이해, 즉 특정 집단이 지닌 것이라든지 타인에게서 '빼앗고' 타인을 지배하기 위해 '행사하는' 것으로 보는 데 동의하지 않는다. 푸코가 보기에 권력은 단순히 타인의 의지 위에 자신의 의지를 확보하는 것이 아니다. 오히려 권력은 사회 속에서 흩어져 있으며 담론을 통해 모세혈관과 같이 작동한다. 권력이 있는 곳에는 그 권력에 맞선 **저항**이 있기 마련인데, 저항은 종종 지역적이거나 자격을 잃은 담론에 토대를 둔다. 푸코는 권력의 성격이 본질적으로 억압적이라고 단순하게 봐서는 안 된다고 주장한다. 권력은 '생산적'일 수도 있다.

권력의 적극적이며 생산적인 면에 관한 좋은 예가 푸코가 말한 **'생체 권력** (bio-power)'이다. 이것은 개인의 몸과 사회의 몸(구성원 전체) 둘 다의 삶에 행사되는 훈육적 권력을 지시한다. 성 담론은 생체 권력의 작동을 이해하는 중요한 쟁점인데, 이것이 개별성 및 쾌락이라는 개념과 인구의 통제(출산 통계의 형태, 피임, 성병, 장수, 건강에 대한 공동체의 전반적 수준) 양쪽 모두에 연관되기 때문이다. 빅토리아 시대 사람들과는 달리 현대의 우리는 성에 관해 '자유롭게' 이야기할 수 있을 뿐만 아니라 심지어 거의 지속적으로 성에 관해 말하도록 강요받는다. 성에 관한 담론은 신문, 잡지, 영화, 건강 관련 종사자 등에 의해서 생산된다. 이런 식으로 성 담론은 우리의 자아와 몸에 권력을 넓혀간다. 자아에 내면화된 성 담론은 여러 요구를 강요하던 예전의 억압적 질서나 정권 못지않게 효과적이다. 권력이 다양한 담론 속에 퍼져 있다면 정확하게 어떤 특정 집단의 이익을 위한 것이라고 하기 어렵다. 그래서 성적 탐닉은 성적 자유와 동일시될 수 없으며 오히려 억압적인 성 담론의 영향력 아래 놓일 수 있다. 푸코는 자아가 그런 **담론**의 실체가 무엇인지를 봐야만 하며(대개 죄, 고백, 자아에서 포기와 자아 상실이라는 결과를 이끌어내려는 장치일 것이다), 금욕과 쾌락 사이에서 균형을 찾는 현명한 결론에 도달하고자 노력해야 한다고 주장했다.

✓ **담론**에 대해서는 1장을 참고하라.

몸의 문명화: 엘리아스

『문명화 과정(*The Civilizing Process*)』(1978)에서 독일의 사회학자 엘리아스는 긴 역사적 과정을 분석한다. 이 과정에서 사람들은 자신의 감정 표현과 여타 구체적 행동을 통제하는 능력을 얻었다. 이제 '예의 바르고', '문명인다운' 행위로 여겨지는 것은 넓은 범주의 사회적 과정의 결과다. 이 과정은 예의 바름과 강한 반감을 (훨씬 세련됨과 품위를 추구하는 경향으로) 다시 정의하는 것으로 끝난다. 이런 변화와 함께 인간 본성이 무엇이며 인간에게 무엇을 기대할 수 있는지가 다시 개념화되었다. 이것은 특히 구체화된 행동의 경우에 명백하게 나타난다.

엘리아스는 이런 변화를 기록한 증거물을 여러 원전에서 가져왔다. 그는 로테르담 출신의 에라스무스(D. Erasmus)가 1530년에 쓴 『아이들의 예의(*On Civility in Children*)』 같은 예절 책뿐만 아니라 문학·유화·데생을 증거를 사용했다. 애당초 그는 유럽 중세 상류계층의 예절에 초점을 두었다. 생생한 역사적 예증이 가득한 논의에서 엘리아스는 용인될 수 없는 행위의 특징을 도표로 만들었다. 당시에는 손가락이나 숟가락으로 먹는 것이 식탁 예절이었고, 포크는 16세기까지는 일상적인 것이 아니었다. 사람들은 공용 냄비에서 음식을 덜어 먹었고, 기름이 묻은 손가락을 식탁보에 닦았다. '생리작용'에 대해서 말하는 것이 수치스럽거나 당혹스러운 일이 아니었기 때문에 다른 사람과의 교제에서도 숨김없이 드러내곤 했다. 에라스무스는 "소변을 보거나 대변을 보는 사람에게 인사를 건네는 것은 예의 바르지 못하다"라고 조언한다(Elias, 1978: 130). 한 세기가 지나서야 이런 것들이 공적으로 말해서는 안 되는 사적인 것이며 수치심과 역겨움을 초래하는 문제가 되었다. 중세 사람들은 코를 푸는 데 손가락을 사용했다. 손수건은 17세기가 되어서야 상류층에 한해 사용되었다. 침을 뱉는 습관이 흔했으며 침을 발로 밟는 것이 관례였다. 침을 뱉는 항아리인 타구는 나중에 생겨났다(그리고 20세기까지도 유럽의 많은 공공장소에 타구가 있었다).

당시에는 여관에서 흔히 동성이 침대를 함께 썼다. 사람들은 옷을 얌전하게 벗고, 잠자리에 들 때는 침대의 어느 쪽을 선택할지 연장자에게 먼저 권하고, 잘 때는 똑바로 누워 가만히 자야 하는 것으로 알았다. 옷을 입지 않고 잠자리에 드는 일이 흔했으나 그때는 침대가 현대에서와 같은 사적이고 친밀한 의미를 갖지 않았다. 침대나 공중목욕탕에서 벌거벗고 있는 모습은 일상적인 것이었다. 엘리아스는 중세의 성(sexuality)에는 수치와 외설에 관한 현대적 관념이 없는 것이 특징이라고 말한다(Elias, 1978: 177~178, 214). 하나의 예증이 될 수 있는 것이 (계급과 나라마다 변형이 다양하지만) 결혼식 하객이 신부와 신랑이 부부 침대에 '함께 눕도록' 신부와 신랑의 옷을 벗기는 관습이다(엘리아스는 결혼에 많은 성폭력이 있었다는 점도 인정한다). 더구나 중세 사회는 인간과 동물 양쪽 모두가 가진 혐오스러움과 잔인성에 의해 특징지어지는 그 자체였다. "강자를 위한 …… 강탈, 전투, 인간과 동물 사냥. 이런 것들이 삶의 즐거움 중 일부를 구성했다"(Elias, 1978: 193). 중세인들은 자극을 받았을 때 20세기에 용인되는 것에 비해 상대적으로 더 쉽고 거칠게 감정을 폭발시켰다.

15세기부터 점차 예절을 근대적 기준에 맞추려는 변화가 일어났다. 엘리아스는 그의 작업이 과거의 '부적합한' 관습에 반대해서 근대의 기준을 옹호하는 것이 아님을 강조한다. 그리고 사실상 문명화 과정에는 가시적인 시작점이 없다. 변형(transformation)은 어떻게 생겨난 것일까? 물질적 이유 때문이 아니다. 예를 들면 부자들은 사순절[1]에 특별한 식기를 사용하지만 연중 다른 시기에는 그럴 필요가 없다고 여겼다. 사순절용 식기가 건강과 위생에 관한 큰 관심이나 동료와 상사들에 대한 존경 때문에 생겨난 것은 아니었다. 엘리아스가 증명하듯이 이런 경우 제시되는 이유들은 이미 변화가 일어난 후 소급하여 정당화한 경우가 많았다(Mennell, 1989: 45~47 참조).

엘리아스가 보기에 주요 요인은 후기 중세에 일어난 상류층의 구성 변화에서 비롯된다. 이 시기에 기존의 전사계급이 궁전 사회로 재편되었다. 다양한 사회적 배경에서 새로운 귀족계급이 생겨났고 궁전을 중심으로 사회 전체

---

1   기독교의 중요한 절기로 예수 부활 46일 전인 재의 수요일에서 부활절 전날 저녁까지 일요일을 제외한 40일간을 말한다.

가 재구성되었다. 그러므로 새로운 상류층 가신들은 궁전에서 다른 사람들, 즉 후원·총애·출세 등을 위해서 자신들이 의존했던 사람들과 가깝게 지내게 되었다. 그런 중요한 사람들과 가깝게 사귀면서 충동과 감정을 더 엄격하게 통제하게 되었다. 처음에는 "고위층 사람들이 자신들보다 사회적 지위가 낮은 사람들 또는 적어도 그들과 사회적으로 동등한 사람들에게 부과한 것이었다"(Elias, 1978: 137). 그러나 궁전 사회는 아주 경쟁적이었기에 처음부터 부과된 것은 곧 자기 규제로 작동하게 되었다. 예를 들면 브런즈윅(Brunswick) 궁전의 1589년 규정에는 이런 부분이 있다. "누가 되었든지 간에 계단, 복도, 화장실을 오줌이나 다른 오물로 더럽히지 못하며, 적합하고 정해진 다른 장소로 가서 용변을 봐야 한다"(Elias, 1978: 131). 시간이 지나자 궁전 사회의 상호 의존성에 내적 역동성이 생겨나 점점 더 세련된 기준이 만들어졌다. 이어 신흥계급으로 부상한 부르주아가 상위 계급과 경쟁하며 그들을 따라잡으려 애쓰면서 이런 기준은 사회의 아래쪽으로 확산되었다.

더 나아가 엘리아스(1982)는 이런 변화를 기나긴 국가 형성 과정에 위치시킨다. 이 과정은 영토의 확장이 행정, 세금, 폭력의 수단을 중앙에 집중시키는 독점적 작동 방식과 연관되어 있었다. 엘리아스는 '인간 몸의 역사적 발전 과정'을 복합적으로 설명하는데(Shilling, 2003), 이것이 어떤 논평가들에게는 푸코의 견해보다 역사적으로 미묘한 차이를 더 잘 보여주는 것으로 평가된다(Shilling, 1993 참조). 이런 차이점 중 몇몇은 먹는 것에 관한 문화적 습관을 둘러싼 두 개의 대조적 연구를 통해 더 잘 알 수 있을 것이다.

먹는 것: 훈육인가, 문명화된 문화적 습관인가?

식사 시간에 어린아이들을 관찰해 보면 쉽게 알 수 있듯이 먹는 것과 마시는 것은 간단하게 배운, 문화적으로 형성된 활동이다. 음식과 음료의 소비는 유전적이면서 동시에 문화적인 관습이다. 즉, "사람들이 공유하고 있는 모든 것 중에서 가장 흔한 것은 그들이 먹고 마신다는 점이다"(Simmel, 1994). 우리가 어떻게 먹고 얼마나 자주 먹는지는 생물학적 요소보다 문화적 요소에 더 영향을 받는다. 터너(B. Turner)와 멘넬(S. Mennell)의 연구를 비교함으로써 이런 문화적 관행을 분석하는 데 푸코와 엘리아스의 접근이 얼마나 공헌했는지 평가할 수 있을 것이다(Turner, 1991; Mennell, 1991). 터너(Turner, 1991)는 건강한 식단을 둘러싼 담론을 푸코식으로 검토하는 반면 멘넬(Mennell, 1991)은 먹고 마시려는 식욕이 어떻게 문명화되었는지 엘리아스식으로 연구한다.

사회의 특정 집단에게 권장되는 식단에서 **권력**이 몸에 각인되는 것을 살필 수 있다. 푸코(1973, 1977)는 교도소, 빈민 구제소, 군대, 수용소에서 제도화된 식단의 훈육적 기능을 알아냈다. 식단 충고에 관한 대중서는 역사가 길다. 18세기 초반 영국의 전문직 종사자와 상류층 사이에서는 건강을 유지하기 위한 '식단 관리'에 대한 충고가 유행했다. 이런 담론개념 정의 1-5을 지지한 핵심 인물은 내과 의사인 조지 체인(George Cheyne)이었는데, 그는 규칙적인 수면, 적당한 운동, 절제, 우유와 채소 위주의 식단을 권장하는 책을 서너 권 내기도 했다. 체인은 기계론적 관점에서 인간의 몸을 액체로 가득 찬, 수력으로 움직이는 시스템으로 상상했다. 그리고 의학에 토대를 둔 충고를 기독교 교리에 직접 결합시켜서 감리교의 영향력 있는 창시자인 존 웨슬리(John Wesley)의 지지를 받게 되었다. 터너는 체인의 식단 담론을 다음과 같이 설명한다.

> 운동 부족, 과식, 알코올과 도회지의 생활 방식은 상류층, 특히 "부자들, 게으른 자들, 사치하는 사람들, 비활동적인 사람들"(Cheyne, 1733: 28)의 건강을 위협했다. 그리고 엘리트층이 독한 술을 마음껏 마시게 되면서 그들의 열정은 "말싸움, 살인, 외설"로 이어졌다(Cheyne, 1724: 44). 식습관과 인기 있는 요리법의 변화는 자연을 거스르고 자연스러운 소화 과정을 방해하는 방식으로 상류층의 식욕을

자극했다. 체인(Cheyne, 1733: 174)은 "절제, 운동, 사냥, 노동, 근면이 원기와 체력을 유지하게 한다"라고 말하면서 "인류가 단순하고 소박하고 정직하고 절약할 때 질병이 거의 없거나 전혀 없었"다고 애석해했다(Turner, 1991: 162).

이런 **담론**은 18세기에도 여전히 굶주림에서 벗어나지 못한 노동계급과는 무관하다. 19세기에 자본주의가 확립되고서야 비로소 노동계급을 대상으로 한 분명한 식단 담론이 출현했다. 여기서는 근대 식이요법의 과학적 원칙에 근거를 두고 노동하는 몸의 육체적 효율을 유지하는 데 필요한 최소한의 단백질과 칼로리의 양을 정하고자 했다. 이 효율은 자본가의 사업에 생산성을 확보하는 데 필수였다. 그래서 인간의 몸을 열역학의 이미지로 보는 것이 예전에 수력발전 시스템으로 보던 것을 대체한다. 18세기의 담론과는 달리 종교적으로 정당화되지는 않았지만 새 담론에는 여전히 도덕적 함의가 있었다. 라운트리(B. S. Rowntree)가 1899년 요크에서 실시한 유명한 빈곤 조사에 따르면 노동계급은 잘 먹지 못했고 기능공들은 '술에 돈을 낭비'하지 않는다는 가정하에 최소한의 영양 섭취 기준을 충족시킬 수 있었다. 그래서 금주(禁酒)는 종교적 관점에서가 아니라 육체적 효율을 유지하는 데 필요한 알뜰한 살림살이의 필요로 정당화되었다. 20세기 후반에 식단 담론은 세속화되었지만 도덕적 요소는 사라지지 않았다. 최근의 몸매 가꾸기 열풍(걸음 교정 교실, 다이어트 비디오, 달리기, 보디빌딩 등)에 대한 담론에서 아주 특정한 체형과 외모를 지지하는 것이 그 증거가 될 것이다.

하지만 음식에 관한 의학적·과학적 담론은 식욕에 가하는 일련의 제약을 나타낸다. 멘넬은 의학 담론이 "유럽 사회의 복잡한 식욕 및 식욕 통제 역사에서 극히 작은 부분에 해당될 뿐"이라고 보았다(Mennell, 1991: 127). 우선 식욕과 배고픔은 완전히 동일한 것이 아니다. 배고픔은 생리적인 것으로 몸에 연관된 충동인 반면, 식욕은 심리적인 것으로 문화적으로 형성된 먹으려는 경

제식과 상징주의
Ritual and symbolism

빅터 터너(Victor Turner, 1967)의 유명한 말처럼 우리는 '상징의 숲'에 산다. 환경 속의 대상 — 물건, 사람, 활동 — 은 어떤 의미를 지녔는지에 따라 이해된다. 우리는 이런 대상물이 주는 의미에 근거해 대상에 대해 행동한다. 이런 의미는 관습적인 것이며 사회화 과정(문화적 지식과 능력을 획득하려는 과정)에서 배운 것으로, 중요한 점은 공유된다는 것이다. '사과'라는 단어가 어떤 과일을 지시하는 것처럼, 기호와 기호가 나타내는 것과의 관련성은 부분이 전체와 갖는(예를 들면 환유적) 관련성이다. 상징과 상징이 나타내는 것과의 관련성은 자의적인 유사성(예를 들면 비유)이다. 에덴동산에서 이브가 내민 사과가 '세속적 지식'을 상징하듯이 말이다.

  상징의 공유(경기장에 갈 때 응원하는 팀을 표시하는 색깔의 옷을 입는 것)는 어떤 집단에 대한 소속감, 즉 사회적 결속력을 낳고 이런 결속력은 당신이 누구이며 무엇을 하는 사람인지, 즉 당신의 사회적 정체성(영국의 축구팀 블랙번 로버스 FC의 서포터)을 확인해 준다. 문화연구에서 상징주의는 다양한 방식으로 고찰되어 왔는데 그중 청년 하위문화와 관련한 부분이 주목할 만하다. 1950년대 이후 일련의 청년 하위문화는 다양한 상징들, 즉 긴 머리, 짧게 깎은 머리, 곱슬머리, 뾰쪽한 머리, 구슬 장식, 안전핀, 모든 종류의 철저하게 독특한 의상스타일을 사용했다. 이것은 전통적 사회에서 거리를 유지하고 헤게모니에 도전하기 위한 것이었다(Hebdige, 1979). 상징주의는 종종 '브리콜뢰르(bricoleur)'* 논리를 수반한다. 한 맥락에서 알 수 있는 것이 다른 맥락에서는 또 다른 의미로 해석된다. 테드족이 에드워드 왕조 시대 신사의 재킷을 전유한 것처럼, 하위문화에서 선택된 상징들의 서로 다른 요소들 사이에서 구조적 유사성(혹은 '상동적 관계')가 식별될 수 있다. 윌리스(P. Willis, 1978)는 오토바이를 타는 소년들이 오토바이의 속도와 견고성에 매료되는 것과 1950년대 후반의 로큰롤 음악을 좋아하는 것 사이에 상동 관계가 있다고 시사한다. 5장 참조

제식(ritual)은 '상징적 인물'이 표준화된 순서에 따라 말하고 행동하는 것이다. 이 상징적 인물은 "참가자들이 아주 중요한 의미를 부여하는 사고와 감정에 집중하도록 이끈다"(Lukes, 1975). 표준화된 순서는 거의 변하지 않으며 제식의 행동은 반드시 수행되어야 한다. 수행이 없으면 제식도 없다는 것이 근본 규칙이다. 종교의식은 어떤 성스러운 대상(일상적인 세속 너머에 있고 경외심을 갖고 대하게 되는 그 무엇)을 향한 존경·숭배의 행위와 태도를 수반한다. 그러나 모든 제식은 사람들이 자신에게 상징적으로 중요한 바로 그것을 향하게 한다. 세노타프 의식,** 노동절 퍼레이드, 가두시위 같은 정치적 제식은 참가자 사이에 사회적 결속력을 다지고 공유된 가치를 재확인할 것으로 믿어진다. 현대 사회에서는 종교 조직이 쇠퇴하고 개인주의적 이데올로기가 중시된다. 그에 따라 개인이 작은 신(神)으로 간주되고(Goffman, 1967), 보통 공손한 행동과 그 밖의 상호적 제식을 통해 경의의 대상이 되었다. 최근에는 예기치 않은 죽음을 추모하는 '자발적 성소'가 출현하는 추모문화가 나타났다. 교통사고 사망자를 증명하는 도로변 성소나 폭력의 희생자를 기리는 추모의 벽이 이에 해당한다.

- 브리콜라주를 수행하는 사람을 가리키는 말이다. 브리콜라주는 원래 프랑스어로 '여러 가지 일에 손대기' 또는 '수리'라는 사전적 의미를 지닌 말이다. 이 단어는 프랑스의 인류학자 레비스트로스가 그의 저서 『야생의 사고(The Savage Mind)』에서 사용함으로써, 신화(神話)와 의식(儀式)으로 대표되는 부족 사회의 지적 활동이 어떤 종류의 것인지 나타내는 말이 되었다.
-- 런던의 관청가 화이트홀 거리에 세워진 제1차 및 제2차 세계대전 전몰자 기념비다. 세노타프 의식은 전몰자 추모식을 의미한다.

────────────────────────────────── ■ ■ ■ 더 읽을거리

Hebdige, D. (1979). *Subculture: The Meaning of Style*. London: Methuen.

Leach, E. (1976). *Culture and Communication*. Cambridge: Cambridge University Press.

Lukes, S. (1975). "Political ritual and social integration." *Sociology*, 9(2), May, pp.289~308.

Santino, J.(ed.). (2005). *Spontaneous Shrines and the Public Memorialization of Death*. London: Palgrave Macmillan.

향과 욕망이다. 오늘날 받아들여지는 먹기의 기준, 즉 우리가 무엇을, 언제, 어느 정도의 시간을 들여서 먹는지는 상당한 정도의 자기통제를 수반한다. 중세 유럽의 먹기 패턴은 오늘날과는 아주 달랐다. 연회는 일반적으로 상류층의 현상이었지만, 그 변형이 사회 전체에 걸쳐 나타났다. 하지만 심지어 귀족에게도 포식할 행사들 사이에는 검약한 생활을 해야 하는 시기가 있었다. 즉, 중세에는 금식과 연회를 오가는 패턴이 일반적이었다. 이런 패턴은 중세 사람들이 근대인들보다 감정 표현의 기복이 극단적이라는 엘리아스의 묘사와 유사하다. 그러므로 식생활 패턴의 변화는 문명화 과정을 소규모로 반영한다.

금식과 연회가 반복되는 패턴이 생긴 것은 식량 공급이 몹시 불안정했기 때문이다. 중세에는 화재, 전염병, 전쟁, 유랑처럼 기아가 규칙적으로 발생했다. 이런 것들이 상호작용하여 인구 그래프에서 사망률이 급격히 높아지는 '죽음의 첨탑'이 나타나기도 했으며, 이는 사회적 계급에 관계없이 모든 사람에게 일어났다. 18세기까지는 식량 부족이 실제적인 위협이었다. 식량 부족의 위협에 관한 생각은 특히 사회의 하층계급에서는 19세기까지 지속되었다. 중세 시대 교회는 신실한 가톨릭 신도에게 일주일에 적어도 3일은 금식하기를 요구했다. 그리고 완전한 금주까지 요구하지는 않았지만 통상 저녁 식사 때는 적은 양의 소박한 식사를 하도록 했다. 중세 후기에 공표된 절약법은 사람들을 특정 분류 체계로 나누어 입을 것과 먹을 것을 명시했는데, 이것은 부분적으로 눈에 띄는 소비에 제약을 가하기 위해서였다. 적당히 먹기를 권고하는 의학적 견해도 식욕을 채우려는 사람들의 욕망을 외적으로 제약하는 기능을 했다.

18세기부터 계속되던 금식과 연회의 패턴은 결국 근대적 자아 통제에 자리를 내주었다. 멘넬은 '식욕의 문명화는 유럽 사회의 상업화와 산업화를 수반했던, 식량 공급으로 증대되는 안정성·규칙성·신뢰성·다양성'에 연결되어 있었다고 지적한다(Mennell, 1991: 141). 상거래의 확장, 경제의 성장, 노동의 분화, 국가 형성 과정이 유럽의 뿌리 깊은 식량 부족 문제를 해결하는 데 기여했다. 많은 양의 음식을 실컷 먹는 연회는 더 이상 예전만큼 신분의 상징이 되지 못했다. 그 자리에 미식이 들어섰으며, 그로 인해 생겨난 질적 가능성이 새로운 절제 정신을 심어주는 데 기여했다. 연회장에서 소비되는 식료품과 일상에서 먹을 음식에 적합한 식료품 사이의 낡은 구분이 사라졌고, 부자가 먹는 음식과 보통 사람들이 먹는 음식이 점차 비슷해졌다. 현대사회의 특징인 상호 의존성의 증대가 서로 다른 계층이 먹는 음식의 종류를 평등해지게 했으며 그리하여 자아 통제력이 식욕에까지 확장되었다. 나아가 멘넬은 비만, 거식증, 신경 질환이 풍요로운 서구 사회에서 기대되는 식욕에 자아 통제력의 정상적 패턴을 방해하는 것으로 가장 잘 이해될 수 있다고 주장한다. 거식증은 식량 공급이 더 이상 문제되지 않는 현대사회에서 주로 나타난다. 그러므로 식욕의 역사적 형성과 억제는 복잡한 일로서 멘넬이 제안하듯 장기적 문명화 과정을 보여주는 또 하나의 예라고 볼 수 있다(Mennell, 1991: 152).

터너가 개략적으로 묘사한 음식 담론은 먹는 패턴을 형성하는 데 확실히 영향력을 행사해 왔다. 푸코의 관점은 특별한 종류의 담론으로 매개되는 권력이 어떻게 인간의 몸을 구성하는지 부각시킨다. 하지만 멘넬의 엘리아스적 관점은 담론과 문화적 실행 사이의 연관성을 좀 더 구체적으로 탐구하는 방법을 제공하며, 일련의 사회적 상호 의존에 의해 식욕이 문화적으로 패턴화됨을 입증한다. 따라서 엘리아스의 관점은 특정한 담론이 사회적 상호 의존성과 관련하여 어떻게 확립되는지 보여준다.

비만 전쟁

사람들이 건강이 나빠지면서 점점 살이 찌며, '전염병'의 비율로 증가하는

'비만의 위기'가 존재한다고 종종 주장된다. 대체로 체중 평가는 미국의 과학자 앤슬 키스(Ancel Keys)가 1972년에 고안한 신체총량지수로 측정된다. 신체총량지수는 비만을 측정하는 표준 척도가 되어왔고, 체중을(킬로그램 단위) 신장(미터 단위)의 제곱으로 나눠 산출된다. 18.5에서 25 범주 밖의 수치는 '체중미달', '과체중', '비만', '과도 비만'으로 분류된다. 비만이 만성질환의 가능성을 증가시킨다는 결과를 보여주는 과학적 연구에 의해 뒷받침된 공중건강 캠페인은 건강한 식단과 운동의 중요성을 강조한다. 덧붙이자면, 낙인찍기와 심리적 문제는 흔히 비만과 연결된다. '덜 먹고, 더 움직이라'는 말은 비만을 줄이려는 캠페인의 주문(呪文)이 되어왔다.

공중건강 교육자들은 비만이 건강에 중대한 영향을 끼치는 증거를 제시하는 반면 다른 사람들은 과학을 둘러싼 일부 모호성을 지적하면서 비만을 건강을 해치는 유일한 원인으로 강조하는 것에 반대해 왔다. 공중건강 교육자들은 비만을 둘러싼 논쟁의 틀을 만드는 세 그룹 중 하나이며, 다른 두 그룹은 여성주의자와 비만을 수용하는 사람들이다. 수지 오바크(Susie Orbach)는 『비만은 페미니스트 이슈(Fat Is a Feminist Issue)』에서 여성의 몸 사이즈와 몸이미지에 관한 지배적인 인식을 의문시했다(Orbach, 1978). 미국의 '비만 수용촉진 전국 협회(NAAFA)'는 시민권을 지킬 방도로(Gimlin, 2002 참조) 비만자를 부정적으로 다루는 것을 조사하는 조직적 활동단체다. 지구촌 다른 곳에서도 비교가 가능한 그룹을 찾아볼 수 있는데, 예를 들면, 비만 남성의 전형인 '곰들'과 '뚱보 멋쟁이 남자들'을 재정의하려고 애쓰는 사람들이 해당된다(Monaghan, 2008).

비만의 원인은 복잡하다. 풍요로운 삶이 증가하면서 양이 많고 값싼 음식을 널리 이용할 수 있었다. 사람들의 육체적 활동이 줄어들고, 육체노동이 감소했으며, 가정에서는 노동 절약형 가전 기구들이 증가했고, 차량 소유가 늘어났다. 이는 사람들이 적게 걷는다는 것을 의미했다. 외식할 기회가 점점 많아졌고, 주요 음식 유통업체('빅 푸드')는 대중의 식단 성향을 적극적으로 형성해 왔다. 하지만 이런 요소들은 일방적으로 작동하지 않고, 문화적 존재로서 성찰하는 행위자들인 사람들에 의해 해석된다(Crossley, 2006).

문화연구의 특별한 관심사는 대중 담론에서 과장된 용어들('비만 전염병', '비만과의 전쟁')이 광범위하게 사용되고 있다는 점이다. 대중의 건강 위기로 비만을 틀에 짜 맞추는 것은, 서구문화에서 날씬함을 공정가격으로 설정하는 것을 더욱 지지하는 것이며, 비만을 건강과 미, 때로는 인권과 양립할 수 없는 것으로 짜 맞추는 것이다. 비만 논쟁은 많은 몸 프로젝트에 숨어 있는 건강 나치즘의 어두운 측면, 즉 개개인이 자신의 몸 사이즈에 유념하면서 건강에 책임을 져야 한다는 점을 드러낸다. 하지만 모너핸(L. F. Monaghan)과 같은 '모든 몸 사이즈에 사회적 적합성과 건강'을 추천하는 대안적 윤리도 존재한다(Monaghan, 2008: 163).

4. 구체물의 재현

이 절에서는 인간의 몸이 일상생활, 대중문화, 대중매체에서 어떻게 재현되는지 알아보자. 유행 현상을 고찰한 후 여성성과 남성성의 재현에 관한 연구를 살펴보고, 몸의 재현 효과에 대한 이슈와 재현의 한계를 보여주기 위해서 포르노를 둘러싸고 벌어지는 몇 가지 토론의 쟁점을 고찰하며 결론짓고자 한다.

패션

옷, 화장, 보석, 장식품, 문신, 피부에 상처 내기 등 다양한 방법을 사용한 인간의 몸 꾸미기는 문화적 동일시와 사회적 참여의 근본적인 범위, 즉 우리가 우리 자신을 누구이며 무엇이라고 생각하는지를 표현한다. 꾸미기에서 스타일상의 변화와 선호도는 보통 '패션'으로 묘사되지만, 이 용어를 전체적으로 정확하게 정의하기는 어렵다.3장 참조 우선 패션의 반대인 유행에 뒤떨어진 것과 관련지어 패션을 가장 잘 이해할 수 있다. 패션의 기본적 패턴은 문화적 형태를 수반하는데, 이 형태는 "일시적으로 받아들여져 괜찮게 여겨지지만 곧 시대를 앞서가는 것에 밀려나는"(Blumer, 1968) 문화적 형태다. 따라서 패션은 믿음과 행위가 확립되고 고정된 형태인 관습과는 구분된다. 관습이 잘 변하지 않는 전통 사회에서는 패션은 낯선 개념이다. 그러나 패션 자체는 관습적인 토대를 갖고 있다. 그것은 게오르그 지멜(Georg Simmel)이 지적했던 것처럼, 차이와 제휴 사이의 이중적 긴장감을 보여준다(Simmel, 1957: 363). 유행을 따르는 개인은 한편으로는 군중의 눈에 띄고 특별한 존재로 보이고 싶어 하며, 다른 한편으로는 유사한 유행을 따르는 다른 사람들과의 친밀한 관계를 과시한다. 인류학자 에드워드 사피어(Edward Sapir)는 "유행은 관습으로부터의 이탈을 위장한 관습"이라는 진술로 이 개념을 멋지게 다듬었다(Sapir, 1931: 140).

패션은 '최신식'에 항상 민감하기 때문에 이른바 '시대정신'의 선명한 척도이며 동시대성을 보여주는 거울이다. 물론 유행은 옷차림에 한정된 현상은 아니다. 건축, 인테리어, 드라마, 문학은 물론이고 자연과학·사회과학 이론과 방법을 포함한 다양한 학문 분야에도 유행이 있다. 때때로 패션은 젊은 사람들의 옷과 팝 음악 사이의 연결처럼, 삶의 다른 영역에서 생겨나는 변화에 민감할 수 있다. 이 장에서는 몸의 문화적 토대에 관심을 두기 때문에 우리의 관심사는 옷차림에 한정될 것이다.

의복의 목적에 관한 저명한 이론은 의상 사학자인 제임스 라버(James Laver)가 여러 저작에서 주장했다(Laver, 1946, 1950 참조). 그는 옷 입기가 세 가지 기본 원칙인 실용성, 위계질서, 시선 끌기(또는 유혹)에 동기를 부여받는다고 말한다. 아주 단순하게 옷은 실용적 목적을 수행하거나(머리를 보호하도록 햇볕을 가리는 모자, 비에 젖지 않게 하는 비옷), 사회적 지위에 따라 우리를 특징짓거나(청바지와 티셔츠보다는 양복과 넥타이), 아니면 성적 유혹을 목적으로 고안되었다. 이런 세 가지 원칙이 우세하다는 라버의 가정은 (현대 의상은 실용성에 관심을 별로 갖지 않으며, 남성의 옷이 계급을 표시하는 원칙을 지향하는 반면에 여성의 옷은 유혹의 원칙에 근간을 둔다는 가정) 오늘날 다소 터무니없어 보이며, 아마도 문자 그대로 받아들여져야 한다는 뜻은 결코 아니었을 것이다. 그러나 이런 원칙이 옷이 **실용적 기능**(모든 옷은 다소간 유용할 수도 있다), **상징적 기능**(모든 옷은 입는 사람의 사회적 지위를 얼마간 나타낼 수도 있다), **미적 기능**(모든 옷은 다소간 매력적일 수도 있다)을 지닌다고 주장하는 기능주의 사회학자들(Barber and Lobel, 1952)의 훨씬 진지한 주장에 밀접하게 관련되어 있다는 점을 쉽게 알 수 있다.

패션의 주요 특징은 '스타일의 급격하고 지속적인 변화'(Wilson, 1985)다. 패션은 **모더니티**개념 정의 6-1와 밀접하게 연결되어 있다. 특히 패션은 모더니티의 두 가지 특징적 양상을 반영하며 그것들에 의해 가능해진다. 그 두 가지는 ① 특히 광고와 대중매체를 통해 영원히 변화한다는 느낌과 ② 자기를 드러내는 데 여러 대안과 통제를 부여하는 광범위한 소비재의 선택이다. 이 점은 역으로도 성립될 수 있다. 패션은 오로지 다소간 개방된 계급제도를 지닌 사회의 중요한 특징이다. 이런 계급제도에서 엘리트는 지위의 제도화된 기표가 아닌, 멋지고 돋보이는 의상과 휘장을 착용함으로써 다른 계급과 자신을 구분할 수 있다. 엘리트의 패션은 다른 계급들에게 하향 침투한다(Simmel, 1957; Veblen, 1934). 다른 계급이 이런 패션을 모방하게 되면 엘리트는 새로운 것을 택한다. 이 이론은 왜 패션이 반복적으로 일어나는 과정인지 설명해 주며, 사회적 지위가 엄격하게 시행되는 카스트와 다른 전통 사회 속에서 왜 패션이 부재하는지 설명한다(고대 중국에서 관리들은 발목까지 닿는 옷을 입게 되어 있었고,

프랑스 혁명 이전에는 귀족들만 실크를 입을 수 있었다).

하향 침투 이론(Trickle-down theory)[2]은 19세기 산업사회 도시의 유행을 생생하게 설명해 주지만, 20세기의 복잡한 패션 과정을 설명하는 데는 적합하지 않다. 패션은 점차 위에서 아래로 하향식으로 진행되는 과정이라기보다 아래에서 위로 진행되는 상향적 과정으로 보인다. 하층 집단, 특히 청년 하위문화는 위에서 아래로 내려오는 것을 수동적으로 받아들이기보다 그들 자신의 스타일(예를 들면 청년 하위문화)을 적극적으로 구축하거나 상류계급의 스타일을 직접 알아낸다. 5장 참조 하향 침투 대신, 소수집단에서 주류에 영향을 주는 상향 침투(Trickle-across)라고 할 수 있다. 어떤 저자들은 패션을 언어처럼 기호 체계로 간주하는 것이 더 유용하다거나(Barthes, 1985) 그것이 자체적인 문법과 통사 구조를 지닌 언어라고(Lurie, 1992) 주장한다. 의복의 언어를 구체적으로 명확히 말하려는 시도는 큰 성공을 거두지는 못했고 기껏해야 비유적이다. 결국 의복은 말이나 글처럼 복합적인 생각을 전할 수도 없고 문장으로 전달될 수 있는 복잡한 사고를 허용하지도 않는다.

또 다른 견해는 패션뿐 아니라 **패션** 자체가 후기 현대 또는 **포스트모던**개념정의 6-1 사회에서 변화하고 있다는 것이다. 프레드 데이비스(Fred Davis) 같은 논평가는 지위 및 직업과 의복 사이에 이전에 있었던 견고한 연관성이 약화되는 것은 동시대 의복에서 기표와 기의의 연관성이 느슨해지거나 코드화가 점차 약해진 것으로 볼 수 있다고 주장한다(Davis, 1992). 하위문화와 복고풍 스타일이 늘어남에 따라 패션은 단순히 모방 대상이 아니라 옷을 입는 사람

---

2   원래 경제학 용어로, 정부가 투자를 증대하여 대기업과 부유층의 부(富)를 먼저 늘려주면 중소기업과 소비자에게 혜택이 돌아가 경제가 발전하고 국민복지가 향상된다는 이론이다. 적하정책(滴下政策)으로 번역된다. 말 그대로 '넘쳐흐르는 물이 바닥을 적신다'는 뜻이다. 여기서는 상층계급에서 형성된 유행이 아래쪽으로 흘러 들어가 널리 퍼진다는 이론을 말한다.

이 적극적으로 연출해야 하는 것이 되었다. 옷을 입는 사람의 정체성과 분위기에 관한 지식과 옷을 입을 때의 맥락, 이 두 가지로 의복의 의미를 적절하게 이해할 수 있다. 이런 의미에서 유연성과 생산성은 결코 과소평가될 수 없다. 다음 인용에서 이 점을 살펴보자.

> (옷을) 바라보고, 사고, 심지어는 단지 백일몽을 꾸는 행위가 일어나는 의미의 체계는 지속적으로 스스로를 쇄신한다. 우리가 옷을 사고 결과적으로 입거나 어떤 공개적인 방식으로 보여주는 것은 다음에는 새로운 이미지를, 새롭고 때로는 의도하지 않은 의미의 집합을 창조한다. 어떤 의미에서 우리 자신이 미디어 형식이 된다. 즉, 몸이 소형 휴대용 '워크맨'으로 변형된다(McRobbie, 1989: xi).

의복과 패션은 오늘날 의사소통 코드보다는 미학적 코드로 더 잘 간주된다. 즉, 사회적 지위와 도덕적 가치를 단도직입적으로 표시하기보다는 직접 표현하기 어려운 사고와 감정을 표현하는 코드다. 그래서 데이비스는 다음과 같은 견해를 내놓는다(Davis, 1992). 현대적 패션은 '정체성의 양가성(identity ambivalence)'에 의해서 부추겨진다. 우리의 정체성은 재단해서 건조되는 것이 아니라 온갖 종류의 어긋남, 압박, 모순에 빠지기 쉽다. 정체성(identity) 중에서 의복을 통해 표현되는 양가성은 다음과 같다.

의복으로 표현되는 양가성		
젊음	vs	늙음
남성성	vs	여성성
일	vs	놀이
노출	vs	감춤
방종	vs	자제
순응	vs	반항

의복의 요소는 하나 또는 다른 정 반대를 부각시키면서 이런 긴장감을 코드화한다. 포스트모더니즘 이론가들은 데이비스에서 한 걸음 더 나아간다. 그들은 스타일의 가변성과 사람들의 옷에서 개별적 다양성을 강조하는 것이, 패션은 결국 (사회적으로) 아무 의미도 없다는 것을 뜻한다고 본다. 하지만 패션에서 아주 극적인 문화적 변동이 사실상 성취되어 왔는가 하는 여부는 의문의 여지가 남아 있다. 에프라트 체엘론(Efrat Tseëlon) 같은 일부 평자들은 직장의 복장 규정에서 '패션 경찰'에 이르기까지 사

그림 4-3 보디 피어싱과 켈트 문신
켈트족의 일원임을 나타내는 문신을 한 것으로 사진의 주인공이 아일랜드인임을 알 수 있다.

람들의 옷 선택에서 현실적인 제약을 지적하며 회의적인 의견을 내놓는다 (Tseëlon, 1995).

하지만 그런 발전과 병행하여 옷차림의 가장 초기 형식이 부활했다. 여기에는 보디 페인팅, 장식, 상처 내기, 문신 새기기 등이 있는데, 이것들은 아주 분명한 개인적·사회적 의미와 연관이 있다. 문화 중 몸에 표시하기는 한 상태에서 다른 상태로 바뀌었음을 표시하면서 이미 확립된 제식의 중요성을 오랫동안 지녀왔다. 예를 들면 많은 아프리카 전통 사회에서 볼이나 이마에 상처 내기는 남성이 성년이 되는 통과의례를 상징한다. 포경은 종교적으로 정당화된 몸 변형의 형태로서 유대인과 다른 집단에서 오랫동안 실행되어 왔다. 군인은 종종 문신을 새겨 자신이 속한 부대나 배 등의 구성원 의식을 나타낸다. 귀 뚫기는 유럽 및 미국의 남성과 여성 양쪽에서 지금은 널리 받아들

여겨 주류 형태가 되었으며, 코 뚫기 같은 다른 스타일은 펑크족이 한때 중요하게 여겼던 충격 가치를 더 이상 갖지 못한다. '비주류 몸으로 바꾸기'의 다른 형태들, 가령 (노예나 죄수에게 찍는) 낙인, 피부를 베고 상처 내기, 생식기에 구멍을 내어 장신구 달기(Myers, 1992)는 점점 흔해지고 있다. 비주류 몸으로 바꾸기에 몰두하는 동기는 다양하다. 여기에는 성적 쾌감의 증가, 중요한 타인에 대한 신뢰와 충성심 표시, 미적 가치, 그룹 내 협력 및 충격 가치가 포함된다. 이런 다양한 동기의 기초가 되는 것은 몸 바꾸기와 옷차림의 좀 더 일반적인 기능이다. 이런 실행은 몸을 '사회화'하는 데 기여하고, 사람의 어떤 생물학적 양상을 사회적 영역 속으로 가져오며, 조야하고 말이 없는 몸을 상징적 중요성을 지닌 적극적 소통자로 개조한다. 이런 기능은 심지어 소수집단이 추구하는 것에도 존재한다.

> 수야(Suya)족이 귓불에 커다란 나무로 만든 둥근 원반을 달아 듣기의 중요성을 확실히 부각시키듯이, 동시대 미국 사회에서 생식기에 피어싱을 하는 사람들은 남성 성기 귀두의 프린스 앨버트(Prince Albert) 피어싱이나 여성 음부의 은제 심장 모양 피어싱을 자랑해 보임으로써 자신의 성적인 힘을 예찬한다(Myers, 1992: 299).

이런 장식 형태들은 좀 더 일반적으로 의복과 더불어 생물학적 존재를 사회적 존재와 연결 짓고 몸이 확실히 생물학적 존재 이상이라는 점을 강조한다. 그리고 몸이 어디서 끝날 것인가 하는 질문을 제기한다. 우리의 피부, 옷, 보석, 화장은? 우리 몸의 생산물과 방출물의 지위는 무엇인가? 우리는 의학적 기술로 오랜 기간 동안 보존할 수 있는 우리의 피, 난자, 정자를 '기증할수' 있다. 인간 몸의 경계는 명확하지 않다. 이런 질문들은 사이보그라는 인물을 SF소설에서 구체적 문화 속으로 데려가겠다고 약속하는 생명공학과 컴퓨터 기술의 발전에 비추어볼 때 한층 절박한 것이 되었다.

젠더 차이와 여성성의 재현

젠더란 두 성 사이에, 해부학적 토대를 둔 차이에 문화를 덧씌운 것으로 간주되곤 한다. 성(sex)은 남녀 사이의 생물학적 차이를 나타내는 반면에 젠더는 문화적으로 구체적인 사고, 행동, 느낌을 나타낸다. 따라서 '여성성'과 '남성성'은 젠더의 용어이며 여성 또는 남성에게 사회에서 적합한 것으로 여겨지는 방식으로 사고하고 행동하며 느끼는 방식을 지시한다. 때로는 생물학과 문화 사이의 관계는 부가적인 것으로 생각된다(Connell, 1987). 즉, 문화는 자연이 제공하는 동질이형성을 완성시키며 확장한다. 가령 유아를 돌보는 문화적 성향은 수유라는 생물학적 능력과 연결되어 있다.

이 같은 **본질주의적** 시각은 지속되기 어렵다. 우선, 생물학적인 것과 문화적인 것에 정확한 가치를 할당할 신뢰할 만한 방식이 없는 것 같다. 둘째, 정확한 가치는 성차에 관한 서구 사회의 자연스러운 태도에 내포된 가정을 바탕으로 예측될 수 있는 것처럼 보인다. 여기서 말하는 가정은 두 개의 성이 있다는 것, 그리고 '오직' 두 개의 성만 있다는 것, 개인은 남성 아니면 여성이 된다는 것이다. 남성이나 여성 어느 한쪽이 되면 이것이 평생 동안 지속되며 사후에도 과거로 소급되어 변경될 수 없다(Garfinkel, 1967: 122~126). 생물학과 문화의 관계가 부가적이라는 점을 의문시하는 또 하나의 이유는 여성성과 남성성을 받아들이는 형식이 상당히 가변적인 것으로 여겨지기 때문이다. 예를 들면 북아메리카 인디언의 **버다치**(berdache)[3] 관습은 해부학적 남성이 '여

---

3 아메리카 인디언의 어떤 종족에서 이성의 옷을 입고, 이성처럼 행동하며, 이성의 역할을 하는 사람. 특히 여성의 역할을 하는 남자.

성의 일'에 종사하고, 여성처럼 옷을 입고, 여성계 내에서 움직이는 것을 허락하며, 성의 자연스러운 이형성에 관한 어떤 학설도 반박한다. 오히려 문화적 정의가 '소녀처럼 던지기'에 관한 영(Young, 1980)의 초기 논의에서처럼 사실상 젠더화된 몸을 구성하는 데 주된 역할을 한다. 성차는 문화적 정의와 상호작용적 관습과 밀접하게 연결되어 있다(Connell, 1987; Goffman, 1977, 1979). 그래서 사람들의 사고, 행동, 믿음을 설명해 줄 수 있는 남성들 간 또는 여성들 간 공유되는 생물학적 특징을 가정하는 본질주의적 시각은 터무니없다.

규모가 큰 사회에서는 여성성과 남성성이 발견될 수밖에 없다. 그러나 다른 것에 비해 선호되는 남성성이나 여성성이 있기 마련이다. 커넬(R. W. Connell)은 이를 '지배적 남성성'과 '강조된 여성성'이라는 개념으로 포착했다 (Connell, 1987: 183~188). 이 개념은 문화적으로 지배적인 젠더 코드, 즉 영화나 광고 등이 의존하는 동시에 구성하는 젠더 코드를 잘 표현해 준다. 또한 지배 담론에 제시된 여성성·남성성과 실제 구체적인 경험 사이를 구별하는 것이 중요하다. 실제 경험과 지배적 젠더 코드 사이에는 주목할 만한 차이가 있다. 흑인 운동선수들이 지배적인 남성성을 보여줄 수는 있지만, 그것만으로 그들이 부딪히는 모든 상황에서 사회적인 권위를 갖기에는 충분하지 않을 것이다. 동시대 서구 문화에서 여성성 또는 적어도 강조된 여성성은 남성성보다는 훨씬 더 재현적이며 자기표현적 문제다. 남성은 행동하지만 여성은 (외모를) 보인다(Berger, 1972). 즉, 남성이 자신의 '존재'로 거래하는 데 반해 여성은 자신의 '외모'로 거래한다. 여성성에 관한 현대의 담론은 매끄러운 이데올로기적 조직망이 아니라 오히려 그 속에 모호함과 모순을 내포한다.

이런 사고방식은 주디스 버틀러의 수행적 젠더라는 개념으로 대중화되었다. 섹스는 생물학적 차이고 젠더는 문화적 차이라는 것은 널리 알려진 가정이다. 더욱이 젠더에 따른 특징들(여자들은 배려하고 남자들은 공격적이다)이 섹스의 차이에 의해 결정된다고 흔히 알고 있다. 버틀러는 이런 생각들에 도전

> ✓ **이데올로기**
> 이데올로기 이론은 생각을 권력의 관점에서 이해하려는 시도이다. 이것은 마르크스주의 이론과 함께 가장 완벽하게 발전되었는데, 여기서 '이데올로기'는 사회적 위치와 환상적인 신념 체계 때문에 가지게 된 특정한 사회 집단(종종 사회 계층)의 생각을 가리킨다.

한다. 포스트구조주의적으로 접근한 버틀러는 역사적 차이 그리고 문화 간 차이로 인해 젠더가 어마어마하게 달라지는 것에 깊은 감명을 받아 섹스와 젠더는 둘 다 문화적 구성물이라고 주장한다. 젠더가 '수행적'이라고 제안하면서, 버틀러는 젠더가 전적으로 문화적으로 용인되는 방식으로 행동하고 사고하는 문제라고 한다. 그녀는 유명한 발언에서 '젠더의 표현 뒤에는 어떤 젠더 정체성도 없다. …… 정체성은 흔히 결과라고 말하는 바로 그 "표현들" 에 의해 수행적으로 구성된다'(Butler, 1990: 25)라고 한다. 젠더가 수행적이라는 의미는 젠더가 '이루어진', 수행되고 구현된 무언가라는 것이다 ─ 젠더는 남녀의 행동을 미리 결정해 주는 출생 당시 성을 표현하거나 그로부터 비롯된 무언가가 아니다.

이 수행적 개념은 사회적으로 구성된 문화적 성과물로서 젠더에 접근한다. 수행성은 모든 곳에 있다. 젠더 사회화는 일상생활에서 반복되는 '반복적 과정'이다. 즉, 일상생활에서 '여성적'이거나 '여성답'고 용인되고 인정받는 그런 종류의 옷을 입거나, 그런 종류의 흥미를 표현하거나, 그런 종류의 적절한 표정과 자세로 이야기하는 법을 배우는 것이 젠더 사회화. 버틀러는 이러한 젠더 수행의 습득을 묘사하기 위해 '소녀 되기'라는 용어를 사용한다. 어떤 의미에서 젠더에 대한 버틀러의 견해는 『제2의 성(*The Second Sex*)』에서 시몬 드 보부아르(S. de Beauvoir)가 한 유명한 말 "여자로 태어나는 것이 아니라 여자가 되는 것이다"를 광범위하게 확대시킨 것이다[de Beauvoir, 1997(1949): 267].

수행으로 간주되었을 때 젠더의 몇 가지 특징이 드러난다.

- 젠더는 진행되는 행동, 적극적인 수행으로, 결코 완결되지 않는 과정 중인 일이다.
- 젠더는 강제적인 수행으로, '규제의 틀' 안에서 수행되는 일련의 행동

이다.

- 젠더는 몸와 몸의 활동을 디자인함으로써 연출되는 생생한 수행이다.
- 젠더는 완벽하게 성취할 수 없는 환상이다.
- 젠더는 연출된 젠더의 효과가 '자연스럽게' 보이도록 하기 위해 수행적 성격을 감추는 속임수 수행이다.

버틀러는 여장이 특히 이해를 돕는다는 것을 알게 된다. 왜냐하면 여장은 젠더적 정체성을 수행하는 시도가 구성적이며 불완전하다는 것을 드러내주기 때문이다. 많은 평자들은 또한 마돈나의 공연에서 보이는 여러 페르소나(persona)가 젠더 정체성의 완벽한 수행성을 부각시키는 점을 주목해 왔다.

버틀러의 사고는 어마어마한 논쟁을 불러일으켰다. 수행성은 페미니스트 전통의 어떤 요소들에 대해서 의문을 제기한다. 젠더가 단지 여성들의 이슈인지를 의문시하고 여성이 희생자라는 생각에 반대한다. 수행성 이론에서는 젠더 정체성을 하나의 효과, 즉 발명과 재발명의 문제로 접근한다. 이로 인해 '남자들'과 '여자들'의 정체성을 생각하는 전통적인 방식이 해체되고 전복적인 잠재성을 갖게 된다. 수행성은 젠더를 근본적으로 문화적·사회적 구성물로 만드는 가운데 젠더에 따른 인간성을 이해하는 새로운 방식을 제공한다.

이 수행적 개념은 이성애 여성이 일상생활에서 어떻게 자신을 나타내는지에 대한 체엘론(Tseëlon, 1995)의 검토를 뒷받침한다. 체엘론은 여성 개인의 외모를 둘러싼 지배적인 문화적 믿음과 기대를 이해할 수 있게 하는 다섯 가지 역설을 검토한다.

- **정숙 패러독스**
  여성은 유혹물로 구성되고, 그것 때문에 처벌받을 운명이다.
- **이중성 패러독스**

여성은 술책으로 구성되고, 본질과 진정성이 부족해 사회적 주류에서 배제된다.

- **눈에 띄는 존재의 패러독스**

  여성은 볼거리로 구성되나 문화적으로 눈에 보이지 않는다.

- **미모 패러독스**

  여성은 아름다움을 나타내는 동시에 추함을 구현한다.

- **죽음 패러독스**

  여성은 죽음에 맞선 방어물일 뿐만 아니라 죽음을 나타낸다.

현대의 여성성은 '구성된다'. 이것은 체외론의 용어로 일종의 '가면'이다. 가면 속에서 여성은 이런 패러독스에 대해 일종의 '타협안'과도 같은 생활 방식에 도달한다. 목록에서 하나의 예만 고려해 보자. 몸의 외모는 남성보다 여성에게 한층 더 중요하다. 타인에게 어떻게 간주되고 또 스스로를 어떻게 간주하느냐에 있어 여성의 경우에는 매력이 더 중요하다. 남성도 자신의 외모에 관심을 보이지만, 외모는 그들에게 그다지 중요하지 않다(실제로 자신의 외모에 지나치게 관심을 두는 남성은 '사내답지 못하다'는 평을 듣는다). 여성다운 아름다움은 오직 소수에 의해서, 그리고 생애를 통틀어 단지 짧은 기간 동안만 달성되는 이상적 상태다. 그래서 많은 여성은 화장품, 체계적인 다이어트, 성형 수술, 주사, 지방 흡입술 등의 수단을 통해 추해지는 위협을 막으려고 열심히 노력한다. 그러나 한편으로는 매력 자체가 일종의 치욕이거나 명예를 떨어뜨리는 속성이 될 수도 있다. 왜냐하면 가장 아름다운 여성에게조차 그 아름다움은 언젠가 추해질 일시적 상태이기 때문이다. 더구나 꾸미지 않고 통제되지 않은 몸은 받아들여질 수 없고, 몸은 뭔가 단장을 해야 하는 대상이다. 문화적으로 젊고 아름다운 여성을 높이 산다는 것은 여성은 나이 듦에 따라 '추함'에 가까워짐을 인정할 수밖에 없다는 뜻이다. 여성이 너무 열성적으로 노화에 맞서 싸우려 하면 세월에 '우아하게' 굴복하길 거부한다고 욕을 먹는다. 그러나 그런 추론은 자연스러운 논리가 아니며 그것에 의해 요청된 기준은 보편적인 것이 아니라 문화적으로 구현된 것이다. 남성에게 적용되는 아주 다른 논리와 기준도 마찬가지다.

이런 이슈들에 대한 대중적 인식은 다양한 행동을 통해 점점 더 발전하고 있다. 그런 행동에는 스페인과 같은 나라에서 지나치게 여윈 모델을 잡지 광고에 쓰는 것을 금지하는 것이나 화장품 회사인 도브에서 진정한 아름다움에 대한 캠페인을 하는 것이 포함된다. 도브에서 만든 영화인 〈진보(Evolution)〉(2005)에 상업적인 이해관계가 연루된 것은 사실이지만, 인터넷에서 누린 이 영화의 인기는 여성의 아름다움에 대한 지배적인 개념을 의문시하는 문화정치학이 등장했음을 보여준다. 2015년 봄 런던 지하철에 붙어 있는 프로테인월드(Protein World) 제품의 광고('해변에 갈 몸이 준비되었나요?')를 훼손하는 페미니스트 캠페인은 인기였고 온라인이나 주류 미디어에서 대단한 관심의 대상이 되었다. 진정한 미에 대한 도브 캠페인의 반응은 그 광고에 대한 패러디였다. 도브에서는 '그래요, 우리는 해변에 갈 몸이 준비되었어요'라는 슬로건 아래 그 광고와 같은 색채를 사용하지만 현실 여성들의 이미지를 등장시켜 그 광고를 패러디하고 있다.

남성성의 재현

위계적인 남성성의 요소는 공격성과 폭력을 몸으로 드러내는 것과 연관이 있다. 이런 특징이 전적으로 남성의 근육과 염색체의 유전 때문은 아니더라도 어느 정도 연관성은 있는 것으로 생각된다. 폭력 행위에 관한 문화적·사회적 차원 연구는 이렇게 생물학적으로 유전된 것은 기껏해야 '가능성'을 부여하는 정도라는 것과 사람과 사람 사이의 것(예를 들면 폭행)에서부터 제도화된 것(예를 들면 전쟁)에 이르는 공격적인 행위를 중재하는 복잡한 문화적 맥락이 있다는 점을 제안한다. 그러나 사람 간에 실제로 폭력을 드러내는 것은 종종 눈살을 찌푸리게 하기 때문에 중요한 점은 공격적인 행동의 잠재성이다. 이 잠재성은 흔히 남성의 몸의 자세, 몸가짐, 근육 긴장감으로 나타나곤 한다. 예를 들면 10대 노동계급 소년 사이에서 장난기 있게 주고받는 어느 정도의 밀치기와 주먹다짐은 우정의 기표로 기능한다.

때로는 이 공격적인 행동이 제도화될 수도 있다. 클라우스 테벨라이트(Klaus Theweleit)가 연구한 파시즘 이데올로기의 예를 살펴보자(Theweleit, 1989). 테벨라이트는 독일 파시즘의 내적 경험에 관한 탁월한 연구에서 파시즘이 얼마나 다양한 남성에게 호소력을 발휘했는지 밝힌다. 이 연구는 파시즘 자체가 추종자에 의해서, 그리고 이 추종자를 위해서 만들어진 것이어서 만약 그것이 다른 요소(가령 계급 관심사와 성격 구조)로 축소된다면 적절하게 이해될 수 없는 독특한 문화였다는 가정을 전제로 한다. 테벨라이트는 1920년대 독일의 우익 시민군인 프라이콥스(Freikorps, 자유군단)의 소설과 회고록을 주로 끌어들인다. 프라이콥스는 전형적인 파시스트 단체로 이 단체의 이념과 활동은 다가올 나치의 지배를 예고하는 것이었다. 테벨라이트의 궁극적인 목표는 정신분석이었지만, 그는 프라이콥스의 몇몇 중요한 문화적 특징을 그려냈고 이런 특징을 이 단체의 남성성에 대한 관념과 연결 지었다. 프라이콥스의 군사 문화는 전쟁을 예찬하고, 오로지 전투를 통해서만 남성이 완성된다고 주장했다. 남성성에 관한 이런 믿음은 대중적인 프라이콥스 작가의 말에 잘 담겨 있다.

> ❝ 이들은 강철로 만든 인간이다. 그들의 독수리눈이 빙빙 도는 프로펠러 사이로 구름을 뚫는다. 포탄이 터지는 구덩이를 피해 들판을 무섭게 가로지르는 사람들. 탱크 엔진 소리에 혼란에 빠진 사람. 불을 내뿜는 기관총 뒤에서 며칠 동안 쪼

그려 앉아 있는 사람들. 시신이 수북하게 쌓인 제방에 기대어 웅크린 사람들. 포위되고, 반쯤 마르고, 죽음에 한 발자국 다가선 사람들. 이런 것이 현대 전쟁터의 최상의 모습이다. 무자비할 정도로 전투 정신에 흠뻑 빠져 있는 사람들, 급박한 욕구와 에너지가 하나로 응축되어 결연한 형태로 방출되는 사람들 …… 지금 모습을 드러내는 현상이 한층 더 빠른 회전축이 되어 내일 전투에서 삶은 더 빨리 돌아갈 것이다. 그들은 폭발할 듯한 에너지로 가득 찬 유순한 맹수다. 그들이 아스팔트 거리를 당당하게 걸어갈 때, 그들의 수많은 용맹스러운 행동이 위대한 도시를 뒤덮을 것이다. 그들은 폐허가 된 도시 위에 건물을 세울 계획자가 될 것이다(Theweleit, 1989: 160~162에서 인용).

전사와 같은 이런 사고방식은 젠더에 따라 몸의 특징을 선명하게 양극화한다. 여성은 부드럽고 유동적이며, 억제되어야만 하는 즐거움 또는 고통을 전복시키는 근원이며, 진정한 남성적 존재에게서 분리되어 다른 곳에서 살아야 하는 부정적인 '타자'다. 그러므로 남성은 자신의 몸의 영역을 조심스럽게 단속할 필요가 있다. 훈련과 연습을 통해서 마치 기계처럼 조직된, 견고한 몸을 발달시켜야 한다. 이것은 다른 사람과 쉽게 섞이거나 한통속이 되지 않고 올바른 정치적 지도자에게만 복종하는, 믿을 수 있을 정도로 자율적인 몸을 말한다. 이런 믿음 체계에서 전투의 환희는 칭송되고 살인은 남성의 완벽함을 확인하는 수단으로 보이게 된다. 타인의 몸의 영역을 침범함으로써 몸과 자아의 일관성을 주장하는 한 방식으로 테벨라이트가 제시한 경우는 극단적인 사례지만 현대의 많은 군사 문화는 이런 세계관을 조직체 속에 편입시켰다.

이제 꼭 한 세기가 지난 영화산업은 남성성을 재현하는 강력한 원천임이 입증되었다. 논의의 여지는 있지만 대중영화가 제공하는 남성성은 여성성에 비해 훨씬 다양하다. 예를 들면 제임스 딘, 숀 코네리, 제임스 스튜어트가 재현하는 남성성 모델들이, 그와 비교할 만한 여성성의 영화적 아이콘인 마릴린 먼로와 마돈나보다 더 다양하다〔하지만 Burchill(1986)의 개관을 주목하라〕. 남성성에 관한 지배적 관념의 아주 영향력 있는 모델과 신화적 원천이 되는 것이 필름 누아르(film noir)다. 1940년과 1955년 사이에 처음 등장했던 고전 장르인 필름누아르는 레이먼드 챈들러(Raymond Chandler)와 대실 해밋(Dashiell Hammett)의 소설에서 가져온 험프리 보가트(Humphrey Bogart)의 형사 역할로 대중화되었다. 필름누아르의 관습적인 것에는 위태로운 주인공과 그가 관여하는 '팜므파탈(femme fatal)'이 포함된다. 액션은 거의 대부분 야간의 도시 지역에서 일어난다. 필름누아르는 화면 밖의 해설 소리와 회상 기법을 사용했고 뚜렷한 시각적 스타일로 식별될 수 있다. 시각적 스타일은 키아로스쿠로(chiaroscuro) 효과, 어두운 조명, 높거나 낮은 카메라 앵글, 비대칭적인 프레이밍(framing), 억눌린 밀실 공포를 드러내는 클로즈업을 포함한다.

필름누아르에서 '거친' 영웅은 일반적으로 결함이 있는 인물로, 종종 신경증을 앓으며 소외되고 초라하지만 플롯이 전개되면서 결점을 보완하는 많은 특질을 갖는다. 많은 비평가는 그가 매력적이기는 하지만 확실히 남성성의 진짜 모델은 아니라고 말한다. 1947년 한 비평가는 거친 영웅의 표준이 되는 재현에 대해 다음과 같이 설명한다.

> 그에게는 사랑하는 사람도 없고 자신을 돌봐주는 사람도 없다. 아무렇게나 면도한 얼굴에 옷은 단정치 못하다. 그의 집은 원룸이며 작업실은 황폐한 빌딩 한 구석에 있는 구멍 같은 곳이다. 그는 고독할 수밖에 없는 위태롭고 유쾌하지 않은 일을 하면서 가난한 생계를 꾸려간다. 그에게는 여성의 사랑도 남성의 우정도 없고 자신을 지탱해 줄 뚜렷한 이상도 없다. 야심도, 충성도, 부에 대한 강한 욕망 조차도 없다. 삶의 목적, 그가 움직여 나아가는 목표와 그를 지속시키는 희망은 불분명한 범죄를 해결하는 것이지만 그것이 해결된다 해도 그는 거의 또는 전혀

만족감을 느끼지 못한다. …… 그의 임무는 그를 극단적 위험으로 내몬다. 그는 끈질기게 견뎌야 하는 끔찍한 육체적 폭행을 당하기도 한다. 그는 인간의 삶을 값싸게 여긴다. 자신의 삶마저도 그렇다. …… 전체 역사를 통틀어 볼 때 그토록 힘겨운 삶을 살고 그토록 열망이 낮은 영웅은 없었던 것 같다(John Houseman; Krutnik, 1991: 89에서 재인용).

이처럼 부조화스러운 남성성 개념을 어떻게 해석할 수 있을까? 정신분석적 관점에서 이것은 고집이나 전도(inversion) 또는 자기애로 보인다. 이런 특징들은 1940년대에 처음으로 광범위한 인기를 얻었고, 계속 미화되어 왔다. 주류 영화에서 누아르 요소의 상호 텍스트성이 커지면서, 이런 현상은 오늘날 결집된 '남성 지배 문화 내부에 있는 어떤 자신감의 위기'를 암시할 수 있다(Krutnik, 1991: 91). 좀 더 최근에는 '벌거벗은' 남성의 몸이 강조되기 시작했다. 그것은 할리우드 액션 영화뿐만 아니라 인도 영화인 '볼리우드(Bollywood)' 같은 더 주변적인 지역에서도 나타난다(Balaji, 2014). 문화적 제국주의가 작동하고 있는 것처럼 보인다.

누아르는 소위 '남성성의 위기'의 문화적 기원 중 하나라고 할 수 있을 것이다. 이것은 가정에서 전통적인 남성 권위가 몰락하는 것을 언급할 때 종종 모호하게 사용되는 용어이다. 최근 수십 년간 여성을 선호하는 방향으로 직업 시장이 변화했고, 소녀에 비해 상대적으로 소년들의 학업 성취가 떨어지고 있으며, 젊은 남성들 사이에 자살률이 점점 더 높아지고 있다. 그리고 페미니스트 이데올로기에서 말하는 전통적인 남성적 가치와 태도가 위협받고 있으며 실제로 결혼, 이혼, 직장 내 관계의 조정에 그런 가치와 태도가 힘을 발휘하지 못하고 있다. 이런 '위기'에 대한 문화적 반응(그것의 존재는 늘 논쟁의 여지가 있었다)에는 젊은 남성을 주 독자층으로 삼는 라이프스타일 잡지에 의해 조장되는 것 같은 '래디즘(laddism)'[4]과 남성적 몸만들기나 스포츠에 전념하

✓ **정신분석**
정신분석은 지그문트 프로이트(1856~1939)가 개발한 분석 방법에 붙여진 이름이다. 그는 환자 치료뿐 아니라 문학, 예술, 문화를 분석하는 데 그의 해석적 기술을 사용했다.

는 것이 포함된다. 4장 5절의 '보디빌딩' 참조 둘째, 남성 몸의 권력이 강가나 또는 수로 제방에서 낚시와 같은 아주 세속적인 배경에서 분명하다는 점을 강조할 필요가 있다. 낚시꾼은 압도적으로 남성인데, 이것은 공적 영역을 점유하는 데 남녀 간 불평등이 심하다는 증거다. 이런 활동은 구체화된 기술(통제, 인내심, 자연계의 요소들에 대한 민감도)을 수반하고, 그 자체가 강하게 젠더화된 흥분, 즉 '행위'의 순간을 수반한다(Morgan, 1993). 남성의 권력은 너무 널리 퍼져 있는 문화적 특징이어서 그것의 재현이 갖는 좀 더 세속적 특징을 간과하기 쉽다.

섹슈얼리티 재현하기

특히 사진과 필름 등 현대의 재현 기술로 인간의 몸을 재현하는 것6장 참조은 몸의 이미지가 얼마나 허용되는지, 그 허용 범위를 둘러싸고 많은 논란을 일으켰다. 이런 기술들은 인체가 경험하는 모든 쾌락과 고통과 타락을 묘사할 수 있다. 디지털 기술로 인해 인간의 몸 이미지가 대량 유통 및 소비되기 전에도, 섹스와 폭력의 이미지는 늘 많은 논쟁을 불러일으켰다. 여기에서 우리는 성적 재현이 제기하는 몇 가지 문제 중 특히 인간의 섹슈얼리티를 그림으로 재현하는 문제에 초점을 맞출 생각이다.

다소 잠정적이지만 먼저 몇 가지 정의를 하고 구분한 후 논의를 시작하자. 첫째, **에로티카**(erotica)와 **포르노**(pornography)가 구분된다. '에로티카'는 '사랑'을 뜻하는 그리스어가 어원으로서, 일반적으로 성적인 자극을 퍼뜨리는 근원을 의미한다. 많은 사람은 로댕(Rodin)의 〈키스〉라는 조각이 에로틱하다고 생

---

4 술을 많이 마시고 스포츠, 섹스, 음악에 주된 관심이 있는 젊은이들의 태도와 행동을 뜻하는 말.

각할 것이다. 그러나 포르노는 성적인 노골성을 극단으로 밀어붙인 것이다. 그것은 재현의 한 형태로서 분명히 소비자를 자극할 의도로 섹슈얼리티를 그림으로 묘사한다. 포르노는 해방적이고 전복적이라고 칭찬받기도 하고 억압적이고 역겹고 해롭다고 비난받기도 했다. 포르노 잡지와 비디오는 여러 면에서 저속하고 유해한 것으로 여겨졌기 때문에 오랫동안 논쟁을 일으켰다. 여기서 '위반(offense)'과 '해로운 것(harm)'을 구분할 필요가 있다. 개인과 집단이 저속하게 취급하는 것은 다양하며 이것은 취향과 도덕적 확신의 문제이기도 하다. 예컨대 아이들이 시청하는 텔레비전 애니메이션을 저속하게 여길 수도 있지만, 그 애니메이션이 해롭다고 주장하는 것은 이와는 별도의 문제다. 어떤 대상이나 제도의 유해성을 주장할 때는 그것이 사람들의 태도와 행동에 어느 정도 해로운 영향을 미친다고 간주하는 것이다. 분명히 개인과 집단에게 불쾌감을 안겨주는 성적 이미지들이 많이 있다. 그러나 포르노가 해롭다는 주장은 포르노가 존재하고 소비되기 때문에 부정적·반사회적인 결과, 예컨대 여성과 아동에 대한 성범죄 발생이 증가한다고 주장하는 것과 마찬가지다. 수십 년간 일련의 방법론을 적용하여 사회과학적 연구가 진행되었으나 아직도 포르노의 유해성을 둘러싼 논쟁을 잠재우지 못하고 있다.

문화연구를 하는 여러 페미니스트적 입장에서는 포르노의 유해성에 대한 사회과학적인 증거를 이용한다. 포르노에 반대하는 페미니스트들은 지배적인 포르노 형식 중에서 몇 가지를 없애고자 법안을 개정하려 했고, 특히 실험 결과를 이용해 이런 주장의 과학적 정당성을 확보했다〔매키넌(C. MacKinnon)과 안드레아 드워킨(Andrea Dworkin)이 지지한 '미니애폴리스 조례(Minneapolis ordinance)' 가 그 예다〕. 드워킨(Dworkin, 1983)은 포르노가 그 성격상 여성에게 교활한 폭력을 행사한다고 주장해 포르노의 반사회적 영향에 관한 논쟁을 진전시켰다. 이와 대조적으로 검열에 반대하는 페미니스트〔가령 앨리슨 아시터(Alison Assiter)와 애버던 캐럴(Avedon Carol)〕는 이 연구가 과학적으로 모호함을 강조하고 역사적으로 포르노에 대한 억압과 여권에 대한 가치절하의 관계를 지적했다 (Assiter and Carol, 1993). 그들의 주장에 따르면 포르노의 확산을 허용한 사회에서는 오히려 여성의 법적·관습적 이익이 가장 잘 보호받았다는 것이다.

이 두 입장이 만나는 지점은 재현 장르로서의 포르노를 비판하는 페미니즘적 입장이다. 페미니스트들의 주장에 의하면 현재 많은 포르노 이미지의 형식과 내용이 당혹스러울 만큼 남근 중심적(phallocentric) 전제에 기초해 있다. 포르노에서는 대부분 남성적 응시6장 3절의 '로라 멀비: 남성의 응시' 참조가 압도적이다. 즉, 포르노에서 여성은 단지 남성의 욕구를 충족시키는 성적 대상으로 묘사된다. 포르노는 더 넓은 사회의 권력관계를 반영하는 거울로 간주될 수 있으므로, 불가피하게 남녀 관계에 대해 묻게 만든다. 이것은 **페미니스트 에로티카**(Myers, 1982)나 **여성을 위한 에로티카**(Semple, 1988)의 가능성을 논하게 했다. 이 논쟁에는 단순히 여성 누드모델을 남성으로 바꾸는 것 이상의 의미가 함축되어 있다(이런 시도는 상업적으로 그다지 성공하지 못했으며 원래 의도와는 달리 많은 게이 남성 관객을 끌어들인 것 같다). 여성용 에로티카는 이성애 남성을 위한 포르노와는 다른 형식과 내용을 택하는 경향이 있다. 이 밖에 언급할 만한 사례로는 대중적인 로맨스 소설(Radway, 1987)과 레즈비언 자신이 만든 레즈비언 포르노가 있다. 논쟁을 불러일으킨 좀 더 최근의 예로는 『그레이의 50가지 그림자(*Fifty Shades of Grey*)』가 있었다(James, 2011). 이런 논쟁 중에서도 쾌락, 특히 여성의 성적 쾌락에 대한 논쟁이 주목할 만하다(Kaplan, 1983). 포르노는 강력한 환상의 원천이 되는 명백히 일탈적인 장르다. 이런 논쟁은 사적 영역을 확보하기 위해 적어도 섹슈얼리티의 일부를 개척하고 이용하려는 몇몇 페미니즘와 게이 이론으로 바뀌었다. 이런 관점에서는 몸의 쾌락이 공적 영역이 아닌 사적 영역에 있다고 여겨진다. 게다가 금지된 매력, 어떤 성적 습관과 관계된 위험과 흥분은 가볍게 포기할 수 없는 시민의 자유라고 암시된다. 이런 관점에서 1990~1991년에 진행된 스패너(Spanner) 재판처럼 성적 습관의 일탈을 제한하는 법적 조치는 개인의 자유와 시민권을 치명적으로 침해한 것으로 간주된다. 스패너 재판에서 게이 남성은 사디즘-마조히즘 행동에 동의했다는 이유로 기소되었던 것이다.

마지막 입장은 노골적인 성적 소재가 몹시 다양하게 해석되는 데 대한 논쟁과 관련된다. (당신이 무엇에 성적 자극을 받든 간에) 이 해석에는 개인적 측면이 있을 것이다. 하지만 사회적으로 널리 퍼진 것도 있다. 즉, 영화 〈바람과 함께 사라지다(*Gone with the Wind*)〉에서 클라크 게이블(Clark Gable)이 하는 키스는 단지 '연출된' 키스로 보이는 반면, 성 묘사가 노골적인 포르노에 '연출된' 픽션의 구조를 그대로 적용하기는 어렵다. 포르노에 묘사된 섹스 행위 자체는 극적인 가상 연출이 아니라, 언제나 '진짜' 섹스처럼 보인다. 노골적인 성 묘사는 영화 〈바람과 함께 사라지다〉를 보는 관객의 상상을 뛰어넘는 다큐멘터리적 관행을 이용하는 듯하다. 이것은 포르노의 두드러진 특성이 단지 성기와 섹스를 묘사한 그림에만 관련된 것이 아니라는 사실을 강조한다 (그렇다면 산부인과나 비뇨기과의 의학 서적도 포르노로 분류되어야 할 것이다). 포르노는 오히려 '재현의 제도'로 이해해야 한다. 즉, 카메라의 각도, 조명, 몸의 자세, 의상, 신발 등이 합쳐 생긴 장르다〔기호학적 분석을 위해 Kaite(1995) 참조〕. 정통 포르노는 섹스를 주로 남성적 응시가 지배적인 볼거리로 바꾼 장르다. 그것은 재현의 형태에서 남성의 욕망이 거둔 승리의 담론이다(Williams, 1990). 포르노의 이미지 자체가 성적 폭력을 일으키지는 않지만 양성 관계의 성적 토대 형성에 강력한 영향을 미칠 것이다.

인터넷 이전에도 이런 논쟁은 있었지만, 포르노 이미지는 인터넷으로 인해 전례 없는 규모로 유통되고 있다. 인터넷으로 유통되는 포르노의 양이 정확하게 얼마인지 권위적으로 확언할 수는 없지만 소통량의 아주 큰 부분을 차지하고 있는 것 같다. 인터넷 포르노의 흐름은 종종 국가의 통제 밖에 있다. 물론 미성년자 포르노 사이트에 자주 접속하는 시민의 경우 심하게 처벌

✓ **일탈**
일탈은 확립된 관습, 계층 및 규칙에 의해 설정된 '허용 가능한' 경계를 초과하는 것과 관련된다.

✓ **기호학**
기호의 (과학을 위한) 연구는 유럽에서는 'semiology'로, 북미에서는 'semiotics'로 알려져 있다.

✓ **기호학**에 대해서는 2장을 참고하라.

받기는 하지만, 인터넷 포르노물의 흐름은 종종 국가의 통제 밖에 있다. 인터넷은 포르노 사업을 국제화했고 포르노 사업의 성장과 다양화를 촉진시켰다. 포르노를 반대하는 페미니스트들의 주장에 따르면, 자본 시장의 확대라는 이 익숙한 이야기는 '어떻게 자본주의, 가부장주의, 인종주의, 제1세계 경제 지배가 대규모의 국제적인 포르노 생산을 위한 경제적 문화적 공간을 제공하는지'(Dines, 2005: 570)를 은폐한다. 심지어 여성들이 제작하거나 소유하는 포르노가 급성장하는 것조차도 이러한 거시적 수준의 논리를 따른다. 그러나 새로운 디지털 기술을 사용해 노골적인 성적 자료를 생산·공유하는 소규모 네트워크도 증가해 왔다. 이러한 네트워크는 종종 이성애적 욕망의 틀을 벗어나 좀 더 다양하고 좀 더 착취가 없는 성적 재현의 가능성을 열어놓는다. 샤카 맥그로턴(Shaka McGlotten)의 생동감 있는 게이 DIY 포르노에 대한 분석을 보면 알 수 있듯이, 퀴어 섹슈얼리티와 관련된 재현이 특히 그렇다(McGlotten, 2015). 카트리엔 제이콥스(Katrien Jacobs)는 이런 통신망은 자본주의적 기업 이윤 동기보다는 선물의 논리에 따라서 작동하고 있다고 묘사한다(Jacobs, 2004). 그녀는 **푸코**^{주요 영향 1-2}에 기대어 인터넷은 권력이 분산되어 있는 논쟁적이고 무질서한 공적 공간임을 제안한다. 그녀는 이렇게 쓰고 있다. '인터넷은 포르노를 시청할 수 있도록 운영하는 데 열성적인 소비자들, 예술가들, 활동가들을 만들어낸다. 포르노 소비자들은 작은 장소와 "다른 공간"의 시민들이며 다양한 통로를 통해 커뮤니케이션에 참여한다'(Jacobs, 2004: 80). 인터넷은 주류 포르노 산업의 이윤 증가에 도움을 주는 한편, 대안적인 생산과 교환 형태, 즉 성적 자료의 대안적인 생산 및 교환의 발달을 촉진시켜 왔다. 그와 아울러 인터넷은 포르노 재현의 대안적 생산자와 소비자를 만들어냈다.

5. 표현과 일탈의 도구로서 몸

로고스(logos) 중심의 세계에서 언어는 분명히 인간에게 허용된 능력 중에서 특별한 자리를 차지한다. 나머지 몸이 표현하는 것과 의사소통의 능력은 부차적인 지위를 지닌다. 이 절에서는 앞서 논의한 몸에 대한 주제 중 중요한 몇 가지를 고찰해 보겠다. 몸이 표현 도구이자 세상에서 우리 존재를 나타내는 매개가 되는 방식에 대해 생각해 보자. 또한 몸이 어떻게 **일탈**의 매개가 되느냐가 이와 밀접히 관련된 주제다. 이 절에서는 정서적인 몸, 운동하는 몸, 몸 예술, 날씬한 몸매, 보디빌딩에 포함된 **상징**_{개념 정의 4-1}이라는 다섯 개의 표제를 통해 몸의 표현과 일탈이라는 주제를 살펴보려 한다.

정서적인 몸

몸이 느끼는 감정은 어떻게 표현되느냐에 따라 문화적으로 형성된다. 앨리 혹실드(Arlie Hochschild)는 문화와 하위문화 속에 들어 있는 특별한 '감정의 법칙'을 언급한다(Hochschild, 1983). 그녀는 감정이 '전 행동의 한 형태, 일종의 대본, 또는 도덕적 입장이며, 그 자체로 행동의 방향을 지시하는 가장 강력한 문화적 도구 중 하나다'(Hochschild, 2012: 56)라고 주장한다. 우리가 파티에 가면 행복하고 장례식에 가면 슬픈 것은 우리가 어느 정도 그렇게 느끼도록 만들어졌기 때문이다. 말하자면 우리는 장소에 따라 적절한 감정의 규칙을 따르고 있는 셈이다. 여기서 개인은 자신의 감정을 '조절'할 수 있으며, 이렇게 감정을 조절하고 구체적으로 표현하며 통제하는 것은 유능한 성인으로 평가되는 데 중요한 자질이라는 결론에 도달하게 된다. 가령 북캐나다의 이누이트(Inuit)족은 다 자란 성인이 지나치게 감정을 표현하면 눈살을 찌푸린다. 그런 행동은 아주 어린아이에게만 허용된다. 그래서 인류학을 연구하는 현지

조사원이 이누이트족을 방문해서 이누이트족의 너그러움을 악용한 서양 낚시꾼을 맹렬히 비난하자, 그 연구원은 자기가 옹호하려던 바로 그 이누이트족들이 오히려 자신을 기피한다는 사실을 알게 되었다(Briggs, 1970). 이누이트족은 그녀의 '유치한' 감정 폭발을 이해하지 못했고 용납할 수도 없었던 것이다. 우리는 또한 이것을 앞서 논의한 주디스 버틀러의 작업 및 젠더 수행과 연관시킬 수 있다. 서구 사회에서는 어떤 감정을 드러내는 것이 전형적으로 남성적 혹은 여성적인 것으로 연관되고 남자는 남자에게 더 적합한 감정(분노, 공격성) 여자는 여자에게 좀 더 적합한 감정(질투, 슬픔, 나약함)을 드러내는 것으로 되어 있다. 그런 것이 또 종종 남성성과 여성성이 어떻게 수행되어야 할지를 알려준다. 하지만 중요한 것은 이런 관념이 고정불변이 아니라는 것이다. 최근의 전통적인 남성적 규범의 변화〔예를 들어, 메트로섹슈얼(metrosexual)의 등장〕은 남성을 위한 '감정 규칙'들이 약간 변해서 이제 그들도 '신경 근육 갑옷'을 무시할 수 있게 되었다는 것을 의미한다. "과거의 남자들은 그런 갑옷 아래 다정함, 감정, 어떤 나약함의 표시를 억눌러야만 했다"(Beynon, 2002: 15).

감정 조절은 우리 일상생활의 일부이며 이것의 가장 중요한 양상은 우리가 '몸의 작동(body work)'을 통해 감정 조절에 성공한다는 것이다(Hochschild, 2012). 때때로 우리는 생리적 반응을 변화시키려고 한다. 말하자면 침착하게 있기 위해서 숨을 깊이 들이마시는 식으로, 우리의 감정을 식히고 통제하기 위해서 몸을 이용한다. 수치심이나 당혹감 등 몇 가지 감정은 두드러진 사회적 특성으로, 타인의 실제 반응이나 가상의 반응 때문에 일어난다. 자기 자신을 어떤 특별한 사람(유능한 기사, 믿을 만한 동료, 신의 있는 친구)으로 투사하다가 실제 상황에서는 정반대임이 밝혀질 때(주차하다가 차의 범퍼가 움푹 들어가게 한다, 일할 때 어리석은 실수를 한다, '엉뚱한' 사람에게 개인 정보를 폭로한다) 당황하게 되는 것 같다. 특정 직업에 종사하는 사람은 감정을 각별히 잘 다스릴 필요가 있다. 혹실드(Hochschild, 1983)는 미국의 대형 항공사 승무원이 받아야 할 훈련과 직업상의 기술을 연구했다. 승무원은 직업의 특성상 승객을 대할 때 마음속으로야 어떻게 느끼든 계속 친절한 미소를 지어야 한다. 승무원들은 회사에서 이런 기술, 다시 말해 까다로운 승객이나 지나친 요구를 하는 승객을 세련되게 대하는 기술을 교육받는다. 예를 들어, 혹실드의 보고에 따르면 비행기 승무원들은 연수 기간 내내 "미소를 지으세요. 정말로 미소를 지으세요. 정말로 얼굴에 미소를 붙이세요"(Hochschild, 2012: 104) 라는 말을 듣는다고 한다. 그들은 그런 승객을 '까다로운 승객(irates)'(혹실드는 이를 '경험상 만들어진 명사'라고 했다)이라고 부른다. 이런 식의 감정 조절은 종종 타인의 감정을 효과적으로 통제하는 길이 되기도 한다. 로치(S. Roach)와 맥(K. Mack)은 아주 다른 직업에서도 정서적인 통제가 중요한 비결이 될 수 있다는 것을 보여준다(Roach and Mack, 2005). 호주의 치안판사에 대한 연구에서 그들은 그 힘든 일을 제대로 해내기 위해서 감정 조절이 가장 핵심이라는 점을 부각시킨다. "정말 끔찍한 일을 했을 수 있는 사람에게 거부감이나 혐오감을 느끼더라도 다른 곳을 응시하거나 다른 곳으로 가버리면서 '자, 나는 그런 감정에 영향을 받지 않을 거야'라고 생각한다"(Roach and Mack, 2005: 611). 이런 식으로 자신의 감정을 조절하다 보면 종종 다른 사람들의 감정도 성공적으로 조정하게 된다.

1990년 후반 이래 문화연구는 점점 더 감정과 몸의 역할에 관심을 가져왔다. 종종 이것은 '어펙트적' 전환이라고 칭해진다.[1장 참조] 정신적·신체적 경험을 이해하는 한 방식으로서 '어펙트(affect)'의 역할에 관심이 집중되었다. 어펙트에는 감각, 열정, 분위기, 느낌, 감정 그리고 정신과 몸이 서로 영향을 주고받는 방식이 포함된다. 종종 감정과 어펙트의 차이를 구분하기가 어렵다. 어떤 사람들은 감정이 느낌의 사회학적 표현이라면 어펙트는 더욱더 확고하게 생리학과 감정에 대한 신체적 반응에 뿌리박고 있다고 한다. 다른 한편 감정은 주체를 필요로 하지만 어펙트는 그렇지 않다고 제안하는 사람들이 있다

(Gorton, 2007). 어펙트라는 것은 거의 묘사 불가능한 어떤 것이기 때문에 명확하게 이해하거나 꼭 집어 말하기 어려운 개념이다. 어펙트는 사고하는 정신과 행동하는 몸 사이에서, "영향을 미치고 영향을 받는 힘 사이에서, 두 몸 사이에서, 몸와 세계 사이에서 생겨난 것이다"(La Caze and Lloyd, 2011: 4). 아니면 그레고리 세이그워스(Gregory J. Seigworth)와 멜리사 그렉(Melissa Gregg)의 표현대로 "어펙트는 행동하거나 행동의 대상이 되는 능력 가운데서 생겨난다"(Seigworth and Gregg, 2010a: 1). 감정들은 몸들 사이를 움직일 수 있고, 감정들은 개인적인 문제만이 아니고, 단순히 개인에게 속하는 그 무엇은 아니라고 인식하는 것이 중요하다. 정말, 사라 아흐메드(Sarah Ahmed)가 제안하듯이, 감정은 '내면'에 있는 것도 '외부'에 있는 것도 아니고, 오히려 '감정들은 몸과 세계의 표면 혹은 경계라는 바로 그런 효과를 창조해 낸다'(Ahmed, 2004: 117). 아흐메드는 감정들이 무슨 일을 하며, 어떻게 사람들을 함께 모으고 연대감을 형성하는지, 어떻게 사람들은 어떤 사람들과는 유대감을 느끼지만 다른 사람들과는 그렇지 않은지에 관심을 갖는다. 이 가운데 그녀는 정신병원을 찾는 인물들이 어떻게 국제적인 테러리스트와 동일시되는지 설명할 수 있게 되었다. 이런 설명이 가능해진 것은 두려움이나 증오와 같은 감정이 경제처럼, 즉 그녀가 소위 '어펙티브 경제(affective economies)'라고 칭한 것처럼 작동하는 것을 보여주어서였다. 이어 그녀는 특정 감정들의 순환과 배분이 어떻게 집단이라는 효과를 창조하는지 개략적으로 설명한다. 개인이 집단과의 유대를 통해서만 존재한다는 그녀의 주장은 중요한 지적이다. 그녀는 또한 어펙트가 주체나 대상 속에 있는 것이 아니어서 (그 사이에 있어) 집합체의 표면을 (사이의 가운데서) 만들 수 있다고 주장한다.

운동하는 몸

앉아서 일을 하는 현대사회에서 전문적이든 여가로 즐기든 스포츠 활동은 점차 주요한 몸 활동의 형태가 되었다(특히 남성에게는 더욱 그렇다). 스포츠의 연습과 훈련에 포함된 **훈육**은 푸코의 용어로 '유순한 몸'을 만드는 것이다 (Hargreaves, 1986). 그러나 그러한 견해는 스포츠인들이 스포츠 활동에 쏟는 세심한 주의와 열정을 간과한다. 이 장에서 우리는 4년간 시카고 체육관에 참여하여 알아낸 관찰에 토대를 둔 로이치 바캉(Loïc J. D. Wacquant, 1995, 2004)의 프로 권투 문화연구를 살펴볼 것이다(Wacquant, 1995, 2004). 이 연구에서는 **피에르 부르디외**(Pierre Bourdieu)주요 영향 5-2의 습성(habitus)과 문화 자본의 개념을 두 개의 핵심 아이디어로 사용했다. 바캉은 복싱 체육관에서 발견되는 '인식과 공감과 행동의 도식'인 습성의 생산에 초점을 맞추고 있다. 바로 이런 습성이 프로 권투 선수들이 소중히 여기는 문화 자본('신체 자본')의 한 유형을 만들어내는 것이다.

댄서처럼 권투 선수는 자신의 몸과 완전히 동일하게 취급된다. 즉, 권투 선수는 자신의 몸과 같다고 할 수 있다. 그리고 권투 선수는 분명히 권투를 위해 몸을 사용하는 기술이 세속적 성공을 가져다줄 재산이라고 간주한다. 권투 선수들은 이와 같이 확실한 '신체 자본'을 갖고 있다. 그들은 이 신체 자본을 훈련과 연습을 통해 "권투 자본, 즉 …… 직업 권투 분야에서 가치(인정, 타이틀, 금전적 보상)를 낳는 능력과 경향"으로 바꾸려 한다(Wacquant, 1995: 66~67). 신체 자본은 이와 같이 체육관의 육체 운동은 물론이고 체육관 밖 생활 방식 전반까지 확대되어 상호 밀접한 관련을 맺는다.

일정한 키와 체중, 태도와 기동성, 얼굴 모양과 진하거나 연한 피부색을 지닌 충분한 훈련을 받지 못한 신참 선수가 육체적 훈련을 받게 된다. 그런데 이 모든 것은 트레이너가 신참 권투 선수의 잠재력을 평가할 때 주목하는 특징이다. 이런 특징이 신참의 장래 가능성을 설명해 주지만 그 가능성을 결정하지는 못한다. 체육관은 신참의 몸을 싸우는 기계로 재편성하고, 다시 닦고 개조하는 일종의 공장이 된다. 트레이너는 이렇게 말한다. "나는 괴물을 창조하는 게 좋다. 괴물의 주인인 프랑켄슈타인처럼 …… 무엇이 창조될지 보고 싶어서다. 나는 괴물을 창조했다. 나는 선수를 얻었다. 나는 훌륭한 선수를 창조한 것이다. 같으면서도 다른 이야기다"(Wacquant, 1995: 70에서 인용). 육체적 훈련이라는 특별한 기술은 전 세계에서 통용되는 아주 똑같은 것이다. 즉, 달리고 줄넘기하고 샌드백을 치고 체조를 하고 스파링하고 섀도복싱을 한다. 그런 반복적이며 격렬한 훈련의 결과는 권투 선수의 체격을 바꾸고 또 그의 '몸 감각', 즉 자기 몸이나 자기 몸과 세상의 관계에 대한 인식을 바꾼다. 이런 체격과 몸 감각의 발전은 권투 선수가 하지 않거나 일부러 멀리하는 쾌락에도 나타난다. 바캉은 음식과 사회생활, 섹스라는 (그 순서대로) '권투를 위한 삼위일체의 희생'을 언급한다. 권투 선수들은 대전 체급을 만들기 위해 주도면밀하게 식단에 유의할 필요가 있다. 훈련은 육체적으로 힘들며, 때로는 사회생활을 하기 힘들 정도로 이른 새벽의 달리기와 격렬한 연습을 엄격한 습관처럼 해내야 한다. 대전이 임박하면 트레이너는 자신이 맡은 선수들에게 성관계를 금할 것이다. 그렇게 하지 않으면 권투 선수가 힘과 기민함을 잃어버릴 거라고 믿기 때문이다. 한 권투 선수는 이런 희생에 대해 "훈련을 받을 때 당신은 감옥에 있는 것과 같다. 말하자면 수감 생활인 셈이다"라고 말했다(Wacquant, 1995: 82). 몸과 자아가 권투라는 스포츠에 너무나 빠져 대전하고 싶은 욕구가 커질수록 권투 선수에게는 위험이 별것 아니게 느껴진다. 거의 대부분 코가 부러지는 정도가 아니라 주먹을 못 쓰게 되거나 뇌가 손상되는 만성적 질환을 야기하는 위험조차 말이다.

바캉의 일련의 연구는 '몸은 사회적 세계 안에 있으나, 사회적 세계는 몸 안에 있다'(Bourdieu and Wacquant, 1992: 20)는 브루디외의 개념을 제시해 왔다.

바캉이 권투 선수의 습성에 대한 지식을 얻기 위해 권투 선수의 훈련에 참여하여 스스로 권투 선수의 습성을 익힌 점은 주목할 만하다. 그의 2004년 책은 바캉이 시카고에서 열린 골든 글로브 토너먼트에 참여하는 것으로 끝난다. 바캉(Wacquant, 2015)은 '수행하는 현상'에 기반을 둔 몰입형 현장 연구 유형인 관찰하는 민속학'을 추천한다. 이처럼 습성은 바캉의 연구 주제인 동시에 그 자신이 실제로 경기에 참여하는 데 필요한 기술과 지식을 몸으로 익혔다는 점에서 연구 방법이기도 하다.

몸 예술

"몸은 육체적 대상이 아니라 오히려 예술 작품에 비교된다(Maurice Merleau-Ponty; Benthall, 1975: 5에서 재인용)."

미술과 음악 같은 예술 대상을 창조할 때 몸의 능력, 그중에서도 특히 손과 눈의 능력이 중요하다. 이런 기술은 종종 장기간에 걸친 인내심의 결과로 계발된 산물이다. 이 절에서 우리는 춤에 내포된 문화적 중요성을 몇 가지 간략히 살펴볼 것이다. 춤은 예술적 소산이 바로 몸으로 표현되는 활동이다. 춤에서 몸의 동작은 표현적이고 심미적인 수단으로 기능한다.

'공연 무용'과 '사교댄스'는 근본적으로 구별된다. 진저 로저스(Ginger Rogers)와 프레드 애스테어(Fred Astaire)의 뮤지컬이나 텔레비전 프로그램인 댄싱 경연은 공연 무용으로, 클럽이나 댄스홀, 레이브 파티(rave party) 후 공개된 장소에서 추는 춤은 사교댄스로 구별된다. 이런 구별은 문화에 대해 앞에서 논의한 것을 이야기하기는 하지만 정확히 반영하지는 못한다. 앞에서 고양된 예술적 기준이라는 의미에서의 문화, 전반적인 생활 방식으로서의 문화, 즉 '우리다움(we-ness)'이라는 느낌이 결집된 수단으로서 문화에 대해 논의했다. 공연 무용은 보통 예술적 사색과 즐거움을 주는 원천으로 간주되는 한편, 사교댄스는 집단 구성원의 산 경험의 일부로 간주된다. 공연 무용 자체에도 '고급' 형식과 '대중적' 형식이 있다〔램버트(Rambert) 발레단[5]과 리버 댄스(Riverdance)[6]의 아주 다른 매력을 생각해 보라〕. 예를 들어 발레는 전문적 또는 반(半)전문적 배경 지식을 지닌 여성 관객에게 주로 매력적이었다(Novack, 1993; Sherlock, 1993). 페미니스트들의 주장에 의하면 고전 발레의 형식은 수동적 여성과 지배적 남성이라는 19세기의 전형적인 젠더 모델을 재생산하는 서사 구조, 의상, 동작을 활용한다.

　문화연구에서는 사교댄스에 초점을 맞춰 하위문화가 갖는 위치와 기능을 고려하는 경향이 있다. 흑인 대중문화에서 춤은 지배 문화에 대항하는 형식의 하나로 간주된다. 즉, 많은 유색인과 백인 젊은이들에게 춤은 환상을 만들어내는 도구이며 도피주의의 한 형태다(Ward, 1993). 윌리스(P. Willis)는 폭주족들의 춤이 하위문화 안에 다른 주제와 태도를 직접 확대시킨 점에서 '상동적(homological)'이라고 했다(P. Willis, 1978). 한편 헤브디지(D. Hebdige)는 포고 댄스(pogo dance)[7]를 펑크족의 **브리콜라주**(bricolage)[3장 옮긴이 주 1 참조]로 간주한다(Hebdige, 1979). 확실히 많은 청년 하위문화에서 춤이 성관계를 연상시키지만, 그것은 청년들에게 춤이 지닌 중요한 의미 중 일부일 뿐이다. 여성들뿐 아니라 남성도 종종 특정한 춤을 추는 능력을 하위문화의 주요 상징으로 생각한다〔예컨대 테드족(Teds)의 자이브 춤〕. **안젤라 맥로비**(Angela McRobbie)[주요 영향 5-1]에 따르면 하위문화에서 춤이 갖는 중요성은 음악, 패션, 그래픽 디자인, 마약 등 다른 하위문화 요소와 관련하여 살펴봐야 한다. 레이브(rave)에 관해 쓰면

5　영국에서 가장 역사가 깊은 발레단. 규모는 작지만 1966년 레퍼토리가 개편되면서 재능 있는 젊은이들만을 위한 장이 되었다.
6　아일랜드의 전통적인 스텝 댄스가 나오는 대규모 공연.
7　용수철 달린 스카이콩콩을 타고 뛰어다니는 놀이처럼 제자리에서 뛰는 춤.

서, 그녀는 다음과 같이 말한다.

> 가령 어떤 여성이 옷을 벗고 땀을 흘리며 레이브 댄스를 출 때, 어떤 이미지를 추구하는 것인가? 하위문화에서 여성들이 항상 발견되는 장소는 바로 댄스장이다. 춤은 여성의 유일한 권리다. 레이브 파티의 춤은 하위문화 전체에 대한 동기를 부여하는 힘이다. 춤은 여성에게 새롭게 발견한 자신감과 탁월함을 부여한다. 브라탑스, 레깅스, 가죽 운동화가 기본 의상이다. 레이브 파티에서 (그리고 레이브 파티와 가끔 중첩되는 클럽 문화에서) 여성들은 에마 필(Emma Peel) 같은 1960년대 텔레비전 시리즈 주인공의 스타일을 모델로 삼아 매우 섹시한 외모를 꾸민다. 여성들이 레이브 댄스를 출 때의 긴장은, 계속 자제하면서 동시에 댄스와 음악에 몰입하는 데서 나오는 것 같다. 이제 에이즈 출현 이후 춤에는 몰입하지만, 성관계는 조심하고 피임을 해야 한다. 한 가지 해결책은 아주 섹시한 차림을 하면서도 유아적인 인형, 호루라기, 아이스바 등의 장식물로 섹시함을 감추거나 은폐하는 것이다. …… 레이브 댄스를 추는 거대한 군중은 집단성을 보이지만 그 가운데서도 개인의 특이한 개성을 드러낸다. 이런 예에서 볼 때 하위문화 스타일은 성적 보호를 위한 은유가 된다(McRobbie, 1993: 419~420).

그러나 결국 춤의 스타일 자체는 기존 하위문화에 매여 있지 않다. 사이먼 프리스(Frith, 1983)는 디스코가 어떻게 디트로이트와 뉴욕의 흑인 클럽에서 시작되어 유럽과 북미의 청년들에게 널리 받아들여지고 마침내 도시에 사는 게이들에게 전유되었는지 보여준다. 그렇기 때문에 춤은 다양한 하위문화에서 중요하게 여기는 것이 세월에 따라 어떻게 변했는지 보여주는 '혼종(hybrid)' 활동이다.

멋진 몸매 담론

몸은 거의 항상 걱정과 관심의 초점이었지만, 1970년 이후 유럽과 북미에서는 주로 날씬한 몸에 대한 지대한 관심 때문에 이런 관심이 더욱 커졌다. 절정에 이르렀던 마라톤 붐은 쇠퇴했지만 마라톤을 하는 사람은 이제 도시 풍경의 일부로 자리 잡았다. 체육관 수가 급속히 늘었는데, 대부분 지나칠 만큼 빨리 헬스클럽으로 바뀌었다. 헬스클럽은 때로는 취미나 여가라기보다 차라리 생활 방식의 선택이라 할 만하다. '헬스'는 이제 더 이상 소수 스포츠광의 영역이 아니라 상당한 사회 구성원이 참여하게 되었다. 연예인들은 자신의 건강 비디오와 운동 프로그램을 판매한다. 개인 헬스 트레이너들은 더 이상 부자 고객만을 상대하지는 않는다. 부유한 사람은 개인 트레이너를 고용하며 트레이너는 돈을 받고 자신의 고객에게 적합한 운동과 다이어트 프로그램을 설계해 고객의 몸이 어떻게 변할지 그 변화를 예측하고 감독한다. 이 이면에는 조사 연구를 토대로 한 과학적 설득력이 있다. 이 연구들은 장기적인 운동이 심혈관 질환과 암, 기타 질병을 감소시키는 장점이 있음을 널리 선전한다. 단지 운동만이 꾸준히 자제하게 하고, 운동만 한다면 건강하게 장수할 거라고 한다. 마치 몸은 예술 작품이나 특별히 연마된 대상, 그리고 그 자체가 목적인 프로젝트 같다. 크리스 실링(Chris Shilling)의 말대로 '부유한 서구에서는 몸을 되기의 과정 중에 있는 독립체로 보는 경향이 있다(2003: 4). 즉, 몸은 개인의 자아 정체성의 일부로서 노력을 통해 성취해야만 하는 프로젝트인 것이다'(Shilling, 2003: 4). 몸 프로젝트라는 개념은 몸이 '당사자의 계획에 맞추어 재구성될 수 있는'(Shilling, 2003: 4) 방식을 가리킨다. 물론 물질적으로 풍요로운 서구 사회에서 이런 건강 프로젝트가 번창하는데, 이 사회에서 상당수의 인구는 수준 높은 건강과 장수, 많은 자유 시간을 누리고 있다.

날씬함에 대한 관심은 자아도취적인 성격 유형의 출현을 논의한 크리스토퍼 래시(Christopher Lasch)의 논문에서도 발견된다(Lasch, 1980). 이런 성격은 매우 자의식적이며, 노쇠했다는 낌새가 보일까 봐 계속 몸을 관찰하고 점차 다가오는 세월과 죽음을 늘 두려워한다. 이런 자아도취적인 유형의 사람은 다른 사람이 자기를 좋아해 주기를 바라지만 우정을 유지할 수 없고 자기 자신을 판매용 상품으로 취급한다. 이런 자아도취적인 유형이 20세기에 소비문화가 발달하며 번성했다. 서구 경제에서 생산은 극적으로 성장했고 시장을 확보해 소비 상품을 늘리는 데 광고가 중요한 위치를 차지했기 때문이다. 소비문화는 전통적 가치를 약화시켰다.

> 어떤 주제는 무한히 수정되기도 하고 무한히 결합할 수도 있는데, 이런 주제가 광고와 소비문화 이미지에서 반복된다. 청춘, 아름다움, 에너지, 날씬함, 움직임, 자유, 로맨스, 이국적인 것, 사치품, 즐거움, 재미 같은 것들이다. 그러나 그 이미지가 무엇을 약속하든 소비문화는 소비자에게 인생에 대해 늘 긴장하고, 힘 있게, 계산하고, 최대한 즐기기를 요구한다. 소비문화에는 안정되고 관습적이며 평범한 사람이 들어설 여지가 없다(Featherstone, 1991: 174).

소비문화에 자주 등장하는 시각 이미지 때문에 몸의 외모가 더욱 중요해진다. 몸의 '외모', 태도, 옷과 장신구는 생산이라는 우상이 지배하던 19세기나 더 일찍이 기독교에서 영혼을 훈련시키기 위해 몸을 금욕적인 지배에 종속시키고 악으로 보던 시대에는 지니지 못했던 중요성을 갖게 되었다(Lowenthal, 1961). 지난 100년 넘게 할리우드 영화가 미친 막대한 영향 덕분에 '멋지게 보이는 것'의 중요성이 계속 강조되었다. 건강하고 날씬한 몸매는 개인의 매력이나 가치와 관련을 갖게 되었다.

이런 변화는 마이크 페더스톤(Mike Featherstone)의 연출된 자아라는 개념으로 구체화된다(Featherstone, 1991). 이 개념은 자신이 어떻게 보이는지, 그리고 어떻게 전시하고 어떤 인상을 줄 것인지 관리하는 일이 오늘날 얼마나 중요한지 강조한다. '인물'에 대한 19세기 개념에는 근면과 절약, 절제를 통한 의무와 노동, 명예나 명성, 성실함에 대한 신념이 포함되어 있다. 그러나 20세기 중반에 이르면 이런 신념은 진부해지고 그 대신 '개성', 즉 다른 사람에게 매력적으로 보이며 다른 사람이 자기를 좋아하게 만드는 능력이 중시된다. 이것은 친절한 대화, 흠 잡을 데 없는 매너, 적절한 의상, 에너지와 자세의 알맞은 균형으로 얻어진다. 혹실드(Hochschild, 1983)의 항공 승무원 연구에 언급되었듯이, 매번 계속 연기하기 위해서는 전형적인 친절 정신을 훈련하고 합리화할 필요가 있다. 내적인 자아와 외적인 모습·행동, 자아와 몸 간에 차이가 있을지 모른다는 인식은 역사 속으로 사라졌다. 연출된 자아를 위해 어떤 인상을 줄 것인지 인상 관리가 중요해졌고 몸은 영혼을 상징하는 것으로 받아들여졌다.

다이어트와 운동 프로그램에 대한 지대하고도 폭발적인 관심은 헬스클럽과 실내 체육관의 증가, 도시 거리에서 조깅족을 자주 보고 시골에서 산악자전거 타는 사람들을 흔히 만나는 것, 건강식품 가게의 증가와 나이키 같은 회사의 상업적 성공 등으로 요약된다. 이런 폭발적 관심은 건강이 의사의 지시를 따라서 얻어지는 것이라기보다는 본인의 개인적인 노력을 통해 도달하는 미덕이 되었음을 가리킨다. 이것은 현대의 '완벽한 몸에 대한 숭배', 즉 오늘날 대중문화에 확고히 정립된 이상을 추구하는 것이다(Edgley and Brissett, 1990; Edgley, 2006). 가령 완벽한 몸의 이상은 다음과 같이 묘사된다.

> 날씬하고, 적당하고, 빛난다. 담배를 피우지 않는다. 술을 마신다면 적정량만 마신다. 완벽한 몸은 칼로리와 탄수화물, 지방, 소금, 설탕에 신경 써서 신중하게 식단을 조정한다. 완벽한 몸은 정기적으로 격렬하게 운동한다. (목욕은 아니지만) 자주 샤워한다. 완벽한 몸은 안전한 섹스만 한다. 규칙적으로 숙면한다. 적정량

의 체지방을 갖고 있다. …… 완벽한 몸에는 유연성이 있다. …… 완벽한 몸에는 적당히 근육의 힘이 있다. …… 완벽한 몸에는 몸의 산소 소비량을 적절히 늘리는 능력이 있다. …… 다시 말해 완벽한 몸은 생화학적으로, 생리적으로, 그리고 자율적으로 균형 잡혀 있다. 완벽한 몸은 중독성 물질이나 활동이 내부의 조화를 깨뜨리지 못하게 한다. 완벽한 몸은 몸 주위에 보호막을 두르고 있다. 한마디로 완벽한 몸은 '건강'하다(Edgley and Brissett, 1990: 261~262).

그러나 완벽한 몸에 대한 추구는 앉아서 일하는 사람이나 '나쁜' 음식을 먹고 과음하는 사람, 흡연하거나 건강에 해로운 다른 습관을 지닌 사람을 견딜 수 없게 만들기도 한다. 개인들은 건강 담론에 의해 성인이 되기도 전에 죄인이 되기도 한다. 건강 이데올로기에 대한 열광의 좋지 못한 면은 '건강 파시즘'이고 그 옹호자는 '헬스 나치주의자'라 불린다. 헬스 나치주의자는 '안락의자에 기대어 감자칩을 먹는 사람'이라고 조롱조로 불리는 생활 습관을 비판하면서 이들을 "몸뿐 아니라 정신까지도 확실히 부적절하고 믿을 수 없고 비효율적이며 아마도 더러운 하층계급 사람"(Edgley and Brissett, 1990: 263)으로 간주한다. '개인적 성취에 의한 건강 윤리'(Edgley, 2006: 233)가 지배할수록 건강 파시즘이 더 강해진다. 그것은 자기 계발을 장려하며 팔리는 다양한 상품과 서비스가 지지하는 윤리다. 다시 말해서 운동 DVD, 체육관, 건강 보조식품, 그리고 다이어트 식품, 개인 트레이너 등이 지지하는 윤리다. 널리 퍼진 이런 제품과 서비스는 '사실상 누구나 적정한 건강과 체력에 도달할 수 있다'는 생각을 장려한다. 나아가 이런 생각은 '곧 모든 사람이 식이요법과 운동을 해야만 한다는 이데올로기로 번역된다'(Edgley, 2006: 236).

이런 태도는 더 이상 가정과 여가라는 사적 영역만 지배하는 것이 아니라 점차 공적 영역에도 나타난다. 공공장소와 직장 내에서 흡연에 대한 제재가 강화된 것을 생각해 보라. 실제로 몇몇 기업에서는 흡연이 승진에 장해가 되었다는 증거가 있다. '간접흡연'은 담뱃갑에 떠들썩하게 광고되는 건강 문제로 등장했고 법적 소송의 원인이 되기도 한다. 새로운 건강 파시즘과 청교도 윤리 사이에는 비슷한 데가 있다. 프로테스탄트 윤리에서 고통, 자기희생, 극기가 신과 적절한 관계를 맺는 길을 연 것처럼, 헬스 나치주의자들에게도 안이한 쾌락을 버리는 것과 육체의 궁핍이 고상한 정신을 만든다는 신념이 있다. 1960~1970년대의 '나 중심 세대(me generation)'는 자아를 개선하여 구원을 추구했다. 그러나 1980년대와 1990년대의 '부정하는 세대(no generation)'는 몸을 가꾸는 데 집착한다. 물론 이런 믿음은 처음에는 중간계급 전문직에게서 (그들에게만 국한된 것은 아니었지만) 시작된 것이었다. 이런 이데올로기의 발생과 달리기, 에어로빅, 체육관에서의 트레이닝은 **포스트모더니즘**개념 정의 6-1 문화의 등장과 관련된 것처럼 보인다.

배리 글래스너(Barry Glassner)에 따르면 오늘날의 몸매 관리 열풍은 포스트모더니즘 시대의 개성 추구 현상에 비추어 이해할 수 있다(Glassner, 1990). 19세기부터 1950년대까지 계속된 모더니즘 담론의 주장에 따르면 운동과 건전한 다이어트는 풍요 때문에 생긴 질병과의 싸움을 도와 더 나은 사회를 만들 수 있다. 이와 같이 몸매 관리는 국가의 부흥과 사회의 진보에 대한 진보주의자의 확신과 긍정적으로 관련된다. 몸매 관리에 대한 현대의 관심에는 또 다른 특성도 있는데, 이런 관심은 점점 더 풍요로워진 기술 사회의 공격에 직면하여 혁신하려는 사람들의 반응으로 보인다. 운동과 다이어트를 통해 건강과 개인 복지를 위협하는 위험을 가장 효과적으로 통제할 수 있다는 주장이 있다. 운동과 다이어트로 튼튼하고 건강해진 사람은 일상생활에서 받는 스트레스에 더 잘 대처하게 될 것이다. 이와 같이 '몸매 관리'는 이제 운동뿐 아니라 개인의 신체적·정신적 건강과 관련된 전반적 생활 방식의 변화를 의미하게 되었다. 현대 몸매 관리의 중심에는 개인이 있으며 따라서 집단의 발전이라는 개념은 의미를 잃었다.

그림 4-4 **포스트모던 자아를 위한 트레이닝 비디오?**

나아가 몸매 관리, 즉 운동하고 다이어트하면서 건강에 신경 쓰는 것은 포스트모더니즘의 활동으로 간주하는 것이 적절하다. 이 포스트모더니즘 활동은 "혼성모방(pastiche), 이런 것들이 쓸모 있게 보일 때는 어디서나 '고급'과 '저급', 세속적인 것과 특별한 것, 과거·현재·미래를 포함한 다양한 이미지와 스타일, 전통에서 모방하고 빌린 것으로 이뤄져 있다. 즉, '내용 없는 인용의 형태'다"(Glassner, 1990: 217). 운동할 때 엘비스 프레슬리(Elvis Presley)의 「블루 스웨이드 슈즈(Blue Suede Shoes)」 같은 1950년대 로큰롤 음악이 가끔 향수조로 언급되지만 현대 대중음악 애호가가 아닌 사람들은 질색할 것이다. 운동 프로그램과 다이어트는 서로 끼워 팔기도 한다〔예를 들어 시리얼 제조업체에서는 소비자들에게 최신 연예인 DVD를 특별 상품으로 제공한다〕. 몸매 관리 이미지와 장비에는 **시뮬라크르**(simulacre),[8] 즉 현실 세계의 원본을 재생하기보다 다른 이

---

8   프랑스의 탈구조주의자 들뢰즈가 정립한 개념으로, 모사 과정에 의해 만들어진 '인공 현실'이나 '파생실재(hyper-reality)'를 나타낸다. 시뮬라크르는 복제가 거듭될수록

미지를 복제해 재현하는 속성이 있다. 몸매 관리 비디오에 등장하는 모델은 그들 자신이 시뮬라크르다. 즉, 화장·포즈·조명을 통해 치밀하게 만들어진, 소비자가 살 수 없는 이상이다. 날씬한 몸이라는 늘 변하는 이상은 포스트모더니즘에서의 차용과 각색을 지킨다. 1970년대의 양성적인 인물은 1980년대와 1990년대에 이르러 더 현실적이며 남녀 간에 차이가 분명한 인물로 바뀌었다. 남성의 근육처럼(그리고 여성에게도 점점 더), 다시 한 번 관능적인 여성의 몸매가 유행하게 되었다(이런 과정에서 할리우드 영화가 제공한 미디어 이미지의 역할을 과소평가하지 말아야 한다). 운동 기구의 발전에서도 비슷한 과정이 반복된다. 운동용 사이클은 한때는 (단지 대체품으로서) 진짜 도로용 자전거 모양을 본떠 만들어졌다. 지금 자전거의 외양은 모터사이클 디자인과 유사하며 운동용 사이클을 타는 사람은 대부분 길을 달리려고 페달을 밟는 일은 꿈도 꾸지 않는다.

글래스너는 현대의 몸매 관리 담론이 포스트모더니즘 담론이 된 결정적인 점은 이 담론이 몇 가지 오래된 이원성을 해체하고 있다는 점이라고 지적한다.

▪ 남성과 여성

영화배우 제인 폰다(Jane Fonda)와 다른 여성은 여성이 강해지는 방법으로 ─ 논란이 많지만 ─ 몸매 관리를 옹호했다. 새로운 몸매 관리 운동은 남성과 마찬가지로 여성에게도 추천된다는 점에서 이전의 운동과는 다르다. 즉, 여성은 남성과 똑같이 강도 높은 운동과 다이어트를 하라

원본에서 멀어지는 단순한 흉내나 복제물과는 구별된다. 시뮬라크르는 원본을 뛰어넘어 새로운 자기정체성을 가져서 결국 원본과 시뮬라크르 중 어느 것이 실재인지 구분이 모호해진다.

는 충고를 따를 필요가 있다.

- **안과 밖**

    건강한 겉모습을 내면적인 실상 못지않게 중시하게 되었다. 따라서 성형수술을 받겠다는 결정이 건강과 몸매 관리에 대한 관심에 비추어 정당하게 여겨질 정도다. 한때 선명히 구분되던 '건강'과 '허영'이라는 개념이 서로 바뀔 수 있다.

- **일과 레저**

    모더니즘은 우리에게 노동을 절약하는 기계를 가져왔고, 포스트모던 헬스클럽은 노동 기계를 가져왔다. 여가는 훈련해야 하는 그 무엇이 되었다. 한편 많은 직장에서는 직원들에게 몸매 관리 프로그램과 더불어 작업 현장에 실내 체육관을 제공하고 있다. 직원들의 몸매를 제대로 유지하는 것은 업무를 제대로 유지하는 것과 별개가 아니다. 확실히 현대에는 일과 여가가 거의 구별되지 않는다.

- **죽음과 불멸**

    포스트모더니즘의 몸매 관리 담론은 불멸을 약속할 수는 없지만 죽음을 지연시키는 방법을 설명한다. 운동과 올바른 다이어트를 통해 장수와 건강한 인생을 얻을 수 있다고 주장한다.

어떤 다른 불확실성이나 모순에 직면하건 포스트모더니즘의 자아는 잘 통제된 몸에서 강한 안정감을 발견한다. '펌핑 아이언(pumping iron)' 같은 감각적인 경험이나 운동 수업에서 지방을 '태우게' 되는 경험 같은 다양한 조정 활동은 근육의 양과 지구력을 향상시키는 운동의 효용성에 대한 현대적 지식과 실천에 의존한다. 만약 '활기찬 몸의 체화된 즐거움'(Monaghan and Atkinson, 2014)을 제대로 이해하려면, 체력증진 활동이 명확하게 물질적인 것이며 또한 현대적 현상임을 인식하는 것이 중요하다.

보디빌딩: 만화책 속의 남성성과 일탈적 여성성?

　현대의 건강 관련 산업 담론에서는 남성성과 여성성의 개념은 물론이고, 특히 바람직한 인체의 모습 또한 재정의한다. 현대에 인기 있는 남성성과 여성성의 이미지는 텔레비전 연속극에 나오는 배우들의 젊고 균형 잡힌 몸매로 제시된다. 물론 이런 이미지는 수정되거나 변하기 쉽고, 아마 남성의 몸매보다 바람직한 여성의 몸매가 더 그러하다. 그런데 최근 몇 년간 모순적인 변화가 있다. ≪보그(Vogue)≫ 같은 최고의 패션 잡지에서는 거식증 환자 같은 여성이 점점 더 많이 등장하고 있다. 반면에 마돈나(Madonna)나 〈터미네이터 2〉의 린다 해밀턴(Linda Hamilton) 같은 인물 덕분에 단단한 근육질 몸매가 인기를 얻고 있다. 후자의 경향에서 보디빌딩이라는 스포츠가 하위문화 밖의 영역에도 영향을 미치기 시작했다. 여기서 보디빌딩에서 볼 수 있는 남성성과 여성성의 개념을 검토해 볼 만하다. 보디빌딩은 젠더 이슈와 외모에 극단적으로 관심을 갖는 활동이기 때문이다.

　고대 그리스와 로마의 조각은 바람직한 남성의 몸이라는 서구 기준이 오랫동안 변하지 않았다는 몇 가지 증거를 제시해 준다. 남성은 오랫동안 근육을 원했고 눈에 띄게 발달한 근육 조직을 남성성의 상징으로 여겨온 것처럼 보인다. 오늘날 그것이 건강 산업 추구와의 관련을 더욱 입증할지라도 많은 사회에서 남성의 체격은 전사다운 능력이나 육체노동에 종사함을 나타낸다 (그래서 지위상 낮은 계급이라는 불명예도 짊어질 것이다). 근육은 자연적으로 타고난 재능이 아니라 개발하여 생기는 산물로 간주된다. 근육은 성취이자 만들려고 쏟아부은 시간과 노력의 결과다(Dyer, 1989: 205). 보디빌딩이라는 스포츠는 1930년대와 1940년대에 유럽과 북미에서 등장했다. 그때 남자들은 근육을 더 크고 울퉁불퉁하게 만들고 바람직한 몸의 균형을 얻기 위해 웨이트 트레이닝과 다이어트 기술을 사용했다. 외양상 남성 보디빌더는 이상적인 남

캐시 애커: 몸 만들기
Kathy Acker: building a body

나는 체육관에 있다. 나는 운동을 시작한다. 나는 "벤치 프레스"라고 말하고 벤치로 걸어가거나, 아니면 그냥 벤치로 걸어간다. 그러고서 나는 처음 올릴 역기의 무게를 그려볼 것이다. 보통 나는 똑같은 무게로 워밍업을 시작하므로, 아마도 적당한 무게의 역기를 올려놓을 것이다. 역기를 받침대에서 들어 가슴 아래까지 내린 다음, 나는 '하나'를 센다. 나는 생생하게 역기를 떠올리고, 그것이 분명히 내 가슴의 적절한 위치에 닿도록 한 다음, 그것을 다시 받침대에 놓으며 '둘'을 센다. 나는 정확히 똑같은 동작을 반복한다. '셋.' …… 열두 번 반복한 뒤, 나는 역기의 무게를 늘리면서 30초를 센다. '하나.' …… 똑같은 과정이 다시 시작되지만, 이번에는 '열'에서 끝낸다. …… 트레이닝을 끝낼 때에야 이 모든 반복이 끝난다. 세기에 관해: 각각의 숫자는 숨을 한 번 들이마시고 한 번 내쉬는 것과 같다. 세기를 멈추거나 집중력을 잃으면, 역기를 떨어뜨리거나 잘못 다뤄 몸을 다칠 위험이 있다.

　최소한의 수를 계속 반복하는 이 세계는 청각의 미로와도 같아서, 자칫하면 길을 잃고 만다. 모든 것이 의미의 생성이기보다는 의미의 반복일 때, 모든 길은 서로 비슷하다.

　체육관에서 나는 날마다 똑같은 무게, 똑같이 절제된 동작, 똑같은 호흡을 반복한다. …… 그러나 가끔 내 몸의 미로 속을 헤매면서, 나는 뭔가를 발견한다. 그 뭔가를 알 수 있는 것은 달라진 것이 있기 때문이다. 예기치 못한 사건이다. 그것은 내가 일정 시간 동안 어떤 동작을 반복하기만 해도 나의 물질적인 몸이 결코 같지 않기 때문이다. 내 몸은 변화와 우연에 의해 통제된다.

　예를 들어, 어제 나는 가슴 운동을 했다. 보통 나는 60파운드 이상을 여섯 번 반복해서 들어 올리고 역기를 내려놓는다. 어제도 여느 때와 같은 무게를 여섯 번 반복했으나 예기치 못하게도 간신히 들어 올렸다. 나는 이유를 찾으려 했다. 수면 때문인가? 다이어트 때문인가? 둘 다 평상시와 같았다. 정서적 스트레스나 직장에서 받은 스트레스 때문인가? 그것도 평상시와 다를 게 없었다. 날씨 때문인가? 아주 좋은 날씨는 아니다. 여섯 번 반복한 뒤 예기치 못한 실패로 나는, 창문을 통해 들여다보듯이 몸 바깥쪽이 아니라 몸 안을, 즉 몸의 작용을 들여다볼 수 있었다. 나는 그 실체를 내 몸을 통제하는 법칙을 순간적으로 알게 되었다. 그것은 변화와 우연의 법칙으로, 거의 알 수 없는 법칙이었다.

계산된 도구와 보디빌딩이라는 방법을 통해서 내 몸을 통제하고 만들려고 함으로써, 그리고 이런 방법을 계속 따르려다가 실패함으로써, 나는 마침내 통제되지 않는, 알 수 없는 몸을 대면하게 되었다.

몸과의 이런 만남이 보디빌딩이 추구하는 목적은 아니지만, 매력적이었다. 혼란, 또는 내 자신의 실패나 죽음이라는 형태와 얼굴을 맞대는 것 말이다.

카네티(E. Canetti)는 마라케시(Marrakesh)의 지형상의 미로에서 전형적인 주택의 건축을 묘사한다. 그 집안은 서늘하고 어둡다. 거리를 향한 창문은 거의 없다. 이 집 전체를 위해 나머지 창문들은 안쪽을 향해 나 있다. 오직 태양 쪽으로 열린 중앙 안마당을 향해 있다.

마라케시의 집들은 몸을 비춰주는 거울이다. 내가 말뿐인 언어를 최소한의 의미, 반복으로 축소시킬 때, 나는 몸의 바깥 창문을 닫는다. 내가 보디빌딩을 할 때, 몸의 미로를 향해 움직이기 시작할 때, 보통 내 의식으로는 볼 수 없는 것을 잠시나마 보기 시작할 때, 의미는 호흡에 접근한다. 하이데거는 말한다. "역사적 인간의 현존재(being-there)가 의미하는 바는 다음과 같다. 압도적인 존재가 폭발하여 나타날 때 생기는 틈으로 추정된다. 이 틈 자체는 존재에 부딪혀서 부서져야 한다."

우리 문화에서는 몸으로 일하는 운동선수를 숭배하는 동시에 무시한다. 왜냐하면 우리는 아직도 데카르트의 영향을 받으며 살고 있기 때문이다. 이것은 또한 가부장제의 영향이기도 하다. 변하고 우연적이며 죽어가는 몸을 해롭고 혐오스러운 존재로 계속 바라보는 한, 우리는 오랫동안 자신을 위험한 타자로 간주하게 될 것이다.

(Acker, 1993: 25~27).

성의 몸이 확대된 것을 표현하는 것처럼 보인다. 정상의 보디빌더를 훈련하는 핵심 요소는 **만화책 속의 남성성**(Klein, 1994)으로 묘사된다. 이것은 인체 조각 기술을 묘사하기 위해 기계적 용어를 사용한, 늘 과장된 보디빌딩 담론에서 볼 수 있다. 클라인(N. Kline)의 분석에 따르면 보디빌딩 문화는 파시스트 이미지를 가지고 장난하며, 동성애 혐오자와 인간 혐오자의 경향을 보이고, 만화책의 슈퍼 히어로를 매우 닮은 남성성〔여성적인 클라크 켄트(Clark Kent)를 배제한 슈퍼맨처럼, 불완전한 슈퍼 히어로의 남성성〕에 대한 견해를 포함한다. 남성성을 실행한 것이 아니라 단지 그 외양을 추구한 것이기에, 클라인에게 보디빌딩 하위문화의 지나친 남성성은 기능에 대한 외모의 승리를 나타낸다. 그리고 이 외모 자체는 값비싼 몸 프로젝트의 보잘것없이 빈약한 성취에 불과하다. 보디빌더는 스테로이드 주사와 약, 다이어트 때문에 둔부의 통증과 뾰루지에 시달린다. 보디빌더의 손에는 굳은살이 박이고 그들은 훈련받느라 내내 고통스럽다. 그리고 그들은 경기 전에 식사를 극도로 제한한다. 어떤 보디빌더가 표현한 것처럼, "이것은 건강하다고 느끼는 것이 아니라 건강한 듯이 보이는 것이다(Fussell, 1991: 153에서 재인용)".

보디빌딩에 대한 다른 해석에서는 문화를 별로 비판하지 않는다. 이런 해석은 살아 있는 몸이 겪는 경험에 대해 기능적인 면을 중시하는(emic) 관점에서 비롯된다. 다시 말해 객관적 몸에 대한 담론 중심적인(etic) 클라인의 관점에 비해 더 구체적인 몸에 관심을 기울인다. 모너핸(L. F. Monaghan)의 주장에 따르면 보디빌더 자신은 지나친 남성성이 갖는 **상징**과 미학을 더욱 복합적으로 이해한다(Monaghan, 2001). 일반적으로 보디빌더 자신의 평가 기준은 더 넓은 사회에서 보디빌더에게 갖는 적대적인 태도나 평가와는 반대다. 모너핸의 민족생리학 논문에서 보디빌더는 몇 가지 다른 유형의 과도한 남성성이 있음을 확인해 주지만 그 유형은 각각 미적으로 만족스럽게 이해될 수 있다. 그들은 동료 보디빌더의 과다한 근육을 명확하게 다양한 종류로, 예를 들면 '초콜릿 복근'이라든지 '흑표범' 등으로 구분한다. 보디빌더 자신은 그들의 몸이 지닌 상징적 의미를 클라인식으로 이해하는 것 같지는 않다. 오히려 그들은 근육질의 몸에 대해 그들 자신의 일탈 미학을 끌어낸다.

남성 보디빌딩보다 훨씬 늦은 1970년대 후반에 시작된 여성 보디빌딩 대회는 역사가 짧고, 그래서 더욱 논란이 분분하다. 많은 남성 보디빌더를 볼 때보다 엘리트 여성 보디빌더를 보고 사람들은 한층 더 놀란다. 한 저자는 여성 보디빌더 사진집에 이렇게 썼다.

> 이 지면에 수록된 이미지는 그 이미지가 그리는 여성들만큼 강력하고, 많은 사람은 이 여성과 이미지가 둘 다 위협적이라는 사실을 깨달을 것이다. 당연한 일이다. 이 정도로 근육을 개발한 여성은 유례가 없다. 이 이미지는 우리에게 친근한 모든 여성성의 개념에 반해 강력하게 주장한다. 여기에는 다시 만들어지고 재고된 여성의 모습이 있다.
>
> 근육질 남성의 이미지는 쉽게 받아들여진다. 우리는 굳이 새로운 개념이나 범주를 만들지 않고도 그들의 이미지를 쉽게 받아들일 수 있다. …… 근육질 여성의 체격은 뭔가 다르다. 말하자면 그것은 대다수 사람의 기준에 맞지 않는다. 근육질 여성은 우리의 현실 감각에 반대되며, 심지어 우리의 현실 감각을 공격한다 (Dobbins, 1994: 8).

남성 보디빌딩 문화를 그린 '만화책 속의 남성성'이 전통적 개념을 과장한 유형을 재현해 보여주는 것처럼, 여성의 지나친 보디빌딩은 또한 여성의 몸에 대한 전통적 담론에 공개적으로 도전하는 명백한 일탈을 택한 것처럼 보인다. 실링(C. Shilling)과 번셀(Tanya Bunsell)에 따르면, 여성 보디빌더는 '젠더 범법자'다(Shilling and Bunsell, 2009: 155). 이들 집단이 '공식적인 법률을 어겨서가 아니라 사회적 상호작용의 젠더 질서 내에서 무엇이 미학적으로, 운동미학적으로, 현상학적으로 받아들여질 수 있나에 대한 사람들의 감각을 극단적으로 무시했기 때문이다. 여성 보디빌더들은 여성에게 적절한 근육에 대한 평가를 거부하고, '여성답지 못한' 방식으로 규칙적인 식사를 자주 하고 무거운 역기를 든다. 그들은 '보디빌딩의 "최고조 상태(high)"에서 고통의 경계가 흐려지고 해체되는'(Shilling and Bunsell, 2009: 153) 훈련을 아주 즐겁게 한다.

몇몇 평자(가령 Bartky, 1988)는 여성 보디빌더의 등장에 암시된 여전사[아마조네스(Amazones)]의 이미지가 몸을 문화적 저항의 장소로 만든다고 본다. 반면 다른 사람들은 스포츠가 가진 저항의 잠재력에 대해 별로 낙관하지 않는다. 수전 보르도(Susan Bordo)는 여성 보디빌더가 등장했다는 사실보다 그들이 겪은 경험에 초점을 맞춘다(Bordo, 1988). 그녀의 주장에 따르면 완벽한 몸을 달성하는 기술로 다이어트와 운동을 강조한다는 점에서 여성 보디빌더는 거식증 환자나 폭식증 환자와 같은 부류로 나뉜다. 거식증 환자처럼 여성 보디빌더는 자신의 몸을 '통제에서 벗어날 위험이 늘 있기 때문에 훈련이 필요한 낯선 대상'으로 인식한다. 그들은 거식증 환자처럼 자기 몸에 대한 완전한 통제를 즐긴다. 그러나 여성 보디빌더가 미에 대한 가부장적 기준을 포기한 것 같지는 않다. 거식증 환자와 비교해 볼 때 여성 보디빌더가 스스로를 판단하는 기준(마르기보다 오히려 근육질이 되기 원하는)은 달라도 식이요법이나 운동 등의 수단은 같다. 그리고 그들의 동기(어떻게 해야 멋져 보일까, 특히 '남성의 시선'에 잡혔을 때 어떻게 멋져 보일까라는 생각) 역시 거식증 환자와 같다. 3장, 6장 참조

여성의 보디빌딩이라는 현대의 관행에는 아이러니와 모순이 많다. 여성 보디빌더의 근육은 분명히 남성성이라는 코드를 전달한다. 그러나 지나치게 여성적인 헤어스타일이나 화장, 가슴 보형물 같은 성형 기술, 춤 동작 같은 우아한 자세 때문에 그 남성성은 상쇄된다. 이런 식으로 여성의 보디빌딩은 참가자와 구경꾼에게 "안전하다고 여겨진다"(Mansfield and McGinn, 1993).(1985년 영화 〈펌핑 아이언 2: 우먼(Pumpong iron 2: The Woman)〉도 참조).

6. 사이보그주의, 파편화, 그리고 몸의 종말?

4절과 5절에서 살핀 연구가 시사하듯 인체는 점점 더 통일된 하나의 몸이 아니라 전문적인 관리를 받아야 하는 세분된 부분이 모인 총체로 취급된다. 소비문화에서는 몸을 다이어트, 화장품, 운동, 비타민을 통해 유지되는 일련의 신체 부위로 나눈다. 패션, 광고, 포르노는 모두 인체가 한층 더 나뉘어 개념화되고 취급되는 방식을 보여준다. 입, 머리, 피부, 눈, 입술, 치아, 다리, 발 등 각각의 신체 부위에 바를 다양한 화장품이 있으며 제품과 사용법이 계속 달라진다. 또한 몸을 부위와 기능으로 나누는 의학 분과에 따라 건강이 관리된다. 다양한 건강관리를 목표로 할 때 인체는 아픈 몸이 아니라, 엑스레이, 혈압·혈액검사, 내시경과 정밀 검사 등 검사 결과에 따라 평가되는 여러 가지 증상이 된다. 인체를 여러 신체 부위가 모인 집합체로 나누는 것은 특히, 포스트모더니즘 이론에서 말하는, 이른바 현대 세계의 더 큰 파편화 과정의 일부로 간주할 수 있다.

인공두뇌를 가진 생물이나 '사이보그(cyborg)'라는 개념은 인간의 몸을 바라보는 관습적인 본질주의적 이해에 대한 또 다른 도전이다. 사이보그라는 용어는 우주여행에서 만날 수 있는 매우 낯선 환경에 대처하는 '인공 유기체'를 묘사하기 위해 1960년 맨프레드 클라인즈(Manfred Clynes)와 네이션 클라인(Nathan Kline)이라는 두 명의 미국 천체물리학자가 만들었다. 사이보그는 우주여행 환경을 견딜 수 있는, 신경생리학적으로 변화된 인체로 고안되었다. 〈블레이드 러너(*Blade Runner*)〉(리들리 스콧 감독, 1982), 〈로보캅(*Robocop*)〉(폴 버호벤 감독, 1985), 〈터미네이터〉(제임스 카메론 감독, 1985) 같은 SF 영화가 사이보그 개념을 대중화했지만 실제로 사이보그는 우리 생각보다 그리 멀지 않다. 기계와 인간이 결합한 사이보그 조합은 이미 우리와 함께 있다. 이것은 안경, 자전거, 스케이트보드 같은 간단한 인공기관을 널리 사용하는 데서 분명히 드러나며, 성형수술, 인공심박조율기 등의 생명공학 장치, 바이러스를 파괴하기 위한 면역 체계를 프로그램하는 예방접종, 널리 받아들인 유전공학의 진보에서도 확인할 수 있다(Featherstone and Burrows, 1995). 이런 발전은 어디서 인간이 끝나며 어디서 기계가 시작되는지 질문하고 인간 정체성의 구체적 토대에 관한 우리의 전통적 이해를 의심하게 한다.

그런 추측은 자연적인 몸이 사라진다고 가정하는 몇몇 포스트모더니즘의 주제에 잘 어울린다(Kroker and Kroker, 1988). 포스트모더니즘 문화는 몸을 '침범한다'. 이 '공포에 질린 몸'은 포스트모더니티라는 문화적 수사학에 의해 너무나 완벽히 각인되고 그 이데올로기에 의해 너무나 완전히 호명되어서, 어떤 '자연의' 잔재도 발견되지 않는다. 아서 크로커(Arthur Kroker)와 마리루이즈 크로커(MariLouise Kroker)는 다음과 같이 말한다.

> **기호학적으로**, 몸에는 문신이 새겨져 있다. 그것은 선진자본주의의 문화정치에서 외부화와 내면화라는 이중적 과정을 거친 유동적인 기호다. 즉, 모든 신체 기관 **끄집어내기**(exteriorization)[9]를 통해 신체 기능을 **외부화**할 체계를 원격조종 한다 〔기억력의 외적 표현으로서 컴퓨터, 자궁을 대신한 시험관에서의 **체외** 수정, 귀를 대신하는 소니 워크맨, 초현대적인 **가상 관점**의 컴퓨터 이미지, 중추신경계를 밖으로 끄집어내는 중환자실 장비인 보디 스캐너(body scanner)〕.[10] 그리고 내면화 과정이 있다. 그것은 패션계에서 볼 수 있듯이 미리 세팅된 이데올로기적 수신 장치로 욕망하는 기계의 박동을 받아들이는 대체 주관성을 내면화시키는 것이다(Kroker and Kroker, 1988: 21).

---

9 수술을 위해 기관을 복부에서 꺼내는 것.
10 단층 엑스선 투시 장치.

두 사람의 연구에서 몸이 변화무쌍하게 변하는 기호로 사라져버린 것은 포스트모더니티의 조건과 일치한다. 이에 대한 몇 가지 문제가 SF에서 탐구되었다. 가령 영화 〈블레이드 러너〉는 복제 인간인 '레플리컨트'에게 '메모리 임플란트'를 줌으로써 개인에게 일대기의 지속성을 보장하는 기억의 역할을 주제로 다룬 영화다(Landsberg, 1995). 사이버펑크(cyberpunk)[11]라는 장르스포트라이트 3-3는 인체가 얼마나 완벽한가 하는 문제를 특히 날카롭게 제기했다. 사이버펑크3장 참조에서 주장하는 바에 따르면 사이버스페이스(cyberspace)라는 광대한 공간과 결합된 사이보그주의의 침략적 성질은 인체에 대한 전통적 개념을 완전히 상대적으로 만들어버린다. 윌리엄 깁슨(William Gibson)의 소설 『뉴로맨서(*Neuromancer*)』(1986)에 등장하는 주인공 케이스(Case)는 자신의 몸을 '고기(meat)'로 보고 사이버 공간에 '접속(jacking in)'함으로써 '자신의 육체라는 감옥에서 도망'하는 것에 대해 이야기한다. 깁슨의 다른 작품과 사이버펑크 소설에서도 불멸을 고려하고 있으며〔『뉴로맨서』에 등장하는 윈터뮤트(Wintermute)〕, 또한 다양한 보정 기구와 생체공학적 도움(마약 복용 습관을 고치기 위해 케이스의 내장 기관은 수술로 바뀐다)을 암시하고 개 인간(dogpeople)이라는 **혼종**에 의한 경계 흐리기도 다룬다. 몸과 구체화된 몸에 관해 보통 우리가 갖고 있는 개념이 사이버펑크에서는 철저하게 문제가 된다. '고기' 성분(및 '인간의 두뇌')은 종종 약과 수술, 유전자 조작, 그리고 사이버 공간 검색을 통해 넘어서야 할 것으로 간주된다. 그러나 인간의 – 또는 아마도 '탈인간(post human)의' – 몸은 주체성과 **정체성**을 고정시키기 위해 어떤 형태로든 항상 거기에 존재한다(Bukatman, 1993).

한편 풍요로운 사이보그라는 개념은 페미니즘 저자들도 사용한다. 페미니

---

11 Cybernetics와 Punk의 합성어로, 주로 근미래를 배경으로 하여 하이테크놀로지가 지배하는 도시에서 겪는 폭력성, 인간성 상실, 개인의 고뇌 등을 그리는 SF 장르.

즘 저자들은 사이보그 개념을 남녀의 두 가지 젠더 관계에서 벗어나 인간의 새로운 가능성으로 나가는 길로 본다(McCracken, 1997). 사이버 페미니즘의 초기 텍스트는 **도나 해러웨이**(Donna J. Haraway)의 1985년 에세이 『사이보그 선언(A Manifesto for Cyborgs)』이다(1991년에 「The Cyborg Manifesto」로 다시 인쇄되었다). 일부는 기계이며 일부는 생물인 사이보그의 혼종적 지위는 인간과 기술 간의 다양한 관계를 나타내는 효과적인 비유가 된다. 즉, 해러웨이는 사이보그를 "결실이 많을 몇몇 결합을 암시하는 상상력의 원천"으로 본다(Haraway, 1991: 150). 사이보그 인물이 갖는 중요성은 한때 견고하던 두 개의 구분에 균열이 생기고 곧 무너져 버릴지 모른다는 가능성에서 나타난다. 두 개의 구분이란 인간과 동물(다른 영장류도 어느 정도는 언어와 도구를 사용하고 사회적 활동을 할 수 있다), 그리고 기계와 인간(생체 공학, 컴퓨터화된 전문가 제도)을 말한다. 세계의 다른 부분을 나누는 경계가 더욱 희미해졌으므로 기존의 이분법(정신/육체, 문화/자연, 진실/환상, 교양/야만성, 적극성/소극성 등)은 이제 예전처럼 들어맞지 않는다. 인간은 인간과의 관계 및 대상과 맺는 관계 속에서 인간성을 발휘하면서 세상에 몰두한다. 우리는 체육관에서 운동을 하고, 운동 종목에 따라서 특수한 신발을 신고 운동하며, 휴대전화로 타인과 접촉한다. 기계와 기술이 맺는 이런 일상적인 상호작용은 우리를 점차 국제적인 기술문화의 네트워크로 데려간다. 해러웨이의 주장에 따르면 인간은 독자적인 단일체라기보다는 다양한 네트워크가 만나는 교차점이나 마디(node)로 보는 게 맞을 것이다. 그녀의 주장대로 우리 모두가 현재 사이보그라는 사실에는 중대한 의미가 있다(불평등 때문에 고통 받는 세상에서 '우리'가 정확히 어떤 후원자인지는 미해결의 문제임을 더 나중에야 깨닫게 된다).

과학 소설에 나오는 프랑켄슈타인 같은 인물들이나, 스테로이드와 호르몬제를 복용한 수영 선수나 육상 선수, 패럴림픽에서 영웅적인 성취로 우리를 매료시키는 '슈퍼장애인들'에게서 사이보그의 모습을 찾기 쉽다(Howe, 2011).

도나 해러웨이

Donna J. Haraway (1944~)

『유인원, 사이보그, 그리고 여성(*Simians, Cyborgs and Women*)』(1991)의 서문에서 도나 해러웨이는 "옛날 옛날에 저자는 진짜 미국 사회주의자이자 페미니스트이며, 백인, 여자 사람인 생물학자였는데, 현재 서구에서 원숭이와 유인원, 그리고 여성에 관해 설명하기 위해 과학사가가 되었다"라고 썼다. 이후 10년 동안 그녀의 책은 '사이보그 페미니즘' 덕분에 열린 가능성을 탐구할 만큼 확대되었는데, 그 사이보그 페미니즘 개념은 유명한 1985년 에세이, 『사이보그 선언(*A Manifesto for Cyborgs*)』에 처음으로 소개되었다. 이 글로 해러웨이는 '기술문화(technoculture)', 인간과 기술 간의 복잡한 상호 관계 설명을 주도한 이론가로 자리를 잡았다. 그녀의 경력은 여러 학과의 경계를 넘나든다. 그녀는 콜로라도 대학교 학부에서 영어와 생물학, 철학을 연구했고 이어 예일 대학교에서 철학과 과학사, 생물학에서 박사학위를 받았다. 그녀는 현재 캘리포니아 대학교 샌타크루즈 캠퍼스에 있는 의식사위원회(History of Consciousness Board)의 교수로 재직하고 있으며 문화와 자연, 기술 과학 간의 관계에 대한 탁월하고도 비판적인 분석으로 국제적인 명성을 얻고 있다.

　해러웨이의 『사이보그 선언』은 복잡하게 짜인 텍스트다. 그 텍스트에는 사이보그, 즉 '기계와 생물의 혼종'이 이제 '가공의 인물일 뿐 아니라 사회적 현실이 된 인물'이라는 믿음이 전제된다. 과학과 기술의 발전은 인간과 기계, 인간과 동물 간의 고전적 경계를 점차 모호하게 만들고 있다. 그래서 해러웨이는 자기처럼 기존 이원론의 붕괴를 주장하는 **포스트모더니즘** 이론가들에게 공감한다. 그러나 그녀는 또한 기술을 사용하는 방식이 얼마나 중요한지 강조할 만큼 충실한 유물론자이기도 하다. 그래서 페미니즘과 문화연구에서 나타나는 반과학적 형이상학(anti-science metaphysics)을 단호하게 거부한다. 새로운 기술은 계급과 젠더에 의한 오랜 결정론을 초월할 잠재력을 제공해 준다.

해러웨이는 과학적 객관성이라는 통상적 규범에 반대하는 페미니스트들의 부분적·맥락적인 지식의 옹호에 찬성한다. 그런 맥락적 지식이야말로 연구자를 '신의 책략(god-trick)', 즉 절대적인 객관성을 추구한 나머지 철저한 상대주의에 빠지는 데서 벗어나게 한다. 그녀는 사회적으로 형성된 과학적 지식의 특성을 인식하면서 과학연구에서 왜 문화연구가 필요한지 보여준다. 그러나 그녀는 또한 자연의 집요함을 알아야 한다고 주장한다. 자연이란 인간을 계속 놀라게 하는 사기꾼이나 코요테(Coyote) 같다는 것이다.

해러웨이는 일부러 아이러니를 섞어 활달하고 재미있게 글을 썼다. 형식과 내용에서 '자연'과 '문화', '인간'과 '동물' 같은 기본 카테고리를 나누는 경계에 대해 매우 당연하게 여기는 독자의 가정을 깨뜨리기 위해서다. 이러한 해러웨이의 문체는 '경계가 혼란스러운 데서 즐거움을, 그리고 경계를 만들어내는 책임감을 주장'하는 그녀 책의 특징에 들어맞는다.

■ ■ ■ 더 읽을거리

Haraway, D. (1991). *Simians, Cyborgs and Women: The Reinvention of Nature*. London: Free Association Books.

Haraway, D. (2003). *The Haraway Reader*. London: Routledge.

해러웨이에게 사이보그 개념은 결정적으로 인간의 프로젝트를 돕기 위해 설계된 기술에 인간을 통합함으로써 생긴 혼종 네트워크를 지칭한다. 기술 과학이 집과 시장, 직장, 학교와 병원에 미치는 막대한 영향력('지배의 정보학')은 계급·인종·젠더 같은 과거의 결정 요인들을 제거하고 새로운 형태의 인간을 만들어낼 가능성을 제공한다. 포스트모더니즘 세계에서는 정체성이나 관계, 카테고리를 쉽게 파악할 수 있다. 변화와 재건의 초점은 과학과 기술 간의 점차 새로운 사회적 관계다. 해러웨이의 주장에 따르면 사이보그 이미지로 표현된 유동성과 개방성은 이런 변화에 담긴 막대한 의미의 이해를 돕는 데 유용하다. 그녀는 사이보그라는 것이 경계를 넘어 새로운 형태의 남녀와 새로운 정치 형태를 제시할 수 있는 대단한 저항의 인물로 본다. 해러웨이는 신기술에 등을 돌리지 말고 새 시대 이데올로기의 방식에 따라 이 신기술을 환영하라고 촉구한다. 이에 대해 그녀 자신은 "나는 여신이 되느니 차라리 사이보그가 되겠다"(Harraway, 1991: 181)라고 열변을 토한 바 있다.

해러웨이의 연구는 격렬한 논쟁을 불러일으켰다. 가령 생물공학에서는 많은 경우 여성을 계속 본질적 용어('생식의', '자궁', '어머니' 따위)로 그려서 전통적인 젠더를 공고하게 한다(Balsamo, 1995; Hayles, 1992). 사이보그 이미지의 영향 때문에 몸과 자연의 밀접한 관련에 대한 우리의 편안한 가정이 완전히 해체될지도 모른다. 그렇다면 기존의 문화 담론에서 몸을 제거하기는 더 어려워질 수도 있다.

7. 결론

이 장에서는 몸에 대한 고찰에 문화연구가 어떻게 기여하는지 살펴보았다. 이 장에서는 인간의 육체를 본질적이 아니라 문화적인 용어로 가장 잘 이해할 수 있는 다양한 방법을 검토하려 했다. 여기서 활용된 구조주의적 입장은 물질적 몸이 가지는 생물학적 차원을 부정하지는 않지만, 몸에 대한 여러 가지 신념과 관습에 내포된 한계를 강조하는 데 유용하다. 본질주의적 설명으로는 몸 테크닉의 다문화적 다양성, 문명화 과정상의 발달, 권력 형태의 변형으로 인한 역사적 진화를 제대로 설명할 수 없다. 마찬가지로 몸의 재현이라는 문제, 몸의 표현 양상, 기술 문명에 끼치는 영향 등은 생물학적 용어만으로 설명할 수 없다. 몸에 대한 문화연구는 방대한 연구 분야다. 앞으로 언젠가 몸은 문화연구에서 하나의 '유행'이 될 것이다.

■ ■ ■ 요약

* 몸 테크닉, 권력/지식의 형식, 문화화 과정 등, 몸에 대한 구조적 설명의 기본 개념과 기본 이론을 도입한다.
* 몸의 재현 및 표현과 일탈의 도구로서의 활용에 관한 논쟁의 여러 측면을 고려한다.
* 모더니티, 포스트모더니티와 기술문화가 인간의 구현 개념에 미친 영향을 조사한다.

■ ■ ■ 더 읽을거리

몸에 대한 Michel Foucault의 주요 저작, 가령 *The Birth of the Clinic* (1975), *Discipline and Punish*(1977), 그리고 세 권짜리 연작인 *The History of Sexuality*(1986)와 *The Use of Pleasur*(1986), *The Care of the Self*(1990)에 도전해 볼 만하다. 사회학의 중요한 텍스트인 Bryan S. Turner의 *The Body and Society*(1984; 3rd edition 2008)는 파슨스(Talcott Parsons)와 베버(Max Weber)의 분석적 관심에 푸코의 분석을 합친 것이다. Michel Feher이 공저한 1600쪽 분량의 세 권으로 된 *Fragments for a History of the Human Body*(1989)은

여전히 중요한 자료다. 인체의 이미지에 대해서는 William A. Ewing의 *The Body: Photoworks of the Human Form*(1994)가 역사적으로 널리 통용되는 사진 일람표다. Bill Dobbin의 *The Women: Photographs of the Top Female Bodybuilders*(1994)에는 여성의 몸 재현과 물질적 달성이라는 두 가지 주제에 대한 많은 논쟁이 실려 있다. Nick Crossley의 *Reflexive Embodiment in Contemporary Society*(2006)는 몸 프로젝트와 몸의 변형을 둘러싼 논쟁을 다양한 각도에서 다루고 있다. Lisa Blackman의 *The Body*(2008)는 몸에 대한 주요 문제들에 대한 밀도 높은 안내서인 반면, Alexandra Howson의 *The Body in Society*(2nd, 2013)는 특히 학생들이 쉽게 접근할 수 있도록 토론 문제와 예시를 제공한다. 몸의 여러 부위들과 몸의 과정에 초점을 맞추어 사회적·문화적 접근을 한 책으로는 Lisa Jean Moore와 Monica J. Casper의 *The Body: Social and Cultural Dissections*(2014)가 있다.

📖 www.routledge.com/cw/longhurst의 companion website에서 아래의 자료를 검색해 본다.

- 기사 및 녹음에 대한 웹 링크를 통해 이러한 문제를 추가로 조사한다.
- 과제 준비를 위해 우리의 연습 에세이 질문을 사용한다.
- 대화형 플래시 카드 용어집을 통해 주요 용어 및 개념을 수정한다.

5

하위문화, 포스트 하위문화와 팬
Subcultures, postsubcultures and fans

들어가며

이 장에서 살피려는 하위문화는 광범위한 용어로 흔히 넓은 문화의 하위집단으로 정의된다. 이 장에서는 1970년대에 버밍엄 **현대문화연구센터**(Centre for Contemporary Cultural Studies: CCCS)에서 수행한 연구에서 하위문화라는 개념이 어떻게 발전되고 활용되었는지 설명하는 데 상당 부분을 할애한다. 수많은 비판에도 불구하고 이 센터의 연구는 계속 커다란 영향을 미치고 있다. 많은 현대적 방법론은 버밍엄센터에서 발전된 것에 맞서 자신들의 방법론을 종종 정의해야 할 때 이 센터의 방법론을 기준점으로 삼는다〔예를 들면, Macdonald(2001)와 대개는 Rodman(2015)〕. CCCS의 연구는 놀라울 만큼 젊은 사람들에게〔예를 들어, Haenfler(2014)〕 집중되어 있다. 이 청년 하위문화 연구가 특별히 강조되는 이 장의 많은 부분에서 우리는 또한 나이와 무관한 하위문화에도 이 개념이 적합한지 살펴볼 것이다. 이 점은 이 장의 후반부인 11절에서 팬(fan)을 논의할 때 언급된다. 이 부분에서는 또 일상생활에서 정체성과 수행(performance)이 얼마나 중요한지도 지적할 것이다(Longhurst, 2007b 참조). 그리고 인생 과정을 통해 하위문화적 집착과 팬덤의 역할을 통해 언급될 것이다. 하위문화와 팬덤에 관한 논의는 또한 이 책의 다른 여러 곳에서 찾아볼 수 있다(특히 4장 '소비, 협업, 디지털 미디어'와 관련하여).

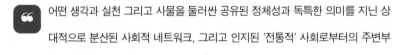

학습 목표
- 버밍엄 현대문화연구센터에서 발전한 청년 하위문화 연구의 주요 윤곽을 이해한다.
- 하위문화의 이론화와 조사의 대안적 방법으로 이어지는 현대문화연구센터의 접근에 대한 비판을 검토한다.
- 청년 문화와 팬 문화에 관한 현대적 연구를 고려한다.

1. 권력, 분열, 해석 그리고 변화

핸플러(Ross Haenfler)는 하위문화에 대해 다음과 같이 '쓸모 있는 정의'를 내린다(Haenfler, 2014: 16).

> 어떤 생각과 실천 그리고 사물을 둘러싼 공유된 정체성과 독특한 의미를 지닌 상대적으로 분산된 사회적 네트워크, 그리고 인지된 '전통적' 사회로부터의 주변부 의식 혹은 이런 사회에 맞선 저항.

이 장에서 우리는 네 가지 주제를 중요 논제로 살펴볼 것이다. 첫째, 하위문화는 권력과 투쟁의 문제와 밀접한 관련을 맺고 있다. 하위문화에 대한 한 가지 중요한 접근 방식은 1970년대 버밍엄 대학의 **현대문화연구센터**주요 영향 1-3에서 개발되었다. 이 접근은 지배 문화에 저항하는지 아니면 순응하는지에 따라 청년 하위문화의 개념을 포착해 분석한다. 청년 하위문화는 지배 문화와 구별되려 하는 동시에 지배 문화의 어떤 측면에는 순응하려 한다(또한 Haenfler, 2014 참조). 하위문화에 대한 이런 접근 방식은 순응/저항 패러다임이란 용어로 틀이 형성된다(Abercrombie and Longjurst, 1998; Carrabine and Longhurst, 1999). 또한 2장 참조

둘째, 하위문화라는 개념은 넓은 문화 형식을 작은 단위로 나누는데, 이 작은 단위는 넓은 (잠재적으로 주변화된) 문화와 대립할 수도 있다. 그러므로 이 개념은 잠재적으로 문화의 분화를 고려하게 한다. 문화라는 관념에 대한 가장 중요한 비판은 바로 이것이다. 즉, 실제로 매우 복잡한 현상을 지나칠 만큼 단순화하려고, 문화라는 관념은 상이한 요소를 함께 묶어버리는 경향이 있다는 것이다. 가령 '미국의 생활 방식'이나 '영국적 가치', '유럽 문명', '호주 문화'와 '이슬람 세계' 같은 익숙한 공식은 몇 가지 중요한 구분을 없애버린 것처럼 보인다. 1장에서 우리는 문화가 실제로 문화 투쟁 과정에서 어떻게 형성되었는지 검토해 보았고, 문화는 실제로 분화되어 있으므로 결코 겉으로 보이는 가치 그대로 받아들여서는 안 된다고 주장했다. 하위문화라는 개념을 통해 문화의 분화를 손쉽게 검토할 수 있을 뿐 아니라 문화 분화의 방식도 분석할 수 있다. 하위문화가 점점 더 많아지고 있는가? 그리고 이것은 이제 하위문화를 '주류'에서 나눌 수 없다는 뜻인가?

이 장에서 논의할 세 번째 주제는 해석에 관련된 것이다. 1장에서는 일반적인 주제를 검토했지만 여기서는 하위문화에 관련된 몇 가지 딜레마를 구체적으로 다루고자 한다. 가령 하위문화에 대해 영향력 있는 헤브디지(Hebdige, 1979)의 설명은 기호학개념 정의 2-1을 활용하여 하위문화를 읽어내거나 해석해

낸다. 펑크(punk)족에 대한 헤브디지의 해석에는 논란의 여지가 있지만, 전반적인 요지는 어떤 하위문화건 의미를 다르게 해석할 여지가 있다는 것이다. 그리고 그렇게 읽거나 해석하는 것은 하위문화에 참여한 당사자에게 그 하위문화가 지닌 의미를 무시하는 경향이 있다(Widdicombe and Wooffitt, 1995; Muggleton, 1997, 2000). 청년 하위문화를 비롯한 하위문화가 대중매체에서 도덕적 공황을 유발하는 '사회의 적'으로 전형화되어 등장하기 때문에 하위문화를 무시하는 경향이 심화된다(Cohen, 1973). 한편 다른 형태의 재현도 연구할 필요가 있다. 가령 우리는 모두 〈스타 트렉〉의 팬이 '사회에 적응하기 힘든' '범생이 같은' 사람이라고 '알고 있다'. 그래서 이런 시리즈가 '정상적인' 여성의 삶에 갖는 중요성을 지적한 연구(예컨대 Bacon-Smith, 1992; Jenkins, 1992)를 읽으면 놀라게 된다. 이것이 숫자가 증가하는 팬 연구에서 지금까지 잡을 수 있는 요점이다(요약을 위해서는 Duffett, 2013; Hills, 2002 참조).

이 장에서 논의할 네 번째 주제는 사회와 문화가 파편화되고 분화되는 탓에 하위문화 개념을 사용하는 것이 더 이상 가능하지도 않고 소용이 없으며, 대개 더 이상 주류로서 존재하지 않는다는 점이다. 이 논의와 관련하여 아래에서 살펴보듯이 다양한 입장이 있는데, 이것은 발전하는 팬 문화뿐만 아니라, **포스트모던**개념 정의 6-1 하위문화 혹은 포스트 하위문화, 부족(혹은 새 부족)과 장면을 고려하는 일을 필요로 한다. 여기서 점점 더 중요해지는 것은, 서로가 떨어진 채 접촉한 상태로 남아 있는 것을 훨씬 쉽게 만드는 사회적·디지털 미디어의 지속적 발전이다. 이런 현상의 양상을 포착하는 데는 핸플러의 하위문화 개념에 포함된 분산이라는 것이 중요하다.

그리하여 많은 다양한 작가는 폭넓은 문화의 특정 부분이 실행되는지를 살펴볼 목적으로 하위문화 개념을 사용해 왔다. 이것은 문화의 특정 부분이 힘을 지닌 것과 연결된 방식, 이것들이 재현되고 해석되는 방식, 참여자들이 연결되는 방식을 모두 고려했다. 하위문화와 팬덤과 열광에 대한 장기적인 참여의 성격에 점점 더 관심을 두게 되었다〔예를 들면, Bennet(2013), Bennet and Hodkinson(2013), Harrington and Bielby(2010)〕.

더구나 미국문화가 하위문화를 포함하는 방식을 고려할 수 있는데, 여기서 하위문화는 다음과 같은 것에 기반을 둔다. 개조한 자동차에 대한 열광(Moorhouse, 1991), 〈스타 트렉〉 팬들(Bacon-smith, 1992; Jenkins, 1992; Penley, 1992), 연속극 팬들(Harrington and Bielby, 1995), 〈심슨가(Simpsons)〉 팬들(Gray, 2006), 〈트와일라잇(Twilight)〉(Click et al, 2010) 팬들, 〈흡혈귀 살인자 버피(Buffy the Vampire Slayer)〉 팬들(Keft-Kennedy, 2008)과 해리포터 팬들(Green and Guinery, 2004), 추가로 스트레이트 엣지(Haenfler, 2006), 힙합(Watkins, 2005), 고스(Brill, 2008) 같은 자주 고려되는 멋진 청년 하위문화 그룹들이다.

디지털 미디어(대개 Gauntlett, 2011 참조)에 의해 촉진된 하위문화(혹은 팬덤) 내에서 개인적으로 그리고 집합적으로 창의성의 역할이 한층 중요한 것으로 여겨져 왔다. 지속적인 작업 중 하나는 팬들의 이야기가, 자신들이 좋아하는 영화 혹은 텔레비전쇼 인물들을 새로운 상황과 맥락 속에 넣는 점을 다루어 왔다. 초창기 몇몇 작가들의 팬덤에 관한 연구에서는 이 점을 다루었는데(예를 들면, Bacon-smith, 1992; Jenkins, 1992; Penley, 1992) 이 연구는 이야기가 애호가들 사이에서 인쇄물로 유통된 방식에 관심을 두었다. 이제는 그런 이야기가 디지털 방식으로 그리고 좀 더 간단한 방식으로 전송된다(Hellekson and Busse, 2014 인터뷰 참조). 게다가 상당한 팬 추종을 거느린 주류 텔레비전쇼 창작자들은 팬들의 생각과 견해에 좀 더 주의를 기울이게 되었으며, 사실은 종종 자신들을 팬으로 분류한다(Ue and Cranfield, 2014 예 참조). 〈50가지 그림자(Fifty Shades)〉 현상처럼 팬 픽션으로 시작한 글쓰기가 출판될 수 있고, 베스트셀러와 할리우드 영화가 될 수 있다.

이쯤에서 당신 자신이 지닌 열정과 하고 있는 활동에 대해 생각해 보면 분명해질 것이다. 즉, 당신은 스스로 하위문화라 생각하는 그룹에 속해 있는가? 당신은 스스로를 어떤 문화(음악, 텔레비전, 스포츠 등)의 팬으로 분류하는가, 그리고 이런 활동이 당신의 일상생활에서 얼마나 중요한가? 당신은 그 행위를 숨길 필요가 있다고 느끼는가? 당신은 무슨 물건을 수집하는가? 당신의 관심사를 다른 사람과 이야기하는가? 당신이 응원하는 팀이 졌을 때 실망하는가? 이런 경험을 분석할 때 이 장에서 논의된 자료를 사용하면 유용하겠지만, 더 중요한 것은 스스로의 경험에 비추어 그런 자료를 평가해 보는 것이다.

2. 사회의 악, 도덕적 공황과 하위문화

스탠리 코언(Stanley Cohen)의 『사회의 악과 도덕적 공황(*Folk Devils and Moral Panics*)』(1973)은 하위문화(그리고 팬들, 애호가들 그리고 소외된 그룹들)가 언론과 비주얼 미디어에서 재현되는 방식에 대해 중요하고 여전히 두드러진 생각을 소개한다(비슷한 시기부터는 Young(1971) 참조). 영향력이 큰 이런 텍스트는 종종 오해되거나 지나치게 단순화되기 때문에, 이 장에서는 도덕적 공황의 특성을 다룬 몇 가지 최근 논의를 고려하기 전에 코언의 책을 좀 더 자세히 검토할 것이다.

스탠리 코언: 『사회의 악과 도덕적 공황』

스탠리 코언은 하워드 베커(Howard Becker) 같은 미국 학자의 연구를 발전시키고 확장시켰다(Becker, 1963). 베커는 강력한 사회적 통제 기관이 분류한 대로 일탈자와 일탈이 만들어지는 방식을 강조했다. 코언은 일탈 하위문화의 특징과 가치에 집중하고 그 하위문화의 일탈(하위문화와 갱단에 관한 폭넓은 범죄학적 그리고 사회학적 문학에서 강조되어 온 바와 같이)을 설명하는 데서 초점을 옮긴다. 그는 대신 1964년과 1966년 사이에 영국 해변 마을에서 일어난 비교적 소규모 소요에 대해 다양한 공공기관과 미디어(특히 신문사)가 보인 반응을 강조했다. 이 반응들은 (두 개의 서로 겨루는 시대의 하위문화 그룹인) 모드족(mods)[1]과 폭주족(rockers)[2]의 주변으로 사회의 도덕적 공황을 야기했다. 이 도덕적 공황은 통제 문화가 발전하는 데 중심적 측면이다. 코언이 검토한 독특한 도덕적 공황과 이를 둘러싼 사회적 악은 현재는 고전적인 내용이 되었다. 그러나 그의 생각과 접근은 매우 영향력이 커서 현재 문제를 분석할 때도 계속 사용된다〔예를 들면 Critcher(2006); Goode and Ben-Yahuda(2009) 참조〕.

코언은 그 마을에서 실제 일어난 사건을 묘사하느라 시간을 낭비하지는 않는다. 사실 묘사는 대부분 책의 시작보다 끝부분에 나온다. 그는 이른바 그의 '목록'으로 시작하는데, 그 목록은 모드족과 폭주족의 충돌을 알린 신문사의 보도를 강조한다. 코언의 주장에 의하면 사건을 체계적으로 과장하고 왜곡한 신문 보도는 그런 사건이 반드시 다시 일어날 것이라고 주장하고, 상징적개념 정의 4-1으로 모드족과 폭주족을 활용한다. 그래서 장차 똑같은 사건이 일어날 거라고 예고한다. 코언에 따르면 "그런 상징화에는 세 가지 과정이 있다. 즉, (모드라는) 단어는 어떤 지위(비행을 저지른 사람이나 사회의 상식에서 벗어난 사람)를 나타내는 상징이 되었다. 물건(헤어스타일, 의상)은 그 단어를 나타낸다. 물건 자체가 그런 지위(및 그 지위에 수반되는 감정)를 나타내는 상징이 된다"(Cohen, 1973: 40).

코언은 해변에서 일어난 사건에 대한 반응을 상세히 검토하면서 분석을 전개한다. 그는 우선 모드족과 폭주족이라고 할 때 머리에 떠오르는 것을

---

1 1960년에 보헤미안적 옷차림을 즐기던 틴에이저.

2 1960년대에 가죽점퍼를 입고 바이크를 타던 십 대들.

논의하고, 제안된 조치가 과연 그들에게 행해져야 했는지를 고찰한다. 코언은 반응의 최초 차원을 관통하는 세 가지 주제가 있다고 주장한다(Cohen, 1973: 51).

1 **상황 인식**: 평가하는 정서적·지적 관점
2 **이미지**: 사회의 상식에서 벗어난 사람의 특징과 그들의 행동에 대한 의견
3 **인과관계**: 행동의 원인에 대한 의견

결국 상황 인식을 관통하는 두 가지 주요 주제가 있다. 첫째, 일어난 사건을 자연재해와 비슷한 것처럼 말하는 사람이 있다. 예를 들어 마을이 "다 망가졌다"라는 이야기가 있다. 둘째, 많은 진술에서는 일어난 사건을 더 나쁜 방향으로 악화되었음을 예시하는 것으로 간주한다. 이런 언급들은 파멸을 예언한다. 게다가 두 가지 반복되는 주제가 이미지를 통해 떠오른다. 즉, 청년은 풍족하고 지루하다. 인과관계에 근거하여 모드족과 폭주족은 사회의 몰락을 나타내는 지표로 간주된다. "가장 흔하게 언급되는 사회적 질병의 측면은 다음과 같다. 즉, 종교적 신앙의 몰락, 목적의식의 부재, 공상적 사회개량주의자(do-gooders)적 접근의 '영향'과 '복지국가에서 생겨난 약골'"(Cohen, 1973: 62). 청년들의 행동은 종종 일종의 질병으로 간주된다. 코언의 관점에서 보면, 비교적 사소한 사건에서 생긴 이런 과정을 통해 도덕적 공황이 생긴다.

도덕적 공황의 세대는 차례로 '그것(도덕적 공황)에 대해 뭔가' 하기 위해 의견을 제시하고 행동한다. 코언(Cohen, 1973: 77)은 더 나아가 ① 과민 반응, ② 사회적 통제 문화, ③ 착취라는 세 가지 카테고리를 통해 이런 반응을 논의한다. 그의 논의에 의하면 과민 반응이라는 과정은 '깡패짓'의 행위, 모드족과 폭주족에 입각한 그런 행동 묘사에 훨씬 더 주의를 기울인다. 이런 행동들은

기타 다른 청년의 행동으로 여겨졌었다. 그리고 위에 묘사된 상징화 과정을 통해 이를 확장시킨다.

코언의 분석에서 '사회통제 문화'에 대한 반응을 고찰하는 것은 특히 중요하다. 그는 사회통제의 주요 대행자 셋, 즉 경찰과 법원, 지역 '시민단체'를 검토한다. 그는 이 세 기관이 작동하는 데 유포, 단계적 확산, 그리고 혁신이라는 세 가지 공통 요소가 특히 중요하다고 주장한다. 반응은 사건이 발생한 원래 지점에서 다른 기관으로 퍼져나갔다. 가령 다음과 같다.

 모드족과 폭주족에 대한 반응으로, 지방 경찰력으로부터 이웃 세력과의 제휴와 지역적(부분적) 제휴, 경찰청과 내무부에서의 조정 행동, 국회와 입법부의 관련으로 퍼져나간다 – 물론 직선적으로 확산되는 것은 아니다(Cohen, 1973: 86).

게다가 이 과정에서 문제의 심각성이 단계적으로 확산된다. 혁신 과정에는 인식된 문제를 다루기 위해 새로운 사회적 통제 방법을 도입하거나, 그런 방법의 도입 방안이 포함된다. 코언은 그 현상을 활용한 경우를 간략히 고려하기 전에, 문화를 통제하는 다른 구성 요소들의 작동에 대해 자세히 논의했다. 예를 들어 선글라스 같은 소비 상품은 모드족의 이미지를 이용해 광고를 했다. 코언은 여기 나타나는 '흐름'을 본다.

(i) 최초의 일탈은 (ii) 목록과 (iii) 목록과 서로 피드백하는 과민 반응으로 나아가고, 또 (ii), (iii)은 (iv) 일탈에 대한 과대평가를 산출하는데 이로써 다시 (v) 통제 문화가 고조된다(Cohen, 1973: 143).

책의 마지막 장에서 코언은 모드족과 폭주족의 하위문화가 어떻게 발전했는지 살펴본다. 그가 나중에 인정하듯(Cohen, 1987: ii~iii), 여기서 그의 분석은

그림 5-1 **일탈의 확대**

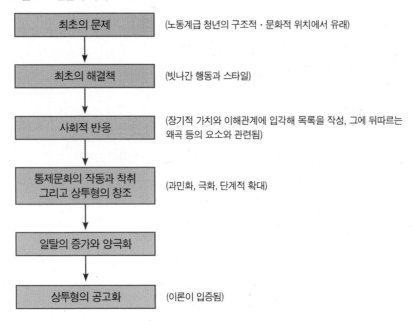

자료: Cohen(1973: 199).

주로 다운스(D. Downes)의 이전 책에 많이 빚졌기 때문에 특별히 혁신적인 것
은 아니다(Downes, 1966). 다운스는 2절에서 논의된 미국의 사례에 기대어[간
결한 요약을 위해서는 Haenfler(2014) 참조], "영국 '거리의 부랑자'는 전통적인 노
동계급의 가치를 다시 긍정함으로써 학교와 일자리에서의 굴욕감을 성공적
으로 넘어선다"고 주장한 바 있다(Downes, 1966: 258). 코언의 말처럼, "사실 이
책은 사회의 악에 대한 연구라기보다 도덕적 공황에 대한 연구다. 낙인 이론
(labeling theory)의 영향으로, 필자는 반응을 연구하고 싶었다. 즉, 스크린 위로
휙 지나가는 배우들 자체를 말이다"(Cohen, 1987: iii). 하위문화 세대와 특징에
대한 논의는 버밍엄 현대문화연구센터의 연구주요 영향 1-3에서 더 발전한다. 5장
4절~8절 참조

〈그림 5-1〉의 코언의 도표에 제시된, 그가 다듬은 분석은, 비록 종종 코언 분석의 세부 사항과 세련됨을 무시하는 요약본 형태로 사용될지라도 매우 영향력이 크다.

오늘날의 도덕적 공황

도덕적 공황이라는 개념은 매일 일상적인 대화가 되었으며 코언이 예를 들어 묘사한 과정은 간격을 두고 세상 도처에서 주기적으로 일어나는 것 같다. 관심을 현재 영국에 한정시켜 보면, 축구장의 난동꾼과 파업 노동자부터 미혼모, 마약 복용자, 망명 신청자, 복지 청구자, 이주자, 이민자에 이르기까지 모든 그룹은 사회의 악으로 분류되어 도덕적 공황을 일으키는 것처럼 보인다(당신은 서구 사회에서 '이슬람 공포증'이 도덕적 공황으로 이해될 수 있는가와 같은 몇 가지 예를 생각해 보고 싶을 것이다). 다른 나라들의 경우 핸플러는 예를 들면 이런 점에 주목한다(Haenfler, 2014: 104).

> 싱가포르와 말레이시아 두 나라에서는 헤비메탈이 도덕적 격노를 유발했다. 싱가포르에서는 정부의 세속주의와 악마숭배 주장에 맞선 규제 덕분에 공황 상태가 완화되었다. 하지만 말레이시아에서는 종교적 지도자들이 코란을 불태우는 헤비메탈광들의 이야기에 기반을 둔 블랙메탈을 사실상의 반이슬람으로 규정했다.

코언이 수행한 연구의 다소 비관적인 어조를 따라 몇몇 평자는 이 공황을 힘 있는 권력자가 '진짜 문제'에서 주의를 딴 데로 돌리기 위해 이용하는 전략으로 본다. 따라서 이주민, 이민자 또는 '망명 희망자'를 비행의 원인이라고, 복지 혜택이나 기타 공공 서비스를 받는다고 비난하려는 생각은 다른 나라의 이주 원인과 정치적 억압과 같은 더 '중요한' 문제에서 주의를 돌리기 위해 사용된다. 그러나 이런 관점에서 접근할 때 한 가지 문제는 타블로이드 신문에 실린 이 그룹에 대한 정의에 더 많은 대중이 실제로 동의하는지가 분명하지 않다는 점이다. 사실 코언은 그의 독창적인 분석에서 언론이 히스테리적으로 논평하며 떠드는 데 비해 상당수 대중은 모드족과 폭주족에 별로 관심이 없음을 알아냈다. 그러므로 이런 설명은 대중보다 통제 문화의 구성원에게 더 중요할 것이다. 그렇다고 해서 이런 설명이 효과가 없다거나 중요하지 않다는 뜻은 아니다.

게다가 다양한 그룹에서는 코언의 독창적인 분석 이후 도덕적 공황이라는 생각을 사용하고 이해하기가 더 복잡해졌다고 주장된다. 가령 영국의 떠들썩한 파티 문화의 발전과 이에 대한 반응을 논하면서, 세라 손턴(Sarah Thornton)은 다음과 같이 주장한다(Thornton, 1994, 1995). 부분적으로 국가 신문과 지방 신문에 관심을 집중시킨 방식 때문에, 코언은 어떻게 도덕적 공황이 판매 전략이 되고 잠재적인 '사회의 악'이 추구하는 그 무엇이 되는지를 놓치고 말았다(McRobbie, 1994 참조). 주요 영향 5-1 이와 같이 그런 대다수 그룹에서는 부정적인 타블로이드 보도가 그룹과 음악을 더 널리 선전하기 때문에, 오히려 이 보도를 환영한다. 손턴은 다음과 같이 주장한다.

> 부정적 보도는 비난을 받지만, 그런 보도를 기다리고 환호하는 독자도 있다. 반면에 긍정적인 타블로이드 보도는 죽음의 키스(kiss of death), 즉 위험한 관계다. 도덕적 공황에 대해 문화연구와 사회학에서는 청년 문화를 부정적인 비난에 휩싸인 무고한 희생자로 보는 경향이 있다. 그러나 대중매체의 이해는 종종 그 자체가 목표이지, 청년 문화가 추구한 것에 대한 결과가 아니다. 그래서 도덕적 공황은 시장을 겨냥한 문화산업이 만들어낸 판에 박힌 과대광고의 한 형식이다. 어느 월간 음악 잡지를 인용하면, 도덕적 고발은 '돈으로 살 수 없는 PR 캠페인'이

다. 이 고발은 다른 어떤 광고 전략도 할 수 없을 만큼 하위문화를 전복의 힘을 지닌 매력적인 것으로 만든다(Thornton, 1994: 184).

하위문화는 하위문화 지지자에 의해 만들어지듯이, (그 자체가 다국적 회사의 일부인) 음악 잡지와 음악 신문이 만들어내기도 한다(Thornton, 1994, 1995). 하위문화는 이용되고 악마가 될 태세를 갖춘 어떤 순수한 상태로 존재하지 않는다. 게다가 손턴의 사례 연구에서 대부분의 팬 잡지는 타블로이드의 도덕적 공황 보도 이전보다 오히려 이후에 등장하는 경향이 있다(Thornton1994: 185). 팬 잡지는 이와 같이 타블로이드판 신문 보도 이전에 있었던 순수한 광란 파티 장면에 깊은 향수를 느낀다!

손턴의 요점은 도덕적 공황을 연구하는 사람들로 하여금 하위문화 및 미디어와 사회적 문화 반응이나 통제 문화 반응 사이의 복잡한 관계에 주의하게 만든다. 이렇게 더욱더 매체화된 사회에서는 특히 정보가 디지털 수단을 통해 매우 빠르게 이동한다.1장과 3장 참조 도덕적 공황이라는 생각이 한편으로는 유용한 도구로 남아 있지만, 아마도 철저히 분석하여 신중하게 사용되어야 한다. 특히 전자 및 소셜 미디어를 통해 차별화된 정보 소스를 이용할 수 있는 상황에서는 더욱 그러하다.

미디어가 하위문화에 보이는 반응의 중요성뿐 아니라, 하위문화의 발전 방식과 그 하위문화가 표현한 가치를 분석한 초기 몇몇 자료를 검토해 보았다. 그러므로 이제 **버밍엄 현대문화연구센터**주요 영향 1-3에서 수행한 하위문화에 대한 영향력 있는 논의가 특별하고도 특이하며 영향력 있게 이런 생각들을 굴절시킨 방식을 고려할 수 있다.

3. 영국 문화연구에서의 청년 하위문화

청년 하위문화에 관한 그간의 많은 연구들은 1장에서 개괄한 문화의 가장 중요한 두 가지 의미에 의존한다. 이 두 가지 정의는 버밍엄 대학 현대문화연구센터(CCCS)의 영국 문화 연구(Turner, 1990)로 발전해 널리 알려졌고, 바로 이 접근 방법을 통해서 청년 문화에 대한 가장 중요한 연구가 다수 진행되어 왔다.

『제식을 통한 저항』: 일반적 접근

버밍엄 대학의 연구에서 추구된 개념과 주제의 상당 부분을 개괄하는 중심적 논문은 『제식을 통한 저항(*Resistance Through Rituals*)』에 실린 「하위문화, 문화와 계급(Subcultures, cultures and class)」이다(Clarke et al., 1976). 몇 가지 핵심적 정의가 이 논문에서 상술된다.

상세히 고려해야 할 일곱 가지 개념이 이 부분에서 도입되는데 문화, 헤게모니, 지배 문화, 지배 이데올로기, 계급 문화, 하위문화, 부모 문화가 그것이다. 이들은 모두 현대문화연구센터의 연구와 하위문화에 대한 후속 저작 상당 부분에서 광범위하게 이용된다.

이 전통 내에서 확립된 문화의 정의는 다음과 같다.

> 우리는 문화라는 단어를, 사회의 집단들이 뚜렷한 삶의 패턴을 발전시키고 그들의 사회적·물질적 삶의 경험에 **표현적 형태**를 부여하는 수준을 가리키는 것으로 이해한다. 문화는 집단이 그들의 사회적·물질적 경험이라는 원재료를 '다루는' 방식이자 형식이다(Clarke et al., 1976: 10).

이 정의를 통해 사회적 삶의 세 가지 양태를 확인할 수 있는데 사회적 경험, 사회적 집단, 삶의 패턴이 그것이다. 사회집단은 다른 사회집단이나 경험 형태와의 연관 속에서, 자신들의 경험에 근거하여 뚜렷한 삶의 패턴을 발전시킨다. 문화는 (경제적 혹은 정치적인 수준 또는 영역과 구별되는) 사회의 수준 또는 영역인 동시에, 사회적 경험이라는 원재료가 가공된 형태이기도 하다.

이제 우리는 헤게모니가 앞으로 이 글에서 사용되는 특별한 방식을 고찰할 것이다. 존 클라크(John Clarke) 등은 더 나아가 지배계급에 연결된 어떤 지배 문화가 있다고 주장한다. 그러나 그들은 이 지배 문화의 내용을 실제로 확인하지는 않고, 또 지배적 이데올로기의 특별한 내용도 상술하지 않는다. 또한 이 개념의 개념화에 대해 세부 사항을 제공하지도 않는다.

클라크 등의 논거는 계급이 '가장 기본적인 사회집단'이라는 이들의 주장에 반영되어 있듯이 마르크스주의적인 전제에 의존하며 문화가 근본적으로는 '계급 문화'라는 가정으로까지 더 나아간다. 하위문화는 '부분집합, 즉 더 큰 문화의 네트워크 속에서 더 작고 더 지역화·세분화된 구조'다. 이런 접근에서 하위문화는 계급의 맥락에서 봐야 한다. 이 논문은 마지막으로 부모 문화의 개념을 밝힌다. 런던 이스트엔드 지역에 사는 노동계급에 관한 논의가 보여주듯이(Cohen, 1980 하단부 참조), 노동계급의 부모 문화(parent culture)라는 것이 있고, 또 다른 구별되는 하위문화들이 이 부모 문화로부터 발생한다.

강조점에서 차이가 있을 때도 있지만 「하위문화, 문화와 계급」에서의 분석과 CCCS 전통에서의 분석은 '청년 하위문화의 이중적 발화'에 대한 연구를 중심으로 한다. 청년 하위문화는 먼저 그들의 부모 문화와 (노동계급 청년 하위문화의 경우에는 노동계급 문화와) 연결되고, 다음으로는 지배 문화와 연결된다.

전반적 접근법과 핵심 개념을 소개한 뒤 클라크 등은 제2차 세계대전 이후 제기된 청년과 청년 문화에 대한 논쟁을 다양한 차원에서 검토한다. 이런 중요하고 영향력 있는 작업의 상당 부분이 1970년대 초에 이루어졌음을 기억하는 것이 중요하다. 따라서 이 작업은 1940년대 후반부터 그 당시까지 영국의 사회, 정치, 경제적 맥락에 의해 영향 받았다. 이 기간은 복지국가의 도입과 상대적인 완전고용을 목도했던 시기였는데, 후반부로 가면 산업에서의 갈등과 사회적 긴장이 증가했다.

CCCS의 연구가 공통적으로 해설하는 바와 같이 이 논의는 일상의 논쟁과 상식을 약술하고 다시 맥락화하려고 한다. 그들은 이전의 연구에서 새로운 청년 문화가 탄생한 배경으로 지적한 요인들을 확인하는 것으로부터 시작한다. 여기에는 다음과 같은 것들이 포함된다. 먼저 당시 사회의 전반적 풍요, 특히 젊은이들의 소비력이 컸다는 점에 관한 것이고, 둘째는 대중매체, 특히 텔레비전의 확산이다. 셋째는 제2차 세계대전에 의해 초래된 사회적 혼란, 넷째는 교육 기회의 광범위한 확대, 마지막으로 새 스타일과 유행의 출현이다.

이 요인들 자체는 전후의 사회 변화에 대한 논쟁이라는 더 넓은 맥락에서 이해되어야 한다. 이 논쟁의 세 가지 핵심 용어는 '풍요', '여론의 합의', '부르주아화'다. 새로운 풍요, 정치에 대한 분명한 의견 일치와 정치적 논쟁의 감소로 인해 노동계급은 중산층의 가치와 관행을 택하도록 유도되며, 계급은 사회에서 점점 덜 중요해진다고 생각된다. 클라크 등은 이런 생각의 몇 가지 증거를 발견했다. 비록 사회적 불평등은 여전히 남아 있지만 생활수준은 향상되었고, 기존의 정당정치는 실제적인 여론의 합의에 근거를 둔 것처럼 보였으며, 두 주요 정당은 선거에서 상당히 높은 득표율을 보였다. 더 잘살게 된 노동자들의 가치에 변화가 있는 것처럼 보이기는 해도 부르주아화가 실제로 이뤄졌다는 증거는 설득력이 떨어졌다. 하지만 그럼에도 계급과 사회적 불평등은 사라지지 않았다.

클라크 등은 미국의 일탈 연구가 계급을 상대적으로 무시하고 있다고 비판한다. 그리고 청년 하위문화 연구에 대한 더 만족할 만한 접근으로 영국에서 전개된 마이크 브레이크(Mike Brake)와 그레이엄 머독(Graham Murdock)의 연구를 소개하며 이들은 계급을 심각하게 다루었다고 시사한다. 미국 일탈 연구의 결점은 하위문화가 집단적인 '문제 해결'에 동원된다고 보면서 문제를 '지나치게 안이하게' 받아들였다는 것이다. 그들은 계급 문화와 계급 사회화의 양상에 충분한 비중을 부여하지 않았다. 클라크 등에게 크게 영향을 준 글은 『제식을 통한 저항』의 선구자 역할을 한 세련된 글로, 필 코언(Phil Cohen)이 발표한 논문(1980년, 처음 발표된 것은 1972년 CCCS의 학술지 ≪문화연구의 진행 논문≫에서다)이다. 이 논문은 1960년대 런던 이스트엔드 지역 청년 하위문화의 성격을 검토했다.

필 코언: 런던 동부의 노동계급 청년 하위문화

필 코언은 제2차 세계대전 이후 1950년대부터 이스트엔드의 노동계급 공동체가 다음 세 가지 요인에 의해 와해되었다고 주장한다(Cohen, 1980). 우선, 이 지역으로부터 할로우, 스티버니지, 바즐던 같은 신도시로의 이주가 그 첫째 요인이다. 둘째, 주택 재개발로 중산층의 핵가족 모델에 적합한 고층 빌딩이 들어서면서 이스트엔드 특유의 공동체 공간이 없어지고 여성이 생계를 부양하던 특징적 가족 형태가 파괴되었다. 셋째, 일련의 경제적 변화에 의해 보수가 좋은 전문화된 첨단 기술 직종과 빈민굴의 미숙련 노동 사이에 '노동의 양극화'가 발생했다(Cohen, 1980: 80).

이런 혼란의 결과로 테드족(Teds),[3] 모드족(Mods),[4] 스킨헤드족(Skinheads)[5]

---

3   테디보이(Teddy boy)를 가리킴. 영국의 에드워드 3세(Edward III) 시대(1901~1910)의 멋들어진 옷을 입고 으스대는 불량배를 지칭한다.

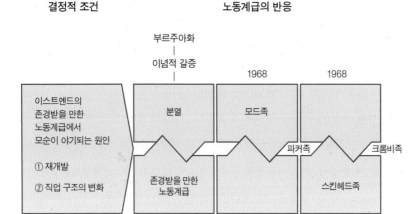

그림 5-2 **계급과 하위문화: 코언의 모델**

| 결정적 조건 | 노동계급의 반응 |

부르주아화
|
이념적 갈증

1968   1968

이스트엔드의
존경받을 만한
노동계급에서
모순이 야기되는 원인   분열   모드족

① 재개발   파커족   크롬비족
② 직업 구조의 변화
                              존경받을 만한
                              노동계급   스킨헤드족

경제적 모순
|
빈민굴화

자료: Clarke et al.(1976: 34).

등 노동계급 부모 문화와 대립되는 청년 하위문화가 발달했다. 코언(Cohen, 1980: 82)의 견해에 따르면 "부모 문화의 내재적 갈등이 세대 간 갈등으로 작동하게 된다". 더 나아가 코언은 청년 하위문화가 "부모 문화에서 감추어져 있거나 해결되지 않은 채 남아 있는 모순을 비록 '마법적이기는 하지만' 표현하고 해결한다"라고 주장한다. 하위문화는 사회의 구조적 변형으로 부모 문화에서 발생한 어려움을 다루는 한 방법이다. 상향적 또는 하향적 선택에 따른 노동의 양극화 양상을 추적하면서 코언은 청년 하위문화가 다양한 방식으로 그런 방향을 표현할 수 있다고 주장한다. 따라서

---

4   최신의 자유분방한 스타일의 10대들.
5   머리를 짧게 깎은 젊은 불량배.

> 모드족, 파커족(parkas)[6] 스킨헤드족, 크롬비족(crombies)은 일련의 하위문화로, 이들 모두는 부모 문화와 동일한 특징을 가지며 부모 문화에 의해 하위문화에 삽입된 기본적 문제점이나 갈등을 약간 변형시켜 재연하도록 시도한다(Cohen, 1980: 83).

이런 종류의 접근은 클라크 등(Clarke et al.,1976)에 의해 〈그림 5-2〉와 같이 표현된다. 코언은 구조적 문제를 이데올로기적으로 해결하려고 하는 이런 조건들에 대해 상향적(예를 들면 모드족) 반응과 하향적(예를 들면 스킨헤드족) 반응이 있다고 주장한다.

이데올로기와 헤게모니

클라크 등(Clarke et al., 1976)은 코언의 논문에서 많은 문제점을 발견했다. 분석의 역사적 구체성, 구조적 조건이 하위문화의 신봉자들에게 영향을 끼치는 정확한 방식, 상향적·하향적 해결책의 원인 등의 문제다. 그러나 클라크 등은 한편으로 그 접근법이 자신들의 주장에 중요한 영향을 끼쳤기 때문에 코언의 접근법을 보강하고자 했다. 특히 그들은 하위문화가 삶의 실제 조건과 맺는 이데올로기적인 관계, 또는 프랑스의 마르크스주의자인 루이 알튀세르(1971)의 **이데올로기** 연구의 영향을 받은 문구로 쓴다면, '상상적 관계'를 나타낸다는 생각을 강조하고자 했다.

클라크 등은 구조와 계급의 변화 및 하위문화를 생산해 내는 지배 문화와 부모 문화 사이의 관계를 자세히 천착한다. 노동계급은 고용 형태와 주거의 변화에 영향을 받아왔는데, 이 변화는 노동계급 가족의 성격과 또 이 가족이

---

6   기차에 대해 열광하고 외골수이며 종잡을 수 없는 얘기에 몰두하는 사람.

지배계급의 권력으로부터 노동계급을 보호하기 위해 작용하는 방식에 영향을 끼쳤다. 하위문화 세대도 변화하는 헤게모니 패턴 속에 위치해 있다.

우리는 이런 접근법에서 헤게모니라는 개념이 사용되는 특별한 방식에 주목해야 한다. 클라크 등은 다음과 같이 주장한다.

> 그람시는 헤게모니라는 용어를 지배계급이 종속계급으로 하여금 자신의 이해관계에 순응하도록 강제하는 것뿐만 아니라 종속계급에게 '지배'나 '총체적인 사회적 권위'를 행사하는 것을 의미하는 말로 사용했다. 이것은 특별한 종류의 권력의 사용을 포함한다. 즉, 권력은 선택적 대안을 짜고 기회를 포함하며, 동의를 이끌어내고 형성한다. 그럼으로써 지배계급에게 정통성을 부여하는 것이 '자발적'일 뿐만 아니라 자연스럽고도 정상적인 것으로 보이게 된다(Clarke et al., 1976: 38).

게다가 이런 헤게모니는 "이데올로기를 통해 작용하지만 틀린 생각이나 인식, 정의로 이뤄지지는 않는다. 이것은 주로 하위계급을 지배 질서의 권력과 사회적 권위를 지지하는 핵심적 제도와 구조 속에 끼워 넣는 방식으로 작용한다"(Clarke et al., 1976: 39).

헤게모니는 어떤 지점에서는 지배계급이 헤게모니의 도움 없이도 지배적일 수 있다는 점에서 일관성이 없다. 따라서 가끔은 '경제 위기'나 '실업'이 헤게모니만큼이나 영향력을 발휘한다. 더 나아가 다른 때는 지배계급이 타도되고 헤게모니가 정의상 존재하지 않게 되기도 한다. 요컨대 "'영원한 계급 헤게모니'나 '영원한 통합'이라는 생각은 포기해야 한다"(Clarke et al., 1976: 41).

클라크 등은 〈예 5-1〉에서 인용한 구절에서 이런 생각을 세 가지 하위문화에 적용한다. 더 나아가 "그들의 반응을 이런 경험으로 조직화하는 데 노동계급 청년 하위문화는 그것이 속한 '부모 문화'로부터 뭔가를 차용해 온다. 그러나 그들은 이것을 부모 문화와는 구별되는 자신들의 독특한 삶과 특징적

하위문화

Subcultures

따라서 '테드족'이 상류층의 옷 스타일을 무단 사용하는 것은 다분히 육체 노동이며 미숙련이고 거의 룸펜에 가까운 실제의 생활과 삶의 기회들과, '정장하고 갈 데는 없는' 토요일 저녁의 경험 사이의 간격을 '메운다'. 따라서 소비와 스타일 자체를 무단 사용하고 페티시화(化) 하는 데에서, '모드족'은 절대 끝나지 않는 주말과 지루하고 빠져나갈 곳 없는 일을 다시 시작하는 월요일 사이의 간격을 메운다. 따라서 노동계층 옷의 원형적이고 '상징적인' (그러나 사실은 시대착오적인) 형태의 부활에서, 그리고 축구 경기와 축구 '목적'에의 몰두를 통해 스킨헤드족은 '상징적으로' 계급의 가치와, 스타일의 본질, 더 이상 성년 노동자들이 따르지 않는 일종의 팬덤을 다시 주장한다. 이들은 계획 입안자들과 투기자들이 빠른 속도로 파괴하고 있는 영역과 국지성에 대한 인식을 '다시 보여준다'. 그리고 상업화되고 전문화되고 투기화 되고 있는 게임을 살아 있고 멀쩡하다고 '선언한다'. '스킨족이 지배하면, 오케이다'라고.

(Clarke et al., 1976: 48).

경험에 적용하여 변형시킨다"(Clarke et al., 1976: 53)라고 주장한다.

구조, 문화, 전기

이 논문의 저자들은 자신들의 접근법을 요약하기 위해 구조, 문화, 전기 (biography)라는 세 가지 핵심 용어를 사용한다. 클라크 등이 이 용어들에 대해 내린 정의는 〈스포트라이트 5-1〉에서 상술된다. 이 용어들은 『제식을 통한 저항』에서 전개된 이론을 상기하는 데 필수 용어로 사용될 수 있다. 클라크

구조, 문화, 전기
Structures, Cultures and Biographies

구조는 주요 제도와 조직에 관련하여 사회적으로 조직된 일련의
계급적 지위와 경험이다. 이러한 지위는 여러 가지의 공통적 관
계와 경험을 낳는데, 이것으로부터 개인적·집단적으로 의미 있
는 행위가 구축된다.

문화는 이러한 기본적인 물질적·사회적 조건에 대해 사회적
으로 조직되고 패턴화된 일련의 반응이다. 비록 문화가 각각
의 집단에 여러 가지의 전통, 즉 과거로부터 물려받은 행위의
노선을 형성하기는 하지만 문화는 항상 각 세대에서 새롭게 집
단적으로 구축된다.

전기는 특정한 개인이 이러한 구조와 문화를 거치는 '경력'
이고, 개인의 정체성과 삶의 이야기가 집단적 경험으로부터 만
들어지는 방법이다. 전기는 개인의 삶이 집단적 구조와 문화
를 헤쳐 가는 방식에서 개인화의 요소를 인지하지만, 개인의
삶이 전적으로 개인적이거나 자유롭게 움직이는 것은 아니다.

(Clarke et al., 1976: 57).

등의 에세이는 반체제 문화에 대한 다소 해묵은 내용과 청년에 대한 반응의
논의로 끝을 맺는데, 앞서 소개된 도덕적 공황을 논의에 포함시켰다. 이 저작
은 테드족, 모드족, 스킨헤드족 등의 특정한 하위문화에 대한 다수의 논의뿐
만 아니라 스타일 같은 핵심적 개념에 대한 상술도 포함하고 있다. 또한 접근
법에 대한 몇 가지 중요한 비판도 있다. 그러나 이런 난점들을 논의하기 전에
우선 이 시기에 CCCS에서 나온 다른 중요한 연구를 살펴볼 필요가 있다.

4. 버밍엄 현대문화연구센터의 세 가지 고전적 연구

이 절에서는 CCCS의 접근법 중 상당히 영향력 있는 본보기로 인정되어 온 세 가지 연구, 즉 『학교와 계급 재생산(*Learning to Labour*)』(Willis, 1977), 『세속 적 문화(*Profane Culture*)』(Willis, 1978), 『하위문화: 스타일의 의미(*Subculture: The Meaning of Style*)』(Hebdige, 1979)를 검토할 것이다.

폴 윌리스: 『학교와 계급 재생산』

『학교와 계급 재생산』(1977)은 이제 고전적인 텍스트로 대접받고 있고 이 책의 여러 관련 부분에서도 이 텍스트에 관해 논하고 있다. 제목과 '노동계급 소년이 어떻게 노동계급 일자리를 얻는가(How Working Class Kids Get Working Class Jobs)'라는 부제가 이 책의 내용을 명확하게 요약하고 있다. 윌리스는 이 책에서 학교가 어떻게 젊은이들을 노동시장의 적재적소에 맞도록 준비시키 고 또 어떻게 이를 통해 현대 자본주의 사회의 노동 분업이 계속 재생산되도 록 확실히 보장하는가에 관해 연구한다. 그리고 이런 맥락에서 중등학교의 노동계급 반항아 집단의 문화와 이들이 장차 얻게 되는 일자리에서의 문화 사이에 연속성이 있음을 밝힌다.

윌리스의 연구는 주로 그가 해머타운 소년들이라 부르는 12명의 학생으로 구성된 집단에 초점을 맞춘다. 그는 자신이 '소년들(lads)'이라고 칭한 이들에 게서 문화의 각기 다른 구성 요소들을 알아낸다. 이 소년들은 학교의 권위에 저항하고, 스스로를 저항적 입장을 갖는 집단으로 정의하면서, 학교에서 인 정되는 윤리를 따르는 다른 소년들을 '귓구멍(ear'oles)', 즉 '범생이'라고 부르 며 이들의 순응적 태도를 배척한다. 이 '소년들'에게는 학교 당국에 '밀고'하 는 일이 가장 큰 죄로 여겨진다. '소년들'은 가능한 한 일에서 벗어나려고 하고 가능한 한 학교를 빠지려고 한다. 학교에서 이들은 '한바탕 웃어젖히기 (have a laff)'[7]를 하는 데 관심이 있고 학교라는 맥락 속에서 자신들의 문화를 즐긴다. 이것은 교사를 괴롭히고 극단적으로 규율을 어기는 일 등을 포함한다. 그들은 '강한' 남성성의 표현과 싸움을 통해서 지루한 삶에 자극을 주려 한다. 한편 여성은 성적 대상으로 취급되며 소년들은 자신들이 '어느 선까지 갈 수 있는지' 보려고 한다. 다른 한편으로는 오랫동안 꾸준히 사귄 여자 친구는 가정에 봉사할 미래의 아내로 간주된다. 종종 보도되고, 또 진행되고 있는 이 같은 성에 대한 이중적 기준에서, 성적으로 활발한 여성은 조롱당한다. 또한 '소년들'의 행위와 신념은 인종차별적으로, 파키스탄인과 자메이카인들에 대한 증오를 표명하고 '파키스탄인 박해(Paki bashing)'에 연루되어 있다.

월리스는 이런 문화의 특징으로 '소년들'이 학교 당국과 갈등을 빚기는 하지만 실제로는 작업장의 반복적이고 중공업적인 작업에 통합시키는 준비 단계가 된다고 주장한다. 이것은 또한 남성성, 짓궂은 장난, 할 수 있는 한 많이 챙기기, 성에 관해 떠벌이기 등과 같은 형태에 기초한다. 그러므로 (학교에 대한) 저항적 문화로 간주되는 것들을 택하고, 지배 문화에 저항하는 데에 노동 계급 (남성) 부모 문화의 자원을 이끌어옴으로써 이 '소년들'은 실제로 육체노동 세계에 들어갈 준비를 하고 있는 것이다. 여러 측면에서 이것은 이미 확립된 착취의 양상을 재생산하는 것이다. 결국 저항문화는 실제로 지배 문화에 들어맞는 것이 된다.

폴 윌리스: 『세속적 문화』

『학교와 계급 재생산』에 앞서 수행된 연구의 성과인 『세속적 문화』에서

---

7 'laff'는 영국 요크셔 지방에서 '웃음(laugh)'을 가리키는 구어체 표현이다.

윌리스(1978)는 1960년대 후반의 두 가지 청년 하위문화 집단인 모터사이클 폭주족과 히피족의 다양한 삶의 모습을 검토했다. 이런 예들이 다소 오래된 것이기는 하지만 후속되는 하위문화 연구를 관통하는 것은 윌리스가 이런 집단들의 각기 다른 생활 방식 양태 사이에서 만들어내는 연계의 성격이다. 따라서 예를 들면, 윌리스는 이 집단의 음악적 취향이 그들의 삶의 성격과 긴밀하게 연결되어 있다고 주장한다. 모터사이클 폭주족이 단면 녹음 LP 레코드로 나온 초기 로큰롤 싱글을 선호하고 히피족이 앨범 레코드로 나온 프로그레시브록(progressive rock)을 좋아하는 것은 우연이 아니다. 로큰롤 음악은 폭주족 소년들의 불안정성이나 이동성과 잘 어울린다.

> 잘 짜인 박자를 무시하고 멈추었다가 시작하고 또 사라지는 음악과 불안정한 폭주족의 구체적 삶의 방식은 잘 어울린다. 우리가 보았듯이 이 폭주족 청년들이 싱글 판 음악을 선호하는 것은 우연이 아니고, 또한 로큰롤 형식이 싱글 판 음악과 그것의 현대적 기술(페이딩 등)에 가장 잘 어울린다. 음악과 그 음악의 '싱글' 판 형태는 모터사이클 문화의 양식과 밀접하게 관련이 있다(Willis, 1978: 77).

윌리스는 히피족에 대해서도 청년 하위문화의 여러 양상 사이에 나타나는 상동 관계에 대해 했던 것과 유사한 주장을 한다(특히 Willis, 1978: 168~169 참조). 헤브디지(Hebdige, 1979: 113)의 말을 빌리면 이 주장은 "어느 집단의 가치와 생활 방식, 그 집단의 주관적 경험, 그 집단의 핵심적 관심사를 표현하거나 강화하기 위해 사용하는 음악 형태 사이의 상징적 상응"을 나타낸다. 이것은 하위문화 생활 방식의 각기 다른 양상이 한데 합쳐 하나의 전체를 이루도록 하위문화가 구조화되었다는 것을 의미한다. 그래서 '대안적 가치 체계', '환각제'와 히피 하위문화의 프로그레시브록 사이에는 상동 관계가 존재한다. 하위문화는 일련의 조건에 대한 반응을 표현하며, 하위문화의 다양한 양상은 한데 묶여서 상대적으로 응집된 전체로 구조화된다. 이런 개념의 도입은 클라크 등에 의해 사용된 것이기도 한데 윌리스 쪽에서 본다면 상당히 의미심장한 혁신이다.

딕 헤브디지: 『하위문화: 스타일의 의미』

헤브디지(Hebdige, 1979)는 **구조주의적**이고 **기호학적인 도구**를 사용하여 하위문화 집단의 스타일에 대한 독법을 발전시켰다. 그는 특히 하위문화 집단 스타일의 다양한 차원을 집중적으로 분석했다. 클라크 등(1976)에 의해 제시된 일반적인 문화 정의를 이용해 헤브디지는 각기 다른 하위문화에 의해 표현된 스타일은 사회적 조건과 경험에 대한 반응이라고 주장했다. 게다가 헤브디지에 따르면 그런 스타일은 종종 지배적 집단과 연관된, 지배적 또는 헤게모니적 문화 형태에 대한 저항의 코드화이기도 하다. 이런 도전은 보통 간접적이고, 이전에 지배 집단의 재산이었던 문화 형태의 이용과 변형을 포함한다. 그런 실천에서 하위문화의 구성원들은 브리콜라주의 과정에 참여하는 브리콜뢰르(bricoleur) 역할을 하는데, 구조화된 양식으로 자신들 주위의 세계에 즉흥적으로 응답하여 지배 문화나 지배 집단의 의미와는 다른 의미를 만들어낸다. 예를 들어 헤브디지는 테디보이의 스타일에 대해 이렇게 말한다. "이런 식으로 1950년대 초 새빌 로(Saville Row)에 의해 도시의 부유한 젊은이들에게서 부활한 테디보이의 에드워드 시대 스타일의 도용과 변형은 브리콜라주의 행위로 이해될 수 있다"(Hebdige, 1979: 104).

헤브디지는 하위문화가 보통 간접적이고 상징적 방법을 거치기는 하지만 지배적 사회질서에 저항한다고 주장한다. 그러나 그는 또한 하위문화의 표현 형태는 종종 두 가지 주된 통로를 통해 지배적 사회질서에 병합된다고 주장하기도 한다. 그 첫 번째는 '(옷, 음악 등의) 하위문화의 표식을 대량생산품으로 변환시키는 것'을 포함하는 상품 형태가 있다는 것이다. 두 번째는 이데올로기적인 병합의 과정에서, 스탠리 코언(1973)이 설명한 바와 유사하게 일탈적 행위에 대한 경찰, 언론, 사법부(Hebdige, 1979: 94)와 같은 지배 집단에 의한 '낙인찍기'와 재정의다.

하위문화 집단이 저항적인 새로운 의미를 만들고 그것이 다시 자본주의 체계에 도입되거나 통합된다는 이런 식의 설명은 이제 비교적 친숙하다. 하위문화의 '진정한' 의미(나중에 변질되고 타락하기는 하지만)가 만들어지는 어떤 영역이 있다는 것이다. 그러나 위에서 논의되었듯이 손턴(Thornton, 1994, 1995)은 미디어가 만든 이미지가 하위문화의 탄생부터 어떻게 관련되는지, 즉 디지털과 소셜 미디어의 시대에 가속화되는 과정을 보임으로써 헤브디지 연구의 이런 측면에 문제를 제기한다.

5. 청년 하위문화와 젠더

지금까지 이 장에서 논의한 저작들이 갖고 있는 가장 중요한 문제점 중 하나는 거의 배타적으로 소년 또는 남성에만 집중한다는 것이다. CCCS 내부에서 안젤라 맥로비와 제니 가버(Jenny Garber)가 이런 근시안적 접근에 먼저 도전했다. 이들은 다음의 네 가지 질문을 던졌다.

> (1) 소녀들은 주요한 전후 하위문화로부터 정말 빠져 있는가? 아니면 존재하지만 단지 보이지 않을 뿐인가?
>
> (2) 소녀들이 존재하고 눈에도 보이며 소년들과 같은 역할을 수행하지만 소년들의 역할보다 더 주변적인가? 아니면 다른가?
>
> (3) 주변적이건 다르건, 소녀들의 위치가 하위문화를 선택하는 데 특별하게 작용

하는가? 아니면 소녀들의 역할이 집, 직장, 학교, 여가 등과 같은 주류 문화의 중심적 영역에서 좀 더 보편적으로 여성이 사회적으로 종속되어 있는 상황을 반영하는가?

(4) 만약 소녀들이 하위문화를 쉽게 선택할 수 없다면, 소녀들이 자신의 문화적 삶을 조직하는 상이하지만 보완적인 방식은 무엇인가? 그리고 이것이 소녀들 자신이 보기에 형태상 하위문화에 속하는가?(McRobbie and Garber, 1976: 211)

(1)의 질문에 대해 맥로비와 가버는 이전 연구가 지닌 남성적 편견 때문에 답하기 어렵게 된 측면이 있다고 주장했다. 하위문화를 연구한 남성들이 이 연구 영역에 소녀들이 참여할 수 있다고 보지 않았기 때문에 소녀들이 눈에 띄지 않는 것은 자기충족적 예언이 되는 경향이 있었다. (2)와 (3)의 질문에 답을 찾는 과정에서 맥로비와 가버는 여성이 세 가지 하위문화에서 수행하는 역할을 좀 더 면밀히 조사했다. 첫째, 윌리스가 묘사한 로커, 그리저(greasers),[8] 모터사이클 폭주족 하위문화에서 여성은 종속적이다. 그녀들은 모터사이클의 승객에 불과할 뿐 모터사이클을 지배하지 못한다. 둘째, 1960년대 초의 모드족 소녀들을 고찰하는데, 이들이 모드 하위문화에서 두드러진 역할을 하는 것으로 본다. 셋째, 그녀들이 히피 문화에서 여성에게 부과하는 대지모(the earth mother)와 라파엘 전파(pre-Raphaelite)풍의 가냘픈 숙녀라는, 특별히 제한적인 두 가지 역할을 찾아낸다.

맥로비와 가버는 지금까지 묘사된 하위문화에서 여성의 위치가 여성의 더 큰 사회적 역할과 관련되어 있다고 주장한다. 그들은 또 소녀들이 좀 더 가정 중심적이고 낭만적인 '티니밥(teenybop)'[9] 문화처럼 자신들의 문화적 삶을 소

---

8   으스대고 거친 거리의 갱단.
9   1960년대 히피족을 흉내 내는 10대 소녀.

안젤라 맥로비
Angela McRobbie (1951~)

안젤라 맥로비는 영국의 문화 분석가이다. 그녀는 청년 문화에 관한 다양한 차원의 연구와 문화이론과 정치학에서의 발전 양상에 대한 논의를 결합시켰다.

맥로비는 버밍엄 대학 현대문화연구센터(CCCS)에서 대학원 과정을 밟았다. 그녀는 록버러 대학교로 옮기기 전에 런던에서 강의했으며, 현재는 런던 대학교 골드스미스 칼리지의 신문방송학과 교수다.

맥로비의 가장 유명한 연구는 청년 문화에서의 젠더 분석이다. 그녀는 청년 하위문화에 대해 CCCS에서 수행된 연구가 '남성 주류적' 연구라고 비판했고, 폴 윌리스와 딕 헤브디지 등의 연구가 젠더에 주목하지 않았으며 여성에 대해 편파적이라는 점을 강조했다. 나아가 그녀는 소녀들과 소년들의 문화생활이 서로 다른 방식으로 이뤄져 있음을 밝히기 위해 소녀들의 문화생활을 분석할 필요가 있음을 역설했다. 이 접근으로 여성성, 로맨스, 팝 음악 문화, 티니밥 문화, 10대들이 보는 잡지인 ≪재키(Jackie)≫ 등에 관한 여러 논문이 나왔다. 이런 초기 연구는 『페미니즘과 문화(Feminism and Culture)』(1991)에 함께 수록되었다. 맥로비는 1980년대에 이런 접근법과 그에 부속되는 연구와 주장을 발전시켰다. 여성 청년 문화에서 춤의 중요성에 대한 영향력 있는 글을 썼고 자신이 엮은 『주트 양복과 중고 드레스(Zoot Suits and Second-hand Dresses)』(1989)의 한 논문에서 중고품 시장에서 발전하고 있는 비공식 경제에 관해 언급했다. 젠더 역할(부모라는 그녀 자신의 입장뿐 아니라)에서의 문화적 변화로 그녀는 초기 주장 중 일부를 재고하게 되었다. 맥로비는 ≪저스트 세븐틴(Just Seventeen)≫ 같은 어린 소녀들을 위한 잡지에서 팝 음악이 중심적 위치로 이동한 것을 논의했으며, 나아가 레이브(rave) 문화와, 이 문화가 젊은 여성들에게 새로운 역할을 제공하는 기회를 분석했다. 이런 관심사는 그녀의 저작 『포스트모더니즘과 대중문화(*Postmodernism and Popular Culture*)』(1994)에 나오는, 이론과 문화에서의 포스트모더니즘에 관한 논의의 영향, 평가와 관련된다. 그녀는 또한 좌파 문화정치학에서의 논쟁, 특히 '신시대(New Times)'라는 개념을 둘러싸고 전개된 논쟁에도 입장을 표명했다.

맥로비의 글은 청년 문화에 대한 연구에 심대한 영향을 끼쳤다. 그녀는 젠더를 고려해야 하는 중요성과, 남성 작가들의 저작이 담고 있는 남성성의 각기 다른 모습들을 검증해야 할 필요가 있다는 주장의 선봉에 서왔다.

───────────────────────────────── ■ ■ ■ 더 읽을거리

맥로비의 연구는 논문 형식으로 발표되었다. 이제는 훌륭한 모음집이 존재한다.

McRobbie, A. (1991). *Feminism and Youth Culture*. Basingstoke: Macmillan.
McRobbie, A. (1994). *Postmodernism and Popular Culture*. London: Routledge.
McRobbie, A.(ed.). (1989). *Zoot Suits and Second-hand Dresses*. Basingstoke: Macmillan.

년들과 다르게 조직하는 경향이 있다고 시사한다. 특히 맥로비의 이런 주장은 하위문화 연구의 남성 지배적 성격에 대한 비판적인 후속 연구(McRobbie, 1980)에서 발전되었다. 여기에서 그녀는 하위문화에 대한 예전의 남성 지배적 저작에 대한 두 가지의 주된 접근법을 주장한다. 첫째, 그런 설명들은 기각되거나, 또는 소년들에게만 적용될 수 있는 것으로 받아들여져야 하고, 소녀들의 문화가 가진 상이한 성격에 주목해야 한다. 둘째, 윌리스(Willis, 1977)와 헤브디지(Hebdige, 1979)가 한 이전의 설명에 대해서는, 하위문화의 성격과

하위문화에 대한 저작이 그들이 남성성을 분석하는 데 무엇을 제공할 수 있는지 알아보기 위해 '싫어도 억지로 읽어야 한다'고 했다.

맥로비는 소녀들 문화의 상이한 성격에 관한 관점을 발전시키면서 길거리가 소녀들에게는 잠재적으로 위험한 곳이라고 주장한다.

> 66 어린 소녀들은 집 안에 있거나 아니면 청소년 클럽에서 모이는 경향이 있다. 갈 곳이라고는 말 그대로 길거리밖에는 없는 소녀들은 일 년 안에 임신해 사라진 후 가정으로 되돌아와 육아와 가사 노동에 흡수된다(McRobbie, 1980: 47).

맥로비는 술과 마약이 같은 종류의 위험을 유도할 수 있다고 주장한다. "최근의 연구로 볼 때, 소녀들이 술 마시기를 내켜하지 않는 이유는 취한 상태에서 처할 수 있는 성적 위험 때문인 것이 분명하다"(McRobbie, 1980: 47).

티니밥 연애 문화

맥로비는 그녀의 연구 대상인 노동계급 소녀들은 연애에 근거한 티니밥 문화를 형성하려는 경향이 있다고 말했다. 이 소녀들은 가정에서 더 많은 시간을 보내는데, 그 이유는 적어도 부분적으로는 길거리 같은 공공장소가 위험하기 때문이다. 프리스(S. Frith)는 여기에 세 가지 다른 양상을 추가한다(Frith, 1983). 첫째, 소년들에 비해 소녀들은 부모의 통제와 훈육을 더 잘 따른다. 둘째, 소년들과 달리 소녀들은 가사 일을 하도록 기대된다. 맥로비(1978)는 이를 도표로 설명했는데, 그녀는 소녀들이 금전적 보상을 거의 받지 못하면서 많은 가사 노동을 하기를 기대 받는다고 지적했다. 마지막으로, 소녀들은 소년들보다 외출 준비를 하려고 집에서 더 많은 시간을 보낸다는 점이다.

1970년대에 확인된 이와 같은 소녀들의 하위문화 형태에는 다음과 같은 특징이 있다.

1. 집, 특히 침실에서 모일 때가 많다. 소녀들은 다른 소녀들과 서로의 침실에 모여 좋아하는 가수의 음반을 같이 듣곤 한다.

2. 소녀들은 티니밥 문화를 구성하는데, 이 문화 안에는 유명 연예인 또는 그룹에 대한 낭만적 애착이 있다 실제로 이런 역할을 한 다양한 유명 연예인과 그룹이 있다.

3. 소녀들은 외출을 할 때면 대개는 청소년 클럽으로 간다.

4. 소년들과 달리 소녀들에게는 춤이 중요하다. 맥로비는 소녀들에게 춤이 중요하다는 점을 계속 강조해 왔다(McRobbie, 1984, 1993).

5. 맥로비의 연구에서 소녀들에게는 가장 절친한 친구와의 관계가 상당히 중요하다. 소녀들은 소년들과의 관계보다 오히려 이 관계에 더 많은 가치를 둔다.

6. 로맨스에 대한 생각이 무척 중요하다. 많은 소녀가 때때로 결혼의 '현실적인 면'을 인정하면서도 로맨스와 어느 한 소년에 대한 낭만적 사랑이 중요하다고 여긴다. 이것은 성에 대한 이중적인 기준이 계속 존재해 왔다는 점과 관련되는데, 이 기준하에서 소녀가 여러 소년들과 데이트하면 곧 '창녀'로 알려지게 된다.

7. 맥로비는 자신이 연구한 소녀들이 과장된 방식으로 여성성에 대한 지배적 관념을 강조한다고 주장한다. 이것은 책임감, 많은 공부, 진지함으로 대변되는 학교 윤리에 저항하는 문화의 일부를 이룰 수도 있다. 소녀들은 소년들에 대해 이야기하는 데 많은 시간을 보내고, 옷과 화장에 관해서는 될 수 있으면 유행을 따르면서 학교 규칙을 어기고 싶어 한다. 맥로비는 이런 문화가 어떤 면에서는 공식 문화에 대한 저항일지도 모르지만, 이것이 로맨스 문화와 그 속의 여성성에 대한 고정

관념을 강화한다고 주장한다. 이는 학교 규범을 어기는 노동계급 소년들 사이에서 남성성을 과장하는 것이 육체노동에 적합한 남성을 만든다는 윌리스(Willis, 1977)의 주장과 일맥상통한다.

여러 저자들이 이런 티니밥 로맨스 문화의 문제점을 찾아냈다. 우선, 맥로비는 아마도 일부 소녀들이 '일탈적' 하위문화 집단에 열성적으로 참여한다는 점을 과소평가한 듯하다(예를 들면 Smith, 1978). 두 번째로, 코위(C. Cowie)와 리스(S. Lees)는 맥로비의 연구 결과와 달리 실제로 소녀들은 결혼의 잠재적 문제점을 더 현실적으로 평가하고 있다는 것을 밝혔다(Cowie and Lees, 1981). 또 소녀들이 결혼 전에 즐기는 것을 중시한다는 점도 지적했다. 세 번째로, 코위와 리스는 맥로비의 연구가 여성 청년 문화를 고립시키는 경향이 있어서 사회에서 더 광범위하게 존재하는 남녀 간의 관계로부터 그것을 과도하게 유리시키거나 통합시킨다고 시사한다(Cowie and Lees, 1981). 이와 관련하여 이들은 여성성 문화에 수반되는 저항이 지나치게 강조되고 있다고 주장했다. 네 번째로, 맥로비의 연구는 주로 백인 노동계급 소녀에 집중하고 있어서, 비교를 위해서는 흑인이나 중산층 소녀들에 대한 증거를 더 많이 수집할 필요가 있다. 게다가 이 연구의 일부는 이제 오래된 것일 수도 있다. 이 점은 맥로비의 좀 더 최근의 연구로 검증될 수 있지만 이런 문화 형태의 양상이 가정용 통신과 미디어 기술이 진보함에 따라 어떻게 더욱 지배적이 되었는지 고려하는 것도 또한 중요하다. 그렇다면 맥로비는 가정용 컴퓨터, 휴대폰, 태블릿 등등이 나오기 오래전에 글을 썼던 것이고, 이 사실은 집과 '거리' 사이의 경계가 1970년대보다 다소간 더 유동적이 되었음을 의미한다. 더 보려면 3장 참조

팝 음악, 레이브 문화와 젠더

초기 연구에서 맥로비는 연애 문화에서 ≪재키≫ 같은 잡지가 어떤 기능을 하는지에 주목했다. 이런 맥락에서 맥로비(McRobbie, 1991)는 ≪저스트 세븐틴≫과 ≪재키≫ 같은 최근 잡지들 사이에 나타나는 차이점을 보여주었다. 연애의 중요성은 현저하게 감소했고, 팝 음악과 패션이 중심이 되어 영상과 팝 스타를 더 강조하게 되었다. 맥로비는 "이런 생산물 모두에 정체성을 부여하는 총괄 개념은 로맨스라기보다는 팝 음악이다"라고 주장한다(McRobbie, 1991: 168). 이런 소녀 잡지에는 다음과 같은 특징이 있다.

> 사생활에 엄청나게 관심을 보인다. 이 잡지들은 점점 더 티니밥 그룹으로 분류되는 다양한 집단을 선전하는 기능을 한다. 이에 비례해서 잡지의 페이지는 화려한 그림으로 채워지고, 그들은 유명 연예인과 직접 통한다고 주장한다. 이리하여 싸구려에 아무나 읽는 잡지가 되고 만다. 영국-미국 간 장거리 통화, 녹음기, 레코드사가 제공하는 공개 사진 등의 도움을 받아 세 페이지 정도는 순식간에 채워진다(McRobbie, 1991: 169).

맥로비의 견해에 따르면 1970년대보다 현재의 소녀들에게 팝 음악이 더욱 중요해졌다. 그러나 맥로비는 소녀들이 티니밥 유형의 팝 음악에만 관심을 갖는 것이 아니라 레이브 문화에 참여하는 데 주목하며, 이런 문화는 최근 영국에서 나타나는 여성성의 획기적인 변화와 관련될 수 있다고 주장한다. 이것은 여성의 새로운 역할 가능성을 열었고 "흑인 소녀와 백인 소녀 모두 그들의 전통적인 젠더 위치에서 '떨어져 나오게' 되었음을 의미한다. 반면 이들의 상대 남성의 경우 젠더와 계급 운명은 좀 더 안정적인 채로 남아 있다"(McRobbie, 1993: 408). 맥로비는 백인 중산층 여성이 의학과 같은 전통적 전문직에 점점 더 많이 참여하고 있고, 흑인 노동계급 소녀는 소년에 비해 고등교육을 더 많이 받을 것처럼 보인다고 시사한다. 맥로비는 소녀 잡지의 변하는 속성에 관해 이미 언급되었던 논점을 반복하지만, 춤에 관해서는 한 걸음 더 발전된 주장을 한다. 그녀는 "하위문화에서 춤은 소녀들이 항상 발견될 수 있는 곳이며, 이것이 그들의 유일한 자격"이라는 점에서 레이브 문화가 그 이전의 문화와 연결되어 있음을 지적한다. 그러나 "레이브에서 춤은 전체 하위문화를 이끌어가는 힘이 된다"(McRobbie, 1993: 419). 춤의 중요성으로 인해 소녀들이 현대 하위문화에서 훨씬 더 중요한 위치를 차지하게 된다. 그러나 초기 연구와의 연속선상에서 맥로비는, 나중에는 사회학자라기보다는 한 명의 부모 입장에서, 소녀들의 이런 기회를 여전히 위험한 것으로 본다. 다시 말하지만, 맥로비의 주장은 유명 연예인이나 소비자 문화의 계속되는 발달과 관련하여 고려할 때 더욱더 현대 대중에게 설득력을 갖는다.

6. 청년 하위문화와 '인종'

현대문화연구센터 내에서 행한 '인종'에 대한 가장 중요한 연구는 다수의 저자가 참여한 『위기 단속하기(Policing the Crisis)』(Hall et. al, 1978)이다. 이 책에서는 영국의 헤게모니가 재정립되는 맥락 속에서 언론이 '강도(mugging)'를 다루는 방식을 고찰한다. 특히 하위문화를 살피는 맥락 속에서 헤브디지는 흑인 문화와 흑인의 존재가 영국 백인 하위문화 스타일이 생성되는 데 중요한 역할을 한다고 주장했다(Hebdige, 1979). 헤브디지의 관심은 백인 청년들에게 끼친 흑인 문화의 영향이었다. '인종'은 『제국이 되받아치다(The Empire Strikes Back)』(CCCS, 1982)에서 다시 논의의 대상이 되었다. 이 논문집은 1970년대 영국 자본주의 내의 정치적 문제라는 맥락에서 인종의 위치를 검토하고, 인종에 대한 주류 사회학의 재현·이론·조사를 탐구하며 비판한다. 또한 흑인 범죄의 재현을 검토하고, 백인 페미니즘에 대한 흑인 여성들의 도전과 영국 내 아시아계 여성들의 정치적 경험을 고찰한다. 이 책의 주된 어조는 앞선 연구들에 대해 비판적이다. 이른바 과학적 연구에 이론을 제공하는 **이데올로기적**이거나 '상식적인' 인종론을 비판한다.

이런 주제 중 일부는 폴 길로이(Gilroy, 1987)에 의해서 더 발전되었는데, 그는 앞서 나온 『위기 단속하기』에 논의의 근거를 두고 있다. 다시 말하지만 길로이는 기존의 여러 연구를 비판하면서 현대 영국에서 인종과 계급 사이의 관계를 재조명하려고 시도한다. 이 책은 많은 다양한 차원의 흑인 표현 문화 (Black expressive culture)를 검토하고, 흑인 음악에 대한 광범위한 논의를 포함한다(Hebdige, 1987 참조). 좀 더 최근의 연구에서도 길로이(가령, Gilroy, 1993b)는 **모더니티**의 성격에 대한 대안적 설명을 개진하면서 현대 흑인 문화의 특징을 강조하고 있다.

이런 대체로 비판적이고 혁신적인 책에서도 하위문화에 대한 논의가 비교적 거의 없었다는 점을 주목하는 것이 지금은 필요하다. 켄 프라이스(Ken Pryce)의 연구에서처럼 CCCS의 전통을 벗어나 브리스틀 지역의 흑인 하위문화를 연구한 경우도 있기는 하다(Pryce, 1979). 그러나 이 같은 비판적 연구의 영향을 받은 중요한 연구 중 하나는 비록 강조점이 백인 젊은이들에게 있기는 하지만 계속적으로 현재적 함의를 갖도록 하면서 현대 버밍엄의 인종적 정체성에 관한 관점을 재검토했다.

사이먼 존스의 『흑인 문화, 백인 청년』: 다인종 도시에서의 새로운 정체성

사이먼 존스(Simon Jones)의 『흑인 문화, 백인 청년(*Black Culture, White Youth*)』은 두 개의 서로 독립된 부분으로 나뉜다(Jones, 1988). 첫 부분에서 그는 레게 음악의 발전과, 그 음악이 영국과 자메이카에서의 문화 형태와 갖는 관계에 대해 개괄한다. 그러나 더 관심을 끄는 것은 책의 두 번째 부분인데 여기서는 버밍엄의 흑인과 백인 청년의 민족지학(ethnography)이 포함된다. 존스는 영국 중부 지역 버밍엄시 다인종 지역에서의 정체성의 형성을 논의한다. 여기서 많은 백인 소년이 전통적인 분석에서는 흑인의 것이라고 간주했던 문화 형태를 채택하고 있었다. 특히 '흑인의' 언어가 백인 소년에게는 권위에 대한 저항을 표현하기 위해 사용되었다(Jones, 1988: 149).

레게 음악은 이런 환경에서 성장하는 젊은 백인들에 의해 채택되었고, 존스는 자메이카 음악으로부터 온 다양한 주제가 어떻게 젊은 백인 남녀에 의해 적용되고 변형되었는지 보여준다(또한 Jeater, 1992 참조). 따라서 그는 이렇게 주장한다.

> 흑인 음악 전체, 특히 자메이카 음악은 거의 30년에 걸쳐서 다양한 백인 세대에게 저항적 가치와 해방의 쾌락을 전해주는 기능을 해왔다. 이 음악은 백인 청년들이 자신의 독특한 문화를 표현하는 데 지속적으로 원료를 공급해 주었다. 라스타파리(Rastafari)[10]의 정치적 언술을 통해서 레게 음악은 젊은 백인들에게 반항적인 집단적 언어와 상징을 제공해 왔고 이들의 곤경과, 차별적이지만 한편으로는 서로 연관된 억압받은 경험을 반영한다(Jones, 1988: 231).

한편 존스는 이런 전유의 양식들을 둘러싸고 있는 모순도 간파했다. 따라서 "흑인 문화에 대해 강력한 매력을 느끼는 것은 그 문화를 위협적인 것으로 인식하는 것, 흑인에 대한 적개심, 두려움과 쉽게 공존할 수 있다"(Jones, 1988: 216).

---

10 아프리카를 약속의 땅으로 보는 자메이카의 이색 컬트 신봉자.

✓ 민족지학
어떤 문화에 대한 자세하고 분석적인 설명, 즉 사람들의 믿음과 관행을 맥락 속에 집어넣는 '빽빽한 설명'(Geetz, 1973)을 제공하는 것을 목표로 한다.

존스는 새로운 형태의 '인종적' 정체성이 버밍엄과 다른 대도시 내 일부 지역에서 형성되고 있다고 시사한다. 그는 연구 대상으로 삼았던 사람 중 한 명의 말로 자신의 책을 끝맺는데 이 인물은 위의 내용을 잘 요약하여 다음과 같이 말한다.

> ❝ (요요의) 웅변적인 결론 안에서 이미 떠오르고 있는 '새 영국'의 실체가 포착되고 있을 뿐만 아니라 그런 영국은 '그전의 영국으로 보이지 않거나' 어쩌면 언젠가는 '전혀 국가로도 보이지 않게' 될지 모른다는 희망도 포착되고 있다.
>
> "난 이 나라를 사랑하는 것 같아. …… 집 같은 곳은 없지. …… 발살 히스(Balsall Heath)[11]가, 이보게, 용광로의 핵심이야. 왜냐면 내가 밖으로 나가면 보게 되는 건 반(half)아랍인, 반파키스탄인, 반자메이카인, 반스코틀랜드인이거나 반아일랜드인이기 때문이지. 그리고 그걸 아는 건 내가 '반스코틀랜드·아일랜드인'이기 때문이야. 난 누구지? …… 말해줘. 난 어느 민족에 속하는 거야? 사람들은 나를 비판해. 그 좋았던 옛날 영국이 그런다고. 좋아, 그러면, 나는 어디에 속하는 거야? …… 댁도 알다시피 나는 흑인, 파키스탄인, 아프리카인, 아시아인, 당신이 말할 수 있는 모든 족속과 함께 자랐거든. 나는 어느 민족에 속해? 나는 그저 광범위한 사람이야, 난 지구 소속이지. 그리고 말이야, '우리는 영국에서 태어난 게 아니고, 우리는 자메이카에서 태어난 것도 아니야'. …… 우리는 '여기' 인간으로 태어난 거야! 그건 우리의 권리야! 그게 내가 보는 방식이야. …… 그게 내가 살아가는 방식이야"(Jones, 1988: 239~240).

존스의 논의는 이 책의 다른 부분에서도 약술되고 있듯이, 현대 문화에서 우

---

11 버밍엄의 노동계급 밀집 지역.

리의 **정체성**이 '탈중심화'되고 있다는 포스트모더니즘의 주장과 일맥상통한다. 예를 들면 여러 저자들이 우리는 더 이상 이전 시대와 똑같은 장소에 속해 있지 않다고 말해 왔다. 이것은 어떤 면에서는 우리가 길 건너에서 일어나는 사건보다 텔레비전 중계를 통해 지구 반대편에서 일어나는 일을 보는 것이 더 쉬운 사회에 살고 있기 때문일 것이다.

정체성에 관한 영향력 있는 한 논의에서 홀(Hall, 1992)은 정체성의 세 가지 개념, 혹은 유형을 구분하는데, 계몽주의적·사회학적·포스트모더니즘적인 것들이 그것이다. '계몽주의적' 개념은 개인과 함께 출생해서 그 또는 그녀의 삶을 통해 펼쳐지는 정체성의 본질적 핵심이 존재한다는 것이다. '사회학적' 개념은 타인과의 관계에서 일관성 있는 정체성이 형성되고 시간이 지남에 따라 발전하고 변화한다고 주장한다. 포스트모던 주체는 고정되거나 본질적인 정체성을 갖지 않는다고 생각된다. 포스트모던 사회에서는 정체성이 '이탈된다'. 정체성에 대한 강조는 CCCS 접근법에 대한 관심을 강의실로부터 사회적 소속이라는 좀 더 널리 퍼져 있는 원천으로 옮겨놓았다. 자아에 대한 우리의 인식이 완전히 '이탈되었다'고 주장하는 것은 우리의 입장을 과장하는 것이기는 하지만, 이 인식이 사회적·문화적 변화의 맥락 속에서 어떻게 형성되고 재형성되는지 계속적으로 고찰하는 것은 중요하다. 더 나아가, 디지털 미디어와 소셜 미디어에 의해 용이해진 접촉의 양식들은 다른 형태들과 중요하고 복합적인 방식으로 상호작용한다. 따라서 1950년대부터 계속하여 젊은이들에게 영향을 끼친 사회적·문화적 변화의 과정은 문화적 상호작용, 소속감과 정체성에 대한 인식의 패턴과 더욱 전반적이고 지속적인 관련을 갖는다(더 보려면 Savage et al., 2005).

7. 버밍엄 현대문화연구센터와 청년 하위문화 전반적 비판

이쯤에서 청년 하위문화에 대한 CCCS 접근법에 반대하는 몇 가지 논점을 살펴볼 필요가 있다. 게리 클라크(1990)는 상당히 유용한 전반적 비판을 통해 CCCS의 연구에 대해 다수의 세부적 비판을 가한다.

1 이런 연구의 상당 부분에서 하위문화의 '구조적 위치'의 성격과 하위문화의 자체적 문제 해결의 성격에 대한 설명이 부정확하다.

2 각기 다른 하위문화의 스타일이 실제로 어디에서 연유하는지에 대해서 상대적으로 설명이 부족하다. 어째서 어느 노동계급 하위문화는 에드워드 시대의 화려한 의상 스타일을 택하고, 또 다른 노동계급 하위문화는 공장 노동자의 작업화와 멜빵 달린 옷을 희화화하는가?

3 분석이 경직되어 있다. 확인되는 하위문화가 '본질적이고 비모순적인 경향이 있기 때문에', 각각의 하위문화 속에서 나타나는 다양한 스타일과 입장 표명에 대해서 거의 주목하지 않는다. 이는 부분적으로는 이런 분석들이 하위문화로부터 논의를 시작했지만 계급 상황과 모순에 대한 연구 쪽으로 거꾸로 간 경향을 보인 결과이다. 이것은 뚜렷이 구별되는 하위문화들을 '획일적'으로 취급하는 경향으로 나아간다.

4 개인이 하위문화를 드나드는 방식에 주목하지 않는다. 따라서 클라크(Clarke, 1990: 82~83)는 필 코언이 "크롬비족과 파커족을 별개의 하위문화로 분류하지만, 이들을 각각 스킨헤드족 및 모드족과 확실하게 구별지어주는 유일한 '문제'는 몸을 따뜻하게 유지하려는 필요다"라고 지적한다.

5 하위문화와 주류에 속하는 나머지 젊은이들 사이를 이분법적으로 나눈다.

클라크는 이런 비판으로부터 세 가지 중요한 결론을 이끌어낸다. 첫째, '하위문화의 유입과 스타일의 역동적 성격'에 대한 고려가 부족하다(Clarke, 1990: 84). 둘째, 하위문화를 '여론의 합의' 또는 지배적 사회관계로 통합되는 사회의 나머지 부분과 분리시킨다. 셋째, '스타일이라는 막연한 개념'이 '객관적 범주의 지위로' 격상된다(Clarke, 1990: 84).

덧붙여 말하면, 스탠리 코언(Stanley Cohen)은 CCCS 접근법에 대한 비판을 발전시키기 위해서『사회의 악과 도덕적 공황(*Folk Devils and Moral Panics*)』신판 서문을 이용했는데 이 서문은 그의 책이 처음 출판된 이후로 영향력을 지속해 왔다(Cohen, 1987). 코언은 버밍엄의 핵심 용어이자 앞서 언급한 '구조', '문화', '전기'를 비판했다.

구조와 관련해서 코언은 하위문화에 대한 최근의 연구들이 '역사주의로 가려는 지나치게 안이한 경향'을 보인다고 주장한다. 이 말로써 코언은 버밍엄 연구가 맥락과 역사 발전을 지나치게 강조하고 있다고 시사하며, 이로 인해 종종 다른 여러 역사적 변수를 희생하고 한 가지 역사적 변수를 특별히 강조한다고 본다. 그는 종종 이렇게 주장한다. 즉,

> 어떤 단일하고도 1차원적인 역사적 경향, 예컨대 상업화, 경기 침체, 부르주아화, 공동체의 파괴, 여가 가치의 훼손 등이 선별되어 현재에 투사되는데(종종 똑같은 사회학자 자신도 인정하듯이), 이 현재라는 것은 훨씬 더 복잡하고 모순적이거나 애매한 것이다(Cohen, 1987: viii~vix).

더 나아가 문화의 영역을 고려하면서 코언은 버밍엄의 접근 방식을 다음의 두 가지 분명한 주제로 요약한다(Cohen, 1987: x).

1 스타일은 본질적으로 종속에 대한 **저항**의 한 형태다.

2 이런 저항 형태는 다소간 **상징적**이거나 **마법적**이다. 문제가 무엇이든 간에 실제적이고 성공적인 해결책이 아니라는 점에서 그렇다.

코언은 이런 접근법에 반대되는 여러 가지의 논점을 주장한다. 먼저 그는 스타일을 단지 저항과 반대로만 해독하는 것은 지나친 단순화라고 주장한다. 그의 견해에 따르면 스타일은 보수적이며 일관성 없는 것일 수도 있다. 따라서 어떤 양상은 저항적이지만 또 어떤 양상은 보수적이다. 두 번째로 그는 스타일의 발전이 집단에게 어느 정도 본질적인 것으로 보인다고 암시한다. 상업주의는 스타일의 발전을 따라오는 것이다. 실제로 우리가 보았듯이 하위문화의 발전과 상업적 행위 사이에는 상당히 긴밀한 관계가 있다. 세 번째로 코언은 하위문화 추종자들의 행위가 지나치게 자주 영국 노동계급이 지배에 저항한 전통 속에서 이해되거나 해석된다고 주장한다. 따라서 그는 "우리가 실제로 향하는 곳은 현재의 범죄자와 '과거의 범죄자' 사이의 '심오한 역사적 연속성' 쪽이다"라고 주장한다(Cohen, 1987: xiii). 이는 하위문화 구성원이 자신이 하고 있는 일을 '인식'하고 있는지, 또 그 일을 의도적으로 하고 있는지, 아니면 연구자들과 똑같은 방식으로 보려고 하는 것인지에 관한 네 번째의 문제로 나아가게 된다. 코언의 관점은 이런 이론들, 특히 헤브디지(Hebdige, 1979)의 이론이 스타일과 그 스타일의 일부를 이루는 하위문화의 의미를 과소평가하고 있다는 것이다. 그는 "이 이론 중 어느 것이 더 사회학적으로 못 믿을 것인지 말하기 어렵다. 즉, 주변의 모든 인공물에 대해 그에 상응하는 문화적 모조품을 제시하는 이론인지, 아니면 개인적 의미는 전혀 중요하지 않다고 보는 이론인지 중에서 말이다"라고 주장한다(Cohen, 1987: xv). 마지막으로 코언은 헤브디지 같은 사람들에 의해서 수행된 연구 방법과 결과(Hebdige, 1979)에 대해 여러 가지 문제점을 지적한다. 그는 왜 우리가 이런 하위문화에 대해 주어진 해석을 믿어야만 하는지, 그리고 이런 해석 방식이 어느 정도 엄밀한지에 의문을 제기한다. 이런 관점에 관한 도식적인 본보기는 〈예 5-2〉에 있는 코언 글의 발췌문에서 살펴볼 수 있는데 여기에서 코언은 나치의 휘장인 스와스티카(swastika)의 상징성에 대한 헤브디지의 독법을 비판한다.

코언은 또한 전기(biography)에 대한 논제도 검토한다. 그는 버밍엄식 접근법이 확연히 눈에 띄는 것만 지나치게 강조하고 일상의 일탈이나 '보통의' 노동계급의 행위에는 충분히 집중하지 않는 점을 지적한다. 게다가 하위문화들이 지나치게 분할적으로 경계 지어져 있다고 주장한다. 코언은 이 경계가 사실은 훨씬 더 느슨하고, 사람들이 오랜 시간에 걸쳐 경계 안으로 떠밀려 드나들거나 혹은 각기 다른 정도로 포함될 수 있다고 주장한다. 게다가 버밍엄식 이론이 어째서 어떤 개인은 하위문화에 포함되고 다른 사람들은 포함되지 않는가를 설명할 수 있냐고 묻는다. 후자의 문제가 하위문화 연구에 중요한 분야가 되었다(Heanfler, 2014 참조).

이런 맥락에서 클라크는 단지 하위문화만이 아니라 모든 범주의 젊은이들의 행동을 연구해야 할 필요가 있다고 주장한다. "사실 젊은이들은 대부분 문학에서 묘사되는 엘리트 형태로 하위문화에 들어가는 것이 아니라, 특별한 하위문화 스타일의 요소를 끌어들여서 자신의 의미와 그 의미에 대한 사용을 창출해 낸다"(Clarke, 1990: 92).

더 나아가 클라크는 버밍엄 출신의 기존 연구자들이 묘사하는 1960년대와 1970년대의 상황은 1980년대 초와 결정적인 차이가 있다고 시사한다. 따라서 펑크나 투톤 운동(two-tone)[12]과 같은 경향에서 스타일의 조합이 생기고, LP판과 싱글 앨범의 차이에 근거한 '티니밥과 젊은이들 사이의 차이'가 '뉴웨이브'에 의해 무너졌다는 주장이 있다. 이에 따라 클라크는 다음과 같이 포괄

---

12 펑크를 레게나 스카(ska, 1950년대 후반 자메이카에서 비롯된 음악)와 결합시키려한 펑크 음악의 한 운동.

　　헤브디지의 스와스티카 상징 독법에 대한 스탠리 코언의 비판

Stanley Cohen's critique of Hebdige's reading of the symbolism of the swastika

상징의 숲을 방법론 하나 없이 탐색하는 것이 위험하다는 실례를 제시하면서 이 항목을 끝내려 한다. 이것은 헤브디지 및 다른 펑크족 이론가들이 사용하는 예로서 스와스티카(swastika)라는 상징의 옷을 어떻게 입는가의 문제이다. 우리는 이 상징이 '한 차원'에서는 분노와 충격을 주도록 의도되지만 실제로는 메타언어로 사용된다는 점을 거듭해서 확신하고 있다. 즉, 이것을 착용하는 사람은 아이러니하게도 상징이 의도적으로 전달하려는 바로 그 의미로부터 스스로 거리를 두고자 한다. 스와스티카를 보이거나 "벨센(Belsen)*은 독가스야"라는 가사를 노래하는 것은 상징이 어떻게 본래 맥락에서 떨어져 나오는지, 공허한 효과를 위해 이용되는지, 그리고 조롱·거리 두기·아이러니·패러디·전도(inversion) 등을 통해 나타나는지를 드러내준다.

그런데 우리가 이것을 어떻게 알게 되는가? 우리는 정작 '요점'에 대해서, 즉 언제, 어떻게, 어디서, 누가, 어떤 맥락에서 스와스티카를 입는지에 대해서는 많은 것을 듣지 못한다. 우리는 토착적 설명과 사회학적 설명 간에 어떤 차이가 있는지 알지 못한다. 우리는 이런 특정한 행위자들이 거리 두기와 아이러니라는 복잡한 일을 어떻게 처리하는지에 대한 실마리를 찾을 수가 없다. 결국 이 특정한 종류의 해석과 다른 해석 사이에서 한쪽을 선택하는 데는 어떤 기준도 없다. 말하자면 재킷에 스와스티카를 붙이고 돌아다니는 대다수 아이들에게, 지배적 맥락은 단순히 순응, 맹목적 무지, 또는 반사적 반응으로 나온 인종주의이기도 하다.

그런 질문에 대해서 단순히 주네(G. Genet)나 브르통(Breton)**을 인용하는 것보다는 좀 더 대답 같은 대답이 필요하다. 헤브디즈는 이러한 해석들이 표준적인 사회학적 절차에 의해 시험되지 않았음을 (비슷한 등식으로) 인정하지만 그런다고 큰 도움이 되는 것은 아니다. 헤브디지는 "스와스티카가 사회적 구조 안에 있다는 것은 부인할 수 없으나, 내재성, 보이지 않는 가능성, 실존적 선택으로 존재한다. 사람들은 실존적 선택을 과학적으로 입증할 수 없고, 그저 그것을 보거나 보지 못하거나 할 뿐이다"라고 말했다.

그런데 스와스티카의 경우에, 나는 이 실존적 선택을 보지 못한다. 더욱이 헤브디지가 펑크족에 대한 이런 특별한 해석을 옹호할 때, 그는 어떤 실존적 도약에 기대는 게 아니라 그저 안일한 구식 실증주의에 호소한다. 그는 펑크족이 "극우파에 일반적으로 공감하지는 않"으며 "널리 퍼진 반파시스트 운동에 대한 지지"를 보여준다고 말한다.

이런 진술은 내재된 것이 아니라 눈에 보이는 징표를 구성한다. 비록 그것이 노동계급 청년들 사이에서 인종주의나 이민 제한 정책에 대한 지지가 광범위하게 발견된다는 사실을 뒤집을 만큼 대단한 증거도 아니고 잘하는 일도 아니지만 말이다.

나는 한 독법을 다른 독법에 반대되게 판단하거나 이런 해독 작업이 지닌 상당한 가치와 흥미를 폄하하고 싶지도 않다. 우리는 어떤 것이 가공이고 현실인지, 부재이고 현존인지, 희화화이고 재주장인지 말해 주는 정교한 미학에 대해서 더 비판적일 필요가 있다. 그런 미학의 언어는 의미가 없었을 것에 의미를 부여하는 데 정말 도움이 될 것이다. 그러나 우리가 스킨헤드족이 파키스탄 이민자를 공격하는 것에 대해 다음처럼 말하도록 유도될 때는 그다지 큰 도움이 되지 않는 것처럼 보인다. "(나치풍의) 장화를 신을 때마다 모순이 감추어지고, 얼버무려지거나 사라지게 된다." 내게는 마치 ― 모순의 언어를 빌린다면 ― 더 많은 어떤 것과 더 적은 어떤 것이 동시에 진행되는 것처럼 보인다. 이제야말로 상징의 숲을 떠나, "……감사하는 마음으로 전율하며 사회의 빛 속으로 돌아갈 때다".

(Cohen, 1987: xvii~xviii).

- 나치 강제수용소가 있던 마을.
- •• 프랑스의 현대 철학자.

적인 결론을 내린다. "문화와 사회적 관계에서 연속성과 단절을 찾아내고 이런 행위가 청년들 자신에게 갖는 의미를 발견하기 위해서는 모든 청년의 행위를 분석할 필요가 있다"(Clark, 1990: 95).

이를 시도한 최근 저작 몇 가지가 다음 절에서 분석된다.

8. 하위문화의 양상들

윌리스 등(Willis et al., 1990)은 우리는 인간이기 때문에 상징적으로 창조적이라며, "우리는 상징적 창조성이 인간 조건의 필수적인('일상적인') 부분이지 안개 속에 솟아나는 생명 없는(대중적이거나 혹은 먼) 봉우리가 아니다"라고 주장한다. 상징적으로 창조적인 것은 **상징적 종류**의 일을 포함하는데, 그것은

> 의미를 산출하기 위해 인간 능력을 상징적 자원과 원재료(표식과 상징을 모은 것으로, 예를 들면 책, 노래, 영화, 영상, 그리고 모든 종류의 인공물뿐만 아니라 우리가 물려받은 언어까지 포함하는 것)에게로, 이들을 통해서, 그리고 이들 위에, 또한 이들과 함께 적용하는 것이다(Willis et al., 1990: 10).

상징적 일의 기본적 요소는 언어와 행위를 하는 육신을 포함하며, 상징적 창조성은 "감정, 에너지, 흥분, 정신적 움직임에 내재적으로 결부되어 있는 새로운 …… 의미의 생산"을 포함한다(Willis et al., 1990: 11). 각기 다른 수많은 생산물이 상징적 일과 상징적 창조성을 통해 생산된다. 여기에는 우리 자신의 개인적 정체성과 더 넓은 사회적 맥락 속에서 정체성이 점한 위치가 포함되며, 어떤 면에서는 우리가 사물을 바꿀 능력을 갖고 있다는 생각도 포함된다. 따라서 일반적 의미에서 윌리스 등은 이렇게 주장한다.

> 66 어떤 면에서 1950년대와 1960년대의 볼 만한 하위문화들은 현대적 상황의 전
> 반적 추이를 일부 예시했다. 그들은 스스로를 아주 일찍 정의했고, 일과 일의 책
> 임감 밖에서, 또는 그에 대항하여 가시적인 정체성과 스타일을 추구하면서 그
> 들의 바로 그 볼거리(spectacle)를 얻었다. 이제 볼 만한 하위문화라는 생각은
> 엄밀히 말하면 불가능하다. 왜냐하면 스타일과 취향과 관련된 문화들이 일의
> 영역 밖에서 정체성을 찾고 만드는 전반적 경향을 보이기 때문이다(Willis et al.,
> 1990: 16).

그러나 사실 어떤 하위문화는 다른 것들보다 어느 정도 볼 만한 구경거리가
되기는 하는 것 같다.

월리스의 책은 서로 다른 수많은 차원, 즉 텔레비전·VCR·컴퓨터의 사용,
영화·광고·잡지와의 관계, 그리고 패션·선술집 문화·거리 문화·스포츠·로
맨스에 걸쳐 나타나는 젊은이들의 상징적 창조성을 천착한다. 그의 책에서
우리가 주목할 가장 중요한 점은 하위문화에 속한 젊은이들과 그렇지 않은
젊은이들 사이의 장벽을 허무는 시도이다. 종종 생각되는 것보다 더 사람들
이 전반적으로 창조적이라는 생각은 새로운 형식의 소비자 표현, 디지털 미
디와 소셜 미디어, 그리고 매시-업(mash-up)[13] 같은 현상과 연계되어 있다.

따라서 하위문화 개념에 대한 이론화와 경험적 사용에서 떠오르는 많은
문제점들을 다루면서, 윌리스 같은 연구자들은 하위문화라는 개념은 더 이상
사용되어서는 안 되고 젊은 사람들의 문화에 대한 검증에서 하위문화가 채우
고 있는 '공간'이 또 다른 개념에 의해 대체되어야 한다고 주장해 오고 있다
(Hesmondhalgh, 2005 참조). 이런 연구자들이 제시하는 이유는 그 강조점이 각
기 다르지만, 요점은 다음과 같다. 즉, (1) 사회적·문화적 삶이 파편화되었기

---

13 다양한 온라인 소스로부터의 데이터와 기능을 통합하는 웹 서비스나 앱을 가리킴.

때문에 뚜렷이 분리할 수 있는 하위문화 형태들을 발견하는 것은 이제 가능하지 않고, (2) 청년 문화 속에서 구현되고 청년 문화에 의해 전개되는 놀라운 과정들이 좀 더 일반화되면서 뚜렷이 소그룹화된 하위문화 형태를 찾아내고 확인하는 것이 더 이상 가능하지 않게 되었다.

이 두 가지 양상은 모두 데미안 체이니(Damien Chaney)에 의해서도 논의되는데, 그는 "하위문화라는 개념은 그 자체가 중복적이다. 왜냐하면 하위문화라는 개념이 이름 붙여지는 과정이 점점 더 일반적이 되어가고, 따라서 다양한 유형의 상징화와 연계는 일상의 삶에서 점점 더 흔해진다"라고 시사한다(Chaney, 2004: 37). 이런 관점에서 중요하고 영향력 있는 사고의 방향이 앤디 베네트(Andy Bennet)의 연구(예를 들면 1999)에서 발견될 수 있는데 그의 주장에 의하면 하위문화의 개념은

> 상당히 문제적인데, 그건 하위문화가 사회화의 형태들에 확고한 분할을 부과한다는 점에서 그렇다. 그런데 이 형태들은 응집과 응결의 요소를 품고 있는 하위문화의 개념이 허용하는 것보다 좀 더 일시적이며, 많은 경우에 있어 더 자의적이다(Bennet, 1999: 603).

이런 종류의 주장은 종종 분리될 수 있는 하위문화 집단들에서 파편화, 유동성, 차별성이 점점 더 결여되는 특징을 보인다고 강조한다. 이 주장은 가끔은 또 다른 유형의 주장에 의해 보완되는데 여기에서는 하위문화에 대한 버밍엄식 접근의 핵심적 문제가 헤브디지의 영향 아래에서 하위문화의 의미를 텍스트로서 탈암호화하는 데 점점 더 관심을 갖고 그 하위문화들을 형성하는 목소리와 관점들에는 점점 덜 관심을 갖게 되었다고 본다(예를 들어 Widdicombe and Wooffitt, 1995; Muggleton, 2000). 이런 전반적 관심은 하위문화의 주장을 잠재적으로 밀어낼 수 있다고 시사되는 다양한 주장과 개념으로 나아간다.

이 논쟁에서 세 가지의 대략적 입장을 확인할 수 있다.

1 하위문화의 개념이 중복적이며, 따라서 대체되어야 한다고 주장하는
   입장
2 하위문화 개념의 몇 가지 핵심적 측면은 보유하기 원하지만, 하위문화
   가 어떤 점에서는 '포스트모던화' 되거나 포스트 하위문화가 되는 방식
   을 고려하기를 원하는 입장
3 '하위문화'라는 용어가 전개될 수 있지만 CCCS와 관련되는 필자들이
   검증한 하위문화의 핵심적 특징들을 보유하고 있는 그룹들과 관련해
   서만 전개될 수 있다고 제시하는 입장 등이다.

즉, 이런 입장들은 종종 서로 겹치기도 하지만 이 장의 아래 부분에서 논의되
는 연구들이 이 입장들을 어떻게 보여주는지는 알 수 있다.

하위문화의 개념이 대체될 필요가 있냐는 생각은 이와 관련되는 몇몇 개
념의 형성과 전개로 이어졌다(Hodkinson, 2002: 19~24; Bennett and Kahn-Harris,
2004: 11~14; Haenfler, 2014 참조). 여기에서 시사되고 전개되는 핵심적 개념들은
족속(tribe)과 신족속(neo-tribe), 생활 방식(Miles, 2000) 및 장면(scene) 등이다. 족
속이라는 개념은 대부분 프랑스 사회학자인 미셸 마프솔리(Michel Maffesoli)의
연구(Maffesoli, 1996)로부터 비롯되었다. 이 연구는 점점 더 소비자 중심이 되
가는 사회에서 그룹 나누기가 소비자 중심 관행들에 의해 서로 관련을 맺는
다고 강조한다. 따라서 그룹들은 좀 더 유동적인 형태로 존재하는데 그룹들
의 성향이 소비자 선택과 소비자 변화에 따라 바뀐다는 점에서 그렇다. 이 개
념은 생활 방식의 개념과 연관되는데, 생활 방식은 일련의 소비자 선택이 일
관성 있는 어떤 삶의 형태로 정제화 되는 방식, 그리고 어떤 사회적 기초[비
록 이것이 어떤 특정한 우편번호를 공유하는 사람들에게만 해당된다 하더라도)에 연계

될 수 있는 방식을 설명하기 때문에 일상의 삶에서 대중화되었다. 폴 호드킨 슨(Paul Hodkinson)이 지적하듯 또 다른 관련되는 용어 **공동구매 방식**(*Bundle*)은 헤더링턴(K. Hetherington)에 의해 이 논쟁에 도입되었는데, 이 용어는 그룹들이 좀 더 많은 응집성과 실체를 가질 수 있다고 시사한다는 점에서 지금껏 언급한 많은 중요 논점과 궤를 같이 한다(Hodkinson, 2002; Hetherington, 1992). 여러 가지 면에서 이런 개념들은 소비자 중심주의, 성향의 유동성, 사회의 다양화, 사회가 여러 가지 구석 안으로 파편화되어 들어가는 현상 등의 사회적 변화의 중요성을 인지하고 있는데, 이런 구석들은 종종 포스트모던한 사고라는 제목으로 묶이지만 이 전체적인 서술에는 의존하지 않는 독특한 사고를 이룬다. 이와 약간 다른 접근법이 (처음에는) 어떤 특정한 장소에서의 음악의 생산과 소비를 검증하기 위해, 일상 담화에서 사용되는 '장면'이라는 개념을 택하여 이용하고 있다(예를 들어 Bennet and Peterson, 2004; Bennet, 2013).

현대에 하위문화를 보는 두 번째 광범위한 경향은 첫 번째 입장처럼 몇몇 핵심 양상을 취하지만 하위문화 유산의 더 많은 부분을 유지하려고 한다. 따라서 포스트 하위문화적 혹은 포스트모던적 하위문화 입장을 주장함에 있어 데이비드 머글턴(David Muggleton)은 '하위문화주의자들이 얼마나 많은 "포스트모던적" 특징 – 이 중 몇몇은 어떤 반문화적 감수성과 유사성을 갖는다 – 을 보여주는지 그 기대되는 정도'를 검증하고 있다(Muggleton, 2000: 52). 머글턴이 확인한 '이념적-유형적 특징들'의 광범위한 집합은 그가 검증한 (포스트) 하위문화주의자들이 그가 이 같은 포스트모던한 방식으로 서술한 특징들을 어느 정도까지 보여주느냐에 관해 논의되고 있다. 그러면서 그는 자신이 예상했던 것보다, 그리고 위에서 논의된 첫 번째 사고의 가닥에 의해 표현됨직한 것보다 하위문화에 대한 더 많은 사고의 방식들을 실제로 유지하고 있다.

세 번째 입장도 계속해서 하위문화의 관념을 사용하는데, 그 관념을 앞서 버밍엄 문학에서 논의된 하위문화들에 근접하지만 응집된 형태를 (상대적으로) 보여주는 그런 특정한 하위문화에 국한시킨다. 고스(the Goth)[14] 하위문화에 대한 호드킨슨(2002)의 검증은 이 좋은 예가 된다.

따라서 여기에서 개진된 여러 다른 입장들이 있고, 머글턴과 웨인지얼(R. Weinzierl)이 "이러한 혼란은 만약 상이한 개념들이 추상적이고 각기 다른 사회적 실체의 양상들을 추출하는 데 사용될 수 있음을 우리가 인지하게 되면 …… 경감될 수 있다"고 지적하듯이, 다양한 방식으로 하위문화에 대한 논쟁을 개진시켜 온 각기 다른 연구의 발견물을 검토하는 것이 중요하다(Muggleton and Weinzierl, 2003: 6).

좀 더 최근의 하위문화 핵심 연구들

여러 가지 면에서 하위문화 연구는 춤과 레이브 문화(손턴의 연구에서 보듯)의 발달과 연구에 의해 새 활력을 받았다. 예를 들면 휴고 릿펠트(Hugo Rietveld)는 1980년대 후반 영국 북부의 레이브 문화에서 나타나는 수많은 양상을 검토한다. 이런 문화 형태에 대한 설명은 CCCS 저자들의 방식과 다르지 않다(Rietveld, 1993). 예를 들면 릿펠트는 레이브 문화와 관련해 다음과 같이 주장한다.

> 경제적 궁핍뿐만 아니라 강렬한 춤과 엑스터시(Ecstasy) 마약 사용이 이 스타일을 결정했다. 이것들 때문에 땀에 젖게 되므로, 헐렁한 면직 옷을 입는 것이 가장 편하다. 금방 '지워져' 없어진다는 단순한 이유 때문에 이런 상황에서 화장은 쓸모가 없다. 레이브 파티의 흥분이 불러오는 황홀경과 과도한 육체적 운동, 마약

---

14 1970년대 후반 영국에서 반전·자유를 외치며 기성세대에게 저항하던 젊은이들을 지칭하는 말.

때문에 사람들은 균형 감각을 잃는다. 따라서 레이브를 즐기는 사람의 관점에서는 하이힐을 신는 것은 확실히 '질서 문란'이다(Rietveld, 1993: 53).

이것은 헤브디지와 윌리스가 주장한 상동 관계와 상당히 가깝다. 그러나 레이브에 관한 최근의 연구는 버밍엄식 접근법에 대해 더 비판적이다. 우리는 이미 도덕적 공황과 언론이 청년 하위문화를 만들어내는 데 기여한다는 손턴(Thornton, 1994, 1995)의 연구를 살펴본 적이 있다. 그러나 손턴도 또한 자기 자신의 분석에 대한 직접적 비판과 연구 작업을 통해 보다 최근의 청년 문화에 대한 분석에 중요한 기여를 했다. 손턴은 자신이 '클럽 문화'라고 부르는 것이 '취미 문화'(taste culture)라고 주장한다(Thornton, 1995: 3).

손턴은 버밍엄 센터가 대변하는 접근법에 대한 정의는 사회학적 견지에서 보면 경험적으로 이행 불가능하다고 주장한다(Thornton, 1995). 이 주장은 청년에 대해 더 많은 경험적 연구를 다른 관점에서 해야 할 필요를 제시하기 때문에 중요하다. 위에서 개략했듯이 버밍엄식 접근법은 발달 단계에서 참여자 본인들의 견해에 대한 심층적 조사보다는 텍스트로서의 하위문화 독법에 더 관심이 많았다. 그러나 이러한 참여자의 견해들은 그 자체가 종종 손턴의 연구에서 상대적으로 무시되고, 좀 더 최근의 연구(예를 들면 Muggleton, 2000; Hodkinson, 2002)에서야 자세히 천착되었다는 점이 중요하다.

두 번째로, 손턴은 하위문화 내에서의 분할의 중요성을 지적하지만 하위문화와 지배문화 사이의 관계나 청년 문화와 '부모' 문화에 관해서는 집중하고 있지 않다. 이 말은 손턴이 문화적 위계질서나 대립이 특정 하위문화 그룹 안에서 작동하는 방식에 관심이 있었다는 뜻이다. 이런 구분은 복잡하지만 진짜 대 가짜, 힙(hip) 대 주류, 지하 매체 대 대중매체와 같은 문제들을 중심으로 논의된다.

세 번째로, 손턴은 클럽 문화가 자신이 (부르디외의 예를 따라) 명명한 '하위

피에르 부르디외
Pierre Bourdieu (1930~2002)

부르디외는 영국과 영어권 국가에서 처음에는 교육 체계에 대한 연구로 가장 잘 알려졌지만, 그의 책 『구별 짓기(*Distinction*)』(1984, 프랑스어로 1979년 출간)는 계급 불평등과 지배에 관심을 갖는 사회과학자들과, 문화연구를 포함한 수많은 학문 분야에서 문화를 점점 더 강조하는 추세를 연결하는 중요한 잠재적 교량이 되었다.

부르디외의 가장 중요한 독창성은 '문화 자본'이라는 개념을 만들어낸 것으로, 그는 이 용어를 경제 자본이라는 좀 더 친숙한 개념과 나란히 사용한다. 그는 한 계급이 스스로를 다른 계급과 구별 짓는 방식을 논하면서, 어떤 집단은 경제 자본은 높지만 문화 자본은 낮다고 지적한다. 예컨대 기업가들은 봉급을 많이 받고 회사의 지분을 소유하고 있지만 순수예술이나 고전문학을 감상하거나 이해하지 못할 수도 있다. 반면에 문화 자본은 높지만 상대적으로 경제 자본은 낮은, 예를 들면 대학 강사 같은 집단도 있다. 문화 자본은 경제 자본처럼 권력을 추구할 때 동원되는 자원이다. 일반적으로 문화 자본이 경제 자본보다 부차적이라고 볼 수는 없다. 각자 서로 다른 맥락에서 중요하기 때문이다. 『구별 짓기』는 프랑스 중산층의 여러 부문 사이의 복잡한 관계를 기록하기 위해 실제 조사 자료를 이용한다. 이 저작은 많은 나라에서 경험적 연구를 더 발전시켰을 뿐만 아니라 문화 자본의 개념 자체도 이론적으로 더 세련되게끔 만들었다. 부르디외의 영향으로 소비의 문화적 중요성에 대한 관심이 증가했다. 부르디외의 연구가 갖는 분명한 함의는 다양한 집단 사이의 차이는 자본의 차이에 근거할 수 있다는 것이다. 예를 들어 손턴은 하위문화 집단은 자신을 차별화하는 차이를 만들기 위해 '히피다움'이라는 하위문화 자본을 동원한다

(Thornton, 1995). 하위문화 집단에게는 히피 춤 음반을 소유하거나 그에 대해 알고 있고 적절한 옷을 입는 것이 중요하다.

독창적인 여러 개념을 만들었지만 부르디외는 특히 각기 다른 사회집단이 세계를 분류하고 조망하는 방식을 지칭하는 '아비투스(habitus)'라는 개념을 발전시켰다. 부르디외는 특정한 계급 위치가 특정한 이데올로기를 견지한다고 주장하기보다 세계를 분류하는 집단의 시각이나 성향이 몸에 배는 방식을 지적한다. 집단은 특정한 문화적 공간에 거주한다. 그리고 이런 분류에 대한 강조는 특히 그것이 사회인류학에서의 그런 생각(그 자체가 다양한 문화연구에 중요하다)의 중심적 위치를 반영하고 그에 연결되기 때문에 특히 영향력을 갖게 된다.

부르디외가 조사 자료에만 의존하고 사회 계급과 집단을 가로질러 공유되는 측면을 무시한 점은 비판받을 수 있지만, 경험적 연구가 더 수행되면 그의 개념과 접근은 미래에도 계속 영향력을 발휘할 것이다.

--------------------------------------- ▪ ▪ ▪ 더 읽을거리

Jenkins, R. (1994). *Pierre Bourdieu*. London: Routledge.

Bourdieu, P. (1990). *In Other Words: Essays Towards a Reflexive Sociology*. Cambridge: Polity.

Grenfell, M. J. (2012). *Pierre Bourdieu: Key Concepts*. London: Routledge.

Savage, M. (2015). *Social Class in the 21st Century*. London: Pelican.

문화 자본'의 소유와 전개를 중심으로 돌고 있으며 '힙'이라는 관념을 통해 나타난다고 보여준다. 즉, 이 '하위문화 자본'은 하위문화 내에서 높게 평가되는, 그러나 하위문화를 벗어나서는 가치가 없는 발전과 지식을 문화적으로 인식하고 그 선두에 서는 것이다. 미디어의 각기 다른 형태들이 하위문화 자본의 순환에 결정적이다. 이런 형태들은 특정한 행사의 전단지일 수도 있고,

특별히 하위문화에 빠져 있는 사람들에 의해 만들어진 팬 잡지(fanzines)일 수도 있다. 이런 식으로 손턴은 미디어가 하위문화에 결정적이라는 생각을 발전시켰다. 따라서 다양한 형태의 미디어가 점점 더 중요해지는 세상에서(Abercrombie and Longhurst, 1998), 여전히 하위문화의 여러 형태가 있지만 소셜미디어와 같은 매체를 통해서 점점 더 미디어화 되었다.

손턴은 춤 문화 속에서의 관계들을 검증하며 춤 문화의 미디어 중심적 성격뿐 아니라 그 내부적 분할 또한 지적했다. 이러한 발전의 각기 다른 양상들이 앞으로 언급될 연구에서 채택되었다.

포스트모더니즘과 청년 문화에 관한 몇 가지 주제를 연구한 사람으로 스티브 레드헤드(Steve Redhead Redhead)를 들 수 있는데, 그는 특히 음악과 하위문화 사이의 관계를 검증하는 데 강조점을 두었다(Redhead, 1990, 1993, 1995, 1997; Redhead et al., 1997). 레드헤드는 윌리스가 사용한 상동 관계의 개념, 즉 청년 하위문화의 다양한 요소가 서로 꼭 맞아 떨어진다는 생각을 비판한다(Willis, 1978). 그는 또 음악을 하위문화 공동체의 직설적 표현으로 보는 것은 문제가 있다고 주장한다. 어떤 음악이 어떤 공동체의 표현인지 특정화하기 어려운 경우가 많다는 것이다. 더 나아가 음악이 비롯되었다고 종종 여겨지며 동시에 그 음악을 이용하는 하위문화와 공동체는 그저 단순히 존재하는 것이 아니며, 언어와 의사소통 안에서 검증해야 한다고 주장한다. 하위문화와 그 공동체는 중요한 의미에서 그들에 관한 저작 속에서, 즉 언술적으로 구축된다.

레드헤드는 버밍엄 연구자들이 확인한 방식으로 음악과 하위문화의 사용 사이에 분명한 합치가 있는지에 대해, 또는 1970년대 후반 펑크록 이후에 음악이 하위문화를 표현하는 데에 변화가 있었는지 고찰한다. 어떤 설명에 따르면 팝 음악에서 **포스트모더니즘**은 1980년대에 걸쳐 발전했으나 초기 저자들이 확인했던 것처럼 포스트모더니즘적 요소는 사라지게 되었다고 한다.

그러나 레드헤드는 팝 음악에는 여러 면에서 항상 포스트모더니즘적 요소가 있었다고 주장한다. 예를 들면 그는 팝 음악이 각기 다른 여러 지점에서 고급문화와 대중문화 사이의 장벽을 허물었다고 주장한다. 팝 음악은 전통적인 '대립', 즉 '록과 팝', '오리지널과 모조품', '진짜와 가짜', '고급과 저급' 사이의 대립을 통해 연구되어 왔다. 그러나 한편으로 레드헤드는 포스트모더니즘 이론과 공통적으로, 현대 팝 음악을 이해하는 가장 좋은 방법은 이런 전통적인 대립을 통해서가 아니고 지역적인 것과 전(全) 지구적인 것 사이의 차이와 관계를 통해 이를 고찰하는 것이라고 주장한다. 따라서 '월드 뮤직'은 복잡하고 다양한 수많은 방식으로 지역 음악의 생성에 영향을 끼치고 있다.

머글턴은 여기에서 더 나아가 하위문화 추종자들이 당시 포스트모던 문화라고 불린 형태의 발전에 의해 어느 정도까지 영향 받았는지 평가하려고 시도했다(Muggleton, 2000). 그는 하위문화주의자들이 포스트모던화된 입장으로 완전히 옮겨가지는 않았음을 발견했다. 그는 이렇게 말한다.

> 내가 느끼기로, 우리는 포스트모던 감수성을 적절한 정도로 인정할 수 있다. 하위문화주의자들은 파편화되고, 이질적이고, 개인주의적인 스타일의 정체성을 보여준다는 점에서 포스트모던하다. 이것은 경계에 위치한 감수성이라고 할 수 있는데, 움직임과 유동성을 선호하면서 정체 상태를 확실하게 배척하고 스스로를 구조, 통제, 제제로부터의 자유라고 선언한다. 그렇다고 해서 더 과도하게 포스터모던한 주장이 여기에서 주장되고 있다는 증거는 없다. 새로운 이론의 주창자들이 독립적인 일련의 스타일들 전체를 일시에 내팽개친 것은 아니다. 또한 이들은 자신들의 권위 결핍과, 이미지들로 도배된 문화의 얄팍함을 동시에 찬미하는 비꼬인 패러디스트로 스스로를 간주하지도 않았다(Muggleton, 2000: 158).

머글턴은 자신이 연구한 하위문화주의자들이 부분적으로는 음악을 통해 자신들의 개성의 핵심적 양상들을 어떻게 보유(혹은 증진)하려고 하는지, 그리고 한편으로는 이름만 대면 알 만한 그룹에 속하려고 어떻게 노력하는지에 주목했다.

또 다른 세부적 연구에서 호드킨슨은 고스 하위문화를 검증했다(Hodkinson, 2002). 이 광범위한 논의에서 그는 하위문화의 개념이 고스족에게서 결합되어 있는 특징처럼 상대적으로 응집력이 있는 그룹에 적용되었을 때에 지속적인 가치를 갖는다고 주장한다. 따라서 예를 들어 하위문화 안에서 옷 입는 양식에서처럼(그가 분명히 보여주듯이) 그 안에 내부의 상당한 변형이 있기는 하지만 또한 공통적 측면들과 패턴이 존재한다. 호드킨슨은 하위문화의 개념을 새롭게 해석하면서 이 개념이 '어떤 절충적인 문화 그룹화가 취하는 상대적으로 실체가 있고 뚜렷한 경계가 있는 형태들을 포착'하도록 어떻게 유지되는지 보였다(Hodkinson, 2002: 9). 그는 '정체성, 성향, 일관된 차등성 및 자율성'과 같은 기준들을 고려했고 '이들 각각이, "다른 기준들과 누적적으로 취해질 때 하위문화라는 용어의 적절성을 증가시키는 특징으로 간주되어야 한다"고 주장했다(Hodkinson, 2002: 29). 음악이 이런 하위문화의 일부분이며 호드킨슨은 음악의 중요성을 여러 곳에서 논의한다. 음악은 하위문화 묶음에서 하나의 중요한 양상으로 남아 있다.

앤디 베네트의 연구는 다양한 그룹화를 자세히 고찰하는 세 번째 연구 경향을 대표한다(Bennet, 2000). 위에서 고찰한 버밍엄식 하위문화 접근법에 대한 일종의 비판을 개진한 뒤에 베네트는 청년 그룹의 지역적 경험을 대중음악과 함께 검토하는 것이 중요하다고 주장한다. 지역은 문화의 각기 다른 형태의 문화가 모이고, 저변의 창의성을 포함하는 새로운 총합이 만들어지는 공간이다. 그러나 이 말이 문화, 혹은 하위문화가 지역적으로 경계 지어진다는 것을 의미하지는 않고, 반대로 다른 장소들과 초지역적 과정들과 이어지는 지역들 안에서 살아 존재한다는 뜻이며(이 또한 Hodkinson, 2002에 의해 자세히 논의된다), 이런 과정은 소셜 미디어와 디지털 미디어가 점점 더 사용 가능해짐에 따라 용이해진다.

베네트는 자신의 책에서 네 가지의 사례연구를 포함시키는데 이들은 특정한 맥락 속에서 각기 다른 영향들을 다루는 것이 중요한 일임을 보여준다. 춤음악, 반그라(Bhangra),[15] 영국 북동부의 뉴캐슬과 독일의 프랑크푸르트에서의 힙합, 그리고 이번에도 뉴캐슬에서 공연되는 핑크 플로이드(Pink Floyd) 헌정 밴드인 벤웰 플로이드(Benwell Floyd)의 공연 음악 등이 이 네 가지이다. 베네트가 내리는 결론은 다음과 같은 그의 주장에서 더욱 중요하다.

> 음악과 스타일 같은 대중문화의 양상들은 전 지구적 문화 형태로 이해된다는 것 외에도 특정화된 '일상의' 의미들을 취하는데, 이 의미들은 이들을 전유하면서 사회적 행위로 나타나게 하는 각기 다른 지역적 맥락에 상응한다(Bennet, 2000: 197).

이것은 두 가지 면에서 중요하다. 먼저, 전 지구적 생산물에 대한 지역 소비의 중요성을 시사하기 때문이고, 두 번째로는 각기 다른 형태의 대중문화를 연결하기 때문이다. 따라서 하위문화는 어떤 측면(특히 머글턴과 호드킨슨의 분석에서와 같이)에서는 유용한 개념으로 남아 있지만, 또한 더 넓은 생산과 소비 과정 및 이 생산과 소비가 살아남는 방식에 주목하게끔 한다.

로버트 G. 홀랜즈(Robert G. Hollands)는 '외출하기', 특히 금요일이나 토요일 밤에 대도시의 중심(그의 분석에서는 영국 북동부의 뉴캐슬-어폰-타인)으로의 외출이 16세에서 30세 사이 청년 문화의 중심 양상이 되었다는 의미에서 청년 문화에 변화가 있었다고 시사한다. 젊은 사람들이 취직하고 결혼하고 가정을

---

15 인도 펀자브 지방의 전통 민속 춤.

이룰 가능성이 적어지자 이런 경제적 변화에 대한 반응으로서, 어른이 되는 '통과의례'라는 의미의 외출하기는 적어지고 사라졌다. 그러나 일상적인 외출은 더욱 중요해졌다. 이런 외출에서 친구 만들기는 (더 많은 중산층 젊은이들의 뒤섞인 집단에서 종종) 중요한 부분이다. 홀랜즈의 표현을 빌리면, 외출은 '영원한 형제화의 의례'다(Hollands, 1995: 41).

이 절에서 검토된 더 최근의 청년 문화연구는 버밍엄식 접근을 넘어서는 연구 방식을 보여줬다. 그럼에도 크게 볼거리가 될 만한 내용은 별로 없다는 지적이 있을 수도 있다. 게다가 하위문화와 주류 사이를 더욱 단순하게 대립시키는 경향과도 단절하고 있는데, 이 단절은 권력에 대한 **마르크스주의** 이론의 영향력과, 헤게모니에 대한 저항을 감소시키는 방식으로 이루어진다. 더 나아가 하위문화에 대한 경험적 조사에 대한 관심이 증가하고 내적인 의미에 대한 '암호 풀기'에는 관심이 덜해진다. 마지막으로 청년 문화에 대한 검토에서 나아가 좀 더 광범위하게 사람들의 문화적 삶을 살펴보게 되었다.

보다 발전된 형태의 또 다른 연구는 하위문화 성향의 성격을 시간에 걸쳐 고찰하는 것이다. 예를 들어 앤디 베네트는 사람들이 젊었을 때(종종 각기 다른 정도로 하위문화에 참여했기 때문에 젊다고 할 수 있는) 형성되는 음악적 동일시가, 뒤에 남겨지거나 향수병(nostalgia)에 의해 변형되지 않고 어떻게 정체성들의 일부로 계속되는지를 고찰해 오고 있다(Bennet, 2013). 아마도 스타일의 더 극단적인 외적 표명은 누그러졌을지 모른다. 아니면 사람들은 젊었을 때 할 수 있었던 식으로는 더 이상 춤출 수 없게 되어서인지도 모른다. 그러나 사람들은 여전히 행사에 참여하고 있고, 젊었을 때 계발된 가치들에 집착하고, 젊었을 때 자신들이 좋아했던 음악을 틀고 자기 자식들과 다양한 방식으로 어울리기도 한다. 하위문화 그룹과 연계된 행사들은 좀 더 가족 중심적이 되고〔예를 들면 위트비 고스(Whitby Goth) 축제에 대해 논한 Hodkinson(2013)〕, 공연과 축제의 수가 점점 많아지며 다양한 연령층 그룹의 이목을 집중시킨다.

하위문화의 좀 더 나이 든 구성원들은 때때로 더 젊은 구성원들에게 충고를 해주는 등등 여러 가지 일을 할 것이다. 이러한 과정의 많은 상이한 양상들이 베네트와 호드킨슨(Bennet and Hodkinson, 2013)이 수합한 논문들에서 천착된다. 베네트(Bennet, 2013)가 주장하듯이 이러한 삶의 발달과정은 해링턴(C. Lee Harrington)과 비엘비(Denise D. Bielby) 같은 연구자들이 팬덤(fandom)과 관련하여 또한 심층적으로 고찰하고 있기는 하지만, 미디어 소비와 관련하여서는 (Gauntlett and Hill, 1999 같은 훌륭한 예외가 있기는 하지만) 비교적 탐구가 안 되어 왔던 분야이다(Harrington and Bielby, 2010).

해링턴과 비엘비는 팬 연구를 위해 네 가지의 '연령에 기초한 논점들'을 고찰하는데, '삶의 이정표들', 시간의 경과에 따른 자아의 변화, 팬덤에서 '나이 규범'의 성격, 그리고 시간의 경과에 따른 '팬 대상'에서의 변화가 그것이다(Harrington and Bielby, 2010). 전반적으로 보아, 이들 연구자는 시간의 경과에 따른 연속성과 변화의 중요성을 강조하고, 많은 연구가 지금까지 해왔던 것보다 좀 더 진지하게 이런 논점들을 논하는 접근법의 가치를 강조한다.

지금까지 이 장에서 다루었던 하위문화 연구로부터 진일보하는 입장은 하위문화 연구에 대한 다소 상이한 접근을 다시 한 번 고려하는 것이다. 이 접근법은 가령 **헤게모니, 이데올로기, 저항** 등 영향력 있는 CCCS 접근법의 틀을 이루는 많은 중심적 개념, 즉 캐러바인(E. Carrabine)과 롱허스트가 청년 하위문화에 대한 융합/저항식 접근이라고 정의한 바 있는 개념들과의 단절이다(Carrabine and Longhurst, 1999).

9. 하위문화 다시 생각하기 상호작용과 네트워크

미국 학자들인 개리 파인(Gary Fine)과 셰릴 클라인만(Sherryl Kleinman)은 하위문화의 개념을 상호작용을 강조하는 사회학적 접근에서 도출된 준거틀 안에서 재고해야 한다고 설득력 있게 주장한다(Fine and Kleinman, 1979). 대체로 이들의 접근법은 계급 같은 사회의 구조적 측면을 강조한 CCCS식 연구에 비판적이었다. 이 연구자들은 하위문화의 개념이 혼동되고 불분명한 양식으로 사용되어 왔다고 주장한다. 이들은 이런 연구에서의 네 가지 개념상의 문제점을 확인했는데, 그것은 먼저, 하위문화와 하위사회이고, 둘째는 지시 대상이고, 셋째는 동질적이고 정적인 체계로서의 하위문화이며, 마지막으로 하위문화 연구에서의 가치 지향이다.

첫 번째 점과 관련하여 하위문화는 '사람들의 집합체'라고 구조적으로 정의되기 때문에 종종 부분적인 사회, 즉 **하위사회**(subsociety)로 다뤄지곤 한다. 그러나 각기 다른 집단 간의 이동을 허용하고 수많은 다른 믿음 체계를 가지는 현대사회에서 하위사회와 하위문화를 같은 것으로 보기는 어렵다. 파인과 클라인만은 "13세에서 21세에 속하는 모든 구성원은 '구조적' 개념화에 따라 청년 하위문화의 일부로 간주될 수 있다. 그러나 그 연령 집단 속의 많은 사람이 공통적인 문화적 가치와 행동을 공유하지 않는다는 것은 분명하다"고 지적한다(Fine and Kleinman, 1979: 3). 이런 기초 위에서 파인과 클라인만은 하위사회와 하위문화를 구별하는 것이 중요하다고 주장한다.

두 번째 문제와 관련하여 그들은 하위문화의 개념이 종종 '지시 대상', 즉 "문화적 지식을 공유하는 뚜렷하게 정의되는 인구" 없이 사용된다고 주장한다(Fine and Kleinman, 1979: 4). 그래서 다음과 같은 문제가 발생한다.

> 비록 연구자들이 집단이 '가지고 있는' 하위문화(가령 일탈 하위문화)를 구별하지만 그들은 갱단의 문화가 겹쳐지는 범위, 분석된 특정한 갱이 그 지역의 모든 갱을 얼마나 대표하는지, 그리고 연구 대상인 갱단의 문화 사이에서의 상호 관련성의 정도를 알 길이 없다(Fine and Kleinman, 1979: 4).

세 번째 점은 우리에게 더 친숙한데 그건 파인과 클라인만이 하위문화에 관한 기존의 연구들이 하위문화가 마치 상동적(다소간 집단의 모든 구성원들이 동질적이고 모두 똑같은 믿음과 관행을 공유하는 것처럼 보는)이고 변하지 않는 것처럼 취급해 왔다고 주장했기 때문이다. 그러나 사실 우리가 주목해야 할 것은 하위문화의 유동성이다. 마지막으로 그들은 하위문화가 선별적으로 논의되고 해석되면서 희화화되어 재현되는 데 그칠 때가 많다고 지적한다. 하위문화를 구성하는 문화들의 복잡한 상호작용을 희생시키고 중심적 주제에 집중하는 경향이 있다는 것이다.

파인과 클라인만은 하위문화 구조를 상호작용적인 틀로 인식하는 것이 다양한 하위문화, 문화적 변화, 문화적 요소의 확산에 관해 더 적합한 설명을 제공할 것이라고 주장한다(Fine and Kleinman, 1979: 8). 이들은 하위문화라는 말이 상호작용하는 집단을 언급하는 것으로 쓰여야 한다고 주장한다. 언뜻 보면 작은 하위문화들이 만들어지는 것으로 보이지만, 현대사회에서 문화적 양상이 확산되는 방식 때문에 하위문화가 하나의 집단의 틀을 넘어 존재한다는 것이다. 문화적 요소가 확산하면서 발생한 이런 네트워크는 대부분의 이전 연구에서는 다루지 않았던 주제다. 하위문화는 집단 문화에서 시작된다.

> 문화적 형태는 개인적 또는 집단적으로 상징을 만들어내면서 발생한다. 그리고 발생과 함께 다른 사람들에게 소통되며 개인 간의 상호작용에서 상대방에게 확산된다. 문화의 전파는 곧 상호작용의 결과다. 매스 미디어를 통해 더 많은 대중에게 정보가 확산되지 않는 한, 확산 자체가 한정될 수밖에 없다(Fine and Kleinmann, 1979: 9).

파인과 클라인만은 소통이 일어날 수 있는 네 가지 구조를 찾아낸다. 첫째, 개인은 다양한 집단의 구성원이 될 수 있다. 둘째, 집단의 일원은 아니지만, 아는 사람들과의 일상적인 대화 같은 '약한 연대'에 근거한 상호 연관성이 있을 수 있다. 셋째, 어떤 개인이나 집단은 서로 접할 수 있는 기회가 없는 집단을 연결하는, 소위 파인과 클라인만이 '구조적 역할'이라고 칭하는 일을 수행하기도 한다. 이는 마약상들의 경우에서 볼 수 있다. 넷째, 특정 영화나 텔레비전 프로그램이 더 확장된 차원의 문화에 영향을 미치는 것처럼 미디어를 통해 확산될 수 있다.

이런 접근 방식은 하위문화의 '감성적' 차원과 연관되기에 분석을 필요로 한다(Fine and Kleinman, 1979: 12). 문화를 선택하는 데 사람들이 관여한다고 볼 필요가 있으며, 또한 문화와 자신을 동일시하는 정도도 연구되어야 한다. 이런 점은 하위문화에 대한 오늘날의 연구가 인식해야 할 중요한 부분이다. 간접적이기는 하지만 하위문화나 텔레비전과 대중음악의 팬을 구분하는 작업에서 이런 방식이 나타나기도 하고(예를 들어, Lewis, 1992; Aizlewood, 1994; Roberts, 1994; Cavicchi, 1998 참조), 열광적인 팬이나 취미 생활자(hobbyists)에게서 보이기도 한다(예를 들어, Bishop and Hoggett, 1986; Moorhouse, 1991; Johnston and Baumann, 2015 참조). 오늘날의 문화적 삶은 실제 상호작용의 과정뿐 아니라 1995년 손턴이 클럽 문화에 대한 연구(Thornton, 1995)에서 주장했듯이, 네트워크의 구성에 미친 전통적인 미디어나 디지털 미디어, 그리고 소셜 미디어의 역할에 관심을 가져야 하고, 나아가 '감성'이나 즐거움의 중요성(Grossberg, 1992)에도 관심을 가져야 한다.

로히(D. Laughey)는 미디어의 전진적인 활용 문제를 검토하면서, 젊은이들이 다양한 음악 형태에 대해 대중적으로 즐기든 개인적으로 즐기든 얼마나 유동적인 형태로 몰두하는지 보여준다(Laughey, 2006). 이는 음악이 현대인의 삶에서 상호작용하는 방식으로 다가간다는 것을 보여준다. 로히는 영국 북서부 지역의 젊은이를 대상으로 한 구체적인 조사를 바탕으로 연구를 진행했다. 위에서 검토한 일련의 비판과 같은 맥락에서 로히 역시 젊은이 하위문화라는 개념으로 음악 활용 문제에 접근하는 것을 반대했다. 이와 더불어 그는 그러한 이론들이 어떤 식으로 세대 간의 영향이나 연계보다는 갈등과 절단을 강조하는지 보여준다(Bennet, 2013 참고). 그는 음악적 취향 자체가 일반적으로 폭넓은 다양한 취향 안에서도 미묘한 변화를 보인다고 주장했다.

> 66 상이한 시간 프레임에 맞는 음악적 취향과 연주를 둘러싼 두 가지 내러티브가 구체화되는데, 하나는 종종 가족과의 관계에서 집안에서의 음악 경험에 기반을 둔 기억을 통해 생겨나는 내러티브와, 둘째로 동료 그룹이라는 맥락에서 음악적 유행과 즉각적인 관계를 맺으면서 생겨나는 내러티브다(Laughey, 2005: 5; Ang, 1996).

　로히는 음악에 기반한 광범위한 관행이 보이는 개인 취향과 대중 공연 간의 복잡한 역학 관계를 연구했다. 이 연구에서 중요한 점은 음악이나 이와 관련한 문화 활동을 두고 젊은 사람들이 취하는 서로 다른 위치를 지적한다는 점이다. 그는 두 가지 특이한 차원에서 위치를 논했다. 첫째, 음악에 몰두하는 차원이 그저 그런지 아니면 집중적인지, 둘째로, 취향이나 연주가 포괄적인지 배타적인지의 차원이다. 이 두 차원을 엮을 때 우리는 네 가지 서로 다른 위치를 보게 된다. 포괄적이고 집중적인 드리프터들(drifters), 배타적이고 캐주얼한 소비자인 서퍼들(surfers), 포괄적이고 집중적인 익스체인저들(exchangers), 그리고 배타적이고 집중적인 클러버들(clubbers)이다. 드리프터들은 다음과 같다.

> 66 일상생활에서 규칙적으로 음악을 가까이 두고 지내지만, 음악을 소비하거나 제작하는 데에 대한 별다른 인식이 없다. 이 젊은이들은 일상에서 음악이 미약한 역할을 한다. 상당한 재정적 자본이 필요한 대중적 맥락에서 가끔씩 음악을 사고

듣지만, 라디오 등의 캐주얼한 미디어를 통해 음악을 대한다는 점에서 이들의 대중적인 취향과 주된 감수성을 알 수 있다(Laughey, 2006: 175).

드리프터들처럼 음악 활용이 캐주얼한 서퍼들은 대중적인 연주의 면에서는 배타적이다. "서퍼들에게 특정한 음악 텍스트 형태가 별로 중요하지 않다고 해도, 배타적인 음악적 맥락과 연관된 특정한 공연은 이들에게 매우 중요한 의미를 지닌다"(Laughey, 2006: 177). 익스체인지어들은 다음과 같다.

> " 직접 듣는 연주보다 중계된 연주를 중시하는 경향이 있다. 이들에게 음악 텍스트나 기술은 이들의 일상에서 배타적인 음악적 맥락보다 더 중요한 의미를 갖는다. 이들의 취향은 특정 음악 장르거나 양자택일하는 식이지만, 이들의 감수성은 포괄적인 주류 대중적 연주를 선호한다(Laughey, 2006: 177).

마지막으로, 클러버들은 다음과 같다.

> " 클러버들은 집중적인 미디어 활용과 배타적인 대중 연주에 관심을 둔다. 클러버가 된다는 말은 특정한 클럽에 다닌다기보다 특정한 음악 취향 그룹에 속한다는 것을 의미하지만, 클럽들이 대개 배타적인 음악 소비가 연주를 하는 공간으로 인식되기에 이 용어도 적합하다고 본다(Laughey, 2006: 178).

음악이나 다른 미디어와 의미심장한 관계인가 아니면 캐주얼한 관계인가, 그리고 대중적인가 사적인가 등으로 서로 다른 면에 집중할 수 있기에 이러한 유형적 분류는 중요한 의미를 갖는다. 로히의 연구는 버밍엄 연구센터가 개발한 각기 다른 이론적 가정에 근거해, 실제 경험적으로 접근하는 것이 젊은이들의 사회적·문화적 삶의 복잡성을 어떻게 제대로 밝혀내는지를 보여준다. 이런 접근 방식은 파인과 클라인만이 추천했듯이 상호작용을 중시하는 방식이며 지나치게 단순화된 설명에 반하는 방식으로 소비의 역학을 포착해 낸다. 로히의 연구는 이론에 근거하면서도 더욱 정교한 청소년 연구가 하위 문화 이론의 한계를 넘는 방식이 될 수 있다는 것을 보여준다. 팬과 관객에 관한 연구 역시 이런 식으로 발전하는 접근 방식의 예가 될 것이다.

10. 팬 전형적 이미지, 〈스타 트렉〉, 이에 대한 반대

팬에 대해 우리가 일반적으로 가지고 있는 이미지는 이들이 대개 스타나 그의 행동에 대해 지나치게 열광하는 사람이라는 것이다. 팬에 대한 글은 대개 팬이 된다는 것이 뭔가 잘못된 행동임을 암시하는 경향이 있다. 팬은 어원상 광신자나 미치광이라는 의미를 지닌 것으로 보인다(Jenson, 1992: 9). 젠슨(J. Jenson)은 팬에 대한 글들이 대개 두 종류의 '병적인 팬'을 묘사한다고 말한다. 첫 번째 부류는 '무엇에 쓴 것처럼 보이는 고독한 사람'으로 "언론 매체의 영향으로 유명 인사와 심한 망상적 관계를 맺는 사람이다. 이런 부류는 스타를 따라다니거나 위협하거나 심지어 살해하려는 의도를 품고 대중적으로 악명을 떨친다". 두 번째 부류는 '열광적이거나 히스테리적인 성향을 지닌 사람'들로 록 스타에게 함성을 지르거나 운동 경기에서 난동을 피우는 사람들이다 (Jenson, 1992: 11).

젠슨은 팬들에게 문제가 있다는 식의 생각에 반박하면서 이들의 특징을 고급문화나 학구적인 애호가(aficionado)의 특징과 대비시켰다. 학문을 추구하는 많은 사람이 자신이 선호하는 작가나 이론가에게 애착을 갖는 것이나 팬이 스타에게 애착을 갖는 것이 별반 다를 게 없다는 것이다. 단지 사람들이 팬과 팬이 아닌 사람을 구분하면서 팬을 비정상으로 보고 팬이 아닌 사람을

정상적이고 안전하다고 보는 것뿐이라고 주장한다. 그는 다음과 같이 설명
한다.

> 팬이 되는 것을 일탈적인 행동으로 정의함으로써 사람들은 자신의 입장이 옳음
> 을 확인하고 자기만족을 느낀다. 또한 이렇게 함으로써 특정한 가치 — 예를 들어
> 감성적인 것보다는 이성적인 것, 교육받지 못한 것보다는 교육받은 것, 정열적이기보다
> 는 차분한 것, 대중적인 것보다는 엘리트적인 것, 주변보다는 주류, 다른 대안보다는 현
> 상유지 — 를 격상시킨다(Jenson, 1992: 24).

이런 식으로 팬을 '타자'로 묘사하면 현대사회에서 사람들이 실제로 어떻
게 미디어와 상호작용하는지에 대한 이해와 분석은 제대로 진행되지 못한다.
피스크(Fiske, 1992) 같은 분석가들은 팬의 행동이 실제로 '일반적인' 사람의 행
동과 다를 바가 없다고 주장했다. 팬에 대한 다음 두 연구는 특히 이런 주제
에 영향을 미쳤다. 이 두 연구에 대한 검토를 바탕으로 최근의 예를 적용하는
것은 중요하다고 본다. 더 자세한 논의는 3장 참조

〈스타 트렉〉의 팬

카밀 베이컨스미스(Camille Bacon-Smith)는 〈스타 트렉〉, 〈블레이크스 7(*Blake's
7*)〉, 〈전문가들(*The Professionals*)〉 등의 텔레비전 텍스트를 다시 활용하거
나 전용하는 행위가 새로운 문화적 형태가 생겨나는 시초가 된다고 보았다
(Bacon-Smith, 1992). 베이컨스미스의 연구에 등장하는 여성 팬들은 실제로 이
런 텍스트를 전용하는 활동을 한다. 이들은 회합에 참가하거나 등장인물처
럼 옷을 입고 이들에 대한 노래를 부르며 등장인물을 그리기도 하고 나아가
이들에 대한 뮤직 비디오를 제작하기도 한다.

베이컨스미스는 전용한 텍스트에 대한 논의에 대부분을 할애했다. 그녀는 여러 가지 시리즈의 인물이나 상황을 활용하여 만들어진 다양한 텍스트에 관심을 가졌지만 역시 주된 관심은 〈스타 트렉〉이었다. 등장인물과 상황은 이제 새로운 상황과 '다른 우주'에 놓이게 되고, 새로운 인물이 소개되고, 상대적으로 조연이던 인물이 훨씬 폭넓게 다뤄지기도 한다. 그녀는 〈스타 트렉〉을 전용한 텍스트의 네 가지 장르를 연구했다. 첫째는 '메리 수(Mary Sue)'인데, 여기서는 엔터프라이즈호의 승무원으로 젊은 여성이 새롭게 등장한다. 그녀는 우주선과 승무원을 살리기 위해 노력하다가 목숨을 잃는다. 이 이야기는 〈스타 트렉〉의 속편을 쓴 팬들이 처음으로 소개한 종류의 글이며, 이제는 그다지 선호되지 않는 형태다. '메리 수'라는 용어도 부정적인 의미로 쓰이곤 한다. "메리 수 같다"라는 말은 무언가를 인정하지 않겠다는 것을 의미하게 되었다.

두 번째 형태는 '레이 스폭(lay Spock)'(또는 승무원 중 다른 한 사람)이다. 여기서는 스폭이 이성애자로 그려지고, 그에게 매료되었다고 여겨지는 너스 채플(Nurse Chaple) 같은 여성이 그의 상대역으로 등장한다. 세 번째 이야기는 'K/S' 또는 '슬래시(slash)'로 커크(Kirk)와 스폭을 동성애 관계로 설정한다(Penley, 1992; Hellekson and Busse, 2014 참조). 이런 형태는 특히 〈스타 트렉〉의 이야기를 '위반하는' 내용이 된다. 여성 팬들은 〈스타 트렉〉에서 감성적으로 핵심적인 부분 – 예를 들어 커크와 스폭의 우정 관계 – 을 가지고 이것을 놀라운 방향으로 굴절시켰다고 알려지기도 했다.

마지막 형태는 '상처/위안(Hurt/Comfort)'으로 주인공 두 명을 절친한 친구로 위치시키는 것이다. 그중 한 명이 심한 상처로 고통 받고 다른 사람이 그를 치료하게 만든다. 베이컨스미스에 따르자면 자신들이 좋아하는 인물에게 심한 고통이 가해질 경우, 낙심하기 때문에 이런 장르는 팬들 사이에서 특히 논란이 있다고 한다.

유명 작품을 전용한 이런 텍스트들은 종종 공동 작업으로 나오기도 한다. 한 사람은 주로 〈스타 트렉〉을 위한 또 다른 우주를 만드는 초기 상황을 책임지고, 다른 사람들은 새로운 가능성을 탐색하거나 틈새를 채우면서 이를 확장해 나가는 것이다. 이런 경우 그들은 공동 저자가 되는 셈이고 파인과 클라인만이 말한 대로 네트워크를 형성하게 된다(Fine and Kleinman, 1979). 이들의 제작은 단일한 작가가 집필하는 도서 시장의 전형적인 방식에 맞서게 된다.

CCCS식 접근에서 제시되었듯이 이런 하위문화는 **저항**의 형태와도 결부된다. 베이컨스미스는 자신의 연구 대상인 여성들이 자신들의 활동을 위해 '여성 테러리스트를 위한 공간'을 만들어나간 방식을 묘사한다. 베이컨스미스의 작업에서 중요한 것은 여성을 SF 소설의 공식적인 팬 유형인 지배적인 남성적 권위에 저항하는 인물로 형상화한 점이다. 기존의 남성 중심적인 SF 모임은 여성 팬들의 행동을 인정하지 않도록 조직되어 있고 SF 모임의 성 역할 연기 분과에는 여성이 협박당하는 내용을 담은 자료도 있다. 베이컨스미스에 의하면 이런 SF 모임들이 완전히 남성 지배적이라는 것이다. 여성들이 반대하는 지배적인 형태는 대개 개인적이거나 남성적이다. 하지만 공격을 받거나 투쟁 중일 때는 개인적인 형태가 서로 협동하는 양상을 보인다. 이제 이런 것이 상호작용하는 네트워크가 되며, 이런 바탕 위에서 남성에 의해 지배되는 SF 문화에 반대하는 내용의 개작 ― 대중에게 알려진 이야기나 인물을 새로 창조하는 작업 ― 이 이뤄질 것이다. 헨리 젠킨스는 〈스타 트렉〉에 대한 또 다른 연구에서 이 점을 강조한다(Jenkins, 1992).

젠킨스는 팬들의 창의성을 강조한다. 그는 잘 알려진 텔레비전 프로그램에 등장하는 인물을 바탕으로 다른 이야기를 만들어나가기 위해서는 창의성을 발휘해야 한다고 지적하면서, 베이컨스미스가 했듯이, 이런 이야기의 몇 가지 형태에 대해 논의했다. 팬들은 비디오를 제작하고 그림을 그리고 노래를 부르기도 한다. 이런 과정에 대한 더 많은 예를 살펴본 3장에서 이미 논의되었듯이, 팬들은 '텍스트 밀렵(textual poaching)'[16]개념 정의 3-1을 하게 된다. 팬에 대한 수많은 글에서 그랬듯이, 젠킨스는 팬들이 흥미만 추구하는 사람이거나 정신이 나간 사람이라든가 슬프거나 고독한 성향을 지닌 사람이라는 생각에 반대한다. 이들은 적극적이고 외부적 영향에 개방적인 하위문화, 즉 포괄적인 소통의 네트워크에 참여하는 사람들로, '지식 공동체'(knowledge communities)[17]개념 정의 3-1를 구성할 수 있다는 것이다. 팬들이 모인 동호회의 구성원들 역시 다양한 '정상적인' 활동에 종사하는 사람들이다. 젠킨스는 컴퓨터 네트워크와 같은 기술이 새로운 형태의 상호작용을 만들어나가는 것을 보여주면서 파인과 클라인만의 초기 저작에 자세하게 소개되었던 의사소통 가능성이라는 새로운 차원을 추가했으며, 이런 과정이 지속적으로 발전하고 있다고 보았다(Duffett, 2013; Duits et al., 2014). 이들은 다른 하위문화와 동조해 지배 문화의 의미를 재구성하는 일에 몰두하고 있기에, 헤브디지(Hebdige, 1979)가 말한 청년 하위문화 브리콜뢰르와 같다고 하겠다. 하지만 이때 가장 큰 문제는 텔레비전 시청자들이 어느 정도까지 젠킨스나 베이컨스미스가 언급한 팬처럼 능숙하고 적극적으로 텔레비전 프로그램을 이해하는가에 있다. 이 말은 일상적인 문화생활과 관련한 창조성에 관해 윌리스 등(Willis et al., 1990)이 지적한 문제와도 관련이 있다. 젠킨스가 지적했듯이, 넓게 볼 때 팬들은 비교적 약자의 입장에 서 있다. 특정 프로그램의 제작자를 설득해서 그 프로그램을 계속하게 하거나 특정한 이야기가 전개되는 것을 막을 수는 없다. 미국의 낮 시간대 프로그램 팬에 대한 최근 연구는 베이컨스미스와 젠킨스가

---

16 미디어 팬들이 예술, 시, 이야기, 공연 등의 문화 상품에서 자신의 것을 만들어내기 위해 다른 텍스트에서 인물이나 대본 또는 내러티브를 취하는 행위.
17 자신들이 만들어낸 지식 체계나 지식의 양상을 함께 공유하면서 스스로 조직한 단체.

논의한 팬의 의미와 다른 견해를 보여주기도 하고 새로운 차원을 불러오기도 했다.

낮 시간대 연속극의 팬

해링턴과 비엘비(Harrington and Bielby, 1995)는 베이컨스미스(Bacon-Smith, 1992)와 젠킨스(Jenkins, 1992), 펜리(Penley, 1992)가 생각했던 팬과는 다른 유형의 팬에 대해 연구했다. 이들은 자신들이 선호하는 취향에 따라 새로운 텍스트를 만드는 사람들은 아니다. 해링턴과 비엘비는 팬들의 느낌과 이들이 작품과 동일시하려는 생각이 자신들의 정체성을 생산적으로 구축하는 데 중요하다고 보았다. 이들은 "팬들이 무엇을 하느냐가 아니라 그들이 누구인가를 묻는" 방식을 택했다(Harrington and Bielby, 1995: 7). 중요한 것은 이들이 무언가 '구체적인' 것을 새로 만들어내지 않는 것이 이들이 기존의 텍스트에서 발견하는 즐거움과 관련이 있다는 사실이다. "연속극을 포함해서 여성적인 텍스트를 소비하는 여성 팬들이 원래의 서사에서 즐거움을 찾기 때문에 부차적인 텍스트를 거의 만들지 않는다"(Harrington and Bielby, 1995: 21). 하지만 부분적으로는 연속극과 그 팬들에게 따라붙는 조롱 때문인지, 이들은 협조적인 환경에서만 연속극에 개입하는 경향이 있다. 연속극과 자신들의 상황을 동일시하려는 현상이 증가하면서 연속극 팬들의 정체성을 파악하기는 더욱 어려워진다.

그로스버그(L. Grossberg)가 주장했듯이 팬들은 자신이 좋아하는 대상과 정서적인 유대감을 형성한다(Grossberg, 1922; Longhurst, 2007a: 233~235 참조). 해링턴과 비엘비의 연속극 연구에서 이 사실은 핵심적인 중요성을 띤다. 연속극에서는 연속극을 보는 즐거움이 가장 중요하다. 이는 개인 차원의 즐거움일 수도 있고 팬 모임, 서신 교환, 컴퓨터의 토론 게시판 등을 통해 공유하는 즐거움일 수도 있다. 해링턴과 비엘비는 이런 정서적 연대와 연관된 즐거움을 강조하면서 이것은 투쟁이나 대항 같은 형태로 설명되는 것이 아니라 애착 형태로 봐야 한다고 주장한다. 그렇다고 이들이 투쟁과 대항을 무시하는 것이 아니라, 앞에서 논의되었듯이, 이런 개념을 볼거리와 수행성(performativity)에 중점을 두는 다른 틀에 위치시켜야 한다고 본다. 수행성의 개념은 **주디스 버틀러**의 연구와 연관된다. 해링턴과 비엘비는 다음과 같이 주장한다.

> 주체와 대상 간의 경계를 설정하는 대개의 미디어 이론가와는 달리 우리는 연속극 시청을 마치 독서나 판타지 게임처럼 시청하는 동시에 참여하는 행위로 본다. 우리가 텍스트에 적극적으로 참여하지 않으면 이야기나 대안 세계도 존재하지 않는다는 의미에서 참여한다는 것이고, …… 우리가 어쩔 수 없이 허구 세계의 경계선상에서 지켜보기를 선택할 수밖에 없기에 시청자로서의 활동을 한다는 것이다(Herrington and Bielby, 1995: 132).

해링턴과 비엘비는 다음과 같이 주장한다(Herrington and Bielby, 1995: 178~179).

> 연속극 팬의 관행은 어떠한 동력, 이른바 팬들 자신이 사회적으로 연계된 개인으로서 자신의 행동을 주도하거나 조정할 수 있다는 것을 인지하는 능력에 의해 인도된다. 연속극 팬은 즐거움이나 감정의 경험 등 수없이 많은 이유에 근거해 시청 대상을 선택한다. 선택의 동력은 헤게모니적 저항에 초점을 맞출 때 무시되어 버리곤 하는 일반적으로 지향성이라고 일컫는 과정을 제대로 포착해 낸다.

이들 팬이 누구이며 이들이 무엇을 하는지는 프로그램 시청과 **일상생활** 개념 정의 3-4의 통합과 참여의 연장선에서 봐야 한다. 결론에서 이 중요한 문제에 대해 논의해 보기로 하자.

11. 결론

이 장 서두에서 우리는 세 가지 문제를 감안할 때 하위문화를 주목하는 것이 중요하다고 했다. 저항/통합, 사회적 분파와 파편화, 해석/재현이 그것이다. 이 장의 핵심 부분에서 우리는 버밍엄 대학의 **버밍엄 현대문화연구센터**주요 영향 1-3에서 개발한 접근법에 대해 다루었다. 이들은 하위문화와 관련된 특정한 생활 패턴이 **저항**의 틀에서 읽히고 해석되는지, 아니면 지배 문화와의 통합이나 부모 문화와의 관계 속에서 읽히고 해석되는지에 대한 관점으로 접근했다. 이들의 방법은 복잡하고 제법 시간이 흘렀지만 중대한 영향력을 행사해 왔다(Haenfler, 2014).

청년 계층과 팬에 대한 최근 연구는 저항과 대립의 관점에서 하위문화를 읽는 것보다, 특히 즐거움과 관련해 이런 문화에 관계하는 사람들에게 의미를 갖는 다양한 집단의 활동을 입증할 수 있는 자료를 모으고 이해한다는 차원으로 하위문화를 읽는 것이 더 중요하다는 것을 알게 해주었다. 또한 이런 활동들이 개인의 수행성과 관계가 있다는 것을 보여주었다.4장 참조

포스트모더니즘의 영향을 받은 주장들은 현대사회가 더욱 파편화되는 동시에 미디어는 홍수처럼 불어나며, 나아가 **정체성** 또한 복잡한 양상을 띤다고 본다. 이 장 마지막 부분에서 다룬 내용은 저항과 대립의 틀에서 팬 문화를 연구했음에도, 이런 포스트모더니즘식 주장을 지지해야 하는 부담이 있었다. 자신에 대한 인식은 가족이나 직업과 관련해서 생겨날 뿐만 아니라 자신이 매혹되는 것과 관련해서 구축될 수도 있다. 청년 하위문화는 인생의 특정한 시기, 즉 가족 간의 한 관계에서 새로운 관계로 이전되는 과정에 나타나는 저항과 대립을 위한 공간으로 보인다. 하지만 현대사회는 과거와 같은 평생 직장을 제공하지 못하며, 이혼이나 가족의 붕괴와 재구성도 빈번하게 발생하고 있다. 이런 맥락에서 청년 하위문화가 연구의 출발점이 될 수도 있지만,

이런 연구도 삶의 발전 과정이라는 맥락에서 파편화되고 복잡한 방식으로 다시 심사숙고되어야 한다. 맥도날드(Macdonald, 2001)의 그래피티 연구에서 보이듯이 어떤 이들은 제대로 견고한 하위문화의 구성원이 될 수도 있다. 하지만 일상생활의 문화적 상호작용이 지닌 복잡성을 볼 수 있는 더 좋은 방법은 아마도 미디어로 지속되는 네트워크를 통해서일 것이다. 이곳에서 매일 실제 삶을 수행하면서 복잡한 정체성들이 구축되기 때문이다(이 논의는 Abercrombie and Longhurst, 1998: Crawford, 2004: Laughey, 2006b; Longhurst, 2007에서 더 진전되었다). 이렇듯이, 현대사회에서 하위문화와 팬에 대해 생각한다는 것은 이들이 무엇을 하고 그 의미는 무엇인지 캐묻는 등의 참여자의 정체성에 대해 더욱 주목하는 것이 되었고, 일상생활뿐 아니라 수많은 텔레비전 프로그램과 영화의 팬에 대해 연구하는 길을 터주었다(Duffett, 2013).

■ ■ ■ 요약

- 하위문화 개념이 제기한 개념적인 문제의 범위

- 도덕적 공황 개념에 대한 저작

- 버밍엄 현대문화연구센터에서 개발된 청년 하위문화 연구에 대한 접근 방법의 성격과 이에 대한 비판

- 일반적인 팬과 열광적인 팬의 성격과 점차 중요한 의미를 지니는 정체성 개념

■ ■ ■ 더 읽을거리

Ken Gelder and Sarah Thornton의 *The Subcultures Reader*(2005)에는 하위문화에 관한 탁월한 논문들이 실려 있다. *After Subculture: Critical Studies in Contemporary Youth Culture*(Bennet and Kahn-Harris, 2004), *The Post-*

Subcultures Reader(Muggleton and Weinzierl, 2003)도 유용한 내용을 담고 있다. 이 분야 최근 연구에 대한 정보는 Ross Haenfler가 요약한 *Subcultures: The Basics*(2004)에 실려 있다. Stuart Hall과 Tony Jefferson의 *Resistance through Rituals*(1976)은 CCCS의 고전적인 글을 모은 것이다. 영향력이 있는 CCCS의 회원들, 예를 들면 Dick Hebdige(Subculture, 1979), Angela McRobbie (*Feminism and Youth Culture: From 'Jackie' to 'Seventeen'*, 1991; *Postmodernism and Popular Culture*, 1994), Paul Willis(*Learning to Labour*, 1977; *Profane Culture*, 1978; Willis et al., *Common Culture: Symbolic Work at Play in the Everyday Cultures of the Young*, 1990) 등의 글이 좀 더 짧은 형태로 이 책들에 실려 있다. Lisa Lewis의 *The Adoring Audienceeminism and Youth Cultur*(1992), *Fandom: Identities and Communities in a Mediated World* (Gray, Sandvoss and Harrington, 2007)은 팬 연구를 위해 추천할 만한 책이다. 이 분야 연구의 요약은 Matt Hills의 *Fan Cultures*(2002)를 권한다. 학문적인 글은 아니지만 Nick Hornby의 *Fever Pitch*(1994)나 *High Fidelity*(1995)도 이에 못지않게 흥미롭다.

📖 다음 내용 검토를 위해 출판사 사이트 www.routledge.com/cw/longhurst to를 방문해 보자.

- 기사와 녹음물이 연계되어 있는 웹 링크를 방문해 관련 문제를 연구해 보기.
- 과제 준비를 위해 실용적인 에세이 문제를 활용해 보기.
- 상호작용 프래시카드 어휘를 통해 주요 용어와 개념을 수정해 보기.

6

시각 문화
visual culture

들어가며

오늘날의 서양 사회는 시각 문화의 산물인 온갖 시간 이미지에 둘러싸여 있다. 옥외광고판이나 잡지 광고가 사람들의 시선을 잠시나마 사로잡는다고 한다면, 상점이나 회사, 공공장소의 간판은 우리에게 무엇이 어디 있는지, 어디로 갈 것인지, 해서는 안 될 일이 무엇인지를 알려준다. 대부분의 여가 시간은 영화와 텔레비전이 차지하고 우리의 시선은 컴퓨터 스크린이나 스마트폰, 기타 소통 기구를 점점 가까이 하고 있다. 이런 모든 이미지는 시각 문화의 산물들이다. 인쇄 기술로 시작해 컴퓨터 기반 디자인 기술의 발전은 사방 어디를 보아도 시각 이미지가 넘치는 풍경을 가져왔다.

이 장은 중요한 세 가지 주제와 관련해 시각 문화를 다룬다. 첫째, **모더니티**에서 **포스트모더니티** 또는 후기 모더니티개념 정의 6-1로의 전환은 아래에 다루어지는 많은 분석에 영향을 주었다는 점이다. 우리는 시각 문화의 형태가 사회 변화와 긴밀하게 연관되어 있다는 것을 보여주고, 나아가 이런 변화가 권력관계 재편성 과정의 일부이며, 특히 젠더 차원에서 그렇다는 것을 보여 줄 것이다. 둘째, 문화연구를 둘러싸고 학자들이 취한 시각 문화 연구의 대안적 접근 방안을 제안해 볼 것이다. 셋째, 시각 문화가 도시 생활과 긴밀하게 관련이 있기에, 특히 도시 문제에 주목할 것이다. 오늘날 도시는 사회 변혁의 핵심 장소이며, 과학과 문화를 둘러싼 주요 공간 역할을 해오면서 증가하는 인구의 대부분을 수용하는 공간이기도 하다. 1975년에는 세계 인구의 39%가 도시에 거주했는데 2025년에는 약 65%에 달할 것이다(United Nations, 2014). 이 장은 이미 다른 장에서 언급된 회화와 텔레비전 같은 시각 문화와 재현개념 정의 2-5의 일반적 형태를 구축하면서, 도시와 시각 문화의 상호 관계에 초점을 맞춰 연구해 볼 것이다.

우선 시각 문화와 시각적 재현의 개념에 대해 살펴본 후, 도시 시각 문화의 다양한 범위를 연구하면서 위에 언급한 세 가지 주제를 다룰 것이다. 그리고 20세기 초 지멜주요 영향 6-1과 벤야민(Walter Benjamin)주요 영향 6-2의 작업을 통해 제기된 주제가 언급될 것이다. 다음은 시각 문화의 요소들을 탁월하게 포착하는(capturing) 사진과 영화라는 현대적 재현 방식에 대해 살펴보고, 이어서 감독(surveillance)과 응시(gaze)에 대한 미셸 푸코주요 영향 1-2의 주요 연구를 살펴보면서 이 개념들이 어떻게 전개되었는지 볼 것이다. 관광을 다룬 부문에서는 다른 형태의 응시에 관해 알아보고, 관광 문화에 적용된 포스트모더니즘개념 정의 6-1 개념도 살펴볼 것이다. 이어서 흘끗 보기(glimpse), 응시(gaze), 감시(scan), 일견(glance)의 차이에 대해서도 알아볼 것이다. 다음 두 절에서는 공공장소에서의 사람들의 행동 양식과 인공적으로 구축된 환경이 지닌 상징성개념 정의 4-1에 두드러지게 드러나 있는 도시 시각 문화에 대해서도 살펴보고자 한다. 마지막으로 시각 문화가 점차로 포스트모더니즘의 특징이라 할 가상 형태를 취한다는 전제하에 앞에서 다뤄진 내용들을 재조명할 것이다. 이런 연구를 이해하기 위해서 우선 시각 문화의 개념에 집중해야 한다.

학습 목표
- 시각 문화의 변화를 권력관계 재편성과 연관해 이해한다.
- 시각 문화를 연구하는 다양한 방법을 알아본다.
- 변화하는 도시의 시각 문화가 지닌 핵심적 의미를 찾아낸다.

---

1. 시각 문화와 시각적 재현

눈의 구조와 머리의 전면부에 있는 눈의 위치로 인간의 시각에는 특별한 능력이 부여되었다. 인간은 눈으로 세세한 것까지 찾아내 구별할 수 있다. 두 눈은 다양한 색상을 구분할 수 있을 뿐 아니라 넓은 시야를 확보해 입체적인 시각도 갖게 되었다(Passingham, 1982: 36~48). 이런 것은 진화의 과정에서 호모 사피엔스에게 주어진 생물학적 특성이며 다른 종과 구별되는 능력이다. 이런 능력 덕분에 시각은 인간의 감각 중에서 최고의 위치를 점하고 있다. 존 버거(John Berger)에 따르면 "보는 것이 말보다 우선하며, 아이들도 말을 시작하기 전에 보고 인식하게 된다"(Berger, 1972: 7). 시각의 우월성은 속담에서도 많이 찾아볼 수 있는데, "백문이 불여일견", "내 눈으로 보기 전에는 믿을 수 없다", "쳐다보는 눈초리로 다할 것 같아", "보니 분명하구나" 등이 그 예다. 시각은 다른 어떤 감각도 줄 수 없는 확실성을 담보해 준다. 그러므로 과학적 담론에 시각 이미지가 많은 것은 별로 놀랄 만한 일이 아니다. 과학은 세상에 대한 '관찰(observation)'과 연구된 현상에 대한 객관적이고 '투명하고 (clear-sighted)', 편파적이지 않은 '견해(view)'에 의존하기 때문이다.

시각은 타고난 감각이기는 하지만, 사물을 보거나 세상을 보는 우리의 시각은 철저하게 문화적이다. 시각에 대한 생물학적 해설은 우리가 세상의 모습을 어떻게 해석하는지에 대해서는 설명하지 못한다. 본다는 것은 항상 문화적으로 보는 것이다. 지금의 세계는 확실히 '시각중심적'이다. "세상으로 이끄는 최우선 감각 루트는 시각이다. …… 현대적 시민의식은 시각을 통해 형성된다는 견해에 거의 모든 사람이 동의하는 듯하다"(Gerland-Thompson, 2009: 25). 문화적 존재로서 우리는 거리에 지나가는 두 사람의 모습을 '아이와 함께 장을 보러 가는 어머니의 모습'으로 '볼' 수 있고, 기차역에서 포옹하는 남녀의 모습을 '작별 인사를 나누는 연인'으로 '간주할' 수 있다. 우리는 눈으로 보면서 사물이나 사람, 그리고 문화적 환경하에서의 관계를 습관적으로 이해한다. 그렇지만 이처럼 일상적이고 쉽게 습득되는 기술도 타고난 것이 아니라 사회적으로 습득한 것이다. 보는 법을 알려면 배워야 하는 셈이다. 다양한 직종에 종사하는 사람들은 세상을 보는 특별한 방식을 키워야 한다. 굿윈(Goodwin, 1994)은 이를 두고 '전문적 시각'이라고 부른다. 병을 진단하려면 X선 필름 보는 방법을 배워야 하고, 고고학자들은 발굴한 토양의 색을 정확하게 묘사하는 법을 배워야 한다. 특정 방식의 보는 방법은 직업에만 한정되지 않는다. 달리기 선수는 달리기와 관련된 지역 공원의 생김새를 구별할 줄 알아야 한다(Allen-Collinson and Hockey, 2015). 존 버거가 지적하듯이, 세상의 모습은 마치 언어와 유사한 '일관성'을 지니고 있다(Berger, 1989).

우리가 보는 것은 우리가 아는 것 – 우리가 적용하는 문화적 범주, 일반적 지식, 우리가 지닌 전문적 정보 – 에 의해 결정되기 마련이고, 우리가 아는 것은 오랜 사회화가 만들어준 것이다. 종종 암묵적으로 작동하거나 당연한 것으로 여겨지는 이러한 지식을 통해 우리는 매일 대하는 광경이나 모습을 이해할 수 있게 되는 것이다. 하지만 우리가 마주치는 상황이 항상 투명한 모습만은 아니다. 실제 벌어지고 있는 상황을 포착하기에 우리의 지식이 부족할 수도 있다. 때로는 뭔가 적절하지 않거나 맞지 않는 일이 일어난다고 느끼기도 하고, 알지 못하는 일이 벌어지고 있다고 추측하기도 한다. **일상적인 삶**개념 정의 3-4 에 대해 연구한 사회학자 어빙 고프먼(Erving Goffman)은 공공장소에서 서로 모르는 사람들이 마주칠 때 시각의 중요성에 대해 말한 바 있다. 세상에 대한 일반적 지식으로 대부분의 상황을 이해할 수 있기는 하지만, 버거(Berger, 1972)가 지적하듯이 우리가 보는 것과 우리가 아는 것이 결코 고정된 관계에 놓여 있지 않기에, 지식과 상황은 끊임없이 변하게 된다.

이제 우리는 강한 영향력을 행사하는 시각 문화라는 개념을 살펴볼 것이다. 문화 자체의 정의처럼 이 용어 역시 일종의 텍스트 또는 삶의 방식으로 이해되거나 분석될 수 있다. **텍스트**로서의 시각 문화는 이미지 자체 그리고 이미지가 생산되는 기술 같은 것에 주목한다. 이미지는 눈에 보이는 세상의 모습을 재현한 것이다. 회화, 페인팅, 또는 사진은 세상의 모습에 대한 하나의 해석을 재창조하거나 재생산함으로써 우리 눈에 들어오는 모습들에게 구체적인 형태를 부여해 준다. 이러한 이미지를 만들려면 연필이나 크레용 같은 단순한 기술이나 디지털 카메라 같은 복잡한 기술이 요구된다. **생활 방식**으로서 시각 문화는 어느 집단이든지 이들이 견지하는 '삶의 디자인'의 한 모습을 의미한다. 모든 문화는 구성원에게 매일 마주하는 사물과 사람의 모습, 그리고 이들의 관계를 해독하는 일반적인 능력을 부여한다. 도시의 대로를 걸어가면서 우리는 안내견의 인도를 받으며 걸어가는 장님에게 길을 양보하기 위해 조심하게 된다. 여성의 경우 건설 현장에 있는 노동자의 치근거림에 맞닥뜨리느니 다른 길로 돌아갈 것이다. 우리는 단지 '보는 것'만으로 이런 것을 알게 된다. 이런 단순한 행동 뒤에는 상당한 양의 사회적 학습이 감추어져 있다. 예컨대 어린 시절 장님이 지나가는 길에서 길 옆으로 비키게 되었다든지, 아니면 사춘기 소녀 시절 건설 현장 노동자들의 희롱하는 듯한 야유를 들은 경험 같은 것 말이다.

생활 방식으로서 시각 문화는 일상생활에 퍼져 있기는 하지만 동시에 좀 더 제도화된 형태를 취하기도 한다. 스베트라나 알퍼스(Svetlana Alpers)는 17세기 네덜란드가 어떻게 해서 풍요로운 시각 문화를 가지게 되었는지 보여준다(Alpers, 1983). 이것은 당시 위대한 풍경화 화가들의 작품(텍스트로서의 시각문화)에 분명하게 드러난다. 하지만 그런 풍경화 역시 카메라옵스쿠라(camera obscura),[1] 망원경, 현미경 등 시각 도구가 발달한 것 같은 더 큰 체계와 밀접하게 연관되어 있다. 이런 도구들로 공간에 대한 정확한 구획이 가능해졌으며 당시 네덜란드인들이 공유하던 시각적 재현물을 해석할 수 있는 차별화된 용어가 생겨났다. **모더니티**개념 정의 6-1의 도래는 시각의 중요성을 부각시켰다. 구어체나 문어체 할 것 없이 언어가 주된 소통 수단이었지만, 대상의 모습에 대한 서구 문화의 폭넓은 관심은 서구 문화를 시각 중심으로 만들었다. 감각 양식 중 시각의 특권적 위치가 확고해지면서, 재현의 문제가 부각되기 시작했다.

재현은 일반적으로 어떤 것이 다른 것을 대신하는 것을 의미한다. '모나리자'라는 초상화 그림은 실제 한 여인의 모습과 얼굴 표정을 보여준다. 이러한 시각적 재현이 보이는 **사실주의**개념 정의 2-5는 종종 논쟁의 대상이 되었으며, 세상의 실제 모습을 사진을 통한 재현이 그림보다 더 사실적이라고 받아들여졌다. 문화연구는 재현이 권력의 행사, 분배와 관련되어 있다고 보며, 계급, 인종, 나이, 젠더와 성 문제가 섞인 가운데 작동한다고 본다. 이러한 문제는 이 장 뒷부분에서 논의될 것이다.

---

1   라틴어로 '어두운 방'이라는 뜻이다. 빛을 차단한 방 또는 상자의 한쪽 벽에 구멍을 뚫어 반대편에 상이 맺히도록 한 장치로, 16세기 이전부터 이 원리가 알려져 그림을 그리는 데 사용되었다. 화가들은 불투명 유리에 상이 맺히게 해 종이를 대고 상을 덧그려 밑그림을 얻었다.

2. 모더니티와 시각 문화 고전적인 저자들과 주요 주제

이제 우리는 두 명의 20세기 독일 이론가, 게오르그 지멜(Georg Simmel)주요
영향 6-1과 발터 벤야민(Walter Benjamin)주요 영향 6-2이 제기한 주요 개념에 대해
생각해 볼 것이다. 이들의 생각은 이후에 나온 현대 도시의 시각 문화 분석에
기준이 되었다. 특히 도시 생활의 시각적 차원을 이해하는 주요 비유인 산보
자(flâneur)라는 인물에 대한 관심을 새롭게 불러일으키는 데 크게 공헌했다.

지멜: 대도시 문화와 시각적 상호작용

지멜(1858~1918)은 19세기 후반 독일 사회학의 초기 대표자 중 한 사람으로
알려져 있다. 그는 처음에는 철학자로 교육받았지만, 분과 학문의 좁은 한계
를 넘어 다양한 방면에 관심을 표명했다. 시각적 상호작용과 대도시 문화가
지닌 뚜렷한 특징에 대한 그의 생각은 시각 문화와 모더니티를 이해하는 데
크게 기여했다. 이런 지멜의 분석은 『화폐의 철학(*The Philosophy of Money*)』
(1978)에서 강하게 제기되었던 모더니티에 관한 그의 폭넓은 이론적 맥락에서
살펴볼 수 있다.

그에게 모더니티는 "'모던' 사회에서 '새로운' 것을 경험하는 형태"를 수반
하는 것이었다(Frisby, 1985: 1). 그의 관찰은 대부분 자신이 거의 평생을 보낸
세계적인 대도시 베를린에 대한 지식과 경험에서 비롯되었다. 그는 모더니
티가 만들어낸 것들의 존재 조건을 심사숙고하면서 모더니티의 '영혼'과 '내
적 성격'을 꿰뚫어보고자 했다. 그 결과 그는 과학적일 뿐 아니라 미학적이라
고도 할 수 있는 분석 형태를 만들어냈다. 그는 '개인의 삶이 지닌 사소한 모
습에서 의미의 총체성을 찾아내는 가능성(Simmel, 1978: 55)을 보여주었으며,
문화적으로 사소한 것에서 최고의 일반 원칙을 추출했다. 예를 들면 성매매

관행이나 구두쇠와 돈을 헤프게 쓰는 사람의 대조적인 모습을 참고로 하여 화폐경제가 탄생시킨 도구주의적 태도의 특징을 밝히기도 했다.

지멜은 모더니티를 단지 자본주의나 산업사회의 문화라고 여기지 않았으며 그 뿌리를 과거에서 찾았다. 그는 그 근원을 전통 사회와 산업자본주의 간의 구분보다는 화폐경제의 도입에서 찾았다. 즉, 영주에게 바치던 몫이나 그 외의 물물교환을 돈으로 대치한 데서 모더니티의 근원을 찾았다. 화폐경제가 모더니티의 윤곽이 형성되는 데 광범위한 영향을 미쳤다는 것이다. 그는 자세하고 복잡한 논의의 전개를 통해 돈이 다양한 방식과 수많은 목적으로 활용될 수 있는 고도로 유연한 형태를 지니고 있음을 보여주었다. 돈은 처한 상황에 따라 그 목적에 쓰일 수 있는 완벽한 수단이 된다. 이런 점에서 돈은 현대사회의 전형적인 모습인 계산적인 관점을 낳는다. **막스 베버**(Max Weber)[1장 참조]가 잘 설명한 합리화의 과정도 계산과 동일시할 수 있는 화폐교환에 근거를 두고 있다.

1903년에 발표된 고전적인 에세이 「대도시와 정신적인 삶(The Metropolis and Mental Life)」에서 지멜은 현대사회의 문화가 지닌 사회심리적 특징을 자세하게 설명했다. 현대사회에서는 대중교통을 이용해 여행을 하거나 물건을 사러 백화점에 가는 경우처럼 수많은 익명의 사람이 서로 스치며 만나게 된다. 이런 만남 가운데에서 이른바 소규모 공동체적 삶에 존재했던 개인 간의 정서적 유대나 사회적 연대감이 없어지게 된다고 분석하면서, 그는 대도시의 중심부에 거주하는 사람들을 특징짓는 사회심리적 모습을 그려냈다. 도시 거주인의 정신적 삶의 주된 특징은 이들의 삶이 **주지주의적**인 모습을 보인다는 점이다. 이들이 상황에 반응하는 방식은 정서적이라기보다는 이성적이다. 이들의 생활 방식은 **계산적**이고, 일상생활이 "무게를 재거나, 계산하거나, 수를 확인하는" 것으로 이뤄져 있어 "질적 가치가 양적 가치로" 변환된다(Simmel, 1971: 328). 그러므로 도시 거주자는 공통적으로 삶에 **의욕을 잃은 듯**

한 모습으로 자극에 별다른 반응을 보이지 않으며 사물의 특징적인 가치에 대해 무관심하다. 삶에 의욕을 잃은 듯한 자들의 세계는 무미건조하고 창백하며 동일하다. 이런 성향에는 **신중한** 태도가 수반되기도 한다. 도시 거주자들에게 이런 성향은 솔직한 견해나 진정한 감정이 드러나지 않도록 하는 방패 역할을 하기도 한다.

지멜은 조그만 마을이나 현대의 도시가 **전통적인** 시골 마을과 구별되는 점을 보여주었다(Savage and Warde, 1993). 하지만 현대사회에서는 도시와 시골의 삶을 구별하기가 힘들다고 보았다. 왜냐하면 도시가 미치는 영향력이 사회 전반에 퍼져나가기 때문이었다. 그는 이런 현상이 단지 생태학이나 현대 사회의 구조에서 비롯된 것이라고 보지 않았다. 그는 도시를 '화폐경제의 요지'로 보았으며, 궁극적으로는 계산성, 삶에 의욕을 잃은 듯한 태도 같은 것들이 완전한 화폐교환의 시스템에서 비롯된다고 보았다.

그가 묘사한 현대 도시 문화의 특징은 시각이 지배적이라는 점이다. 예를 들어 계산적이고 삶에 의욕을 잃은 듯하고 반응을 보이지 않는 도시 거주자는 여러 가지 실용적인 목적을 위해 자신의 주위 환경을 살피게 된다. 즉, 길을 찾거나 복잡한 거리에서 타인과 부딪치는 것을 피하려 하거나 주변이 위험한지 눈여겨보기 위해 주위를 살핀다. 지멜은 이런 일상적인 상호작용이 사회의 바탕을 이룬다고 말한다. 한 사회를 생각할 때 흔히 정치적·경제적 체제나 사회 계급처럼 제도화된 사회구조의 차원에서 보는 것이 보통이지만, 이처럼 거대한 체제들은 사람들 사이에 매일 일어나는 수많은 상호작용(차표를 사거나 길을 묻거나 함께 식사하거나 줄을 서는 것 같은)의 결정체일 뿐이라는 것이다. 지멜은 사회학의 기본 임무가 바로 이런 형태의 상호작용을 묘사하고 분석하는 것이라고 보았다.

한 짧은 글에서 그는 인간의 감각 중 "눈이 특별한 사회학적 기능을 가졌다"라고 언급하면서, 특히 인간의 시각에 주목했다(Simmel, 1969: 358). 두 사람이 서로의 눈을 쳐다보는 상호 응시에 대해 생각해 보자. 지멜은 상호 응시 (mutual glance) 속에서 "도시 모든 곳에 존재하는 가장 직접적인 교환 작용"을 보게 된다고 말한다. 모든 시선은 동일하게 마주 보는 이와 서로 주고받게 된다. "마주치는 시선은 동시에 주고받는다. …… 관찰자가 상대를 알려고 할 때, 그는 동시에 상대에게 알려진다"(Simmel, 1969: 358). 일견(glance)은 당연히 순간적인 현상이자 일어난 순간 사라지는 현상이다. 하지만 사회적 상호작용은 우리가 알다시피 인간의 상호 응시 능력이 없으면 불가능하다. 왜냐하면 일견은 인식과 인정, 이해, 친근감과 수모감 등을 전해주는 수단으로 쓰이기 때문이다.

지멜은 이외에도 눈이 지닌 다양한 사회학적 의미를 제시한다. 사람들이 교류할 때 시선은 주로 얼굴에 초점을 맞추는데, 이는 얼굴이 사람의 기분과 의사를 가장 잘 나타내기 때문이다. 사람은 행동보다는 우선 용모로 알려진다. 사실 얼굴은 그 사람의 마음 상태를 알려주는 것 외에는 다른 실용적 역할을 하지 않는다.

나아가 지멜은 장님과 귀머거리는 전혀 다른 태도를 보여준다는 다소 논쟁거리가 있는 주장도 한다. "장님에게 상대방은 그가 말을 주고받는 시간만큼만 존재하게 된다"(Simmel, 1969: 359). 이렇기에 장님은 "평화롭고 차분한 성격"을 보이는 반면, 귀머거리는 "더 당황스럽고 걱정스러운" 태도를 보인다 (Simmel, 1969: 360). 또한 대도시에서는 시각이 더 중요한 의미를 갖게 되는데, 이는 익명의 관계인 많은 사람을 마주치게 되기 때문이다. 이런 관계에서 주어지는 것은 단지 상대방의 겉모습뿐이다. 도시에서는 이런 상황이 흔하다. 극장, 식당, 버스나 기차 안 등에서 사람들은 이름도 모르는 수많은 이들과 만나게 되며, 그들의 겉모습만 보고 어떤 사람인지 추측할 뿐이다. 이처럼 '단순한 시각적 인상'의 역할이 확대되는 것이 현대 대규모 사회의 특징이다. 지멜은 이런 사회에서 생활하는 사람들은 귀머거리와 거의 똑같은 당혹감을

게오르그 지멜

Georg Simmel (1858~1918)

지멜은 1858년 3월 1일 세계적인 도시 베를린의 중심부에서 태어났으며, 마지막 4년을 제외하고는 평생을 이 도시에서 지냈다. 그의 부모는 유대교에서 기독교로 개종했으며, 그 역시 신앙심이 깊지는 않았지만 기독교를 받아들였다. 하지만 사람들은 그를 유대인으로 간주했고 이 때문에 그는 당시 독일의 대학에 만연했던 반유대주의의 희생양이 되기도 했다. 지적 역량을 인정받았지만 이에 상응하는 전업 교수의 지위를 얻지 못하다가 마침내 1914년 스트라스부르크의 국경 지대에 있는 대학에서 교수직을 얻었다. 하지만 곧 제1차 세계대전이 발발해 정상적인 대학 활동이 정지되었다. 그래서 그는 평생을 대부분 자신의 수업을 듣는 학생들 개인이 지불하는 수업료와 부모 사망 후 자신을 돌봐준 친구의 가족이 남긴 유산에 의지했다.

반유대주의는 그의 삶에 사소한 부분에 지나지 않는다. 그는 평생 논쟁을 즐겼다. 총명한 철학자요 사회학자로 알려지긴 했지만, 한곳에 얽매이지 않는 자유분방한 지식인이었고 자신의 학문 영역 외에도 다양한 영역에 관심을 가졌다. 그는 베를린 대학에서 역사와 대중심리 분야를 공부한 뒤, 이후에는 지속적인 관심을 가지고 철학에 안착하여 1881년에 베를린 대학교에서 철학박사 학위를 받았다. 음악의 심리적·민족학적 기원에 관한 그의 첫 논문은 완전하지 못하다는 이유로 통과되지 못했지만, 이전에 상금을 수상했던 논문으로 이를 대신했다. 1885년이 되어서야 비로소 대학 강단에 서기 위해 필요한 한 단계 높은 차원의 박사학위인 하빌리타지온(Habilitation)을 받게 되었다. 논문 구두심사에서 그는 한 심사위원에게 즉흥적이고 조롱하는 투로 응대했는데, 이에 대한 벌로 "원로학자에게 어떻게 처신해야 하는지 생각해 보라"라는 취지로 6개월 근신 처분을 받았다. 이후에도 그는 고리타분한 사고방식에는 어떤 주저함도 없이 맞받아쳤다.

학생들의 수업료로 연명했지만 얼마 지나지 않아 그는 베를린에서 탁월한 강의를 하는 강사로 알려졌다. 문화적 엘리트층에게 인기가 많았으며 특히 많은 외국인 학생과 여학생들이 그를 따랐는데, 당시의 교육 권위자들은 이것을 별로 좋게 보지 않았다. 지멜의 장기는 에세이였다. 그의 글은 표면적 문화 현상 밑에 숨어 있는 보편적 요소('형태')를 찾아내는 날카로움을 보여주었다. 하지만 그는 이론을 세우거나 체계를 구축하는 것보다는 '각각의 세부적인 삶의 모습에서 총체적인 의미'(Simmel, 1978: 55)를 찾아내는 데 관심이 있었다. 패션에 대한 그의 에세이는 의상이 차이와 동일성을 향한 상반된 욕망을 어떻게 드러내는지 보여준다. 사람들은 남과 다르게 보이기 위해 옷을 활용하지만, 동시에 멋진 의상을 한 사람들과 같은 그룹에 속하기 위해서 유사하게 옷을 입는다는 것이다. 엄청난 영향력을 행사한 도시 관련 에세이 「대도시와 정신적인 삶(The Metropolis and Mental Life)」(1903)에서 그는 도시 거주자에게서 공통적으로 신중함과 계산적인 태도가 나타난다고 했다. 도시에서 유행에 따라 옷을 입는 이유는 도시 거주자들이 자신을 평범하고 왜소한 존재로 보는 반면, 남들로부터는 돌출적인 요구에 대한 충동을 느끼기 때문이다. 사람들의 의상에 각인된 유행 코드는 냉정하고 초연한 도시 풍경과 유사하지만 동시에 개성을 과장하는 도구로 사용되기도 한다. 그렇게 함으로써 도시 생활의 요구에 파묻히거나 압도되지 않고 자신을 보호하게 된다.

에세이 형식의 글을 좋아했기에 신문과 정기간행물에 글을 발표했지만 지멜은 문화연구를 하는 학생들에게 잘 알려진 학구적인 저서 『화폐의 철학(The Philosophy of Money)』(1900)을 저술하기도 했다

(1978년에야 영어로 번역되었다). **모더니티**개념 정의 6-1에 관한 주요 저서인 이 책에서 그는 화폐경제가 사회적·문화적 삶에 미치는 영향을 추적했다. 현대적 삶에서 문화의 규모가 엄청나게 증가하는 동시에 문화적인 변형과 지배가 확장되고 있다고 지적하면서, 그는 이것을 '문화의 비극'이라고 말했다.

인간의 유대 형태에 초점을 둔 지멜의 연구는 특히 사회학에 영향을 미쳤으며, 철학에서는 **벤야민**주요 영향 6-2과 루카치에게 영향을 미쳤다. 영어로 번역되면서 지난 20년에 걸쳐 영어권 국가에서 '지멜 부활 운동'이 일어났다. 세세한 문화적 현상에 대한 상세한 연구를 바탕으로 모더니티의 근저를 이해하려는 그의 독창성에서 현대 문화연구와의 관련성을 찾을 수 있다.

■ ■ ■ 더 읽을거리

Frisby, D., and M. Featherstone(eds). (1997). *Simmel on Culture: Selected Writings*. London: Sage.

Frisby, D. (2002). *Georg Simmel*. London: Routledge.

Weinstein, D. and M. Weinstein. 1993. *Postmodern(ized) Simmel*. London: Routledge.

느끼게 된다고 결론짓는다. 단순한 '시각적 인상'의 역할이 더욱 커지면서 서로 간의 소외감이 더욱 커지기 때문이라는 것이다.

지멜은 모더니티가 시각 문화에 미친 영향에 대해 추적한 최초의 작가 중 하나이다. 종종 장황하면서도 생략적인, 그러면서도 설득력 있는 지멜의 글은 발터 벤야민뿐 아니라 일상적인 도시 생활에서의 시각적 차원에 대한 여러 연구에 영향을 미쳤다.

발터 벤야민: 기술복제, 아우라, 파리의 상가 지역

지멜과 마찬가지로 **벤야민**(1892~1940)주요 영향 6-2의 글도 학문적으로 한 분야에 속하기를 거부하면서 광범위하고 도전적인 내용을 담고 있다. 독일 철학의 전통과 진보적 예술 운동의 영향을 받은 그는 문학과 철학 등 여러 방면에 관심을 가졌다. 모더니티와 시각 문화 연구에 그가 기여한 내용을 살펴보도록 하자. 첫째, 그는 카메라와 영화 등 시각 문화를 재현해 주는 새로운 기술의 발전으로 엄청난 변화가 나타났다고 지적했다. 둘째, 그는 19세기 변화하는 도시, 특히 파리에서 일상생활이 지닌 특별한 측면에 대해 숙고했다.

1936년에 발표된 그의 가장 유명한 글인 「기술복제 시대의 예술 작품(The Work of Art in the Age of Mechanical Reproduction)」에서 그는 예술 작품이 기술적인 방법으로 쉽게 복제되는 시대에 예술이 어떻게 영향을 받고 변화하는지에 대한 질문을 던졌다(Simmel, 1970). 영화와 사진은 유일한 존재로서 가치를 지녔던 예술 작품에 많은 복제품이 생길 수 있게 했다. 그는 이런 과정이 이른바 작품의 '아우라(aura)'라고 하는 것을 감소시켰다고 지적했다. 이전 시대에는 작품이 교회나 성당, 종교적 의례, 귀족의 후원 등과 같은 어떤 시·공간과 전통 속에 위치하고 있었다. 이런 전통도 변화는 겪었지만, 여전히 예술 작품에 특정한 고유 의미를 부여했다. 하지만 복제 기술(사진, 영화, CD, 디지털 오디오 녹음 등)은 작품을 이런 전통에서 끌어내 아우라라고 하는 작품의 유일한 의미가 지닌 가치를 하락시켰다.

벤야민의 논의에서 **전통**개념 정의 1-2은 특히 중요한 의미를 갖는다. 전통은 종교적 의례 등 모든 제식과 그 의미를 그러모아 활용한다. 그림이나 대상들은 특정한 사회집단의 종교적·제식적 관행에 기댐으로써 확고한 의미를 갖게 되는 것이다. 어떤 의미에서는 전통이 대상 주위에 권위와 외경심이 생기도록 한다. 예를 들어, 로마의 시스티나 성당 벽에 있는 그림처럼 기독교 전

발터 벤야민
Walter Benjamin (1892~1940)

벤야민은 프랑크푸르트학파의 구성원들과 가깝게 지냈으며, 창조적인 마르크스주의와 유대 메시아주의의 신학적 요소를 연계한 작업을 했다. 그는 모더니티, 도시, 바로크, 그리고 19세기와 20세기에 관한 글을 썼다.

베를린 태생인 그는 베를린과 프라이부르크, 뮌헨, 그리고 스위스의 베른에서 철학과 문학을 공부했다. 그의 첫 업적이자 유일하게 책의 형태로 나온 『독일 비애극의 기원(*The Origin of German Tragic Drama*)』(1928)을 출판했지만, 교수직을 얻는 데에는 실패했고, 1차 세계대전 이후 프리랜서로 비평일과 번역일을 했다. 1920년대 후반 베르톨트 브레히트(B. Brecht)를 만나 그의 작업에 동조하면서 그의 견해를 옹호했다. 그는 테오도어 아도르노(T. Adorno)를 포함한 프랑크푸르트학파의 구성원과는 달리 대중문화에 대해 긍정적인 견해를 보인 브레히트와 견해를 같이했으며, 예술과 문화의 '기술복제'가 파시스트 정권의 선전 도구로 쓰일 수 있을 뿐 아니라 진보적인 정치도구로도 이용될 수 있다고 주장했다. 나치 정권을 피해 1930년대 주거지를 파리로 옮긴 그는 가장 야망적인 연구인 『아케이드 프로젝트(*The Arcades Project*)』 집필에 착수하면서, 샤를 보들레르(C. Baudelaire)의 작품 독해를 통해 19세기 자본주의에 접근했다. 미완성으로 끝난 이 작업은 현대 도시에 대해 연구하는 사회학자나 문화비평가에게 엄청난 자료를 제공해 주었다. 독일의 프랑스 침공 이후 그는 프랑코 정권의 스페인 국경으로 도피했다가 나치에게 체포되는 것을 피하기 위해 스스로 목숨을 끊었다. 바로 이런 이유로 인해 그의 작품 대부분은 사후에 출판되었다. 2차 세계대전 이후 아도르노와 게르숌 숄렘(Gershon Scholem)의 노력에 힘입어 그의 작업에 대한 관심이 다시 살아났으며 에세이 모음집도 등장하기 시작했다.

　문화연구에 끼친 그의 영향은 다방면에 걸쳐 있다. 브레히트와 카프카 (F. Kafka)에 대한 그의 연구는 현대 예술과 정치 그리고 대중문화의 관계를 이해하는 데 중요한 역할을 한다. 그의 에세이는 페미니즘, 탈식민주의 이론과 역사연구의 논쟁에 불을 지폈다. 가장 잘 알려진 에세이 가운데 하나인 「역사철학테제(Theses on the philosophy of history)」는 선형적인 역사관이나 우연이 지배하는 역사관을 비판했으며, 문화 역사가가 현재를 과거에 연계시키는 방법을 일컬어 공간적 은유 표현인 성좌를 빗대어 표현했다.

——————————————————— ■ ■ ■ 더 읽을거리

벤야민 작품에 대한 최고의 입문서는 그의 에세이 모음집이다.

Benjamin, W. (1970). *Illuminations*. London, Fontana.
Benjamin, W. (1983). *Charles Baudelaire: A Lyric Poet in the Era of High Capitalism*. London: Verso.
Benjamin, W. (1977). *Understanding Brecht*. London: New Left Books.

통에서 교회에 위치한 예술품은 주위에 피부로 느껴지는 공간, 즉 아우라를 갖게 된다. 그때 예술 작품은 전통 속에 위치한 것이고 아우라를 생성시키는 전통 속에 있기 때문에 권위를 갖게 된 것이었다. 텍스트가 어느 특정한 위치에 존재하기에 진본이었고 이곳에 직접 방문해야만 볼 수 있었다. 기술복제의 발달은 이런 상황을 변화시켰다. 벤야민이 설명하듯이, "기술복제 덕분에 역사상 처음으로 제식이라는 전통에 기생적으로 의존하고 있던 예술 작품이 해방되었고, 복제된 예술 작품도 재생산을 위해 고안된 하나의 예술 작품이

되었다"(Benjamin, 1970: 226).

벤야민은 이런 전통에서 들어내기 또는 '꺼내기(disembedding)'(Giddens, 1990)가 예술의 정치화로 귀결되었다고 주장한다. 기술복제가 예술 작품에 대한 지식을 확장시켰기 때문에 의미에 대한 논쟁이 가능해졌고 권력의 행사를 정당화시키려는 폭넓은 시도와 연관될 수 있었다. 특정한 영화나 사진과 친숙해짐으로써 대중은 특정한 방향으로 유도될 수 있지만, 실제로 대중은 이런 형태에서 종종 다양한 의미를 발견하기도 한다. 또한 벤야민이 영화와 사진의 발전에서 추적해 낸 '전시 가치'라고 부른 것의 의미가 더욱 중요해지기도 한다. 우리는 여기서 벤야민이 소개한 주제들에 집중해 보기로 하자. 왜냐하면 이 부분이 아우라에 대한 그의 주장이 지닌 중요한 측면을 보여주기 때문이다.

벤야민은 연극에서 배우의 연기에는 아우라적 요소가 있다고 주장한다. 연기자가 특정한 연기를 통해서 특정한 날, 특정한 장소에서 자신의 역할을 수행했다는 의미에서 하나의 독특한 연기가 된다는 것이다. 그러나 영화가 발전하면서 확실한 변화가 발생하기 시작했다. 같은 영화가 미국과 프랑스에서 동시 상영되어 관객들은 같은 연기를 여러 곳에서 볼 수 있게 되었다. 연기의 의미도 변화했다. 영화에서의 연기는 여러 번으로 쪼개어져 완성된 것도 있고, 연기가 끝난 후 편집되기도 한다. 이것은 작품의 독창성이나 연기의 진정성·독창성이 모두 감소했다는 것을 의미한다.

벤야민은 연기가 지녔던 아우라가 쇠퇴하면서 이른바 '개성(personality)'과 '스타덤(stardom)'이 이를 대신했다고 주장했다. 이제 배우나 연기자는 자신의 특별난 개인적 자질로 관중에게 호응을 얻는다. 스타 기용으로 보장되는 안전한 영화 수요에 힘입어 시장에서 팔리는 상품으로서의 영화를 제작하는 것이 가능해졌다. 이제는 스타가 특정 영화에 출연하는가 하지 않는가에 따라 영화 제작이 결정된다. 스타들이 대중에게서 충성심이라는 상품을 만들어낸 것이다(Lury, 1993).

프랑크푸르트학파와 관련된 여타의 사람들과는 달리 벤야민은 이런 새로운 발전을 어떤 측면에서는 긍정적인 것으로 받아들였다. 그는 복제기술에 의해 사람들이 예술 작품에 폭넓게 접근할 수 있기 때문에 예술의 민주화가 이뤄졌다고 보았다. 그럼으로써 브레히트가 그랬듯이 문화도 활용 방식에 따라 진보적인 정치적 실천의 일부가 될 수 있게 된 것이다. 그러나 그는 한편으로 이런 발전이 지닌 다른 측면에 대해서는 비판적이었다. 예술의 상품화가 진행될 수도 있고 영화나 개성이 억압적이고 착취적인 정권을 위한 선전 도구로 쓰일 수도 있기 때문이다. 벤야민은 다음과 같이 말한다.

> 돈에 지배되는 영화 산업이 만들어낸 배우의 우상화 작업은 그 사람만 지닌 아우라를 만든 것이 아니라, '개성으로 홀리는 마력', 즉 상품의 날조된 매력을 만들어냈다. 제작자의 자본이 유행을 주도하는 한, 예술의 전통적인 개념에 대한 혁신적인 비판 외에는 오늘날의 영화 산업에 혁신적인 장점은 없다고 할 수 있다
> (Benjamin, 1970: 233).

결론적으로 말해 벤야민은 예술 작품이 복제되기 시작하면서 아우라가 상실된다고 보았다. 이런 예술의 재생산은 작품을 특정하고 전통적인 맥락에서 들어내 더 넓은 맥락 속에 다시 자리매김하고, 이 과정에서 작품의 독창성과 특이성을 상실한다. 더 나아가 상품화되고 대량화된 작품은 위조품이 된다. 날조된 매력이 만들어지고 일반 대중은 스타와 그의 개성을 우상화하는 작업에 조종당한다. 아우라적 예술과 비아우라적 예술의 주요한 차이점은 〈표 6-1〉에 정리되어 있다.

벤야민은 「기술복제 시대의 예술 작품」에서 주장한 복제와 아우라에 대한 주요한 개념 이외에도 건물에 대해, 그리고 건물이 사람들에 의해 전용되

는 방식에 대해서도 중요한 내용을 제시했다. 건물이 사람들에 의해 사용된다는 점에서 촉각의 역할을, 사람들이 건물과 도시의 이미지를 인식한다는 점에서 시각의 역할을 강조했다. 그는 19세기 파리의 도시 생활을 다룬 작업에서 시각과 일상적인 도시 문화를 심도 있게 탐구했다(Buck-Morss, 1989).

표 6-1 아우라적 예술과 비아우라적 예술

아우라적 예술	비아우라적 예술
원본	복사본
전통	현대
제식	흥행
종교	세속
사용	교환
거리감	현장감
전체	파편

벤야민은 이 글에서 텍스트로서의 도시와 그 안에서 일하면서 살아가는 사람들이 도시와 맺는 관계를 살펴보았다. 하지만 그는 사람들이 의식적으로 도시를 활용하는 방법에 관심을 두기보다는 의식하지 않고 즉각적으로, 즉 무의식적으로 도시 생활을 겪는 방법에 관심을 두었다. 그의 견해에 따르면 도시는 마치 사람들이 꿈속에서 생활하는 것과 같다(Savage and Warde, 1993). 도시에 축적된 의미와 그 의미가 주는 연상 작용, 도시의 거주자와 방문객이 실제로 그런 의미를 겪는 경험 사이에는 분명 연관성이 있다. 이 장 후반부에서 다시 이 문제로 돌아올 것이다. 우선 **산보자**(flâneur)라는 개념에서 나오는 도시 경험에 대한 중요한 분석을 살펴보기로 하자.

산보자라는 인물

모더니티개념 정의 6-1와 관련된 많은 주제, 특히 지멜과 벤야민이 생각하는 시각 문화와 도시는 산보자라는 인물의 모습으로 집약될 수 있다. 지멜의 광범위하게 분석적인 자세는 곧 산보자의 자세다(Frisby, 1981; Weinstein and Weinstein, 1993 참조). '산보자'는 도시의 거리를 소요하는 신사로, 19세기 프랑스의 시인이자 작가인 샤를 보들레르의 표현대로 도시의 볼거리를 즐기면서 "아스팔트 위에서 채집·조사하는" 사람이다(Benjamin, 1983: 36). 지멜에 대한 이런 식의 해석은 도시 사람들이 일상이나 여가 중 겪게 되는 도시 생활에 대한 벤야민의 관심에 근거를 둔다. 1930년대 중반에 쓴 글에서 벤야민은 산보자라는 개념을 유포한 보들레르의 작품을 연구하게 되었다(Benjamin, 1983). 보들레르는 도시에 거주하는 사람들의 모습을 한발 떨어져 쳐다보면서 관음증적인 즐거움을 취하는 이런 사람에 주목했다.

이런 인물에 대한 최근의 관심은 다양한 차원에서 의미를 지닌다. 우선 산보자는 역사적으로 실존했던 인물 유형으로, 파리를 묘사한 작자 미상의 글 (1906)에서 다음과 같이 묘사된 바 있다(Wilson, 1992: 94~95에서 재인용).

- 그는 도시의 모습을 관찰하면서 온종일 도시를 소요하며 지내는 '신사'다. 유행하는 옷이나 장신구, 건물, 가게, 서적, 새로운 것이나 주목을 끄는 것을 구경하며 끝없는 호기심으로 도시의 일상적인 모습을 엿보는 사람이다.
- 생계 수단은 알 수 없다. 가족도 없고, 사업을 하거나 토지를 소유한 것도 아니다. 그러나 개인 자산이 있고, 은행 이자로 생활할 수도 있다.
- 심미적인 관심이 많고 배우나 기자, 작가나 예술가들이 모이는 카페나 식당에 자주 출몰한다.
- 하위 계층 사람들, 즉 노동자, 군인, 잡상인, 부랑자들의 행동이 이 사람들에게는 도시 볼거리의 중요한 부분이다.
- 주변적 인물로 자신이 관찰하는 사람들로부터 소외된 모습을 보인다. 그는 군중 속의 고독한 인물이다.

이런 인물이 실제로 19세기 파리나 그 밖의 도시에 얼마나 많았는지는 알 수 없다. 산보자가 지닌 중요성은 이들이 실제 역사적 현상인가 아닌가에 있다기보다 이런 인물이 취하는 관찰 태도에 있다고 하겠다. 이들은 모더니티라는 새로운 상황에 말을 거는 지적인 인물이다. 자유롭게 거니는 것, 특히 도시의 풍경을 응시한다는 의미를 지닌 '산보하기(flânerie)'는 산업화되어 가는 유럽에서 생긴 대도시라는 사회적 상황에서 가능한 일이다. 그러므로 산보자는 모더니티의 공공장소에서 겪는 경험을 전형적으로 보여주는 인물이라 할 수 있다.

도시를 소요하면서 군중 속에서 자신의 익명성을 유지하는 산보자는 안전하게 멀리 떨어져 다양한 상황을 바라본다. 그가 취하는 태도의 핵심은 세상 돌아가는 모습을 보면서 단순히 관찰만 하지, 이에 대한 처방이나 치유책을 내놓지는 않는다는 것이다. 이때 시각이 가장 중요한 역할을 한다. "그는 공간과 사람들 사이에서 그에게 허가된 특권적인 시선을 떼지 않고 소요한다"(Jenks, 1995a: 146). 그에게 도시는 주거지가 아니라 전시장이다. 그에게 대도시 문화가 지닌 미로의 이미지는 신비함이 더해져 끝없는 매력을 내뿜는다. 벤야민은 "눈에 드러나지 않는 이 사람"은 "목사의 위엄과 단서를 찾는 형사의 감각"(Frisby, 1985: 229~230)을 지녔다고 말한다. 산보하기는 벤야민이 『아케이드 프로젝트』에서 탐색한 파리뿐 아니라, 그가 지적한 대로 찰스 디킨스의 『보즈의 스케치(Sketches by Boz)』에도 다양한 모습으로 등장하며, 부스(C. Booth)나 메이휴(H. Mayhew) 같은 빅토리아 시대 '사회 탐구자'들이 기록한 보고서, 에드거 앨런 포(Edgar Allan Poe)의 「군중 속의 사람(The Man of the Crowd)」 그리고 벤야민 자신의 『아케이드 프로젝트』(1999)에도 등장한다.

페미니스트들은 암묵적으로 당연한 듯이 산보자를 남성으로 연상하는 것에 주목했다. 어떤 관점에서는 여성 산보자의 역할이 없다는 것은 모더니티를 다룬 몇몇 고전문학에서 보이는 남성 편향성뿐 아니라 공공장소에서 여성의 참여가 제한적임을 상징적으로 보여주는 것이다(Wolfe, 1985). 즉, 산보의 자유가 얼마나 남성적 자유인지를 보여주며, 도시 풍광을 보는 산보자의 자유가 남성적 응시(male gaze)를 구현하고 있음을 보여준다. 6장 3절의 '로라 멀비: 남성의 응시' 참조 그러나 또 다른 페미니스트들은 이런 지적이 논의를 너무 단순화시킬 위험이 있다고 지적했다. 그들은 19세기에도 도시와 계층에 따라 여성의 도시 경험이 다양했다고 주장했다. 엘리자베스 윌슨(Elizabeth Wilson)은 19세기 영국 공공장소에서 여성이 전적으로 배제되었다고 보는 것은 잘못이라고 지적했다(Wilson, 1992). 백화점과 다방, 기차역의 간이식당, 여성 전용 식당, 여성을 돌봐주는 공공 편의 시설 등이 확장되면서 중하층 여성도 공공장소를 경험할 수 있었으며, 최소한 일부 여성은 스스로 산보자가 될 기회를 가질 수 있었다고 주장했다. 이런 문제는 당대 공공장소에서의 행동 양식에 대한 실태 조사와 연관된다. 6장 7절 '공공장소에서의 시각적 상호작용' 참조

3. 리얼리즘의 기술 사진과 영화

아우라에 대한 벤야민의 논의가 지적하듯이, 사진과 영화는 19세기 기술혁명의 산물로 모더니티와 후기 모더니티의 시각 문화의 발전과 이해에 큰 영향을 미쳤다. 이제는 사진과 영화가 세계의 **사실적개념** 정의 2-5 재현에 대한 관심을 어떻게 촉진시켰는지 알아보도록 하자. 이 문제는 조심스럽고 비판적으로 접근해야 한다.

사진과 영화의 발전

카메라는 사진이 있기 전부터 존재했다. 카메라옵스쿠라는 16세기에 회화의 보조 수단으로 널리 쓰이고 있었다. 하지만 구멍이나 렌즈를 통해 조그만

방이나 상자에 들어온 빛이 뒷벽에 거꾸로 된 상을 맺게 하는 원리는 고대 희랍인들도 알고 있었다. 이에 비해 사진은 신기술이었다. 사진을 처음으로 찍은 사람은 프랑스 발명가 조제프 니엡스(Joseph Niepce)로 1826년의 일이었다. 초기의 사진은 특별하게 처리된 판 위에 빛의 작용으로 단 하나뿐인 이미지가 생기게 하는 것이었다. 1830년대를 지나면서 세련된 기술을 계속 연구했다. 가장 영향을 준 기술은 은판 사진법으로 니엡스의 동료인 루이 다게르(Louis Daguerre)가 개발했으며 그는 이 기술을 1839년에 프랑스 정부에 팔았다. 이 기술은 유럽과 미국에 퍼져나갔지만 단 하나의 이미지밖에 만들 수 없다는 단점이 있었다. 영국의 과학자이자 여행가, 언어학자, 그리고 상원위원이던 윌리엄 헨리 폭스 탤벗(William Henry Fox Talbot)이 마침내 1841년에 캘러타이프(calotype)를 완성시켰다. 이 방법은 1~2초 동안 빛의 노출을 필요로 했고, 음판 한 장으로 여러 장의 사진을 인쇄할 수 있었다. '사진(photography)'과 '양화(positive)', '음화(negative)'라는 용어는 그의 동료 과학자인 존 허셸 경(Sir John Herschel)이 만들었다. 사진의 상업적 가능성이 개발되어 유럽과 미국의 마을마다 사진관이 생겨났으며, 곧이어 전 세계로 퍼져나갔다.

19세기 전반에 걸쳐 사진은 기술적인 기교를 익힌 소수의 수중에 있었다. 이것이 별다른 기술 없이도 사용할 수 있도록 대중화된 것은 "버튼만 누르세요, 나머지는 저희가 알아서 합니다"라는 유명한 슬로건과 함께 박스카메라를 판매했던 코닥(KODAK)사의 미국인 맥스 이스트먼(Max Eastman)에 의해서였다. 이 카메라는 필름 100장이 함께 장착되어서, 다 찍고 공장에 맡기면 필름이 현상되고 다시 새로운 필름이 장착되었다. 이것이 사진의 역사에 혁명을 일으켰으며 19세기 말에는 브라우니 카메라가 소개되면서 새롭게 발전했다. 값이 비쌌던 코닥 카메라나 그 뒤를 이었던 카메라와는 달리 단순하고 값이 싼 카메라의 등장은 사진을 사회의 모든 구성원이 소유할 수 있는 것으로 만들어놓았다. 라이카(Leica)사의 35mm 카메라(1925), 미국인 헨리 랜드(Henry

Land)가 1947년에 만든 폴라로이드 즉석카메라, 코닥사에서 생산한 카트리지 방식의 인스타매틱(Instamatic) 카메라(1963), 1960년대에 널리 퍼진 컬러 사진 등 20세기의 다양한 기술 발전으로 사진의 '보편화'가 이뤄졌다. 오늘날에는 결혼식, 세례식, 휴일 등 축하 행사에서 사진을 찍는 것이 일상화되었다. 가족, 친구, 애완동물, 좋아하는 인물 등을 모두 사진에 기록하기 위해서도 사진을 사용한다. 디지털 카메라와 사진 촬영이 가능한 스마트폰의 등장과 함께 최근에는 사진 촬영이 더욱 널리 퍼졌다. 이제는 그 어느 때보다도 자기의 전기를 만들기 위해 사진을 찍는다(Spence and Holland, 1991 참조). 사진 찍기가 "평범한 사람들의 기술"이 된 것이다(Bourdiew et al., 1990). 하지만 평범한 대중이 사진을 찍기 시작한 것은 이제 한 세기밖에 되지 않았다.

사진 제작이 전문 사진사 집단에서 거리의 모든 남녀에게로 서서히 권력이 이동하는 사진의 대중화는 1880년대의 코닥 카메라로 시작해 20세기를 지나 모든 모바일 장비에 웬만한 성능의 카메라가 장착된 오늘날에는 사진은 그다지 중요치 않은 모든 경우에도 항상 자리를 같이 한다.3장 참조 기술이 발전하면서 자신의 모습을 찍는 '셀피'로 불리는 새로운 형태의 사진술도 등장했다. 지난 20년 동안 디지털 기술이 폭발적으로 발전하면서 전문가가 아니라도 누구든 사진과 영화를 만들 수 있게 되었다. 이러한 변화에 발맞춰 새롭게 등장한 사진 형태가 '가족' 사진 또는 '스냅숏' 사진으로 자리 잡게 되었고 동시에 사진을 공유하는 새로운 형태로 급진적으로 변화했다.

가족 또는 스냅 사진은 전통적으로 그러하듯이, 대개 생일, 결혼식, 기념일, 축제일이나 기타 축제일 사진 등이 주를 이룬다. 축하할 일이거나, 집안일, 또는 특이한 상황을 담기 위해서 찍는 사진으로 대개 가족이나 친구들이 등장하며, 앨범이나 액자에 담겨 집안 거실이나 복도 등 '공적' 공간에 전시된다. 이런 사진을 소장하는 사람들에게 이런 사진들 가운데 몇 개는 이들에게 소중한 자산이 된다(Kuhn, 2007; Spence and Holland, 1991). 겉으로 보기에는 가족 스냅 사진이 가족들의 기록물처럼 보일 수 있지만, 대개는 더욱 제한된 범위의 값어치를 갖기 때문이다. 샬펜(R. Chalfen)은 스냅 사진은 '성공을 했다거나 행복한 삶으로 만들어주었다든가 하는 사건들을 그대로 재현해 줌으로써 그 사건들을 축하하는' 의미를 갖는다고 했다(Chalfen, 1987: 99). 스냅 사진 속 이미지들은 '안락한 삶을 추구하고 행복한 가족생활을 유지하고 사람들이 서로 잘 지내는 그런 사회적 관계 속에서 살아간다는 특정한 문화적인 개념'과 일치한다.

그 밖의 평자들 역시 가족 스냅 사진이 보이는 표준화된 전통적인 성격을 지적한다. '사진이란 것은 대개 한 집단의 결속된 모습'이 담겨 있고 여기에는 사진이 지닌 '상황을 뒤흔드는 힘'이 빠져 있다고 언급한 **부르디외**주요 영향 5-2의 주장에는 여유로운 상황에서 아무런 갈등도 없는 행복한 사람들의 모습을 담고 있다는 의미가 담겨 있다. 하지만 질리언 로즈(Gillian Rose)는 어머니들이 모은 가족 사진첩을 실제 조사한 결과 가족사진이 '결속뿐 아니라 부재감, 공허감, 상실감을 표현한다'(Rose, 2003: 7)고 보았다. 로즈가 조사한 어머니들은 자주 사진을 들여다보면서 정서적으로 반응한다(집을 가정으로 만드는 것이라 할 수 있다). 이러한 사진들이 지닌 의미에 대한 어머니들의 논의에는 현존과 부재, 상실감과 변화가 우선적인 주제로 등장했다. 사진들은 '여기-지금'을 '거기-그때'와 연결시켰다. 로즈의 어머니들에게는 가구나 창문틀에 전시된 가족사진이 삶을 돌아보게 하는 기회로 작동한 것이다. 사진은 종종 '첫' 사건, 처음 난 치아, 처음 신은 구두, 처음 등교한 날 등을 담고 있고, 어떤 사진들에는 고인이 된 친지의 모습이 담겨 있다. 이처럼 가족사진은 우리가 생각하는 것보다 더 복잡한 의미와 용도를 지닌다.

움직이는 사진인 영화는 정지해 있는 사진보다 역사가 더 짧다. 영화 제작 기술은 1895년 파리에 최초의 영화관을 연 뤼미에르 형제(Louis and Auguste Lumière)에 의해 발명되었다. 이전의 다른 영화 카메라와는 달리 이들의 카메라는 운반이 가능했고, 형제의 열정적인 기업 활동 덕에 20세기 말에는 전 세계의 도시로 퍼져나가게 된다. 오늘날 영화 산업은 지구상에서 최고의 흥행 산업이고 그 여파는 세계 모든 곳에서 느낄 수 있다. 영화 기술의 발전은 사람들이 세상을 이해하는 방식을 엄청나게 바꿔놓았다. 예를 들어, 우리는 영화를 통해 동물의 움직임을 전혀 다른 방식으로 볼 수 있고 이해할 수 있게 되었다.

영화가 지닌 엄청난 역량을 이해하는 데 있어 더욱 유력한 방식은 프랑스 철학자인 질 들뢰즈(Gilles Deleuze, 1925~1995)의 글에서 찾을 수 있다. 그의 글은 1장에 소개된 바 있다. 영화를 다루는 데 있어 그는 이 장에 실린 다른 평자들이 영화 이론가로서 접근한 것과는 달리(예를 들면 맥케이브와 멀비),6장 3절의 '콜린 맥케이브: 고전적 사실주의 텍스트'와 '로라 멀비: 남성의 응시' 참조 영화 미디어가 지닌 혁신적인 가능성을 장점으로 보고 영화를 통해 새로운 철학적 개념이 탄생할 수 있다고 보았다. 이 말은 영화가 들뢰즈의 글에서 단지 추상적인 철학하기의 수단으로 활용되었다는 것을 말하는 것이 아니다. 그는 영화가 회화나 글쓰기와는 전혀 다르다는 사실에 깊은 관심을 가졌다. 게다가 그는 동시대 다른 철학자들처럼 특별한 형태의 영화 작업을 지적으로나 정치적으로 매우 높게 평가했던 문화에 속한 철학자였다(Colman, 2011; Harvey, 1980 참조). 들뢰즈의 핵심적인 주장은 영화가 '이미지 배열을 특정한 단독 관찰자의 관점으로부터 해방시켰다'는 점이다(Colebrook, 2002: 31).

앞서 언급했듯이 19세기 말과 20세기 초엽이 되면 시간과 공간에 대한 새로운 이해가 예술, 과학, 문학 분야에 등장했다. 들뢰즈는 초기 영화 산업이 움직임과 시간을 다른 방식으로 보게 해주었다고 주장한다. 그는 "움직임은 그것이 점하고 있는 공간과는 별개다"라고 말한 프랑스 철학자 앙리 베르그송(Henri Bergson)의 주장을 이어받아 영화에 담긴 움직임은 공간에 대한 일상적인 인식이나 재현과는 별개로 이미지의 연속을 통해 전해진다고 언급했다.

마찬가지로 선형적으로 흐른다는 기존의 시간 개념 역시 영화에 의해 기존 인식에서 벗어난 방식으로 전달된다는 것이다. 시공간 개념이 새롭게 인식 된 것이다. 영화는 감성적인 효과를 낼1장, 4장 참조 뿐 아니라, 일상생활개념 정의 3-4을 인식하거나 재현하는 방식을 뒤흔든 셈이다. 세상이 변화될 수 있고 되기의 과정에 있는 것이다. 하지만 들뢰즈에게 모든 영화나 사진이 전통적인 내러티브 기술이 확립되었던 식으로 들뢰즈가 제시하는 그런 가능성들을 전 개할 수 있는 것은 아니다. 현대인이 초기 영화의 형태들을 시청할 때 '어려 움을 느끼는' 것은 이런 이유 때문이다.

이후의 역사가 보여주듯이, 영화와 사진은 둘 다 과학적 도구, 흥행 산업, 예술, 감시 도구, 강력한 선전 도구 등 다양한 용도로 쓰일 수 있다. 도시 생 활에 대한 기록 사진을 살펴보면 이러한 용도가 복잡하게 얽혀 있다는 것을 볼 수 있다.

다큐멘터리의 전통

다큐멘터리 영화나 사진의 전통은 19세기 후반 실제 세계를 사실적으로 묘사하고자 노력하는 가운데 미국과 영국에서 등장했으며 다양하고 풍부한 역사를 지닌다. 미국에서 일찍이 이 전통에 기여한 사람은 제이콥 리스(Jacob Riis)로 그가 『인구의 반은 어떻게 생활하는가(How the Other Half Lives)』(1890)에 서 보여준 뉴욕 로어 이스트 사이드(Lower East Side)의 빈곤층에 대한 다큐멘 터리 사진은 여론에 중대한 영향을 미쳤다. 20세기 초반 산업체의 작업 상황 에 대한 루이스 하인스(Lewis Heins)의 다큐멘터리 역시 미국의 개혁 움직임과 법 제정에 영향을 주었다. 한 세대 후에, 농업안정국에 고용된 사진작가들은 일련의 사진을 모아서 유명 신문사, 특히 많은 구독자를 보유한 《라이프 (Life)》 등의 화보 잡지사에 뿌렸다. 그 결과 1930년대 소농이 겪은 비참함과 가뭄으로 농지가 황무지로 변해 서부로 이주할 때 이들이 겪은 어려움이 대중에게 절실하게 와 닿았다. 이런 문제를 가장 잘 다룬 책은 제임스 에이지 (James Agee)와 워커 에반스(Walker Evans)의 『우리 이제 저명한 이들을 찬양합시다(Let Us Now Praise Famous Men)』(1941)다. 유럽에서는 파리의 거리 풍경과 카페의 모습을 담은 앙리 카르티에브레송(Henri Cartier-Bresson)과 브라사이 (Brassai)의 사진이 인기 있었다〔웨스터벅(Westerbeck)과 마이어로위츠(Meyerowitz)의 거리 사진의 역사를 다룬 탁월한 작품, 1994〕. 텔레비전이 아직 초기 단계일 때 다큐멘터리 작가들은 포토저널리즘이라는 새롭고 강력한 작업을 통해서 대중에게 다가갈 수 있었다. 1930년대에 미국과 유럽에서 다큐멘터리의 구독층이 많았다는 사실은 더 넓은 사회적 흐름 속에서 이해되어야 한다. 당시 사람들은 보통 사람이 겪는 일상적인 일에 대해 새로운 감수성을 보였으며 그것은 여론조사, 공동체 연구, 현상학, 대중예술, 뉴스 영화(newsreel cinema), 포토저널리즘 잡지나 텔레비전 연속극과 같은 다양한 형태를 통해 표현되었다.

최초의 영화 중 하나는 회사를 떠나는 노동자의 모습을 담은 뤼미에르의 영상이다. 뤼미에르 형제는 국내외의 다양한 일상적인 모습에 초점을 맞춰 조명하기 위해 그들의 발명품을 활용했다. 자신들의 여정을 담은 짧은 영화를 이들은 '다큐멘터리'라고 불렀다. 비록 머지않아 유흥의 목적으로 할리우드 영화 산업에 이용되기는 하지만, 일상의 모습을 기록하는 힘은 쉽사리 줄어들지 않았다. 대표적인 예가 로버트 플래허티(Robert Flaherty)가 〈북극의 나누크(Nanook of the North)〉(1922)에 기록한 이누이트인의 삶에 대한 묘사다. 소련에서는 이제 막 성립된 새로운 사회의 다양한 모습이 키노프라우다 (Kinopravda, 영화 진실) 영화인들에 의해 기록되었다. 다큐멘터리 영화가 지닌 이데올로기적 역량은 나치 정권 때 확인되었는데, 1934년 나치당의 유세를 담은 레니 리펜슈탈(Leni Riefenstahl)의 〈의지의 승리(Triumph des Willens)〉는 영화가 지닌 선전 기능에 새로운 지평을 열었다.

관례적으로 우리는 다큐멘터리와 픽션을 구분한다. 다큐멘터리는 무엇이든 간에 만들어내는 것이 아니라 보고하는 것이다. 마이클 레노브(Michael Renov)는 "모든 다큐멘터리는 일종의 '진리 주장'을 하며, 역사의 허구물이라는 유추적 위치를 넘어서는 것"이라고 주장했다(Renov, 1986; Winston, 1995: 6에서 인용). 사실 주장에 대한 충동이 높아, 다큐멘터리 사진과 영화는 상황의 한 단면을 그대로 보여주고자 한다.

> **"** (다큐멘터리는) 의미를 강요한다. 독자들에게 실제 경험적 증거를 제시하면서 논쟁을 불가능하게 만들고 해석을 불필요한 것으로 만든다. 증거를 강조하면서 사실 자체가 말하게 한다. …… 사실이 중요하기에 어떠한 미디어를 통해서도 전달될 수 있다고 보며 …… 기록물의 핵심은 형태, 문체, 미디어가 아니라 항상 그 내용인 것이다(Stott, 1973: 14).

하지만 다큐멘터리 역시 보는 사람들로 하여금 세상이 어떻게 작동하는지에 대해 특정한 결론에 이르도록 유도한다. 다큐멘터리가 그리는 것은 종종 일상생활과 평범한 사람들의 즐거움 또는 고통 받거나 억압받는 자들의 경험 등이지만, 보는 관객들이 상황에 공감하도록 그려진다. 대개 다큐멘터리는 단지 사실적 묘사라고 공언하면서 "있는 그대로를 말한다"라고 시작한다. 잘 알려진 다큐멘터리 작가인 도로시아 랭(Dorothea Lange)은 "다큐멘터리 사진은 우리 시대의 사회 모습을 기록하며, 현재를 그리지만 미래를 위해 기록한다"라고 주장했다(Ohrn, 1980: 37에서 인용). 그러나 항상 그렇듯이 다큐멘터리에 대한 이런 사실주의적 이야기는 남을 설득하려는 논조와 연결되어 있고, 보는 이가 묘사된 것에 대해 특정한 태도를 취하도록 부추긴다. 예를 들어 1930년과 1940년대에 활동하면서 영국과 북미의 다큐멘터리 영화 전통이 발전하는 데 중추적 역할을 한 스코틀랜드의 영화 제작자인 존 그리어슨(John

Grierson)은 영화를 설교단으로 간주한다고 했다. 그는 현실의 모습을 구축해 사회를 해설하고 사회 개혁의 영감을 제공하는 영화의 사명을 다하기 위해 영화가 지닌 관찰 능력을 활용하는 것이 자신의 철학이라고 밝혔다(Barnouw, 1974).

다큐멘터리는 이처럼 사진의 엄청난 묘사 능력을 최대로 활용한다. 사진은 세계에 존재하는 물질적 현실에 대한 정확한 기록을 제공한다. 사진은 '"생생한 사실"에 대한 기준 척도'로 알려졌다(Snyder and Allen, 1982: 66). 화학적으로 처리된 종이에 기계가 만들어낸 빛의 노출 작용 등 자동 과정에 의해 만들어진 사진은 인간의 작동과는 무관한 재현 양식이다. 이젤에 대고 그리는 그림으로는 절대 얻을 수 없는 객관성과 진정성을 갖는 재현 양식으로 여겨졌다. 존 버거는 "사진은 외양을 해석하는 것이 아니라 그대로 인용하는 것이다"라고 요약했다(Berger, 1989: 96). 유명한 선전 문구에 나오듯이, 사진은 "기억력이 있는 거울"로 알려졌다. 이런 모든 견해는 사진의 사실주의개념 정의 2-5를 옹호하는 주장들이다. 하지만 이들이 사진이 인위성과 거리가 있다는 주장이나 다큐멘터리 또는 과학용 사진과 예술 사진이 전혀 다르다는 과장된 주장까지 옹호하는 것은 아니다. 예술 사진은 사진이 단지 기록 수단이 아니라 미적 대상이라는 인식하에 등장했다. 수전 손태그(Susan Sontag)가 말하듯이, "사진을 통해 추악한 모습을 찾아내려 들지는 않는다(Sontag, 1979: 85). 많은 사람은 사진을 통해 아름다움을 찾아왔다". 〈표 6-2〉는 이런 문제를 보여 준다.

〈표 6-2〉는 서로 다른 두 가지 사진 유형을 보여주는 것이 아니고, 사진 이미지를 평가하는 두 가지 차원을 보여준다. 가장 설득력 있는 견해는 다큐멘터리가 그 활용성으로 정의된다는 주장이다. 다큐멘터리 사진은 분명 사실 기록의 용도로 활용된다(Snyder, 1984). 하지만 이 주장은 다큐멘터리 사진도 미적 감상이 가능하다는 여지를 남겨둔다. 때로는 강력한 이미지가 어떠한

표 6-2 사진에 대한 예술적 의미와 다큐멘터리적 의미

예술 사진	다큐멘터리 사진
예언자로서의 사진사	증인으로서의 사진사
표현으로서의 사진	보도로서의 사진
상상력과 개념적 진실 이론	경험적 진실 이론
정서성(affectivity)	정보 가치성
상징주의	사실주의

상황의 사실성을 가장 효과적으로 보여주기 때문이다. 다큐멘터리가 설득력을 가지려면 묘사적 관심과 미적 관심이 교묘하게 결합되어야 한다. 포즈, 빛, 배치, 렌즈, 필름의 종류, 포커스, 자르고 붙이는 편집 기술 등 제작상의 결정들은 과연 효과적 이미지가 무엇일지에 대한 사진작가의 감각에 따라 방향이 정해지기 때문이다.

다큐멘터리의 사실주의는 결국 전문적인 이데올로기개념 정의 2-3라고 할 수 있다. 단순화시켜서 보면 이는 두 가지 의심스러운 전제에 의존한다. 첫째, 카메라는 거짓 없이 사진을 찍고, 둘째, 보이는 그대로의 사실을 충실하게 기록한다는 것이다(Ruby, 1976). 이런 전제에 대해서는 사람이 사진을 찍는 것이지 카메라가 찍는 것이 아니라는 사실과 이런 사진이 항상 임의성을 갖는 특정한 관점에서 찍힌다는 사실을 기억해야 한다. '임의성'이라 함은 우연성을 의미하는 것이 아니라, 달랐을 수도 있다는 것을 의미한다. 즉, 또 다른 사진이 찍힐 수도 있었다는 뜻이다. 위대한 프랑스의 다큐멘터리 작가 앙리 카르티에브레송은 이것을 파리의 거리 모습을 담기 위해 '결정적 순간'을 기다린다는 말로 표현했다. 두 번째 전제 역시 그대로 받아들이기 힘들다. 사진은 명확하고 투명하게 현실을 기록하는 것이 아니다. 사진을 이해할 때, 우리는 개인적·문화적 지식과 시각적 교양, 사진이 출판된 곳과 사진에 대한 설명 등 다양한 요소에 의존한다. 두 가지 전제에 대한 이런 비판은 다음 항의 문제로 연결된다.

콜린 맥케이브: 고전적 사실주의 텍스트

자주 인용되는 콜린 맥케이브(Colin MacCabe)의 글은 영화와 사진 같은 예술에서의 **사실주의**개념 정의 2-5 옹호에 대해 비판적인 논쟁을 유발시켰다 (MacCabe, 1981). 그는 현대사회에서 지배적인 텍스트 형태는 고전적 사실주의 텍스트라고 주장했다. 고전적 사실주의 텍스트는 디즈니사의 만화영화에서부터 찰스 디킨스의 소설을 포함해 〈이웃들(*Neighbors*)〉과 〈뉴욕 경찰 24시(*NYPD Blue*)〉, 그리고 〈터미네이터 2〉부터 영국의 '사실주의' 영화인 〈토요일 밤과 일요일 아침(*Saturday Night and Sunday Morning*)〉을 총망라하는데, 이는 그가 말하는 사실주의가 사진이나 영화가 세상의 실제 모습과 그대로 일치하는가의 차원보다 훨씬 심오하기 때문이다. 그는 네 가지 특징을 통해 고전적 사실주의 텍스트를 정의한다.

첫째, 고전적 사실주의 텍스트는 **담론**개념 정의 1-5의 체계로 구성된다. 이 체계의 맨 위에는 실제에 대한 적합성을 주장하는 담론이 있다. 소설에서는 화자의 목소리나 이야기 자체의 흐름이 이에 해당한다. 시각적인 형태의 고전적 사실주의 텍스트에서 진실은 우리가 화면에서 보는 것에 의해 드러난다 (Hill, 1986). 텔레비전 프로그램이나 영화를 볼 때 우리는 언젠가는 '진실'이 드러나리라고 기대하고, 또 이것은 대개 이야기의 맨 마지막 부분에 시각적으로 드러난다. 추리소설의 결론부에서 우리는 '누가 그랬는지' 알게 될 것으로 기대한다. 결말은 종종 범죄의 해결을 주도한 남자 주인공을 통해 우리에게 알려진다. 여러 면에서 볼 때 진실을 보여주거나 실제를 묘사하는 지배적 담론은 이야기의 구성을 조직하는 남성의 행동과 관련되어 있다(Abercrombie and Longhurst, 1991).

둘째, 고전적 사실주의 텍스트는 특히 텍스트의 독자나 시청자가 주인공과 자신을 동일시하도록 부추긴다. 독자나 시청자로서 우리는 주인공의 행동이나 관점을 받아들이게 되는데, 이것이 때로는 **이데올로기적**개념 정의 2-3 방식으로 우리에게 영향을 미친다. 고전적 사실주의 텍스트는 청중인 우리를 이야기 흐름 속으로, 즉 진실을 드러내는 담론 속으로 엮어 넣는다. 약간 단순화시켜 말하자면 셜록 홈스의 이야기에서 홈스의 행동과 지식이 진실과 직접 관련이 있고, 그가 독자에게 진실을 알려주는 사람이 된다. 실제 화자인 왓슨은 홈스에게 모든 것을 전달받으며 청중에게는 단지 중개자의 역할만 하게 되는 것이다. 가끔 홈스가 약간 둔하게 반응할 때 왓슨이 비판적인 태도를 보여주는 경우도 있지만 궁극적으로는 이런 담화 역시 실제 상황과 진실이 과학적으로 규명되면서 묻히고 만다.

셋째, 고전적 사실주의 텍스트는 닫힌 구조를 지닌다. 진실이나 사실에 대해 독자들로 하여금 선택의 여지를 허용하지 않는다. 이야기 진행 중에 제기된 문제나 난맥에는 반드시 해결책이 제시된다. 인기 있는 영화나 소설의 경우 결론이나 해결책 없이 끝나는 경우는 드물다. 헝클어진 부분은 꼭 매듭이 지어진다. 실제로 고전적 사실주의 텍스트를 읽는 즐거움은 이런 이야기에 나오는 문제나 등장인물의 운명이 해결점을 찾는 데서 온다고 할 수 있다.

넷째, 고전적 사실주의 텍스트의 독자는 본질적으로 수동적이다. 진실이나 사실은 작품의 말미에 독자에게 전달된다. 결국 읽으면서 독자가 비교적 할 일이 없다는 말이다. 텍스트가 제시하는 전제에 적극적으로 참여하기보다는 단지 텍스트에 반응할 뿐이다.

맥케이브는 이런 고전적 사실주의 텍스트가 지배적 장르가 되는 것이나 그 영향에 대해 비판적이다. 맥케이브가 보기에 이런 작품은 이데올로기적으로 되기 쉽다. 텍스트 속의 인물들이 성적 또는 인종적 전형을 **재현**개념 정의 2-5 해서라기보다는, 텍스트의 구조 자체가 모순이나 상반된 관점이 해결될 수 있다고 암시한다는 점에서 이데올로기적이다. 맥케이브는 이런 텍스트는 현실에 대해 하나의 특정한 입장만을 취하기 마련이고, 결과적으로 자본주의 사회에 존재하는 진정한 모순을 해결할 수 없다고 주장한다. 이 과정에서 텍스트는 독자로 하여금 스스로 또는 남과 연계하여 진실과 사실을 적극적으로 탐구하게 만들기보다는, 그저 수동적이 되게 만든다. 이것은 사실주의 양식을 사용해서 극단적이거나 좌파적인 메시지를 전달하려 할 때도 마찬가지다. 맥케이브는 이 경우 사실에 대한 특정한 입장이 독자에게 받아들여지도록 제시되고, 진실은 비교적 문제가 없는 것으로 보이게 만든다고 했다. 이런 견해는 정치적 관행과 영화나 텔레비전 제작을 둘러싼 논쟁을 불러일으키는데, 이 논쟁은 종종 〈희망의 나날들(*Days of Hope*)〉에 대한 논쟁으로 알려지기도 했다(Bennet et al., 1981 참조). 이 논쟁에서 맥케이브의 입장은 사실주의 형식에 급진적인 내용을 담을 수 있는 가능성을 발견한 사람들에 의해 반박되었다. 특히 1926년에 발생했던 총파업 사건을 극화한, 영국 텔레비전에서 방영된 〈희망의 나날들〉 같은 작품이 이에 해당했다. 맥케이브도 다큐멘터리 영화 제작자나 사진작가의 사실주의 옹호를 반박했다. 본질적으로 브레히트적인 맥케이브의 입장은 이런 노력이 실패할 수밖에 없다는 급진적인 입장으로, 분명한 대안은 고전적 사실주의 텍스트와 관련된 기대감을 파괴할 더욱 급진적인 형식을 사용하는 것이다. 맥케이브는 지배적인 서술 양식이 수동성과 근본적으로 거짓된 즐거움을 유도한다고 주장한다.

로라 멀비: 남성의 응시

사실주의 영화나 서사 영화에 대한 맥케이브의 평가나 비판은 현대 할리우드 영화에서 나타나는 남성적 응시에 대해 다룬 멀비(Laura Mulvey)의 개척자적인 연구와 일맥상통한다. 남자 주인공[3장 참조]의 행동과 시선이 고전적 사실주의 텍스트 내용의 핵심이 되기 때문이다. 멀비는 정신분석개념 정의 1-1의 틀 안에서 작업을 시작해 프로이트와 라캉의 작업을 끌어들였고, 특히 지배적인 할리우드식 서사 영화에서 얻는 시각적 즐거움이 주는 성적인 측면을 탐구했다. 그녀는 서사 영화가 나체나 외설 사진을 보고 성적 쾌감을 느끼는 절시증(scopophilia)과 자기동일시라는 두 가지 즐거움을 준다고 주장한다.

절시증은 보는 데에서 오는 성적 쾌락을 뜻한다. 극단적인 형태는 훔쳐보기에서 오는 쾌락으로, 다시 말해 절시증의 '도착적' 형태는 관음증이다. 절시증의 쾌락은 보는 자와 대상이 분리되어 있다는 사실에 기인한다. 어떠한 상황이나 텍스트를 들여다보면서, 일반적으로 우리는 "시각을 통해 다른 사람을 성적 자극의 대상으로 활용"(Mulvey, 1981: 208)하고, "이들을 조정하면서 호기심을 갖고 응시함"(Mulvey, 1989: 16)으로써 쾌락을 얻는다.

멀비는 이런 쾌락에 덧붙여 영화의 관객이 동일시의 과정을 통해서도 즐거움을 얻는다고 주장한다. 스크린을 보면서 관객은 자기 앞에 벌어지는 광경 속으로 빠져들게 된다. 이런 동일시 과정은 앞에 언급한 절시증의 과정에서 생긴 거리감과 분리감을 해체해 버리는 경향이 있다. 자신과 영화 간의 경계가 무너지고, 관객도 영화 속 한 장면의 일부가 되는 것이다. 멀비는 이런 두 가지 과정이 역설적으로 얽힌다고 보았다. 그리고 이는 멀비의 관심사인 이러한 과정이 보이는 젠더적 성격을 통해 설명될 수 있다.

멀비는 "성적으로 불균형하게 구성된 세계에서 시각적 즐거움은 적극적인 남성과 수동적인 여성으로 분열된다. 결정권을 가진 남성적 응시는 그에 맞추어 형성된 여성 인물에게 자신의 환상을 투사한다"라고 주장한다(Mulvey, 1981: 209). 전통적인 할리우드 영화는 여성을 남성적 시선의 대상으로 보여준다. 영화에서 남성은 적극적이고, 그가 바라보는 시선 역시 적극적이다. 여성은 남성이 바라보는 대상이다. 하지만 여기서 멀비는 앞서 언급한 역설로 돌아간다. 화면에 여성이 등장하면 영화의 이야기를 이끌어가는 추동력이 방해를 받는다. 관객이 여성의 이미지에 시선을 고정시키면, 영화의 이야기 속에 끌려들어가지 않게 된다. 다시 말해 앞서 맥케이브가 제시했던 것처럼 영화의 이데올로기적 틀 속에 엮이지 않게 되는 것이다. 멀비는 이런 역설이 전통적인 영화에서는 특별한 방식으로 해결된다고 주장했다.

> 66 정상적인 서사 영화에서 여성의 존재는 없어서는 안 되는 요소다. 하지만 시각적으로 여성이 등장하면 영화의 이야기 전개에 방해가 되는 경향이 있다. 에로틱한 상상의 순간에 영화의 흐름이 얼어붙게 되는 것이다. 이렇게 어울리지 않는 외부적 존재인 여성은 다시금 서사의 전개 속으로 통합되어야 한다(Mulvey, 1981: 209).

이런 통합은 이야기 속에서 여성을 남성적 응시의 대상으로 위치시킴으로써 가능해진다. 여성 인물은 종종 남성 인물의 응시 대상이 된다. 이때 여성은 쇼걸일 수도 있고 옷을 걸치지 않은 창녀일 수도 있다. 예를 들어 1980년대 텔레비전 시리즈 〈마이애미 바이스(Miami Vice)〉에 등장하는 여성 경찰관은 창녀로 위장해 수사하면서 자신의 몸을 남성 관객에게 노출시키기도 한다. 남성 관객들은 절시증적 쾌락을 느낀다. 그리고 영화 속 남성 인물의 시선과 쾌락을 공유하고 자신의 것으로 느끼는 가운데 다시금 영화의 이야기 속에 통합된다. 적극적인 주인공이 여성을 소유하게 되고 그의 행위와 동일시가 시작된다. "남자 주인공이 무대를 마음대로 휘젓고 다닌다. 그는 남성적 시선을 보내고 행동을 주도하며 무대를 환상적 공간으로 만든다"(Mulvey, 1981: 211). 이런 과정을 통해 관객은 다시 영화 속으로 엮이게 되는 것이다.

멀비는 영화와 관련한 세 개의 **시선**을 제시하면서 결론을 맺는다. 첫째, "필름 앞의 사건을 기록하는 카메라의 시선", 둘째, "제작된 영화를 보는 관객의 시선", 마지막으로, "영화 안에서의 인물들 간의 시선"이다(Mulvey, 1981:

214). 그녀는 "서사 영화의 관행은 처음 두 시선을 부정하고는, 이것을 세 번째 시선에 종속시킨다"라고 주장한다(Mulvey, 1981: 214). 여성 인물을 바라보는 남성적 응시에서 즐거움을 느끼지만, 이것은 곧 영화의 이야기에 통합되고 우리는 다시 영화 속으로 몰입된다. 극장 안에서 만들어진 작품을 보고 있다는 사실을 망각하고는 자신을 남자 주인공과 동일시하면서 영화의 세계에 들어가게 된다. 멀비는 이런 남성적 응시와 지배적인 할리우드 서사 영화에 대해서 특히 비판적이다. 그녀는 "이런 관음증적 목적을 위해 끊임없이 자신의 이미지가 도난당하고 이용당해 온 여성들은 전통적인 영화 형식이 쇠락하는 모습을 감상적인 회한의 감정으로 바라볼 뿐이다"라고 주장한다(Mulvey, 1981: 215). 더 진보적인 영화를 위해 멀비는 지배적 형태의 영화가 주는 즐거움을 파괴하려 한다.

슬라보예 지젝: 정신분석과 영화

지젝은 오늘날 가장 많은 집필 활동을 하는 논쟁적인 문화 이론가 중 한 명이다. 그는 프로이트, 라캉, 독일 이상철학에 대한 폭넓고 종합적인 해석을 통해 자본주의에서 주체가 어떻게 구축되는지 논했다. **정신분석**개념 정의 1-1과 철학 분야에 대한 작업을 통해 그는 영화에 주목했으며, 라캉식 정신분석의 틀로 대중적인 영화를 해석했다. 이러한 해석을 통해 그는 주체가 영화 속에서 구축되고 재현되는 의미심장한 방식들을 드러냈다. 그의 주장에는 강한 비판 의식이 담겨 있다. 그는 당대의 자본주의 사회에서 주체의 구축 과정이 얼마나 문제적 성격을 보이는지를 드러낸다. 그러므로 그는 사회적·심리적 근거에서 볼 때 더 나은 사회적 구성체가 필요할 뿐 아니라 바람직하다고 보았다. 그는 이론적·방법론적 차원에서 다원론 입장을 취하지 않았고, 글에 흐르는 유머와 농담에도 불구하고 **포스트모더니스트**개념 정의 6-1 정치학과 문화적 다문화주의를 강하고 진지하게 비판했다(P. A. Taylor, 2010).

지젝은 라캉의 정신분석학, 독일 이상철학 가운데 헤겔 철학, 마르크스주의 전반, 그리고 특히 **이데올로기**개념 정의 2-3 분석을 하나로 엮었다(Sheehan, 2012). 그러므로 한편으로는 이데올로기 이론을 통해 라캉의 정신분석과 마르크스주의를 묶은 루이 알튀세르 같은 마르크스주의자의 대를 잇는 사상가이기도 하다. 언뜻 보기엔 라캉과 헤겔 간에 어떤 공통점도 찾을 수 없는 듯 보이지만, 실은 "우리가 일상적으로 거주하는 상징적 세계와 그것을 떠받치는 존재론적 빈 공간 간의 엄청난 분열을 라캉과 헤겔이 공유하고 있다"(Sheenan, 2012: 7)고 여겨진다. 그러한 공간을 개념화하는 한 가지 방법은 이를 '실재'(Real)로 보는 것이다. 이 공간은 "상징화에 쉽게 굴복하지 않고 우리가 개념화하거나 말로 쉽게 표현할 수 없는 고집스러운 존재의 핵심"(P. A. Taylor, 2010: 59)이기도 하다. 이러한 전제하에 핵심 이슈는 이런 실재계가 알 수 없는 영역이라는 점이다. 어쩌면 우리가 느낄 수는 있지만, 그것을 알아가는 과정 중에 상징 영역으로 끌어올려 말하고 표현할 수 있기에, 실재계란 결국 불가지 영역에 속하는 동시에 인간이 인지하려는 과정을 통해 존재하게 되는 것이다. 여기에서 바로 상상계와 상징계가 작동하게 된다. 유아 시기에 인간은 이미지와의 동일시를 통해 통일된 자아를 만들어낸다. 이것이 바로 상상계로 부재하지만 시각적 존재인 이미지를 통해 "'상상한다'라는 뜻을 지닌 용어"다. 상징계는 인간이 언어를 통해 사회를 해석하는 언어의 영역이다. 이러한 과정의 다양한 모습에 대해서는 앞장에서 이미 논의된 바 있다. 지젝이 지적하는 언어의 중요한 역할 가운데 하나는 언젠가 삶의 한 지점에서 죽거나 존재하지 않게 될 자연 속의 유한한 것들을 영원한 것으로 만든다는 점이다. 언어를 통해 죽은 자들이 계속 존재하게 된다는 것인데 이는 영화나 사진을 통해서도 작동한다. 고인이 된 분들의 사진을 소장할 때 어떤 면에서는 마치 고인이 된 영화배우들이 그러하듯이 상징계 세계 속에서 계속 존재하게 되는 것이다.

결국 상징화 과정을 통해 인간은 자아를 형성해 나간다. "우리가 그 안으로 태어나고 하나의 주체로 인식되는 광활한 상징계의 장을 의미하는 라캉의 용어는 바로 대타자(the Big Other)"(Sheenan, 2012: 16)다. "느낄 수는 없지만, 인간이 관계를 맺고 기대는 모든 신념 체계를 모아둔 사회적인 저장고"(P. A. Taylor, 2010: 73)다. 실재계는 인지 불가능한 것과 통일된 주체라는 상상적 구성체, 그리고 대타자와 연계된 상징 과정 모두를 하나로 묶는다. 이를 통해 실재계는 첫째 미지라는 느낌, 언캐니(uncanny), 또는 미지의 두려움, 둘째 우리가 합리적으로 행동할 수 있는 통일된 주체나 정체성을 갖추었다고 상상하는 것, 셋째 '무의식적인' 언어 활용과 우리가 별생각 없이 받아들이는 언어의 역동성과 문화적인 습득이 만들어낸 개념 등을 하나로 묶는다. 이런 과정 가운데 고통이 따르고, 허상과 오인이 따르게 마련이다.

앞서 지적했듯이, 영화는 이런 개념과 지젝이 언급한 다양한 개념을 통해 해석될 수 있고, 또한 해석학적 순환을 통해 이러한 개념을 보여주기도 한다. 분석에서 지젝이 사용한 특정한 정신분석학적 면들은 〈기묘한 영화 강의(*The Pervert's Guide to Cinema*)〉(소피 파인스 감독, 2006)에서 찾을 수 있다. 상호 소통하는 다양한 영역이 어떻게 활용되었는지를 잘 보여주는 예는 〈라이언 일병 구하기(*Saving Private Ryan*)〉(스티븐 스필버그 감독, 1998)로 이 영화를 통해 지젝은 사람들이 환상을 통해 실재계로부터 자신을 보호하는 방식을 보여준다. 이 영화는 전쟁 중 라이언 일병을 죽음의 운명에서 구해내려는 주 이야기로 들어가기 전에 노르망디 해안에서 벌어진 혈전 장면을 한동안 보여준다. "차분한 서사 대신, '극악한 살육이라는 실재계의 모습을 숨기는 상징적인 허구'인 개개인이 마주하는 혈투 장면은 '익명의 기술 도구로 변한 객관화된 전쟁의 실재계로부터 도피하기 위해'" "환상의 보호 방패 역할을 한다"(Sheehan, 2012: 37; *The Art of the Ridiculous Sublime*, 2000: 34; *The Fragile Absolute*, 2000: 76~78의 지젝을 인용). 관객이 담화 속으로 엮인다고 본 맥케이브나 멀비와는 대조적으로 지젝은 "대중문화의 텍스트가 주체의 조건을 정의하는 존재 결여의 드라마를 어떤 식으로 알레고리화하는 데 기여하는지" 보여준다(Carrabine, 2008: 62; Allen, 2004: 62을 인용).

멀비와 지젝의 작업은 영화연구에 영향을 미친 정신분석의 관점 내에 자리한다. 하지만 이런 접근은 이후 사회학이나 문화연구 분야에서 제기된 문제들을 등한시하는 경향이 있다. 예를 들자면, 성이나 계급, 인종 등에 따라 사람들이 특별한 방식으로 영화에 반응하는 구체적인 방법을 보여주기에는 이런 접근 방식이 지나치게 일반적이라는 것이다. 멀비의 경우 영화가 어떻게 남성 관객의 위치를 구축하는지에 초점을 맞추기에 실제 관객이 어떻게 행동하는지 그리고 영화에서 어떤 즐거움을 얻어내는지에 대해 전혀 알려주는 바가 없다. 또한 남성과 여성 개념이 너무 획일적인 나머지 소위 문화연구가 점차로 주목하고 있는 복잡한 차이점4장 참조을 무시하고 만다. 하지만 멀비의 연구가 지닌 장점은 이러한 문제에 대해 논쟁거리를 제공했다는 점에 있다. 그 예로 여성 관객 개념에 대한 관심이 있었고(Stacey, 1994: 22), 그에 상응하는 여성 응시에 대한 관심이 있었다. 스테이시(J. Stacey)가 지적하듯이, 이러한 논쟁은 '영화연구' 접근법을 취하는 사람들과 문화연구 영역에서 활동하는 사람들 간의 입장 차이에서 발생한다(Stacey, 1994). 영화연구는 텍스트의 성격에 집중하면서 영화가 어떻게 관객에게 주체의 위치를 구축하는가에 관심을 둔다. 이론적인 차원에서 이런 문제를 연구하다 보니 정작 사람들이 어떻게 영화를 보는지 간과하게 된다. 문화연구도 텍스트 분석에 관심을 보이기는 하지만 텍스트가 어떻게 연출되고 소비되는지가 이론적으로나 실증적으로 주요한 문제라고 주장한다. 그러다 보니 영화 관람 현장에서 실제 어떻게 보고 있는지의 관행을 밝히기 위해 실제 관객들을 연구하게 된다.

이러한 문제에도 불구하고 정신분석을 활용한 멀비의 연구는 관광이나 여가 같은 색다른 맥락에서 응시의 개념을 포착한 더 넓은 연구 분야에 매우 의미 있는 영향을 미쳤다. 이런 문제는 5절에서 다루어볼 것이다. **사실주의개념** 정의 2-5의 기술을 더 연구한 결과 **모더니티**의 보기, 사실주의, 그리고 비주얼의 주요 형태에 대한 비판적 토론을 가져왔다. 이런 비판적 시각은 응시에 대한 **미셸 푸코**주요 영향 1-2의 연구에서 확연하게 드러나며, 감독(surveillance)을 둘러싼 최근 연구에 주된 영향을 끼쳤다.

4. 푸코 응시와 감독

몇몇 중요한 연구를 통해 **미셸 푸코**(1926~1984)주요 영향 1-2는 '응시'가 권력의 행사와 연관이 있다는 점을 밝혔다. 유명한 저서인 『감시와 처벌(*Discipline and Punishment*)』(1977)은 두 가지 형태의 처벌을 비교하면서 시작한다.4장 참조 첫 번째는 1757년 국왕 살해를 기도한 다미엥(Damiens)이 고문당한 후 대중 앞에서 사지가 찢기는 것이며, 두 번째 예는 그 후 80년 뒤에 있던 일로 통제된 체제하에서 젊은 죄수들의 모든 행동이 감시당하는 모습이다.4장 3절의 '권력, 담론, 몸: 푸코' 참조

푸코의 주장에서 핵심은 처벌이 점차 덜 야만적으로 되었다는 것이 아니다. 그는 처벌이 시각적인 대중 행사에서 점차 멀어지면서, 몸을 파괴하기보다는 검사·구분·감독하는 과정으로 바뀌었다고 지적한다. 이제 처벌의 초점은 몸을 관통해 영혼에 영향을 주는 것이다. 그러므로 현대의 감옥이 감화원이나 소년원 등으로 바뀐 것도 우연이 아니다.

현대 감옥의 핵심적 원칙은 영국 철학자 제러미 벤담(Jeremy Bentham)이 계획한 파놉티콘(panopticon, 원형 감옥)4장 3절의 '권력, 담론, 몸: 푸코' 참조에 응축되어 있다. 이 계획의 기본적인 발상은 중앙 감시탑 주위에 감방을 배열하는 것이다.

그림 6-1 **자신의 감방에서 중앙 감시탑을 향해 무릎을 꿇고 기도하는 죄수**

자료: Foucault(1977).

즉, 모든 죄수가 탑 안에 위치한 간수에 의해 언제든지 감시될 수 있다는 뜻이다. 게다가 중앙 감시탑은 커튼으로 가려져 있기 때문에 죄수들은 자신들이 언제 감시당하는지도 모른다. 항시 감시당하거나 아니면 전혀 감시를 받지 않을 수도 있다. 이러다 보면 항상 감시당하고 있다는 생각이 내면화되고 이를 정상적인 것으로 받아들이게 된다. 이것이 감옥과 처벌 경험의 일부가 된다. 〈그림 6-1〉에 재현된 죄수의 모습에서 알 수 있듯이, 감방 안의 죄수들은 자신의 죄를 반성하며 갱생의 길로 접어들게 되는 것이다.

논의의 핵심은 이런 원형 감시 메커니즘이 힘없는 죄수를 권력을 가진 자의 응시 대상으로 만든다는 사실이다. 이들이 감시를 피할 수 있는 곳은 아무데도 없다. 처벌은 더 이상 대중의 볼거리가 아니라 감시와 감독의 형태를 띤다. 노르웨이의 범죄학자인 토머스 매티슨(Thomas Mathiesen)은 푸코가 권력이 작동하는 방식의 반쪽만을 포착했다고 주장하면서, 권력과 응시의 관계를 고찰하기 위해 빌려온 파놉티콘 비유가 감시하는 소수자가 감시당하는 다수를 감독하는 과정만 포착한다는 점을 지적했다(Mathiesen, 1997). 하지만 감시하는 다수자가 감시당하는 소수자를 감독하는 비슷한 과정, 소위 매티슨이 시놉티콘(synopticon)이라고 부르는 과정을 감안하지 않았다고 했다.

매티슨은 패놉티콘과 시놉티콘의 과정이 동시에 밀접하게 작동하고 있다고 본다. 이들이 장기간 지속된 역사적인 추세였고, 소위 모더니티를 가속화시켰다는 것이다. 부분적으로는 기술 형태와 실행이 상당히 발전하는 바람에 이들의 작동이 가능해졌다고 볼 수 있다. 매스 미디어, 특히 텔레비전은 권력 있는 자들의 모습을 대중에게 제대로 재현해 주었다. 이제는 소셜 미디어와 텔레비전을 통해 24시간 방영하는 뉴스 때문에 정치가들이 이전 시대처럼 자신들의 활동을 숨기기 쉽지 않다는 견해가 일반적이다. 하지만 매티슨의 핵심적인 주장이 다수가 소수를 감시하는 과정이 바로 권력이 작동하는 모습이라는 견해를 우리는 의미 있게 받아들여야 한다. 결국 우리가 더 많은 것을 보기는 하지만 보는 것에 압도당할 수 있고, 우리가 보는 것이 사실이 아니라 사실에 대한 재현이라는 점이다. 더 많은 것이 공개될 수는 있지만 단지 환상일 수 있다는 것이다.

이런 점에서 권력은 미디어를 통해 공연됨으로써 새로운 스펙터클의 수준에서 작동하게 된 것이다. 기 드보르(Guy Debord) 같은 평자들은 1960년대 말 바로 권력의 이런 특성을 논했고, 소위 '스펙터클 사회'라는 새로운 사회 구성체로 접어들었다고 지적한 바 있다(Debord, 1994). 이런 사회 형태에서는 구성원들이 적극적인 시청자요, 실행자로 탈바꿈하게 된다.3장 참조

현대사회에서 하루하루의 삶이 푸코와 매티슨의 설명과 닮아가고 있다는 것을 우리는 쉽게 깨달을 수 있다. 현대 서구 사회에서는 쇼핑할 때에도 우리의 행동을 감시하고 기록하는 감시 카메라의 시선하에 놓이게 된다. 교통을 감시하기 위해 경찰차에도 감시 카메라가 비치되고 주택가 주변에도 감시 카

메라가 설치된다. 흥미로운 것은 카메라가 한때는 비싼 집에만 설치되었다가 이제는 모든 형태의 주택에서 발견된다는 점이다. 종종 우리는 어느 순간에 감시받고 있는지도 모른다. 물론 야구 경기에서 관중을 감시하는 것은 안전을 위해서라고 하지만, 이것도 결국 시민들의 인권침해와 관련이 있다고 볼 수 있다. 사방에 설치된 감시 장치 때문에 현대사회가 마치 감옥 같다는 견해도 있었다. 게다가 이런저런 삶의 모습이 이전보다도 더 많은 시선하에 개방된 것이다. 통제된 기관의 모습도 종종 다큐멘터리나 리얼리티 프로그램을 통해 접근 가능해지면서, 다큐멘터리 장르가 '인기 있는 사실적 오락프로그램'(Corner, 2002)으로 변신한 것이다. 예를 들어, 이제 시청자들은 유명인들의 사생활이나 순찰하는 경찰의 일상적인 활동이 재현되는 것을 텔레비전에서 볼 수 있게 되었다. 하지만 많은 평자가 주장하듯이, 이런 권력 형태들 역시 막아낼 수 있고 견뎌내어 왔다고 주장한다. 게다가 어떤 평자는 오늘날 인터넷과 소셜 미디어가 발전하면서 사람들이 서로 직접 소통하는 법이 근본적으로 바뀌었으며 이러한 권력 형태에서 벗어날 수 있다고 주장한다(Doyle, 2011). 하지만 이러한 소통 형태 역시 제한되고 다시금 감독하에 놓이게 된다. 응시가 지닌 권력은 다른 다양한 분야에도 해당된다. 더 놀라운 사실이 관광업에 대한 분석에서 드러날 것이다.

5. 관광업 응시와 포스트모더니즘

최근에 관광업을 문화연구의 과제로 삼는 데 큰 역할을 한 사람은 존 어리(John Urry)다. 이런 이슈를 제기한 책인 『관광객의 응시(The Tourist Gaze)』(1990, 2000)에서 그는 포스트모던 사회나 문화가 성장하고 산업사회로부터 후기 산업사회로 이동함에 따라 관광업의 성격이 어떻게 변하고 있는지에 주목했다. 무엇보다도 그는 과연 포스트 관광업이라는 새로운 형태가 등장할 것인지에 관심을 보였다. 그는 모던과 포스트모던 문화, 산업사회와 포스트 산업사회, 그리고 대중 관광과 포스트 관광을 구분했다. 최근에는 세계화가 관광업에 어떤 영향을 주었는지, 그리고 점차 여행이 급증하면서 '어떤 때는 마치 전 세계가 이동하는 듯 보이는'(Urry, 2007: 4) 사회 속에서 사람들이 어떻게 행동하는지에 관심을 보여주었다. 이러한 여행객들의 활동성이나 이동성은 점차 전 세계적 성격을 지닌 듯 보인다. 한 예로 1950년 2500만 명이던 여행객 수가 2015년에는 12억 명으로 급증했다(WTO, 2011, 2016).

관광객의 응시

어리는 관광객의 행동이 어떠한지 이해하면서 관광 사이트가 어떻게 조직되고 성장해가는지 보여주는 상당한 영향력을 행사한 연구를 해왔다. 그는 자신이 관광객의 응시라고 부른 바라보기를 중심으로 관광업이 구조화되어 있다고 주장한다. 시각이나 시각주의는 관광업의 지배적 요소가 된다는 것이다. 그는 이것을 모더니티의 시각 중심성과 관계있다고 보았고, 특히 오늘날 카메라에서 텔레비전으로 시각 기술이 확산되는 점에 연계시켰다. 응시라는 개념에는 사람들이 세상을 바라볼 때 대상과 바라보는 방식을 동시에 설정한다는 전제가 깔려 있다. 비교와 차이라는 개념으로 작동하며 진부한 일상을 떠난다는 것을 의미한다. 또한 응시는 사회적 차원으로 조직되고 구축되면서 시간과 사회적 구성체, 그리고 개별 사회에 따라 각각의 방식으로 변하고 발전한다. 그는 응시라는 것은 언어처럼 사회적으로 구축된다고 본다. 소위 사회적 계급, 국가, 나이, 교육 등에 의해 구축되는 특별한 '학습' 방식으로 본다는 것이다(Urry and Larsen, 2011).

어리((Urry, 1990: 2~4), 그리고 어리와 라슨(Urry and Larsen, 2011)은 현대 대중

관광의 여러 가지 특징을 제시했다.

- 여가 활동인 관광과 생계유지를 위한 일을 서로 다른 삶의 영역으로 구분한다.
- 일반적으로 관광객이 일하거나 거주하는 곳에서 다른 지역으로 이동해 숙박한다.
- 이들은 관광이 끝난 후 집과 일터로 돌아간다.
- 사회구성원 중 '많은' 사람이 종종 단체로 즐기는 '패키지여행'인 사회활동으로 개인 여행이나 업무상의 여행과 구별된다.
- 일상생활과는 다른 경험과 즐거움을 얻을 수 있다는 기대하에 관광지를 선택한다.
- 관광객의 응시는 일상적으로 마주치는 것과 다른 모습들로 향한다. 그러므로 보통 때보다 시각이 더 민감하게 된다. 이 색다른 모습들은 대개 스크린에 '포착되어' 시공간적으로 확산되며 사진, 엽서, 웹사이트, 블로그 등에 다시 담긴다.
- 관광객의 응시는 기호를 통해 이뤄진다. '만약 파리에서 두 연인이 키스하는 모습을 보았을 때, 응시를 통해 포착하는 것은 "영원히 낭만적인 파리"다. 영국의 조그만 마을에서 이들이 응시하는 것은 "진정한 옛 영국"(Urry, 1990: 3)의 모습이다'.
- 관광업은 '일련의 관광 전문 집단을 만들어내고 …… 이들은 늘 관광객들이 응시할 새로운 대상을 재생산해 낸다'(Urry, 1990: 3).

이런 대중 관광은 19세기 말부터 시작된 영국의 관행에서 비롯되었다. 산업도시에서 기차로 연결되는 해변 휴양지로 노동계급이 단체로 이동했던 것이다. 영국 북서쪽 해변의 모어캠비로 온 관광객은 요크셔의 브래드퍼드에서 온 사람들이고, 블랙풀로 관광을 떠난 사람들은 랭커셔의 노동계급이었다. 이런 관광 여행은 동시에 많은 사람이 한꺼번에 이동하는 단체 여행 형식으로 이뤄졌다. 그러므로 휴일 동안 한 마을의 모든 공장이 동시에 문을 닫는다. 이 관행은 지금도 북쪽의 여러 마을과 도시에 남아 있다. 관광객들은 동시에 같은 장면을 응시할 수도 있다. 1970년대부터 해변 휴양지로의 여행이 줄어들면서 여행객과 여가 활동은 다양한 면모를 띠었으며 이와 더불어 전 세계적 차원의 여행 산업이 발달하게 되었다. 이제 관광 사이트는 전 세계적 차원에서 비교될 수 있었고, 사이트 내 국가나 장소는 응시 가능한 특정한 관광 장소나 경험을 제공하는 전문성을 띠게 되었다(Urry and Larsen, 2011).

어리의 핵심 논제는 관광객의 경험에서 응시가 중추적 역할을 한다는 주장이다. 그는 보기의 관행, 즉 사진이 잘 받는 곳을 찾고 관광 경험을 '필름'이나 '스크린'으로 포착하는 등의 일이 관광주의를 정의하는 특징이 되었다고 주장한다. 그러므로 그는 사진을 찍거나 관광 엽서를 구입하거나 하는 보기의 관행이 여행의 핵심을 이룬다고 보았다. 카메라는 경치나 응시의 대상을 포착 가능한 대상으로 탈바꿈해 사람들과 장소가 오랫동안 기억 속에 살아남게 만든다. 사진은 마치 '그곳에 있다'(Barthes, 2000)는 느낌을 불러와 상상력이 발동하고 시간을 되돌려 우리를 '상상 속의 여행'(Urry and Larsen, 2011: 168)을 하게 한다. 최근에는 스마트폰이나 디지털 카메라를 통한 디지털 사진과 네트워크망 속의 사진이 등장함으로써, 관광객이 사진과 응시와 맺는 관계가 완전히 바뀌었다고 말해진다. 이는 인쇄된 사진이 미래에 볼 사람들을 겨냥했다면 디지털 스크린은 실시간에서 벌어지는 사건을 '실상황'(Larsen, 2008; Urry and Larsen, 2011)으로 보여주기 때문이다. 디지털 이미지는 즉각적이고 이동이 가능하며 스크린상에서 그 즉시 소비되고, 소셜 미디어를 통해 다 같이 공유될 수 있다. 디지털 사진은 '순간 시간'과 '지금 권력', 그리고 '스크린성(screen-ness)'(Urry and Larsen, 2011: 181)으로 특징지어진다. 이전의 여행 사진은 고정된 물적 대상으로 앨범이나 책장에 머무르게 되지만 이제는 대부분이 예측 불가능한 삶을 갖게 되기에 컴퓨터 쓰레기 폴더나 이메일 상자, 또는 블로그나 페이스북 같은 소셜 네트워크 사이트에 남게 된다.

하지만 어리의 연구는 응시에 중요성을 부여하면서도 응시를 체계적으로 정의하고 있지는 않다. 다만 그는 응시가 '사회적으로 구축되고 체계화된다'(Urry, 1990: 3)는 것과 "어느 정도 푸코에게서 자극받은 개념"(Urry and Larsen, 2011: 189)이라는 점을 밝히면서, 자신이 말하는 응시의 의미가 앞에서 언급된 프랑스 이론가인 **미셸 푸코**주요 영향 1-2가 제시한 의미와 유사하다고 주장했다. 어리는 응시를 '낭만적' 응시와 '집단적' 응시로 설명했다. 관광객의 낭만적 응시는 소위 "평온한 자연미"를 보는 것이고 집단적 응시는 "많은 사람이 있다는 것"을 수반한다고 말했다(Urry, 1990: 45). 관광지의 분위기를 만들어내는 것은 바로 이런 집단 내 사람들 간의 상호작용이다.

어리는 초기 작업에서 시각을 너무 강조했다고 비판을 받았다. 관광업이 소비 가운데 시각적인 소비 자원에만 제한되는 것이 아니라 오히려 모든 감각을 담아내는 경험이기 때문이다. 미각, 후각, 촉각, 청각 모두가 관광업의 핵심이다. 관광업에서 몸과 즐거움을 빼버리는 그런 위험성을 어리가 범한다고 지적된 바도 있다(Franklin and Crang, 2001; Bagnall, 2003, 2007). 결국 어리는 응시에 관한 기존의 개념 중 일부를 수정하게 된다(Urry, 1992, 2002; Urry and Larsen, 2011). 특히 응시를 강조하면서 후각, 기온 등 관광객들이 체험하는 다른 경험들의 가치를 폄하할 의도는 없었다고 말했다. 또한 관광의 핵심은 육체적인 움직임과 다양한 즐거움이라는 점을 지적하면서 관광의 특징으로 소위 '육체의 여행'에 대해 언급했다. 그는 점차로 관광객이 다른 사람이나 대상, 물질적 세상을 다감각적 차원에서 직면하게 되는 방식에 관심을 표했다(Urry, 2001). 최근 들어 고프먼의 수사학적 표현에 자극받은 그는 관광객의 응시를 일종의 공연으로 간주하면서 기존의 주장을 확장했고, 공연으로 전환하면서 응시와 공연의 패러다임이 '함께 춤을 추어야 한다'(Urry and Larsen, 2011: 189)고 주장했다. 관광업이 일련의 무대 위 사건과 공간으로 제시되었고 관광객이 '공연 기술과 성향'(Edensor, 2001: 61)과 연계된 것이다. 그럼에도 불구하고 그는 이런 경험을 **조직하거나 지배하는 것**은 주로 시각이라고 주장했다. 하지만 관광객의 경험이 다양하게 상호작용하는 감각을 수반하고 그렇기에

표 6-3 관광객 응시의 형태

낭만적	- 독자적 - 지속적인 몰입 - 광경, 경외심, 아우라와 연관된 응시
집단적	- 공동 행동 - 순간적인 만남의 연속 - 익숙한 것에 대한 응시
방관자적	- 공동 행동 - 순간적인 만남의 연속 - 다양한 기호를 쳐다보고 수집함
주변적	- 집단 조직 - 지속적이고 교훈적 - 관찰과 조사를 위한 훑어보기
인류학적	- 독자적 - 지속적인 몰입 - 훑어보기와 적극적 해석

이전보다는 관계성에 더 주목하고 있는 것은 사실이다.

〈표 6-3〉에서 보듯이 그는 응시의 개념을 더욱 상세하게 정의해 나갔다. 푸코 연구의 연속선상에서 그는 응시의 개념을 푸코의 개념에서 빌려왔다고 했고, 이후 다른 맥락에서 가능한 관광객의 응시에 대한 다양한 이상적인 형태를 만들어냈다. 이로써 그는 관광객의 응시를 다섯 종류로 나눈 표를 만들었다(Urry, 1992: 22).

어리는 관광객 응시의 이상적인 형태를 더욱 확장해 '매개화된 응시'(Urry, 2002: 151)와 '가족적 응시'(Urry and Larsen, 2011: 20)를 이에 포함시켰다. 매개화된 응시에 대해 정의하면서 그는 관광의 시각이 미디어를 통해 점차 확산되어 전달되는 방식에 주목하게 된다. 사람들이 미디어에서 본 가상의 장소를 직접 경험하려고 그곳을 찾게 되면서, 매개화된 응시는 대중문화 미디어상에서 유명해진 장소가 관광객의 목적지로 바뀌는 방식을 포착한다. 영화나 〈에머데일(*Emmerdale*)〉 같은 드라마를 통해 사람들은 스크린상에 소개되기

그림 6-2 휴일의 '가족적 응시' 사진

전에는 거의 가지 않던 곳을 찾게 된다(Couldry, 2005a). 이를 통해 관광업은 새로운 장소를 찾게 되고, 결국 '미디어상의 순례'(Couldry, 2005a) 행위는 더욱 확장된다.

　가족적 응시에 대한 논의에서 할드럽(M. Haldrup)과 라슨(J. Larsen)은 여행 중 찍은 사진을 논하면서 특정한 시각 장소에 놓인 애정 넘치는 가족사진에 대해 다뤘다(Haldrup and Larsen, 2003; Urry and Larsen, 2011). 이런 사진은 사람들이 기대하는 관광 경험을 알려주기 위해 관광지를 홍보하는 이미지로 종종 사용된다. 어리와 라슨(Urry and Larsen, 2011)은 하나의 사회구성체로서 가족들의 움직임이나 모습이 고프먼이 밝힌 시각 장치와 기술의 일종인 '어깨 걸치기'나 '손잡기'와 같은 동작처럼 마치 관광객이 하나가 된다는 모습을 전해주는 데 활용된다고 보았다(〈그림 6-2〉 참조).

　관광객 응시와 관련해 어리가 전개한 다양한 응시의 전형이나 범주는 관광업과 관광 경험이 보이는 다양성을 포착하기 위한 노력의 일환이라 할 수 있으며, 19세기의 다소 단편적인 관광객의 응시가 무수한 담론이나 형태로 증폭되며 엄청난 변화가 발생했다는 주장과 결을 같이 한다(Urry, 2001). 또한 어리는 포스트 관광이라는 개념에 초점을 맞추면서 시각 문화의 역사적 변화에 대한 논쟁을 제시했다.

포스트모더니즘과 포스트 관광주의

어리와 라슨(Urry and Larsen, 2011)은 **포스트모더니즘** 개념 정의 6-1 으로의 사회 변화 때문에 이른바 포스트 관광객(post-tourist)들이 즐기는(Feifer, 1985) 포스트 관광주의가 생겨나고 있다고 주장한다. 포스트 관광객은

> ❝ 여행객의 시선으로 대상을 응시하기 위해 집을 떠날 필요가 없다. 특히 텔레비전 이나 비디오를 통해 모든 것을 관심 있게 보면서 비교할 수도 있고 더 큰 맥락 속에서 볼 수도 있게 되었다(Urry and Larsen, 2011: 113).

포스트 관광객은 변화를 감지하고 다양한 선택권을 즐긴다(Urry and Larsen, 2011). 마지막으로 이들은 일종의 게임, 즉 여행 게임을 즐긴다. 그는 다음과 같이 설명한다.

> ❝ 포스트 관광객은 자신이 관광객이라는 사실을 알고 있다. 그리고 이것이 일종의 게임이며, 단 하나의 진정한 관광 경험이 아니라 다양한 텍스트를 가지고 즐기는 일련의 게임의 일부임을 알고 있다. 이들은 관광을 떠나면 나란히 줄을 서야 한다는 사실과 환전할 때 실랑이를 해야 한다는 사실, 번지르르한 가이드북이 대중 문화의 일부라는 사실과 '진정한' 토속 행사도 마치 '민속 주점'처럼 꾸며진 것이

라는 사실을 알고 있으며, 오래 보존된 '낚시 마을'도 관광 수입 없이는 살아남을 수 없다는 것을 알고 있다(Urry and Larsen, 2011: 114).

포스트 관광주의의 발생은 포스트모던 문화와 관련한 사회 변화와 연계되어 있다고 할 수 있다. 한 예로, 포스트모더니즘을 논한 평자들이 그랬듯이 어리 또한 지금 세계에서는 자신에 대한 의식, 또는 정체성이 변하고 있다고 보았다. 이전 시대 사람들에 비해 지금 사람들은 시간과 공간에 크게 제한받지 않고, 수많은 사람이 홍수처럼 흘러 다니는 이미지와 사람들과 '관광객의 자기반영성'(Urry, 2001, 2003; Urry and Larsen, 2011)을 특징으로 하는 더욱 세계화된 관광주의에 빠져 있다. 이제 사람들은 다양한 시각 미디어 덕분에 다양한 문화와 장소의 서로 다른 재현 모습에 친숙해졌고, 이전보다 여행을 더 즐기고 다양한 것을 경험한다. 그렇기에 자아성을 상실하게 되고 점차로 다른 이미지와 다른 경험과 엮이게 된다. 역설적이긴 하지만 이러한 사실이 어떤 사람들에게는 '진정한' 경험을 추구하고 자연적인 것을 원하게 만든다. 그렇기에 특정 단체 사람들은 오히려 언덕을 산책하거나 환경 친화적인 관광주의를 추구하기도 한다.

6. 흘끗 보기, 응시, 감시, 일견

다른 연구들은 어리의 응시 개념과 다른 방향에서 이를 발전시켰다. 예를 들어 존 엘리스(John Ellis)는 텔레비전과 영화의 차이에 관한 연구에서 맥케이브와 멀비의 뒤를 이어, 지배적인 영화 형식과 연관된 응시(gaze)와 텔레비전을 시청할 때의 일견(glance) 사이에 명확한 차이가 있음을 밝히고 있다(Ellis, 1982). 텔레비전은 가정에서 보는 매체이고(Morley, 1986), 가정이라는 고정 장소에서 습관적으로 보기 때문에 극장에서 영화를 보는 것과는 다르다. 텔레비전을 볼 때는 종종 다림질을 하거나 아이들과 놀아준다든가, 숙제를 하거나 신문을 읽는 등 다른 일을 하느라 화면에만 몰두하지 않는다. 이처럼 현대의 문화에서는 응시하는 만큼 일견하는 경우도 많다. 버나드 샤럿(Bernard Sharratt)은 현대 문화에 존재하는 보기를 네 가지 형태, 즉 흘끗 보기, 응시, 감시, 일견으로 구분한다(Sharratt, 1989).

샤럿에 의하면 흘끗 보기는 "반드시 순간적이지 않을지라도 교묘하게 불완전하다. 신, 권력, 심지어 성(性)을 볼 때 이런 특징이 나타난다"(Sharratt, 1989: 39). 흘끗 본다는 것은 원하는 대상이나 잠재적으로 유력한 재현을 부분적으로만 본다는 뜻이다. 대상은 숨겨져 있기 때문에 신비하고 위협적인 권력의 특성을 띤다.

응시는 더 지연된 형태의 보기다. 샤럿에 의하면 그것은 세 가지 '형태'로 구성된다. 응시의 첫 번째 형태인 재현은 맥케이브가 고전 사실주의 텍스트에 대해 규명한 것과 유사하다. 즉, 이것은 대상의 핵심적인 모습이 재현될 수 있고 그 재현이 모든 사람에게 현실감을 전해준다는 것이다. 두 번째 형태인 재생은 대상이 완전하게 복제될 수 있음을 의미하며, 따라서 완전한 그림을 만들어낼 수 있다. 그러나 대상의 복사물이 그렇듯이 재생에는 어느 정도의 인위성이 있다. 응시의 세 번째 형태는 구경꾼의 응시다. 구경꾼이 복제된 풍경보다는 실제 풍경을 보거나 응시하는 방법이 이에 해당된다.

샤럿은 감시의 의미를 푸코의 방식처럼 현대사회 권력의 작동과 연관시킨다. 이것은 '감독(surveillance)', '관리(supervision)', '단속(oversight)', '검열(inspection)'이라는 용어로 요약될 수 있다. 현대사회는 종종 감시 아래 있다. 예를 들어 상점의 감시 카메라에 우리의 행동이 녹화된다. 카메라가 대중 통제에 이용되듯, 감시는 우리의 행동을 관리하고 통제하는 데 활용된다. 더 나아가 감시는 우리의 행동이나 외양이 검열 받는다는 점에서 단속과 조사의 의미를 지닌다.

일견은 순간적으로 갑작스럽게 보는 형태를 뜻한다. 이런 보기는 '기록되는 시간이 짧으며', 흘긋 보기와 응시를 지연시키는 것이다. 즉, '계속 지연시키는 것'으로, 이것은 나중에 꼼꼼히 보지도 않을 거면서 사진에 담을 풍경을 오래 바라보는 것과는 다르다(Sharatt, 1989: 40). 휴일에 찍은 수많은 사진을 얼마나 많이 볼까. 그 대신 카메라 렌즈나 스마트폰의 화면을 통해 관광 장면을 구경하며 세밀히 조사하지 않고 순간적으로 보게 된다.

이런 범주를 통해 우리는 역사적으로 변화하는 보기의 형태를 제시할 수 있고, 또한 시각 문화 형태의 실제 분석에 활용될 보기의 다른 이상형을 제시할 수 있다. 산업화 이전 사회에서는 흘긋 보기가 지배적 형태였으며, 그 사회에서 권력은 숨겨진 형태로 신비하게 작동했다. 기대를 부추기는 흘긋 보기는 경외심을 불러일으키고 호기심을 자극한다. 현대의 권력은 감시에 내포된 감독과 조사의 형태로 유지되며, 시각 문화도 앞서 언급된 사진과 영화의 경우처럼 응시라는 형태로 발전하는 특징을 보인다. 일견은 이미지가 순식간에 비치듯 삶의 속도가 빨라지고 있음을 내포한다. 이것은 매체로 가득한 사회라고 불리는 후기 모더니티 또는 포스트모더니티의 한 단면이다. 하지만 샤럿의 구분을 이 장에서처럼 역사적 주제에 활용하는 것 외에도, 시각 문화 분석의 대안적 형태로 활용할 수도 있을 것이다. 멀비와 어리가 제시한 응시와 일치하지 않는 형태의 보기에 대해서도 생각해 볼 필요가 있다. 실제로 그런 보기가 많은 시각 문화 형태가 전유하는 방식이기도 하다. 그래서 2장에서의 광고 분석은 광고 자체에 대한 면밀한 관찰에 의해 광고가 집중적인 응시를 통해 전유된다고 암시하지만, 실은 일견한다는 것이 더 맞는 이야기다. 이것은 시각적인 재현이 일상적인 상호작용 속에 어떻게 통합되는가라는 중요한 문제를 제기한다.

7. 공공장소에서의 시각적 상호작용

앞서 보았듯이 산보자는 현대 도시의 공공장소와 공간이 제공하는 모습을 보고 즐긴다. 그들의 활동을 용이하게 해준 것은 지멜과 다른 비평가들이 지적한 특징인 공적 영역에서의 익명성이다. 그들은 익명성과 그에 수반되는 신중하고 삶에 의욕을 잃은 듯한 태도를 도시 생활의 이중적인 면으로 보았다. 즉, 한편으로는 소규모 시골 사회에서 가능했던 것 이상으로 개인적 자유를 확장시켜 주지만, 다른 한편으로는 집단적인 인간의 삶을 황폐화시키는 상황으로 몰고 간다는 것이다.

『공인의 몰락(*The Fall of Public Man*)』(Sennett, 1977)과 『고독한 군중(*The Lonely Crowd*)』(Reisman et al., 1953) 같은 저작은 현대 도시의 삶을 시골의 삶과 대조시키며 부정적으로 그렸다. 루이스 워스(Louis Wirth)는 잘 알려진 대로 도시화(urbanism)를 사회적 차이를 강조한 인구 조밀 지역에 사는 많은 사람에 의해 생겨난 삶의 방식이라고 정의했다(Wirth, 1938). 워스의 사고를 발전시킨 사회심리학자인 밀그램(Stanley Milgram)은 잡다한 사람들이 모인 크고 조밀한 도시는 개인에게 '과다한 자극'을 경험하게 한다고 주장한다(Milgram, 1970). 도시인은 과다한 자극을 선택하고 우선시하면서 이에 적응해 나간다. 그들은 시골 사람에 비해 더 많은 사람과 만나기 때문에, 짧고 피상적인 접촉을 하려고 한다. 여기에 대한 예로는 영화 〈크로커다일 던디(*Crocodile Dundee*)〉에 나오는, 호주 오지에서 뉴욕에 막 도착한 주인공이 거리에서 마주치는 모든 사람에게 인사를 건네는 '기이한' 장면을 들 수 있겠다. 도시인들은 모르는 사람과의 관계를 최소화한다. 즉, 그들은 다른 사람의 요구나 불운에 크게 관심을 두지 않거나, 대중교통을 이용할 때에 무뚝뚝한 표정을 짓거나, 전화를 가려 받기 위해 자신의 번호를 전화번호부에 공개하지 않거나 늘 자동응답기를 켜놓아 버린다. 과다한 자극을 해결하기 위해 이런 방법을 쓰다 보면 결국 덜 친절해

지거나 아예 무례해진다. 다른 사람과 부딪쳤을 때도 사과하지 않으며 노인에게 자리도 양보하지 않는다. 이것보다 더 나쁜 것은 **방관자의 무관심** 현상이다. 밀그램은 누구도 희생자를 도와주지 않기 때문에, 사람들이 공공장소에서 납치되거나 심하게 공격당하고 심지어 살해당한 사건들을 기록한다. 이런 무관심은 도시인에게는 과다한 자극으로부터 자신을 보호하는 방패막이다. 하지만 사생활 보호에는 긍정적인 측면도 있다. 사람들은 공공질서를 유지하기 위해서 타인에게 하는 것처럼 자신에게도 그렇게 행동해야 한다. 사람들이 거리를 걸어갈 때, 길을 물을 때, 가게에서 물건을 살 때 사용하는 방법과 전략을 통해 공공장소의 일반적 질서가 만들어진다. 이런 질서를 유지하기 위해서, 보이는 것을 토대로 일상적인 보기를 실천하고 추론해 보는 것이 중요하다. 이 장 후반부에서는 사회적 구성과 문화적인 이해가 이런 일상적인 보기 실천과 추론하는 실천과 어떤 관계가 있는지 살펴본다.

범주적 인식: 외양적·공간적 계통화

공공장소란 거리나 역과 같이 자유롭게 접근할 수 있는 사회적 장소를 뜻한다. 공공장소는 제한적이고 초대에 의해서만 접근 가능한 집이나 사무실과 같은 사적인 장소와는 구별된다(Goffman, 1963a: Lofland, 1973: 19). 하지만 그 차이가 절대적이지는 않다. 의사들의 휴게실이나 식당처럼 혼종적이자 반(半)공공적인 성격을 띠는 장소도 있고, 공적인 장소와 어떤 부류의 사람에게만 허용되는 장소를 조심스레 구분하는 공항 같은 장소도 있다. 친구나 친척을 마중하거나 배웅하러 나온 사람들은 '지상 쪽'에 모여 있는 반면 승객, 항공사 직원, 보안 직원은 '비행기 쪽'에 접근할 수 있다. 공공장소에서 만나는 많은 사람은 우리에게 단지 범주적 의미로 다가온다. 우리는 시각적인 해석을 통해 사람들을 '여성', '백인', '노인', '절름발이'로 **범주적**으로 나눈다.

그들은 **개인적**으로 우리가 알고 있는 그들과는 다르다. 즉, "메이지 고모가 지난해 넘어지고 난 뒤로는 걸어 다니는 게 힘들다"라고 알고 있는 **전기적** (biographic) 사실과는 다르다. 범주적으로 아는 것과 개인적으로 아는 것은 연속선상에서 양극단에 있다.

근대 도시개념 정의 6-1는 중요한 면에서 산업화 이전의 도시와 다르다. 린 로플랜드(Lyn Lofland)는 도시의 공공 생활이 외양과 공간적 위치에 따른 도시 인구의 **계통화**를 통해 인식된다고 보았다(Lofland, 1973). 그녀는 "도시에서 이방인들은 보는 것만으로도 서로에 대해 많은 것을 알게 된다"라고 주장한다 (Lofland, 1973: 22). 그녀의 논지는 산업화 이전의 도시에서는 외양적 계통화가 지배적이라는 것이다. 즉, 구별 지어주는 옷이나 옷에 단 훈장이 사회적인 지위와 직업을 나타내는 시각적 증거였다. 산업화 이전의 도시는 근대 도시만큼 규모가 크지 않았다. 따라서 공공장소는 감옥이 궁전 옆에 세워지고, 부자와 빈민이 같은 지역에 사는 식으로 서로 섞여 있었다. 겉으로 보이는 옷은 장인, 연예인, 성직자, 하인 또는 상인이라는 법률과 관습으로 인정받은 각자의 지위를 나타냈다. 산업화 이전 도시에서 공적 질서는 낯선 사람들이 사회적 지위를 확실히 나타내는 개인적인 외양을 가지고 있느냐에 달려 있었다.

반대로 근대의 도시에서는 공간적 계통화가 지배적이다. 산업화 이전보다 땅과 인구 면에서 훨씬 더 커진 근대의 도시에서는 다양한 영역의 전문 활동과 노동이 세분화되었다. 예를 들면 아동 교육과 쓰레기 소각, 범죄자 처벌처럼 과거에는 공공장소에서 행해졌던 일들이 이제 칸막이로 둘러싸인 공간 안으로 제한된다. 도시의 땅이 특별한 용도에 따라 분리될 때, 사람들은 걸러지고 분류되어 분리된 공간 안으로 들어온다. 거주지는 계급과 인종에 따라 차별화된다. 노동자 지역, 중산층 교외, 차이나타운, 난민 지역과 타국 영토로 둘러싸인 지역, 이탈리아인과 게이 마을, 저개발 부두 지역 등 차별화된 지역들이 생긴다. 또한 공장 지대, 쇼핑몰, 시외의 쇼핑·오락 지구 등 산업에 따른 차별화도 발생한다. 연령에 따른 차별화도 있는데, 특히 아주 어리거나 아주 늙었을 때 차별을 받는다. 즉, 대학교와 학교와 유치원은 나이 어린 구성원들을 거리에 나가지 못하게 하며, 하루의 대부분을 일터에서 멀리 떨어져 있도록 한다. 반면 노인들은 집과 양로원, 요양원 지역에 머문다.

나아가 복장 코드가 자유로워짐에 따라 복장은 더 이상 사회적 위치를 나타내지 않는다. 사람들은 지위가 아니라 활동과 연관해 옷을 선택한다. 때로는 사회적 관례에 맞추어 옷을 차려입거나 옷을 이용하기도 한다. 현대 도시에서는 '무엇을 입느냐'보다는 '어디에 있느냐'를 더 중요하게 여긴다.

> 게이는 게이바에 있는 사람이지 꼭 주름이 잡힌 분홍색 셔츠를 입는 사람이 아니다. 창녀는 '텐더로인(Tenderloin)'[2]에 있는 사람이지 노출이 심한 복장을 한 여성은 아니다. 비단옷을 입는 사람이 꼭 엘리트는 아니고 그들의 엄청난 구매력에 맞는 상점과 식당에서 볼 수 있는 사람이 엘리트다. 빈민은 너덜너덜한 옷을 입은 사람이 아니라 도시의 특정한 지역에 사는 사람이다. …… 대학 교수는 대학 강의실에서 학생들과 마주하는 사람이다. 교수가 학생이나 월가(Wall Street)의 변호사, 빈민굴의 부랑자처럼 보일 수 있다는 사실이 이런 단순한 진실을 흐리지 않을 것이다(Lofland, 1973: 82~83).

현대 도시에서 당신이 '누구'인지는 적어도 최초의 목적에서는 당신이 '어디에' 있는지와 밀접하게 관련되어 있다. 현대 도시에서 공간적 범주가 금방 보고 인식될 수 있는 외양적인 범주의 자리를 대신한 것은 시각 현상과 무관하지 않다. 로플랜드의 공간 주제에 대한 이론은 매우 광범위한 역사적 경향을 보여준다. 그녀는 현대 도시에서도 외양에 대한 고려가 여전히 중요하며,

---

2 타락과 악덕으로 유명한 뉴욕시의 한 지구.

외양에 관한 범주적 지식에 더해 장소에 관한 범주적인 지식을 결합했을 때 낯선 사람에 관한 추론이 믿을 만해진다고 주장한다. 주목할 만한 일상 생활의 특징을 바탕으로 생성된 이런 추론의 복잡성을 더욱 자세히 고찰하기 위해서 고프먼의 저작을 살펴볼 필요가 있다. 그는 사람들이 서로 옆에 있을 때, 즉 얼굴을 마주할 때 어떤 상호작용이 일어나는지를 연구한 저명한 학자다.

눈을 맞추지 않은 상호작용, 예의 바른 무관심과 공적인 괴롭힘

'함께 있는' 사람들은 서로의 행동을 상호 조절하는 능력을 발휘해 고프먼이 **상호작용 질서**라고 부른, 분석적으로 구분되는 영역을 만든다. 다시 말해 다른 사람과 함께 있을 때마다 우리의 행동은 적어도 상호작용이 요구하는 규칙과 이해의 영향을 받는다. 넓게 보면 이런 상호작용의 요구나 필요는 정보적인 것과 의례적인 것 두 가지로 요약될 수 있다(Goffman, 1983). 서로가 반응을 할 때, 예를 들어 질문에 답하거나 치과 진료를 예약하거나 찾기 힘든 극장에 가는 길을 물을 때처럼 실용적 목적을 달성하려 할 때, 상대방의 기분·의도·신뢰성·지적 능력 등에 대한 정보를 갖고 있어야 한다. 하지만 한편으로는 의례적인 관심에도 주의를 기울여야 한다. 즉, 우리는 자신뿐만 아니라 다른 사람의 감정 표현과 통제에 대해서도 언급할 필요가 있다는 것이다. 우리는 스스로를 존중하듯, 타인들이 질문에 시간을 할애한 것에 대해 고마움을 표해야 한다. 정보적이고 의례적인 요구는 실제 상호작용에서 흥미로운 형태로 교환된다.

적당히 붐비는 거리를 그냥 한번 걸어가 보라. 이것은 고프먼이 **눈을 맞추지 않은 상호작용**이라 부른 것의 한 예가 될 수 있다. 단순히 섞여 걸어가는 가운데 '순전하고 단순한 상호 존재'로서 다른 사람들에 대한 정보가 얼핏 관찰된다. 사람들은 서로 이야기를 나누지는 않지만 걸으면서 상호작용을 한다. 큰 쇼핑백을 든 사람에게 길을 양보하는 등 다른 사람의 행동에 신경을 쓰면서 우리는 다른 사람의 진로를 방해하지 않으려고 조심한다. 의식적으로 그러는 것은 아니지만 그저 앞으로 걸을 때도 다른 사람을 흘끗 보거나 그들의 외양을 훑어보고 나서 재빨리 눈길을 피한다. 다른 사람들도 똑같이 그렇게 한다. 그래서 서로는 어느 쪽도 위협을 느끼지 않음을 성공적으로 전달한다. 고프먼은 이런 식의 예의를 헤드라이트를 약간 내리며 지나가는 차에 비유한다. 이런 간단한 행동은 **예의 바른 무관심**의 규범이 작동하는 예다 (Goffman, 1963a: 83~88). 예의 바른 무관심은 타인을 무시하는 것이 아니다. 즉, 타인을 비인간적으로 대우하는 것이 아니라는 점을 주목해야 한다. 이것은 또 영화 〈사랑의 파도(*Sea of Love*)〉(1989)의 구두 가게 장면에서 어떤 사람이 알 파치노를 주목해 빤히 쳐다볼 때처럼 무례한 관심도 아니다. 예의 바른 무관심은 도시의 수많은 상황에서 매일같이 일어난다. 그것은 다른 사람에 대해 범주적 지식을 얻을 때처럼 지식적 요소를 포함한다. 또한 그것은 의례적인 요소를 포함한다. 왜냐하면 보자마자 재빨리 피하는 행위는 타인의 사생활을 더 이상 침해하지 않으려는 의도에서 나오기 때문이다. 고프먼이 말하듯, 예의 바른 무관심은 "아마도 사람 간의 의례 중 가장 하찮은 것이지만 서로 간의 사회적 상호 교류를 계속해서 조절해 준다"(Goffman, 1963a: 84). 그것은 공공의 원활한 상호작용에 필수적인 필요조건이며, 예의가 실현되는 주요한 규범이 된다.

그러나 예의 바른 무관심이 항상 문제가 없는 것만은 아니다. 때때로 예의 바른 무관심은 파괴적인 상황에선 더욱 환영받을 수도 있다. 로스앤젤레스 경찰이 로드니 킹(Rodney King)을 무차별 구타한 악명 높은 사건[3]이 보여주듯,

---

3 1991년 3월 절도죄로 수감되었다가 가석방 상태에서 과속한 흑인 로드니 킹에게 로

공공장소는 시민들에게 위험한 곳이 될 수 있다. 또한 "욕설, 공격, 공공장소의 특징인 짜증 나게 하는 것" 등 공적인 괴롭힘이 통상적으로 일어나는 장소이기도 하며, 이것은 특히 "공공 의사소통에서 쉽게 일어난다"(Gardner, 1995: 4). 그런 공적인 성가신 일에는 소리 지르기, 쓸데없는 욕설, 비꼬기, 빤히 쳐다보기, 슬그머니 다가가기와 같은 것들이 있다. 꼭 그런 것은 아니나 주로 여성들에게 이런 일이 일어난다. 젠더, 인종, 성적인 차이, 장애인 등 눈에 보이는 특징에 근원해서 이런 해악이 발생한다.

물론 도시 공공장소에서 위험과 위협, 무례함의 정도를 과장함으로써 도시에서 즐길 수 있는 넓은 가로수길, 노상 카페, 퍼레이드, 오락거리, 스포츠, 게임 등과 같은 윤택한 거리 생활을 간과할 수도 있다. 즐거움과 쾌락은 도시 생활의 실제적 특징이다. 어떤 관찰자들은 '온화한 도시'의 면모를 발견했다(Müller, 2012). 예를 들면 공공장소에 아기나 개를 동반한 사람들 사이에 경험되는 서로 모르는 사람들 간의 개인적이고 친밀한 만남이 그렇다. 공공장소에서의 즐거움과 위험은 사람들이 당연한 것으로 여겨온 정상적 계통화에 의해 강조된다. 이 정상적 계통화는 문화적 이해가 어우러진 전체 효과로서 시각적으로 중재된 우리의 사회적 능력에 크게 의존하고 있다.

드 세르토: 전략, 전술, 도시 걷기

"도시 속에서 걷기"는 프랑스의 문화 이론가인 미셸 드 세르토(Michel de Certeau)가 쓴 『일상생활의 실천(*The Practice of Everyday Life*』(1984[1980])이라는 저서에서 매우 영향력 있는 장이다. 이 장에서 드 세르토는 문화연구에서 권

스앤젤레스 백인 경찰관 네 명이 거리에서 과잉 폭력을 가한 사건. 거리 사람들의 예의 바른 무관심이 상황을 더욱 위험하게 몰고 갔다.

력과 저항의 핵심 개념을 이해하는 데 중심이 되어온 '전략'과 '전술' 사이의 차이점을 논하고 있다. 드 세르토에게 도시는 기존 기관들과 그 권력 구조에 의한 "전략"에 의해 '생산'된다. 전략은 교통 시스템, 직장, 학교, 대학, 공원, 광장, 박물관, 갤러리와 기타 공공 휴양지 등 현대 도시의 인프라와 관련된 시스템의 규제와 기술을 포함하고 있다. 전략은 도시 환경의 이런 특징들을 공식적이고 '적절하게' 사용할 것을 계획한다. 전략은 푸코식의 권력이 나타난 것으로 쉽게 이해될 수 있다. 그러나 드 세르토에게 푸코는 사람들의 일상적인 '실천'에 충분히 관심을 두지 않았고 또한 권력에 대한 많은 저항이 사람들의 일상적인 일인, 즉 '전술'의 수준에 뿌리내리고 있음을 깨닫지 못했다는 것이다. 드 세르토는 도시에 체화되어 걸어가고, 도시의 공간과 장소의 유용함을 발견하려는 사람들의 전술에 의해 "이용(소비)"된다고 주장한다.

'도시 속에서 걷기'의 첫머리에서 드 세르토는 뉴욕의 초고층 빌딩에서 즐기는 경치와 거리에 있는 사람들의 움직임을 대조한다. 그는 현재 파괴된 세계무역센터 전망대에서 펼쳐지는 경치를 언급한다. 세르토의 이 말은 아주 부유한 사람에게 매매될 초고층 아파트 빌딩들에도 잘 적용된다.

> 〔그런 빌딩의 꼭대기에서〕 사람은 도시의 붙들림에서 벗어나게 된다. 그의 몸은 더 이상 도시 거리에 붙잡혀 있지 않다. …… 그곳에 올라가면 걷는 무리들을 떠나 그 자체로 저자나 구경꾼의 정체성과 섞이게 된다. 위로 올라가게 되면 그는 관음자로 변한다. …… 마치 신처럼 내려다보는 태양신의 눈이 될 수 있다(de Certeau, 1984: 92).

도시 계획가들의 전략은 도시의 공간과 주요 도로를 지도화할 수 있고, 도시에서 사람들이 이동하는 길을 추적할 수 있다. 그러나 그 전략들은 거리에서 사람들의 개인적인 역사와 인생 경험의 실상을 포착할 수 없다. 이러한 전술들은 교통 카메라가 없을 때 빨간 신호를 무시해 목적지에 더 빨리 도착하고, 도시 공원을 성적인 밀회 장소로 이용하고, 회사 시간에 맞춰 각자의 사회생활을 계획하는 것처럼 그들이 필요할 때 기회를 포착하게 한다. 전술은 종종 어떤 자원 전략이 가능하게 만드는 것들을 "하도록 만들거나" 맞춤으로써 물질적이거나 비물질적 자원(예: 기술, 시간)을 적절히 이용하는 것을 말한다. 예를 들면 임금 근로자가 회사가 제공하는 문구류로 가정용품이나 파티 초대 용품을 만드는 등 자신의 만족감을 실현하기 위해 고용 시설을 이용하는 경우에 가장 명확히 나타난다. 이때 전술은 소비 행위 안에 위치한 일상적인 저항의 한 형태이다.

드 세르토에게 도시의 삶은 저 아래 낮은 곳에 있는 것이다. 걷기는 도시를 경험하는 '기본적인 형태'이다. 걷는 사람은 전망 좋은 높은 지점에서 도시를 훑어보는 신과 같은 관음자와는 대조가 된다. 걷는 사람은 드 세르토가 말한 근본적으로 민주적인 관점인 거리 수준의 관점을 알고 있다. 드 세르토에게 걷기는 체화되고 감각적인 **연습**이다. 설문조사가 포착할 수 없는 도시의 명소와 분위기의 매력과 같은 어떤 것이다. 또한 걷기는 잠재적으로 전복적인 관점을 제공한다. 예를 들어 보행자는 그래피티(graffiti)를 통해 예술품으로 만들어 놓는 벽과 거리의 가구들을 볼 수 있다. '열성적인 정원사들'이 작업하면 잔디밭과 원형 교차로에 생기와 색깔이 살아난다. 도로와 건물과 같은 도시 자원은 정치적인 견해〔북아일랜드의 '마칭 시즌(marching season)'〕[4]을 만드는 데 이용될 수 있다. 드 세르토의 '무리 떼의 움직임'은 도시 전략의 파놉티콘적인 힘에 대한 저항의 기회를 제공한다. 이러한 이유로 드 세르토의 사고는 대중문화의 창의성과 지배 개념에 대한 저항의 근원으로서 대중문화의 힘을 찬양하고자 하는 사람들에 의해 종종 이용되어 왔다.

---

4   17세기 북아일랜드에서 신교도가 구교도에 대해 승리를 거둔 것을 기념하는 행진.

많은 현대 도시에서 가장 눈에 띄는 특징 중 하나는 그래피티의 존재인데, 이것은 종종 제도에 대한 저항의 한 형태로 나타난다. 그래피티를 예술로 혹은 공공 기물 파손으로 봐야 하는지에 대해 끊임없는 논쟁을 보게 된다. 그래피티가 어떤 지역에 아름다움을 더하는가? 혹은 첨단미를 더하는가, 아니면 단지 범죄적 훼손의 한 형태에 불과한가? 그 논쟁은 뱅크시(Banksy)와 같은 전문적인 그래피티 예술가들의 증가와, 벽화 같은 공공 미술과 유사한 공적으로 인정된 그래피티로 인해 퇴색되고 있다. 그래피티는 종종 사회질서를 위협하는 더러움이나 오염 물질로 보인다. 범죄 담론이 종종 야기되기도 한다. 팀 크레스웰(Tim Cresswell)은 그래피티는 지리학적 관점에서 이해되어야 한다고 주장한다(Cresswell, 1996). 그는 인류학자 메리 더글라스(Mary Douglas)의 더러움에 관한 저서를 부적절한 내용이라고 지적했다(Douglas, 1966). 크레스웰은 그래피티 자체를 '부적절하고', '어울리지 않는' 것으로 규정하는 자는 사회적 권력을 가장 많이 소유한 사람들이라고 주장한다. 더 중요한 점은 종종 그래피티가 차지하는 이미지이다. 즉, 소외된 자들의 범죄로 보인다는 것이다. 그래피티는 도시 공간의 권위를 전복하고, 그리고 "'무명인 위에 솟아 있는 유명인', 즉 권위의 기념비를 능가하는 개인의 승리(찰나적이지만)다"라고 주장한다(Cresswell, 1996: 46~47). 그래피티는 역동적인 시각 형태를 띤다. 그것은 권위적 기관들이나 다른 그래피티스트들에 의해 지워지거나 그 위에 덧칠해질 수도 있고, 또한 종종 대화의 형태를 취할 수 있다.

8. 텍스트로서의 도시

앞서 논의했듯이, 시각 문화 연구에 대한 발터 벤야민의 공헌은 특히 19세기 파리의 사회적·문화적 생활에 집중했다. 모더니티의 주요 발전을 재현하고 응축한 점에서 파리는 '19세기의 수도'다. 또한 쇼핑 아케이드와 산보자들이 나왔던 곳도 바로 파리다. 마셜 버먼(Marshall Berman)의 연구는 근대적 삶의 형태와 시각 문화의 발전에서 파리와 같은 도시의 주된 역할을 도식적으로 포착하고 있다(Berman, 1983). 벤야민과 버만은 도시에 참여하는 사람에 의해 점점 더 "읽히게 될" 환경으로서의 도시의 경험에 대해 주목하고 있다.

마셜 버먼: 모더니티, 근대화, 모더니즘

버먼이 강조한 주요한 주제는 그의 책 『현대성의 경험: 견고한 모든 것은 대기 속에 녹아버린다(*All That is Solid Melts into Air: The Experience of Modernity*)』 첫 문단에도 요약되어 있으며, 〈예 6-1〉에 옮겨져 있다.

버먼은 세 가지 주제어를 이용했는데, 그중 일부는 어리의 연구에서 이미 나타났다. 사회 경험의 형태인 **모더니티**, 사회적 과정인 근대화(modernization), 일련의 비전과 가치인 **모더니즘**이다. 버먼은 궁극적으로 근대화와 모더니즘 사이의 관계에 관심이 있으며, 모더니티에 포함되는 경험으로서의 근대화와 모더니즘의 연관성에도 관심이 있다. 버먼은 모더니티를 세 단계로 본다. 첫 번째 단계는 사람들이 막 근대적인 삶을 경험하기 시작할 무렵인 16세기 초부터 18세기 말까지로서, 당시 사람들은 "무엇이 발생했는지 알 수가 없었다. 그들은 필사적이지만 반은 맹목적으로 그것에 맞는 하나의 적절한 어휘를 더듬거리며 찾았다. 그들은 시험과 희망이 공유될 수 있는 근대적인 대중이나 공동체라는 감각을 거의 또는 전혀 갖지 못했다"(Berman, 1983: 16~17).

근대적인 생활은 새롭고 이런 새로운 발전 때문에 당혹스러운 것이었다. 모더니티의 두 번째 단계는 1780년대와 1790년대 혁명의 물결과 함께 시작되어 20세기 초까지 지속된다. 버먼은 프랑스 혁명 후 일종의 근대적 대중이

✓ **모더니즘**
1890년과 1930년 사이에 일어난 예술과 문화에서의 다양한 활동의 특징을 말한다. 재현에서 전 시대의 리얼리즘 거부, 그와 관련하여 형식에 대한 강조, 주관성의 탐구, 예술가의 개입적 역할에 대한 강조를 그 주요 특징으로 삼고 있다.

예 6-1 **모더니티의 경험**

The experience of modernity

공간과 시간에 대한 경험, 자아와 타자의 경험, 삶의 가능성과 위기에 대한 경험 등 전 세계 여성과 남성이 공유하고 있는 생동적 경험의 한 형태가 있다. 이런 경험 구조를 '모더니티'라고 부른다. 근대적이라는 것은 우리가 모험, 권력, 기쁨, 성장을 약속해 주는 환경에 노출되었음을 뜻하기도 하지만, 동시에 갖고 있는 모든 것, 알고 있는 모든 것, 자신을 모두 파괴하려고 위협하는 환경에 노출되었음을 의미하기도 한다. 근대적인 환경과 경험은 지리와 인종, 계급, 종교와 이데올로기의 모든 경계를 가로지르고 있다. 이런 점에서 모더니티는 모든 인간을 연계시킨다고도 볼 수 있다. 하지만 그것은 역설적인 일치, 불일치의 일치. 그것은 우리 모두를 영속적인 분열과 재생, 갈등과 모순, 애매모호함과 고민의 대혼란으로 몰아넣는다. 모던하게 된다는 것은 마르크스가 말했듯이 '견고한 모든 것이 대기 속에 녹아버리는' 세계의 일부가 되는 것이다.

(Berman, 1983: 15).

발전했다고 주장한다. 당시 사람들은 그들이 '현대(modern)'에 산다고 인식했지만, 그 전 시대에 무엇이 일어났는지도 기억하고 있었다. 그래서 버먼에게 아주 중요한 개념인 모더니티의 이중성, 즉 한편으로 모더니티에 연루되는 모험심을 느끼지만 다른 한편으로는 혼합된 상실감과 불안감이 생겨난다. 위대한 모더니즘 문학과 예술이 발생하는 것도 여기고, 이런 딜레마들에 직면한 정치사상과 저작들 – 특히 마르크스주의 – 이 탄생한 곳도 바로 모더니티의 세계다.

이런 많은 변화가 파리에 대한 보들레르의 글에 담겨 있다. 그의 글은 아케이드에서의 새로운 형태의 근대적인 삶과 1848년 정치적 봉기에 대해 설명하고 있다. 오스망의 계획에 따라 대로가 건설된 것처럼, 파리에서는 재개발이 계속되어 더욱 많은 변화가 일어났다. 대로는 과거 정치적 저항이 일어난 노동자 지역을 파괴하면서 장차 군대가 저항을 재빨리 진압하며 쉽게 이동할 수 있도록 하기 위해 건설되었다. 이런 새로운 길은 근대 교통의 장소이기도 하지만 위험하게 붐비는 장소이기도 했다. 그래서 대로에서의 삶은 또한 "걸어서 움직이는 많은 남녀에게 더욱 위험하고 위협적이 되었다"(Berman, 1983: 159).

20세기는 모더니티의 세 번째 시기다. 여기서 근대화는 매우 일반화되어 '사실상 전 세계'에서 일어났다. 이것은 버먼도 인정하듯, 그때가 예술을 가장 위대하게 성취시킨 시기이기도 하지만, 모더니즘의 이중성에 대한 감각이 없어지듯 모더니즘이 방향을 잃어가는 시기이기도 하다. 그것의 한 경로는 이탈리아 미래주의 예술가들과 르코르뷔지에(Le Corbusier, 1887~1965)[5]처럼 나머지 20세기 동안 도시와 건축의 모습에 영향을 준 자들이 그랬듯이, 모더니티를 찬양하는 것이다. 르코르뷔지에는 미래에 고층빌딩과 고속도로의 도시로 발전시키는 데 원동력이 된 자동차의 힘과 합리적 도시 재개발을 높이 평가했다(Berman, 1983: 166~167). 다른 경로는 모더니티의 명예를 훼손시키고 예술과 건축의 전통적 형태로 다시 되돌아가는 것이다.

벤야민과 버먼은 도시를 텍스트로 읽는 것이 가능하다고 주장한다. 즉, 시각적으로 이용할 수 있는 의미 있는 기호의 모양으로서 도시를 '읽는 것'이 가능하다고 제시한다. 적어도 도시의 물리적 환경은 이런 식으로 세 가지로 해석될 수 있는데, 도시의 건물이 제공하는 건축적 표시, 도시 주변 사람들의 이동을 촉진하고 제한하는 인공 환경의 시각적 특징, 그리고 권력의 응축으

---

5   프랑스에서 활약한 스위스 태생의 건축가이자 화가.

로서의 경관(또는 도시경관)이 그것이다. 세 가지의 다른 면모를 다음에서 살펴보자.

건축 읽기

도시를 텍스트로 이해하는 한 가지 방법은 특정 건물의 건축적 표시가 시사하는 바를 조사하는 것이다. 사회학자 키스 맥도널드(Keith Macdonald)는 공인회계사, 변호사 그리고 의사 등 런던의 세 개 전문 그룹의 특징을 조사했다. 공인 회계사나 영국 법조 단체, 그리고 영국 로열 의과대학을 대표하는 내과, 외과 의사들은 그들이 소유한 건물의 몇 가지 특징을 나타낸다. 그런 건물을 구입하고 사용한다는 것은 눈에 띄는 소비를 하는 것이며, 자신들의 권력을 고양시키는 일종의 전략적인 시도이다. 맥도널드는 건물 부지의 가치, 건물의 크기, 비용, 그것의 재료나 내부 공간, 건축 전문가에 의해 평가된 건물의 지명도와 같은 그런 요소를 조사했다. 그는 전문 그룹의 지위와 욕구가 이 세 종류의 전문인들에 의해 소유된 건물에 반영되어 있다고 주장한다. 세 종류의 직업 중 회계사들은 법조인이나 더 오래 조직된 의사만큼 직업 규칙을 통제하려는 욕망에서 성공적이지 못한 '예외 경우'다. 이것은 세 그룹의 건물 부지와 건물과 인기도 등급에 대한 맥도널드의 조사에 반영되어 있다. 이런 측정 기준으로 보자면 공인회계사 홀(〈그림 6-6〉)은 런던 법조인이나 의사 전문직들이 차지하고 있는 건물만큼 동일한 가치를 창출하지 못하고 있다.

로스앤젤레스 시내에 있는 웨스틴 보나벤처(Westin Bonaventure) 호텔은 포스트모더니즘의 전형적인 예로 널리 여겨진다. 장 보드리야드(Jean Baudrillard)와 프레드릭 제임슨(Frederic Jameson)이 이 호텔에 대해 분석했다(Baudrillard, 1988a; Jameson, 1991).

그림 6-3 공인회계사 홀

자료: MacDonald(1989: 62).

- 건축: 보나벤처는 '미국 도시 건물이 지닌 통속성을 존중하는' 건물이
  고 '주위 도시의 천박하고 상업적인 기호 체계 위에 색다르고, 고양된
  새로운 유토피아 언어를' 삽입시키려고 하지 않는다(Jameson, 1991: 39).

- 외부: 유리벽은 상대방으로부터 보이지 않으면서 바깥을 볼 수 있게 하
  는 선글라스처럼 일종의 공격적 방패로 기능한다(Baudrillard, 1988a 참조).

- 출입구: '보나벤처에는 출입구가 세 개 있다. 하나는 피구에로아에서
  들어가고, 다른 두 개는 호텔의 다른 쪽에 있는 예전의 벙커힐 언덕에
  가꾼 높은 정원을 지나 들어가는 것이다. 이 출입구는 그 어떤 것도 옛
  날식 차양이 있는 호텔 입구나 예전의 사치스러운 건물이 보유했던,
  거리에서부터 호텔 내부까지 이어지는 웅장한 마차 맞이 출입구와는
  다르다. 보나벤처의 출입구는 측면적이고 오히려 뒷문과 같은 성격을

모더니티, 모더니즘, 포스트모더니티, 포스트모더니즘
Modernity, modernism, postmodernity, postmodernism

모든 규정 자체가 논쟁적이기는 하지만, 이 용어들은 특히 상대적으로 고정되어 있지 않고 잘못 정의될 때가 많아서 혼란과 혼잡을 야기하곤 한다. 모더니티는 보통 사회나 경험의 한 형태로 생각된다. 버먼(Berman, 1983)은 모더니티 자체가 이중성을 가진다는 점을 중요하게 생각했다. 전통적인 것을 파괴하는 변화는 자극적인 동시에 고전적인 확실성이 상실된다는 점에서 위협적이기도 하다. 사회학자 기든스(Giddens, 1990)는 현대사회가 사회 변화의 간격과 범위에서 전통적인 사회와 다르며, 또한 국가 제도에서도 전통 사회와 다르다고 주장한다. 최근에 모더니티라는 개념은 구조적 개념으로서의 자본주의와 가부장제에 대한 관심이 사라지면서 사회과학과 예술 부문에서 다시 주목받고 있다. 좁은 의미에서 모더니즘은 1890년에서 1930년 사이에 발전된 예술과 문화 영역의 활동을 특징짓는 용어로 사용되었다. 모더니즘의 주요한 특징은 재현을 강조하는 리얼리즘을 반박하고 형식에 초점을 두는 것이다. 여기서 예술의 정치적 성격과 더불어 예술가의 역할이 강조되었다.

　포스트모더니즘은 사회에서나 경험에서 특별한 형태의 예술 활동과 철학적·이론적 관점을 언급하기 위해 광범위한 영역에서 사용된다. 모던(그리고 모더니티, 모더니즘)에 포스트(post)를 덧붙이는 것은 어떤 면에서 모던이 대체되었거나 모던의 기본 위에 새로운 행동이 더해졌음을 의미한다. 포스트모더니티는 아직 근대적인 면(그러나 전통적인 면은 아니다)을 지니고 있는 사회를 의미한다. 하지만 이는 근대와는 다르게, 보드리야르가 지적한 것처럼 의사소통을 위한 대중매체를 발전시킨 사회이며, 페더스톤의 지적처럼 소비 역할을 크게 발전시킨 사회이기도 하다. 하지만 기든스와 같은 저자들은 포스트모더니티의 가장 적절한 묘사는 후기 모더니티라고 제시하면서, 위의 사고를 거부한다. 예술적인 활동의 한 형태로서 포스트모더니즘은 다양한 영역의 생산자들에게 적용되었다. 랩 음악이나, 토킹 헤즈(Talking Heads)와 그들의 음악이 그 예다. 포스트모더니즘적 텔레비전 시리즈로는 〈트윈 픽스(Twin Peaks)〉를 꼽을 수 있다. 이런 것들은 모더니즘의 강조점을 공유하지만 그것을 다른 방향에서 활용하기도 한다. 이 포스트모더니즘 영화나 음악은 우스꽝스럽고, 과거의 다른 텍스트를 언급하기도 하며, 고급문화와 대중문화 사이의 경계를 없애버리기도 한다. 여기서 문제는 다양한 형태와 유형에 포스트모더니즘이라는 하나의 핵심어를 적용하려고 한 것이다. 이것은 개념이나 철학으로서의 포스트모더니즘의 성격을 고려할 때 특히 역설적이다. 이에 대해 리오타르(Jean-François Lyotard)는 거대 서사 또는 메타 서사의 불가능성을 포스트모더니즘의 특징으로 보았다. 지식은 지역적이고 다른 것에 의존해 있을 뿐만 아니라 상대적이라는 것이다. 이론과 철학에서 포스트모더니즘적 사고는 종종 포스트구조주의(post-structuralism)와 관련된 사고 때문에 흐려진다. 포스트모더니즘에서 '의미'는 단어와 사물 사이 관계처럼 논쟁이 되고 있다.

포스트모더니즘 논쟁은 1980년대 사회과학과 인문학 논쟁의 중심이 되었다. 어떤 정치적 좌파들은 이런 포스트모더니즘에 대한 논쟁을 서구 사회·문화의 우파적 흐름에 잘 맞는 새로운 비이성주의로 보았다. 다른 이들은 포스트모더니즘이 과거 주변부에 있던 사람들, 즉 여성, 흑인, 동성애자에게 공평한 좌파 개념이나 실천의 중요성에 대해 말하고 논쟁하는 자리를 허용했던 방법을 강조했다. 이것은 정체성의 정치라는 현대적 개념과 연관된다.

■ ■ ■ 더 읽을거리

Connor, S. (1989). *Postmodernist Culture*. Oxford: Blackwell.

Docherty, T(ed.). (1993). *Postmodernism: A Reader*. *Hermel* Hempstead: Harvest Wheatsheaf.

Giddens, A. (1990). *The Consequences of Modernity*. Cambridge: Polity.

띤다. 뒤쪽 정원은 타워 건물의 6층으로 연결되어 있고, 거기서 한 층
더 걸어 내려가야만 로비로 가는 엘리베이터를 발견할 수 있다. 반면
에 정문이라고 생각되는 피구에로아 쪽에서 들어오면 건물 2층의 쇼핑
발코니가 나오며, 에스컬레이터를 타야 당신이나 당신의 짐이나 프런
트에 갈 수 있다'(Jameson, 1991: 39).

- 미니시티: '보나벤처는 총합적 공간, 완전한 세계, 일종의 작은 도시
  (minicity)가 되길 바란다는 생각이 들게 한다'(Jameson, 1991: 40).

- 에스컬레이터와 외부 엘리베이터: 호텔 주변 방문자들의 이동을 보
  여주며, 움직임의 중요한 형태로서 걷기의 가치를 떨어뜨린다. '여기
  에서 서사적 산보(narrative stroll)는 폄하되며 그 대신 이런 운송 기계
  에 의해 상징화·물화·대체된다. 운송 기계는 우리가 더 이상 마음대
  로 할 수 없게 된 구식 산보의 우화적(allegorical) 기표가 된다'(Jameson,
  1991: 42).

- 로비: '어지러운 혼란이며, 이 공간이 아직 거기를 걸어 다니는 사람에
  게 복수를 가하는 것이라고 규정될 수 있다. 네 개의 주거용 탑이 완벽
  하게 대칭을 이루기 때문에 로비에서는 방향을 찾기가 불가능하다. 최
  근에 색깔로 코드를 만들고 안내 표지판을 부착했지만 이것은 옛날 방
  식의 공간 좌표를 찾아보려는 측은하고 절망적인 시도라고 할 수 있
  다'(Jameson, 1991; 43).

　제임슨에게 보나벤처 호텔은 포스트모더니즘적 문화와 삶의 주요한 면을
응축한 것이다. 제임슨의 포스트모더니즘적 공간 개념과 공간 경험에 관한
강조는 특히 중요하다. 제임슨에게 보나벤처가 야기한 혼란은 복잡한 포스
트모더니즘적 세계의 혼잡함과 그 세계 안에 우리 자신을 위치시킬 수 없음
을 상징적으로 보여준다. 앞으로 9절에서 포스트모더니즘에 대한 이런 주장

이 더 많이 논의될 것이다.

도시 읽기: 가독성과 이미지성

우리는 벤야민이나 버먼 등의 비평가가 파리와 같은 도시를 어떻게 이해하는지 살펴보았다. 다른 학문적 배경을 지닌 저자들은 다른 방법과 다른 개념을 사용하여 유사한 실험을 수행해 왔다. 도시 읽기의 한 유력한 사례가 린치(K. Lynch)의 연구에서 나타나며, 이것은 포스트모더니즘과 포스트모더니티에 대한 제임슨(Jameson, 1991)의 저작에서도 활용되었다(Lynch, 1960).

린치는 미국의 세 도시, 보스턴, 저지시티, 로스앤젤레스의 성격과 거주민들의 경험을 분석하고 있다. 그의 분석에 **가독성**(legibility)이라는 개념이 사용된다. 가독성은 "도시의 각 부분이 통합된 형태로 쉽게 인식되고 구성될 수 있다"는 것을 뜻한다(Lynch, 1960: 2~3). 더욱 중요한 것은 **이미지성**(imageability)으로, "어떤 관찰자에게 강한 인상을 불러일으킬 가능성이 높은 도시의 물리적 속성"을 의미한다(Lynch, 1960: 9). 린치는 앞의 세 도시에서 도시 경험을 만드는 중요한 요소를 다섯 가지로 분류한다. 통로(path), 경계(edge), 구역(district), 결절점(node), 이정표(landmark)다. 이것의 정의와 예는 〈스포트라이트 6-1〉에 실린 발췌문에서 설명된다.

린치는 도시의 특별한 디자인 전략을 알리고 논쟁하기 위해 위의 요소를 밝히고 논의했다. 그러나 이런 요소는 또한 문화연구에서 도시를 이해하는 방법론적 기초로 사용될 수 있다는 점에서 중요하다. 린치 연구의 또 다른 중요한 점은 그가 도시 거주자의 경험을 강조한다는 것이다. 린치는 해석가나 비평가처럼 글을 쓰기보다는 이른바 도시에 대한 '청중'의 경험이라고 할 수 있는 것을 동원시키거나 결집해 보려고 한다. 하지만 도시는 계급·젠더·인종·나이 등에 따라 나누어지기 때문에 다른 청중도 많다는 점을 기억해야 한다.

도시 이미지의 요소

Elements of the image of the city

지금까지 연구된 물리적 형태로서 도시 이미지의 내용은 다섯 가지 요소로 나뉠수 있다. 통로, 경계, 구역, 결절점, 이정표가 그것들이다. 이 요소들은 다음과 같이 정의될 수 있다.

1. 통로

통로는 관찰자가 일상적으로 또는 가끔씩 지나가든지 아니면 지나갈 가능성이있는 경로로서, 가로, 보도, 수송로, 운하, 철도 등이다. 이것은 도시 이미지에 우세한 요소가 된다. 사람들은 통로를 따라 움직이면서 도시를 경험하고, 환경적요소들이 이 통로를 따라 배열되고 서로 관계를 맺는다.

2. 경계

경계는 통로로 사용되지 않거나 통로로 인식되지 않는 요소로서 두 영역 간의 경계선, 즉 두 지역의 연속성을 단절시키는 선형적 요소다. 해안, 철도, 개발지의경계, 벽 등이 경계다. 경계는 직교좌표축이라기보다 횡적 방향에 놓여 있다. 그경계는 한 지역을 다른 지역으로부터 차단시키지만, 경우에 따라서 가로질러 갈수 있는 장벽이다. 또는 두 지역이 서로 관련되고 연결되는 선형의 이음새다. 경계는 통로처럼 우세한 요소는 아닐지라도, 물이나 벽으로 도시의 윤곽이 드러나듯이 일반적인 지역을 결합시키는 역할을 하기 때문에 도시의 중요한 구성적 특징이다.

3. 구역

구역은 2차원적 범위를 지닌 것으로 도시 내에 존재하는 중대형 규모의 영역이다. 즉, 관찰자 자신이 그 '내부에' 있다고 생각하게 되면서, 어떤 공통적이고 동일한 성격을 지닌 것으로 인식되는 공간이다. 내부로 인식되는 부분이지만, 외부에서 구역을 본다면 외적 표지로 사용된다. 통로나 구역 중 어느 것이 더 우세한 요소인지는 개인에 따라 다르며 각 도시에 따라 다를 수 있다.

4. 결절점

결절점은 관찰자가 그 안으로 들어갈 수 있는 도시의 전략적인 지점이다. 교통이 교차하는 지점이고, 교통이 멈추는 지점, 길을 가로지르거나 길이 모이는 곳, 한 구조에서 또 다른 구조로 이동하는 지점이다. 또는 단순히 집중되는 지점이기도 하다. 길모퉁이나 막힌 사거리처럼 용도상 또는 물리적 특성상 사람들이 모이기 때문에 중요해지는 곳이다. 이렇게 집중되는 결절점 중 일부는 구역의 중심지와 초점이 된다. 결절점이 구역에 주는 영향은 중심에서 사방으로 퍼지며 결절점 자체는 상징적 역할을 한다. 결절점은 코어(core)라고 불린다. 많은 결절점은 교차점과 집결점의 역할을 한다. 결절점이라는 개념은 통로의 개념과 연관된다. 왜냐하면 교차점은 보통 통로가 모인 것이고, 이동 중에 일시적으로 정지하는 곳이기 때문이다. 또 이와 비슷하게 구역의 개념도 관련된다. 코어는 구역의 밀도 높은 초점이고 구역에 특별한 의미를 부여하는 중심지이기 때문이다. 거의 대부분의 경우에 결절점은 이미지로 관찰되며, 경우에 따라 그것이 우세한 특징이 되기도 한다.

5. 이정표

이정표는 또 다른 형태의 지시 대상이다. 이 경우에는 그 안에 들어간다는 개념 보다는 외부에서 바라본다는 성격을 지닌다. 비교적 간단하게 정의할 수 있는 물질적 대상, 즉 빌딩, 간판, 가게, 산 등이 이정표에 속한다. 이정표는 많은 가능성에서 하나의 요소를 가려내는 데 그 사용의 의미가 있다. 어떤 이정표는 멀리 있어서, 주로 다양한 각도와 먼 거리에서 더욱 작은 요소의 탑 위로 보인다. 이런 것은 모든 방향에서 볼 수 있는 전 방위적 표지로 사용된다. 그것들은 도시 내부에 있거나 또는 모든 실제적인 목적을 위해 일정한 방향을 상징해 주는 정도의 거리에 있다. 예컨대 홀로 서 있는 탑, 황금빛 원형 건물, 커다란 언덕 같은 것이다. 심지어 충분히 천천히, 그리고 규칙적으로 움직이는 태양도 이정표로 이용될 수 있다. 또한 지역적인 이정표도 있다. 이 경우에는 오직 한정된 장소와 특정한 방향에서 접근할 때만 이정표가 될 수 있다. 간판, 상점 정문, 나무, 문의 손잡이와 그 밖에 도시의 사소한 것들이 여기에 속한다. 이정표는 도시의 정체와 구조를 밝혀내는 실마리로 사용되며, 이정표에 익숙해질수록 점점 더 그것에 의존하게 된다.

(Lynch, 1960).

풍경과 권력 읽기

샤론 주킨(Sharon Zukin)은 이 영역에서 제기된 일반적인 문제를 밝혀냈다 (Zukin, 1991, 1992). 그녀는 풍경이 권력관계에 실제적 형태를 부여한다고 제시한다. 여기서 풍경은 구체적인 역사적 시점에서 권력관계의 다양한 양상을 재현하거나 상징하는 것으로 해석될 수 있다. 주킨은 특히 자본주의의 특징적인 권력관계에 관심이 있다.

> 시각적인 의미에서 비대칭적 권력이란 포스트모더니티를 포함해 모든 역사적 시대를 정의하는 실질적이고 상징적인 여러 도시 풍경을 발전시킬 수 있는 능력, 즉 잠재적인 다양한 이미지의 저장고에서부터 그 이미지를 끌어올 수 있는 자본가의 능력을 의미한다. 이것은 건축이 바로 자본주의의 상징이기 때문에 포스트모더니티에 중요하다는 제임슨의 말을 뒤집는다. 오히려 건축은 상징주의의 자본이기 때문에 중요한 것이다(Zukin, 1992: 225).

주킨의 글은 도시의 변화의 성격을 강조한다는 점에서 중요하다. 그녀는 런던이나 뉴욕처럼 오래된 근대 도시의 일부를 변화시킨 고급 주택화 과정을 연구했다(Zukin, 1989, 1995). 신생 도시는 이런 과정으로 변화될 만한 형태의 건물을 갖고 있지 않다. 포스트모더니티의 표본인 로스앤젤레스와 같은 도시는 흥행 사업 위주로 구성되어 있다. 그것은 일종의 디즈니월드와 같다. 주킨은 이런 형태의 도시에서 보이는 현대의 권력 및 시각 문화 변화에 관해 핵심적인 문제를 제기하고 있으며, 이것은 다음 절의 주제이기도 하다.

9. 시각 문화와 시뮬라크라와 디지털

이 장은 텍스트와 삶의 방식으로서의 문화가 그 구성원에게 어느 정도 가시적으로 유용한지 보여주려고 했다. 보는 것은 항상 문화적으로 보는 것이고 외양은 그것이 문화적 중요성을 가질 때만 우리에게 현실적인 것이 된다. 모든 문화는 그 특징 중 일부를 시각적으로 전달하는데, 모더니티의 도입은 이런 시각적 경향을 확대시켰다. 앞서 논의된 저자들이 제시하듯, 지금의 문화적·사회적 변화는 시각 문화를 새로운 포스트모더니즘적 성격으로 발전시켜가고 있다. 포스트모더니티는 모더니티의 토대 위에서 발전되었지만 그것과 변별되는 특징이 있다. 보드리야르는 몇 가지 변화를 밝혔다.

보드리야르는 이데올로기적이고 문화적인 상부구조가 경제적인 하부구조에 의해 결정된다고 보며 사용가치와 교환가치를 구별하는 고전적인 마르크스주의를 비판한다. 보드리야르는 이런 이항적 분류가 현대 자본주의 사회에서는 풍부한 이미지와 미디어의 두드러진 역할 때문에 희미해지거나 흐려졌다고 본다. 나아가 보드리야르는 기호학 내에서 개념화된 기호와 지시 대상 사이의 관계에 대한 비판을 확장시킨다.2장 참조 보드리야르는 기호 또는 이미지가 다음의 네 단계를 거친다고 주장한다(Baudrillard, 1988: 170).

1 이미지는 근본적 실재(현실)의 반영이다.

2 이미지는 근본적 실재를 감추고 변질시킨다.

3 이미지는 근본적 실재의 부재를 감춘다.

4 이미지는 그것이 무엇이든 간에 실재와 어떤 관계도 갖지 않는다. 이
   미지는 자신의 순수한 시뮬라크라(simulacra)다.

첫 번째 단계에서 이미지나 언어는 현실을 재현하는 것으로 여겨진다. 그
래서 예를 들어 자연과학은 언어가 여러 면에서 세계에 대응하거나 거울처럼
세계를 그대로 반영하기 때문에 언어로 세계의 성격을 포착할 수 있다고 본
다. 두 번째 단계에서 기호나 언어는 실재의 성격을 감추거나 왜곡한다. 이
것은 마르크스주의 이데올로기 이론의 전제가 된다(Connor, 1989: 55). 즉, 노동
자들의 이데올로기나 '허위의식'은 근본적으로 착취적인 자본주의 사회의 성
격을 변질시키거나 감추는 역할을 한다. 그 이미지는 서커스의 요술 거울처
럼 실재를 왜곡시킨다. 이런 상황은 세 번째 단계에서 더 진전되는데, 이 단
계에서는 실재의 어떤 속성이 아닌 실재 자체의 부재가 감추어진다. 이것은
마지막 단계에서 절정에 달하여, 여기서 기호는 실재와 아무런 관계가 없다.

보드리야르의 개념은 선거 유세에 대한 보도 자료의 예를 통해 설명할 수
있다. 첫 번째 단계에서 선거는 실재를 반영하는 객관적인 형태로 보도되는
별개의 사건처럼 보인다. 아마도 어떤 '수준 있는' 신문과 공영 방송은 선거
의 보도가 이런 모델에 여전히 일치한다고 주장할 것이다. 선거는 보도가 있
건 없건 그런 식으로 존재할 것이며, 보도도 선거 과정에 영향을 주지 않는
다. 두 번째 단계 모델에서 선거는 이데올로기적으로 그것을 '구성하는' 형태
로 보도된다. 예를 들면 중심 이슈가 숨겨지고, 유력한 집단의 이해관계를 반
영하는 형태가 된다. 마르크스주의자들은 대중매체가 조직적으로 이를 행한
다고 주장한다.2장 참조 세 번째 단계에서 선거는 '미디어 사건'이 되어간다. 예

를 들어 관련자의 행위가 미디어의 스케줄에 맞춰지고, 연설도 황금시간대에 하도록 맞춰진다. 실제 사건으로서의 선거는 없어져 간다. 이런 부재의 과정은 최초의 텔레비전 선거인 1959년의 영국 총선거에서 시작되었다.

보드리야르는 특히 네 번째 단계를 중요시한다. 선거의 예에서는 미디어 보도가 바로 선거 자체가 된다. 선거는 미디어의 취재 바깥에서는 존재하지 않는다. 선거의 주역은 이미지를 선택하고 연설의 중심 내용을 결정하는 이들이다. 그러므로 2015년 영국 총선 운동을 한 노동당의 '홍보 담당자들'은 지난 2010년 총선에서 고든 브라운(Gordon Brown)이 유권자를 '편견이 심한' 사람이라고 묘사했던 것과 유사한 '실수'가 일어나지 않도록 확실하게 했다. 이런 점에서 선거는 미디어의 이미지 유포 안에서만 가능하다. 다시 말해 이미지가 바로 선거다. 이것은 24시간 뉴스 미디어와 사회 미디어에 의해 가속화된다.

나아가 보드리야르는 이미지가 필사적으로 현실의 효과를 만들려고 시도하는 시뮬라크라의 세계, 즉 **파생실재**(hyperreality)에 우리가 살고 있다고 제안한다.[6] 이런 견해는 매우 논쟁적이다. 예를 들어 걸프 전쟁이 일어나지 않았다는 보드리야르의 주장은 그 전쟁에서 죽은 사람이 있다는 명확한 사실을 인정하지 않는 것이고, 또는 선거가 없었다는 주장은 사람들이 실제로 투표를 했다는 사실을 무시하는 것이다. 하지만 사건에 대한 미디어 이미지 바깥에서 이런 사건들을 생각하거나 개념화하는 것이 불가능하다는 지적은 설득

6　걸프전 현장을 대변한 것은 미디어였다. 사람들은 미디어를 통해 걸프전의 미사일 발사 장면을 목격했지만 그곳에 실재 전쟁의 참혹한 모습은 존재하지 않았고 전쟁을 일으킨 인간의 죄책감 등은 어디에서도 찾아볼 수 없다. '파생실재'는 미디어의 이미지가 실재가 되어 실재와 가상의 경계가 허물어진 시대를 단적으로 표현한 것이다. 보드리야르가 지적한 이미지가 실재를 대체한 예를 보자면, 코카콜라를 마실 때 우리가 원하는 것은 그 상품이 아닌, 거품과 관련된 '젊음'이라는 이미지를 소비하는 것이다.

력이 있다. 또한 이런 사건은 이제 광범위하게 보도되는 미디어 사건이 된다. 우리는 이제 지구를 가로질러 즉각적으로 이미지를 위성중계 하는 24시간 텔레비전과 라디오 뉴스 채널에 익숙해져 있다. 이런 상황에서 사진과 영화와 방송〔방송 스케줄이 정해진 리니어(linear)〕 TV 영역을 넘어선 미디어 기술의 발전은 매우 중요하다.

디지털화와 재현의 미래

특히 이른바 '디지털 혁명'은 파생실재의 영역을 확장시키기 위한 확실한 준비를 한 것으로 보인다. 사진과 영화 이미지를 디지털화하는 컴퓨터 기술은 회화적 재현의 생산을 전례 없이 고양시키고 마음껏 조작해 나갔다. 디지털화는 하나의 그림이 그리드(grid) 속에서 작은 그림 요소인 픽셀(pixels)로 나누어지는 과정을 의미한다. 각각의 픽셀에 색상이나 명암의 코드로부터 나온 숫자가 주어진다. 픽셀의 수치를 바꾸거나 그것을 더하거나 제거함으로써 사진을 변화시킬 수 있다. 대중 언론이 종종 보여주듯, 아마 만날 수도 없었을 사람들의 사진이 말끔하게 제시될 수도 있다. 요즘 영화는 과거의 사진작가가 제작할 수 없었던, 꿈에서만 가능했던 시점을 제공하면서 여러 각도의 시뮬레이션으로 제작된 장면을 보여준다. 대중에 유포되는 사진이나 영상 이미지의 생산은 카메라, 현상, 편집 기술보다 컴퓨터 사용의 능숙함과 더욱 밀접하다.

이런 변화는 사진의 인과관계 개념과 리얼리즘이라는 안이한 개념을 공격한다. 이런 변화는 사진과 지시 대상 사이의 필수적인 유대 관계를 소멸시킨다. 결론적으로 디지털화가 "현실을 그대로 보여준다는 주장을 제거함으로써" 다큐멘터리가 지닌 "객관적 사실에 대한 순진한 교만함"은 더 이상 존재할 수가 없다(Winston, 1995: 259). 멀티미디어에 대한 적응, 인터넷의 성장, 대

표 6-4 사회의 유형, 회화적 재현의 형태, 그것과 연관된 위치

전통적 사회	자서(손으로 만든) 이미지	숭배자
모더니티	사진 이미지	보는 자
포스트모더니티	전자 이미지	상호작용자

량 전자데이터 은행과 가상현실 기술의 출현과 같은 것이 함께 발전하면서 **포스트 사진** 시대가 올 것이다. 이런 발전이 시각 문화에 가져올 큰 변화는 〈표 6-4〉에 요약되어 있다.

어떤 사람은 이런 변화를 예술 작품에 관한 기술적 복제의 의미를 다룬 벤야민의 고전 에세이만큼이나 획기적인 것으로 본다. 디지털화는 새로운 형태의 회화적 재현, 예를 들면 이종성과 파편화 같은 포스트모더니즘의 주요한 주제를 보여주는 대중 비디오의 출현을 촉진시킬 것이다. 디지털화가 인식에 대한 새로운 근거를 제공한다는 주장은 일리가 있지만, 사진이 사라진다는 주장은 좀 더 신중하게 다룰 필요가 있다. 그런 주장은 너무나 단순화된 기술결정주의에 의존하는 것으로, 새로운 기술조차도 과거의 기술, 지식, 보는 방법에 의존해 있음을 간과하고 있다. 지속성은 기술적으로 그것에서 파생된 것들과 함께 공존한다. 더군다나 포스트모더니즘적 세계는 점점 더 모든 것을 차용하고 혼성 모방하는 상호 텍스트적 세계가 되어간다(Lister, 2004). 그래서 포스트 사진 시대가 도래하리라는 불길한 주장은 아마 시기상조일 것이다. 리얼리즘 기술로서의 영화와 사진에 대해 논의할 때 시사한 바대로 6장 3절 '리얼리즘의 기술: 사진과 영화' 참조 리얼리즘은 늘 적절한 용어로 이해되어 왔으며 그것은 온당한 대접이기도 하다. "보는 것이 믿는 것이다"라는 속담은 아이러니하게 사용되었다. 이제 디지털화는 이데올로기적인 것으로서 투명한 다큐멘터리 리얼리즘에 대해 문제를 제기한다. "디지털화는 디지털화의 과정만 남겨둘 뿐, 어떤 것의 증거로서의 사진 이미지를 파괴해 버린다"(Winston,

1995: 259). 디지털화가 이른바 사진 재현의 특이한 특징에서부터 이런 사진 이미지를 받아들이고 이해하는 쪽으로 향한다면, 올바른 방향으로 나아가는 것이다. 아니면 디지털화는 보드리야르가 '기호화하는 문화의 승리'라고 불렀던 것의 또 다른 증상에 그칠지도 모른다. 이런 점에서 이 장 전체에서 말했듯, 전근대, 근대, 디지털 사회와 문화의 형태에 대응하는 서로 다른 시각 체계가 존재하며, 각각의 시각 형태는 변화하는 권력투쟁과 밀접하게 연관되어 있다.

10. 결론

세 가지 주제를 중심으로 시각 문화를 살펴보았다. 첫 번째, 모더니티에서 포스트모더니티로 이행하면서 시각 문화가 어떻게 변화했는지 살펴보았다. 처음에 우리는 지멜과 벤야민의 '고전적' 글이 지닌 중요성을 지적했고, 사진과 영화에 대한 고찰을 통해 이런 논의를 진전시켰다. 마지막 부분에서 우리는 새로운 포스트모더니즘적 시각 재현을 살펴보았다. 이런 변화는 권력관계의 재구성과 긴밀하게 연결되어 있다. 두 번째, 우리는 고전적 사실주의 텍스트, 남성의 응시, 감독, 눈을 맞추지 않은 상호작용, 예의 바른 무관심 등과 같은 개념을 활용해서 시각 문화 연구의 여러 방법을 탐구해 보았다. 마지막으로, 사회적 상호작용과 사회적인 변화가 주로 일어나는 장소인 도시에 대해 특별한 관심을 표했다. 구체적으로 이 장에 소개된 개념들을 활용해서 도시의 여러 측면을 어떻게 이해할 수 있는지 살펴보았다.

■ ■ ■ 요약

- 보는 것이 항상 '문화적으로 보는 것'임을 보여주는 다양한 방법에 관해 설명했다.
- 시각 문화의 개념과 시각 재현의 기술이, 도시의 성장 과정에서 변화하는 권력과 어떻게 연관되는지 보여주었다.
- 현대 도시에서의 일상적인 사회 활동, 건물과 장소의 외관이 지닌 문화적 중요성을 살펴보았다.
- 모더니즘적 도시와 포스트모더니즘적 도시를 텍스트로 어떻게 읽을 수 있는지 제시했다.

■ ■ ■ 더 읽을거리

Susan Sontag의 *On Photography*(1979)는 사진 묘사의 특징과 그것이 보는 이에게 어떤 영향을 주는지 자세히 검토하고 있다. John Berger의 *Ways of Seeing*(1972)에서 전개된 주제는 당시 상당한 논란을 야기했으며 아직도 깊은 관심을 기울일 만하다.

Berger와 Sontag는 Walter Benjamin의 훌륭한(great) 에세이인 「The Work of art in the age of mechanical reproduction」을 확대, 발전시키고 있다.

Liz Wells의 *Photography: A Critical Introduction*(5th edition, 2015, Routledge)은 사진의 역사, 형태, 기술을 포함한 다양한 문제를 논의한다. Gunther Kress와 Theo van Leeuwen의 *Reading Images*(1996)는 '시각 디자인의 기본 원리'를 해석하는 종합적 방법을 제시했다. Nicholas Mirzoeff가 편집한 저서 *The Visual Culture Reader*(3rd edition, Routledge, 2012)는 방대한 주요 논문 모음집이다. Mirzoeff의 *How to View the World*(Pelican, 2015)는 시각 문화뿐만 아니라 세상을 변화시키는 데 있어 시각 문화의 역할에 대해 매우 쉽게 설명한다. Marita Sturken과 Kusa Cartwright의 *The Practice of Looking: An*

Introduction to Visual Culture(2nd edition, Oxford University Press, 2009)는 이미지에 대해 종합적이고 학제 간의 사고를 개괄적으로 보여준다.

📖 www.routledge.com/cw/longhurst의 companion website에서 아래의 자료를 검색해 본다.

▪ 기사나 녹화 영상의 웹 링크에서 시각 문화에 대해 더 심층적으로 조사해 본다.
▪ 과제나 시험 준비를 위해서는 연습 에세이 문제들을 이용한다.
▪ 상호작용하는 플래시 용어집을 통해 주요 용어와 개념을 정리해 본다.

참고문헌

Abelove, H., M. A. Barale and D. M. Halperin(eds). (1993). *The Lesbian and Gay Studies Reader*. London: Routledge.

Abercrombie, N. (1996). *Television and Society*. Cambridge: Polity.

Abercrombie, N., S. Hill and B. S. Turner. (1980). *The Dominant Ideology Thesis*. London: Allen & Unwin.

Abercrombie, N., S. Hill and B. S. Turner. (1984). *The Penguin Dictionary of Sociology*. London: Allen Lane.

Abercrombie, N., S. Hill and B. S. Turner(eds). (1990). *Dominant Ideologies*. London: Unwin Hyman.

Abercrombie, N. and B. Longhurst. (1991). "Individualism, collectivism and gender in popular culture." Salford Papers in Sociology, No.12. Salford: University of Salford.

Abercrombie, N. and B. Longhurst. (1998). *Audiences: A Sociological Theory of Performance and Imagination*. London: Sage.

Abercrombie, N., A. Warde, R. Deem, S. Penna, K. Soothill, J. Urry and S. Walby. (2000). *Contemporary British Society*. Cambridge: Polity.

Abu-Lughod, J. (1989). *Before European Hegemony: The World System A.D. 1250-1350*. New York: Oxford University Press.

Achebe, C. (1988). *Hopes and Impediments*. London: Heinemann.

Acker, K. (1993). "Against ordinary language: the language of the body." in A. and M. Kroker(eds). *The Last Sex: Feminism and Outlaw Bodies*. London: Macmillan, pp.20~27.

Adams, E. (2010). *The Fundamentals of Game Design*. 2nd edition. Englewood Cliffs, NJ: Prentice Hall.

Adichie, C. N. (2015). *We Should All Be Feminists*. New York: Anchor.

Adorno, T. (1967). *Prisms*. London: Neville Spearman.

Adorno, T. (1991). *The Culture Industry*. London: Routledge.

Adorno, T. and M. Horkheimer. (1972). *Dialectic of Enlightenment*. New York: Continuum(orig. publ. in German, 1947).

Agee, J. and W. Evans. (1941). *Let Us Now Praise Famous Men*. Boston: Houghton Mifflin.

Agnew, J. (1987). *Place and Politics: The Geographical Mediation of State and Society*. London: Allen & Unwin.

Agnew, J. and J. S.Duncan(eds). (1989). *The Power of Place: Bringing Together Geographical and Sociological Imaginations*. London: Unwin Hyman.

Ahmed, S. (2004). "Affective economies." *Social Text* 22:2, 117~139.

Ahmed, S. (2006). *Queer Phenomenology: Orientations, Objects, Others*. Durham: Duke University Press.

Ahmed, S. (2014). *The Cultural Politics of Emotion*. 2nd edition. Edinburgh: Edinburgh University Press.

Aizlewood, J.(ed.). (1994). *Love Is the Drug*. London: Penguin.

Alasuutari, P. (1995). *Researching Culture: Qualitative Method and Cultural Studies*. London: Sage.

Alasuutari, P. (1999). "Introduction: three phases in reception studies." in P. Alasuutari(ed.). *Rethinking the Media Audience: The New Agenda*. Thousand Oaks, CA: Sage, pp.1~21.

Albrechtslund, A. M. (2010). "Gamers telling stories: understanding narrative practices in an online com-munity." *Convergence* 16:1, pp.112~124.

Albrow, M. (1996). *The Global Age*. Cambridge: Polity.

Aldridge, A. (2003). *Consumption*. Oxford: Polity Press.

Alexander, J. and B. Jaworsky. (2014). *Obama Power*. Cambridge: Polity.

Alexander, J. and P. Smith. (2002). "The strong program in cultural theory: elements of a structural herme-neutics." in J. H. Turner(ed.). *Handbook of Sociological Theory*. New York: Kluwer Academic/Plenum Publishers.

Allen, R. (2004). "Psychoanalytic film theory." in T. Miller and R. Stam(eds). *A Companion to Film Theory*. Oxford: Blackwell.

Allen-Collinson, J. and J. Hockey. (2015). "From a certain point of view: sensory phenomenological envi-sionings of running space and place." *Journal of Contemporary Ethnography* 44:1, pp.63~83.

Alleyne, B. (2015). *Narrative Networks: Storied Approaches in a Digital Age*. London: Sage.

Alpers, S. (1983). *The Art of Describing: Dutch Art in the Seventeenth Century*. Chicago: University of Chicago Press.

Althusser, L. (1971). "Ideology and ideological state apparatuses." in L. Althusser(ed.). *Lenin and Philosophy and Other Essays*. London: New Left Books, pp.121~176.

Amselle, J.-L. (1992). "Tensions within culture." *Social Dynamics* 18:1, pp.42~65.

Anderson, B. (1983, 1991). *Imagined Communities: Reflections on the Origin and Spread of Nationalism*. London: Verso.

514

Anderson, B. and P. Harrison(eds). (2010). *Taking-Place: Non-representational Theories and Geography.* Farnham: Ashgate.

Anderson, C. A., A. Shibuya, N. Ihori, E. L. Swing, B. J. Bushman, A. Sakamoto, H. R. Rothstein and M. Saleem. (2010). "Violent video game effects on aggression, empathy, and prosocial behavior in Eastern and Western countries: a meta-analytic review." *Psychological Bulletin* 136:2, pp.151~173.

Anderson, D. R., S. R. Levin and E. P. Lorch. (1977). "The effects of TV program pacing on the behavior of preschool children." *AV Communication Review* 25:2, pp.112~124.

Anderson, K. (2000). " "The beast within": race, humanity, and animality"." *Environment and Planning D: Society and Space* 18:3, pp.301~320.

Anderson, K., M. Domosh, S. Pile and N. Thrift(eds). (2003). *The Handbook of Cultural Geography.* London: Sage.

Anderson, K. and F. Gale(eds). (1993). *Inventing Places: Studies in Cultural Geography.* Melbourne: Longman Cheshire.

Anderson, P. (1984). "Modernity and revolution." *New Left Review* 144, March/April, pp.96~113.

Ang, I. (1985). *Watching 'Dallas': Soap Opera and the Melodramatic Imagination.* London: Methuen.

Ang, I. (1996). *Living Room Wars: Rethinking Media Audiences for a Postmodern World.* London: Routledge.

Anzaldúa, G. (1987). *Borderlands/La Frontera: The New Mestiza.* San Francisco: AnnLute.

Aoki, K., Y. Ihara. and M. W. Feldman. (2008). "Conditions for the spread of culturally transmitted costly punishment of Sib mating." in M. J. Brown(ed.). *Explaining Culture Scientifically.* Seattle: University of Washington Press.

Appadurai, A.(ed.). (1986). *The Social Life of Things: Commodities in Cultural Perspective.* Cambridge: Cambridge University Press.

Appadurai, A. (1996). *Modernity at Large: Cultural Dimensions in Globalization.* Minnesota: University of Minnesota Press.

Appignanesi, L. and S. Maitland. (1989). *The Rushdie File.* London: Fourth Estate.

Ardener, E. W. (1974). "Belief and the problem of women." in J. S. La Fontaine(ed.). *The Interpretation of Ritual.* London: Tavistock Publications(orig. 1972).

Ardener, S.(ed.). (1975). *Perceiving Women.* New York: Wiley.

Aries, P. (1962). *Centuries of Childhood.* London: Cape.

Armstrong, D. (1983). *Political Anatomy of the Body.* Cambridge: Cambridge University Press.

Armstrong, E. G. (2001). "Gangsta misogyny: a content analysis of the portrayals of violence against women in rap music, 1987-1993." *Journal of Criminal Justice and Popular*

Culture 8:2, pp.96~126.

Arscott, C., G. Pollock. and J. Wolff. (1988). "The partial view: the visual representation of the early nine-teenth-century industrial city." in J. Wolff and J. Seed(eds). *The Culture of Capital: Art, Power and the Nineteenth-Century Middle Class.* Manchester: Manchester University Press, pp.191~233.

Ashcroft, B., G. Griffiths. and H. Tiffin. (1989). *The Empire Writes Back: Theory and Practice in Post-colonial Literatures.* London: Routledge.

Ashcroft, B., G. Griffiths and H. Tiffin. (2002). *The Empire Writes Back: Theory and Practice in Post-colonial Literatures.* 2nd edition. Abingdon: Routledge.

Assiter, A. and A. Carol(eds). (1993). *Bad Girls and Dirty Pictures: The Challenge to Reclaim Feminism.* London: Pluto.

Athique, A. (2013). *Digital Media and Society: An Introduction.* Cambridge: Polity Press.

Attfield, J. (2000). *Wild Things: The Material Culture of Everyday Life.* Oxford: Berg.

Aveni, A. (1990). *Empires of Time: Calendars, Clocks and Cultures.* London: I.B. Tauris.

Azaryahu, M. (1986). "Street names and political identity: the case of East Berlin." *Journal of Contemporary History* 21, pp.581~604.

Azaryahu, M. (1996). "The power of commemorative street names." *Environment and Planning D: Society and Space* 14, pp.311~330.

Back, L. (1996). *New Ethnicities and Urban Culture: Racisms and Multiculture in Young Lives.* London: UCL Press.

Bacon-Smith, C. (1992). *Enterprising Women: Television Fandom and the Creation of Popular Myth.* Philadelphia: University of Pennsylvania Press.

Bagnall, G. (2003). "Performance and performativity at heritage sites." *Museum & Society* 1:2, pp.87~103. Online at www2.le.ac.uk/departments/museumstudies/museumsociety/documents/volumes/ msbagnall.pdf.

Bagnall, G, (2007). "Performance and performativity at heritage sites." in L. Smith(ed.). *Cultural Heritage: Critical Concepts in Media and Cultural Studies.* London: Routledge.

Bakhtin, M. (1981). *The Dialogic Imagination.* Austin: University of Texas Press.

Bakhtin, M. (1984a). *Rabelais and His World.* Bloomington, IN: Indiana University Press(orig. 1968).

Bakhtin, M. (1984b). *Problems of Dostoevsky's Poetics.* Manchester: Manchester University Press.

Balaji, Murali. (2014). "Indian masculinity." *Technoculture: An Online Journal of Technology in Society* 4, pp.1~12.

Ball, M. and G. Smith. (1992). *Analyzing Visual Data.* Newbury Park, CA: Sage.

Balsamo, A. (1995). "Forms of technological embodiment: reading the body in contemporary culture." *Body and Society* 1:3/4, November, pp.215~237.

Barber, B. and Lobel, S. (1952). " "Fashion" in women's clothes and the American social system." *Social Forces* 31, pp.124~131.

Barger, L. C. (2011). "Backlash from *Nine to Five* to *The Devil Wears Prada*." *Women's Studies: An Interdisciplinary Journal* 40:3, pp.336~350.

Barker, F., P. Hulme and M. Iverson. (1994). *Colonial Discourse/Postcolonial Theory*. Manchester: Manchester University Press.

Barker, M. (1992). "Stuart Hall, *Policing the Crisis*," in M. Barker and A. Beezer(eds). *Reading into Cultural Studies*. London: Routledge.

Barnes, T. J. and J. S. Duncan(eds). (1992). *Writing Worlds: Discourse, Text and Metaphor in the Representation of Landscape*. London: Routledge.

Barnouw, E. (1974). *Documentary: A History of Non-fiction Film*. New York: Oxford University Press.

Barrell, J. (1980). *The Dark Side of the Landscape: The Rural Poor in English Painting 1730-1840*. Cambridge: Cambridge University Press.

Barthes, R. (1957). "Histoire et sociologie de vêtement: Quelques observations métho-dologiques." *Annales* 3, pp.430~441.

Barthes, R. (1973). *Mythologies*, St Albans: Paladin.

Barthes, R. (1977). *Image-Music-Text*. essays selected and translated by Stephen Heath. Glasgow: Fontana.

Barthes, R. (1985). *The Fashion System*. London: Cape(orig. 1967).

Barthes, R. (2000). *Camera Lucida: Reflections on Photography*. London: Vintage.

Bartky, S. (1988). "Foucault, femininity and the modernization of patriarchal power." in I. Diamond and L. Quinby(eds). *Feminism and Foucault: Reflections on Resistance*. Boston: Northeastern University Press, pp.61~86.

Bates, D., I. MacKenzie and S. Sayers. (2015). *Marxism, Religion and Ideology: Themes from David McLellan*. London: Routledge.

Bates, L. (2014). *Everyday Sexism*. London: Simon & Schuster.

Batuman, B. (2010). "The shape of the nation: visual production of nationalism through maps in Turkey." *Political Geography* 29:4, pp.220~234.

Baudrillard, J. (1988a). *America*. London: Verso.

Baudrillard, J. (1988b). "Simulacra and simulations," in M. Poster(ed.). *Jean Baudrillard: Selected Writings*. Cambridge: Polity, pp.166~184.

Bauer, H. H., S. J. Barnes, T. Reichardt and M. M. Neumann. (2005). "Driving consumer acceptance of mobile marketing: a theoretical framework and empirical study." *Journal of Electronic Commerce Research* 6:3, pp.181~191.

Bauman, Z. (1987). *Modernity and the Holocaust*. Cambridge: Polity Press.

Bauman, Z. (1989). *Legislators and Interpreters: On Modernity, Post-modernity and the Intellectuals*. Cambridge: Polity.

Bauman, Z. (1997). *Postmodernity and Its Discontents*. Cambridge: Polity Press.

Bauman, Z. (1998). *Work, Consumerism and the New Poor*. Buckingham: Open University Press.

Bauman, Z. (2001). *Community: Seeking Safety in an Insecure World*. Cambridge: Polity Press.

Baxandall, L. and S. Morawski(eds). (1973). *Marx and Engels on Literature and Art*. New York: International General.

Baxter, P. T. W.(ed.). (1991). *When the Grass Is Gone: Development Intervention in African Arid Lands*. Uddevalla: Nordiska Afrikaininstitutet.

Beck, U. (2002). "The cosmopolitan society and its enemies." *Theory, Culture and Society* 19, pp.17~44.

Becker, H. (1963). *Outsiders: Studies in the Sociology of Deviance*. New York: The Free Press.

Beer, D. and Burrows, D. (2007). "Sociology and, of and in Web 2.0: some initial considerations." *Sociological Research Online* 12:5. Online at www.socresonline.org.uk/12/5/17.html.

Bell, D., J. Binnie, J. Cream and G. Valentine. (1994). "All hyped up and no place to go." *Gender, Place and Culture* 1:1, pp.31~47.

Bell, D. and G. Valentine. (1997). *Consuming Geographies: We Are Where We Eat*. London: Routledge.

Bell, J. (1999). "Redefining national identity in Uzbekistan: symbolic tensions in Tashkent's official public landscape." *Ecumene* 6:2, pp.183~213.

Belsey, C. (2002). *Poststructuralism: A Very Short Introduction*. Oxford: Oxford University Press.

Benjamin, W. (1970). *Illuminations*. London: Cape.

Benjamin, W. (1977). *Understanding Brecht*. London: New Left Books.

Benjamin, W. (1983). *Charles Baudelaire: A Lyric Poet in the Era of High Capitalism*. London: Verso.

Benjamin, W. (1999). *The Arcades Project*. Cambridge, MA: The Belknap Press of Harvard University Press.

Bennett, A. (1999). "Subcultures or neo-tribes? Rethinking the relationship between youth, style and musical taste." *Sociology* 33, pp.599~617.

Bennett, A. (2000). *Popular Music and Youth Culture: Music, Identity and Place*. Basingstoke: Macmillan.

Bennett, A. (2013). *Music, Style, and Aging: Growing Old Disgracefully?* Philadelphia:

Temple University Press.

Bennett, A. and P. Hodkinson(eds). (2013). *Ageing and Youth Cultures: Music, Style and Identity*. Oxford: Berg.

Bennett, A. and K. Kahn-Harris. (2004). "Introduction." in A. Bennett and K. Kahn-Harris(eds). *After Subculture: Critical Studies in Contemporary Youth Culture*. Basingstoke: Palgrave Macmillan, pp.1~18.

Bennett, A. and R. A. Peterson(eds). (2004). *Music Scenes: Local, Translocal, and Virtual*. Nashville: Vanderbilt University Press.

Bennett, T., L. Grossberg and M. Morris(eds). (2005). *New Keywords: A Revised Vocabulary of Culture and Society*. Oxford: Blackwell.

Bennett, T., G. Martin, C. Mercer and J. Woollacott(eds). (1981). *Culture, Ideology and Social Process: A Reader*. Milton Keynes: Open University Press.

Benthall, J. (1975). "A prospectus, as published in Studio International, July 1972." in J. Benthall and T. Polhemus(eds). *The Body as a Medium of Expression*. London: Allen Lane, pp.5~35.

Bereiter, C. and S. Engelmann. (1966). "Teaching disadvantaged children in the preschool." in N. Dittmar. (1976). *Sociolinguistics: A Critical Survey of Theory and Application*. London: Edward Arnold.

Berelson, B. (1952). *Content Analysis in Communication Research*. Glencoe, IL: Free Press.

Berg, L. D. and R. A. Kearns. (1996). "Naming as norming: "race", gender, and the identity politics of naming places in Aotearoa/New Zealand." *Environment and Planning D: Society and Space* 14, pp.99~122.

Berger, J. (1972). Ways of Seeing. London: British Broadcasting Corporation; Harmondsworth: Penguin.

Berger, J. (1989). "Appearances." in J. Berger and J. Mohr(eds). *Another Way of Telling*. Cambridge: Granta.

Berger, P. and Luckmann, T. (1966). *The Social Construction of Reality*, New York: Doubleday.

Berker, T., M. Hartmann, Y. Punie and K. J. Ward(eds). (2006). *Domestication of Media and Technology*. Maidenhead: Open University Press.

Berman, M. (1983). *All That Is Solid Melts into Air: The Experience of Modernity*. London: Verso.

Bernstein, B. (1960). "Language and social class." *British Journal of Sociology* 11, pp.271~276.

Bernstein, B. (1961). "Social class and linguistic development: a theory of social learning." in N. Dittmar. (1976). *Sociolinguistics: A Critical Survey of Theory and Application*. London: Edward Arnold.

Bessett, D. and K. Gualtieri. (2002). "Paul Willis and the scientific imperative: an evaluation of *Learning to Labour.*" *Qualitative Sociology* 25:1, pp.67~82.

Best, S. and D. Kellner. (1991). *Postmodern Theory: Critical Interrogations.* London: Macmillan.

Beynon, J. (2002). *Masculinities and Culture.* Buckingham: Open University Press.

Bhabha, H. (1990). "The third space." interview with Jonathan Rutherford in J. Rutherford(ed.). *Identity: Community, Culture, Difference.* London: Lawrence & Wishart.

Bhabha, H. (1994). *The Location of Culture.* London: Routledge.

Bird, J., B. Curtis, T. Putnam, G. Robertson and L. Tickner(eds). (1993). *Mapping the Futures: Local Cultures, Global Change.* London: Routledge.

Bishop, J. and P. Hoggett. (1986). *Organizing Around Enthusiasms: Mutual Aid in Leisure.* London: Comedia.

Black, M. (1972). *The Labyrinth of Language.* Harmondsworth: Penguin.

Blackman, L. (2008). *The Body.* Oxford; New York: Berg.

Blackmore, S. (1999). *The Meme Machine.* Oxford: Oxford University Press.

Bloch, E., G. Lukács, B. Brecht, W. Benjamin and T. W. Adorno. (1980). *Aesthetics and Politics: Debates Between Bloch, Lukacs, Brecht, Benjamin, Adorno.* London: Verso.

Bloch, M. (1991). "Language, anthropology and cognitive science." *Man* 26:2, pp.183~198.

Blumer, H. (1968). "Fashion." in *Encyclopaedia of the Social Sciences*, Vol.4. D. L. Sills(ed.). New York: Collier-Macmillan, pp.341~345.

Blunt, A. (1994). *Travel, Gender and Imperialism: Mary Kingsley and West Africa.* New York: Guilford Press.

Blunt, A., P. Gruffudd, J. May, M. Ogborn and D. Pinder(eds). (2003). *Cultural Geography in Practice.* London: Hodder Arnold.

Blunt, A. and G. Rose(eds). (1994). *Writing Women and Space: Colonial and Postcolonial Geographies.* New York: Guilford Press.

Bock, G. (1989). "Women's history and gender history: aspects of an international debate." *Gender and History* 1:1, spring, pp.7~30.

Boorstin, D. (1992). *The Image: A Guide to Pseudo-events in America.* New York: Random House.

Bordo, S. (1988). "Anorexia nervosa: psychopathology as the crystallisation of culture." in I. Diamond and L. Quinby(eds). *Feminism and Foucault: Reflections on Resistance.* Boston: Northeastern University Press, pp.87~117.

Bottomore, T. (1980). "Introduction." in N. Abercrombie, S. Hill and B. Turner. *The Dominant Ideology Thesis.* London: Allen and Unwin.

Bourdieu, P. (1984). *Distinction: A Social Critique of the Judgement of Taste.* London:

Routledge and Kegan Paul(orig. 1979).

Bourdieu, P. (1990). *In Other Words: Essays Towards a Reflexive Sociology*. Cambridge: Polity.

Bourdieu, P. (2000). *Pascalian Meditations*. Cambridge: Polity.

Bourdieu, P., L. Boltanski, R. Castel and J. C. Chamboredon. (1990). *Photography: A Middle-Brow Art*. Cambridge: Polity.

Bourdieu, P. and J. C. Passeron. (1990). *Reproduction in Education, Culture and Society*. London: Sage.

Bourdieu, P. and L. Wacquant. (1992). *An Invitation to Reflexive Sociology*. Cambridge: Polity Press.

Bowring, J.(ed.). (1843). *The Works of Jeremy Bentham*, Vol.4, Edinburgh: William Tait.

boyd, d. and K. Crawford. (2012). "Critical questions for big data." *Information, Communication & Society* 15:5, pp.662~679.

Brah, A. (1996). *Cartographies of Diaspora: Contesting Identities*. London: Routledge.

Brannon, R. (1976). "The male sex role: our culture's blueprint of manhood, and what it's done for us lately." in D. David and R. Brannon(eds). *The Forty-Nine Percent Majority: The Male Sex Role*. Reading, MA: Addison-Wesley.

Briggs, J. (1970). *Never in Anger*. Cambridge, MA: Harvard University Press.

Brill, D. (2008). *Goth Culture: Gender, Sexuality and Style*. Oxford: Berg.

Bristow, J. (1997). *Sexuality*. London: Routledge.

Brizendine, L. (2006). *The Female Brain*. New York: Morgan Road.

Bronner, S. E. (2011). *Critical Theory: A Very Short Introduction*. Oxford: Oxford University Press.

Brunsdon, C. (1991). "Satellite dishes and landscapes of taste." *New Formations* 15, pp.23~42. Reprinted in C. Brunsdon. (1997). *Screen Tastes: From Soap Opera to Satellite Dishes*. London: Routledge, pp.148~164.

Bryce, J. and J. Rutter. (2002). "Spectacle of the deathmatch: character and narrative in first-person shooters." in G. King and T. Krywinska(eds). *Screenplay: Cinema/Videogames/Interfaces*. London: Wallflower Press.

Bryce, J. and J. Rutter. (2003). "Gender dynamics and the social and spatial organization of computer gaming." *Leisure Studies* 22, pp.1~15.

Bryce, J. and J. Rutter. (2006). "Digital games and the violence debate." in J. Rutter and J. Bryce(eds). *Understanding Digital Games*. London: Sage.

Bubinas, K. (2011). "Farmers markets in the post-industrial city." *City & Society* 23:2, pp.154~172.

Buck-Morss, S. (1989). *The Dialectics of Seeing: Walter Benjamin and the Arcades Project*. Cambridge, MA: MIT Press.

Bukatman, S. (1993). *Terminal Identity: The Virtual Subject in Postmodern Science Fiction*. Durham; London: Duke University Press.

Burchill, J. (1986). *Girls on Film*. New York: Pantheon.

Burdea, G. and P. Coiffet. (1994). *Virtual Reality Technology*. 2nd edition. London, Wiley-Interscience.

Burton, A. (1996). "A "pilgrim reformer" at the heart of the empire: Behramji Malabari in late-Victorian London." *Gender and History* 8, pp.175~196.

Burton, A. (1998). *At the Heart of the Empire: Indians and the Colonial Encounter in Late-Victorian Britain*. Berkeley: University of California Press.

Butler, J. (1990, 2006). *Gender Trouble: Feminism and the Subversion of Identity*. London: Routledge.

Butler, J. (1993). *Bodies That Matter: On the Discursive Limits of 'Sex'*. New York: Routledge.

Butler, J. (1997). *Excitable Speech: A Politics of the Performative*. New York: Routledge.

Butler, J. (2004). *Precarious Life: Powers of Violence and Mourning*. London: Verso Press.

Butler, J. (2015). *Notes Towards a Performative Theory of Assembly*. Cambridge: Harvard.

Butler, J. and A. Althanasiou. (2013). *Dispossession: The Performative in the Political*. Cambridge: Polity.

Butterly, A. (2014). "Black Friday rumours and the truth about how it got its name." BBC Online. Online at www.bbc.co.uk/newsbeat/30241594.

Bytheway, William R. (2011). *Unmasking Age: The Significance of Age for Social Research*. Bristol: Policy Press.

Cairncross, F. (1998). *The Death of Distance: How the Communications Revolution Will Change Our Lives*. London: Orion.

Caldwell, J. C. (1982). *Theory of Fertility Decline*. London: Academic Press.

Caletato, P. (2004). *The Clothed Body*. Oxford: Berg.

Calhoun, C. (2000). "Resisting globalisation or shaping it?" *Prometheus* 3, pp.28~47.

Cameron, D. (2007a). *The Myth of Mars and Venus*. Oxford: Oxford University Press.

Cameron, D. (2007b). "What language barrier?" The Guardian. Online at www.guardian.co.uk/world/2007/ oct/01/gender.books.

Campbell, B. (1993). *Goliath: Britain's Dangerous Places*. London: Hutchinson.

Campbell, B. (1993). *Unofficial Secrets: Child Sexual Abuse-The Cleveland Case*. London: Virago.

Campbell, C. (1996). "The meaning of objects and the meaning of actions: a critical note on the sociology of consumption and theories of clothing." *Journal of Material Culture* 1:1, pp.93~105.

Campbell, J. L. and J. A. Hall. (2015). *The World of States*. London: Bloomsbury.

Carby, H. (1982). "White woman listen! Black feminism and the boundaries of sisterhood." in Centre for Contemporary Cultural Studies. *The Empire Strikes Back: Race and Racism in 70s Britain*. London: Hutchinson.

Carlyle, T. (1971). *Selected Writings*. Harmondsworth: Penguin.

Carpentier, A. (1990). *The Kingdom of This World* (*El Reino de este Mundo*). London: André Deutsch(orig. 1949).

Carr, D. (2006). "Games and narrative." in D. Carr, D. Buckingham, A. Burn and G. Schott(eds). *Computer Games: Text, Narrative and Play*. Cambridge: Polity Press, pp.30~44.

Carr, E. H. (1964). *What Is History?*, Harmondsworth: Penguin.

Carrabine, E. (2008). *Crime, Culture and the Media*. Cambridge: Polity.

Carrabine, E. and B. Longhurst. (1999). "Mosaics of omnivorousness: suburban youth and popular music." *New Formations* 38: pp.125~140.

Carroll, J. B. (1956). *Language, Thought and Reality: Selected Writings of Benjamin Lee Whorf*. Cambridge, MA: MIT Press.

Carter, E., J. Donald and J. Squires(eds). (1993). *Space and Place: Theories of Identity and Location*. London: Lawrence & Wishart.

Cashmore, E. (2002). *Beckham*. London: Polity.

Castells, M. (1996). *The Rise of Network Society*, Vol.1 of *The Information Age: Economy, Society and Culture*. Oxford: Blackwell.

Castells, M. (1997). *The Power of Identity*, Vol.2 of *The Information Age: Economy, Society and Culture*. Oxford: Blackwell.

Castells, M. (1998). *The End of the Millennium*, Vol.3 of *The Information Age: Economy, Society and Culture*. Oxford: Blackwell.

Castells, M. (2001). *The Internet Galaxy: Reflections on the Internet, Business and Society*. Oxford: Oxford University Press.

Cavicchi, D. (1998). *Tramps Like Us: Music and Meaning Among Springsteen Fans*. Oxford: Oxford University Press.

Centre for Contemporary Cultural Studies. (1982). *The Empire Strikes Back: Race and Racism in 70s Britain*. London: Hutchinson.

Chalfen, R. (1987). *Snapshot Versions of Life*. Bowling Green, OH: Bowling Green State University Popular Press.

Chaney, D. (2004). "Fragmented culture and subcultures." in A. Bennett and K. Kahn-Harris(eds). *After Subculture: Critical Studies in Contemporary Youth Culture*. Basingstoke: Palgrave Macmillan, pp.36~48.

Chatman, S. (1978). *Story and Discourse: Narrative Structure in Fiction and Film*. Ithaca: Cornell University Press.

Chrisman, L. and P. Williams(eds). (1993). *Colonial Discourse and Post-colonial Theory: A Reader.* Hemel Hempstead: Harvester.

Clark, A. and Emmel, N. (2010). "Using walking interviews." Realities Toolkit #13, Manchester: ESRC National Centre for Research Methods.

Clark, T. J. (1985). *The Painting of Modern Life: Paris in the Art of Manet and His Followers.* London: Thames & Hudson.

Clarke, A. J. (2001). "The aesthetics of social aspiration." in D. Miller(ed.). *Home Possessions: Material Culture Behind Closed Doors.* Oxford: Berg, pp.23~45.

Clarke, G. (1990). "Defending ski-jumpers: a critique of theories of youth subcultures." in S. Frith and A. Goodwin(eds). *On Record: Rock, Pop, and the Written Word.* London: Routledge, pp.81~96.

Clarke, J. and C. Critcher. (1985). *The Devil Makes Work: Leisure in Capitalist Britain*, Basingstoke: Palgrave.

Clarke, J., S. Hall, T. Jefferson and B. Roberts. (1976). "Subcultures, cultures and class: a theoretical over-view." in S. Hall and T. Jefferson(eds). *Resistance Through Rituals: Youth Subcultures in Post-war Britain.* London: Hutchinson, pp.9~79.

Clerc, S. (2000). "Estrogen brigade and "big tits" threads: media fandom on-line and off." in B. Bell and B. M. Kennedy(eds). *The Cybercultures Reader.* London: Routledge.

Click, M., J. Aubrey and E. Behm-Morawitz(eds). (2010). *Bitten by Twilight: Youth Culture, Media and the Vampire Franchise.* New York: Peter Lang.

Clifford, J. (1988). "On Orientalism." in J. Clifford(ed.). *The Predicament of Culture: Twentieth-Century Ethnography, Literature, and Art.* Cambridge, MA: Harvard University Press.

Clifford, J. (1992). "Travelling cultures." in L. Grossberg, C. Nelson and P. Treicher(eds). *Cultural Studies.* London: Routledge, pp.96~116.

Cloke, P., C. Philo and D. Sadler. (1991). *Approaching Human Geography: An Introduction to Contemporary Theoretical Debates.* London: Paul Chapman.

Cloward, R. A. and L. E. Ohlin. (1960). *Delinquency and Opportunity: A Theory of Delinquent Gangs.* Glencoe, IL: The Free Press.

Cochrane, K. (2013). *All the Rebel Women.* London: Guardian Books.

Cohen, A. (1955). *Delinquent Boys: The Culture of the Gang.* Glencoe, IL: The Free Press.

Cohen, P. (1980). "Subcultural conflict and working-class community." in S. Hall, D. Hobson, A. Lowe and P. Willis(eds). *Culture, Media, Language: Working Papers in Cultural Studies, 1972-1979.* London: Hutchinson, pp.78~87.

Cohen, S. (1973). *Folk Devils and Moral Panics: The Creation of the Mods and Rockers*, St Albans: Paladin.

Cohen, S. (1985). *Visions of Social Control: Crime, Punishment and Classification.* Oxford:

Blackwell.

Cohen, S. (1987). *Folk Devils and Moral Panics: The Creation of the Mods and Rockers*. new edition. Oxford: Blackwell(first published by Martin Robertson, 1980).

Cohen, S. and N. Kliot. (1992). "Place-names in Israel's ideological struggle over the administered territo-ries." *Annals of the Association of American Geographers* 82, pp.653~680.

Cole, C. and H. Denny. (1994). "Visualizing deviance in post-Reagan America: Magic Johnson, AIDS and the promiscuous world of professional sport." *Critical Sociology* 20:3, pp.123~147.

Colebrook, C. (2002). *Gilles Deleuze*. London: Routledge.

Colley, L. (1992). *Britons: Forging the Nation 1707-1837*. New Haven: Yale University Press.

Collier, J. and S. J. Yanagisako(eds). (1987). *Gender and Kinship: Essays Towards a Unified Analysis*. Stanford: Stanford University Press.

Collins, R. (1980). "Weber's last theory of capitalism: a systematization." *American Sociological Review* 45:6, pp.925~942.

Colman, F. (2011). *Deleuze and Cinema: The Film Concepts*. Oxford: Berg.

Colwell, J. and J. Payne. (2000). "Negative correlates of computer game play in adolescents." *British Journal of Psychology* 91, pp.295~310.

Connell, R. W. (1987). *Gender and Power: Society, the Person and Sexual Politics*. Cambridge: Polity.

Connell, R. W. (2005). *Masculinities*. Cambridge: Polity Press.

Connell, R. W. (2009). *Gender: Short Introductions*. Cambridge: Polity.

Connor, S. (1989). *Postmodernist Culture: An Introduction to Theories of the Contemporary*. Oxford: Blackwell.

Constitution Unit. (2015). *Constitution Unit, Monitor 60/June 2015*. London: UCL Department of Political Science. Online at www.ucl.ac.uk/constitution-unit/publications/tabs/monitor-newsletter/monitor-current (accessed 20 December 2012).

Conway, S. and M. Finn. (2013). "Digital media sport: technology and power in the network society." in B. Hutchins and D. Rowe(eds). Digital Media Sport. London: Routledge, pp.219~234.

Cook, I. (2004). "Follow the thing: papaya." *Antipode* 36, pp.642~664.

Cook, I. and P. Crang. (1996). "The world on a plate: culinary culture, displacement and geographical knowledges." *Journal of Material Culture* 1, pp.131~156.

Cook, I., D. Crouch, S. Naylor and J. Ryan(eds). (2000). *Cultural Turns/Geographical Turns: Perspectives on Cultural Geography*. London: Prentice Hall.

Cook et al., I. (2008). "Geographies of food: mixing." *Progress in Human Geography* 32, pp.821~833.

Cooke, P. (1989). "Nation, space, modernity." in R. Peet and N. Thrift(eds). *New Models in Geography: Volume 1*. London: Unwin Hyman, pp.267~291.

Corner, J. (2002). "Performing the Real." *Television and New Media* 3:3, pp.255~269.

Corrigan, P. and D. Sayer. (1985). *The Great Arch: English State Formation as Cultural Revolution*. Oxford: Blackwell.

Cosgrove, D. (1983). "Towards a radical cultural geography: problems of theory." *Antipode* 15, pp.1~11.

Cosgrove, D. (1994). "Contested global visions: one-world, whole-earth, and the Apollo space photographs." *Annals of the Association of American Geographers* 84, pp.270~294.

Cosgrove, D. and P. Jackson. (1987). "New directions in cultural geography." *Area* 19, pp.95~101.

Couldry, N. (2005a). "On the actual street." in D. Crouch, R. Jackson and F. Thompson (eds). *The Media and the Tourist Imagination: Converging Culture*. London: Routledge.

Couldry, N. (2005b). "The extended audience: scanning the horizon." in M. Gillespie(ed.). *Media Audiences*. Maidenhead: Open University Press/McGraw-Hill, pp.184~222.

Couldry, N. (2008). "Actor Network Theory and media: do they connect and on what terms?" in A. Hepp, F. Krotz, S. Moores and C. Winter(eds). *Connectivity, Networks and Flows: Conceptualizing Contemporary Communications*. Cresskill: Hampton Press, pp.93~110.

Coulter, J. (1979). *The Social Construction of Mind*. London: Macmillan.

Cowie, C. and S. Lees. (1981). "Slags or drags." *Feminist Review* 9, pp.17~31.

Cowie, E. (1993). "*Film noir* and women." in J. Copjec(ed.). *Shades of Noir: A Reader*. London: Verso, pp.121~165.

Crang, M. (1998). *Cultural Geography*. London: Routledge.

Crang, M. (2014). "Representation-reality." in P. Cloke, P. Crang and M. Goodwin(eds). *Introducing Human Geographies*. 3rd edition. London: Routledge, pp.130~43.

Crang, P. (1994). "It's showtime: on the workplace geographies of display in a restaurant in southeast England." *Environment and Planning D: Society and Space* 12, pp.675~704.

Crawford, G. (2004). *Consuming Sport: Fans, Sport and Culture*. London: Routledge.

Crawford, G. (2012). *Video Gamers*. London: Routledge.

Crawford, G. (2015). "Is it in the game? Reconsidering play spaces, game definitions, theming and sports videogames." *Games and Culture* 10:6.

Crawford, G. and V. K. Gosling. (2008). "Freak scene? Narrative, audience and scene." '[Player]' conference proceedings, Copenhagen: IT University of Copenhagen, 26~29 August, pp.113~143.

Crawford, G. and V. K. Gosling. (2009). "More than a game: sports-themed video games and player narra-tives." *Sociology of Sport Journal* 26, pp.50~66.

Crawford, G., V. Gosling, G. Bagnall and B. Light. (2014). "An orchestral audience: classical music and continued patterns of distinction." *Cultural Sociology* 8:4, pp.483~500.

Crawford, G., V. K. Gosling and B. Light. (2011). "The social and cultural significance of online gaming." in G. Crawford, V. K. Gosling and B. Light(eds). *Online Gaming in Context: The Social and Cultural Significance of Online Gaming*. London: Routledge, pp.3~22.

Crawford, G. and J. Rutter. (2007). "Playing the game: performance in digital game audiences." in J. Gray, C. Sandvoss and C. L. Harrington(eds). *Fandom: Identities and Communities in a Mediated World*. New York: New York University Press.

Cresswell, T. (1996). "Heretical geography I: the crucial "where" of graffiti." in *In Place / Out of Place: Geography, Ideology and Transgression*. Minneapolis: University of Minnesota Press, pp.31~61.

Critcher, C. (2006). *Moral Panics and the Media*. Maidenhead: Open University Press.

Cross, B. (1993). *It's Not About a Salary … Rap, Race and Resistance in Los Angeles*. London: Verso.

Crossley, N. (1995). "Body techniques, agency and corporeality: on Goffman's *Relations in Public*." *Sociology* 29:1, February, pp.133~149.

Crossley, N. (2005). *Key Concepts in Critical Social Theory*. London: Sage.

Crossley, N. (2006). *Reflexive Embodiment in Contemporary Society*. Milton Keynes: Open University Press.

Crossley, N. (2007). "Researching embodiment by way of "body techniques"." *Sociological Review* 55(supplement 1), pp.80~94.

Crossley, N. (2015). "Music worlds and body techniques: on the embodiment of musicking." *Cultural Sociology* 9:4, pp.471~492.

Crowley, J. E. (2011). *Imperial Landscapes: Britain's Global Visual Culture*. New Haven; London: Yale University Press.

Culler, J. (1983). *Barthes*. London: Fontana.

Dandeker, C. (1990). *Surveillance, Power and Modernity: Bureaucracy and Discipline from 1700 to the Present Day*. Cambridge: Polity Press.

Daniels, S. (1993). *Fields of Vision: Landscape Imagery and National Identity in England and the United States*. Cambridge: Polity.

Davidson, A. I. (1986). "Archaeology, genealogy, ethics." in P. C. Hoy(ed.). *Foucault: A Critical Reader*. Oxford: Blackwell.

Davis, F. (1992). *Fashion, Culture and Identity*. Chicago: University of Chicago Press.

Davis, K. and W. Moore. (1945). "Some principles of stratification." *American Sociological*

Review 10, pp.242~249.

Davis, L. and O. Harris. (1998). "Race and ethnicity in US sports media." in L. Wenner.(ed.). *Mediasport*. London: Routledge.

Davis, M. (1990). *City of Quartz: Excavating the Future in Los Angeles*. London: Verso.

Davis, M. (1993a). "Who killed LA? A political autopsy." *New Left Review* 197, pp.3~28.

Davis, M. (1993b). "Who killed Los Angeles? Part two: the verdict is given." *New Left Review* 199, pp.29~54.

Dawkins, R. (1976). *The Selfish Gene*. Oxford: Oxford University Press.

de Beauvoir, S. (1973). *The Second Sex*. New York: Vintage Books.

de Beauvoir, S. (1997). *The Second Sex*. London: Vintage(orig. 1949).

Debord, G. (1994). *The Society of the Spectacle*. New York: Zone Books.

de Certeau, M. (1984). *The Practice of Everyday Life*. Berkeley: University of California Press.

Deleuze, G. (2013). *Cinema 1: The Movement Image*. London: Bloomsbury.

Del Valle, T.(ed.). (1993). *Gendered Anthropology*. London: Routledge.

Demeritt, D. (2001). "The construction of global warming and the politics of science." *Annals of the Association of American Geographers* 91:2, pp.307~337.

Dennis, A., R. Philburn and G. Smith. (2013). *Sociologies of Interaction*. Cambridge: Polity.

Denzin, N. K. (2014). *Interpretive Autoethnography*. 2nd edition. London: Sage.

Derrida, J. (1978). *Writing Difference*. London: Routledge.

de Saussure, F. (1966). *Course in General Linguistics*. London: McGraw-Hill.

de Sola Pool, I. (1983). *Technologies of Freedom*, Cambridge. MA: Harvard University Press.

Deterding, S., M. Sicart, L. Nacke, K. O'Hara and D. Dixon. (2011). "Gamification: using game-design elements in non-gaming contexts." in *CHI'11 Extended Abstracts on Human Factors in Computing Systems*. pp.2425~2428.

Deuze, M. (2012). *Media Life*. Cambridge: Polity.

DeWall, C.N., R. S. Pond Jr, W. K. Campbell and J. M. Twenge. (2011). "Tuning into psychological change: linguistic markers of psychological traits and emotions over time in popular U.S. song lyrics." *Psychology of Aesthetics, Creativity, and the Arts* 5, pp.200~207.

Diamond, E.(ed.). (1996). *Performance and Cultural Politics*. London: Routledge.

Diamond, J. (1998). *Guns, Germs and Steel: A Short History of Everybody for the Last 13,000 Years*. London: Vintage.

Diamond, J. (2012). *The World Until Yesterday: What Can We Learn from Traditional Societies?* London: Penguin.

Dicken, P. (2007). *Global Shift: Mapping the Changing Contours of the World Economy*.

London: Sage.

Dickens, C. (1969). *Hard Times*, Harmondsworth: Penguin(orig. 1854).

Dickens, C. (1970). *Dombey and Son*. Harmondsworth: Penguin(orig. 1848).

Dill, K.E. and J. C. Dill. (1998). "Video game violence: a review of the empirical literature." *Aggression and Violent Behaviour* 3, pp.407~428.

Dines, G. (2005). "Pornography and cultural studies." in G. Ritzer.(ed.). *Encyclopedia of Social Theory*. Thousand Oaks, CA: Sage, pp.570~571.

Disraeli, B. (1981, 1845). *Sybil*. Oxford: World's Classics(orig. 1845).

Dittmar, N. (1976). *Sociolinguistics: A Critical Survey of Theory and Application*. London: Edward Arnold.

Dixon, S. (2004). "The digital double." in G. Carver and C. Beardon(eds). *New Visions in Performance: The Impact of Digital Technologies*. Abingdon: Swets & Zeitlinger, pp.13~30.

Dobbins, B. (1994). *The Women: Photographs of the Top Female Bodybuilders*. New York: Artisan.

Docherty, T.(ed.). (1993). *Postmodernism: A Reader*. Hemel Hempstead: Harvester Wheatsheaf.

Dockterman, E. (2014). "Pharrell Williams says he's a feminist after all." Time.com. Online at http://time.com/3594899/pharrell-admits-feminism-buzzfeed/.

Dollimore, J. (1991). *Sexual Dissidence: Augustine to Wilde, Freud to Foucault*. Oxford: Oxford University Press.

Douglas, M. (1966). *Purity and Danger: An Analysis of Concepts of Pollution and Taboo*. London: Routledge and Kegan Paul.

Dowling, E. and D. Harvie. (2014). "Harnessing the social: state crises and (big). society." *Sociology* 48:5, pp.869~886.

Downes, D. (1966). *The Delinquent Solution: A Study in Subcultural Theory*. London: Routledge and Kegan Paul.

Downey, G. (2007). "Producing pain: techniques and technologies in no-holds-barred fighting." *Social Studies of Science* 37:2, pp.201~226.

Doyle, A. (2011). "Revisiting the synopticon: reconsidering Mathiesen's "The viewer society" in the age of Web 2.0." *Theoretical Criminology* 15:3, pp.283~299.

Driver, F. (1992). "Geography's empire: histories of geographical knowledge." *Environment and Planning D: Society and Space* 10, pp.23~40.

Driver, F. (2003). "Editorial: the geopolitics of knowledge and ignorance." *Transactions of the Institute of British Geographers* 28, pp.131~132.

Driver, F. (2014). "Imaginative geographies." in P. Cloke, P. Crang and M. Goodwin(eds). *Introducing Human Geographies*. 3rd edition. London: Routledge, pp.234~248.

Drotner, K. (1992). "Modernity and media panics." in M. Skovmand and K.C. Schroder(eds). *Media Cultures: Reappraising Transnational Media*. London: Routledge.

Drucker, P. (1968). *The Age of Discontinuity: Guidelines to Our Changing Society*. New York: Harper & Row.

Duberman, M. (1991). "Distance and desire: English boarding school friendships, 1870-1920." in M. B. Duberman, M. Vicinus and G. Chauncey Jr(eds). *Hidden from History: Reclaiming the Gay and Lesbian Past*. Harmondsworth: Penguin, pp.212~229.

Duffett, M. (2013). *Understanding Fandom: An Introduction to the Study of Media Fan Culture*. New York: Bloomsbury.

du Gay, P. (1996). *Consumption and Identity at Work*. London: Sage.

du Gay, P., J. Evans and P. Redman. (2000). *The Identity Reader*. London: Sage.

Duits, L., K. Zwaan. and S. Reijnders(eds). (2014). *The Ashgate Research Companion to Fan Cultures*. Farnham: Ashgate.

Dumont, L. (1970). *Homo Hierarchicus: The Caste System and Its Implications*. London: Weidenfeld & Nicolson.

Duncan, J. (2000). "Representation." in R. J. Johnston, D. Gregory, G. Pratt and M. Watts(eds). *The Dictionary of Human Geography,*. Blackwell: Oxford, pp.703~705.

Duncan, J. and D. Gregory(eds). (1999). *Writes of Passage: Reading Travel Writing*. Routledge: London.

Duncan, J. and D. Ley(eds). (1993). *Place/Culture/Representation*. London: Routledge.

Duncan, J. S. (1980). "The superorganic in American cultural geography." *Annals of the Association of American Geographers* 70, pp.31~98.

Dworkin, A. (1983). *Pornography: Men Possessing Women*. London: The Women's Press.

Dwyer, C. (1999). "Migrations and diasporas." in P. Cloke, P. Crang and M. Goodwin(eds). *Introducing Human Geography*. London: Arnold, pp.287~295.

Dwyer, C. (2014). "Diasporas." in P. Cloke, P. Crang and M. Goodwin(eds). *Introducing Human Geography*. 3rd edition. London: Routledge, pp.669~685.

Dyer, G. (1982). *Advertising as Communication*. London: Methuen.

Dyer, R. (1989). "Don't look now." in A. McRobbie(ed.). *Zoot Suits and Second-Hand Dresses*. London: Macmillan(orig. 1983).

Eagleton, T. (1983). *Literary Theory: An Introduction*. Oxford: Blackwell.

Eagleton, T. (1991). *Ideology: An Introduction*. London: Verso.

Edensor, T. (2001). "Performing tourism, staging tourism: (re)producing tourist space and practice." *Tourist Studies* 1, pp.59~81.

Edgley, C. (2006). "The fit and healthy body: consumer narratives and the management of postmodern cor-poreity." in D. Waskul and P. Vaninni(eds). *Body/Embodiment:*

Symbolic Interaction and the Sociology of the Body. London: Ashgate, pp.231~246.

Edgley, C. and D. Brissett. (1990). "Health nazis and the cult of the perfect body: some polemical observa- tions." *Symbolic Interaction* 13:2, pp.257~279.

Edley, N. and M. Wetherall. (1996). "Masculinity, power and identity." in M. Mac An Ghaill(ed.). *Understanding Masculinities: Social Relations and Cultural Arenas*. Milton Keynes: Open University Press, pp.97~113.

Edwards, T. (2000). *Contradictions of Consumption: Concepts, Practices and the Politics of Consumer Society*. Buckingham: Open University Press.

Elias, N. (1978). *The Civilizing Process, Volume 1: The History of Manners*. Oxford: Blackwell(orig. 1939).

Elias, N. (1982). *The Civilizing Process, Volume 2: State Formation and Civilization*. Oxford: Blackwell.

Eliot, T. S. (1932). *Selected Essays*. London: Faber & Faber.

Ellis, C., T. E. Adams and A. P. Bochner. (2011). "Autoethnography: an overview"(40 paragraphs). *Forum Qualitative Sozialforschung / Forum: Qualitative Social Research* 12:1. Online at http://nbn-resolv-ing.de/urn:nbn:de:0114-fqs1101108.

Ellis, J. (1982). *Visible Fictions*. London: Routledge(revised edition 1992).

Emes, C. E. (1997). "Is Pac Man eating our children? A review of the effects of video games on children." *Canadian Journal of Psychiatry* 42, pp.409~414.

Emord, J. W. (1991). *Freedom, Technology, and the First Amendment*. San Francisco: Pacific Research Institute for Public Policy.

Endemol Shine UK (2016). "Who We Are." Online at www.endemolshineuk.com/who/who-we-are(accessed 10 May 2016).

Epstein, B. (2001). "Anarchism and the anti-globalization movement." *Monthly Review* 53:4.

Erickson, F. (2009). "General theorizing on language, society, and education: Basil Bernstein, Goldilocks, and/or the Energizer bunny." *Multilingua: Journal of Cross-Cultural and Interlanguage Communication*, 28:2~3, pp.133~142.

Errington, F. and D. B. Gewertz. (1987). *Cultural Alternatives and a Feminist Anthropology: An Analysis of Culturally Constructed Gender Interests in Papua New Guinea*. Cambridge: Cambridge University Press.

Evans, M. (1991). *A Good School: Life at a Girls' Grammar School in the 1950s*. London: The Women's Press.

Evans-Pritchard, E. E. (1939). "Nuer time-reckoning." *Africa* 12:2, April, pp.189~216.

Evans-Pritchard, E. E. (1960). The Nuer. Oxford: Oxford University Press(orig. 1940).

Evolution film. (2005). Online at www.campaignforrealbeauty.com/flat4.asp?id=6909(accessed 20 May 2007).

Ewing, W. A. (1994). *The Body: Photoworks of the Human Form*. London: Thames &

Hudson.

Faludi, S. (1991). *Backlash: The Undeclared War Against American Women*. New York: Broadway Books.

Fanon, F. (1968). *Black Skin, White Masks*. London: MacGibbon & Kee.

Featherstone, M. (1990). "Global culture: an introduction." *Theory, Culture and Society* 7, pp.1~14.

Featherstone, M. (1991). "The body in consumer culture." in M. Featherstone, M. Hepworth and B. S. Turner(eds). *The Body: Social Process and Cultural Theory*. London: Sage, pp.170~196(orig. 1982).

Featherstone, M. (1996). *Undoing Culture: Globalization, Postmodernism and Identity*. London: Sage.

Featherstone, M. and R. Burrows. (1995). "Cultures of technological embodiment: an introduction." *Body and Society* 1:3~4, November, pp.1~19.

Feher, M. (1989). "Introduction." in M. Feher with R. Naddaff and N. Tazi(eds). *Fragments for a History of the Human Body*, Vol.1. New York: Zone, pp.11~17.

Feifer, M. (1985). *Going Places*. London: Macmillan.

Feld, S. (2000). "A sweet lullaby for world music." Public Culture 12:1, pp.145~171.

Felski, R. (1995). *The Gender of Modernity*. Cambridge, MA: Harvard University Press.

Ferguson, C. J. and J. Kilburn. (2010). "Much ado about nothing: the misestimation and overinterpretation of violent video game effects in Eastern and Western nations: comment on Anderson et al. (2010)." *Psychological Bulletin* 136:2, pp.174~178.

Ferraro, G. (1994). *Cultural Anthropology: An Applied Perspective*. 2nd edition. Minneapolis/ St Paul: West Publishing Co.

Ferraro, G., W. Trevathan and J. Levy. (1994). *Anthropology: An Applied Perspective*. Minneapolis/St Paul: West.

Fields, B. J. (1990). "Slavery, race and ideology in the United States of America." *New Left Review* 181, pp.95~118.

Fine, G.A. and S. Kleinman. (1979). "Rethinking subculture: an interactionist analysis." *American Journal of Sociology* 85:1, pp.1~20.

Firth, R. (1972). "Verbal and bodily rituals of parting and greeting." in J. S. LaFontaine(ed.). *The Interpretation of Ritual*. London: Tavistock.

Fiske, J. (1987). *Television Culture*. London: Methuen.

Fiske, J. (1989a). *Understanding Popular Culture*. London: Unwin Hyman.

Fiske, J. (1989b). *Reading the Popular*. London: Unwin Hyman.

Fiske, J. (1992). "The cultural economy of fandom." in L. Lewis(ed.). *The Adoring Audience: Fan Culture and Popular Media*. London: Routledge.

Fiske, J. (1993). *Power Plays, Power Works*. London: Verso.

Fiske, J. and J. Hartley. (1978). *Reading Television*. London: Methuen.

Fleming, J. (1992). *Never Give Up*. London: Penguin.

Flew, T. (2002). *New Media*. Melbourne: Oxford University Press.

Foucault, M. (1970). *The Order of Things: An Archaeology of the Human Sciences*. London: Tavistock.

Foucault, M. (1973). *Madness and Civilization: A History of Insanity in the Age of Reason*. New York: Vintage.

Foucault, M. (1975). *The Birth of the Clinic: An Archaeology of Medical Perception*. New York: Vintage.

Foucault, M. (1977). *Discipline and Punish: The Birth of the Prison*. trans. Alan Sheridan. London: Allen Lane.

Foucault, M. (1980). *Power/Knowledge: Selected Interviews and Other Writings, 1972-1977*. Colin Gordon(ed.). Brighton: Harvester.

Foucault, M. (1984a). *The Foucault Reader*. P. Rabinow(ed.). Harmondsworth: Penguin (orig. 1978).

Foucault, M. (1984b). *The History of Sexuality*, Vol.1. Harmondsworth: Penguin.

Foucault, M. (1986). *The Use of Pleasure*. Harmondsworth: Penguin.

Foucault, M. (1990). *The Care of the Self*. Harmondsworth: Penguin.

Foucault, M. (1991). "Space, knowledge and power." in *The Foucault Reader*. Paul Rabinow(ed.). London: Penguin.

Foust, C. (2010). *Transgression as a Mode of Resistance: Rethinking Social Movement in an Era of Corporate Globalization*. New York: Rowman & Littlefield.

Fox-Genovese, E. (1982). "Placing women's history in history." *New Left Review* 133, May-June.

Frank, A. W. (1990). "Bringing bodies back in: a decade review." *Theory, Culture and Society* 7:1, February, pp.131~162.

Franklin, A. and M. Crang. (2001). "The trouble with tourism and travel theory?" *Tourist Studies* 1:1, pp.5~22.

Frisby, D. (1981). *Sociological Impressionism: A Reassessment of the Social Theory of Georg Simmel*. London: Heinemann.

Frisby, D. (1985). *Fragments of Modernity: Theories of Modernity in the Work of Simmel, Kracauer and Benjamin*. Cambridge: Polity.

Frith, J. (2015). *Smartphones as Locative Media*. Cambridge: Polity Press.

Frith, S. (1983). *Sound Effects: Youth, Leisure, and the Politics of Rock*. London: Constable.

Frith, S. (1992). "The cultural study of popular music." in L. Grossberg, C. Nelson and P. Triechler(eds). *Cultural Studies*. London: Routledge, pp.174~186.

Frith, S. and A. McRobbie. (1990). "Rock and sexualiaty." in S. Froth and A. Goodwin(eds). *On Record: Rock, Pop and the Written Word*. London: Routledge, pp.371~389.

Fryer, P. (1984). *Staying Power*. London: Pluto.

Fuchs, C. (2014a). *Digital Labour and Karl Marx*. New York: Routledge.

Fuchs, C. (2014b). *Social Media: A Critical Introduction*. London: Sage.

Fuchs, C. (2015). *Culture and Economy in the Age of Social Media*. New York: Routledge.

Fukuyama, F. (1992). *The End of History and the Last Man*. New York: Free Press.

Fussell, S. W. (1991). *Muscle: Confessions of an Unlikely Bodybuilder*. New York: Poseidon.

Gadamer, H.-G. (1975). *Truth and Method*. London: Sheed & Ward.

Gaisford, J.(ed.). (1981). *Atlas of Man*. London: Marshall Cavendish.

Gallagher, C. (1985). *The Industrial Reformation in English Fiction*. Chicago: University of Chicago Press.

Gardiner, M. E. (2000). *Critiques of Everyday Life*. Routledge: London.

Gardner, C. B. (1995). *Passing By: Gender and Public Harassment*. Berkeley, CA: University of California Press.

Garfinkel, H. (1967). *Studies in Ethnomethodology*. Englewood Cliffs, NJ: Prentice Hall.

Garland, A. (1996). *The Beach*. London: Penguin Books.

Garland-Thompson, R. (2009). *Staring: How We Look*. New York: Oxford University Press.

Gauntlett, D. (2011). *Making Is Connecting: The Social Meaning of Creativity, from DIY and Knitting to YouTube and Web 2.0*. Cambridge: Polity.

Gauntlett, D. and A. Hill. (1999). *TV Living: Television, Culture and Everyday Life*. London: Routledge.

Geertz, C. (1973). *The Interpretation of Cultures*. New York: Basic Books.

Geertz, C. (1983a). *Local Knowledge: Further Essays in Interpretive Anthropology*. New York: Basic Books.

Geertz, C. (1983b). "Centers, kings and charisma: reflections on the symbolics of power." in *Local Knowledge: Further Essays in Interpretive Anthropology*. New York: Basic Books, pp.121~146.

Gelder, K. and S. Thornton. (2005). *The Subcultures Reader*. London: Routledge.

Genette, G. (1980). *Narrative Discourse: An Essay in Method*. trans. Jane E. Lewin. Oxford: Blackwell(orig. 1972).

Gerbner, G. (1967). "Mass communication and human communication theory." in F.E.X. Dance(ed.). (1986). *Human Communication Theory*. New York: Rinehart & Winston.

Gere, C. (2008). *Digital Culture*. 2nd edition. London: Reaktion.

Gervais, D. (1993). *Literary Englands*. Cambridge: Cambridge University Press.

534

Geser, H. (2004). "Towards a sociology of the mobile phone." in *Sociology in Switzerland: Sociology of the Mobile Phone*. Online at http://socio.ch/mobile/t_geser1.pdf.

Gibson, W. (1986). *Neuromancer*. London: HarperCollins.

Gibson, W. (1993). *Burning Chrome*. London: HarperCollins.

Giddens, A. (1984). *The Constitution of Society*. Cambridge: Polity.

Giddens, A. (1985). *The Nation-State and Violence*. Cambridge: Polity.

Giddens, A. (1989). *Sociology*. Cambridge: Polity.

Giddens, A. (1990). *The Consequences of Modernity*. Cambridge: Polity.

Giddens, A. (1991a). *Modernity and Self-Identity: Self and Society in the Late-Modern Age*. Cambridge: Polity.

Giddens, A. (1991b). *Transformation of Intimacy: Sexuality, Love and Eroticism in Modern Society*. Stanford: Stanford University Press.

Giddens, A. (1993). *Sociology*. Cambridge: Polity.

Giddens, A. (2006). *Sociology*. Cambridge: Polity.

Giddens, A. and P. W. Sutton. (2013). *Sociology*. Cambridge: Polity.

Gilder, G. (1990). *Microcosm: The Quantum Revolution in Economics and Technology*. New York: Touchstone.

Gillespie, M. (1995). *Television, Ethnicity and Cultural Change*. London: Routledge.

Gilroy, P. (1987). '*There Ain't No Black in the Union Jack': The Cultural Politics of Race and Nation*. London: Hutchinson.

Gilroy, P. (1992). "Cultural studies and ethnic absolutism." in L. Grossberg, C. Nelson and P. Treicher(eds). *Cultural Studies*. London: Routledge, pp.187~198.

Gilroy, P. (1993a). *Small Acts: Thoughts on the Politics of Black Cultures*. London: Serpent's Tail.

Gilroy, P. (1993b). *The Black Atlantic: Modernity and Double Consciousness*. London: Verso.

Gilroy, P. (1995). "Sounds authentic: black music, authenticity and the challenge of a changing same." in S. Lemelle and R. D. G. Kelley(eds). *Imagining Home: Class, Culture and Nationalism in the African Diaspora*. London: Verso, pp.93~118.

Gilroy, P. (1997). "Diaspora and the detours of identity." in K. Woodward(ed.). *Identity and Difference*. London: Sage, pp.299~343.

Gimlin, D. L. (2002). *Body Work: Beauty and Self-Image in American Culture*. Berkeley: University of California Press.

Giulianotti, R. and M. Gerrad. (2001). "Evil genie or pure genius?: The (im)moral football and public career of Paul "Gazza" Gascoigne." in D. L. Andrews and S. J. Jackson(eds). *Sports Stars: The Cultural Politics of Sporting Celebrity*. London: Routledge.

Glaser, B. and A. Strauss. (1971). *Status Passage*. London: Routledge and Kegan Paul.

Glasgow University Media Group. (1976). *Bad News*. London: Routledge and Kegan Paul.

Glasgow University Media Group (1980). *More Bad News*. London: Routledge and Kegan Paul.

Glassner, B. (1990). "Fit for postmodern selfhood." in H. Becker and M. McCall(eds). *Symbolic Interaction and Cultural Studies*. Chicago; London: University of Chicago Press, pp.215~243.

Global Policy Forum. (2007). "Globalization of Culture." Online at www.globalpolicy.org/globaliz/cultural/index.htm.

Glyn, A. and B. Sutcliffe. (1992). "Global but leaderless? The new capitalist order." in *Socialist Register*. London: Merlin Press, pp.79~91.

Godlewska, A. (1995). "Map, text and image. The mentality of enlightened conquerors: a new look at the *Description de l'Egypte*." *Transactions of the Institute of British Geographers* 20, pp.5~28.

Goffman, E. (1959). *The Presentation of Self in Everyday Life*. New York: Doubleday Anchor Books.

Goffman, E. (1961). *Asylums*. New York: Doubleday Anchor Books.

Goffman, E. (1963a). *Behavior in Public Places: Notes on the Social Organization of Gatherings*. New York: Free Press.

Goffman, E. (1963b). *Stigma: Notes on the Management of Spoiled Identity*. Englewood Cliffs, NJ: Prentice Hall.

Goffman, E. (1967). *Interaction Ritual*. Chicago: Aldine.

Goffman, E. (1971). *Relations in Public: Microstudies of the Public Order*. London: Allen Lane.

Goffman, E. (1974). *Frame Analysis: An Essay on the Organization of Experience*. New York: Harper & Row.

Goffman, E. (1977). "The arrangement between the sexes." *Theory and Society* 4, pp.301~332.

Goffman, E. (1979). *Gender Advertisements*. Basingstoke; London: Macmillan.

Goffman, E. (1981). *Forms of Talk*, Philadelphia: University of Pennsylvania Press.

Goffman, E. (1983). "The interaction order." *American Sociological Review* 48, pp.1~17.

Gómez-Peña, G. (2000). *Dangerous Border Crossings: The Artist Talks Back*. London: Routledge.

Goode, E. and N. Ben-Yahuda. (2009). *Moral Panics: The Social Construction of Deviance*. 2nd edition. Malden, MA: Blackwell.

Goodwin, C. (1994). "Professional vision." *American Anthropologist* 96:3, pp.606~633.

Gorham, D. (1978). "The "Maiden Tribute of Modern Babylon" re-examined: child prostitution and the idea of childhood in late-Victorian England." *Victorian Studies* 21:3, spring.

Gorton, K. (2007). "Theorizing emotion and affect." *Feminist Theory* 8:3, pp.333~348.

Goss, J. (1993). "The "magic of the mall": an analysis of form, function and meaning in the contemporary built retail environment." *Annals of the Association of American Geographers* 83:1, pp.18~47.

Gottdeiner, M. (1995). *Postmodern Semiotics*. Oxford: Blackwell.

Gournelos, T. and D. J. Gunkel(eds). (2012). *Transgression 2.0: Media, Culture, and the Politics of a Digital Age*. London: Continuum.

Gramsci, A. (1971). *Selections from the Prison Notebooks*. London: Lawrence & Wishart.

Gramsci, A. (1985). *Selections from Cultural Writings*. London: Lawrence & Wishart.

Gramsci, A., Q. Hoare and G. Nowell-Smith. (2005). *Selections from the Prison Notebooks of Antonio Gramsci*. London: Lawrence & Wishart.

Gray, A. (1992). *Video Playtime: The Gendering of a Leisure Technology*. London: Routledge.

Gray, A. (2003). *Research Practice for Cultural Studies: Ethnographic Methods and Lived Cultures*. London: Sage.

Gray, C. H., H. J.Figueroa-Sarriera and S. Mentor(eds). (1995). *The Cyborg Handbook*. London: Routledge.

Gray, J. (2006). *Watching with the Simpsons: Television, Parody and Intertextuality*. London: Routledge.

Gray, J., C. Sandvoss and C. L. Harrington(eds). (2007). *Fandom: Identities and Communities in a Mediated World*. New York: New York University Press.

Green, E. (2001). "Technology, leisure and everyday practices." in E. Green and A. Adams(eds). *Virtual Gender: Technology, Consumption and Identity*. London: Routledge.

Green, L. and C. Guinery. (2004). "Harry Potter and the Fan Fiction Phenomenon." Media/Culture 7:5. Online at http://journal.media-culture.org.au/0411/14-green.php.

Greenblatt, S. (1988). *Shakespearean Negotiations*. Oxford: Clarendon.

Greenblatt, S. (1989). "Cultural poetics." in A. H. Veeser(ed.). *The New Historicism*. London: Routledge.

Gregory, D. (1994). *Geographical Imaginations*. Oxford: Blackwell.

Gregory, D. (1995). "Between the book and the lamp: imaginative geographies of Egypt, 1849-1850." *Transactions of the Institute of British Geographers* 20, pp.29~57.

Gregory, D. (2004). *The Colonial Present: Afghanistan, Palestine, Iraq*. Oxford: Blackwell.

Gregory, D. (2012). "Dis/ordering the Orient: scopic regimes and modern war." in T. Barkarwi and K. Stanski(eds). *Orientalism and War*. London: Hurst, pp.151~176.

Gregson, N. and G. Rose. (2000). "Taking Butler elsewhere: performativities, spatialities and subjectivities." *Environment and Planning D: Society and Space* 18, pp.433~452.

Grenfell, M. J. (2012). *Pierre Bourdieu: Key Concepts*. London: Routledge.

Griffin, A. and V. May. (2012). "Narrative and interpretative phenomenological analysis." in C. Searle(ed.), *Researching Society and Culture*. 3rd edition. London: Sage, pp.441~458.

Grimshaw, A.(ed.). (1992). *The C.L.R. James Reader*. Oxford: Blackwell.

Grodal, T. (2003). "Stories for eye, ear, and muscles: video games, media, and the embodied experience." in M. J. P. Wolf and B. Perron(eds). *The Video Game Theory Reader*. London: Routledge, pp.129~156.

Grossberg, L. (1992). "Is there a fan in the house? The affective sensibility of fandom." in L. Lewis(ed.). *The Adoring Audience: Fan Culture and Popular Media*. London: Routledge, pp.50~65.

Grossberg, L., C. Nelson and P.Treicher(eds). (1992). *Cultural Studies*. London: Routledge.

Grossman, D. (2000). "Teaching kids to kill." *Phi Kappa Phi National Forum*. Online at www.killology.org/ article_teachkids.thm.

Gruffudd, P. (1995). "Remaking Wales: nation-building and the geographical imagination, 1925-1950." *Political Geography* 14, pp.219~239.

Gruffudd, P. (2014). "Nationalism." in P. Cloke, P. Crang and M. Goodwin(eds). *Introducing Human Geographies*. 3rd edition. London: Routledge, pp.556~567.

Guthrie, S. R. and S. Castelnuovo. (1992). "Elite women bodybuilders: models of resistance or compliance?" *Play and Culture* 5, 401~408.

Gutting, G. (2005). *Foucault: A Very Short Introduction*. Oxford: Oxford University Press.

Guttman, A. (1986). *Sports Spectators*. New York: Columbia University Press.

Habermas, J. (1987). *The Philosophical Discourse of Modernity*. Cambridge, MA: MIT Press.

Habermas, J. (1988). *On the Logic of the Social Sciences*. Cambridge, MA: MIT Press.

Haddon, L. (2004). *Information and Communication Technologies in Everyday Life: A Concise Introduction and Research Guide*. Oxford: Berg.

Haenfler, R. (2006). *Straight Edge: Clean Living Youth, Hardcore Punk, and Social Change*. Piscataway, NJ: Rutgers University Press.

Haenfler, R. (2014). *Subcultures: The Basics*. Abingdon: Routledge.

Halberstam, J. and I. Livingston(eds). (1995). *Posthuman Bodies*. Bloomington; Indianapolis: Indiana University Press.

Haldrup, M. and J. Larsen. (2003). "The family gaze." *Tourist Studies* 3, pp.23~46.

Halfacree, K. (1996). "Out of place in the countryside: travellers and the "rural idyll"." *Antipode* 28, pp.42~72.

Hall, S. (1980). "Encoding/decoding." in S. Hall, D. Hobson, A. Lowe and P. Willis(eds).

538

Culture, Media, Language: Working Papers in Cultural Studies, 1972-1979. London: Hutchinson.

Hall, S. (1991). "The local and the global: globalization and ethnicity." in A. King(ed.). *Culture, Globalisation and the World System*. London: Macmillan, pp.19~39.

Hall, S. (1992a). "Old and new identities, old and new ethnicities." in A. King(ed.). *Culture, Globalisation and the World System*. Basingstoke: Macmillan, pp.41~68.

Hall, S. (1992b). "The question of cultural identity." in S. Hall, D. Held and T. McGrew(eds). *Modernity and Its Futuresr*. Cambridge: Polity Press in association with Blackwell Publishers and the Open University, pp.273~325.

Hall, S. (1996). "Introduction: who needs "identity"?" in S. Hall and P. du Gay(eds). *Questions of Cultural Identity*. London: Sage.

Hall, S., C. Critcher, T. Jefferson, J. Clarke and B. Roberts. (1978). *Policing the Crisis: Mugging, the State and Law and Order*. London: Macmillan.

Hall, S. and P. du Gay(eds). (1996). *Questions of Cultural Identity*. London: Sage.

Hall, S. and T. Jefferson(eds). (1976). *Resistance Through Rituals: Youth Subcultures in Post-war Britain*. London: Hutchinson.

Hammersley, M. and P. Atkinson. (1983). *Ethnography: Principles in Practice*. London: Tavistock.

Harada, T. (2000). "Space, materials, and the "social": in the aftermath of a disaster." *Environment and Planning D: Society and Space* 18, pp.205~212.

Haraway, D. (1989). *Primate Visions: Gender, Race, and Nature in the World of Modern Science*. London: Routledge.

Haraway, D. (1991). *Simians, Cyborgs and Women: The Reinvention of Nature*. London: Free Association Books.

Haraway, D. (1997). Modest_Witness@Second_Millennium. *FemaleMan©_Meets_OncoMouseTM: Feminism and Technoscience*. New York; London: Routledge.

Haraway, D. (2003). *The Haraway Reader*. London: Routledge.

Harding, S. (1991). *Whose Science? Whose Knowledge? Thinking from Women's Lives*. Milton Keynes: Open University Press.

Hargreaves, J. (1986). *Sport, Power and Culture*. Cambridge: Polity.

Hargreaves, J. (1994). *Sporting Females: Critical Issues in the History and Sociology of Women's Sport*. London: Routledge.

Harrington, C. L. and D. D. Bielby. (1995). *Soap Fans: Pursuing Pleasure and Making Meaning in Everyday Life*. Philadelphia: Temple University Press.

Harrington, C. L. and D. D. Bielby. (2010). "A life course perspective on fandom." *International Journal of Cultural Studies* 13:5, pp.429~450.

Harris, E. M. (2010). "Eat local? Constructions of place in alternative food politics."

Geography Compass 4:4, pp.355~369.

Harris, P. (2011). "Frances Fox Piven defies death threats after taunts by anchorman Glenn Beck." The Observer, Sunday, 30 January. Online at www.guardian.co.uk/media/2011/jan/30/frances-fox- piven-glenn-beck.

Hart, N. (1976). *When Marriage Ends: A Study in Status Passage*. London: Tavistock.

Hartley, J. (2006). " "Read thy self": text, audience, and method in cultural studies." in M. White and J. Schwoch(eds). *Questions of Method in Cultural Studies*. Malden: Blackwell, pp.71~104.

Harvey, D. (1982). *The Limits to Capital*. Oxford: Basil Blackwell.

Harvey, D. (1985a). "Monument and myth: the building of the Basilica of the Sacred Heart." in *Consciousness and the Urban Experience*. Oxford: Blackwell, pp.221~249.

Harvey, D. (1985b). "Paris, 1850-1870." in *Consciousness and the Urban Experience*. Oxford: Blackwell, pp.63~220.

Harvey, D. (1988). *The Urban Experience*. Oxford: Basil Blackwell.

Harvey, D. (1989). *The Condition of Postmodernity: An Inquiry into the Origins of Cultural Change*. Oxford: Blackwell.

Harvey, D. (2007). *A Brief History of Neoliberalism*. Oxford: Oxford University Press.

Harvey, S. (1980). *May '68 and Film Culture*. London: BFI.

Haugaard, M. (2012). *Power: A Reader*. Manchester: Manchester University Press.

Hawkes, T. (1977). *Structuralism and Semiotics*. London: Methuen; reprint 1991. London: Routledge.

Hawkins, H. (1990). *Classics and Trash: Tradition and Taboos in High Literature and Popular Modern Genres*. Hemel Hempstead: Harvester Wheatsheaf.

Hayles, N. K. (1992). "The materiality of informatics." *Configurations* 1, pp.147~170.

Hearn, J. (1996). "Is masculinity dead? A critique of the concept of masculinity/masculinities." in M. Mac An Ghaill(ed.). *Understanding Masculinities: Social Relations and Cultural Arenas*. Milton Keynes: Open University Press, pp.202~217.

Heath, C., C. Bell and E. Sternberg. (2001). "Emotional selection in memes: the case of urban legends." *Journal of Personality and Social Psychology* 81:6, pp.1028~1041.

Hebdige, D. (1974). "Aspects of style in the deviant subcultures of the 1960s." unpublished MA thesis, CCCS, Birmingham University. Available as CCCS Stencilled Papers, 20, 21, 24 and 25.

Hebdige, D. (1979). *Subculture: The Meaning of Style*. London: Methuen.

Hebdige, D. (1987). *Cut 'n' Mix: Culture, Identity and Caribbean Music*. London: Methuen.

Hebdige, D. (1988). "Hiding in the light: youth surveillance and display." in D. Hebdige. *Hiding in the Light: On Images and Things*. London: Comedia, publ. by Routledge.

Heffernan, M. J. (1991). "The desert in French Orientalist painting during the nineteenth century." *Landscape Research* 16, pp.37~42.

Heidegger, M. (1977). *The Question Concerning Technology and Other Essays*. trans. W. Lovitt. New York: Harper & Row.

Heinemann, M. (1985). "How Brecht read Shakespeare." in J. Dollimore and A. Sinfield(eds). *Political Shakespeare*. Manchester: Manchester University Press.

Held, D. (1980). *Introduction to Critical Theory*. London: Hutchinson.

Hellekson, K. and K.Busse(eds). (2014). *The Fan Fiction Studies Reader*. Iowa City: University of Iowa Press.

Henderson, W. M. (1997). I, Elvis: Co*nfessions of a Counterfeit King*. Staten Island, NY: Boulevard Books.

Hepp, A. and F. Krotz(eds). (2014). *Mediatized Worlds: Culture and Society in a Media Age*. London: Palgrave Macmillan.

Hepworth, M. and M. Featherstone. (1982). *Surviving Middle Age*. Oxford: Blackwell.

Herzog, H. (1944). "What do we really know about daytime serial listeners?" in P. F. Lazarsfeld(ed.). *Radio Research 1942-3*. London: Sage, pp.2~23.

Hesmondhalgh, D. (2005). "Subcultures, scenes or tribes? None of the above." *Journal of Youth Studies* 8, pp.21~40.

Hetherington, K. (1992). "Stonehenge and its festival: spaces of consumption." in R. Shields(ed.). *Lifestyle Shopping: The Subject of Consumption*. London: Routledge.

Hickerson, N. P. (1980). "Linguistic anthropology." in G. Ferraro, W. Trevathan and J. Levy (1994). *Anthropology: An Applied Perspective*. Minneapolis/St Paul: West.

Hill, J. (1986). *Sex, Class and Realism: British Cinema 1956-1963*. London: BFI.

Hills, M. (2002). *Fan Cultures*. London: Routledge.

Hilton-Morrow, W. and A. Harrington. (2007). "Hermeneutics." in G. Ritzier(ed.). *The Blackwell Encyclopedia of Sociology*. New York: Blackwell, pp.2107~2109.

Hine, C.(ed.). (2005). *Virtual Methods: Issues in Social Research on the Internet*. Oxford: Berg.

Hobsbawm, E. (1994). *Age of Extremes: The Short Twentieth Century*. London: Michael Joseph.

Hobsbawm, E. (1996). "Identity politics and the left." *New Left Review* 217, pp.38~47.

Hobsbawm, E. and T. Ranger. (2012). *The Invention of Tradition*, reissuer. Cambridge: Cambridge University Press.

Hochschild, A. (1983). *The Managed Heart: Commercialization of Human Feeling*. Berkeley, CA: University of California Press.

Hochschild, A. R. (2012). *The Managed Heart: Commercialization of Human Feeling*. updated with a new preface, Berkeley: University of California Press.

Hockey, J. and J. Allen-Collinson, (2006). "Seeing the way: visual sociology and the distance runner's perspective." *Visual Studies* 21:1, pp.70~81.

Hodge, R. and D. Tripp. (1986). *Children and Television.* Cambridge: Polity.

Hodkinson, P. (2002). *Goth: Identity, Style and Subculture.* Oxford: Berg.

Hodkinson, P. (2013). "The collective ageing of a Goth festival." in A. Bennett and P. Hodkinson(eds). *Ageing and Youth Cultures: Music, Style and Identity.* Oxford: Berg.

Hoggart, R. (1958). *The Uses of Literacy.* Harmondsworth: Penguin(orig. 1957).

Hoggart, R. (1988). *A Local Habitation.* London: Chatto & Windus.

Hoggart, R. (1990). *A Sort of Clowning.* London: Chatto & Windus.

Hoggart, R. (1992). *An Imagined Life.* London: Chatto & Windus.

Hoggart, R. (2006). *Mass Media in a Mass Society: Myth and Reality.* London: Continuum.

Hoggett, P. and J. Bishop. (1986). *Organizing Around Enthusiasms: Mutual Aid in Leisure.* London: Comedia.

Hollands, R. G. (1995). *Friday Night, Saturday Night: Youth Cultural Identification in the Post-industrial City.* Newcastle upon Tyne: Department of Social Policy, University of Newcastle.

Hollis, M. and S. Lukes. (1982). "Introduction." in M. Hollis and S. Lukes(eds). *Rationality and Relativism.* Oxford: Blackwell.

hooks, bell (1991). *Yearning: Race, Gender and Cultural Politics.* London: Turnaround.

hooks, bell (1992). *Black Looks: Race and Representation.* London: Turnaround.

hooks, bell (2000). *Feminism Is for Everybody.* London: Pluto Press.

hooks, bell (2006). *Outlaw Culture.* London: Routledge.

hooks, bell (2013). *Writing Beyond Race: Living Theory and Practice.* London: Routledge.

Hornby, N. (1994). *Fever Pitch.* London: Gollancz.

Hornby, N. (1995). *High Fidelity.* London: Gollancz.

Howe, P. David (2011). "Cyborg and supercrip: the Paralympics technology and the (dis)empowerment of disabled athletes." *Sociology* 45:5, pp.868~882.

Howells, S. A. (2002). "Watching a game, playing a movie: when media collide." in G. King and T. Krywinska(eds). *Screenplay: Cinema/Video/Interfaces.* London: Wallflower Press.

Howson, A. (2013). *The Body in Society: An Introduction.* 2nd edition. Cambridge: Polity.

Hughes, R. (2010). *Cult-ure.* London: Fiell.

Huizinga, J. (1949). *Homo Ludens: a study of the play-element in culture.* London: Routledge(orig. 1938).

Huntington, S. (1993). "The clash of civilizations?" *Foreign Affairs* 72:3, pp.22~49.

Hyde, J. S. and M. C. Linn. (1988). "Gender differences in verbal ability: a meta-analysis." *Psychological Bulletin* 104:1, pp.53~69.

542

Hyde, J. S. and M. C. Linn. (2006). "Gender similarities in mathematics and science." *Science* 314:5799, pp.599~600.

Hynes, N. (2001). "Re-dressing history." *African Arts* 34:3, pp.60~65.

Inglis, D. and J. Hughson. (2003). *Confronting Culture: Sociological Vistas.* Cambridge: Polity Press.

Inglis, F. (1993). *Cultural Studies.* Oxford: Blackwell.

Interactive Software Federation of Europe. (2005). "Video gamers in Europe-2005." Online at www.isfe-eu.org(accessed 4 November 2005).

Irwin, R. (2006). *For Lust of Knowing: The Orientalists and Their Enemies.* London: Allen Lane.

Jackson, P. (1980). "A plea for cultural geography." *Area* 12, pp.110~113.

Jackson, P. (1989). *Maps of Meaning: An Introduction to Cultural Geography.* London: Unwin Hyman.

Jackson, P. (1999). "Commodity cultures: the traffic in things." *Transactions of the Institute of British Geographers* 24:1, pp.95~108.

Jackson, P. (2014). "Identities." in P. Cloke, P. Crang and M. Goodwin(eds). *Introducing Human Geographies.* 3rd edition. London: Routledge, pp.628~640.

Jackson, P., N. Stevenson and K. Brooks. (2001). *Making Sense of Men's Magazines.* London: Polity Press.

Jacobs, K. (2004). "Pornography in small places and other spaces." *Cultural Studies* 18:1, pp.67~83.

James, A. (1996). "Cooking the books: global or local identities in contemporary British food cultures." in David Howes(ed.). (1996). *Cross-Cultural Consumption: Global Markets, Local Realities.* London: Routledge, pp.77~92.

James, C. L. R. (1980). *The Black Jacobins.* London: Allison & Busby(orig. 1938).

James, C. L. R. (1984). *Selected Writings.* London: Allison & Busby.

James, E. L. (2011). *Fifty Shades of Grey.* London: Vintage.

Jameson, F. (1981). *The Political Unconscious: Narrative as Socially Symbolic Act.* London: Methuen.

Jameson, F. (1982). "Progress versus utopia; or, can we imagine the future?" *Science Fiction Studies* 9:2, July, pp.147~58.

Jameson, F. (1991). *Postmodernism, or, the Cultural Logic of Late Capitalism.* London: Verso.

Jaquette, J. (1994). *The Women's Movement in Latin America: Participation and Democracy.* Oxford: Westview.

Jason, Z. (2015). "Game of fear." *Boston magazine.* Online at www.bostonmagazine.com/news/ article/2015/04/28/gamergate/.

Jay, M. (1974). *The Dialectical Imagination: A History of the Frankfurt School and the Institute of Social Research 1923-1950*. London: Heinemann.

Jeater, D. (1992). "Roast beef and reggae music: the passing of whiteness." *New Formations* 18, pp.107~121.

Jencks, C. (1989). *What Is Postmodernism?* London: Academy Editions.

Jenkins, H. (1992). *Textual Poachers: Television Fans and Participatory Culture*. New York: Routledge.

Jenkins, H. (2006a). *Fans, Bloggers and Gamers: Exploring Participatory Culture*. New York: New York University Press.

Jenkins, H. (2006b). *Convergence Culture: Where Old and New Media Collide*. New York: New York University Press.

Jenkins, R. (1992, 1994). *Pierre Bourdieu*. London: Routledge.

Jenkins, R. (2002). *Pierre Bourdieu*. 2nd edition. London: Routledge.

Jenkins, T. (1994). "Fieldwork and the perception of everyday life." *Man* 29:2, pp.433~455.

Jenks, C. (1993). *Culture*. London: Routledge.

Jenks, C. (1995a). "Watching your step: the history and practice of the flâneur." in C. Jenks(ed.). *Visual Culture*. London: Routledge, pp.142~160.

Jenks, C.(ed.). (1995b). *Visual Culture*. London: Routledge.

Jenks, C. (2003). *Transgression*. London: Routledge.

Jenson, J. (1992). "Fandom as pathology: the consequences of characterization." in L. Lewis(ed.). *The Adoring Audience: Fan Culture and Popular Media*. London: Routledge, pp.9~29.

Johnson, N. C. (1995). "The renaissance of nationalism." in R. J. Johnston, P. J. Taylor and M. J. Watts(eds). *Geographies of Global Change: Remapping the World in the Late Twentieth Century*. Oxford: Blackwell, pp.97~110.

Johnson, R. (1986). "What is cultural studies anyway?" *Social Text* 6, pp.38~80.

Johnson, R., D. Chambers, P. Raghuram and E. Tincknell, (2004). *The Practice of Cultural Studies: A Guide to the Practice and Politics of Cultural Studies*. London: Sage.

Johnston, J. and S. Baumann. (2015). *Foodies: Democracy and Distinction in the Gourmet Foodscape*. London: Routledge.

Johnston, R. J., D. Gregory and D. M. Smith(eds). (1994). *The Dictionary of Human Geography*. Oxford: Blackwell.

Joll, J. (1977). *Gramsci*. London: Fontana.

Jones, R. (2013). "Social media/ted practice @ the interface." unpublished PhD thesis, Salford: University of Salford.

Jones, S. (1988). *Black Culture, White Youth: The Reggae Tradition from JA to UK*. Basingstoke: Macmillan.

544

Jones, S. (2006). *Antonio Gramsci*. London: Routledge.

Jones, S.E. (2008). *The Meaning of Video Games: Gaming and Textual Strategies*. London: Routledge.

Jordan, G. and C. Weedon. (1994). *Cultural Politics: Class, Gender, Race and the Postmodern World*. Oxford: Blackwell.

Juul, J. (2001). "Games telling stories?" *Game Studies* 1:1. Online at www.gamestudies. org/0101/juul-gts/.

Juul, J. (2005). *Half-Real: Video Games Between Real Rules and Fictional Worlds*. Cambridge, MA: MIT Press.

Kabbani, R. (1986). *Europe's Myths of Orient: Devise and Rule*. London: Macmillan.

Kaite, B. (1995). *Pornography and Difference*. Bloomington, IN: Indiana University Press.

Kamenka, E.(ed.). (1983). *The Portable Karl Marx*. Harmondsworth: Penguin.

Kaneva, N. (2015). "Mediating post-socialist femininities." *Feminist Media Studies*, 15:1, pp.1~17.

Kaplan, C. (1983). "Wild nights: pleasure/sexuality/feminism." in Tony Bennett et al.(eds). *Formations of Pleasure*. London: Routledge and Kegan Paul, pp.15~35.

Katz, E., J. G. Blumer and M. Gurevitch. (1974). "Utilization of mass communication by the individual." in J. G. Blumer and E. Katz(eds). *The Uses of Mass Communication*. London: Sage.

Kawamura, Y. (2005). *Fashion-ology: An Introduction to Fashion*. Berg: Oxford.

Kaye, H. J. and K. McClelland(eds). (1990). *E.P. Thompson: Critical Perspectives*. Oxford: Polity Press.

Keat, R. and J. Urry. (1975). *Social Theory as Science*. London: Routledge and Kegan Paul.

Keft-Kennedy, V. (2008). "Fantasising masculinity in *Buffyverse* slash fiction: sexuality, violence and the vampire." *Nordic Journal of English Studies* 7:1, pp.49~80.

Keith, M. (1990). "Knowing your place: the imagined geographies of racial subordination." in C. Philo(ed.). *New Words, New Worlds: Reconceptualising Social and Cultural Geography*. Lampeter: SDUC, pp.178~192.

Keith, M. and S. Pile(eds). (1993). *Place and the Politics of Identity*. London: Routledge.

Kern, S. (1983). *The Culture of Time and Space, 1880-1918*. London: Harvard.

Kerr, A., P. Brereton and J. Kücklich. (2005). "New media-new pleasures?" *International Journal of Cultural Studies* 8:3, pp.375~394.

Kerr, A., P. Brereton, J. Kücklich and R. Flynn. (2004). *New Media: New Media Pleasures?* STeM Working Paper: Final Research Report of a Pilot Research Project. Online at http://eprints.maynoothuniversity.ie/426/1/NMNP_IJCS_final05b.pdf.

Kinsman, P. (1995). "Landscape, race and national identity: the photography of Ingrid Pollard." *Area* 27, pp.300~310.

Kirby, A. (2006). "The death of postmodernism and beyond." *Philosophy Now* 58, November/December, pp.34~37.

Kirkpatrick, G. (2004). *Critical Technology: A Social Theory of Personal Computing*. Aldershot: Ashgate.

Kirkpatrick, G. (2008). *Technology and Social Power*. Basingstoke: Palgrave Macmillan.

Klein, A. (1994). *Little Big Men: Bodybuilding Subculture and Gender Construction*. Albany, NY: State University of New York Press.

Kline, S., N. Dyver-Witherford and G. De Peuter. (2003). *Digital Play: The Interaction of Technology, Culture, and Marketing*. Montreal: McGill-Queen's University Press.

Kneafsey, M. and R. Cox. (2002). "Food, gender and Irishness: how Irish women in Coventry make home." *Irish Geography* 35, pp.6~15. Online at www.ucd.ie/gsi/pdf/35-1/food.pdf.

Kniffen, F. B. (1965). "Folk housing: key to diffusion." *Annals of the Association of American Geographers* 55, pp.549~577.

Knoblauch, Hubert (2005). "Focused ethnography." *Forum Qualitative Sozialforschung/ Forum: Qualitative Social Research* 6:3. Online at www.qualitative-research.net/index.php/fqs/article/view/20/43 (accessed 1 March 2016).

Kong, L. (1995). "Music and cultural politics: ideology and resistance in Singapore." *Transactions of the Institute of British Geographers* 20, pp.447~459.

Kong, L. (1996). "Popular music in Singapore: exploring local cultures, global resources, and regional identities." *Environment and Planning D: Society and Space* 14:3, pp.273~292.

Kracauer, S. (1952). "The challenge of qualitative content analysis." *Public Opinion Quarterly* 16:4, pp.635~642.

Kress, G. (1988). *Communication and Culture: An Introduction*. Sydney: University of South Wales Press.

Kress, G. and T. van Leeuwen. (1996). *Reading Images*. London: Routledge.

Kristeva, J. (1982). *Powers of Horror: An Essay on Abjection*. New York: Columbia University Press.

Kristeva, J. (1986). *The Kristeva Reader*. T. Moi(ed.). Oxford: Blackwell.

Kritzman, L. D.(ed.). (1988). *Michel Foucault: Politics, Philosophy, Culture. Interviews and Other Writings 1977-1984*. London: Routledge.

Kroker, A. and M. Kroker. (1988). *Body Invaders: Sexuality and the Postmodern Condition*, Basingstoke: Macmillan.

Krotoski, A. (2004). *Chicks and Joysticks: An Exploration of Women and Gaming*. ELSPA White Paper. Online at cs.lamar.edu/faculty/osborne/COSC1172/elspawhitepaper3.pdf.

Krutnik, F. (1991). *In a Lonely Street: Film Noir, Genre, Masculinity*. London; New York:

Routledge.

Kücklich, J. (2006). "Literary theory and digital games." in J. Rutter and J. Bryce(eds). *Understanding Digital Games*. London: Sage, pp.95~111.

Kuhn, A. (2007). "Photography and cultural memory." *Visual Studies* 22.

Labov, W. (1966). *The Social Stratification of English in New York City*. Washington, DC: Georgetown University Press.

Labov, W. (1972a). *Sociolinguistic Patterns*. Philadelphia: University of Pennsylvania Press.

Labov, W. (1972b). "The logic of nonstandard English." in *Language in the Inner City: Studies in the Black English Vernacular*. Oxford: Basil Blackwell, pp.201~240.

La Caze, M. and H. M. Lloyd. (2011). "Editors' introduction: philosophy and the "affective turn"." *Parrhesia* 13, pp.11~13.

Lacey, N. (2009). *Images and Representation: Key Concepts in Media Studies*. 2nd edition. London: Palgrave Macmillan.

Lakoff, R. (1975). *Language and Woman's Place*. New York: Harper & Row.

Lally, E. (2002). *At Home with Computers*. Oxford: Berg.

Lande, Brian. (2007). "Breathing like a soldier: culture incarnate." *Sociological Review* 55, issue supplement s1, pp.95~108.

Landmann, Michael. (1958). "Bausteine zur Biographie." in K. Gassen and M. Landmann(eds). *Buch des Dankes an Georg Simmel: Briefe, Erinnerungen, Bibliographie*. Berlin: Duncker & Humblot, pp.11~33. Unpublished translation by Douglas Webster, March 1988.

Landsberg, A. (1995). "Prosthetic memory: *Total Recall* and *Blade Runner*." *Body and Society* 1:3~4, November, 175~189.

Lantz, F. (2009). "Games are not media." Games Design Advance. Online at http://gamedesignadvance. com/?p=1567.

Larkin, M., S. Watts. and E. Clifton. (2006). "Giving voice and making sense in interpretative phenomeno-logical analysis." *Qualitative Research in Psychology* 3:2, pp.102~120.

Larrain, J. (1979). *The Concept of Ideology*. London: Hutchinson.

Larsen, J. (2008). "Practices and flows of digital photography: an ethnographic framework." *Mobilities* 3, pp.141~160.

Lasch, C. (1980). *The Culture of Narcissism*. London: Abacus.

Lash, S. and J. Urry. (1987). *The End of Organised Capitalism*. Cambridge: Polity.

Lash, S. and J. Urry. (1994). *Economies of Signs and Space*. London: Sage.

Latour, B. (1987). *Science in Action: How to Follow Scientists and Engineers Through Society*. Cambridge, MA: Harvard University Press.

Latour, B. (1991). "Technology is society made durable." in J. Law(ed.). *A Sociology of Monsters: Essays on Power, Technology and Domination.* London: Routledge, pp.103~131.

Latour, B. (1993). *We Have Never Been Modern.* Hemel Hempstead: Harvester Wheatsheaf.

Latour, B. (1999). *Pandora's Hope: Essays on the Reality of Science Studies.* Cambridge, MA: Harvard University Press.

Latour, B. (2005). *Re-assembling the Social: An Introduction to ANT.* Oxford: Oxford University Press.

Laughey, D. (2006). *Music and Youth Culture.* Edinburgh: Edinburgh University Press.

Laurier, E. and C. Philo. (1999). "X-morphising: review essay of Bruno Latour's *Aramis, or the Love of Technology.*" *Environment and Planning A* 31, pp.1047~1071.

Laver, J. (1946). *Letter to a Girl on the Future of Clothes.* London: Home and Van Thal.

Laver, J. (1950). *Dress: How and Why Fashions in Men's and Women's Clothes Have Changed During the Past Two Hundred Years.* London: Murray.

Law, J. (1986). "On the methods of long distance control: vessels, navigation and the Portuguese route to India." in J. Law(ed.). *Power, Action and Belief: A New Sociology of Knowledge.* London: Routledge and Kegan Paul, pp.234~263.

Law, J. (1987). "Technology and heterogenous engineering: the case of the Portuguese expansion." in W. E. Bijker, T. P. Hugher and T. Pinch(eds). *The Social Construction of Technical Systems: New Directions in the Sociology and History of Technology.* Cambridge: MIT Press, pp.111~134.

Law, J. (2002). "Objects and spaces." *Theory, Culture and Society* 19:5~6, pp.91~105.

Lawler, S. (2014). *Identity: Sociological Perspectives.* 2nd edition. Cambridge: Polity.

Leach, E. (1970). *Levi-Strauss.* London: Fontana.

Leath, V. M. and A. Lumpkin. (1992). "An analysis of sportswomen on the covers and in the feature articles of *Women's Sport and Fitness* magazine, 1975-1989." *Journal of Sport and Social Issues* 16:2, pp.121~126.

Leavis, F.R. (1962). *The Common Pursuit.* Harmondsworth: Penguin.

Lechner, F. J. and J. Boli(eds). (2003). *The Globalization Reader.* Oxford: Blackwell.

Lechner, F. J. and J.Boli(eds). (2014). *The Globalization Reader.* Oxford: Wiley-Blackwell.

Lee, A. S. (1994). "Electronic mail as a medium for rich communication: an empirical investigation using hermeneutic interpretation." *Management Information Systems Quarterly* 18:2, pp.143~157.

Lee, M., B. Carpenter and L. Meyers. (2007). "Representations of older adults in television advertisements." *Journal of Aging Studies* 21, pp.23~30.

Leech, G., M. Deuchar and R. Hoogenraad. (2005). *English Grammar for Today.* 2nd edition. Basingstoke: Palgrave Macmillan(orig. 1982).

Lees, P. (2014). "Drag queen? Transgender? Conchita's an ambassador and that's what matters." *The Guardian*, 12 May. Online at www.theguardian.com/commentisfree/2014/may/12/conchita-drag-queen-transgender-ambassador-eurovision-winner-trans-gender-diversity(accessed 28 February 2016).

Lefebvre, H. (1991a). *Critique of Everyday Life: Volume 1, Introduction*. London: Verso.

Lefebvre, H. (1991b). *The Production of Space*. Oxford: Blackwell.

Lefort, C. (1986). *The Political Forms of Modern Society: Bureaucracy, Democracy, Totalitarianism*. Cambridge: Polity.

Lehnert, G. (1999). *Fashion: A Concise History*. London: Laurence King.

Leidner, R. (1993). *Fast Food, Fast Talk: Service Work and the Routinization of Everyday Life*. Berkeley: University of California Press.

Leighly, J. (1963). *Land and Life: A Selection from the Writings of Carl Ortwin Sauer*. Berkeley, CA: University of California.

Leitner, H. and P. Kang. (1999). "Contested urban landscapes of nationalism: the case of Taipei." *Ecumene* 6:2, pp.214~233.

Lemert, C. (2005). *Postmodernism Is Not What You Think: Why Globalization Threatens Modernity*. Boulder: Paradigm.

Lenskyj, H. (1988). "Measured time: women, sport and leisure." *Leisure Studies* 7:3, pp.233~240.

Leslie, D. A. (1993). "Femininity, post-Fordism, and the new traditionalism." *Environment and Planning D: Society and Space* 11, pp.689~708.

Lévi-Strauss, C. (1966). *The Savage Mind*. London: Weidenfeld & Nicolson.

Levitas, R. (1990). *The Concept of Utopia*. London: Philip Allan.

Levitas, R. (2005). *The Inclusive Society?* Basingstoke: Palgrave Macmillan.

Lévy, P. (1997). *Collective Intelligence: Mankind's Emerging World in Cyberspace*. Cambridge: Perseus.

Lewis, L.(ed.). (1992). *The Adoring Audience: Fan Culture and Popular Media*. London: Routledge.

Lewis, O. (1961). *The Children of Sanchez*. New York: Random House.

Lewis, O. (1966). *La Vida*. New York: Random House.

Lewis, R. (1996). *Gendering Orientalism: Race, Femininity and Representation*. London: Routledge.

Le Wita, B. (1994). *French Bourgeois Culture*. Glasgow: Editions de la Maison des Sciences de l'Homme and Cambridge University Press(orig. 1988).

Ley, D. (1982). "Rediscovering man's place." *Transactions of the Institute of British Geographers* 7, pp.248~253.

Light, B. (2014). *Disconnecting with Social Networking Sites.* London: Palgrave Macmillan.

Linebaugh, P. (1982). "All the Atlantic mountains shook." *Labour/Le Travailleur* 10, pp.87~121.

Linebaugh, P. and M. Rediker. (1990). "The many-headed Hydra: sailors, slaves and the Atlantic working class in the eighteenth century." *Journal of Historical Sociology* 3, pp.225~252.

Ling, R. and L. Haddon. (2003). "Mobile telephony, mobility and the coordination of everyday life." in J. Katz(ed.). *Machines That Become Us: The Social Context of Personal Communication Technology.* New Brunswick, NJ: Transaction.

Linz, D. and N. Malamuth. (1993). *Pornography.* Newbury Park, CA; London: Sage.

Lipman, C. (2012). *The Sephardic Jewish Cemeteries at Queen Mary, University of London.* London: QMUL.

Lister, M. (2004). "Photography in the age of electronic imaging." in L. Wells(ed.). *Photography: A Critical Introduction.* 3rd edition. London: Routledge, pp.295~335.

Lister, R.(ed.). (1996). *Charles Murray and the Underclass: The Developing Debate.* London: Institute for Economic Affairs Health and Welfare Unit/*The Sunday Times.*

Lister, R. (2004). *Poverty.* Cambridge, UK: Polity.

Lister, R., J. Dovey, S. Giddings, I. Grant and K. Kelly. (2009). *New Media: A Critical Introduction.* 2nd edition. London: Routledge.

Little, D. (2003). *American Orientalism: The United States and the Middle East Since 1945.* London: I.B. Tauris.

Livingstone, D. (1995). "The polity of nature: representation, virtue, strategy." *Ecumene* 2, pp.353~377.

Livingstone, S. (1999). "New media, new audiences." *New Media and Society* 1:1, pp.59~68.

Lodge, D. (1989). *Nice Work.* London: Penguin.

Lofland, L.H. (1973). *A World of Strangers: Order and Action in Urban Public Space.* New York: Basic.

Longhurst, B. (1995). *Popular Music and Society.* Cambridge: Polity.

Longhurst, B. (2007a). *Popular Music and Society.* 2nd edition. Cambridge: Polity.

Longhurst, B. (2007b). *Cultural Change and Ordinary Life.* Buckingham: Open University Press.

Longhurst, B. and Bogdanović, D. (2014). *Popular Music and Society.* Cambridge: Polity Press.

Loomba, A. (2015). *Colonialism/Postcolonialism.* 3rd edition. London: Routledge.

Loomba, A., S. Kaul and M. Bunzi. (2005). *Postcolonial Studies and Beyond.* North Carolina: Duke University Press.

Lovell, T. (1980). *Pictures of Reality: Aesthetics, Politics and Pleasure*. London: BFI.

Lowenthal, L. (1961). "The idols of production and the idols of consumption." in *Literature, Popular Culture and Society*. Englewood Cliffs, NJ: Prentice Hall.

Luhmann, N. (1976). "The future cannot begin: temporal structures in modern society." *Social Research* 43, pp.130~152.

Lukes, S. (1974). *Power: A Radical View*. Basingstoke: Macmillan.

Lukes, S. (1975). "Political ritual and social integration." *Sociology* 9:2, May, pp.289~308.

Lukes, S.(ed.). (1986). *Power*. Oxford: Blackwell.

Lukes, S. (2004). *Power: A Radical View*. Basingstoke: Palgrave Macmillan.

Lupton, D. (2014). "The quantified self movement: some sociological perspectives." This Sociological Life (personal blog). Online at http://simplysociology.wordpress.com/2012/11/04/the-quantitative-self-movement-some-sociological-perspectives(accessed 21 October 2014).

Lurie, A. (1992). *The Language of Clothes*. London: Bloomsbury.

Lury, C. (1993). *Cultural Rights: Technology, Legality and Personality*. London: Routledge.

Lury, C. (1996). *Consumer Culture*. Cambridge: Polity Press.

Lury, C. (2011). *Consumer Culture*. 2nd edition. Cambridge: Polity Press.

Lynch, K. (1960). *The Image of the City*. Cambridge, MA: MIT Press.

Lynskey, D. (2013). "Blurred Lines: the most controversial song of the decade." The Guardian. Online at www.theguardian.com/music/2013/nov/13/blurred-lines-most-controversial-song-decade.

Lyotard, J.-F. (1984). *The Postmodern Condition: A Report on Knowledge*. Manchester: Manchester University Press.

McAfee, N. (2004). *Julia Kristeva*. London: Routledge.

MacCabe, C. (1981). "Realism and the cinema: notes on some Brechtian theses." in T. Bennett, S. Boyd-Bowman, C. Mercer and J. Woollacott(eds). *Popular Television and Film*. London: BFI in association with the Open University Press, pp.216~235.

McCracken, G. (1990). *Culture & Consumption*. Bloomington: Indiana University Press.

McCracken, S. (1997). "Cyborg fictions: the cultural logic of posthumanism." in *Socialist Register*. London: Merlin Press, pp.288~301.

McCrone, D. (1992). *Understanding Scotland: The Sociology of a Stateless Nation*. London: Routledge.

MacDonald, G. M. (1995). "Indonesia's Medan Merdeka: national identity and the built environment." *Antipode* 27, pp.270~293.

MacDonald, K. M. (1989). "Building respectability." *Sociology* 23, pp.55~80.

Macdonald, N. (2001). *The Graffiti Subculture: Youth, Masculinity and Identity in London and New York*. Basingstoke: Palgrave.

McDowell, L. (1994). "The transformation of cultural geography." in D. Gregory, R. Martin and G. Smith(eds). *Human Geography: Society, Space and Social Science*. London: Macmillan.

McDowell, L. (1995). "Body work: heterosexual gender performances in city workplaces." in D. Bell and G. Valentine(eds). *Mapping Desire: Geographies of Sexualities*. London: Routledge, pp.75~95.

McDowell, L. (1997). *Capital Culture: Gender at Work in the City*. Oxford: Blackwell.

McDowell, L. and G. Court. (1994). "Performing work: bodily representation in merchant banks." *Environment and Planning D: Society and Space* 12, pp.727~750.

McEwan, C. (1996). "Paradise or pandemonium? West African landscapes in the travel accounts of Victorian women." *Journal of Historical Geography* 22, pp.68~83.

McGlotten, S. (2015). "The élan vital of DIY porn." *Liminalities: A Journal of Performance Studies* 11:1. Online at http://liminalities.net/11-1/elanvital.pdf.

McGuigan, J. (1997). *Cultural Methodologies*. London: Sage.

Machlup, F. (1973). *The Production and Distribution of Knowledge in the United States*. New Jersey: Princeton University Press(orig. 1958).

MacKenzie, J. M. (1995). *Orientalism: History, Theory and the Arts*. Manchester: Manchester University Press.

McLellan, D. (1975). Marx. London: Fontana.

McLellan, D.(ed.). (2000). *Karl Marx: Selected Writings*. Oxford: Oxford University Press.

McLellan, D. (2006). *Karl Marx: A Biography*. Basingstoke: Palgrave Macmillan.

McLellan, D. (2007). *Marxism After Marx*. Basingstoke: Palgrave Macmillan.

McLeod, J. (2010). *Beginning Postcolonialism*. Manchester: Manchester University Press.

McLuhan, M. (1964). *Understanding Media: The Extensions of Man*. London: Routledge.

McRobbie, A. (1978). "Working class girls and the culture of femininity." in Women's Studies Group, Centre for Contemporary Cultural Studies, University of Birmingham, Women Take Issue: Aspects of Women's Subordination. London: Hutchinson, pp.96~108.

McRobbie, A. (1980). "Settling accounts with subcultures: a feminist critique." *Screen Education* 34, pp.37~49.

McRobbie, A. (1984). "Dance and social fantasy." in A. McRobbie and M. Nava(eds). *Gender and Generation*. Basingstoke: Macmillan, pp.130~161.

McRobbie, A.(ed.). (1989). *Zoot Suits and Second-Hand Dresses: An Anthology of Fashion and Music*. Basingstoke: Macmillan.

McRobbie, A. (1991). *Feminism and Youth Culture: From 'Jackie' to 'Just Seventeen.'* Basingstoke: Macmillan.

McRobbie, A. (1993). "Shut up and dance: youth culture and changing modes of femininity." *Cultural Studies* 7, pp.406~426.

McRobbie, A. (1994). *Postmodernism and Popular Culture*. London: Routledge.

McRobbie, A. (2005). *The Uses of Cultural Studies: A Textbook*. London: Sage.

McRobbie, A. and J. Garber. (1976). "Girls and subcultures: an exploration." in S. Hall and T. Jefferson(eds). *Resistance Through Rituals: Youth Subcultures in Post-war Britain*. London: Hutchinson, pp.209~222.

Maffesoli, M. (1996). *The Time of the Tribes: The Decline of Individualism in Mass Society*, London: Sage.

Manning, J. and T. E. Adams. (2015). "Popular culture studies and autoethnography: an essay on method." *Popular Culture Studies Journal* 3:1~2, pp.187~222. Online at http://mpcaaca.org/the-popular-culture- studies-journal/.

Manovich, L. (2011). "What is visualization?" *Visual Studies* 26:1, pp.37~49.

Mansfield, A. and B. McGinn. (1993). "Pumping irony: the muscular and the feminine." in S. Scott and D. Morgan(eds). *Body Matters: Essays on the Sociology of the Body*. London: Falmer, pp.49~68.

Marcuse, H. (1964). *One-Dimensional Man: Studies in the Ideology of Advanced Industrial Society*. London: Routledge and Kegan Paul.

Martin, G. (1989). *Journeys Through the Labyrinth*. London: Verso.

Martin, W.B. and S. Mason. (1998). *Transforming the Future: Rethinking Free Time and Work*. Sudbury: Leisure Consultants.

Marx, K. (1951). "The eighteenth Brumaire of Louis Bonaparte." in *Marx-Engels Selected Works*, Vol.1. London: Lawrence & Wishart.

Marx, K. (1963). *Selected Writings in Sociology and Social Philosophy*. T. Bottomore and M. Rubel(eds). Harmondsworth: Penguin.

Marx, K. and F. Engels. (1967). *The Communist Manifesto*, Harmondsworth: Penguin(orig. 1848).

Marx, K. and F. Engels. (1968). *The German Ideology*. Moscow: Progress(orig. 1846).

Massey, D. (1984). *Spatial Divisions of Labour: Social Structures and the Geography of Production*. London: Macmillan.

Massey, D. (1991). "A global sense of place." *Marxism Today*, June, 24~29.

Massey, D. (1994). *Space, Place and Gender*. Minneapolis: University of Minnesota Press.

Massey, J. and B. Snyder. (2012). "Occupying Wall Street: places and spaces of political action." Places Journal September. Online at https://placesjournal.org/article/occupying-wall-street-places-and- spaces-of-political-action/ (accessed 27 February 2016).

Mathiesen, T. (1997). "The viewer society: Michel Foucault's "panopticon" revisited." *Theoretical Criminology* 1:2, pp.215~234.

Matless, D. (1995a). "Culture run riot? Work in social and cultural geography, 1994."

Progress in Human Geography 19, pp.395~403.

Matless, D. (1995b). ""The art of right living": landscape and citizenship, 1918-1939." in S. Pile and N. Thrift(eds). *Mapping the Subject: Geographies of Cultural Transformation.* London: Routledge, pp.93~122.

Matless, D. (1996). "New material? Work in social and cultural geography, 1995." *Progress in Human Geography* 20, pp.379~391.

Matza, D. (1964). *Delinquency and Drift.* New York: Wiley.

Mauss, M. (1979). "Body techniques." in *Sociology and Psychology: Essays.* trans. B. Brewster. London: Routledge and Kegan Paul, pp.95~123.

May, C. (2002). *The Information Society: A Sceptical View.* Cambridge: Polity.

May, J. (1996a). ""A little taste of something more exotic": the imaginative geographies of everyday life." *Geography* 81, pp.57~64.

May, J. (1996b). "Globalization and the politics of place: place and identity in an inner city London neigh-bourhood." *Transactions of the Institute of British Geographers* 21, pp.194~215.

Mayhew, H. (1968). *London Labour and the London Poor, Volumes 1-4.* New York; London: Dover(orig. 1851~1852, 1862).

Mazrui, A.A. (1989). "Moral dilemmas of *The Satanic Verses.*" *Black Scholar* 2:2, pp.19~32.

Mead, G.H. (1934). *Mind, Self and Society: From the Standpoint of a Social Behaviorist.* Chicago: University of Chicago Press.

Meek, J. (2010). "Calling on the audience to live the dream." *The Guardian*, 21 August, 29.

Mennell, S. (1989). *Norbert Elias: Civilization and the Human Self-Image.* Oxford: Blackwell.

Mennell, S. (1990). "The globalization of human society as a very long-term social process." in M. Featherstone(ed.). *Global Culture: Nationalism, Globalization and Modernity.* London: Sage.

Mennell, S. (1991). "On the civilizing of appetite." in M. Featherstone, M. Hepworth and B. S. Turner(eds). *The Body: Social Process and Cultural Theory.* London: Sage(orig. 1987).

Merton, T. (2009). *Conjectures of a Guilty Bystander.* New York: Doubleday(orig. 1965).

Meyer, A. (1960). *Caste and Kinship in Central India: A Village and Its Region.* London: Routledge and Kegan Paul.

Middleton, R. (1990). *Studying Popular Music.* Milton Keynes: Open University Press.

Miles, R. (1989). *Racism.* London: Routledge.

Miles, S. (1998). *Consumerism-As a Way of Life.* London: Sage.

Miles, S. (2000). *Youth Lifestyles in a Changing World.* Buckingham: Open University Press.

Milgram, S. (1970). "The experience of living in cities." *Science* 167, pp.1461~1468.

Miller, D. (1998). *A Theory of Shopping*. Cambridge: Polity.

Miller, V. (2011). *Understanding Digital Culture*. London: Sage.

Miller, W. D. (1958). "Lower class culture as a generating milieu of gang delinquency." *Journal of Social Issues* 15, pp.5~19.

Millington, B. and Wilson, B. (2010). "Media consumption and the contexts of physical culture: methodo-logical reflections on a "third generation" study of media audiences." *Sociology of Sport Journal* 27, pp.30~53.

Mills, S. (1991). *Discourses of Difference: An Analysis of Women's Travel Writing and Colonialism*. London: Routledge.

Mills, S. (2003). *Michel Foucault*. London: Routledge.

Miner, H. (1956). "Body ritual among the Nacirema." *American Anthropologist* 58, pp.503~507.

Mirzoeff, N.(ed.). (2002). *The Visual Culture Reader*. 2nd edition. London: Routledge.

Mirzoeff, N.(ed.). (2012). *The Visual Culture Reader*. 3rd edition. London: Routledge.

Mirzoeff, N. (2015). *How to See the World*. London: Pelican.

Mitchell, D. (1995). "There's no such thing as culture: towards a reconceptualisation of the idea of culture in geography." *Transactions of the Institute of British Geographers* 20, 102~116. See also the responses in *Transactions of the Institute of British Geographers* (1996). 21, pp.572~582.

Mitchell, D. (2000). *Cultural Geography: A Critical Introduction*. Oxford: Blackwell.

Mitchell, J. (1984). *Women: The Longest Revolution. Essays in Feminism, Literature and Psychoanalysis*. London: Virago.

Mitchell, K. (1997). "Different diasporas and the hype of hybridity." *Environment and Planning D: Society and Space* 15, 533~553.

Mitchell, T. (1989). "The world-as-exhibition." *Comparative Studies in Society and History* 31, pp.217~236.

Mitra, A. (2000). "Virtual commonality: looking for India on the Internet." in B. Bell and B. M. Kennedy(eds). *The Cybercultures Reader*. London: Routledge.

Monaco, J. (1978). "Celebration." in J. Monaco(ed.). *Celebrity*. New York: Delta.

Monaghan, L. F. (2001). *Bodybuilding, Drugs and Risk*. London; New York: Routledge.

Monaghan, L. F. (2008). *Men and the War on Obesity*. London: Routledge.

Monaghan, L. F. and M. Atkinson. (2014). *Challenging Myths of Masculinity: Understanding Physical Cultures*. Farnham: Ashgate.

Moore, H. (1993). "The differences within and the differences between." in T. del Valle(ed.). *Gendered Anthropology*. London; New York: Routledge/European Association of Social Anthropologists.

Moore, K., P. Mason and J. Lewis. (2008). *Images of Islam in the UK: The Representation of British Muslims in the National Print News Media 2000-2008.* Cardiff: Cardiff School of Journalism, University of Cardiff.

Moore, L. J. and M. J. Casper. (2014). *The Body: Social and Cultural Dissections.* London: Routledge.

Moorhouse, H. F. (1991). *Driving Ambitions: An Analysis of the American Hotrod Enthusiasm.* Manchester: Manchester University Press.

Moraga, C. and G. Anzaldúa(eds.). *This Bridge Called My Back: Writings by Radical Women of Color.* New York: Kitchen Table: Women of Color Press, 1983.

Morgan, D. (1993). "You too can have a body like mine: reflections on the male body and masculinities." in S. Scott and D. Morgan(eds). *Body Matters: Essays on the Sociology of the Body.* London: Falmer, pp.69~88.

Morgan, G. (1993). "Frustrated development: local culture and politics in London's Docklands." *Environment and Planning D: Society and Space* 11, pp.523~541.

Morley, D. (1980). *The 'Nationwide' Audience.* London: British Film Institute.

Morley, D. (1986). *Family Television: Culture, Power and Domestic Leisure.* London: Comedia.

Morley, D. (1992). *Television, Audiences and Cultural Studies.* London: Routledge.

Morley, D. (2006). "What's home got to do with it? Contradictory dynamics in the domestication of tech-nology and the dislocations of domesticity." in T. Berker, M. Hartmann, Y. Punie and K. J. Ward(eds). *Domestication of Media and Technology.* Maidenhead: Open University Press, pp.19~36.

Morley, D. and K.-H. Chen(eds). (1996). *Stuart Hall: Critical Dialogues in Cultural Studies.* London: Routledge.

Morley, D. and K. Robins. (1992). "Techno-Orientalism: futures, phobias and foreigners." *New Formations* 16, 136~156.

Morris, M.S. (1996). ""Tha'lt be like a blush-rose when tha' grows up, my little lass": English cultural and gendered identity in *The Secret Garden.*" *Environment and Planning D: Society and Space* 14, pp.59~78.

Morris, W. (1986). *News from Nowhere in Three Works by William Morris.* London: Lawrence & Wishart(orig. 1891).

Morton, A. D. (2007). *Unravelling Gramsci: Hegemony and Passive Revolution in the Global Political Economy.* London: Pluto Press.

Morton, A. L. (1965). *The People's History of England.* London: Lawrence & Wishart.

Mueller, C. and E. Smiley. (1995). *Marketing Today's Fashion.* Englewood Cliffs, NJ: Prentice Hall.

Muggleton, D. (1997). "The post-subculturalist." in S. Redhead with D. Wynne and J.

O'Connor(eds). *The Clubcultures Reader: Readings in Popular Cultural Studies*. Oxford: Blackwell, pp.185~203.

Muggleton, D. (2000). *Inside Subculture: The Postmodern Meaning of Style*. Oxford: Berg.

Muggleton, D. and R.Weinzierl(eds). (2003). *The Post-subcultures Reader*. Oxford: Berg.

Müller, T. (2012). "The empire of scrounge meets the warm city: danger, civility, cooperation and community among strangers in the urban public world." *Critical Criminology* 20, pp.449~461.

Mulvey, L. (1981). "Visual pleasure and narrative cinema." in T. Bennett, S. Boyd-Bowman, C. Mercer and J. Woollacott(eds). *Popular Television and Film*. London: British Film Institute, pp.206~215.

Mulvey, L. (1989). *Visual and Other Pleasures*. London: Macmillan.

Munns, J. and G. Rajan(eds). (1995). *A Cultural Studies Reader: History, Theory, Practice*. London; New York: Longman.

Murray, C. A. (1990). *The Emerging British Underclass*. London: Institute of Economic Affairs.

Murray, C. A. (1999). *The Underclass Revisited*. Washington, DC: AEI Press.

Murray, J. (1997). *Hamlet on the Holodeck: The Future of Narrative in Cyberspace*. New York: The Free Press.

Murray, J. and H. Jenkins(n.d.). *Before the Holodeck: Translating Star Trek into Digital Media*. Online at http://web.mit.edu/21fms/wwww/faculty/henry3/holodeck.html.

Myers, J. (1992). "Nonmainstream body modification: genital piercing, branding, burning and cutting." *Journal of Contemporary Ethnography* 21:3, October, pp.267~306.

Myers, K. (1982). "Towards a feminist erotica." *Camerawork* 24, March, 14~16, 19.

Nash, C. (1993). "Remapping and renaming: new cartographies of identity, gender and landscape in Ireland." *Feminist Review* 44, pp.39~57.

Nash, C. (1996). "Men again: Irish masculinity, nature and nationhood in the early twentieth century." *Ecumene* 3, pp.427~453.

Nash, C. (1999). "Irish placenames: post-colonial locations." *Transactions of the Institute of British Geographers* 24:4, pp.457~480.

Nash, C. (2005). "Landscapes." in P. Cloke, P. Crang and M. Goodwin(eds). *Introducing Human Geographies*. London: Arnold, pp.156~167.

Nash, C. (2015). *Genetic Geographies: The Trouble with Ancestry*. Minneapolis: Minnesota University Press.

Nava, M. (1997). "Modernity's disavowal: women, the city and the department store." in M. Nava and A. O'Shea(eds). *Modern Times: Reflections on a Century of English Modernity*. London: Routledge.

Naylor, S. (2000). "Spacing the can: empire, modernity and the globalisation of food."

Environment and Planning A 32, pp.1625~1639.

Negroponte, N. (1995). *Being Digital.* New York: Hodder & Stoughton.

Nelson, C. and L. Grossberg(eds). (1988). *Marxism and the Interpretation of Culture.* Basingstoke: Macmillan.

Nelson, L. (1999). "Bodies (and spaces). do matter: the limits of performativity." *Gender, Place and Culture* 6:4, pp.331~353.

Neugebauer, C. and B. Lockhart. (2014). "Feminist cancels speech at USU after terror threat." *Utah Standard Enquirer.* Online at www.standard.net/Police/2014/10/14/Feminist-speaker-cancels-appearance-at-USU-after-terror-threat.html.

Newitz, A. (2006). "Your SecondLife is ready." *Popular Science.* Online at www.popsci.com/popsci/technology/7ba1af8f3812d010vgnvcm1000004eecbccdrcrd.html.

Newman, J. (2008). *Playing with Videogames.* London: Routledge.

Newsom, D. (2007). *Bridging the Gaps in Global Communication.* Oxford: Blackwell.

Nicholson, L. (1995). "Interpreting gender." in L. Nicholson and S. Seidman(eds). *Social Postmodernism.* Cambridge: Cambridge University Press.

Nieborg, D.B. and J. Hermes. (2008). "What is game studies anyway?" *European Journal of Cultural Studies* 11:2, pp.131~146.

Nixon, N. (1992). "Cyberpunk: preparing the ground for revolution or keeping the boys satisfied?" *Science Fiction Studies* 19, pp.219~235.

Nochlin, L. (1991a). "The imaginary Orient." in L. Nochlin(ed.). *The Politics of Vision: Essays on Nineteenth-Century Art and Society.* London: Thames & Hudson.

Nochlin, L. (1991b). *The Politics of Vision: Essays on Nineteenth-Century Art and Society.* London: Thames & Hudson.

Nora, S. and A. Minc. (1980). *The Computerization of Society.* Cambridge, MA: MIT Press.

Novack, C. (1993). "Ballet, gender and cultural power." in H. Thomas(ed.). *Dance, Gender and Culture.* Basingstoke; London: Macmillan, pp.34~48.

Ofcom (2013). *Facts & Figures.* Online at http://media.ofcom.org.uk/facts/.

Ogborn, M. (2013). ""It's not what you know…": encounters, go-betweens and the geography of knowledge." *Modern Intellectual History* 10:1, pp.163~175.

Oh, M. and J. Arditi. (2000). "Shopping and postmodernism: consumption, production, identity, and the Internet." in M. Gottdiener(ed.). *New Forms of Consumption: Consumers, Culture and Commodification.* Oxford: Rowman and Littlefield.

Ohrn, K. (1980). *Dorothea Lange and the Documentary Tradition.* Baton Rouge: Louisiana State University Press.

Okely, J. (1983). *The Traveller-Gypsies.* Cambridge: Cambridge University Press.

O'Neill, M., S. Mansaray and J. Haaken(forthcoming). "Women's lives, well-being and community." *International Review of Qualitative Research.*

Operation Black Vote (2015). "Parliamentarians and campaigners MPs." Online at www. obv.org.uk/our-communities/parliamentarians-and-campaigners(accessed 20 December 2015).

Orbach, S. (1978). *Fat Is a Feminist Issue: The Anti-diet Guide to Permanent Weight Loss.* New York: Paddington Press.

Orgad, S. (2014). "When sociology meets media representation." in Waisbord, S.(ed.). *Media Sociology.* Cambridge, UK: Polity Press, pp.133~150.

Ortiz de Gortari, A. B., K. Aronsson and M. D. Griffiths. (2011). "Game Transfer Phenomena in video game playing: a qualitative interview study." *International Journal of Cyber Behavior, Psychology & Learning,* 1:3, 15~33. Online at http://media.spong.com/g/games-transfer-phenomena.pdf.

Ortner, S. (1974). "Is female to male as nature is to culture?" in M. Rosaldo and L. Lamphere(eds). *Woman, Culture and Society.* Stanford: Stanford University Press.

Osborne, B. S. (1988). "The iconography of nationhood in Canadian art." in D. Cosgrove and S. Daniels(eds). *The Iconography of Landscape.* Cambridge: Cambridge University Press, pp.162~78.

Osbourne, T. (1994). "Bureaucracy as a vocation: governmentality and administration in nineteenth-century Britain." *Journal of Historical Sociology* 7:13, pp.289~313.

O'Shaughnessy, M. and J. Stadler. (1999). *Media and Society: An Introduction.* Oxford: Oxford University Press.

O'Shaughnessy, M. and J. Stadler. (2002). *Media and Society: An Introduction.* 2nd edition. New York: Oxford University Press.

Ó Tuathail, G. (1996). *Critical Geopolitics: The Politics of Writing Global Space.* London: Routledge.

Ó Tuathail, G. and S. Dalby, (1994). "Critical geopolitics: unfolding spaces for thought in geography and global politics." *Environment and Planning D: Society and Space* 12:5, pp.513~514.

Ó Tuathail, G. and T. W. Luke. (1994). "Present at the (dis)integration: deterritorialisation and reterrito-rialisation in the new wor(l)d order." *Annals of the Association of American Geographers* 84:3, pp.381~398.

Oxfam. (2015). *Wealth: Having It All and Wanting More.* Oxfam Issue Briefing. London: Oxfam International.

Oxfam. (2016). "An economy for the 1%: how privilege and power in the economy drive extreme inequality and how this can be stopped." 210 Oxfam Briefing Paper. Oxford: Oxfam GB, for Oxfam International.

Painter, J. (1995). *Politics, Geography and 'Political Geography': A Critical Perspective.* London: Edward Arnold.

Palmer, D. (2003). "The paradox of user control." paper presented to the Melbourne DAC 2003 conference, 19~25 May. Online at http://hypertext.rmit.edu.au/dac/papers/Palmer.pdf.

Panofsky, E. (1979). "Style and medium in the motion pictures." in G. Mast and M. Cohen(eds). *Film Theory and Criticism*. 2nd edition. New York: Open University Press.

Pargman, D., and P. Jakobsson. (2008). "Do you believe in magic? Computer games in everyday life." *European Journal of Cultural Studies*, 11:2, pp.225~243.

Paris Match (1955). front cover of 'le petit DIOUF." No.326. 26 June to 2 July. Online at www.parismatch.com/unes/recherche.php?texte=25%20juin%201955&searchin=tous&separ=AND&auteur-id=0&check-date=false&champs0=25/06/1955&encadrement==&titre-ou-all=titre (accessed 28 May 2007).

Parker, H. (1974). *View from the Boys: A Sociology of Down-Town Adolescents*. London: David and Charles.

Parker, R. and G. Pollock. (1981). *Old Mistresses: Women, Art and Ideology*. London: Pandora.

Parker, R. and G. Pollock(eds). (1987). *Framing Feminism: Art and the Women's Movement 1970-1985*. London: Pandora.

Parkin, D. (1991). *Language Is the Essence of Culture*. Manchester: Group for Debates in Anthropological Theory, Department of Social Anthropology, University of Manchester.

Parkin, F. (1973). *Class, Inequality and Political Order*. London: Paladin.

Parkin, F. (1982). *Max Weber*. Chichester: Ellis Horwood.

Parsons, T. (1952). *The Social System*. London: Routledge and Kegan Paul.

Passingham, R. E. (1982). *The Human Primate*. Oxford; San Francisco: W.H. Freeman.

Pateman, C. (1989). *The Disorder of Women: Democracy, Feminism and Political Theory*. Cambridge: Polity.

Patrick, J. (1973). *A Glasgow Gang Observed*. London: Eyre-Methuen.

Pausé, C., J. Wykes and S. Murray. (2014). *Queering Fat Embodiment*. Farnham: Ashgate.

Pearson, J. (1973). *The Profession of Violence*. London: Panther.

Pearson, R. (1992). "Gender matters in development." in T. Allen and A. Thomas(eds). *Poverty and Development in the 1990s*. Oxford: Oxford University Press, p.294.

Pedercini, P. (2014). "Videogames and the spirit of capitalism." in E. Gee and J. Myerson(eds). *Time & Motion ··· Redefining Working Life*, Liverpool: Liverpool University Press, pp.61~67.

Peirce, C.S. (1998). *The Essential Peirce*, Vol.2. Peirce Edition Project(ed.). Bloomington, IN: Indiana University Press.

Penley, C. (1992). "Feminism, psychoanalysis, and the study of popular culture." in L.

Grossberg, C. Nelson and P. Treichler(eds). *Cultural Studies*. London: Routledge.

Perraton, J., D. Goldblatt and A. McGrew. (1997). "The globalisation of economic activity." *New Political Economy* 2, pp.257~277.

Peters, M. (2001). *Poststructuralism, Marxism, and Neoliberalism: Between Theory and Politics*. Lanham, MD: Rowman & Littlefield Publishers.

Peterson, R. A. (2000). *Creating Country Music: Fabricating Authenticity*. Chicago: University of Chicago Press.

Phares, W. (2014). *The Lost Spring: U.S. Policy in the Middle East and Catastrophes to Avoid*. New York: Palgrave Macmillan.

Pick, D. (2015). *Psychoanalysis: A Very Short Introduction*. Oxford: Oxford University Press.

Pickering, Michael(ed.). (2008). *Research Methods for Cultural Studies*. Edinburgh: Edinburgh University Press.

Piercy, M. (1992). *Body of Glass*. Harmondsworth: Penguin(published in the USA by A.A. Knopf under the title *He, She and It*, 1991).

Piketty, T. (2014). *Capital in the Twenty-First Centuryr*. Cambridge: Harvard University Press.

Poggi, G. (2006). *Weber: A Short Introduction*. Cambridge: Polity.

Polhemus, T.(ed.). (1978). *Social Aspects of the Human Body*. Harmondsworth: Penguin.

Popular Culture Studies Journal. (2015). special issue on autoethnography and popular culture, 3:1~2. Online at http://mpcaaca.org/the-popular-culture-studies-journal/volume-3/.

Poster, M. (1990). *The Mode of Information: Poststructuralism and Social Context*. Cambridge: Polity.

Postman, N. (1986). *Amusing Ourselves to Death: Public Discourse in the Age of Show Business*. London: Heinemann.

Postman, N. (1993). *Technopoly: The Surrender of Culture to Technology*. New York: Vintage Books.

Pratt, M. L. (1992). *Imperial Eyes: Travel Writing and Transculturation*. London: Routledge.

Pred, A. (1984). "Place as historically contingent process: structuration theory and the time geography of becoming places." *Annals of the Association of American Geographers* 74, pp.79~97.

Pred, A. (1989). "The locally spoken word and local struggles." *Environment and Planning D: Society and Space* 7, pp.211~234.

Pred, A. (1990a). *Lost Words and Lost Worlds: Modernity and the Language of Everyday Life in Late Nineteenth-Century Stockholm*. Cambridge: Cambridge University Press.

Pred, A. (1990b). "In other wor(l)ds: fragmented and integrated observations on gendered languages, gendered spaces and local transformation." *Antipode* 22, pp.33~52.

Pred, A. (1992a). "Capitalisms, crises and cultures II: notes on local transformation and everyday cultural struggles." in A. Pred and M. J. Watts(eds). *Reworking Modernity: Capitalisms and Symbolic Dissent*. New Brunswick: Rutgers University Press, pp.106~117.

Pred, A. (1992b). "Languages of everyday practice and resistance: Stockholm at the end of the nineteenth century." in A. Pred and M. J. Watts(eds). *Reworking Modernity: Capitalisms and Symbolic Dissent*. New Brunswick: Rutgers University Press, pp.118~154.

Price, M. and M. Lewis. (1993). "The reinvention of cultural geography." *Annals of the Association of American Geographers* 83, pp.1~17. See also the replies and counter-replies in *AAAG* (1993). 83, pp.515~522.

Prince, H. (1988). "Art and agrarian change, 1710-1815." in D. Cosgrove and S. Daniels(eds). *The Iconography of Landscaper*. Cambridge: Cambridge University Press, pp.98~118.

Prior, L. (1988). "The architecture of the hospital: a study of spatial organisation and medical knowledge." *British Journal of Sociology* 39, pp.86~113.

Prior, N. (2011). "Critique and renewal in the sociology of music: Bourdieu and beyond." *Cultural Sociology* 5:1, pp.121~138.

Pryce, K. (1979). *Endless Pressure*. Harmondsworth: Penguin.

Pulgram, E. (1954). "Phoneme and grapheme." in B. Street(ed.). (1993). *Literacy in Theory and Practice*. Cambridge: Cambridge University Press.

Purvis (2013). "Advertising - a way of life." in C. Wharton(ed.). *Advertising as Culture*. Bristol: Intellect, pp.13~32.

Purvis, T. and A. Hunt. (1993). "Discourse, ideology, discourse, ideology, discourse, ideology…." *British Journal of Sociology* 44, pp.473~499.

Putnam, R.D. (2000). *Bowling Alone: The Collapse and Revival of American Community*. New York: Simon and Schuster.

Quilley, G. (2003). "Pastoral plantations: the slave trade and the representation of British colonial landscape in the late eighteenth century." in G. Quilley and K. Dian Kriz(eds). (2003). *An Economy of Colour: Visual Culture and the Atlantic World, 1660-1830*, Manchester: Manchester University Press, pp.106~128.

Quraishi, M. (forthcoming 2016). "Child sexual exploitation and British Muslims: a modern moral panic?" in S. Hamid(ed.). *Young British Muslims: Rhetoric and Realities*. London: Routledge.

Rabinow, P.(ed.). (1984). *The Foucault Reader*. Harmondsworth: Penguin.

Radway, J. A. (1983). "Women read the romance: the interaction of text and context." *Feminist Studies* 9:1, pp.53~78.

Radway, J. A. (1984). *Reading the Romance: Women, Patriarchy, and Popular Literature*. Chapel Hill, NC: University of North Carolina Press.

Rao, R. (1938). *Kanthapura*. New York: New Directions.

Rasmussen, M. L., C. Gowlett and R. Connell. (2014). "Raewyn Connell: the cultural politics of queer theory in education research." *Discourse: Studies in the Cultural Politics of Education* 35:3, pp.335~346.

Redclift, M. (2004). *Chewing Gum: The Fortunes of Taste*. London: Routledge.

Redhead, S. (1990). *The End-of-the-Century Party: Youth and Pop Towards 2000*. Manchester: Manchester University Press.

Redhead, S.(ed.). (1993). *Rave Off: Politics and Deviance in Contemporary Youth Culture*. Aldershot: Avebury.

Redhead, S. (1995). *Unpopular Cultures: The Birth of Law and Popular Culture*. Manchester: Manchester University Press.

Redhead, S. (1997). *Post-fandom and the Millennial Blues*. London: Routledge.

Redhead, S. with D. Wynne and J. O'Connor(eds). (1997). *The Clubcultures Reader: Readings in Popular Cultural Studies*. Oxford: Blackwell.

Rediker, M. (1987). *Between the Devil and the Deep Blue Sea: Merchant Seamen, Pirates, and the Anglo-American Maritime World, 1700-1750*. Cambridge: Cambridge University Press.

Reed, A. (1987). *The Developing World*. London: Bell & Hyman.

Reid, D. (2013). "On-line digi-ads." in C. Wharton(ed.). (2013). *Advertising as Culture*. Bristol: Intellect, pp.141~159.

Reisman, D. in collaboration with R. Denney and N. Glazier. (1953). *The Lonely Crowd*. New Haven, CT: Yale University Press.

Relph, E. (1976). *Place and Placelessness*. London: Pion.

Rheingold, H. (1994). *The Virtual Community: Finding Connection in a Computerized World*. London: Secker and Warburg.

Richards, G.D. (1990). *Demons or Resistance: The Early History of Black People in Britain*. Revolutionary Education Development.

Ricoeur, P. (1988). *Time and Narrative*, Vol.3. trans. K. Blamey and D. Pellauer. Chicago: University of Chicago Press.

Rieff, D. (1992). *Los Angeles: Capital of the Third World*. London: Jonathan Cape.

Rietveld, H. (1993). "Living the dream." in S. Redhead(ed.). *Rave Off: Politics and Deviance in Contemporary Youth Culture*. Aldershot: Avebury.

Rigby, P. (1985). *Persistent Pastoralists: Nomadic Societies in Transition*. London: Zed.

Roach, S. and K. Mack. (2005). "Magistrates' everyday work and emotional labour." *Journal of Law and Society* 32:4, pp.590~614.

Robbins, D. (1991). *The Work of Pierre Bourdieu: Recognizing Society*. Milton Keynes: Open University Press.

Robbins, D.(ed.). (1999). *Bourdieu and Culture*. London: Sage.

Robbins, D. (2000). *Bourdieu and Culture*. London: Sage.

Roberts, A. R. (2014). "Why caste still matters in India." *The Economist*, 24 February. Online at www.economist.com/blogs/economist-explains/2014/02/economist-explains-9(accessed 27 February 2016).

Roberts, C.(ed.). (1994). *Idle Worship: How Pop Empowers the Weak, Rewards the Faithful and Succours the Needy*. London: HarperCollins.

Roberts, K. (1999). *Leisure in Contemporary Society*. Wallingford: CABI.

Robertson, R. (1992). *Globalisation*. London: Sage.

Robertson, R. (1995). "Globalisation: time-space and homogeneity-heterogeneity." in M. Featherstone, L. Lash and R. Robertson(eds). *Global Modernities*. London: Sage, pp.25~44.

Rodman, G. (2015). *Why Cultural Studies?* London: Wiley-Blackwell.

Rogers, A. (2014). "Performances." in P. Cloke, P. Crang and M. Goodwin(eds). *Introducing Human Geographies*. 3rd edition. London: Routledge, pp.773~790.

Rogers, E. M. (2003). *The Diffusion of Innovations*. 5th edition. New York: Free Press.

Rojek, C. (2001). *Celebrity*. London: Reaktion Books.

Roper, M. (1994). *Masculinity and the British Organisation Man Since 1945*. Oxford: Oxford University Press.

Rose, G. (1988). "Locality, politics and culture: Poplar in the 1920s." *Environment and Planning D: Society and Space* 6, pp.151~168.

Rose, G. (1993). *Feminism and Geography: The Limits of Geographical Knowledge*. Cambridge: Polity.

Rose, G. (2003). "Family photographs and domestic spacings: a case study." *Transactions of the Institute of British Geographers* 28:1, pp.5~18.

Rose, G. (2012). *An Introduction to Researching with Visual Materials*. 3rd edition. London: Sage.

Rose, T. (1994). *Black Noise: Rap Music and Black Culture in Contemporary America*. Hanover: Wesleyan University Press, University Press of New England.

Rose-Redwood, R., D. Alderman and M. Azaryahu. (2010). "Geographies of toponymic inscription: new directions in critical place-name studies." *Progress in Human Geography* 34, pp.453~470.

Ross, K. (1988). *The Emergence of Social Space: Rimbaud and the Paris Commune*. London: Macmillan.

Ross, K. and V. Nightingale. (2003). *Media Audiences: New Perspectives*. Maidenhead:

Open University Press.

Rowntree, B. S. (1901). *Poverty: A Study in Town Life*. London: Macmillan.

Ruby, J. (1976). "In a pic's eye: interpretive strategies for deriving meaning and significance from photo-graphs." *Afterimage* 3:1, pp.5~7.

Runciman, W. G.(ed.). (1978). *Weber: Selections in Translation*. Cambridge: Cambridge University Press.

Runnymede Trust. (1997). *Islamophobia: A Challenge for Us All*. London: Runnymede Trust Publications. Online at www.runnymedetrust.org/uploads/publications/pdfs/islamophobia.pdf(accessed 31 March 2016).

Runnymede Trust (2000). *The Future of Multi-ethnic Britain*. London: Profile Books.

Rushdie, S. (1981). "The Prophet's Hair." *London Review of Books* 3:7, pp.19~20.

Rutter, J. and J. Bryce(eds). (2006). *Understanding Digital Games*. London: Sage.

Rutter, M. and N. Madge. (1976). *Cycles of Disadvantage*. London: Heinemann.

Sacks, H. (1972). "Notes on the police assessment of moral character." in D. Sudnow(ed.). *Studies in Social Interaction*. New York: Free Press.

Sacks, H. (1992). "Lecture 14: the inference-making machine." in *Lectures on Conversation*, Vol.1, G. Jefferson(ed.). Oxford: Blackwell, pp.113~125.

Said, E. W. (1978). *Orientalism*. Harmondsworth: Penguin.

Said, E. W. (1981). *Covering Islam: How the Media and the Experts Determine How We See the Rest of the World*. London: Routledge and Kegan Paul.

Said, E. W. (1986). *After the Last Sky: Palestinian Lives*. London: Faber & Faber.

Said, E. W. (1993). *Culture and Imperialism*. London: Chatto & Windus.

Said, E. W. (1995a). *The Politics of Dispossession*. London: Vintage.

Said, E. W. (1995b). *Orientalism, with a new afterword*. Harmondsworth: Penguin.

Said, E. W. (2003). "Orientalism 25 years on." Counterpunch. Online at www.counter punch.org/said08052003.

Salen, K. and E. Zimmerman. (2004). *Rules of Play: Game Design Fundamentals*. Cambridge, MA: MIT Press.

Salih, S. (2002). *Judith Butler*. London: Routledge.

Salih, S. with J. Butler(eds). (2004). *The Judith Butler Reader*. Malden, MA; Oxford: Blackwell.

Santino, J.(ed.) (2005). *Spontaneous Shrines and the Public Memorialization of Death*. London: Palgrave Macmillan.

Sapir, E. (1929). "The status of linguistics as a science." *Language* 5, pp.207~214.

Sapir, E. (1931). "Fashion." in E. R. A. Seligman(ed.). *Encyclopaedia of the Social Sciences Volume 6*. New York: Macmillan, pp.139~144.

Sartre, J.-P. (1983). *The Question of Method*. London: Methuen.

Sarup, M. (1996). *Identity, Culture and the Postmodern World.* Edinburgh: Edinburgh University Press.

Sauer, C. O. (1925). "The morphology of landscape." reprinted in C. O. Sauer. (1963). *Land and Life: A Selection from the Writings of Carl Ortwin Sauer.* J. Leighly(ed.). Berkeley: University of California, pp.315~350.

Sauer, C. O. (1941). "The personality of Mexico." reprinted in C. O. Sauer (1963). *Land and Life: A Selection from the Writings of Carl Ortwin Sauer.* J. Leighly(ed.). Berkeley: University of California, pp.104~117.

Sauer, C. O. (1967). *Land and Life: A Selection from the Writings of Carl Ortwin Sauer.* J. Leighly(ed.). California: University of California Press.

Saukko, P. (2003). *Doing Research in Cultural Studies: An Introduction to Classical and New Methodological Approaches.* London: Sage.

Saunders, P. (1981). *Social Theory and the Urban Question.* London: Hutchinson.

Savage, M. (2015). *Social Class in the 21st Century.* London: Pelican.

Savage, M., G. Bagnall and B. Longhurst. (2005). *Globalization and Belonging.* London: Sage.

Savage, M. and A. Warde. (1993). *Urban Sociology, Capitalism and Modernity.* Basingstoke; London: Macmillan.

Savage, M. and A. Witz(eds). (1992). *Gender and Bureaucracy.* Oxford: Blackwell.

Schama, S. (1995). *Landscape and Memory.* London: HarperCollins.

Schell, J. (2010). "Design outside of the box." presentation at annual DICE(Design Innovate Communicate Entertain). Conference. Online at www.g4tv.com/videos/44277/dice-2010-design-outside-the-box-presentation/.

Schickel, R. (1985). *Intimate Strangers: The Culture of Celebrity in America.* Chicago: Ivan R. Dee.

Schirato, T. and S. Yell. (2000). *Communication and Culture: An Introduction.* London: Sage.

Schleiermacher, F. D. E. (1977). *Hermeneutics: The Handwritten Manuscripts.* Missoula: Scholars Press.

Schwartz, J. M. (1996). "The geography lesson: photographs and the construction of imaginative geogra-phies." *Journal of Historical Geography* 22, pp.16~45.

Scott, J. C. (1990). *Domination and the Arts of Resistance: Hidden Transcripts.* New Haven: Yale University Press.

Scott, J. W. (1986). "Gender: a useful category of historical analysis." *American Historical Review* 91, pp.1053~1075.

Scott, S. (2010). *Making Sense of Everyday Life.* London: Polity.

Sedgwick, E. K. (1985). *Between Men.* Baltimore: Johns Hopkins University Press.

566

Seigworth G.J. and M. Gregg(eds). (2010a). *The Affect Theory Reader*. Durham: Duke University Press.

Seigworth, G .J. and M. Gregg. (2010b). "An inventory of shimmers." in G. J. Seigworth and M. Gregg(eds). *The Affect Theory Reader*. Durham, NC: Duke University Press, pp.1~25.

Sekula, A. (1975). "On the invention of photographic meaning." *Artforum* 13, pp.36~45.

Semple, L. (1988). "Women and erotica." *Spare Rib* 191, June, 6~10.

Senghor, L. (1993). "Negritude." in L. Chrisman and P. Williams(eds). *Colonial Discourse and Post-colonial Theory: A Reader*. Hemel Hempstead: Harvester.

Sennett, R. (1969). "An introduction." in *Classic Essays on the Culture of Cities*. Englewood Cliffs. NJ: Prentice Hall, pp.3~19.

Sennett, R. (1977). *The Fall of Public Man*. Cambridge: Cambridge University Press.

Shaheen, J. G. (2003). *Reel Bad Arabs: How Hollywood Vilifies a People*. Gloucestershire: Arris Books.

Shapin, S. (1994). *A Social History of Truth: Civility and Science in Seventeenth-Century England*. Chicago: University of Chicago Press.

Shapin, S. (2010). *Never Pure: Historical Studies of Science as If It Was Produced by People with Bodies, Situated in Time, Space, Culture, and Society, and Struggling for Credibility and Authority*. Baltimore: Johns Hopkins University Press.

Sharma, C. (2010). *Sizing Up The Global Apps Market*. Industry Commissioning Group, Chetan Sharma Consulting. Online at www.chetansharma.com/mobileappseconomy.htm.

Sharratt, B. (1989). "Communications and image studies: notes after Raymond Williams." *Comparative Criticism* 11, pp.29~50.

Shaw, J. (2010). *Shopping: Social and Cultural Perspectives*. Polity: London.

Sheehan, S. (2012). *Žižek: A Guide for the Perplexed*. London: Continuum.

Sherlock, J. (1993). "Dance and the culture of the body." in S. Scott and D. Morgan(eds). *Body Matters: Essays on the Sociology of the Body*. London: Falmer, pp.35~48.

Shields, R. (1991). *Places on the Margin: Alternative Geographies of Modernity*. London: Routledge.

Shields, R. (1996). "Virtual spaces, real histories and living bodies." in R. Shields(ed.). *Cultures of Internet*. London: Sage.

Shifman, L. (2012). "An anatomy of a YouTube meme." *New Media & Society* 14:2, pp.187~203.

Shilling, C. (2003). *The Body and Social Theory*. 2nd edition. London: Sage.

Shilling, C. and T. Bunsell. (2009). "The female bodybuilder as a gender outlaw." *Qualitative Research in Sport and Exercise* 1:2, pp.141~159.

Shnukal, A. (1983). "Blaikman Tok: changing attitudes to Torres Strait Creole." *Australian Aboriginal Studies* 2, pp.25~33.

Shove, E., M. Pantzar and M. Watson. (2012). *The Dynamics of Social Practice: Everyday Life and How It Changes.* London: Sage.

Shukman, A.(ed.). (1988). *Bakhtin School Papers.* Oxford: Russian Poetics in Translation.

Shurmer-Smith, P. and K. Hannam. (1994). *Worlds of Desire, Realms of Power: A Cultural Geography.* London: Edward Arnold.

Sidaway, J. D. (1997). "The (re)making of the Western "geographical tradition": some missing links." *Area* 29, pp.72~80.

Sidorov, D. (2000). "National monumentalization and the politics of scale: the resurrections of the Cathedral of Christ the Savior in Moscow." *Annals of the Association of American Geographers* 90:3, pp.548~572.

Sim, S. and B. Van Loon. (2009). *Introducing Critical Theory: A Graphic Guide.* Royston: Icon Books Ltd.

Simmel, G. (1950). *The Sociology of Georg Simmel.* K. H. Wolff(ed.). Glencoe: Free Press.

Simmel, G. (1957). "Fashion." *American Journal of Sociology* 62:5, pp.541~558(orig. 1904).

Simmel, G. (1969). "Sociology of the senses: visual interaction." in R. E. Park and E. W. Burgess(eds). *Introduction to the Science of Sociology.* Chicago: University of Chicago Press, pp.356~361(orig. 1908).

Simmel, G. (1971). "The metropolis and mental life." in D. N. Levine(ed.). *Georg Simmel on Individuality and Social Forms.* Chicago: University of Chicago Press, pp.324~339(orig. 1903).

Simmel, G. (1978). *The Philosophy of Money.* trans. T. Bottomore and D. Frisby. London: Routledge and Kegan Paul(orig. 1900).

Simmel, G. (1994). "The sociology of the meal." *Food and Foodways* 5:4, pp.345~350(orig. 1910).

Sinfield, A. (2005). *Cultural Politics, Queer Reading.* London: Routledge.

Singer, P. (2000). *Marx: A Very Short Introduction.* Oxford: Oxford Paperbacks.

Skeggs, B. (1997). *Formations of Class and Gender.* London: Sage.

Skeggs, B. (2004). *Class, Self, Culture.* London: Routledge.

Smith, C. (2012). "A brief examination of neoliberalism and its consequences." Sociology Lens, 2 October. Online at https://thesocietypages.org/sociologylens/z2012/10/02/a-brief-examination-of-neolib-eralism-and-its-consequences/(accessed 27 February 2016).

Smith, D. (2008). *Raymond Williams: A Warrior's Tale.* Swansea: Parthian.

Smith, G. (2006). *Erving Goffman.* London: Routledge.

Smith, L.S. (1978). "Sexist assumptions and female delinquency: an empirical investigation."

in C. Smart and B. Smart(eds). *Women, Sexuality and Social Control*. London: Routledge and Kegan Paul, pp.74~88.

Smith, N. (1990). *Uneven Development: Nature, Capital and the Production of Space*. Oxford: Basil Blackwell.

Smith, S. J. (1994). "Soundscape." *Area* 26:3, pp.232~240.

Smith, S. J. (1997). "Beyond geography's visible worlds: a cultural politics of music." *Progress in Human Geography* 21:4, pp.502~529.

Snead, J. A. (1984). "Repetition as a figure of black culture." in H. L. Gates, Jr(ed.). *Black Literature and Literary Theory*. London: Methuen.

Snyder, J. (1984). "Documentary without ontology." *Studies in Visual Communication* 10:1, pp.78~95.

Snyder, J. and Allen, N. H. (1982). "Photography, vision and representation." in T. Barrow and S. Armitage(eds). *Reading into Photography*. Albuquerque: University of New Mexico Press, pp.61~91(orig. 1975).

Soja, E. W. (1989). *Postmodern Geographies: The Reassertion of Space in Critical Social Theory*. London: Verso.

Soja, E. W. (1996). *Thirdspace: Journeys to Los Angeles and Other Real-and-Imagined Places*. Oxford: Blackwell.

Sokal, A. and J. Bricmont. (1999). *Intellectual Impostures*. London: Profile.

Sontag, S. (1979). *On Photography*. Harmondsworth: Penguin.

Sontag, S.(ed.). (1982). *A Barthes Reader*. London: Cape.

Sorokin, P. A. and R. K. Merton. (1937). "Social time: a methodological and functional analysis." *American Journal of Sociology* 42, March, pp.615~629.

Spade, D. (2011). *Normal Life: Administrative Violence, Critical Trans Politics, and the Limits of Law*. New York: South End Press.

Spence, J. and P. Holland(eds). (1991). *Family Snaps: The Meanings of Domestic Photography*. London: Virago.

Spencer, P. (1990). *Anthropology and the Riddle of the Sphinx: Paradoxes of Change in the Life Cycle*. ASA Monograph 28. London: Routledge.

Spender, D. (1982). *Invisible Women: The Schooling Scandal*. London: Writers & Readers.

Spiker, J. A. (2012). "Gender and power in the Devil Wears Prada." *International Journal of Business, Humanities and Technology* 2:3, pp.16~26.

Spivak, G.C. (1987). *In Other Worlds: Essays in Cultural Politics*. New York; London: Methuen.

Spivak, G. C. (1990a). "Reading *The Satanic Verses*." *Third Text* 11, summer, pp.41~60.

Spivak, G.C. (1990b). *The Post-colonial Critic: Interviews, Strategies, Dialogues*. London: Routledge.

Spivak, G.C. (1993). "Can the subaltern speak?" in P. Williams and L. Chrisman(eds). *Colonial Discourse and Post-colonial Theory.* Hemel Hempstead: Harvester.

Sprinker, M.(ed.). (1992). *Edward Said: A Critical Reader.* Cambridge, MA: Blackwell.

Stacey, J. (1994). *Star Gazing: Hollywood Cinema and Female Spectatorship.* London: Routledge.

Stallabrass, J. (1996). *Gargantua: Manufactured Mass Culture.* London: Verso.

Stallybrass, P. and A. White. (1986). *The Politics and Poetics of Transgression.* London: Methuen.

Staumsheim, C. (2014). "#GamerGate and games research." *Inside Higher Ed.* Online at www.insidehighered.com/news/2014/11/11/gamergate-supporters-attack-digital-games -research- association.

Steger, M. B. and R. K. Roy. (2010). *Neoliberalism: A Very Short Introduction.* Oxford: Oxford University Press.

Stephens, G. (1992). "Interracial dialogue in rap music: call-and-response in a multicultural style." *New Formations* 16, pp.62~79.

Stiglitz, J. (2009). "Moving beyond market fundamentalism to a more balanced economy." *Annals of Public and Cooperative Economics* 80:3, pp.345~360.

Stokes, J. (2003). *How to Do Media and Cultural Studies.* London: Sage.

Stokes, J. (2013). *How to Do Media and Cultural Studies.* 2nd edition. London: Sage.

Storey, J. (1993). *An Introductory Guide to Cultural Theory and Popular Culture.* Hemel Hempstead: Harvester Wheatsheaf.

Storey, S. (2006). *Cultural Theory and Popular Culture: An Introduction.* Harlow: Pearson Education.

Stott, W. (1973). *Documentary Expression and Thirties America.* New York: Oxford University Press.

Strathern, M. (1981). "Culture in a netbag: the manufacture of a subdiscipline in anthro-pology." *Man(NS)* 16:4, pp.665~688.

Strathern, M. (1987). "An awkward relationship: the case of feminism and anthropology." Signs 12:2, pp.277~295.

Strathern, M. (1988). *The Gender of the Gift*, Berkeley. CA: University of California Press.

Strathern, M. (1994). "Foreword: the mirror of technology." in R. Silverstone and E. Hirsch(eds). *Consuming Technologies: Media Information in Domestic Spaces.* London: Routledge.

Street, B. (1993). *Literacy in Theory and Practice.* Cambridge: Cambridge University Press.

Sturken, M. and L. Cartwright. (2007). *Practices of Looking: An Introduction to Visual Culture.* Oxford: Oxford University Press.

Sturken, M. and L. Cartwright. (2009). *Practices of Looking: An Introduction to Visual*

Culture. 2nd edition. Oxford: Oxford University Press.

Sullivan, N. (2003). *A Critical Introduction to Queer Theory*. Edinburgh: Edinburgh University Press.

Tannen, D. (1990). *You Just Don't Understand: Women and Men in Conversation*. New York: Ballantine.

Tannen, D.(ed.). (1993). *Gender and Conversational Interaction*. New York; Oxford: Oxford University Press.

Tasker, Y. (1993). *Spectacular Bodies: Gender, Genre and the Action Cinema*. London: Routledge.

Taylor, D.(ed.). (2010). *Michel Foucault: Key Concepts*. London: Routledge.

Taylor, I. (1991). "Moral panics, crime and urban policy in Manchester." *Sociology Review* 1:1, pp.28~32.

Taylor, I. (1995). "It's a whole new ball game." *Salford Papers in Sociology*, No.17. Salford: University of Salford.

Taylor, P. A. (1999). *Hackers: Crime in the Digital Sublime*. London: Routledge.

Taylor, P. A. (2010). *Žižek and the Media*. Cambridge: Polity.

Taylor, T. L. (2007). "Pushing the boundaries: player participation and game culture." in J. Karaganis(ed.). *Structures of Participation in Digital Culture*. New York: SSRC, pp.112~130.

Tcherkezoff, S. (1993). "The illusion of dualism in Samoa: "Brothers-and-sisters" are not "men-and-women"." in T. del Valle(ed.). *Gendered Anthropology, European Association of Social Anthropologists*. London; New York: Routledge.

Telles, J. L. (1986). "Time, rank and social control." *Sociological Inquiry* 50:2, pp.171~183.

Theweleit, K. (1987). *Male Fantasies. Volume I: Woman, Floods, Bodies, Historyr*. Cambridge: Polity.

Theweleit, K. (1989). *Male Fantasies, Volume 2. Male Bodies: Psychoanalysing the White Terror*. Minneapolis: University of Minnesota Press(orig. 1978).

Thomas, N. (1991). *Entangled Objects: Exchange, Material Culture and Colonialism in the Pacific*. Cambridge, MA: Harvard University Press.

Thompson, E. P. (1961). "The long revolution." *New Left Review* 9, May-June, pp.24~33.

Thompson, E. P. (1965). "The peculiarities of the English." in R. Miliband and J. Saville(eds). *The Socialist Register 1965*. London: Merlin.

Thompson, E. P. (1968). *The Making of the English Working Class*. Harmondsworth: Penguin(orig. 1963).

Thompson, E. P. (1978). *The Poverty of Theory and Other Essays*. London: Merlin.

Thompson, E. P. (1991). *Customs in Common*. London: Merlin.

Thompson, J. B. (1984). *Studies in the Theory of Ideology*. Cambridge: Polity.

Thornton, S. (1994). "Moral panic, the media and British rave culture." in A. Ross and T. Rose(eds). *Microphone Fiends: Youth Music and Youth Culture*. London: Routledge, pp.176~192.

Thornton, S. (1995). *Club Cultures: Music, Media and Subcultural Capital*. Cambridge: Polity.

Thrift, N. J. (2000). "Non-representation theory." in R. J. Johnston, D. Gregory, G. Pratt and M. Watts(eds). *The Dictionary of Human Geography*. 4th edition. Blackwell: Oxford, p.556.

Thrift, N. J. (2004). "Performance and⋯." *Environment and Planning A* 35, 2019-24.

Time magazine. (2006). "Time's Person of the Year: you." Online at www.time.com/time/magazine/article/0,9171,1569514,00.html.

Tomlinson, J. (1999). *Globalization and Culture*. Cambridge: Polity Press.

Tomlinson, J. (2006). "Globalization and culture." paper presented at University of Nottingham Ningbo China(UNNC). Research Seminar Series 2006~2007. co-hosted by the Institute of Asia-Pacific Studies and the Institute of Comparative Cultural Studies. Online at www.nottingham.edu.cn/resources/ documents/A10GZAVA.pdf(accessed 21 September 2007).

Tomlinson, J. (2007). *The Culture of Speed*. London: Sage.

Toolan, M. (2001). *Narrative: A Critical Linguistic Introduction*. 2nd edition. London: Routledge.

Torczyner, H. (1979). *Magritte: Ideas and Images*. New York: Harry N. Abrams.

Tosh, J. (1991). *The Pursuit of History*. London: Longman.

Trend, D. (2007). *The Myth of Media Violence: A Critical Introduction*. Oxford: Blackwell.

Tsatsou, P. (2014). *Internet Studies: Past, Present and Future Directions*. Farnham: Ashgate.

Tseëlon, E. (1995). *The Masque of Femininity: The Presentation of Woman in Everyday Life*. London: Sage.

Tuan, Yi-Fu (1974). "Space and place: humanistic perspective." *Progress in Geography* 6, pp.211~252.

Tuchman, G. (1981). *Cultural Imperialism*. London: Printer Publishers.

Tulloch, J. (1999). *Performing Culture: Stories of Expertise and the Everyday*. London: Sage.

Tulloch, J. and H. Jenkins. (1995). *Science Fiction Audiences: Watching 'Doctor Who' and 'Star Trek'*. London: Routledge.

Turkle, S. (1995). *Life on the Screen: Identity in the Age of the Internet*. New York: Simon & Schuster.

Turkle, S. (2011). *Alone Together: Why We Expect More from Technology and Less from*

Each Other. New York: Basic Books.

Turner, B. S. (1984). *The Body and Society: Explorations in Social Theory*. Oxford: Blackwell.

Turner, B. S. (1991). "The discourse of diet," in M. Featherstone, M. Hepworth and B. S. Turner(eds). *The Body: Social Process and Cultural Theory*. London: Sage(orig. 1982).

Turner, B. S. (1992). *Regulating Bodies: Essays in Medical Sociology*. London: Routledge.

Turner, B. S. (1994). *Orientalism, Postmodernism and Globalism*. London: Routledge.

Turner, G. (1990). *British Cultural Studies: An Introduction*. London: Unwin Hyman.

Turner, V. W. (1967). *The Forest of Symbols*. Ithaca, NY: Cornell University Press.

Tyler, I. (2008). ""Chav mum chav scum": class disgust in contemporary Britain." *Feminist Media Studies* 8:1, pp.17~34.

Tyler, I. (2013). *Revolting Subjects*. London: Zed Books.

Tyler, I. (2015). "Classificatory struggles: class, culture and inequality in neoliberal times." *Sociological Review* 63, pp.493~511.

Tylor, E. (1871). *Primitive Culture*. London: John Murray.

Tyson, L. (2014). *Critical Theory Today: A User-Friendly Guide*. London: Routledge.

Ue, T. and J. Cranfield. (2014). *Fan Phenomena: Sherlock Holmes*. Bristol: Intellect.

United Nations. (2014). *World Urbanization Prospects: The 2014 Revision*. New York: United Nations, Department of Economic and Social Affairs.

United Nations Development Programme. (2014). *Human Development Report 2014, Sustaining Human Progress: Reducing Vulnerabilities and Building Resilience*. New York: UNDP.

United Nations Development Programme. (2015). *Human Development Report 2015, Work for Human Development*. New York: UNDP.

United Nations Population Fund (2016). "Migration: Overview." Online at www.unfpa. org/migration (accessed 27 February 2016).

Urry, J. (1988). "Cultural change and contemporary holiday-making." *Theory, Culture and Society* 5:1, pp.35~55.

Urry, J. (1990). *The Tourist Gaze*. London: Sage.

Urry, J. (1992). "The tourist gaze and the environment." *Theory, Culture and Society* 9:3, pp.1~26.

Urry, J. (1995). *Consuming Spaces*. London: Routledge.

Urry, J. (2000). *Sociology Beyond Societies*. London: Routledge.

Urry, J. (2001). "Globalising the tourist gaze." published by the Department of Sociology, Lancaster University, UK, at www.comp.lancs.ac.uk/sociology/papers/UrryGlobalising-the-Tourist-Gaze.pdf.

Urry, J. (2002). *The Tourist Gaze*. London: Sage.

Urry, J. (2003). *Global Complexity*. Cambridge: Polity.

Urry, J. (2007). *Mobilities*. Cambridge: Polity.

Urry, J. and J. Larsen. (2011). *The Tourist Gaze 3.0*. London: Sage.

Valenti, J. (2007). "How the web became a sexist's paradise." *The Guardian, G2*, 6 May, 16~17. Online at www.theguardian.com/world/2007/apr/06/gender.blogging.

Valentine, C. (1968). *Culture and Poverty*. Chicago: University of Chicago Press.

Valentine, G. (1995). "Creating transgressive space: the music of kd lang." *Transactions of the Institute of British Geographers* 20, pp.474~485.

van Dijk, T. A. (1991). *Racism and the Press*. London: Routledge.

van Gennep, A. (1960). *The Rites of Passage*. Chicago: University of Chicago Press(orig. 1908).

van Zoonen, L. (1994). *Feminist Media Studies*. London: Sage.

Veblen, T. (1934). *The Theory of the Leisure Class*. New York: Modern Library(orig. 1899).

Venturi, R., D. Scott Brown and S. Izenour. (1977). *Learning from Las Vegas*. revised edition. Cambridge, MA: MIT Press.

Volosinov, V. N. (1973). *Marxism and the Philosophy of Language*. London: Seminar Press(orig. 1929 and 1930).

Wacquant, L. J. D. (1995). "Pugs at work: bodily capital and bodily labour among professional boxers." *Body & Society* 1:1, March, pp.65~94.

Wacquant, L. (2004). *Body and Soul: Notebooks of an Apprentice Boxer*. New York: Oxford University Press.

Wacquant, L. (2015). "For a sociology of flesh and blood." *Qualitative Sociology* 38, pp.1~11.

Walkowitz, J. (1992). *City of Dreadful Delight: Narratives of Sexual Danger in Late-Victorian London*. London: Virago.

Wall, M. (2000). "The popular and geography: music and racialized identities in Aotearoa/New Zealand." in Cook, D. Crouch, S. Naylor and J. Ryan(eds). Cultural Turns/Geographical Turns: Perspectives on Cultural Geography. London: Prentice Hall, pp.75~87.

Wallerstein, I.M. (1974). *The Modern World-System*. New York: Academic Press.

Walters, M. (2005). *Feminism: A Very Short Introduction*. Oxford: Oxford University Press.

Walvin, J. (1982). *A Child's World: A Social History of English Childhood 1800-1914*. Harmondsworth: Penguin.

Walvin, J. (1997). *Fruits of Empire: Exotic Pleasures and British Taste, 1660-1800*. Basingstoke: Macmillan.

Ward, A. H. (1993). "Dancing in the dark: rationalism and the neglect of social dance." in H. Thomas(ed.). *Dance, Gender and Culture*. Basingstoke; London: Macmillan, pp.16~33.

Warde, A. (1990). "Introduction to the sociology of consumption." *Sociology* 24, pp.1~4.

Warde, A. (1992). "Notes on the relationship between production and consumption." in R. Burrows and C. Marsh(eds). *Consumption and Class: Divisions and Change*. London: Macmillan.

Warde, A. (1994). "Consumption, identity-formation and uncertainty." *Sociology* 28:4, pp.877~898.

Warde, A. (1996). "The future of the sociology of consumption." in S. Edgell, K. Hetherington and A. Warde(eds). *Consumption Matters*. Oxford: Blackwell.

Warner, M. (1985). *Monuments and Maidens: The Allegory of the Female Form*. London: Picador.

Watkins, S. (2005). *Hip Hop Matters: Politics, Pop Culture, and the Struggle for the Soul of a Movement*. Boston, MA: Beacon Press.

Watt, I. (1963). *The Rise of the Novel: Studies in Defoe, Richardson and Fielding*. Harmondsworth: Penguin(orig. 1957).

Waylen, G. (1992). "Rethinking women's political participation and protest: Chile 1970-1990." *Political Studies* 40:2, June, pp.299~314.

Weber, E. (1976). *Peasants into Frenchmen: The Modernisation of Rural France, 1870-1914*. Stanford: Stanford University Press.

Weber, M. (1930). *The Protestant Ethic and the Spirit of Capitalism*. London: Allen & Unwin.

Weber, M. (1949). *The Methodology of the Social Sciences*. New York: Free Press.

Weber, M. (1967). "Bureaucracy." in H. H. Gerth and C. Wright Mills(eds). *From Max Weber: Essays in Sociology*. Routledge and Kegan Paul.

Weber, M. (1978). "Classes, status groups and parties." in W. G. Runciman(ed.). *Max Weber: Selections in Translation*. Cambridge: Cambridge University Press, pp.43~56 (orig. 1922).

Webster, F. (1995). *Theories of the Information Society*. London: Routledge.

Weedon, C., A. Tolson and F. Mort. (1980). "Theories of language and subjectivity." in *Culture, Media, Language*. London: Unwin Hyman.

Weeks, J. (1981). *Sex, Politics and Society*. Essex: Longman.

Weiner, J. (1991). *Language Is the Essence of Culture*. Manchester: Group for Debates in Anthropological Theory, Department of Social Anthropology, University of Manchester.

Weinstein, D. and M. Weinstein. (1993). *Postmodern(ized), Simmel*. London: Routledge.

Wells, L.(ed.). (2000). *Photography: A Critical Introduction*. London: Routledge.

Wells, L.(ed.). (2015). *Photography: A Critical Introduction.* 5th edition. London: Routledge.

Wernick, A. (1991). *Promotional Culture: Advertising, Ideology and Symbolic Expression.* London: Sage.

Wessels, B. (2010). *Understanding the Internet: A Socio-cultural Perspective.* London: Palgrave Macmillan.

West, C. and S. Fenstermaker. (1995). "Doing difference." *Gender and Society* 9:1, pp.8~37.

Westerbeck, C. and J. Meyerowitz. (1994). *Bystander: A History of Street Photography.* London: Thames & Hudson.

Westwood, S. (1984). *All Day, Every Day: Factory and Family in the Making of Women's Lives.* London: Pluto.

Wetherell, M. and J. Potter. (1992). *Mapping the Language of Racism: Discourse and the Legitimation of Exploitation.* Hemel Hempstead: Harvester Wheatsheaf.

Wharton, C.(ed.). (2013). *Advertising as Culture.* Bristol: Intellect.

Whatmore, S. (1999). "Hybrid geographies: rethinking the "human" in human geography." in D. Massey, J. Allen and P. Sarre(eds). *Human Geography Today.* Cambridge: Polity Press, pp.24~39.

Whatmore, S. (2006). "Materialist returns: practising cultural geography in and for a more-than-human world." *Cultural Geographies* 13:4, pp.600~609.

Whatmore, S. (2014). "Nature and human geography." in P. Cloke, P. Crang and M. Goodwin(eds). *Introducing Human Geographies.* 3rd edition. London: Routledge, pp.152~162.

Wheen, F. (2010). *Karl Marx.* New York: W.W. Norton & Company Inc.

Whelan, Y. (2002). "The construction and destruction of a colonial landscape: monuments to British mon-archs in Dublin before and after independence." *Journal of Historical Geography* 28:4, pp.508~533.

Whelehan, I. (2000). *Overloaded: Popular Culture and the Future of Feminism.* London: The Women's Press.

Whimster, S.(ed.). (2003). *The Essential Weber: A Reader.* London: Routledge.

White, H. (1973). *Metahistory: The Historical Imagination in Nineteenth-Century Europe.* Baltimore, MD; London: Johns Hopkins University Press.

White, M. and J. Schwoch. (2006). *Questions of Method in Cultural Studies.* Oxford: Blackwell.

Whitehead, Stephen (2006). *Men and Masculinities.* London: Routledge.

Widdicombe, S. and R. Wooffitt. (1995). *The Language of Youth Subcultures: Social Identity in Action.* Hemel Hempstead: Harvester Wheatsheaf.

Wikimedia. (n.d.). "Wikimedia users." Online at http://strategy.wikimedia.org/wiki/

Wikimedia_users.

Willet, J.(ed.). (1978). *Brecht on Theatre*. London: Methuen.

Williams, D. (1975). "The brides of Christ." in S. Ardener(ed.). *Perceiving Women*. London: Dent.

Williams, L. (1990). *Hard Core: Power, Pleasure, and the 'Frenzy of the Visible'*. London: Pandora.

Williams, R. (1963). *Culture and Society 1780-1950*. Harmondsworth: Penguin(orig. 1958).

Williams, R. (1965). *The Long Revolution*. Harmondsworth: Penguin(orig. 1961).

Williams, R. (1973a). *The Country and the City*. London: Hogarth.

Williams, R. (1973b). "Base and superstructure in Marxist cultural theory." *New Left Review* 82, pp.3~16.

Williams, R. (1974). *Television: Technology and Cultural Form*. Glasgow: Fontana/Collins.

Williams, R. (1977). *Marxism and Literature*. Oxford: Oxford University Press.

Williams, R. (1980). *Problems in Materialism and Culture: Selected Essays*. London: Verso.

Williams, R. (1983a). "Culture." in D. McLellan(ed.). *Marx: The First Hundred Years*. London: Fontana, pp.15~55.

Williams, R. (1983b). *Keywords: A Vocabulary of Culture and Society*. London: Fontana.

Williamson, J. (1978). *Decoding Advertisements: Ideology and Meaning in Advertising*. London: Marion Boyars.

Willis, P. (1977). *Learning to Labour: How Working Class Kids Get Working Class Jobs*. Farnborough: Saxon House.

Willis, P. (1978). *Profane Culture*. London: Routledge and Kegan Paul.

Willis, P. with S. Jones, J. Canaan and G. Hurd. (1990). *Common Culture: Symbolic Work at Play in the Everyday Cultures of the Young*. Milton Keynes: Open University Press.

Wilson, E. (1985). *Adorned in Dreams: Fashion and Modernity*. London: Virago.

Wilson, E. (1991). *The Sphinx and the City*. California: University of California Press.

Wilson, E. (1992). "The invisible flâneur." *New Left Review* 191, pp.90~110.

Wilson, E. (2007). *Adorned in Dreams: Fashion and Modernity*. London: I.B. Tauris(first published 1985, Virago).

Wilson, W. J.(ed.). (1993). *The Ghetto Underclass: Social Science Perspectives*. Newbury Park: Sage.

Winston, B. (1995). *Claiming the Real: The Griersonian Documentary and Its Legitimations*. London: British Film Institute.

Wirth, L. (1938). "Urbanism as a way of life." *American Journal of Sociology* 44, pp.1~24.

Wittgenstein, L. (1981). Tractatus logico-philosophicus. London: Routledge and Kegan Paul(orig. 1921).

Witz, A. and M. Savage. (1992). "The gender of organisations." in M. Savage and A. Witz(eds). Gender and *Bureaucracy*. Oxford: Blackwell, pp.3~62.

Wolf, N. (1991). *The Beauty Myth: How Images of Beauty Are Used Against Women*. London: Vintage.

Wolfe, T. (1983). *From Bauhaus to Our House*. London: Abacus.

Wolff, J. (1981). *The Social Production of Art*. London: Macmillan.

Wolff, J. (1985). "The invisible *flâneuse*: women and the literature of modernity." *Theory, Culture and Society* 2:3, pp.37~46.

Wolff, J. (1993). "On the road again: metaphors of travel in cultural criticism." *Cultural Studies* 7, pp.224~239.

Woolf, V. (1964). *Mrs Dalloway*. Harmondsworth: Penguin.

World Bank (2007). *World Development Indicators 2007(WDI)*. Washington, DC: World Bank.

World Bank (2012). "The little data book on external debt." *Global Development Finance*. Washington, DC: World Bank.

World Bank. (2016a). "World development report 2016: digital dividends." overview booklet, Washington, DC: World Bank. License: Creative Commons Attribution, CC BY 3.0 IGO.

World Bank Group. (2016b). *Global Economic Prospects, January 2016: Spillovers amid Weak Growth*. Washington, DC: World Bank. License: Commons Attribution, CC BY 3.0 IGO.

World Tourism Organisation. (2011). "Tourism market trends." *UNWTO*. Online at http://cf.cdn.unwto.org/sites/all/files/docpdf/markettrends.pdf(accessed 30 May 2016).

World Tourism Organisation. (2016). "International tourist arrivals up 4% reach a record 1.2 billion in 2015." *UNWTO*. Online at http://media.unwto.org/press-release/2016-01-18/international-tourist-arrivals-4-reach-record-12-billion-2015 (accessed 27 February 2016).

Wright, W. (1975). *Sixguns and Society*. Berkeley, CA: University of California Press.

Yates, S. J. and K. L. Littleton. (2001). "Understanding computer game culture: a situated approach." in E. Green and A. Adams(eds). *Virtual Gender: Technology, Consumption and Identity*. London: Routledge, pp.103~123.

Yee, N. (2006). *The Daedalus Project*. Online at www.nickyee.com/daedalus.

Yeoh, B. S. A. (1992). "Street names in colonial Singapore." *Geographical Review* 82, pp.312~322.

Yeoh, B. S. A. (1996). "Street-naming and nation-building: toponymic inscriptions of nationhood in Singapore." *Area* 28, pp.298~307.

Young, I.M. (1980). "Throwing like a girl: a phenomenology of feminine body comportment, motility and spatiality." *Human Studies* 3, pp.137~156; reprinted in I.M. Young (1990),

Throwing Like a Girl and Other Essays in Feminist Philosophy and Social Theory. Bloomington, IN: Indiana University Press.

Young, J. (1971). *The Drugtakers*. London: HarperCollins.

Young, M. (1991). *An Inside Job: Policing and Police Culture in Britain*. Oxford: Clarendon.

Young, R. J. (2001). *Postcolonialism: An Historical Introduction*. Oxford: Blackwell.

Yusoff, K. (2013). "Geologic life: prehistory, climate, futures in the Anthropocene." *Environment and Planning D: Society and Space* 31:5, pp.779~795.

Zebiri, K. (2008). "The redeployment of Orientalist themes in contemporary Islamophobia." *Studies in Contemporary Islam* 10, pp.4~44.

Zerubavel, E. (1979). *Patterns of Time in Hospital Life: A Sociological Perspective*. Chicago: Chicago University Press.

Zerubavel, E. (1982). *Hidden Rhythms: Schedules and Calendars in Social Life*. Chicago: Chicago University Press.

Žižek, S. (2009). *First as Tragedy, Then as Farce*. London: Verso.

Zukin, S. (1989). *Loft Living: Culture and Capital in Urban Change*. New Brunswick, NJ: Rutgers University Press.

Zukin, S. (1991). *Landscapes of Power: From Detroit to Disney World*. Berkeley; Los Angeles: University of California Press.

Zukin, S. (1992). "Postmodern urban landscapes: mapping culture and power." in S. Lash and J. Friedman(eds). *Modernity and Identity*. Oxford: Blackwell, pp.221~247.

Zukin, S. (1995). *The Cultures of Cities*. Oxford: Blackwell.

찾아보기

584

594

지은이

브라이언 롱허스트 Brian Longhurst
샐포드대학교 사회학

그레그 스미스 Greg Smith
샐포드대학교 사회학

게이너 배그널 Gaynor Bagnall
샐포드대학교 사회학

게리 크로퍼드 Garry Crawford
샐포드대학교 문화사회학

마일스 오그본 Miles Ogborn
런던대학교 퀸메리 칼리지 지리학

옮긴이

조애리
번역가. 서울대학교 영문학과를 졸업하고 동대학원에서 박사학위를 받았으며 카이스트 (KAIST) 인문사회과학부 교수로 재직했다. 저서로는 『성·역사·소설』, 『역사 속의 영미소설』, 『19세기 영미소설과 젠더』, 『되기와 향유의 문학』, 역서로는 『재 런던 모험소설』, 『설득』, 『빌레뜨』, 『민들레 와인』, 『밝은 모퉁이집』, 『달빛 속을 걷다』, 『시민불복종』, 『윌리엄 모리스』(공역), 『여성의 몸 어떻게 읽을 것인가』(공역), 『젠더란 무엇인가』(공역), 『대중문화는 어떻게 여성을 만들어내는가』(공역), 『스토리텔링의 이론, 영화와 디지털을 만나다』(공역) 등이 있다.

강문순
한남대학교 영어교육학과 교수. 서강대학교 영문학과를 졸업하고 케이스 웨스턴 리저브 대학교에서 「18세기 영문학에 나타난 풍자와 광기」로 박사학위를 받았다. 저서로는 『문학적 생명력』(공저), 『탈식민주의 길잡이』(공역), 『경계선 넘기: 새로운 문학연구의 모색』(공역)이 있다.

김진옥
한밭대학교 영어영문학과 교수. 이화여자대학교 영문학과를 졸업하고 미국 뉴욕대학교에서 석사 및 박사학위를 받았다. 저서로는 *Charlotte Brontë and Female Desire*, 『제인 에어: 여성의 열정, 목소리를 갖다』가 있고, 역서로는 『스토리텔링의 이론, 영화와 디지털을 만나다』(공역), 『젠더란 무엇인가』(공역), 『대중문화는 어떻게 여성을 만들어내는가』(공역) 등이 있다.

박종성
충남대학교 영어영문학과 교수. 충남대학교 영문학과를 졸업하고 서강대학교와 런던대학교 퀸메리 칼리지에서 석사학위를, 런던대학교에서 박사학위를 받았다. 저서로는 『영문학 인사이트』와 『탈식민주의에 대한 성찰』, 『좋은 영어, 문체와 수사』가 있다. 역서로는 『탈식민주의 길잡이』(공역)가 있다.

유정화
목원대학교 금융 경제학과 조교수. 이화여자대학교 영문학과를 졸업하고 동대학원에서 석사학위와 박사학위를 받았다. 역서로는 『참깨와 백합 그리고 독서에 관하여』(공역), 『스토리텔링의 이론, 영화와 디지털을 만나다』(공역), 『젠더란 무엇인가』(공역), 『대중문화는 어떻게 여성을 만들어내는가』(공역)이 있다.

윤교찬
한남대학교 영어교육학과 명예교수. 서강대학교 영문학과를 졸업하고 동대학원과 노스캐롤라이나대학교에서 석사학위를, 서강대학교에서 박사학위를 받았다. 역서로는 『비평의 전제』, 『허클베리 핀의 모험』, 『고함과 분노』, 『워더링 하이츠』, 『탈식민주의 길잡이』(공역), 『경계선 넘기: 새로운 문학연구의 모색』(공역), 『스토리텔링의 이론, 영화와 디지털을 만나다』(공역), 『젠더란 무엇인가』(공역), 『대중문화는 어떻게 여성을 만들어내는가』(공역)이 있다.

이혜원
고려대학교 문화창의학부 미디어문예창작전공 교수. 고려대학교 국어교육과를 졸업하고 동대학원 국문학과에서 석사 및 박사학위를 받았다. 저서로는 『적막의 모험』, 『지상의 천사』 등이, 역서로는 『대중문화는 어떻게 여성을 만들어내는가』(공역), 『스토리텔링의 이론, 영화와 디지털을 만나다』(공역) 등이 있다.

최인환

대전대학교 영문과 교수. 서울대학교 영문학과를 졸업하고 오리건대학교 영문학과에서 박사학위를 받았다. 주요 논문으로 "Otherness and Identity in Eighteenth-Century Colonial Discourses", "Empire and Writing: A Study of Naipaul's *The Enigma of Arrival*", 「래드클리프의 『숲속의 로맨스』에서의 자연경관 묘사의 의미와 역할」 등이 있다. 역서로는 『와인즈버그, 오하이오』, 『해는 다시 떠오른다』, 『캐스터브리지의 읍장』, 『스토리텔링의 이론, 영화와 디지털을 만나다』(공역), 『젠더란 무엇인가』(공역), 『대중문화는 어떻게 여성을 만들어내는가』(공역) 등이 있다.

한애경

한국기술대학교 교양학부 명예교수. 이화여자대학교 영문학과를 졸업하고 서울대학교에서 석사학위와 박사학위를 받았다. 저서로는 『조지 엘리어트와 여성문제』가 있고 역서로는 『육체와 예술』, 『플로스강의 물방앗간』, 『탈식민주의 길잡이』(공역), 『경계선 넘기: 새로운 문학연구의 모색』(공역)이 있다.

한울아카데미 2440

문화 코드, 어떻게 읽을 것인가? 1 개정판

문화연구의 이론과 실제

지은이 | 브라이언 롱허스트·그레그 스미스·게이너 배그널·게리 크로퍼드·마일스 오그본
옮긴이 | 조애리·강문순·김진옥·박종성·유정화·윤교찬·이혜원·최인환·한애경
펴낸이 | 김종수
펴낸곳 | 한울엠플러스(주)
편 집 | 조인순

초판 1쇄 발행 | 2008년 2월 15일
2판 1쇄 발행 | 2009년 3월 25일
개정판 1쇄 인쇄 | 2023년 3월 20일
개정판 1쇄 발행 | 2023년 3월 24일

주소 | 10881 경기도 파주시 광인사길 153 한울시소빌딩 3층
전화 | 031-955-0655
팩스 | 031-955-0656
홈페이지 | www.hanulmplus.kr
등록번호 | 제406-2015-000143호

Printed in Korea
ISBN 978-89-460-7440-8 93330